BIBLIOTHÈQUE LATINE-FRANÇAISE

## ŒUVRES COMPLÈTES

DE

# CICÉRON

SECONDE ACTION CONTRE VERRÈS

(SUITE ET FIN)

DES SUPPLICES

TRADUCTION DE GUEROULT

Revue et refaite en grande partie

**PAR M. GRÉARD**

INSPECTEUR DE L'ACADÉMIE DE PARIS

## DISCOURS

POUR CECINA, POUR FONTEIUS, POUR LA LOI MANILIA,
SUR LA LOI AGRAIRE, POUR RABIRIUS

Traductions revues et refondues

**PAR M. CABARET-DUPATY**

## PARIS

GARNIER FRÈRES, LIBRAIRES-ÉDITEURS

6, RUE DES SAINTS-PÈRES, ET PALAIS-ROYAL, 215

BIBLIOTHÈQUE LATINE-FRANÇAISE.

# ŒUVRES COMPLÈTES
## DE
# CICÉRON

TOME SEPTIÈME

PARIS. — IMP. SIMON RAÇON ET COMP., RUE D'ERFURTH, 1.

# ŒUVRES COMPLÈTES
## DE
# CICÉRON

— ◆ 7 ◆ —

## SECONDE ACTION CONTRE VERRES
(SUITE ET FIN)

### DES SUPPLICES

TRADUCTION DE GUEROULT

Revue et refaite en grande partie

**PAR M. GRÉARD**

INSPECTEUR DE L'ACADÉMIE DE PARIS

## DISCOURS

POUR CECINA, POUR FONTEIUS, POUR LA LOI MANILIA
SUR LA LOI AGRAIRE, POUR RABIRIUS

Traductions revues et refondues

**PAR M. CABARET-DUPATY**

---

PARIS
GARNIER FRÈRES, LIBRAIRES-ÉDITEURS
6, RUE DES SAINTS-PÈRES, ET PALAIS-ROYAL, 215

1869

DIXIEME DISCOURS

## SECONDE ACTION
# CONTRE VERRÈS

TRADUCTION DE M. GUÉROULT

REVUE

## PAR M. GRÉARD
INSPECTEUR DE L'ACADÉMIE DE PARIS

# SOMMAIRE

Ce discours est le dernier du procès de Verrès. Cicéron y suit le préteur de Sicile dans l'usage qu'il a fait de l'autorité militaire.

Hortensius se préparait à répondre que Verrès était un excellent général, un nouveau Man. Aquillius, le vainqueur des esclaves de la Sicile, et qu'il fallait absoudre son client en faveur de ses services de guerre. Cicéron commence par détruire en se jouant, ce plan de défense, si peu vraisemblable, qu'on a supposé que c'était de sa part une pure supposition pour faire rire aux dépens de ses adversaires. Quoi qu'il en soit, il établit que Verrès n'a montré ni courage, ni talent, ni loyauté, ni prévoyance dans sa conduite militaire en Sicile, bien plus, qu'il a compromis la sûreté de la province : son infâme avarice a fait triompher les pirates ; et, pour donner le change à l'opinion, il a jugé, condamné, mis à mort tous les capitaines de la flotte ; il a exercé d'autres cruautés sans nombre, même envers des citoyens romains.

Le discours comprend donc : 1° ce que Verrès a fait pour assurer la tranquillité de la Sicile pendant la guerre de Spartacus; 2° les mesures qu'il a prises contre les incursions des pirates; 3° le procès, la condamnation à mort et l'exécution des capitaines de la flotte; 4° ses cruautés envers les citoyens romains, d'où résulte contre lui l'accusation de lèse-majesté.

C'est surtout au supplice de Gavius que l'orateur s'attache dans cette dernière partie

Il termine par une invocation aux différentes divinités dont Verrès a profané les temples, ou enlevé les statues.

Ce cinquième discours n'a pas été à l'abri de la critique; on a

trouvé que le plan manquait de netteté. Il est incontestable qu'il contient des faits qui ne sont pas assez clairement expliqués : on ne voit pas bien, par exemple, si Verrès garda chez lui ce chef de pirates qu'il ne fit pas mourir. La critique voudrait effacer aussi de cette dernière plaidoirie quelques détails trop peu importants pour occuper les esprits déjà fatigués par une si longue accusation.

# DIXIÈME DISCOURS

## SECONDE ACTION
## CONTRE VERRÈS

### LIVRE CINQUIÈME
#### DES SUPPLICES

I. Il n'est parmi vous personne, je le vois, juges, qui ne soit convaincu que C. Verrès a ouvertement tout pillé en Sicile, édifices sacrés et profanes, propriétés publiques et particulières, et que sans scrupule comme sans déguisement, il s'est livré à tous les genres de larcins et de brigandages. Cependant on m'annonce un moyen de défense imposant, merveilleux, et contre lequel, juges, je dois, à l'avance, me mettre en garde.

### ORATIO DECIMA

### IN VERREM
#### ACTIO SECUNDA

### LIBER QUINTUS
#### DE SUPPLICIIS

I. Nemini video dubium esse, judices, quin apertissime C. Verres in Sicilia, sacra, profanaque omnia et privatim, et publice spoliarit, versatusque sit sine ulla non modo religione, verum etiam dissimulatione, in omni genere furandi atque prædandi. Sed quædam mihi magnifica et præclara ejus defensio ostenditur ; cui quemadmodum resistam, multo mihi ante est, judices, providendum.

On se propose de prouver que la valeur et l'admirable vigilance du préteur de la Sicile l'ont mise, dans les conjonctures les plus difficiles et les plus effrayantes, à l'abri de l'entreprise des esclaves fugitifs et des périls de la guerre.

Que faire, juges? à quel plan d'accusation recourir, et de quel côté diriger mes attaques? Partout on m'oppose, comme un rempart inexpugnable, le titre de grand général. Je connais ce lieu commun; je vois la carrière où Hortensius va déployer son éloquence. Les dangers de la guerre, les malheurs de la république, la disette de généraux, voilà ce qu'il va faire valoir. Ensuite il vous adjurera, que dis-je? fier de ce moyen, il vous commandera de ne pas souffrir que, sur la déposition de Siciliens, un si grand capitaine soit enlevé au peuple romain; et de ne pas laisser flétrir par des imputations d'avarice de si beaux lauriers.

Je ne puis le dissimuler, juges; je crains que C. Verrès n'obtienne, à la faveur de ses rares talents militaires, l'impunité de tous ses méfaits; car je me rappelle quel effet produisit, dans la cause de M'. Aquillius, l'éloquence de Marc-Antoine. Aussi hardi qu'avisé, Marc-Antoine, arrivé à la fin de son plaidoyer, saisit M'. Aquillius, et, le plaçant sous les yeux de l'assemblée, déchira sa tunique, pour que le peuple romain et les juges contemplassent les nobles cicatrices de sa poitrine; en

---

Ita enim causa constituitur, provinciam Siciliam virtute ejus et vigilantia singulari, dubiis formidolosisque temporibus, a fugitivis atque a belli periculis tutam esse servatam.

Quid agam, judices? quo accusationis meæ rationem conferam? quo me vertam? Ad omnes enim meos impetus, quasi murus quidam, boni nomen imperatoris opponitur. Novi locum; video ubi se jactaturus sit Hortensius. Belli pericula, tempora rei publicæ, imperatorum penuriam commemorabit: tum deprecabitur a vobis, tum etiam pro suo jure contendet, ne patiamini, talem imperatorem populo Romano Siculorum testimoniis eripi; neve obteri laudem imperatoriam criminibus avaritiæ velitis.

Non possum dissimulare, judices: timeo, ne C. Verres, propter hanc virtutem eximiam in re militari, omnia, quæ fecit, impune fecerit. Venit enim mihi in mentem, in judicio M'. Aquillii quantum auctoritatis, quantum momenti oratio M. Antonii habuisse existimata sit; qui, ut erat in dicendo non solum sapiens, sed etiam fortis, causa prope perorata, ipse arripuit M'. Aquillium, constituitque in conspectu omnium, tunicamque ejus a pectore abscidit,

même temps, il parla de la blessure que ce guerrier avait reçue à la tête, du chef même des rebelles, et finalement il amena les juges à craindre qu'un homme que la fortune avait arraché tant de fois au glaive des ennemis, bien qu'il fût si prodigue de sa vie, parût avoir échappé à tant de dangers, non pour rehausser la gloire du peuple romain, mais pour servir de victime à la cruauté des tribunaux. C'est le même plan, le même moyen de défense qu'on prépare aujourd'hui; c'est au même succès que l'on prétend. Que Verrès soit un voleur, un sacrilége; qu'il soit le plus infâme, le plus scélérat des hommes; on l'accorde : mais c'est un général habile, heureux : il faut le conserver pour les dangers de la république.

II. Je ne veux point procéder avec vous, Verrès, à la grande rigueur; je ne dirai pas, et cependant je devrais peut-être me tenir à ce seul point, que l'objet de la cause étant déterminé par la loi, il s'agit non de nous apprendre vos exploits militaires, mais de nous prouver que vos mains ont respecté l'argent qui ne vous appartenait pas. Mais je le répète, ce n'est pas ainsi que je veux procéder. Je demanderai seulement, ainsi que vous paraissez le désirer, ce que sont ces éminents services, et quelle en est l'importance.

Direz-vous que la Sicile a été délivrée par votre courage de la

ut cicatrices populus Romanus judicesque aspicerent adverso corpore exceptas ; simul et de illo vulnere, quod ille in capite ab hostium duce acceperat, multa dixit; eoque adduxit eos, qui erant judicaturi, vehementer ut vererentur, ne, quem virum fortuna ex hostium telis eripuisset, quum sibi ipse non pepercisset, hic non ad populi Romani laudem, sed ad judicum crudelitatem videretur esse servatus. Hæc eadem nunc ab illis defensionis ratio, viaque tentatur; idem quæritur. Sit fur, sit sacrilegus, sit flagitiorum omnium vitiorumque princeps : at est bonus imperator, et felix, et ad dubia rei publicæ tempora reservandus.

II. Non agam summo jure tecum; non dicam, id quod debeam forsitan obtinere, quum judicium certa lege sit constitutum, non quid in re militari fortiter feceris, sed quemadmodum manus ab alienis pecuniis abstinueris, abs te doceri oportere; non, inquam, sic agam : sed ita quæram, quemadmodum te velle intelligo, quæ tua opera, et quanta fuerit in bello.

Quid dices? an bello fugitivorum Siciliam virtute tua liberatam? Magna laus,

guerre des esclaves? Voilà, sans doute, un bel honneur, un noble titre de gloire. Toutefois de quelle guerre parlez-vous? car depuis celle qui fut terminée par M'. Aquillius, il n'y a eu en Sicile, que nous sachions, aucune guerre des esclaves. Mais il y en avait une en Italie. Je l'avoue, et même elle a été vive et sanglante. Prétendez-vous donc, en quoi que ce soit, à l'honneur de cette campagne? Pensez-vous à revendiquer une part de la gloire de M. Crassus et Cn. Pompée? Je vous crois bien assez d'impudence pour oser en faire quelque chose. Apparemment vous avez empêché les esclaves de passer d'Italie en Sicile? Où? quand? de quel côté? Lorsqu'ils voulurent traverser le détroit sur des vaisseaux ou sur des radeaux? Pour nous, jamais nous n'avons entendu parler de la chose. Tout ce que nous savons, c'est que le courage et la prudence de Crassus ne permirent pas aux esclaves de rassembler des radeaux pour traverser le détroit de Messine. Aurait-il fallu prendre tant de peine pour déjouer cette tentative, si l'on avait cru la Sicile en état de les repousser?

III. Mais la guerre était en Italie, presque aux portes de la Sicile, et la Sicile en a été préservée. Qu'y a-t-il là de surprenant? On a fait aussi la guerre en Sicile, et c'est bien la même distance, sans que l'Italie s'en soit ressentie. Pourquoi alléguer la proximité des lieux? Veut-on dire que le passage était facile,

honesta oratio; sed tamen quo bello? nos enim post id bellum, quod M'. Aquillius confecit, sic accepimus, nullum in Sicilia fugitivorum bellum fuisse. At in Italia fuit: fateor, et magnum quidem, ac vehemens. Num igitur ex eo bello partem aliquam laudis appetere conaris? num tibi illius victoriæ gloriam cum M. Crasso, aut Cn. Pompeio communicandam putas? Non arbitror hoc etiam deesse tuæ impudentiæ, ut quidquam ejusmodi dicere audeas. Obstitisti videlicet, ne ex Italia transire in Siciliam fugitivorum copiæ possent : ubi? Quando? qua ex parte? quum aut navibus, aut ratibus conarentur accedere? Nos enim nihil unquam prorsus audivimus : et illud audivimus, M. Crassi, fortissimi viri, virtute consilioque factum, ne, ratibus conjunctis, freto fugitivi ad Messanam transire possent; a quo illi conatu non tanto opere prohibendi fuissent, si ulla in Sicilia præsidia ad illorum adventum opposita putarentur.

III. At quum esset in Italia bellum tam prope a Sicilia, tamen in Sicilia non fuit. Quid mirum? ne quum in Sicilia quidem fuit, eodem intervallo, pars ejus belli in Italiam ulla pervasit. Etenim propinquitas locorum ad utram partem hoc loco profertur? utrum aditum facilem hostibus, an contagionem

ou que la contagion de l'exemple était à craindre. Un trajet par la mer est impraticable, impossible, sans vaisseaux : et ces ennemis dont vous dites que la Sicile était si voisine, il leur aurait été plus facile de gagner par terre l'Océan que d'aborder au cap Pélore.

Quant à la contagion de la guerre servile, pourquoi vous vanter, à cet égard, plus que les gouverneurs des autres provinces? Est-ce parce qu'il y avait déjà eu, en Sicile, des révoltes d'esclaves? Mais, par cette raison même, votre province était, comme elle l'est encore aujourd'hui, à l'abri de tout danger, car depuis le départ de M'. Aquillius, tous les préteurs ont expressément, par leurs édits et leurs ordonnances, défendu aux esclaves, quels qu'ils fussent, de porter aucune arme offensive. Voici un fait qui n'est pas nouveau, et que vraisemblablement aucun de vous n'ignore, juges, parce qu'il offre un exemple remarquable de sévérité. Lorsque L. Domitius était préteur en Sicile, on lui apporta un sanglier d'une grosseur monstrueuse. Il voulut savoir qui l'avait tué. Ayant appris que c'était un berger, il le fit venir. Notre homme s'empresse d'accourir; il s'attendait à des éloges et à une récompense. Domitius lui demande comment il avait terrassé une aussi énorme bête. L'esclave répond que c'est avec un épieu. A l'instant, il est mis en croix. Ce jugement paraîtra, sans doute, cruel : je ne le discute pas; je re-

---

imitandi ejus belli periculosam fuisse? Aditus omnis hominibus sine ulla facultate navium non modo disjunctus, sed etiam clausus fuit : ut illis, quibus Siciliam propinquam fuisse dicis, facilius fuerit ad Oceanum pervenire, quam ad Peloridem accedere.

Contagio autem ista servilis belli, cur abs te potius, quam ab iis omnibus, qui cæteras provincias obtinuerunt, prædicatur? An quod in Sicilia jam ante bella fugitivorum fuerunt? At ea ipsa causa est, cur ista provincia minimo in periculo sit, et fuerit. Nam postquam illinc M'. Aquillius decessit, omnium instituta atque edicta prætorum fuerunt ejusmodi, ut ne quis cum telo servus esset. Vetus est quod dicam, et propter severitatem exempli nemini fortasse vestrum inauditum : L. Domitium prætorem in Sicilia, quum aper ingens ad eum allatus esset, admiratum requisisse, quis eum percussisset; quum audisset, pastorem cujusdam fuisse, eum ad se vocari jussisse; illum cupide ad prætorem, quasi ad laudem atque ad præmium, accurrisse; quæsisse Domitium, qui tantam bestiam percussisset; illum respondisse, venabulo; statim deinde jussu prætoris in crucem esse sublatum. Durum hoc fortasse videatur; neque

1.

marque seulement que Domitius aima mieux être taxé de cruauté pour avoir puni, que de faiblesse pour n'avoir pas exécuté la loi.

IV. C'est grâce à ces règlements établis pour la Sicile, que, dans un temps où la guerre des esclaves embrasait toute l'Italie, C. Norbanus, qui n'était ni très-actif ni très-ferme, a joui d'une parfaite tranquillité. Rien de plus aisé d'ailleurs pour la Sicile que de se garantir elle-même d'une guerre intestine. En effet, nos commerçants et les Siciliens vivent dans la plus étroite union; habitudes, intérêts, affaires, conformité de sentiments, tout les rapproche; de plus, la situation particulière des Siciliens leur fait trouver d'immenses avantages dans la paix; attachés d'ailleurs à la domination romaine, ils ne pensent point à y porter atteinte, encore moins à passer sous d'autres lois; enfin les ordonnances des préteurs et la police des maîtres sont d'accord pour empêcher toute insurrection de la part des esclaves : nous n'avons donc point lieu de redouter qu'une révolte naisse dans le sein de cette province.

Quoi donc! les esclaves n'ont-ils fait, pendant la préture de Verrès, aucun mouvement, aucun complot? Aucun du moins qui soit parvenu à la connaissance du sénat et du peuple romain, aucun que Verrès ait fait officiellement connaître. Cependant il se peut que, dans quelques bagnes d'esclaves, il

---

ego ullam in partem disputo : tantum intelligo, maluisse Domitium crudelem in animadvertendo, quam in prætermittendo dissolutum videri.

IV. Ergo his institutis provinciæ, jam tum, quum bello fugitivorum tota Italia arderet, homo non acerrimus, nec fortissimus, C. Norbanus in summo otio fuit. Perfacile enim sese Sicilia tuebatur, ne quod in ipsa bellum posset existere : etenim quum nihil tam conjunctum sit, quam negotiatores nostri cum Siculis, usu, re, ratione, concordia; et quum ipsi Siculi res suas ita constitutas habeant, ut his pacem expediat esse; imperium autem populi Romani sic diligant, ut id imminui, aut commutari minime velint; quumque hæc ab servorum bello pericula, et prætorum institutis, et dominorum disciplina provisa sint : nullum est malum domesticum, quod ex ipsa provincia nasci possit.

Quid igitur? nulline motus in Sicilia servorum, Verre prætore? nullæne consensiones factæ esse dicuntur? Nihil sane, quod ad senatum populumque Romanum pervenerit; nihil, quod iste Romam publice conscripserit : et tamen

y ait eu un commencement d'insurrection. Oui, j'en ai quelque idée; et cette idée repose moins sur quelque événement connu que sur les actes et les décrets de l'accusé. Voyez donc combien je suis loin d'apporter dans cette cause les dispositions d'un ennemi. Il est un fait dont Verrès a désiré que vous fussiez instruits, et dont vous n'avez jamais entendu parler; c'est moi qui vais vous l'apprendre et vous le révéler. Dans le canton de Triocale, qui fut autrefois au pouvoir des rebelles, les esclaves d'un Sicilien nommé Léonidas furent soupçonnés de conspiration. Le préteur en fut averti. Aussitôt, suivant son devoir, il fait arrêter et conduire à Lilybée ceux qu'on lui avait dénoncés. Le maître est assigné, le procès est instruit, ils sont condamnés.

V. Et ensuite? Devinez. Vous vous attendez, sans doute, à quelque escroquerie, à quelque pillage. Pourquoi chercher toujours et partout mêmes choses? Dans les alarmes d'une guerre imminente, songe-t-on à voler? Je ne sais si, dans cette circonstance, il s'est trouvé l'occasion de le faire; ce qu'il y a de certain, c'est que Verrès n'en a pas profité. Cependant il pouvait tirer quelques écus de Léonidas, quand il le somma de comparaître. Il pouvait aussi entrer en marché pour faire remettre la cause, et ce n'aurait pas été la première fois. C'était encore une occasion d'aubaine, que d'absoudre les accusés, j'en conviens; mais ces malheureux une fois condamnés, quel moyen de rien extor-

cœptum esse in Sicilia moveri aliquot locis servitium suspicor. Id adeo non tam ex re, quam ex istius factis decretisque cognosco. Ac videte, quam non inimico animo sim acturus : ego ipse hæc, quæ ille quærit, quæ adhuc nunquam audistis, commemorabo et proferam. In Triccalino, quem locum fugitivi jam ante tenuerunt, Leonidæ cujusdam Siculi familia in suspicionem vocata est conjurationis ; res delata ad istum ; statim, ut par fuit, jussu ejus homines, qui nominati erant, comprehensi sunt, adductique Lilybæum ; domino denuntiatum est ; causa dicta, damnati sunt.

V. Quid deinde? quid censetis? furtum fortasse, aut prædam exspectatis aliquam. Nolite usquequaque eadem quærere. In metu belli, furandi qui locus potest esse? etiam si qua fuit in hac re occasio, prætermissa est. Tum potuit a Leonida nummorum aliquid auferre, quum denuntiavit, ut adesset ; fuit nundinatio aliqua, et isti non nova, ne causam diceret ; etiam alter locus, ut absolverentur : damnatis quidem servis, quæ prædandi potest esse ratio? Pro-

quer? Il faut absolument qu'on les mène à la mort ; car Verrès a pour témoins et les membres du tribunal, et les pièces du procès, et la superbe ville de Lilybée, et un corps nombreux, honorable, s'il en fut, de citoyens romains. Non, il n'y a pas moyen d'éluder, l'exécution est indispensable. Les voilà donc conduits sur la place et attachés au poteau.

Je le vois, juges, vous attendez encore le dénoûment de cette scène ; car cet homme n'a jamais rien fait sans quelque vue d'intérêt et de rapine. Mais ici que peut-il faire? Quel parti tirer de la situation? Eh bien, imaginez la chose la plus révoltante, et ce que je vais dire surpassera votre attente à tous. Ces esclaves, condamnés comme criminels, comme conspirateurs, livrés à l'exécuteur, liés au poteau fatal, sont tout à coup, en présence de plusieurs milliers de spectateurs, détachés et remis à Léonidas, leur maître. Insensé! que pouvez-vous dire, sinon une chose dont je ne veux pas m'enquérir, qui n'est douteuse pour personne, dans un attentat de cette nature, mais dont il serait superflu de s'enquérir, fût-elle douteuse, je veux dire ce que vous avez reçu, combien et de quelle manière. Je vous fais grâce de tout cela ; je vous soulage de cette peine. Je ne crains point qu'on persuade jamais à personne qu'un crime dont nul autre que vous n'aurait voulu se rendre coupable à quelque prix que ce fût, vous vous soyez décidé, vous Verrès,

duci ad supplicium necesse est: testes enim sunt, qui in consilio fuerunt ; testes, publicæ tabulæ ; testis, splendidissima civitas Lilybætana; testis, honestissimus maximusque conventus civium Romanorum; nihil potest : producendi sunt. Itaque producuntur, et ad palum alligantur.

Etiam nunc mihi exspectare videmini, judices, quid deinde factum sit; quod iste nihil unquam fecit sine aliquo quæstu atque præda. Quid in ejusmodi re fieri potuit ? quod commodum est? Exspectate facinus, quam vultis improbum : vincam tamen exspectationem omnium. Nomine sceleris conjurationisque damnati, ad supplicium traditi, ad palum alligati, repente, multis millibus hominum inspectantibus, soluti sunt, et Leonidæ illi domino redditi. Quid hoc loco potes dicere, homo amentissime? nisi id, quod ego non quæro ; quod denique in re tam nefaria, tametsi dubitari non potest, tamen, ne si dubitetur quidem quæri oporteat: quid, aut quantum, aut quomodo acceperis. Remitto tibi hoc totum, atque ista te cura libero. Neque enim metuo, ne hoc cuiquam persuadeatur, ut, ad quod facinus nemo, præter te, ulla pecunia adduci potuerit, id

à le commettre gratuitement. Au surplus, je n'ai point à parler ici de vos talents pour le vol et le brigandage ; c'est votre mérite militaire que je dois examiner.

VI. Que dites-vous donc, gardien vigilant, valeureux défenseur de la province? Des esclaves ont voulu prendre les armes et allumer la guerre en Sicile : vous en avez eu la preuve; vous les avez condamnés, de l'avis de votre conseil : déjà, roués au supplice institué par nos ancêtres, ils étaient attachés au poteau ; et vous avez osé les soustraire au coup fatal, et les mettre en liberté ! Ah ! cette croix que vous aviez fait dresser pour des esclaves condamnés, vous la réserviez pour des citoyens romains frappés sans jugement ! Quand les États désespérés penchent vers leur ruine, on les voit recourir à des moyens extrêmes qui ne font qu'accélérer leur perte : les condamnés sont réhabilités, les détenus remis en liberté, les bannis rappelés, et les jugements annulés. A de tels symptômes, il n'est personne qui ne reconnaisse que la chute d'un gouvernement est inévitable, et qu'il ne lui reste plus aucun espoir de salut. Cependant, si quelquefois on a pris ces mesures extrêmes, elles avaient pour but d'affranchir du supplice ou de l'exil des citoyens illustres ou populaires ; et ce n'était point par leurs juges eux-mêmes qu'ils étaient délivrés ; ce n'était pas non plus immédiatement après la sentence ; enfin, ils n'avaient point été con-

---

tu gratis suscipere conatus sis. Verum de ista furandi prædandique ratione nihil dico : de hac imperatoria jam tua laude disputo.

VI. Quid ais, bone custos defensorque provinciæ? tu, quos servos arma capere, ac bellum facere in Sicilia voluisse cognoras, et de consilii sententia judicaras, hos ad supplicium jam more majorum traditos et ad palum alligatos, ex media morte eripere ac liberare ausus es? ut, quam damnatis servis crucem fixeras, hanc indemnatis civibus Romanis reservares? Perditæ civitates desperatis omnibus rebus, hos solent exitus exitiales habere, ut damnati in integrum restituantur, vincti solvantur, exsules reducantur, res judicatæ rescindantur : quæ quum accidunt, nemo est, quin intelligat ruere illam rem publicam ; hæc ubi eveniunt, nemo est, qui ullam spem salutis reliquam esse arbitretur. Atque hæc sicubi facta sunt, facta sunt, ut homines populares aut nobiles supplicio aut exsilio levarentur ; at non ab his ipsis, qui judicassent ; at non statim ; at non eorum facinorum damnati, quæ ad vitam et omnium fortunas

damnés pour des crimes qui mettaient en danger la fortune et la vie de tous les citoyens. Mais ici nous voyons un attentat jusqu'alors inouï, un attentat de telle nature, que pour le rendre croyable, il faut nommer l'auteur : ce sont des esclaves que l'on délivre; celui qui les délivre est leur juge; ils sont arrachés du milieu du supplice, et leur complot menaçait la tête et la vie de tous les hommes libres.

O l'admirable général! et digne d'être comparé non plus au brave M'. Aquillius, mais aux Paul-Émile, aux Scipions, aux Marius. Tant de prévoyance au milieu des alarmes et des dangers de la province ! A peine s'est-il aperçu que la guerre allumée par les esclaves en Italie émeut les esprits en Sicile, comme il sait contenir leur audace par la terreur ! Il ordonne d'arrêter les séditieux : qui ne tremblerait ? Il cite les maîtres devant son tribunal : quoi de plus effrayant pour les esclaves ? Il prononce la culpabilité des prévenus; il paraît vouloir éteindre l'incendie qui menace dans le sang de quelques coupables mis à mort. Déjà sont préparés les fouets, les feux, les instruments de supplice destinés à punir les condamnés et à intimider les autres, la torture, la croix. Et tous ces supplices, ils en sont délivrés ! Qui doute que les esclaves n'aient été glacés d'épouvante, quand ils virent un préteur assez accommodant pour vendre leur grâce à des brigands, convaincus par

---

pertinerent. Hoc vero novum, et ejusmodi est, ut magis propter reum, quam propter rem ipsam credibile videatur ; ut homines servos ; ut ipse, qui judicarat ; ut statim e medio supplicio dimiserit ; ut ejus facinoris damnatos servos; quod ad omnium liberorum caput et sanguinem pertineret.

O præclarum imperatorem, nec jam cum M'. Aquillio, fortissimo viro, sed vero cum Paullis, Scipionibus, Mariis conferendum ! Tantumne vidisse in metu periculoque provinciæ? Quum servitiorum animos in Sicilia suspensos propter bellum Italiæ fugitivorum videret : ne quis se commovere auderet, quantum terroris injecit ? Comprehendi jussit : quis non pertimescat? causam dicere dominos : quid servis tam formidolosum ? Fecisse videri pronuntavit : exortam videtur flammam paucorum dolore ac morte restinxisse. Quid deinde sequitur? verbera, atque ignes, et illa extrema ad supplicium damnatorum, metum cæterorum, cruciatus, et crux : hisce omnibus suppliciis sunt liberati. Quis dubitet, quin servorum animos summa formidine oppresserit, quum viderent ea facilitate prætorem, ut ab eo sceleris conjurationisque damnatorum vita, vel ipso

lui-même de conspiration, et cela, par l'entremise du bourreau? Eh quoi! n'est-ce pas ainsi que vous en avez agi envers Aristodame d'Apollonie et Léonte de Mégare?

VII. Que dis-je? ce mouvement des esclaves, ces soupçons de guerre si soudainement conçus, ont-ils excité votre vigilance et vos soins pour la sûreté de votre province; ne vous ont-ils pas plutôt simplement fourni un nouveau prétexte de rapines? Eumenidas d'Halicye, homme honorable et distingué par sa naissance, a pour régir ses domaines un fermier qui, à votre instigation, s'est vu menacé d'une accusation. Son maître ne l'a tiré d'affaire qu'en vous donnant soixante mille sesterces; et lui-même naguère a déclaré, sur la foi du serment, comment la chose s'était passée. C. Matrinius, chevalier romain, était à Rome. En son absence, vous lui avez extorqué cent mille sesterces. Et pourquoi? Vous avez dit que ses pâtres et ses fermiers vous étaient devenus suspects. Le fait a été certifié par L. Flavius, qui vous a compté la somme comme intendant de C. Matrinius; il l'a été par Matrinius lui-même; il le sera par un témoin de la plus haute distinction, le censeur Cn. Lentulus, qui, plein d'estime pour Matrinius, vous a écrit, et fait écrire en sa faveur, dès le commencement de l'affaire.

Et votre conduite envers un citoyen de Panorme, Apollonius, fils de Dioclès, surnommé Geminus, peut-elle être passée sous silence? Est-il un fait plus notoire dans toute la Sicile? plus

---

carnifice internuntio, redimeretur? Quid? hoc in Apolloniensi Aristodamo? quid? in Leonte Megarensi non idem fecisti?

VII. Quid? iste motus servorum, bellique subita suspicio, utrum tibi tandem diligentiam custodiendæ provinciæ, an novam rationem improbissimi quæstus attulit? Halicyensis Eumenidæ, nobilis hominis et honesti, magnæ pecuniæ, villicus quum impulsu tuo insimulatus esset, HS LX millia a domino accepisti: quod nuper ipse juratus docuit, quemadmodum gestum esset. Ab equite Romano, C. Matrinio absente, quum is esset Romæ, quod ejus villicos pastoresque tibi in suspicionem venisse dixeras, HS centum millia abstulisti. Dixit hoc L. Flavius, qui tibi eam pecuniam numeravit, procurator C. Matrinii; dixit ipse C. Matrinius; dicet vir clarissimus Cn. Lentulus censor, qui Matrinii honoris causa, recenti negotio, ad te litteras misit, mittendasque curavit.

Quid? de Apollonio, Diocli filio, Panormitano, cui Gemino cognomen est, præterri potest? ecquid hoc tota Sicilia clarius? ecquid indignius? ecquid

révoltant, plus écrasant? A peine Verrès était-il entré dans Panorme, que, montant sur son tribunal, au milieu d'une foule immense qui couvrait la place, il lance un mandat contre Apollonius, et ordonne qu'il soit amené. Cet ordre excite les murmures : on se demande comment Apollonius, avec sa fortune, a échappé si longtemps à l'avidité du préteur. Il faut, disait-on, que Verrès ait réfléchi, qu'il médite quelque tour : car ce n'est assurément pas sans dessein qu'un riche propriétaire est cité si brusquement. On attendait le dénoûment avec impatience, lorsque soudain Apollonius, hors d'haleine, accourt avec son fils adolescent ; quant à son père, accablé de vieillesse, il ne quittait plus le lit depuis longtemps. Le préteur lui nomme un esclave qu'il prétend être l'inspecteur de ses troupeaux : c'est, dit-il, un conspirateur ; il a soulevé plusieurs bagnes d'esclaves. Or l'esclave en question n'existait point dans l'habitation. N'importe ; il faut le livrer sur-le-champ. Apollonius proteste qu'il n'a chez lui aucun esclave de ce nom. — Qu'on arrache cet homme du tribunal, qu'on le jette dans un cachot. — On entraîne le malheureux : lui de crier qu'il n'a rien fait, qu'il est innocent, qu'il a des billets à sa disposition, mais que, pour le moment, il n'a point d'argent comptant. Voilà ce qu'il attestait au milieu de la foule, si bien qu'il était clair pour tout le monde que c'était pour n'avoir pas donné d'argent qu'on lui faisait subir un si cruel outrage ;

---

manifestius proferri potest? Quem is, uti Panormum venit, ad se vocari, et de tribunali citari jussit, concursu magno frequentiaque conventus. Homines statim loqui ; mirari, quod Apollonius, homo pecuniosus, tamdiu ab isto maneret integer : excogitavit ; nescio quid attulit ; profecto homo dives repente a Verre non sine causa citatur. Exspectatio summa omnium, quidnam id esset ; quum exanimatus subito ipse accurrit cum adolescente filio : nam pater, grandis natu, jam diu lecto tenebatur. Nominat iste servum, quem magistrum pecoris esse diceret ; eum dicit conjurasse, et alias familias concitasse. Is omnino servus in familia non erat. Eum statim exhibere jubet. Apollonius affirmare, servum se omnino illo nomine habere neminem. Iste hominem abripi a tribunali, et in carcerem conjici jubet. Clamare ille, quum raperetur, nihil se miserum fecisse, nihil commisisse ; pecuniam sibi esse in nominibus ; numeratam in præsentia non habere. Hæc quum maxime summa hominum frequentia testificaretur, ut quivis intelligere posset, eum, quod pecuniam non dedisset, id-

et tandis qu'il attestait de toutes ses forces qu'il n'avait pas d'argent, on le chargea de fers.

VIII. Admirez la conduite conséquente du préteur, de ce préteur qu'on ne se borne pas à défendre comme un magistrat ordinaire, mais qu'on vante comme un général accompli. Dans un temps où l'on craignait une insurrection de la part des esclaves, il sévissait contre les maîtres sans les avoir jugés, et faisait grâce aux esclaves qu'il avait condamnés. Un riche propriétaire qui aurait perdu une fortune considérable, si les esclaves avaient allumé la guerre en Sicile, Apollonius, sous prétexte d'une guerre préparée par les esclaves, est jeté dans les fers, sans avoir pu rien dire pour sa défense; et des esclaves que, d'accord avec son conseil, il avait déclarés coupables de s'être concertés pour faire la guerre, de lui-même et sans prendre l'avis de son conseil, il les a délivrés de tout supplice.

Mais quoi? si Apollonius avait commis quelque faute qui méritât, en effet, d'être punie, ferai-je un crime au préteur de l'avoir jugé trop sévèrement? Non; je ne serai pas si rigoureux; non, je n'irai point, ainsi que les accusateurs le font d'ordinaire, calomnier la clémence et la taxer de faiblesse; je ne chercherai point, Verrès, à vous rendre odieux, en présentant un acte de sévérité comme un trait de barbarie. Non, je n'en userai pas ainsi, je

---

circo illa tam acerba injuria affici; quum maxime, ut dico, hoc de pecunia clamaret, in vincla conjectus est.

VIII. Videte constantiam prætoris, et ejus prætoris, qui nunc reus non ita defendatur, ut mediocris prætor, sed ita laudetur, ut optimus imperator. Quum servorum bellum metueretur, quo supplicio dominos indemnatos afficiebat, hoc servos damnatos liberabat. Apollonium, locupletissimum hominem, qui, si fugitivi bellum in Sicilia facerent, amplissimas fortunas amitteret, belli fugitivorum nomine, indicta causa, in vincla conjecit : servos, quos ipse cum consilio, belli faciendi causa, consensisse judicavit, eos sine consilii sententia, sua sponte, omni supplicio liberavit.

Quid ? si ab Apollonio aliquid commissum est, quamobrem jure in cum animadverteretur, tamenne hanc rem sic agemus, ut crimini aut invidiæ reo putemus esse oportere, si quo de homine severius judicavit? Non agam tam acerbe; non utar ista accusatoria consuetudine, si quid est factum clementer, ut dissolute factum criminer; si quid vindicatum severe est, ut ex eo crudelitatis invidiam colligam. Non agam ista ratione : tua sequar judicia; tuam de-

respecterai vos arrêts, je prendrai la défense de votre autorité autant que vous le voudrez. Mais, lorsqu'il vous plaira d'annuler vos propres actes, ne trouvez point mauvais que je n'en tienne aucun compte ; car alors j'aurai le droit de prétendre que celui qui a prononcé lui-même sa condamnation, doit être, à plus forte raison, condamné par les juges que le serment oblige à ne consulter que l'équité dans leurs sentences.

Je ne défendrai point la cause d'Apollonius, quoiqu'il soit mon hôte et mon ami, de peur de paraître m'élever contre vos décisions ; je ne dirai rien de ses habitudes de simplicité, de probité, d'activité ; je n'insisterai pas sur une observation que j'ai déjà faite; à savoir que, sa fortune consistant en esclaves, en troupeaux, en métairies, en obligations, personne n'était plus intéressé que lui à ce qu'il n'y eût en Sicile aucune espèce de soulèvement ni de guerre; je ne dirai pas qu'Apollonius, eût-il été coupable, un homme si considéré dans une ville qui jouit elle-même d'une si haute considération, ne devait pas être puni avec tant de rigueur, sans avoir été entendu. Je ne chercherai pas à exciter contre vous l'indignation publique, en rappelant que, lorsqu'un citoyen de ce caractère était plongé dans les ténèbres, dans la fange d'un cachot, vos ordres tyranniques ne permirent ni à son père, déjà courbé sous le poids des ans, ni à son fils encore dans la fleur de l'âge, d'aller le consoler; je ne dirai pas même que tou-

fendam auctoritatem, quoad tu voles. Simul ac tute cœperis tua judicia rescindere, mihi succensere desinito : meo enim jure contendam, cum, qui suo judicio condemnatus sit, juratorum judicum sententiis damnari oportere.

Non defendam Apollonii causam, amici atque hospitis mei, ne tuum judicium videar rescindere ; nihil de hominis frugalitate, virtute, diligentia dicam; prætermittam illud etiam, de quo antea dixi, fortunas ejus ita constitutas fuisse, familia, pecore, villis, pecuniis creditis, ut nemini minus expediret, ullum in Sicilia tumultum aut bellum commoveri ; non dicam ne illud quidem, si maxime in culpa fuerit Apollonius, tamen in hominem honestissimum, civitatis honestissimæ, tam graviter animadverti, causa indicta, non oportuisse. Nullam invidiam in te, ne ex illis quidem rebus concitabo, quum esset talis vir in carcere, in tenebris, in squalore, in sordibus, tyrannicis interdictis tuis, patri exacta ætate, et adolescenti filio, adeundi ad illum miserum potestatem nunquam esse factam : etiam illud præteribo, quotiescumque Panormum veneris illo anno et sex mensibus — nam tamdiu fuit in carcere Apollonius, — toties ad te senatum

tes les fois que vous êtes venu à Panorme dans le cours de cette année, et pendant les six premiers mois de l'année suivante, — car la captivité d'Apollonius n'a pas duré moins de temps, — le sénat de Panorme s'est présenté devant vous en habits de deuil, escorté des magistrats et des ministres publics de la religion, pour vous prier, vous conjurer de mettre un terme aux souffrances de leur malheureux et innocent concitoyen. Je n'entrerai point dans tous ces détails, qui, si je voulais les retracer, démontreraient, Verrès, que par votre cruauté envers les autres, vous vous êtes fermé dès longtemps tout accès à la commisération des juges.

IX. Je vous fais donc grâce de tout cela : aussi bien je prévois ce que m'opposera Hortensius. Il avouera que ni la vieillesse du père, ni l'âge tendre du fils, ni les larmes de l'un et de l'autre n'ont prévalu dans l'esprit de Verrès sur l'intérêt et le salut de la province; il dira que, sans la crainte et la sévérité, il est impossible de gouverner; il demandera pourquoi les faisceaux sont portés devant les préteurs, pourquoi on leur a donné des haches, pourquoi l'on a bâti des prisons, pourquoi nos ancêtres ont décrété tant de supplices contre les coupables? Lorsqu'il aura fait toutes ces questions d'une voix imposante et grave, moi aussi je lui demanderai pourquoi tout à coup, grâce au même Verrès, sans aucun nouvel incident, sans justification, sans procédure, Apollonius a été élargi. Une telle con-

---

Panormitanum adiisse supplicem cum magistratibus sacerdotibusque publicis, orantem atque obsecrantem, ut aliquando ille miser atque innocens calamitate illa liberaretur : relinquam hæc omnia, quæ si velim persequi, facile ostendam, tua crudelitate in alios, omnes tibi aditus misericordiæ judicum jampridem esse præclusos.

IX. Omnia igitur ista concedam, et remittam : prævideo enim, quid sit defensurus Hortensius : fatebitur, apud istum neque senectutem patris, neque adolescentiam filii, neque lacrymas utriusque plus valuisse, quam utilitatem salutemque provinciæ; dicet, rem publicam administrari sine metu ac severitate non posse; quæret, quamobrem fasces prætoribus præferantur, cur secures datæ, cur carcer ædificatus, cur tot supplicia sint in improbos more majorum constituta? Quæ quum omnia graviter severeque dixerit, quæram, cur hunc eumdem Apollonium Verres idem, repente, nulla nova re allata, nulla defensione, sine causa, de carcere emitti jusserit? tantumque in hoc crimine

duite, je ne crains pas de l'affirmer, fait naître de si graves soupçons, que, renonçant à toute argumentation, je m'en rapporte à la sagacité des juges, pour qu'ils décident eux-mêmes combien ce nouveau genre de brigandage est criminel, infâme et révoltant, et quel vaste champ, quelle carrière immense il ouvre à la rapacité.

En effet, que de vexations n'a-t-il pas fait d'abord subir à Apollonius? Quelques mots suffiront, juges, pour vous en donner une idée ; puis évaluez, comptez ce que ce trafic a dû produire. Vous trouverez que tant d'iniquités n'ont été accumulées sur la tête d'un homme aussi riche que pour faire craindre à tous les autres le même traitement, et pour leur mettre sous les yeux les dangers qui les menacent. D'abord nous avons une accusation soudaine, capitale, dangereuse. Établissez, si vous pouvez, à quel prix on a pu s'en racheter, et combien de gens ont payé pour n'en être pas atteints. Viennent ensuite un procès intenté sans accusateurs, une sentence rendue sans assesseurs, une condamnation prononcée sans défense. Mettez un prix à chacune de ces iniquités, et songez que si Apollonius en a été seul victime, d'autres, et certes le nombre en est grand, n'ont pu s'en préserver qu'à force d'argent. Représentez-vous enfin les ténèbres, les chaînes, la prison, le secret, le supplice de ne voir ni parents, ni enfants, de ne plus respirer un air libre,

---

suspicionis esse affirmabo, ut jam ipsis judicibus sine mea argumentatione conjecturam facere permittam , quod hoc genus prædandi, quam improbum, quam indignum, quamque ad magnitudinem quæstus immensum infinitumque esse videatur.

Nam quæ iste in Apollonio fecit, ea primum breviter cognoscite, quot et quanta sint ; deinde hæc expendite atque æstimate pecunia : reperietis idcirco hæc in uno homine pecunioso tot constituta, ut cæteris formidines similium incommodorum, atque exempla periculorum proponerentur. Primum insimulatio est repentina, capitalis, atque invidiosi criminis. Statuite, quanti hoc putetis, et quam multos redemisse. Deinde crimen sine accusatore, sententia sine consilio, damnatio sine defensione. Æstimate harum rerum omnium pretia ; et cogitate, in his iniquitatibus unum hæsisse Apollonium, cæteros profecto multos ex his incommodis pecunia se liberasse. Postremo tenebræ, vincula, carcer, inclusum supplicium, atque a conspectu parentum ac liberum, denique a libero spiritu, et communi luce seclusum. Hæc vero, quæ vel vita

d'être privé de la lumière commune à tous les hommes. Ces souffrances, qu'on rachèterait au prix de sa vie, je ne saurais les estimer en argent. Apollonius s'en est racheté, bien tard il est vrai, lorsque le chagrin et les tortures l'avaient déjà presque anéanti ; mais du moins il a appris à ses concitoyens à se mettre en garde contre la cupidité et la scélératesse du préteur : car vous ne croyez pas, sans doute, qu'un homme si opulent ait été choisi sans aucun motif d'intérêt pour devenir l'objet d'une accusation si peu vraisemblable ; que, sans le même motif, il ait été tout à coup mis hors de prison ; ou que Verrès ait voulu seulement essayer sur Apollonius un nouveau genre de brigandage, et non effrayer par son exemple tous les riches habitants de la Sicile.

X. Je désire, juges, que Verrès vienne au secours de ma mémoire, si, dans le tableau de sa gloire militaire, quelque trait a pu m'échapper. Mais il me semble que j'ai rappelé tous ses exploits dans la guerre dont les esclaves furent soupçonnés d'avoir eu l'idée ; du moins, je n'ai rien omis volontairement. Maintenant que sa prévoyance, son activité, sa vigilance, son zèle pour la sûreté et la défense de sa province vous sont bien connus, il est essentiel, puisqu'on distingue plusieurs classes de généraux, que vous sachiez à laquelle il appartient. Oui, dans un siècle où nous avons si peu de grands capitaines, il convient que le mérite d'un pareil général ne reste pas plus longtemps ignoré.

redimi recte possunt, æstimare pecunia non queo. Hæc omnia sero redemit Apollonius, jam mœrore ac miseriis perditus ; sed tamen cæteros docuit, ante istius avaritiæ ac sceleri occurrere. Nisi vero existimatis, hominem pecuniosissimum sine aliqua causa quæstus electum ad tam incredibile crimen, aut sine eadem causa repente e carcere emissum, aut hoc prædandi genus ab isto in illo uno adhibitum ac tentatum, et non per illum omnibus pecuniosis Siculis metum propositum et injectum.

X. Cupio mihi, judices, ab illo subjici, quoniam de militari ejus gloria dico, si quid forte prætereo. Nam mihi videor de omnibus jam rebus ejus gestis dixisse, quæ quidem ad belli fugitivorum pertinerent suspicionem : certe nihil sciens prætermisi. Habetis hominis consilia, diligentiam, vigilantiam, custodiam, defensionemque provinciæ. Summa illuc pertinet, ut sciatis, quoniam plura genera sunt imperatorum, ex quo genere iste sit. Ne diutius in tanta penuria virorum fortium talem imperatorem ignorare possitis : non

Il ne s'agit ici, juges, ni de la prudence de Q. Maximus, ni de l'activité du premier Africain, ni de l'admirable sagesse du second, ni de la tactique et de la discipline sévère de Paul-Émile, ni de l'impétuosité et de la bravoure de C. Marius : c'est un mérite d'un autre genre ; et vous allez juger combien il importe de le conserver à la république.

Les marches sont peut-être ce qu'il y a de plus pénible à la guerre ; c'est une fatigue inévitable, surtout en Sicile. Apprenez, juges, combien Verrès a su se les rendre faciles, agréables même, par ses prévoyantes combinaisons. D'abord pour l'hiver, afin de s'assurer un abri contre la rigueur du froid, la violence des tempêtes et le débordement des rivières, voici l'expédient qu'il avait imaginé. Il avait établi sa résidence à Syracuse, et vous savez que cette ville est située dans un si heureux climat, sous un ciel si pur et si serein, que l'on ne cite pas un seul jour, pas même un jour d'orage, où le soleil ne se montre au moins quelques instants. C'est là que notre grand général passait sa vie pendant les mois d'hiver, et de telle façon qu'il n'était pas facile de le voir, je ne dis pas seulement hors de son palais, mais hors de son lit : les journées de cette saison sont si courtes ! il les consumait en festins, et les nuits en désordres, en débauches de toute espèce. Le printemps venu, — et pour lui, cette saison ne s'annonçait point par le retour du zéphyr ou

ad Q. Maximi sapientiam, neque ad illius superioris Africani in re gerenda celeritatem, neque ad hujus, qui postea fuit, singulare consilium, neque ad Paulli rationem ac disciplinam, neque ad C. Marii vim atque virtutem ; sed aliud genus imperatoris sane diligenter retinendum et conservandum, quæso, cognoscite.

Itinerum primum laborem, qui vel maximus est in re militari, judices, et in Sicilia maxime necessarius, accipite, quam facilem sibi iste et jucundum ratione consilioque reddiderit. Primum temporibus hibernis, ad magnitudinem frigorum, et ad tempestatum vim ac fluminum, præclarum sibi hoc remedium compararat. Urbem Syracusas elegerat, cujus hic situs, atque hæc natura esse loci cœlique dicitur, ut nullus unquam dies tam magna turbulentaque tempestate fuerit, quin aliquo tempore ejus diei solem homines viderint. Hic ita vivebat iste bonus imperator hibernis mensibus, ut eum non facile, non modo extra tectum, sed ne extra lectum quidem quisquam videret : ita diei brevitas conviviis, noctis longitudo stupris et flagitiis conterebatur. Quum autem ver esse cœperat, cujus initium iste non a Favonio, neque ab aliquo

par le lever de quelque signe céleste ; le printemps commençait lorsqu'il avait vu les roses s'épanouir — alors il se mettait en marche, et, dans ces voyages, il se montrait tellement actif, infatigable, que jamais personne ne le rencontra à cheval.

XI. A l'exemple des rois de Bithynie, mollement étendu dans une litière à huit porteurs, il reposait sur des coussins d'étoffe transparente et remplis de roses de Malte. Une guirlande sur la tête, une autre autour du cou, à la main un sachet, il savourait le parfum des roses, qui s'exhalait à travers les mailles de ce léger tissu. Parvenu au terme de sa marche, lorsqu'il était arrivé dans une ville, la litière le déposait jusque dans sa chambre à coucher. Là se rendaient les magistrats de la province et les chevaliers romains, ainsi que beaucoup de témoins vous l'ont déclaré sur la foi du serment. On venait lui rapporter à huis clos les affaires en litige, et un instant après, la sentence était rendue publique. Quand il avait ainsi passé quelques moments, non pas à rendre, mais à vendre la justice, il croyait que le reste du jour appartenait de droit à Vénus et à Bacchus.

Je ne dois pas oublier une précaution singulièrement ingénieuse de ce grand capitaine. Sachez qu'il n'y avait en Sicile aucune des villes de guerre où les préteurs sont dans l'usage de séjourner et de tenir leurs assises, aucune, dis-je, dans la-

<hr />

astro notabat; sed, quum rosam viderat, tunc incipere ver arbitrabatur : dabat se labori atque itineribus; in quibus usque eo se præbebat patientem atque impigrum, ut cum nemo unquam in equo sedentem videret.

XI. Nam, ut mos fuit Bithyniæ regibus, lectica octophoro ferebatur, in qua pulvinus erat perlucidus, Melitensi rosa fartus : ipse autem coronam habebat unam in capite, alteram in collo, reticulumque ad nares sibi admovebat, tenuissimo lino, minutis maculis, plenum rosæ. Sic confecto itinere, quum ad aliquod oppidum venerat, eadem lectica usque in cubiculum deferebatur. Eo veniebant Siculorum magistratus, veniebant equites Romani, id quod ex multis juratis audistis; controversiæ secreto deferebantur; paullo post palam decreta auferebantur; deinde, ubi paullisper in cubiculo, pretio, non æquitate jura descripserat, Veneri jam et Libero reliquum tempus deberi arbitrabatur.

Quo loco mihi non prætermittenda videtur præclari imperatoris egregia ac singularis diligentia. Nam scitote esse oppidum in Sicilia nullum ex iis oppidis, in quibus consistere prætores et conventum agere solent, quo in oppido non

quelle quelque femme de bonne maison ne fût mise en réserve pour ses plaisirs. Ce n'est pas qu'il n'en vînt plusieurs prendre publiquement part à ses orgies ; mais celles qui conservaient encore quelque pudeur ne se rendaient chez lui qu'à certaines heures, pour éviter les regards et la foule. Quant à ces repas, ils ne se faisaient remarquer ni par ce silence qui annonce la présence de nos préteurs et de nos généraux, ni par cette convenance qu'on voit régner d'ordinaire à la table de nos magistrats ; c'étaient des vociférations, c'était un conflit de bruyants quolibets : quelquefois même des paroles on en venait aux coups, et il s'engageait de véritables batailles : car ce préteur exact et scrupuleux, qui n'avait jamais obéi aux lois du peuple romain, se montrait rigide observateur des lois établies par le roi du festin. Aussi arrivait-il souvent, à la fin du repas, que plusieurs convives étaient emportés de la salle couverts de blessures, d'autres laissés pour morts ; la plupart demeuraient étendus sans connaissance, et presque sans vie : on aurait cru voir, non la table d'un préteur, mais une autre plaine de Cannes jonchée de morts par la débauche.

XII. Vers la fin de l'été, saison que les magistrats de la Sicile sont dans l'usage de consacrer à leurs tournées, parce qu'ils croient devoir choisir, pour visiter la province, l'époque où les blés sont dans les aires, — c'est le moment où les esclaves sont rassemblés,

---

isti ex aliqua familia non ignobili delecta ad libidinem mulier esset. Itaque nonnullæ ex eo numero in convivium adhibebantur palam : si quæ castiores erant, ad tempus veniebant ; lucem, conventumque vitabant. Erant autem convivia, non illo silentio prætorum atque imperatorum, neque eo pudore, qui in magistratuum conviviis versari solet, sed cum maximo clamore atque convicio : nonnunquam etiam res ad manus atque ad pugnam veniebat. Iste enim prætor severus ac diligens, qui populi Romani legibus nunquam paruisset, illis diligenter legibus, quæ in poculis ponebantur, obtemperabat. Itaque erant exitus ejusmodi, ut alius inter manus e convivio, tanquam e prœlio, auferretur ; alius, tanquam occisus, relinqueretur ; plerique fusi sine mente, ac sine ullo sensu jacerent : quivis ut, quum aspexisset, non se prætoris convivium, sed ut Cannensem pugnam nequitiæ videre arbitraretur.

XII. Quum vero æstas summa esse jam cœperat, quod tempus omne Siciliæ semper prætores in itineribus consumere consueverunt, propterea quod tum putant obeundam esse maxime provinciam, quum in areis frumenta sunt,

où l'on peut s'assurer de leur nombre, juger de leurs travaux d'après la récolte, et puis le temps est favorable ; — dans cette saison, dis-je, où tous les préteurs parcourent le pays, ce général, d'une espèce toute nouvelle, allait se cantonner dans le plus délicieux bosquet de Syracuse, vers la pointe de l'île, près de l'entrée du port, à l'endroit même où les flots de la haute mer commencent à se replier vers le rivage pour former le golfe. Il y faisait dresser des tentes formées du tissu le plus fin ; et c'est là que du palais prétorial, ancienne résidence du roi Hiéron, il allait se dérober à tous les regards. Nul ne pouvait pénétrer dans cette retraite, à moins d'être le compagnon ou le ministre de ses débauches. Là se rassemblaient toutes les femmes avec lesquelles il entretenait un commerce habituel, et le nombre en était incroyable à Syracuse. Là se rendaient aussi tous les hommes dignes de partager son amitié, sa table et ses plaisirs. — C'est au milieu d'une telle société que vivait son fils, déjà dans l'âge des passions, sans doute, afin que, si la nature l'avait formé sur un autre modèle que son père, l'habitude et l'éducation le forçassent à lui ressembler. — Là fut amenée la courtisane Tertia, que Verrès avait enlevée adroitement à un musicien de Rhodes. Et il parait qu'elle causa dans le camp les plus grands troubles. C'était pour l'épouse du Syracusain Cléomène et pour

quod et familiæ congregantur, et magnitudo servitii perspicitur, et labor operis maxime offenditur, et frumenti copia commonet, tempus anni non impedit : tum, inquam, quum concursant cæteri prætores, iste novo quodam ex genere imperator, pulcherrimo Syracusarum luco stativa sibi castra faciebat. Nam in ipso aditu atque ore portus, ubi primum ex alto sinus ad urbem ab litore inflectitur, tabernacula carbaseis intenta velis collocabat. Huc ex illa domo prætoria, quæ regis Hieronis fuit, sic emigrabat, ut per eos dies nemo isum extra illum locum videre posset : in eum autem ipsum lucum aditus erat nemini, nisi qui aut socius, aut minister libidinis esse posset. Huc omnes mulieres, quibuscum iste consueverat, conveniebant, quarum incredibile est quanta multitudo fuerit Syracusis ; huc homines digni istius amicitia, digni vita illa conviviisque veniebant. Inter ejusmodi viros ac mulieres, adulta ætate filius versabatur : ut cum, etiamsi natura a parentis similitudine abriperet, consuetudo tamen ac disciplina patri similem esse cogeret. Ibi Tertia illa perducta per dolum atque insidias ab Rhodio tibicine, maximas in istius castris effecisse turbas dicitur, quum indigne pateretur uxor Cleomonis Syracusani, nobilis mulier, itemque Æschrionis, honesto loco

celle d'Æschrion, toutes deux nobles et de bonne maison, un cruel sujet de dépit de voir la fille du mime Isidore admise dans leur société. Mais notre moderne Annibal, qui n'admettait dans son camp que la rivalité du mérite, et point celle de la naissance, avait pris cette Tertia en si grande affection, qu'il l'emmena avec lui quand il quitta la province.

XIII. C'est ainsi que Verrès passait toute la saison, en manteau de pourpre, en tunique flottante, à table, au milieu de ces femmes ; et le public était loin de se plaindre. On souffrait sans peine que le préteur ne parût point dans le forum ; qu'il n'y eût ni audiences, ni jugements rendus ; que tout le rivage retentît du chant des femmes et du son des instruments, tandis qu'un profond silence régnait dans les tribunaux. Oui, juges, on était loin de s'en plaindre ; car ce n'étaient ni les lois, ni la justice, qui étaient absentes du forum, mais la violence, la cruauté et les déprédations.

Voilà donc, Hortensius, celui que vous défendez comme un grand général, celui dont vous vous efforcez de couvrir les larcins, les rapines, la cupidité, la cruauté, l'insolence despotique, la scélératesse, l'audace, par l'éclat des exploits et le titre de grand capitaine ! Sans doute je dois craindre ici que pour terminer votre défense, renouvelant la scène pathétique d'Antoine, vous n'alliez produire Verrès devant l'assemblée, lui découvrir la poitrine, étaler sous les yeux du peuple romain les blessures

nata, in conventum suum mimi Isidori filiam venisse. Iste autem Annibal, qui in suis castris virtute putaret oportere, non genere certari, sic hanc Tertiam dilexit, ut eam secum ex provincia deportaret.

XIII. Ac per eos dies, quum iste cum pallio purpureo talarique tunica versaretur in conviviis muliebribus, non offendebantur homines in eo; neque moleste ferebant, abesse a foro magistratum; non jus dici, non judicia fieri locum illum littoris percrepare totum mulierum vocibus, cantuque symphoniæ ; in foro, silentium esse summum causarum atque juris, non ferebant homines moleste ; non enim jus abesse videbatur a foro, neque judicia ; sed vis, et crudelitas, et bonorum acerba atque indigna direptio.

Hunc tu igitur imperatorem esse defendis, Hortensi? hujus furta, rapinas, cupiditatem, crudelitatem, superbiam, scelus, audaciam, rerum gestarum magnitudine atque imperatoriis laudibus tegere conaris? Hic scilicet est metuendum, ne, ad exitum defensionis tuæ, vetus illa Antoniana dicendi ratio atque auctoritas proferatur : ne excitetur Verres, ne denudetur a pectore, ne

que lui ont imprimées les morsures passionnées de ses femmes et les traces honteuses de ses débauches.

Fassent les dieux que vous osiez parler de ses services, de ses exploits guerriers! On connaîtra toutes les peccadilles de ses anciennes campagnes; on verra ce qu'il a fait, non-seulement lorsqu'il commandait en chef, mais lorsqu'il n'était que simple soldat; on se rappellera ses premières armes, ce temps où il s'esquivait du forum, non pas, comme il s'en vante, pour aller livrer des assauts, mais pour en soutenir; on n'oubliera pas le camp du joueur de Plaisance, où, malgré son assiduité, il se vit privé de sa paye; on saura tout ce que lui ont coûté ses premiers débuts dans le service, et comment il est venu à bout de réparer tant de pertes par le trafic qu'il faisait de sa jeunesse. Plus tard, lorsqu'il se fut endurci à force de souffrir l'infamie, et de satisfaire non point ses passions, mais celles des autres, dirai-je ce qu'il fut, que de places, que de barrières élevées par la pudeur tombèrent devant sa vigueur et son audace! Dois-je, pour révéler sa honte, flétrir ceux qui l'ont partagée? Non, juges, je ne vous décrirai point ses anciennes prouesses. Je me bornerai à choisir deux faits parmi les plus récents, lesquels, sans compromettre personne, suffiront pour vous donner une idée de tous les autres. Le premier est si notoire, si public, que, de tous les habitants de nos villes municipales qui vinrent pour

---

cicatrices populus Romanus aspiciat, ex mulierum morsu, vestigia libidinis atque nequitiæ.

Di faciant, ut rei militaris, ut belli mentionem facere audeas! Cognoscentur enim omnia istius æra illa vetera, ut, non solum in imperio, verum etiam in stipendiis qualis fuerit, intelligatis; renovabitur prima illa militia, quum iste e foro abduci, non, ut ipse prædicat, perduci solebat; aleatoris Placentini castra commemorabuntur, in quibus quum frequens fuisset, tamen ære dirutus est; multa ejus in stipendiis damna proferentur, quæ ab isto, ætatis fructu, dissoluta et compensata sunt. Jam vero, quum in ejusmodi patientia turpitudinis, aliena, non sua satietate obduruisset; qui vir fuerit, quot præsidia, quam munita, pudoris et pudicitiæ, vi et audacia ceperit, quid me attinet dicere, aut conjungere cum istius flagitio cujusquam præterea dedecus? Non faciam, judices; omnia vetera prætermittam; duo sola recentia sine cujusquam infamia ponam; ex quibus conjecturam facere de omnibus possitis: unum illud, quod ita fuit illustre notumque omnibus, ut nemo tam rusti-

quelque procès à Rome, sous le consulat de L. Lucullus et de M. Cotta, il n'en est pas un, si peu clairvoyant qu'il fût, qui ne sache que le préteur de Rome ne prononçait point d'arrêt sans avoir reçu l'assentiment et pris l'ordre de la courtisane Chélidon. Le second fait, c'est qu'après être sorti de nos murs en costume de général, après avoir prononcé les vœux solennels pour le succès de son administration et pour la prospérité de la république, Verrès, au mépris des lois, au mépris des auspices, au mépris de ce que tout le ciel et la terre ont de plus sacré, rentrait chaque nuit en litière dans Rome, rappelé par sa passion adultère auprès d'une femme qui, l'épouse d'un seul, se donnait à tout le monde.

XIV. Dieux immortels! combien les hommes diffèrent entre eux de principes et d'intentions! Puissent votre approbation et celle du peuple romain répondre aux sentiments qui m'animent et à mes espérances, comme il est vrai que le peuple romain ne m'a confié encore aucune magistrature, que je n'aie pris l'engagement sacré d'en remplir les devoirs! Quand je fus nommé questeur, je regardai cette dignité, non comme un don, mais comme un dépôt dont j'avais à rendre compte. Tant qu'a duré mon administration en Sicile, je me suis persuadé que tout le monde avait les yeux fixés sur moi; que ma personne, ma questure étaient en spectacle à l'univers; et, dans cette conviction, je me suis refusé non-seulement tout ce qui

canus homo, L. Lucullo et M. Cotta consulibus, Romam ex ullo municipio vadimonii causa venerit, quin sciret, jura omnia prætoris urbani, nutu atque arbitrio Chelidonis meretriculæ gubernari; alterum, quod, quum paludatus exisset, votaque pro imperio suo, communique populi Romani nuncupasset, noctu, stupri causa, lectica in urbem introferri solitus est ad mulierem, nuptam uni, propositam omnibus, contra fas, contra auspicia, contra omnes divinas atque humanas relligiones.

XIV. O di immortales! quid interest inter mentes hominum et cogitationes? Ita mihi meam voluntatem, spemque reliquæ vitæ, vestra populique Romani existimatio comprobet, ut ego, quos adhuc mihi magistratus populus Romanus mandavit, sic eos accepi, ut me omnium officiorum obstringi relligione arbitrarer! Ita quæstor sum factus, ut mihi honorem illum non tam datum, quam creditum ac commissum putarem. Sic obtinui quæsturam in provincia Sicilia, ut omnium oculos in me unum conjectos arbitrarer; ut me, quæstoramque meam quasi in aliquo orbis terræ theatro versari existimarem; ut omnia sem-

peut flatter les passions désordonnées, mais jusqu'aux douceurs dont la nature semble faire un besoin.

Aujourd'hui, édile désigné, j'envisage l'étendue des devoirs qui me sont imposés, je considère qu'il me faut célébrer avec la plus grande pompe des jeux solennels en l'honneur de Cérès, de Bacchus et de Proserpine; rendre par une fête auguste la déesse Flore propice au peuple romain, et surtout à l'ordre des plébéiens; faire représenter avec l'appareil le plus imposant et le plus religieux, au nom de Jupiter, de Junon et de Minerve, nos jeux les plus antiques, et qui les premiers ont été appelés Romains; veiller à l'entretien des temples; étendre mes soins à toute la police de Rome. Je sais que, pour récompense de ces importantes et pénibles fonctions, on m'accorde le droit d'opiner un des premiers dans le sénat, la robe prétexte, la chaise curule, le privilége de transmettre avec mes images un nom illustre à la postérité. Veuillent les dieux m'être favorables, comme il est vrai que, si doux qu'il soit pour moi de me voir honoré par le peuple romain d'une telle charge, elle ne me cause pas moins d'inquiétude que de plaisir, et me fait redoubler d'efforts pour qu'elle paraisse non m'avoir été donnée au hasard, et parce qu'il fallait qu'elle échût à quelque candidat, mais déférée, par l'estime motivée du peuple, à celui qui en était vraiment digne.

per, quæ jucunda videntur esse, non modo his extraordinariis cupiditatibus, sed etiam ipsi naturæ ac necessitati denegarem.

Nunc sum designatus ædilis; habeo rationem, quid a populo Romano acceperim : mihi ludos sanctissimos maxima cum cærimonia Cereri, Libero, Liberæque faciundos; mihi Floram matrem populo plebique Romanæ ludorum celebritate placandam; mihi ludos antiquissimos, qui primi Romani sunt nominati, maxima cum dignitate ac religione Jovi, Junoni, Minervæque esse faciundos; mihi sacrarum ædium procurationem, mihi totam urbem tuendam esse commissam : ob earum rerum laborem et sollicitudinem fructus illos datos, antiquiorem in senatu sententiæ dicendæ locum, togam prætextam, sellam curulem, jus imaginis ad memoriam posteritatemque prodendæ. Ex his ego rebus omnibus, judices, ita mihi deos omnes propitios esse velim, ut, tametsi mihi jucundissimus est honos populi, tamen nequaquam tantum capio voluptatis, quantum sollicitudinis et laboris, ut hæc ipsa ædilitas, non, quia necesse fuerit, alicui candidato data, sed, quia sic oportuerit, recte collocata, et judicio populi in loco posita esse videatur.

2.

XV. Et vous, lorsque vous avez été proclamé préteur, — je n'examine pas par quel moyen ; je veux bien passer sous silence certaines circonstances de votre élection ; — mais enfin lorsque vous avez été proclamé préteur, la voix du crieur public, qui tant de fois prononça que les centuries des vieillards et des jeunes gens vous déféraient cet honneur, n'a pu réveiller votre inertie, ni vous faire comprendre qu'une partie de la république était déposée entre vos mains, et que cette année-là, du moins, vous deviez vous abstenir de paraître dans la maison d'une prostituée. Quand le sort vous a assigné le département de la justice, vous n'avez point réfléchi à l'importance du ministère, à la grandeur du fardeau qui vous était imposé ; vous n'avez pas senti, si toutefois votre léthargie vous permettait de sentir quelque chose, qu'un emploi difficile à remplir, même pour la sagesse et l'intégrité, se trouvait, en votre personne, dévolu à la perversité et à la folie. Et, non-seulement vous n'avez pas voulu que, pendant votre préture, la Chélidon fût expulsée de votre maison, mais vous avez transporté votre préture dans le domicile même de cette courtisane.

Vous fûtes ensuite envoyé en Sicile. Là il ne vous est jamais entré dans l'esprit que les faisceaux, les haches, le pouvoir militaire, tout l'appareil enfin du pouvoir, ne vous avaient pas été donnés pour employer l'autorité publique à la ruine de la justice, des mœurs et de l'honneur, pour faire votre proie de

---

XV. Tu, quum esses prætor renuntiatus quoquo modo — mitto enim et prætereo, quid tum sit actum ; — sed quum esses renuntiatus, ut dixi, non ipsa præconis voce excitatus es, qui te toties seniorum juniorumque centuriis illo honore affici pronuntiavit, ut hoc putares, aliquam rei publicæ partem tibi creditam? annum tibi illum unum domo carendum ess meretricis ? Quum tibi sorte obtigisset, ut jus diceres ; quantum negotii, quid oneris haberes, nunquam cogitasti ; neque illud rationis habuisti, si forte expergefacere te posses, eam provinciam, quam tueri singulari sapientia atque integritate difficile esset, ad summam stultitiam nequitiamque venisse? Itaque non modo domo tua Chelidonem in prætura extrudere noluisti, sed in Chelidonis domum præturam tuam totam detulisti.

Secuta provincia est ; in qua tibi nunquam venit in mentem, non tibi idcirco fasces, et secures, et tantam imperii vim, tantamque ornamentorum omnium dignitatem datam, ut earum rerum vi et auctoritate omnia repagula

toutes les propriétés privées, pour qu'il n'y eût plus personne dont la fortune fût assurée, personne dont la maison fût fermée, personne dont la vie fût préservée, personne dont la chasteté fût respectée, toutes les fois qu'il plairait à vos passions fougueuses et à votre audace d'y porter atteinte. Telle a été votre conduite, que, poursuivi de toutes parts, il ne vous reste plus d'autre refuge que la guerre des esclaves : et déjà vous reconnaissez que cette guerre, bien loin d'être pour vous un moyen de défense, prête une nouvelle force à votre accusateur ; à moins peut-être que vous ne parliez de cette poignée d'esclaves battus à l'échauffourée de Temsa. La fortune, il est vrai, en les amenant près de cette ville, vous avait fourni une belle occasion d'étouffer le mal dans son germe, si vous aviez eu quelque courage et quelque activité ; mais tel on vous a toujours vu, tel vous vous êtes montré dans cette circonstance.

XVI. Les députés de Valence s'étant rendus auprès de vous, M. Marius, homme éloquent et d'une naissance distinguée, vous pria, au nom de ses concitoyens, de vous mettre à leur tête, en votre qualité de préteur et de général, pour exterminer cette poignée de rebelles. Non-seulement vous vous refusâtes à ses instances, mais vous restâtes sur le rivage, à la vue de tout le monde, avec cette Tertia que vous traîniez à votre suite. Quant aux députés de Valence, ce municipe illustre et respectable, qui venaient vous entretenir d'un objet si important, ils n'obtinrent

juris, pudoris et officii perfringeres ; ut omnium bona, prædam tuam duceres ; nullius res tuta, nullius domus clausa, nullius vita septa, nullius pudicitia munita contra tuam cupiditatem et audaciam posset esse : in qua tu te ita gessisti, ut, quum omnibus teneare rebus, ad bellum fugitivorum confugias. Ex quo jam intelligis, non modo tibi nullam defensionem, sed maximam vim criminum exortam : nisi forte Italici belli fugitivorum reliquias, atque illud Temsanum incommodum proferes ; ad quod recens quum te peropportune fortuna obtulisset, si quid in te virtutis atque industriæ fuisset, idem, qui semper fueras, inventus es.

XVI. Quum ad te Valentini venissent, et pro his homo disertus et nobilis, M. Marius, loqueretur, ut negotium susciperes, ut, quum penes te prætorium, imperium ac nomen esset, ad illam parvam manum exstinguendam, ducem te principemque præberes ; non modo id refugisti, sed eo ipso tempore, quum esses in littore, Tertia illa tua quam tecum deportabas, erat in omnium conspectu : ipsis autem Valentinis, ex tam illustri nobilique municipio, tantis de

de vous aucune réponse ; vous n'avez pas même quitté, pour les recevoir, votre manteau grec ni votre tunique brune. Or, quelle idée, juges, pouvez-vous vous former de ce qu'il a pu faire et lors de son départ pour sa province, et pendant le séjour qu'il y a fait, quand vous le voyez, au moment de rentrer dans Rome, non point en triomphateur, mais en accusé, ne pas même éviter un scandale qui ne pouvait lui procurer aucun plaisir?

Oh! qu'ils furent bien inspirés par les dieux ces murmures du sénat assemblé dans le temple de Bellone! Vous vous en souvenez, juges. La nuit approchait, et l'on venait d'apprendre la malheureuse affaire de Temsa. Comme il ne se trouvait à Rome aucun général qu'on pût envoyer, un des membres représenta que Verrès n'était pas loin de cette place. Quelle huée universelle! quelle indignation de la part des chefs du sénat! Vous ne l'avez pas oublié, juges ; et cet homme, convaincu de tant de crimes par un si grand nombre de témoignages, ose compter sur les suffrages de ceux qui, même avant l'instruction du procès, l'ont condamné publiquement d'une voix unanime!

XVII. Eh bien, soit, me dira-t-on, la guerre des esclaves, ou, si vous le voulez, la crainte qu'on pouvait en avoir, n'a point été pour Verrès un titre de gloire. Il n'y a point eu de guerre de cette espèce en Sicile ; la province n'en a pas été même menacée; il n'a été pris aucune mesure pour la prévenir. Mais la guerre des pirates! C'est là qu'il a su tenir en mer une flotte parfaite-

---

rebus responsum nullum dedisti, quum esses cum tunica pulla et pallio. Quid hunc proficiscentem, quid in ipsa provincia fecisse existimatis, qui tuum jam ex provincia, non ad triumphum, sed ad judicium decederet, ne illam quidem infamiam fugerit, quam sine ulla voluptate capiebat?

O divina senatus frequentis in æde Bellonæ admurmuratio! Memoria tenetis, judices, quum advesperasceret, et paullo ante esset de hoc Temsano incommodo nuntiatum, quum inveniretur nemo, qui in illa loca cum imperio mitteretur, dixisse quendam, Verrem esse non longe a Temsa : quam valde universi admurmurarint, quam palam principes contra dixerint. Et is tot criminibus testimoniisque convictus, in eorum tabellis spem sibi aliquam ponit, quorum omnium palam, causa incognita, voce damnatus est?

XVII. Esto : nihil ex fugitivorum bello, aut suspicione belli, laudis adeptus est, quod neque bellum ejusmodi, neque belli periculum fuit in Sicilia, neque ab isto provisum est, ne quod esset. At vero contra bellum prædonum clas-

ment équipée, et signaler une activité toute particulière : on peut donc dire que, sous sa préture, la province a été admirablement défendue. Eh bien ! parlons de la guerre des pirates et de la flotte sicilienne. Mais je puis, juges, l'affirmer à l'avance : dans cette seule partie de son administration, vous le trouverez coupable des crimes les plus révoltants, avarice, lèse-majesté, fureur, débauche, cruauté. Continuez-moi, je vous prie, votre attention, mon exposé sera bref.

Et d'abord, dans l'administration de la marine, il s'est proposé moins d'assurer la défense de la province, que d'amasser de l'argent, sous le prétexte d'équiper une flotte. Aucun de vos prédécesseurs n'avait manqué d'exiger des villes de la Sicile un vaisseau de guerre et un certain nombre de matelots et de soldats ; et vous n'avez rien exigé de la grande et opulente Messine. Combien les Mamertins vous ont donné secrètement pour cette faveur, on le verra dans la suite ; nous consulterons leurs registres et les dépositions de leurs témoins. Mais le Cybée, ce beau, ce riche vaisseau, aussi grand qu'une trirème, construit publiquement aux frais de cette cité, à la vue de toute la Sicile, le magistrat et le sénat de Messine vous l'ont, je le déclare, donné et livré en toute propriété. Ce navire, chargé des dépouilles de la Sicile, et dont lui-même faisait partie, quitta la province en même temps que Verrès, et prit terre à Vélie. Il portait un grand nombre d'ob-

---

sem habuit ornatam, diligentiamque adhibuit in eo singularem : itaque, isto prætore, præclare defensa provincia est. Sic de bello prædonum, sic de classe Siciliensi, judices, dicam, ut hoc jam ante confirmem, in hoc uno genere omnes inesse culpas istius maximas, avaritiæ, majestatis, dementiæ, libidinis, crudelitatis. Hæc dum breviter expono, quæso, ut fecistis adhuc, diligenter attendite.

Rem navalem primum ita dico esse administratam, non uti provincia defenderetur, sed ut, classis nomine, pecunia quæreretur. Superiorum prætorum consuetudo quum hæc fuisset, ut naves civitatibus, certusque numerus nautarum militumque imperaretur, maximæ et locupletissimæ civitati Mamertinæ nihil horum imperavisti ; ob quam rem quid tibi Mamertini clam dederint pecuniæ, post videbitur ; ex ipsorum litteris et testibus quæremus. Navem vero Cybæam maximam, triremis instar, pulcherrimam atque ornatissimam, palam ædificatam sumptu publico, sciente tota Sicilia, per magistratus senatumque Mamertinum tibi datam donatamque esse dico. Hæc navis, onusta præda Siciliensi, quum ista quoque esset ex præda, simul quum iste decederet,

jets que le préteur n'avait pas voulu envoyer d'avance à Rome avec ses autres vols, parce que c'était ce qu'il avait de plus cher et de plus précieux. J'ai vu, il n'y a pas longtemps, ce navire dans le port de Vélie ; mille autres l'ont vu comme moi ; il est superbe et parfaitement équipé. Il semblait à tous ceux qui le regardaient, que, pour appareiller vers la terre d'exil, il n'attendait que le moment de la fuite de son maître.

XVIII. A cela quelle réponse allez-vous faire, à moins de dire une chose que vous ne pourrez prouver, mais qu'il faut bien que vous alléguiez dans un procès de concussion : que ce vaisseau a été construit à vos frais ? Osez du moins le soutenir, puisque vous ne pouvez l'éviter. Et vous, Hortensius, n'appréhendez pas que je demande de quel droit un sénateur s'est permis de faire construire un vaisseau. Elles sont bien vieilles, et, pour me servir de votre expression, elles sont mortes, les lois qui le défendent. Elle n'est plus, notre république d'autrefois, ils ne sont plus, ces tribunaux sévères, où l'accusateur se croyait bien terrible, quand il disait : « Quel besoin aviez-vous d'un vaisseau, puisque, si les affaires publiques vous obligeaient de vous déplacer, le gouvernement vous fournissait une escadre pour votre transport et votre sûreté, et que vous ne pouviez vous éloigner de votre province pour des intérêts particuliers, ni rien

---

appulsa Veliam est, cum plurimis rebus, et iis, quas ante Romam mittere cum cæteris furtis noluit, quod erant carissimæ, maximeque eum delectabant. Eam navem nuper egomet vidi Veliæ, multique alii viderunt, pulcherrimam atque ornatissimam, judices : quæ quidem omnibus, qui eam aspexerant, prospectare jam exsilium, atque explorare fugam domini videbatur.

XVIII. Quid mihi hoc loco respondebis ? nisi forte id, quod, tametsi probari nullo modo potest, tamen dici quidem in judicio de pecuniis repetundis necesse est, de tua pecunia ædificatam esse eam navem. Aude hoc saltem dicere, quod necesse est : noli metuere, Hortensi, ne quæram, qui licuerit ædificare navem senatori. Antiquæ sunt istæ leges et mortuæ, quemadmodum tu soles dicere, quæ vetant. Fuit ista res publica quondam, fuit ista severitas in judiciis, ut istam rem accusator in magnis criminibus objiciendam putaret. Quid enim tibi nave opus fuit ? cui, si quo publice proficiscereris, et præsidii et vecturæ causa, sumptu publico navigia præberentur ; privatim autem nec proficisci

faire transporter d'un pays où tout achat d'immeubles, toute espèce de trafic, vous étaient interdits? »

Et d'ailleurs de quel droit avez-vous acquis, lorsque la loi vous le défendait? Un tel grief aurait suffi dans le vieux temps de la sévérité et de la dignité. Aujourd'hui je ne me prévaudrai pas de ce délit, que dis-je? je ne vous en ferai pas même un reproche. Mais enfin avez-vous pu espérer que, sans encourir l'infamie, la vindicte des lois et l'indignation publique, vous pourriez vous faire construire un vaisseau de charge à la vue de tous, dans l'endroit le plus fréquenté de la province soumise à votre pouvoir? Qu'ont pu dire et penser ceux qui ont été témoins du fait, ou qui l'ont appris par le bruit public? que vous ramèneriez ce navire en Italie sans chargement? qu'il vous servirait, quand vous seriez de retour, à faire le commerce maritime? Personne ne pouvait même supposer que vous aviez des terres sur nos côtes, et que vous destiniez ce bâtiment à transporter vos récoltes. Vous avez donc voulu que, dans tous les entretiens, on dit hautement que vous faisiez construire un vaisseau pour emporter avec vous une partie des dépouilles de la Sicile, et pour revenir ensuite y charger en plusieurs voyages le butin que vous aviez laissé.

Au surplus, si vous prouvez que c'est de vos deniers que ce vaisseau a été construit, je vous fais grâce de toutes mes réflexions. Mais, ô le plus insensé des hommes! ne comprenez-

---

quoquam potest, nec arcessere res transmarinas ex iis locis, in quibus tibi habere, mercari nihil licet.

Deinde cur quidquam contra leges parasti? Valeret hoc crimen in illa veteri severitate ac dignitate rei publicæ. Nunc non modo te hoc crimine non arguo; sed ne illa quidem communi vituperatione reprehendo. Postremo tu tibi hoc nunquam turpe, nunquam criminosum, nunquam invidiosum fore putasti, celeberrimo loco palam tibi ædificari onerariam navem in ea provincia, quam tu cum imperio obtinebas? Quid eos loqui, qui videbant? quid existimare eos, qui audiebant, arbitrabare? inanem te navem esse in Italiam deducturum? navicularium te, quum Romam venisses, esse facturum? Ne illud quidem quisquam poterat suspicari, te habere in Italia maritimum fundum, et ad fructus deportandos onerariam navem comparare. Ejusmodi de te voluisti sermonem esse omnium, palam ut loquerentur; te illam navem parare, quæ prædam ex Sicilia deportaret, et quæ ad ea furta, quæ reliquisses, commearet.

Verum hæc omnia, si doces navem de tua pecunia ædificatam, remitto atque concedo. Sed hoc, homo amentissime, non intelligis priore actione ab

vous pas que, dans la première action, les Mamertins, vos panégyristes, vous ont enlevé cette ressource? Heius, le premier citoyen de leur ville, le chef de la députation envoyée ici pour faire votre éloge, Heius n'a-t-il pas déclaré que le vaisseau a été construit, pour vous, aux frais de la ville, et sous la direction d'un sénateur chargé par elle de surveiller les ouvriers? Restent les matériaux; mais les habitants de Rhegium l'ont dit, et vous ne pouvez le nier; Messine n'en ayant pas, ce fut Rhegium qui les fournit, d'après votre ordre.

XIX. Si les matériaux et la main-d'œuvre ne vous ont coûté qu'un ordre, de grâce, indiquez-nous donc l'objet de la dépense que vous prétendez avoir faite sur vos propres fonds. — Mais, m'objectera-t-on, les registres des Mamertins ne portent rien. — D'abord je crois qu'il est très-possible que les Mamertins n'aient rien donné du trésor public; ils ont pu, comme le firent nos ancêtres pour la construction du Capitole, mettre en réquisition les charpentiers et les manœuvres, et les faire travailler sans salaire; ensuite je conjecture, d'après leurs livres de compte — et c'est une chose que je rendrai évidente à l'audition des témoins, — que des sommes considérables ont été délivrées à Verrès pour des entreprises supposées, et qui n'ont jamais été exécutées. D'ailleurs, il n'est pas étonnant que les Mamertins ayant trouvé en lui un bienfaiteur si généreux et

---

ipsis istis tuis Mamertinis laudatoribus esse sublatum ? Nam dixit Heius, princeps civitatis, princeps istius legationis, quæ ad tuam laudationem missa est, navem tibi operis publicis Mamertinorum esse ædificatam, eique faciendæ senatorem Mamertinum publice præfuisse. Reliqua est materies : hanc Rheginis, ut ipsi dicunt — tametsi tu negare non potes, — publice, quod Mamertini materiem non habent, imperavisti.

XIX. Si et ex quo fit navis, et qui faciunt, imperio tibi tuo, non pretio, præsto fuerunt; ubi tandem istuc latet, quod tu de tua pecunia dicis impensum? At Mamertini in tabulis nihil habent. Primum video, po'uisse fieri, ut ex ærario nihil darent : etenim vel Capitolium, sicut apud majores nostros factum est, publice coactis fabris, operisque imperatis, gratis exædificari atque effici potuit. Deinde id quoque perspicio — quod et ostendam, quum istos produxero — ipsorum ex litteris, multas pecunias isti erogatas, in operum locationes falsas atque inanes, esse perscriptas. Jam illud minime mirum est, Mamertinos, a quo summum beneficium acceperant, quem sibi amiciorem,

un ami plus zélé pour leurs intérêts que pour ceux du peuple romain, ils n'aient point voulu le compromettre par leurs registres. Enfin, si du silence de leurs registres on doit conclure que les Mamertins ne vous ont point donné d'argent, pourquoi n'en concluerait-on point aussi que le vaisseau ne vous a rien coûté, parce que vous ne pouvez produire aucun écrit qui constate de votre part ni achat de matériaux, ni marché de construction?

Mais si vous n'avez point exigé de vaisseau des Mamertins, c'est qu'ils sont nos confédérés. Grâces soient rendues au ciel! Nous avons donc enfin un digne élève des féciaux, un modèle de loyauté publique, un consciencieux et scrupuleux observateur de la foi des traités! Oui, que tous les préteurs qui vous ont précédé soient livrés aux Mamertins, puisqu'ils ont exigé d'eux un vaisseau, sans respect pour la teneur des traités. Cependant, homme consciencieux et scrupuleux! pourquoi en avez-vous exigé un des Taurominiens, qui sont aussi nos confédérés? Nous ferez-vous croire, le droit des deux peuples étant le même, que l'argent ne soit pour rien dans la différence que vous avez mise dans le traitement? Et si je démontre que tels sont nos traités avec ces deux peuples qu'une clause expresse dispense les Taurominiens de fournir un vaisseau, tandis qu'il est spécifié formellement, dans ces mêmes conventions, que les Mamertins y sont obligés; et que cependant

---

quam populo Romano esse cognoverant, ejus capiti litteris suis pepercisse. Sed si argumento est, Mamertinos pecunias tibi non dedisse, quia scriptum non habent; sit argumento, tibi gratis constare navem, quia, quid emeris, aut quid locaveris, scriptum proferre non potes.

At enim idcirco navem Mamertinis non imperasti, quod sunt fœderati. Di approbent! habemus hominem in Fetialium manibus educatum; unum, præter cæteros, in publicis religionibus fœderum sanctum et diligentem. Omnes, qui ante te prætores fuerunt, dedantur Mamertinis, quod iis navem contra pactionem fœderis imperarint. Sed tamen tu, sancte homo ac religiose, cur Tauraminitanis item fœderatis navem imperasti? An hoc probabis, in æqua causa populorum, sine pretio varium jus et disparem conditionem fuisse? Quid? si ejusmodi esse hæc duo fœdera duorum populorum, judices, doceo, ut Taurominitanis nominatim cautum et exceptum sit fœdere, « Ne navem dare debeant; » Mamertinis in ipso fœdere sanctum atque perscriptum sit, « Uti navem dare necesse sit; » istum autem, contra fœdus, Taurominitanis

Verrés, au mépris de ces traités, a imposé aux Tauromiuiens cette ontribution, tandis qu'il en a déchargé les Mamertins, qui pourra douter que *le Cybée* n'ait été pour ceux-ci un titre plus puissant que le traité d'alliance en faveur des Tauromiuiens? Qu'on lise ce traité. Traité d'alliance des Mamertins et des Tauromiuiens avec le peuple romain.

XX. Par cette exemption, qu'il vous plaît d'appeler un bienfait, et qui n'est, en réalité, que le fruit d'un trafic et d'un marché, vous avez porté atteinte à la majesté de la république, porté atteinte aux subsides du peuple romain, porté atteinte aux ressources que la valeur et la sagesse de nos ancêtres avaient ménagées; vous avez violé la souveraineté, les prérogatives des alliés, la sainteté des traités. Ceux qui, d'après une convention expresse, auraient dû, si nous l'avions exigé, envoyer, à leurs frais et risques, un vaisseau tout armé, tout équipé, jusqu'aux extrémités de l'Océan, ont acheté de vous, au mépris de ces traités et de notre souveraineté, la dispense de naviguer dans le détroit, devant leurs foyers et leurs maisons, de défendre leur port et leurs propres murailles.

A quels travaux, à quelles corvées, à quelle taxe, juges, les Mamertins ne se fussent-ils point soumis, quand ils traitèrent avec nous, pour qu'on ne stipulât pas qu'ils nous fourniraient une birème, s'ils avaient eu quelque moyen d'y faire consentir nos ancêtres? car l'obligation n'était pas seulement onéreuse

---

imperasse, et Mamertinis remisisse: num cui dubium poterit esse, quin, Verre prætore, plus Mamertinis Cybea, quam Tauromiuitanis fœdus opitulatum sit? Recitentur fœdera. Mamertinorum et Tauromiuitanorum cum populo Romano foedera.

XX. Isto igitur tuo, quemadmodum ipse prædicas, beneficio, ut res indicat, pretio atque mercede, minuisti majestatem rei publicæ, minuisti auxilia populi Romani, minuisti copias, majorum virtute ac sapientia comparatas; sustulisti jus imperii, conditionem sociorum, memoriam fœderis. Qui ex fœdere ipso navem, vel usque ad Oceanum, si imperassemus, sumptu periculoque suo armatam atque ornatam mittere debuerunt, hi, ne in freto ante sua tecta et domos navigarent, ne sua mœnia portusque defenderent, pretio abs te jus fœderis et imperii conditionem emerunt.

Quid censetis in hoc fœdere faciundo voluisse Mamertinos impendere laboris, operæ, pecuniæ, ne hæc biremis ascriberetur, si id ullo modo possent a nostris majoribus impetrare? Nam, quum hoc munus imperaretur tam grave

pour eux, elle entachait, pour ainsi dire, leur alliance avec nous d'un caractère de servitude. Et cette dispense, qu'ils ne purent obtenir de nos ancêtres, dans leur traité d'alliance, lorsque leurs services étaient encore récents, lorsqu'aucun article n'avait encore été réglé, et que le peuple romain n'éprouvait aucun besoin pressant, aujourd'hui ces mêmes Mamertins, sans avoir rendu aucun nouveau service, après un si long temps, quand chaque année notre droit de souveraineté a été consacré par l'exécution de cette clause, et que nous nous montrons si jaloux de la maintenir; dans des conjonctures enfin où nous avons un extrême besoin de vaisseaux, cette dispense, dis-je, ils l'ont obtenue de Verrès pour une somme d'argent! Et ce n'est pas la seule exemption dont ils jouissent; pendant les trois années de votre préture, ont-ils fourni pour le service de la flotte et des garnisons un matelot, un soldat?

XXI. Enfin, lorsqu'un sénatus-consulte et la loi Terentia-Cassia vous ordonnaient de faire des achats proportionnels de blé dans toutes les villes de la Sicile, vous avez encore exempté les Mamertins de cette contribution générale et légère. Vous prétendrez qu'ils ne doivent pas de blé. Qu'entendez-vous par là? Est-ce à dire qu'ils soient dispensés de nous en vendre? car il ne s'agit pas ici du blé exigé à titre d'impôt, mais bien à titre d'achat. Ainsi, suivant vos règlements et votre interprétation de la loi, les Mamertins n'étaient pas même tenus d'ouvrir leurs marchés au peuple romain, pour lui fournir des vivres.

civitati, inerat, nescio quo modo, in illo fœdere societatis quasi quædam nota servitutis. Quod tum recentibus suis officiis, integra re, nullis populi Roman difficultatibus, a majoribus nostris fœdere assequi non potuerunt; id nunc nullo novo officio suo, tot annis post, jure imperii nostri quotannis usurpatum, ac semper retentum, summa in difficultate navium, a C. Verre pretio assecuti sunt. At non hoc solum sunt assecuti, ne navem darent : ecquem nautam, œquem militem, qui aut in classe, aut in præsidio esset, te prætore, per triennium Mamertini dederunt?

XXI. Denique quum ex senatusconsulto, itemque ex lege Terentia et Cassia; frumentum æquabiliter emi ab omnibus Siciliæ civitatibus oporteret; id quoque munus leve atque commune Mamertinis remisisti. Dices frumentum Mamertinos non debere. Quomodo, non debere? an, ut ne venderent? non enim erat hoc genus frumenti ex eo genere, quod exigeretur; sed ex eo, quod emeretur. Te igitur auctore et interprete, ne foro quidem et commeatu Mamertini populum Romanum juvare debuerunt.

# 40  SECONDE ACTION

Mais, selon vous, quelle ville y était donc obligée? Le bail des censeurs a déterminé la redevance de ceux qui font valoir les terres domaniales. Pourquoi avoir exigé d'eux des redevances d'un autre genre? Les laboureurs, assujettis à la dîme par la loi d'Hiéron, doivent-ils autre chose que la dîme? Pourquoi les avoir taxés pour la part du blé qu'ils sont tenus de nous vendre? Les villes franches ne doivent rien assurément; et cependant vous ne vous êtes pas contenté de les imposer, vous leur avez demandé plus qu'elles ne pouvaient donner, en les surchargeant des soixante mille boisseaux dont vous avez exempté les Mamertins. Je ne dis pas que vous ayez eu tort d'exiger des autres villes leur redevance; mais les Mamertins, dont les obligations étaient les mêmes, et qui avaient été forcés par tous vos prédécesseurs de les remplir comme les autres, moyennant argent comptant conformément à la loi et au sénatus-consulte, les Mamertins, dis-je, ont été dispensés par vous de leur contribution : et c'est là ce que je vous reproche. Ce n'est pas tout : pour fixer, comme on dit, cette faveur à un clou solide, Verrès délibéra dans son conseil sur les droits des Mamertins, et, après avoir recueilli les opinions, il prononça que leur ville ne fournirait pas le blé.

Écoutez le décret de ce préteur mercenaire, tel qu'il est porté sur ses registres, et admirez la dignité de la forme, et l'équité du

---

Quæ tandem civitas fuit, quæ deberet? Qui publicos agros arant, certum est, quid ex lege censoria dare debeant : cur iis quidquam præterea ex alio genere imperavisti? Quid? decumani num quid præter singulas decumas ex lege Hieronica debent? cur iis quoque statuisti, quantum ex hoc genere frumenti empti darent? Qui sunt immunes, ii certe nihil debent; at his non modo imperasti, verum etiam, quo plus darent, quam poterant, hæc sexagena millia modium, quæ Mamertinis remiseras, addidisti. Neque hoc dico, cæteris non recte imperatum esse : Mamertinis, qui erant in eadem causa, quibus superiores omnes prætores item, ut cæteris, imperarant, pecuniamque ex senatusconsulto et ex lege dissolverant, his dico non recte remissum. Et, ut hoc beneficium, quemadmodum dicitur, trabali clavo figeret, cum consilio causam Mamertinorum cognoscit, et de consilii sententia Mamertinis se frumentum non imperare pronuntiat.

Audite decretum mercenarii prætoris ex ipsius commentario, et cognoscite, quanta in scribendo gravitas, quanta in constituendo jure sit auctoritas,

fond. Greffier, lisez le journal de Verrès. EXTRAIT DU JOURNAL. « C'est volontiers, » dit-il, « que je fais cette remise ; » le mot y est. Si vous n'aviez pas ajouté ce *volontiers*, nous aurions pu nous imaginer, en effet, que c'était malgré vous que vous gagniez de l'argent. *De l'avis de notre conseil*. Vous avez entendu, juges, la liste des membres de ce respectable conseil. A mesure qu'on vous les nommait, n'avez-vous pas cru qu'il était question, non du conseil d'un préteur, mais des complices, de la bande du plus exécrable des brigands ?

Voilà donc les interprètes des traités, les médiateurs des alliances, les garants de la sainteté des serments ! Jamais il ne s'était fait aucun achat de blé en Sicile que les Mamertins n'y fussent compris pour leur contingent, avant que Verrès ne se fût donné ce rare, ce merveilleux conseil, pour se faire autoriser à recevoir l'argent de cette ville, et à ne point démentir son caractère. Aussi son décret a-t-il eu la force et l'autorité que méritait la décision d'un homme qui avait vendu cette exemption à ceux dont il aurait dû acheter le blé. L. Métellus ne lui a pas plus tôt succédé, que, faisant revivre les édits de C. Sacerdos et de Sext. Peducéus, il a taxé les Mamertins conformément aux règlements et aux registres de ces deux magistrats. Ceux-ci comprirent alors que c'est toujours faire un mauvais marché que d'acheter à quelqu'un qui n'a pas droit de vendre.

---

Recita commentarium. DECRETUM EX COMMENTARIO. « Libenter ait se facere : » itaque perscribit. Quid? si hoc verbo non esses usus, « libenter, » nos videlicet invitum te quæstum facere putaremus? « Ac de consilii sententia. » Præclarum recitari consilium, judices, audistis : utrum vobis consilium recitari tandem prætoris videbatur, quum audiebatis nomina, an prædonis improbissimi societas atque comitatus ?

En fœderum interpretes, societatis pactores, religionis auctores. Nunquam in Sicilia frumentum publice est emptum, quin Mamertinis pro portione imperaretur, antequam hoc delectum præclarumque consilium iste dedit, ut ab his nummos acciperet, ac sui similis esset. Itaque tantum valuit istius decreti auctoritas, quantum debuit ejus hominis, qui, a quibus frumentum emere debuisset, is decretum vendidisset. Nam statim L. Metellus, ut isti successit, ex C. Sacerdotis et Sext. Peducæi instituto ac litteris, frumentum Mamertinis imperavit. Tum illi intellexerunt, se id, quod a malo auctore emissent, diutius obtinere non posse.

XXII. Dites-nous donc, vous qui voulez vous faire passer pour le plus religieux observateur des traités, dites-nous pourquoi vous avez exigé une contribution de blé des Taurominiens et des Nétiniens, qui sont aussi nos confédérés ? Les Nétiniens ne s'étaient cependant pas oubliés : dès que vous eûtes prononcé que vous faisiez *volontiers* la remise aux Mamertins, ils vinrent vous trouver, et vous représentèrent que les conditions de leur traité leur donnaient les mêmes droits. La cause étant la même, votre décision ne pouvait être différente. Aussi prononcez-vous que les Nétiniens ne doivent pas fournir de blé, et cependant vous les y obligez. Lisez les registres du préteur et particulièrement les articles de ses ordonnances concernant le blé exigé et le froment acheté. ORDONNANCES DE VERRÈS CONCERNANT LE BLÉ EXIGÉ ET LE BLÉ ACHETÉ. Que pouvons-nous penser d'une contradiction si manifeste et si honteuse, sinon qu'il faut en conclure, ou que les Nétiniens ne lui ont pas délivré la somme qu'il leur avait demandée, ou qu'il a voulu que les Mamertins sentissent combien ils étaient heureux d'avoir si bien placé leur argent et leurs présents, puisque d'autres, avec les mêmes droits, n'avaient pas obtenu la même faveur ?

Et il osera encore se prévaloir de l'éloge des Mamertins ! Qui de vous, juges, ne voit quelles armes terribles cet éloge même fournit contre lui ? D'abord, lorsqu'un accusé ne peut produire

XXII. Age porro, tu, qui te tam religiosum existimari voluisti interpretem fœderum, cur Taurominitanis frumentum, cur Netinis imperasti? quarum civitatum utraque fœderata est. Ac Netini quidem sibi non defuerunt : nam simul ac pronuntiasti libenter te Mamertinis quidem remittere ; te adierunt, et eandem suam causam fœderis esse docuerunt. Tu aliter decernere in eadem causa non potuisti. Pronuntias, Netinos frumentum dare non oportere : et ab his tamen exigis. Cedo mihi ejusdem prætoris litteras et rerum decretarum, et frumenti imperati, et tritici empti. LITTERÆ PRÆTORIS RERUM DECRETARUM, FRUMENTI IMPERATI, ET TRITICI EMPTI. Quid potius in hac tanta ac tam turpi inconstantia suspicari possumus, judices, quam id, quod necesse est, aut isti a Netenis pecuniam, quum posceret, non datam ; aut id esse actum, ut intelligerent Mamertini, bene se apud istum tam multa pretia ac munera collocasse, quum idem alii juris ex eadem causa non obtinerent ?

Hic mihi etiam audebit mentionem facere Mamertinæ laudationis? in qua quam multa sint vulnera, quis est vestrum, judices, quin intelligat? Primum,

devant les tribunaux le témoignage favorable de dix villes, il est plus honorable pour lui de n'en présenter aucun, que de ne pas compléter le nombre prescrit par l'usage. Or, de tant de villes où vous avez commandé pendant trois ans, la plupart vous accusent ; quelques-unes, et ce sont les moins considérables, se taisent, retenues par la crainte ; une seule vous loue : que doit-on en conclure, sinon que vous sentez combien des louanges méritées vous seraient avantageuses, mais que vous avez gouverné votre province de telle façon qu'il faut de toute nécessité vous passer de cet appui ?

Ensuite, et je l'ai déjà dit ailleurs, que penser de l'éloge d'une députation dont les chefs ont déclaré que leur ville vous a fait, à ses frais, construire un vaisseau, et qu'eux-mêmes ont été individuellement spoliés, dépouillés de tout ce qui leur appartenait ? Enfin, lorsque, seuls de tous les Siciliens, les Mamertins se montrent vos apologistes, que font-ils autre chose que rendre témoignage de toutes les faveurs que vous leur avez prodiguées aux dépens de la république ? Est-il, en Italie, une colonie, quelque privilégiée qu'elle soit ; est-il un seul municipe, de quelques exemptions qu'il jouisse, qui, de nos jours, ait été aussi heureusement affranchi de toute redevance, que la ville de Messine pendant les trois années de votre préture ? Seuls, tant qu'il a été préteur, les Mamertins n'ont point rempli les conditions de leur traité ; seuls

---

in judiciis qui decem laudatores dare non potest, honestius est ei nullum dare, quam illum quasi legitimum numerum consuetudinis non explere. Tot in Sicilia civitates sunt, quibus tu per triennium præfuisti : arguunt cæteræ ; paucæ et parvæ, metu repressæ, silent ; una laudat. Hoc quid est, nisi intelligere, quid habeat utilitatis vera laudatio ; sed tamen ita provinciæ præfuisse, ut hac utilitate necessario sit carendum ?

Deinde, id quod alio loco ante dixi, quæ est ista tandem laudatio, cujus laudationis legati principes, et publice tibi navem ædificatam, et privatim se ipsos abs te spoliatos expilatosque esse dixerunt? Postremo, quid aliud isti faciunt, quum te soli ex Sicilia laudant, nisi testimonio nobis sunt, te omnia sibi esse largitum, quæ tu de re publica nostra detraxeris? Quæ colonia est in Italia tam bono jure, quod tam immune municipium, quod per hosce annos tam commoda vacatione sit usum omnium rerum, quam Mamertina civitas per triennium? Soli, ex fœdere quod debuerunt, non dederunt; soli, isto prætore, omnium rerum immunes fuerunt; soli in istius imperio ea condi-

ils n'ont payé aucun impôt, seuls ils ont eu l'avantage de ne rien donner au peuple romain : aussi n'ont-ils rien refusé à Verrès.

XXIII. Mais, pour en revenir à la flotte dont nous sommes trop longtemps restés éloignés, vous avez reçu des Mamertins un vaisseau, au mépris des lois ; et au mépris des traités, vous les avez dispensés de fournir celui qu'ils devaient. Ainsi, vous vous êtes rendu doublement prévaricateur à l'égard d'une seule ville ; d'abord en lui faisant une remise illégale, puis en acceptant un présent illicite. Vous deviez exiger d'elle un vaisseau pour faire la guerre aux pirates, et non pas pour le charger du fruit de vos pirateries ; pour empêcher la province d'être dépouillée, et non pour enlever les dépouilles de la province. Les Mamertins vous ont fourni une ville pour y rassembler vos rapines et un vaisseau pour les emporter : oui, c'est leur ville qui a été l'entrepôt de vos brigandages ; ce sont eux qui ont été les témoins et les gardiens de vos larcins, eux qui les ont recélés, eux qui vous ont facilité le transport. Aussi, lorsque vous eûtes perdu notre flotte par votre cupidité et par votre lâcheté, n'osâtes-vous exiger des Mamertins leur contribution, quoique la province se trouvât presque sans marine, et qu'elle fût réduite à une telle détresse, que, si vous l'aviez demandée, vous l'auriez sans doute obtenue. Mais vous n'aviez plus le droit d'ordonner, ni la ressource de prier, depuis qu'au lieu de s'acquitter envers le

---

tione vitæ fuerunt, ut populo Romano nihil darent, Verri nihil denegarent.

XXIII. Verum, ut ad classem, quo ex loco sum degressus, revertar, accepisti a Mamertinis navem contra leges ; remisisti contra fœdera : ita in una civitate bis improbus fuisti ; quum et remisisti, quod non oportebat, et accepisti, quod non licebat. Exigere te oportuit navem, quæ contra prædones, non quæ cum præda navigaret ; quæ defenderet, ne provincia spoliaretur, non quæ provinciæ spolia portaret, Mamertini tibi et urbem, quo furta undique deportares, et navem, qua exportares, præbuerunt. Illud tibi oppidum receptaculum prædæ fuit ; illi homines testes custodesque furtorum ; illi tibi et locum furtis et furtorum vehiculum comparaverunt. Itaque ne tum quidem, quum classem avaritia ac nequitia tua perdidisti, navem Mamertinis imperare ausus es : quo tempore in tanta inopia navium, tantaque calamitate provinciæ, etiamsi precario essent rogandi, tamen ab his impetraretur. Reprimebat enim tibi et im-

peuple romain en lui fournissant une birème, ils avaient fait présent du *Cybée* au préteur. Tel fut le prix de la souveraineté du peuple romain, de nos subsides, de nos droits consacrés par l'usage et par les traités! Vous voyez, juges, comment les importants subsides d'une grande cité ont été perdus et vendus. Apprenez maintenant un nouveau genre de brigandage, dont l'invention appartient à Verrès.

XXIV. Il était d'usage que les fonds nécessaires pour les vivres, la paye des soldats, et les autres dépenses de cette nature, fussent remis par chaque ville au capitaine de son vaisseau. Ce commandant se gardait bien d'en rien distraire, de peur de s'exposer aux plaintes de l'équipage; il était d'ailleurs tenu de rendre compte à ses concitoyens; et en tout cela, il en était pour sa peine et pour sa responsabilité. Cet usage, je l'ai dit, avait toujours été observé non-seulement en Sicile, mais dans toutes nos autres provinces. Il en était de même pour la solde et l'entretien des alliés et des Latins, quand nous les employions comme auxiliaires. Verrès est le premier, depuis la fondation de l'empire, qui ait voulu que cet argent lui fût remis par les villes, et qui se soit permis d'en donner la disposition à qui bon lui semblait. Qui ne voit clairement pourquoi vous avez changé, le premier, une coutume aussi ancienne que générale; pourquoi vous avez renoncé à l'avantage si précieux de n'encourir aucune

---

perandi vim, et rogandi conatum præclara illa, non populo Romano reddita biremis, sed prætori donata Cybea; ea fuit merces imperii, auxilii, juris, consuetudinis, fœderis. Habetis unius civitatis firmum auxilium amissum, ac venditum pretio. Cognoscite nunc novam prædandi rationem, ab hoc primum excogitatam.

XXIV. Sumptum omnem in classem frumento, stipendio, cœterisque rebus, navarcho suo quæque civitas semper dare solebat. Is neque, ut accusaretur a nautis, committere audebat; et civibus suis rationem referre debebat: in illo omni negotio, non modo labore, sed etiam periculo suo versabatur. Erat hoc, ut dico, factitatum semper, nec solum in Sicilia, sed in omnibus provinciis; etiam in sociorum et Latinorum stipendio ac sumptu, tum quum illorum auxiliis uti solebamus. Verres post imperium constitutum primus imperavit, ut ea pecunia omnis a civitatibus sibi adnumeraretur; ut is pecuniam tractaret, quem ipse prefecisset. Cui potest esse dubium, quamobrem et omnium consuetudinem veterem primus immutaris, et tantam utilitatem per alios tra-

responsabilité de deniers publics; pourquoi vous vous êtes chargé d'une administration embarrassante et pénible, et qui ne peut exposer qu'à des reproches et à des soupçons? Et calculez, juges, combien d'autres profits il a dû tirer de cette seule branche d'administration maritime; je veux dire: recevoir de l'argent des villes pour les dispenser de fournir des matelots, vendre des congés à prix fixe aux matelots enrôlés, s'approprier leur solde après leur licenciement, enfin ne point payer celle qui était due aux autres; tous faits dont vous allez trouver la preuve dans les dépositions des villes. Greffier, lisez. DÉPOSITION DES VILLES.

XXV. Quel homme, grand dieux! quelle impudence! quelle audace! Non-seulement taxer les villes en raison du nombre de soldats, mais exiger, comme un prix fixe, six cents sesterces pour le congé de chaque matelot! Ceux qui les avaient payés étaient quittes de tout service pendant la campagne, mais ce que le préteur avait reçu pour subvenir à leur solde et à leur nourriture était son profit: d'où il suit qu'il faisait un double gain sur chaque matelot licencié. Et c'était pendant les incursions des pirates, au milieu des alarmes de la province, que cet homme extravagant commettait ces infamies à la vue de toute la province et sous les yeux des pirates eux-mêmes. Ainsi, grâce à son insatiable cupidité, ce qu'on appelait la flotte sicilienne n'était, en réalité, qu'un ramas de navires

---

ctandæ pecuniæ neglexeris, et tantam difficultatem cum crimine, molestiam cum suspicione susciperis? Deinde alii quæstus instituuntur, ex uno genere navali, videte quam multi: accipere a civitatibus pecunias, ne nautas darent: pretio certo missos facere nautas; missorum omne stipendium lucrari? reliquis, quod deberet, non dare. Hæc omnia ex civitatum testimoniis cognoscite. Recita testimonia civitatum. TESTIMONIA CIVITATUM.

XXV. Hunccine hominem? hanccine impudentiam, judices? hanccine audaciam? civitatibus, pro numero militum, pecuniarum summas describere; certum pretium, sexcentenos nummos, nautarum missioni constituere? quos qui dederat, commeatum totius æstatis abstulerat: iste, quod ejus nautæ nomine pro stipendio frumentoque acceperat, lucrabatur. Itaque quæstus duplex unius missione fiebat. Atque hæc homo amentissimus in tanto prædonum impetu, tantoque periculo provinciæ, sic palam faciebat, ut et ipsi prædones scirent, et tota provincia testis esset. Quum, propter istius hanc tantam avaritiam, nomine classis esset in Sicilia, re quidem vera naves inanes, quæ

sans équipage, instrument de piraterie pour le préteur, non de crainte pour les pirates. Cependant P. Césetius et P. Tadius, qui tenaient la mer avec ces dix bâtiments si mal équipés, amenèrent plutôt qu'ils ne prirent, un corsaire tellement chargé de butin, que, s'ils ne s'en étaient pas emparés, il aurait coulé à fond sous le poids. Ils y trouvèrent quantité de jeunes gens de belle figure, d'argenterie, de numéraire, d'étoffes précieuses. Ce fut, je le répète, non pas la seule prise, mais la seule rencontre que fit notre flotte dans les eaux de Mégaris, non loin de Syracuse. Dès que la nouvelle en fut portée à Verrès, quoiqu'il reposât sur le rivage, plongé dans l'ivresse et entouré de ses femmes, il se leva tout aussitôt, et, sans perdre de temps, il dépêcha plusieurs de ses gardes à son questeur et à son lieutenant, avec ordre de lui représenter tout le butin bien entier.

Le navire entre dans le port de Syracuse. Tout le monde est dans l'attente : on croit que les prisonniers vont être exécutés. Lui qui dans cette affaire voit, non une capture de brigands, mais une proie bonne à garder, ne classe au nombre des ennemis que les vieillards et les gens difformes. Quant à ceux qui avaient de la figure, de la jeunesse et des talents, il les met tous de côté. Il en donne quelques-uns à ses secrétaires, à son fils et à ceux de sa suite ; il envoie les musiciens à Rome, pour en gratifier un de ses amis. Toute la nuit se passe à décharger le bâtiment. Quant

---

prædam prætori, non quæ prædonibus metum afferrent ; tamen, quum P. Cæ-setius et P. Tadius decem navibus his semiplenis navigarent, navem quamdam, piratarum præda refertam, non ceperunt, sed adduxerunt, onere suo plane captam atque depressam. Erat ea navis plena juventutis formosissimæ, plena argenti facti atque signati, multa cum stragula veste. Hæc una navis a classe nostra non capta est, sed inventa ad Megaridem, qui locus est non longe a Syracusis. Quod ubi isti nuntiatum est, tametsi in acta cum mulierculis jacebat ebrius, erexit se tamen, et statim quæstori legatoque suo custodes misit complures, ut omnia sibi integra quam primum exhiberentur.

Appellitur navis Syracusas : exspectatur ab omnibus ; supplicium sumi de captivis putatur : iste, quasi præda sibi advecta, non prædonibus captis, si qui senes aut deformes erant, eos in hostium numero ducit ; qui aliquid forma, ætatis, artificiique habebant, abducit omnes ; nonnullos scribis suis, filio cohortique distribuit ; symphoniacos homines sex cuidam amico suo Romam muneri misit. Nox illa tota exinanienda navi consumitur. Archipiratam

au capitaine des pirates, personne ne l'a vu ; et pourtant il importait d'en faire un exemple. Aujourd'hui encore tout le monde est persuadé, et vous devez vous-mêmes le conjecturer, juges, que le préteur avait secrètement reçu des pirates une somme pour sauver leur capitaine.

XXVI. Cette conjecture n'est point hasardée. Celui-là ne peut être bon juge sur qui de telles probabilités ne font aucune impression. Le personnage vous est connu, et vous savez ce qui s'est toujours pratiqué en pareille occasion. Avec quel empressement, lorsqu'on a pris un chef de brigands ou d'ennemis, ne l'expose-t-on pas aux regards de la multitude ! Dans une ville aussi peuplée que Syracuse, je n'ai trouvé personne qui m'ait dit avoir vu ce capitaine de corsaire, bien que, suivant l'usage, il n'y ait eu personne qui ne soit accouru, le cherchant des yeux et jaloux de le voir. Par quelle étrange fatalité cet homme a-t-il pu rester si bien caché, qu'il n'ait été possible à qui que ce fût de l'entrevoir, même par hasard ? Il y avait à Syracuse une foule de marins qui avaient cent fois entendu nommer ce forban. La crainte qu'il leur avait inspirée, et la haine qu'ils lui portaient, les rendaient impatients de repaître leurs yeux, de rassasier leur cœur du spectacle de ses tortures et de sa mort. Eh bien, aucun d'eux n'est parvenu à l'apercevoir.

P. Servilius a pris, à lui seul, plus de chefs de pirates que tous

---

ipsum videt nemo, de quo supplicium sumi oportuit : hodieque omnes sic habent — quid ejus sit, vos conjectura quoque assequi debetis — istum clam a piratis, ob hunc archipiratam, pecuniam accepisse.

XXVI. Conjectura bona est. Judex esse bonus nemo potest, qui suspicione certa non movetur. Hominem nostis ; consuetudinem omnium tenetis : qui ducem prædonum aut hostium ceperit, quam libenter eum palam ante oculos omnium esse patiatur. Hominem in tanto conventu Syracusis vidi neminem, judices, qui archipiratam captum vidisse se diceret, quum omnes, ut mos est, ut solet fieri, concurrerent, quærerent, videre cuperent. Quid accidit, cur tanto opere iste homo occultaretur, ut eum ne casu quidem quisquam aspicere posset ? Homines maritimi Syracusis, qui sæpe istius ducis nomen audissent, quum eum sæpe timuissent, quum ejus cruciatu atque supplicio pascere oculos, animumque exsaturare vellent : potestas aspiciendi nemini facta est.

Unus plures prædonum duces vivos cepit P. Servilius, quam omnes antea.

ceux qui l'avaient précédé. A qui jamais refusa-t-il le plaisir de voir ses prisonniers? Au contraire, partout où il passait, il offrait aux avides regards de la multitude le spectacle agréable de ces captifs enchaînés. Aussi l'on accourait en foule, je ne dis pas seulement des places fortes qui se trouvaient sur son passage, mais de tous les pays circonvoisins. Et d'où vient que ce triomphe a été pour le peuple romain le plus flatteur et le plus agréable de tous? C'est qu'il n'y a rien de plus doux que la victoire, et qu'il n'est pas de preuve plus irrécusable de la victoire que de voir chargés de chaînes et conduits au supplice des ennemis qui nous ont causé de fréquentes alarmes.

Pourquoi n'avez-vous pas suivi cet exemple? Pourquoi ce pirate a-t-il été dérobé à tous les yeux, comme si l'on n'avait pu le regarder sans offenser les dieux? Pourquoi ne l'avez-vous pas fait exécuter? Dans quel dessein l'avez-vous soustrait au supplice? Avez-vous jamais entendu parler en Sicile d'un capitaine de pirates qu'on ait fait prisonnier, sans que sa tête soit tombée sous la hache? Justifiez d'une seule autorité qui vous excuse, citez un seul exemple. Sans doute, vous le conserviez vivant pour en orner votre triomphe, pour qu'il précédât votre char! En effet, après que vous aviez fait perdre au peuple romain une de ses plus belles flottes, après que vous aviez désolé la province, il ne restait plus qu'à vous décerner le triomphe naval.

Ecquando igitur isto fructu quisquam caruit, ut videre piratam captum non liceret? At contra, quacumque iter fecit, hoc jucundissimum spectaculum omnibus vinctorum captorumque hostium præbebat. Itaque ei concursus undique fiebant, ut non modo ex his oppidis, qua ducebantur, sed etiam ex finitimis, visendi causa, convenirent. Ipse autem triumphus quamobrem omnium triumphorum gratissimus populo Romano fuit, atque jucundissimus? Quia nihil est victoria dulcius ; nullum est autem testimonium victoriæ certius, quam, quos sæpe metueris, eos te vinctos ad supplicium duci videre.

Hoc tu quamobrem non fecisti? quamobrem ita iste pirata celatus est, quasi cum aspicere nefas esset? quamobrem supplicium non sumpsisti? quam ob causam hominem reservasti? Ecquem audisti in Sicilia antea captum archipiratam, qui non securi percussus sit? unum cedo auctorem tui facti; unius profer exemplum. Vivum tu archipiratam servabas, quem per triumphum, credo, quem ante currum tuum duceres. Neque enim quidquam erat jam reliquum, nisi ut, classe populi Romani pulcherrima amissa, provinciaque lacerta, triumphus navalis tibi decerneretur.

XXVII. Mais, je le veux, vous avez mieux aimé, par un usage tout nouveau, retenir dans les fers un chef de pirates, plutôt que de le livrer au supplice, à l'exemple de tous vos prédécesseurs. Soit : dans quelle prison? entre les mains de qui? et de quelle manière a-t-il été gardé? Vous avez tous entendu parler, juges, des carrières de Syracuse ; la plupart de vous les ont vues. C'est un vaste et magnifique ouvrage des rois et des tyrans. Elles ont été tout entières creusées dans le roc, à force de bras, à une profondeur prodigieuse. On ne peut, en fait de prison, rien construire, rien imaginer de mieux clos, de mieux fermé, rien dont la garde soit plus sûre. C'est dans ces carrières que l'on amène, même des autres villes de la Sicile, les prisonniers d'État dont on veut s'assurer. Comme Verrès y avait jeté un grand nombre de citoyens romains, et que d'ailleurs il y avait fait jeter les autres pirates, il sentit que, s'il mettait avec eux son faux capitaine, il se trouverait dans les carrières un grand nombre de détenus qui ne manqueraient pas de demander leur véritable chef. Aussi malgré l'excellence, la sûreté de cette prison, il n'osa pas l'y renfermer. Syracuse même tout entière lui devint suspecte. Il prit le parti d'éloigner l'homme. Où l'envoya-t-il? A Lilybée peut-être. Il n'avait donc pas une si grande peur des gens de mer. Point du tout, juges. A Panorme alors? Passe encore, bien qu'il eût mieux valu choisir Syracuse

---

XXVII. Age porro, custodiri ducem prædonum novo more, quam securi feriri omnium exemplo, magis placuit. Quæ sunt istæ custodiæ? apud quos homines? quemadmodum est asservatus? Lautumias Syracusanas omnes audistis? plerique nostis. Opus est ingens, magnificum, regum ac tyrannorum : totum est. ex saxo in mirandam altitudinem depresso, et multorum operis penitus exciso : nihil tam clausum ad exitus, nihil tam septum undique, nihil tam tutum ad custodias, nec fieri, nec cogitari potest. In has lautumias, si qui publice custodiendi sunt, etiam ex cæteris oppidis Siciliæ deduci imperantur. Eo quod multos captivos cives Romanos conjecerat, et quod eodem cæteros piratas contrudi imperarat, intellexit, si hunc subdititium archipiratam in eandem custodiam dedisset, fore, ut a multis, illis in lautumiis, verus ille dux quæreretur. Itaque hominem huic optimæ tutissimæque custodiæ non audet committere : denique Syracusas totas timet : amandat hominem. Quo ? Lilybæum fortasse? Video : tamen homines maritimos non plane pertimidat. Minime, judices. Panormum igitur ? Audio : quanquam Syracusis, quoniam

pour le lieu du supplice ou du moins de la prison, puisque c'est dans les eaux de cette ville que ce brigand avait été pris. Mais non, ce n'est point encore à Panorme. Où donc? Où? devinez. Chez le peuple le moins exposé aux incursions des pirates, le moins en situation de les connaître, le plus étranger par sa position aux intérêts maritimes et à la navigation, chez les habitants de Centorbe, qui, vivant au milieu des terres et uniquement occupés d'agriculture, n'avaient jamais eu rien à craindre des pirates, et qui, pendant votre administration, Verrès, n'avaient jamais tremblé qu'au nom d'Apronius, ce chef de vos écumeurs de terre. Et comme si le préteur eût voulu que personne n'ignorât qu'il avait pris toutes ses mesures, afin que son faux corsaire se prêtât volontiers à se donner pour ce qu'il n'était pas, il enjoignit aux habitants de Centorbe de le bien nourrir, et de lui procurer libéralement toutes les douceurs et toutes les commodités de la vie.

XXVIII. Cependant les Syracusains, gens d'esprit et de finesse, capables d'apprécier non-seulement ce qui est sous leurs yeux, mais de deviner ce qu'on leur cache, tenaient journellement compte des pirates dont la hache faisait tomber la tête, et jugeaient de la quantité qu'il devait y en avoir par la grandeur du bâtiment et par le nombre de ses rames. De son côté, Verrès avait mis à part ceux qui avaient des talents et de la figure. Il prévoyait que si, conformément à l'usage, il faisait exécuter les autres

in Syracusano captus erat, maxime, si minus supplicio affici, at custodiri oportebat. Ne Panormum quidem. Quid igitur? quo putatis? Ad homines a piratarum metu et suspicione alienissimos, a navigando rebusque maritimis remotissimos, ad Centuripinos, homines maxime mediterraneos, summos aratores, qui nomen nunquam timuissent maritimi prædonis, unum, te prætore, horruissent Apronium, terrestrem archipiratam. Et, ut quivis facile perspiceret, id ab isto actum esse, ut ille suppositus facile et libenter se illum, qui non erat, esse simularet; imperat Centuripinis, ut is victu cæterisque rebus quam liberalissime commodissimeque habeatur.

XXVII. Interea Syracusani, homines periti et humani, qui non modo ea, quæ perspicua essent, videre, verum etiam occulta suspicari possent, habebant rationem omnes cotidie piratarum, qui securi ferirentur : quam multos esse oporteret, ex ipso navigio, quod erat captum, et ex remorum numero conjiciebant. Iste, quod omnes, qui artificii aliquid habuerant aut formæ, removerat atque adduxerat, reliquos si, ut consuetudo est, universos ad palum

tous ensemble, un cri général s'élèverait quand le peuple reconnaîtrait que plus de la moitié avaient été soustraits à la vindicte publique : il prit donc le parti de les envoyer à la mort les uns après les autres. Malgré ces précautions, il n'y eut, parmi les nombreux habitants de Syracuse, personne qui ne connût assez exactement le nombre des pirates, pour ne pas s'apercevoir qu'il en manquait beaucoup ; et chacun demanda, exigea hautement leur supplice. Que fit cet homme abominable ? A la place des pirates qu'il s'était réservés, et c'était le plus grand nombre, il substitua les citoyens romains dont il avait auparavant rempli la prison. A l'entendre, c'étaient ou des soldats de Sertorius, qui, fuyant de l'Espagne, étaient venus descendre en Sicile ; ou d'autres individus qui, naviguant pour le commerce ou pour tout autre motif, étaient tombés au pouvoir des pirates, et s'étaient associés volontairement à ces brigands : il prétendait en avoir la preuve. Des citoyens romains furent donc conduits au poteau : les uns la tête voilée, pour qu'on ne les reconnût pas ; les autres, bien que reconnus par une infinité de citoyens romains, qui prirent leur défense, n'en furent pas moins exécutés. — Mais je parlerai de leur mort cruelle, de leurs horribles souffrances, lorsque j'en serai venu à ce sujet ; et si, au milieu de cette plainte contre la barbarie de Verrès et contre le meurtre exécrable de tant de citoyens romains, mes forces et

alligasset, clamorem populi fore suspicabatur, quum tanto plures abducti essent, quam relicti. Propter hanc causam quum instituisset alios alio tempore producere, tamen in tanto conventu nemo erat, quin rationem numerumque haberet, et reliquos non desideraret solum, sed etiam posceret et flagitaret. Quum maximus numerus deesset, tum iste homo nefarius in eorum locum, quos domum suam de piratis abduxerat, substituere et supponere cœpit cives Romanos, quos in carcerem antea conjecerat : quorum alios Sertorianos milites fuisse insimulabat, et ex Hispania fugientes ad Siciliam appulsos esse dicebat; alios, qui a prædonibus erant capti, quum mercaturas facerent, aut aliquam aliam ob causam navigarent, sua voluntate cum piratis fuisse arguebat. Itaque alii cives Romani, ne cognoscerentur, capitibus obvolutis e carcere ad palum atque ad necem rapiebantur; alii, quum a multis civibus Romanis recognoscerentur, ab omnibus defenderentur, securi feriebantur. Quorum ego de acerbissima morte crudelissimoque cruciatu dicam, quum eum tractare locum cœpero; et ita dicam, ut, si me in ea queremonia, quam sum habiturus de istius crudelitate et de civium Romanorum indignissima morte, non modo vires, verum

la vie même venaient à m'abandonner, je serais heureux et fier d'une telle destinée. — Voilà donc cette belle expédition, cette éclatante victoire ! Un brigantin capturé sur les pirates, leur chef mis en liberté ; des musiciens envoyés à Rome ; plusieurs jeunes hommes, doués d'une belle figure et de quelque talent, conduits dans la maison du préteur ; puis, à leur place et en nombre pareil, des citoyens romains torturés, suppliciés comme des ennemis ; enfin toutes les étoffes, tout l'or, tout l'argent provenant de cette prise, saisis et détournés à son profit.

XXIX. Voyez comme il s'est enlacé lui-même dans la première action ! Après un silence de dix jours, il bondit tout à coup contre le témoignage de M. Annius, personnage fort distingué, qui avait déclaré que c'étaient des citoyens romains qui avaient péri sous la hache et que le chef des pirates avait été épargné. Excité sans doute par le sentiment du remords et par la noire fureur où le plongeait le souvenir de tant d'actes tyranniques, il déclara que, se doutant bien qu'on l'accuserait d'avoir reçu de l'argent pour n'avoir point envoyé au supplice le véritable chef de pirates, il ne lui avait pas fait trancher la tête, et qu'il avait chez lui deux chefs de corsaires.

O clémence, ou plutôt, ô patience incroyable du peuple romain ! un citoyen romain a péri sous la hache ; c'est un chevalier romain, c'est Annius qui l'atteste, et vous gardez le silence ! Il

---

etiam vita deficiat, id mihi præclarum et jucundum putem. Hæc igitur est gesta res, hæc victoria præclara : myoparone piratico capto, dux liberatus ; symphoniaci Romam missi ; formosi homines, et adolescentes, et artifices domum abducti ; in eorum locum, et ad eorum numerum cives Romani hostilem in modum cruciati et necati : omnis vestis ablata ; omne aurum et argentum ablatum et aversum.

XXIX. At quemadmodum ipse sese induit priore actione ? Qui tot dies tacuisset, repente in M. Annii, hominis splendidissimi, testimonio, quum is cives Romanos dixisset, et archipiratam negasset securi esse percussum, exsiluis conscientia sceleris, et furore ex maleficiis concepto excitatus, dixit, se, quod sciret, sibi, crimini datum iri, pecuniam accepisse, neque de vero archipirata sumpsisse supplicium, ideo securi non percussisse : domi esse apud sese archipiratas dixit duos.

O clementiam populi Romani, seu potius patientiam miram ac singularem ! Civem Romanum securi esse percussum Annius, eques Romanus, dicit : taces.

atteste que ce n'est pas le chef des pirates, vous en convenez !
Des cris de deuil et d'indignation éclatent contre vous : cependant
le peuple romain s'abstient de vous punir sur l'heure, il modère
ses premiers transports, et remet le soin de sa vengeance à la
sévérité des juges. Comment saviez-vous qu'on vous accuserait ?
pourquoi le saviez-vous ? pourquoi en aviez-vous le soupçon ? Vous
n'aviez point d'ennemis ; et quand même vous en auriez eu, certes
vous vous étiez comporté de manière à redouter peu les rigueurs
de la justice. Est-ce donc que, comme il est ordinaire aux coupables, le témoignage de votre conscience vous rendait soupçonneux
et timide ? Quoi donc ! alors que vous jouissiez de la souveraine
puissance, vous ne laissiez pas d'envisager avec effroi la perspective
d'une accusation et d'un jugement ! Et maintenant que vous n'êtes
qu'un accusé convaincu par tant de témoins, vous osez douter de
votre condamnation ! Vous appréhendiez, dites-vous, d'être accusé
d'avoir livré au supplice un innocent à la place du chef des pirates. Eh bien, pensiez-vous qu'il dût être bien utile à votre justification d'attendre que vous fussiez traduit en justice et forcé par
mes instances réitérées, pour représenter après un si long temps
votre prétendu pirate devant des gens qui ne l'ont jamais connu ?
Ne valait-il pas mieux le faire décapiter au moment de son arres-
tation, à Syracuse, sous les yeux de ceux dont il était connu, en
présence de toute la Sicile ? Voyez quelle différence entre les
deux partis : alors vous n'aviez aucun reproche à craindre ; au-

---

Archipiratam negat : fateris. Fit in eo gemitus omnium et clamor ; quum
tamen a præsenti supplicio tuo se continuit populus Romanus repressit,
e salutis suæ rationem judicum severitati reservavit. Qui sciebas tibi
crimini datum iri ? quamobrem sciebas ? quamobrem etiam suspicabare ?
inimicum habebas neminem : si haberes, tamen non ita vixeras, ut metum
judicii propositum habere deberes. An te, id quod fieri solet, conscientia timi-
dum suspiciosumque faciebat ? Qui igitur, quum esses cum imperio, jam tum
judicium et crimen horrebas, reus, quum tot testibus coarguare, potes de
damnatione dubitare ? Verum, si crimen hoc metuebas, ne quis abs te suppositum esse diceret, qui pro archipirata securi feriretur : utrum tandem
tibi ad defensionem firmius fore putasti, in judicio, coactu atque efflagitatu
meo, producere ad ignotos tanto post eum, quem archipiratam esse diceres ;
an recenti re, Syracusis, apud notos, inspectante Sicilia pæne tota, securi
ferire ? Vide, quid intersit, utrum faciendum fuerit. In illo reprehensio nulla

jourd'hui vous n'avez point d'excuse. Aussi tous les généraux ont-ils pris le premier parti : nul autre avant vous, nul autre, excepté vous, n'a donné l'exemple du contraire. Vous avez gardé chez vous un pirate vivant : combien de temps ? Tant qu'a duré votre préture ? Dans quel dessein ? par quel motif ? d'après quel exemple ? pourquoi si longtemps ? Pourquoi, je le répète, des citoyens romains, prisonniers des pirates, ont-ils eu sur-le-champ la tête tranchée, tandis que vous avez laissé si longtemps des pirates jouir de l'existence ?

Eh bien, soit, vous fûtes libre d'agir ainsi tant qu'a duré votre préture ; mais aujourd'hui, rentré dans la vie privée, accusé et presque condamné, avez-vous encore le droit de retenir chez vous, dans une maison particulière, ces chefs de pirates ? Ce n'est ni un mois, ni deux, mais une année ou peu s'en faut, que, depuis le moment de leur capture, ils ont habité votre maison. Ils y seraient encore sans moi, je veux dire sans M'. Acilius Glabrion, qui, sur ma requête, a ordonné qu'ils fussent représentés et enfermés dans la prison publique.

XXX. Quelle loi, quel usage, quel exemple autorisaient votre conduite ? Un simple particulier, le premier venu, aura donc le privilége de recéler dans sa maison l'ennemi le plus implacable, le plus acharné du peuple romain, ou plutôt l'ennemi commun de tous les pays, de toutes les nations ?

---

esse potuit ; hic defensio nulla est. Itaque illud semper omnes fecerunt ; hoc quis ante te, quis præter te fecerit, quæro. Piratam vivum tenuisti. Quem ad finem ? dum cum imperio fuisti. Quamobrem ? quam ob causam ? quo exemplo ? cur tamdiu ? cur, inquam, civibus Romanis, quos piratæ ceperant, securi statim percussis, ipsis piratis lucis usuram tam diuturnam dedisti ?

Verum esto : sit tibi liberum omne tempus, quoad cum imperio fuisti : etiamne privatus ? etiamne reus ? etiamne pæne damnatus, hostium duces privata in domo retinuisti ? Unum, alterum mensem, prope annum denique, domi tuæ piratæ, a quo tempore capti sunt, quoad per me licitum est, fuerunt ; hoc est, quoad per M'. Acilium Glabrionem licitum est, qui, postulante me, produci atque in carcerem condi imperavit.

XXX. Quod est hujusce rei jus ? quæ consuetudo ? quod exemplum ? hostem acerrimum atque infestissimum populi Romani, seu potius communem hostem gentium nationumque omnium, quisquam omnium mortalium privatus intra mœnia domi suæ retinere poterit ?

Eh quoi! si la veille du jour où je vous forçai d'avouer qu'après avoir fait exécuter des citoyens romains, vous laissiez vivre un chef de pirates, et qu'il habitait votre demeure; si, dis-je, la veille de ce jour, cet homme s'était évadé, et qu'il fût parvenu à ramasser contre le peuple romain une troupe de brigands, qu'auriez-vous à nous dire? — Il demeurait chez moi, avec moi, je voulais le conserver sain et sauf pour le moment de mon procès, afin que sa présence me servît à confondre plus sûrement mes accusateurs. — Ainsi donc, répondrais-je, c'est aux dépens de la sûreté publique que vous assurez votre sûreté personnelle. Ainsi, quand il s'agit du supplice de nos ennemis vaincus, c'est votre intérêt privé, et non celui du peuple romain, que vous consultez ! Ainsi l'ennemi du peuple romain demeurera à la discrétion d'un particulier. Mais si les triomphateurs eux-mêmes laissent vivre quelque temps les chefs ennemis, pour les enchaîner à leur char, et pour offrir au peuple romain le spectacle le plus agréable et le plus beau fruit de leur victoire, au moment où le char se détourne du Forum pour monter vers le Capitole, il les font conduire dans la prison, et le même jour voit finir le commandement des vainqueurs et la vie des vaincus.

Qui pourrait, après cela, révoquer en doute que, vous attendant, comme vous-même l'avez dit, à subir une accusation, vous n'auriez eu garde de ne point faire exécuter ce corsaire, au lieu de le laisser

---

Quid? si pridie, quam a me tu coactus es confiteri, civibus Romanis securi percussis, prædonum ducem vivere, apud te habitare; si, inquam, pridie domo tua profugisset, si aliquam manum contra populum Romanum facere potuisset, quid diceres? — Apud me habitavit; mecum fuit; ego illum ad judicium meum, quo facilius crimen inimicorum diluere possem, vivum atque incolumem reservavi. — Itane vero? tu tua pericula communi periculo defendes? tu supplicia, quæ debentur hostibus victis, ad tuum, non ad populi Romani tempus conferes? populi Romani hostis privatis custodiis asservabitur? At etiam qui triumphant, eoque diutius vivos hostium duces servant, ut, his per triumphum ductis, pulcherrimum spectaculum fructumque victoriæ populus Romanus perspicere possit, tamen quum de Foro in Capitolium currum flectere incipiunt, illos duci in carcerem jubent; idemque dies et victoribus imperii, et victis vitæ finem facit.

Et nunc cuiquam credo esse dubium, quia tu id commissurus non fueris — præsertim quum statuisses, ut ais, tibi causam esse dicendam, ut ille archi-

vivre, au risque évident de vous perdre? Car enfin s'il était mort, à qui, je vous le demande, l'auriez-vous persuadé, vous, qui dites avoir craint ce jugement? Un fait constant, c'est qu'à Syracuse personne n'a pu voir ce pirate, quoique tout le monde l'ait cherché. Nul ne doutait que vous ne l'eussiez relâché, après en avoir été bien payé; on disait publiquement que vous en aviez substitué un autre à sa place. Vous êtes même convenu que vous appréhendiez depuis longtemps cette accusation. Si donc vous veniez nous dire : « il est mort, » qui voudrait vous en croire? Eh bien, aujourd'hui que vous produisez un individu que personne ne connaît, prétendez-vous qu'on vous en croie davantage?

Et s'il s'était enfui, s'il avait brisé ses fers, comme Nicon, ce fameux pirate, que P. Servilius prit une seconde fois avec autant de bonheur que la première? que diriez-vous? Mais voici le fait : si le véritable chef de pirates avait eu une bonne fois la tête tranchée, vous n'auriez point touché le prix de sa rançon : si l'individu que vous avez mis à sa place était mort ou avait pris la fuite, il ne vous aurait pas été difficile de lui en substituer un autre.

Je me suis plus étendu que je ne voulais sur ce capitaine de pirates, et cependant je n'ai pas encore fait valoir mes meilleurs moyens. Je n'ai pas voulu anticiper sur ce qui me reste à dire à cet égard; je me réserve pour un autre lieu, pour un autre tribunal, pour une autre juridiction dont la chose relève.

pirata non potius securi feriretur, quam, quod erat ante oculos positum, tuo periculo viveret. Si enim esset mortuus, tu, qui crimen ais te metuisse, quaere, cui probares? Quum constaret, istum Syracusis ab nullo visum esse archipiratam, ab omnibus desideratum ; quum dubitaret nemo, quin abs te pecunia liberatus esset: quum vulgo loquerentur, suppositum in ejus locum, quem pro illo probare velles; quum tute fassus esses, te id crimen tanto ante metuisse : si cum diceres esse mortuum, quis te audiret? nunc, quum vivum istum nescio quem producis, tamenne id credi voles?

Quid? si aufugisset, si vincla rupisset ita, ut Nico ille nobilissimus pirata fecit, quem P. Servilius, qua felicitate ceperat, eadem recuperavit, quid diceres? Verum hoc erat : si ille semel verus archipirata securi percussus esset, pecuniam illam non haberes; si hic falsus esset mortuus, aut profugisset, non esset difficile alium in suppositi locum supponere.

Plura dixi, quam volui, de illo archipirata : et tamen ea, quae certissima sunt hujus criminis argumenta, praetermisi. Volo enim mihi totum esse crimen hoc integrum : est certus locus, certa lex, certum tribunal, quo hoc reservetur.

XXXI. Riche d'une si belle capture, de tant d'esclaves, d'argenterie, d'étoffes, Verrès ne se montra pas plus diligent à équiper la flotte, à rassembler les soldats, à pourvoir à leur entretien, bien que de pareils soins, en assurant la tranquillité de la province, eussent pu lui procurer à lui-même un nouveau butin. On touchait à la fin de l'été, saison durant laquelle les autres préteurs ne manquaient jamais de parcourir la Sicile, de se montrer en tous lieux, et même de se mettre en mer pour donner la chasse aux pirates, qui inspiraient alors tant de craintes. Mais lui, uniquement occupé de ses aises et de ses plaisirs, il ne se trouva pas assez bien dans l'ancien palais d'Hiéron, devenu la résidence des préteurs. Ainsi que je l'ai dit, suivant son usage durant les chaleurs, il fit dresser des tentes du tissu le plus fin sur cette partie du rivage qui est dans l'île de Syracuse, derrière la fontaine d'Aréthuse, à l'entrée du port, en un lieu délicieux et tout à fait à l'abri des regards indiscrets. C'est là que, durant soixante jours d'été, on a vu le préteur du peuple romain, le gardien, le défenseur d'une importante province, passer sa vie dans des festins, avec des femmes dissolues, sans autres hommes que lui et son fils, encore adolescent : je pourrais dire sans hommes, car cette exception leur fait trop d'honneur. Seulement l'affranchi Timarchide était parfois admis. Ces femmes étaient mariées et de nobles familles, excepté une fille du comédien Isi-

XXXI. Hac tanta præda auctus, mancipiis, argento, veste locupletatus, nihilo diligentior ad classem ornandam, milites revocandos alendosque esse cœpit, quum ea res non solum provinciæ saluti, verum etiam ipsi prædæ esse posset. Nam æstate summa, quo tempore cæteri prætores obire provinciam et concursare consueverunt, aut etiam in tanto prædonum metu et periculo ipsi navigare ; eo tempore ad luxuriam libidinesque suas, domo sua regia, quæ regis Hieronis fuit, qua prætores uti solent, contentus non fuit : tabernacula, quemadmodum consueverat temporibus æstivis, quod antea jam demonstravi, carbaseis intenta velis, collocari jussit in litore : quod est litus in insula Syracusis post Arethusæ fontem, propter ipsum introitum atque ostium portus, amœno sane et ab arbitris remoto loco. Hic dies æstivos sexaginta prætor populi Romani, custos defensorque provinciæ, sic vixit, ut muliebria cotidie convivia essent ; vir accumberet nemo, præter ipsum et prætextatum filium : tametsi recte sine exceptione dixeram, virum, quum ist essent, neminem fuisse. Nonnunquam etiam libertus Timarchides adhibebatur: Mulieres autem nuptæ nobiles, præter unam mimi Isidori filiam, quam iste

dore, que Verrès, épris d'amour, avait enlevée à un joueur
de flûte rhodien. Quant aux autres, c'était une Pippa, épouse du
Syracusain Æschrion, fameuse dans toute la Sicile par une infinité de chansons sur son intrigue galante avec le préteur ; c'était
une Nicé, dont on vante la beauté, et qui est la femme du Syracusain Cléomène. Son mari l'aimait éperdument ; mais il n'avait
ni le pouvoir ni le courage de traverser les amours de celui qui
l'avait enchaîné par tant de libéralités et de faveurs. Toutefois
Verrès, malgré l'impudence que vous lui connaissez, se faisait
quelque scrupule, le mari étant à Syracuse, de garder la femme
auprès de lui durant tant de jours. Il imagine donc un expédient
singulier. Il dépouille son lieutenant du commandement de la
flotte, pour le donner à Cléomène ; oui, juges, la flotte du peuple
romain, c'est Cléomène, un Syracusain, qui va la commander ;
ainsi le veut, ainsi l'ordonne Verrès. Son but était non-seulement
d'éloigner un mari en l'envoyant sur mer, mais de lui rendre son
éloignement agréable, en lui donnant une mission honorable et
lucrative. Pour sa part, le préteur se ménageait la facilité de vivre avec la femme, non pas plus librement qu'auparavant — car
ses passions ont-elles jamais connu la crainte ? — mais sans aucune apparence de gêne, en écartant Cléomène, moins comme
mari que comme rival. Le vaisseau amiral de nos amis et de nos
alliés est donc placé sous les ordres du Syracusain Cléomène.

propter amorem, ab Rhodio tibicine abduxerat : Pippa quædam, uxor Æschrionis Syracusani, de qua muliere plurimi versus, qui in istius cupiditatem
facti sunt, tota Sicilia percelebrantur. Erat et Nice, facie eximia, ut prædicatur, uxor Cleomenis Syracusani. Hanc Cleomenes vir amabat : verumtamen
hujus libidini adversari nec poterat, nec audebat; et simul ab isto donis,
beneficiisque plurimis devinciebatur. Illo autem tempore iste, tametsi ea est
hominis impudentia, quam nostis, ipse tamen, quum vir esset Syrucusis,
uxorem ejus parum poterat animo soluto ac libero tot in acta dies secum
habere. Itaque excogitat rem singularem : naves, quibus legatus præfuerat,
Cleomeni tradit; classi populi Romani Cleomenem Syracusanum præesse jubet,
atque imperare. Hoc eo facit, ut ille non solum abesset a domo tum, quum
navigaret, sed etiam libenter cum magno honore beneficioque abesset ; ipse
autem, remoto atque ablegato viro, non liberius, quam ante — quis enim
unquam istius libidini obstitit ? — sed paullo solutiore tamen animo secum
illam haberet, si non tanquam virum, at tanquam æmulum removisset. Accipit navem sociorum atque amicorum Cleomenes Syracusanus.

XXXII. Par où commencerai-je mes reproches et mes plaintes? Le pouvoir d'un lieutenant, les attributions d'un questeur, l'autorité du préteur, confiés aux mains d'un Sicilien! Si la table et les femmes occupaient tous vos moments, Verrès, où étaient vos lieutenants, où étaient vos questeurs? Pourquoi receviez-vous ce blé estimé par vous à un si haut prix? Que faisiez-vous et de ces mulets, et de ces tentes, et de tant de magnifiques avantages accordés aux magistrats et à leurs lieutenants par le sénat et le peuple romain? Qu'étaient devenus vos préfets et vos tribuns! S'il ne se trouvait en Sicile aucun citoyen romain digne de cet emploi, ne trouviez-vous personne en état de le remplir dans des cités qui toujours s'étaient montrées les amies fidèles du peuple romain? N'aviez-vous pas et Ségeste et Centorbe, qui par leurs services, leur loyauté, leur ancienneté, et leur parenté même avec nous, ont presque droit au nom de villes romaines? Et ces deux cités, grand Dieu! ont vu leurs soldats, leurs vaisseaux, leurs capitaines, subordonnés par Verrès à un Syracusain! N'était-ce pas à la fois méconnaître les droits d'une glorieuse hiérarchie et ceux de la justice? Quelle guerre avons-nous faite en Sicile où nous n'ayons eu Centorbe pour alliée, et Syracuse pour ennemie? Mon dessein n'est pas d'humilier cette ville, je ne veux que rappeler la mémoire des faits anciens. Mais enfin, quand un de nos plus illustres et de nos plus grands généraux, M. Marcellus, sou-

XXXII. Quid primum aut accusem, aut querar, judices? Siculone homini, legati, quæstoris, prætoris denique potestatem, honorem, auctoritatem dari? Si te impediebat ista conviviorum mulierumque occupatio, ubi quæstores? ubi legati? ubi ternis denariis æstimatum frumentum? ubi muli? ubi tabernacula? ubi tot tantaque ornamenta magistratibus et legatis, a senatu populoque Romano permissa et data? denique ubi præfecti et tribuni tui? Si civis Romanus dignus isto negotio nemo fuit, quid civitates, quæ in amicitia fideque populi Romani perpetuo manserant? ubi Segestana? ubi Centuripina civitas, quæ tum officiis, fide, vetustate, tum etiam cognatione populi Romani nomen attingunt. O di immortales! quid? si harum ipsarum civitatum militibus, navibus, navarchis, Syracusanus Cleomenes jussus est imperare, non omnis honos ab isto dignitatis, æquitatis, officiique sublatus est? Ecquod in Sicilia bellum gessimus, quin Centuripinis sociis, Syracusanis hostibus uteremur! Atque hæc omnia ad memoriam vetustatis, non ad contumeliam civitatis referri volo. Itaque ille vir clarissimus, summusque imperator, M. Marcellus,

mit par sa valeur Syracuse, que conserva sa clémence, il défendit à tout Syracusain d'habiter la partie de cette cité qu'on appelle l'Ile. Anjourd'hui encore nul Syracusain ne peut habiter ce quartier. Comme c'est un poste où une poignée de soldats pourrait se maintenir, le vainqueur ne voulut point y laisser des habitants dont la fidélité ne fût pas à toute épreuve. D'ailleurs, c'est de ce côté qu'abordent les vaisseaux ; et il ne crut pas devoir confier cette barrière importante à ceux qui si longtemps l'avaient tenue fermée à nos légions.

Voyez, Verrès, quelle différence entre vos caprices et la prudence de nos ancêtres, entre votre extravagance, vos emportements et les précautions de leur sagesse ? ils interdirent aux Syracusains l'accès même du rivage : vous leur avez livré l'empire de la mer ; ils ne voulurent point qu'aucun Syracusain habitât un lieu où des vaisseaux pouvaient aborder ; vous avez voulu que nos vaisseaux, que dis-je, que notre flotte fût sous les ordres d'un Syracusain. Ceux que nos pères avaient exclus d'un partie de leur ville ont reçu de vous une partie de notre empire ; et les alliés qui s'étaient réunis avec nous pour ranger les Syracusains sous nos lois ont été forcés par vous de se ranger sous les lois des Syracusains.

XXXIII. Déjà Cléomène quitte le port, monté sur la galère de Centorbe, à quatre rangs de rames. A sa suite marchent le vais-

cujus virtute captæ, misericordia conservatæ sunt Syracusæ, habitare in ea parte urbis, quæ Insula est, Syracusanum neminem voluit. Hodie, inquam, Syracusarum in ea parte habitare non licet : est enim locus, quem vel pauci possunt defendere. Committere igitur cum non fidelissimis hominibus noluit : simul quod ab illa parte urbis navibus aditus ex alto est. Quamobrem qui nostros exercitus sæpe excluserant, iis claustra loci committenda non existimavit.

Vide, quid intersit inter tuam libidinem, majorumque auctoritatem ; inter amorem uroremque tuum, et illorum consilium atque prudentiam. Illi aditum litoris Syracusanis ademerunt ; tu maritimum imperium concessisti : illi habitare in eo loco Syracusanum, quo naves accedere possent, noluerunt ; tu classi et navibus Syracusanum præesse voluisti : quibus illi urbis suæ partem ademerunt, is tu nostri imperii partem dedisti ; et, quorum sociorum opera Syracusani nobis dicto audientes sunt, eos Syracusanis dicto audientes esse jussisti.

XXXIII. Egreditur Centuripina quadriremi Cleomenes e portu ; sequitur

seau de Ségeste, puis ceux de Tyndaris, d'Herbite, d'Héraclée, d'Apollonie, d'Haluntium : flotte magnifique en apparence, mais faible en réalité, et dégarnie, par les congés, de combattants et de rameurs. L'infatigable préteur eut le plaisir de la voir voguer aussi longtemps qu'elle côtoya le théâtre infâme de ses orgies. Invisible depuis plusieurs jours, il apparut quelques instants aux yeux des matelots. C'est en manteau de pourpre, en tunique flottante, en sandales, qu'appuyé nonchalamment sur une de ses maîtresses, un préteur du peuple romain se montra sur le rivage. Déjà plus d'une fois une foule de Siciliens et de citoyens romains l'avaient vu dans cet accoutrement.

La flotte, après avoir un moment gagné la haute mer, vint, le cinquième jour, relâcher à Pachynum. Les matelots mouraient de faim : des palmiers sauvages croissent en abondance en cet endroit, comme dans presque toute la Sicile : ces malheureux en arrachèrent les racines pour se soutenir. Cléomène, qui croyait devoir représenter Verrès par son luxe et par son immoralité, aussi bien que par l'autorité dont il était revêtu, fit comme lui dresser une tente sur le rivage ; et comme lui, il passait toutes ses journées à s'enivrer.

XXXIV. Tout à coup, tandis que Cléomène était ivre et que tout le monde mourait de faim, on annonce que des corsaires sont au

---

Segestana navis, Tyndaritana, Herbitensis, Heracliensis, Apolloniensis, Haluntina ; præclara classis in speciem, sed inops et infirma, propter dimissionem propugnatorum atque remigum. Tamdiu in imperio suo classem iste prætor diligens, vidit, quamdiu convivium ejus flagitiosissimum prætervecta est : ipse autem, qui visus multis diebus non esset, tum se tamen in conspectum nautis paullisper dedit. Stetit soleatus prætor populi Romani cum pallio purpureo, tunicaque talari, muliercula nixus in litore. Jam hoc ipso istum vestitu Siculi, civesque Romani permulti sæpe viderunt.

Posteaquam paullum provecta classis est, et Pachynum quinto die denique appulsa est, nautæ, fame coacti, radices palmarum agrestium, quarum erat in his locis, sicut in magna parte Siciliæ, multitudo, colligebant, et his miseri perditique alebantur. Cleomenes autem, qui alterum se Verrem quum luxuria atque nequitia, tum etiam imperio, putaret, similiter totos dies, in litore tabernaculo posito, perpotabat.

XXXIV. Ecce autem repente, ebrio Cleomene, esurientibus cæteris, nuntiatur

port d'Odyssée ; c'est le nom de ce lieu. Notre flotte était à Pachynum. Comme il y avait des troupes dans le fort, ou que du moins il devait y en avoir, Cléomène se flatta qu'avec les soldats qu'il en pourrait tirer, il compléterait ses équipages ; mais la cupidité de Verrès n'avait pas moins dégarni les forts que les flottes. On ne trouva dans la place que très-peu d'hommes : presque tous avaient acheté leur congé. Cléomène, en brave amiral, fait appareiller le vaisseau de Centorbe, redresser les mâts, déployer les voiles, couper les câbles ; et, dans le même temps, il donne aux autres vaisseaux le signal et l'exemple de la fuite. Le navire marchait avec une vitesse incroyable, grâce à son excellente voilure ; car, de savoir le chemin que peut faire un vaisseau à l'aide de rames, c'est ce qui n'a pas été possible durant la préture de Verrès. Il est vrai que le vaisseau de Centorbe, par considération pour Cléomène, n'avait pas été entièrement dégarni de rameurs et de soldats. Il était déjà bien loin et hors de vue, que les autres travaillaient encore à se mettre en mouvement.

Le courage ne manquait pas au reste de la flotte. Malgré leur petit nombre, tous ceux qui la montaient voulaient en venir aux mains, quoi qu'il pût arriver ; tous demandaient le combat à grands cris ; et, ce que la faim leur avait laissé de force et de vie, c'était sous le fer ennemi qu'ils voulaient le perdre. Si Cléomène

---

piratarum naves esse in portu Odysseæ ; nam ita is locus nominatur : nostra autem classis erat in portu Pachyni. Cleomenes autem, quod erat terrestre præsidium non re, sed nomine, sperabat, iis militibus, quos ex eo loco deduxisset, explere se numerum nautarum et remigum posse. Reperta est eadem istius hominis avarissimi ratio in præsidiis, quæ in classibus : nam erant perpauci reliqui, cæterique dimissi. Princeps Cleomenes in quadriremi Centuripina malum erigi, vela fieri, præcidi anchoras imperavit ; et simul, ut se cæteri sequerentur, signum dari jussit. Hæc Centuripina navis erat incredibili celeritate velis ; nam scire, isto prætore, nemo poterat, quid quæque navis remis facere posset ; etsi in hac quadriremi, propter honorem et gratiam Cleomenis, minime multi remiges et milites deerant. Evolarat jam e conspectu fere fugiens quadriremis, quum etiam tunc cæteræ naves suo in loco moliebantur.

Erat animus in reliquis : quanquam erant pauci, quoquo modo sese res habebat, pugnare tamen se velle clamabant ; et, quod reliquum vitæ viriumque fames fecerat, id ferro potissimum reddere volebant. Quod si Cleomenes

ne s'était enfui avec tant de précipitation, la résistance n'aurait pas été impossible. Son vaisseau, le seul qui fût ponté, était d'assez haut bord pour servir de rempart à toute l'escadre ; dans un combat contre les corsaires, il aurait paru comme une citadelle au milieu de leurs chétifs brigantins. Mais, dénués de tout, abandonnés par leur chef, les Siciliens durent le suivre.

Tous voguaient donc vers Élore, ainsi que Cléomène, moins pour éviter le choc de l'ennemi que pour suivre leur amiral. Celui qui restait le plus en arrière se trouvait le plus en danger ; aussi les pirates attaquèrent-ils toujours le dernier navire. Le vaisseau d'Haluntium tomba d'abord en leur pouvoir. Il était commandé par Philarque, citoyen très-considéré dans sa ville, et que, depuis, les Locriens ont racheté aux frais de leur trésor. C'est lui qui, dans la première action, vous a donné tous les détails de cette affaire. Le vaisseau d'Apollonie fut pris le second ; son capitaine, nommé Anthropinus, perdit la vie.

XXXV. Cependant Cléomène avait atteint le rivage d'Élore ; déjà de son vaisseau il s'était élancé à terre, laissant cet immense navire flotter à la merci des vagues. Les autres capitaines, voyant l'amiral à terre, et ne pouvant d'ailleurs ni se défendre ni gagner le large, poussent leur vaisseau vers la côte, et rejoignent

non tanto ante fugisset, aliqua tamen ad resistendum ratio fuisset. Erat enim sola illa navis constrata, et ita magna, ut propugnaculo cæteris posset esse : quæ, si in prædonum pugna versaretur, urbis instar habere inter illos piraticos myoparones videretur. Sed tunc inopes, relecti a duce præfectoque classis, eundem necessario cursum tenere cœperunt.

Elorum versus, ut ipse Cleomenes, ita cæteri navigabant : neque hi tamen tam prædonum fugiebant impetum, quam imperatorem sequebantur. Tum, ut quisque in fuga postremus, ita periculo princeps erat : postremam enim quamque navem piratæ primam adoriebantur. Ita prima Haluntinorum navis capitur, cui præerat Haluntinus, homo nobilis, Pilarchus ; quem ab illis prædonibus Locrenses postea publice redemerunt : ex quo vos priore actione jurato rem omnem causamque cognostis. Deinde Apolloniensis navis capitur, et ejus præfectus Anthropinus occiditur.

XXXV. Hæc dum aguntur, interea Cleomenes jam ad Elori litus pervenerat ; jam sese in terram e navi ejecerat, quadrirememque in salo fluctuantem reliquerat. Reliqui præfecti navium, quum in terram imperator exisset, quum ipsi neque repugnare, neque mari effugere ullo modo possent, appulsis ad Elorum navibus, Cleomenem persecuti sunt. Tunc prædonum dux Heracleo,

Cléomène. Alors Héracléon, le chef des pirates, étonné d'une victoire due, non à son courage, mais à la cupidité et à la lâcheté de Verrès, et maître d'une des plus belles flottes du peuple romain, poussée et jetée sur le rivage, fit, à l'entrée de la nuit, mettre le feu à tous les bâtiments.

O moment désastreux, horrible pour la Sicile ! ô malheur déplorable et funeste à tant de têtes innocentes ! ô scélératesse profonde ! ô infamie sans exemple ! Dans la même nuit, au même instant, un préteur brûlait des feux les plus impurs, et les flammes allumées par les pirates dévorait une flotte du peuple romain ! La fatale nouvelle arrive tout à coup dans Syracuse, au milieu de la nuit. On court au palais du préteur, où des femmes venaient de le ramener d'un splendide festin, au bruit harmonieux des voix et des instruments Cléomène, malgré les ténèbres, n'ose se montrer en public ; il s'enferme dans sa maison, sans y trouver sa femme, qui du moins aurait pu lui offrir quelque consolation dans sa disgrâce. Notre admirable général avait établi dans son palais une discipline tellement sévère, que, dans une circonstance si grave, pour une nouvelle si terrible, personne n'est admis à pénétrer jusqu'à lui, personne n'ose ni troubler son sommeil, ni le déranger s'il veillait encore. Cependant l'alarme est répandue, la ville entière est sur pied. Ce n'étaient point ici des feux allumés au haut d'une tour, qui, selon la coutume, faisaient connaître

---

repente, præter spem, non sua virtute, sed istius avaritia nequitiaque victor, classem pulcherrimam populi Romani, in litus expulsam et ejectam, quum primum advesperasceret, inflammari incendique jussit.

O tempus miserum atque acerbum provinciæ Siciliæ! o casum illum multis innocentibus calamitosum atque funestum! o istius nequitiam ac turpitudinem singularem! Una atque eadem nox erat, qua prætor amoris turpissimi flamma, ac classis populi Romani prædonum incendio conflagrabat. Affertur nocte intempesta gravis hujusce mali nuntius Syracusas : curritur ad prætorium, quo istum e convivio illo præclaro reduxerant paullo ante mulieres cum cantu atque symphonia. Cleomenes, quanquam nox erat, tamen in publico esse non audet; includit se domi : neque aderat uxor, quæ consolari hominem in malis posset. Hujus autem præclari imperatoris ita erat severa domi disciplina, ut in re tanti, in tam gravi nuntio nemo admitteretur; nemo esset, qui auderet aut dormientem excitare, aut interpellare vigilantem. Jam vero, re ab omnibus cognita, concursabat urbe tota maxima multitudo : non enim, sicut antea consuetudo erat, prædonum adventum significabat ignis e specula sublatus,

4.

l'arrivée des corsaires, c'était la flamme même de nos vaisseaux incendiés qui annonçait et la perte qu'on venait de faire et le péril qui menaçait encore.

XXXVI. On cherche le préteur ; et, lorsqu'on apprend qu'il n'est informé de rien, on court chez lui en poussant de grands cris. Il se réveille enfin, se fait raconter l'affaire par Timarchide, et endosse l'habit de guerre. Le jour commençait à paraître. Il s'avance au milieu de la foule, encore appesanti par le vin, le sommeil et la débauche. Il est partout accueilli par des clameurs furieuses ; et l'image du péril qu'il avait couru à Lampsaque se retrace devant ses yeux. Le danger lui paraissait d'autant plus grand, que la haine était aussi vive et l'attroupement beaucoup plus nombreux. On lui rappelle son séjour et ses orgies scandaleuses sur le bord de la mer ; on cite par leurs noms ses maîtresses ; on lui demande à lui-même ce qu'il est devenu, ce qu'il a fait depuis tant de jours qu'il s'est rendu invisible. On veut qu'il livre ce Cléomène, dont il a fait un amiral. Peu s'en fallut enfin que la vengeance exercée à Utique contre Hadrianus ne se renouvelât à Syracuse, et que deux préteurs corrompus ne trouvassent leur tombeau dans deux provinces différentes. Verrès dut son salut aux circonstances, à l'approche des pirates, aux égards et au respect de la

---

aut tumulo ; sed flamma ex ipso incendio navium, et calamitatem acceptam, et periculum reliquum nuntiabat.

XXXVI. Quum praetor quaereretur, et constaret ei neminem nuntiasse, fit ad domum ejus cum clamore concursus atque impetus. Tum iste excitatus audit rem omnem ex Timarchide : sagum sumit. Lucebat jam fere : procedit in medium, vini, somni, stupri plenus. Excipitur ab omnibus ejusmodi clamore, ut ei Lampsaceni periculi similitudo versaretur ante oculos : hoc etiam majus hoc videbatur, quod in odio simili multitudo hominum haec erat maxima. Tum istius acta commemorabatur, tum flagitiosa illa convivia ; tum appellabantur a multitudine mulieres nominatim ; tum quaerebatur ex ipso palam, tot dies continuos, per quos nunquam visus esset, ubi fuisset, quid egisset ; tum imperator ab isto praepositus Cleomenes flagitabatur ; neque quidquam propius est factum, quam ut illud Uticense exemplum de Hadriano transferretur Syracusas, ut duo sepulcra duorum praetorum improborum, duabusque in provinciis constituerentur. Verum habita est a multitudine ratio temporis, habita est tumultus, habita etiam dignitatis existimationisque communis, quod

multitude pour le grand nombre de citoyens romains dont s'honorent et cette province et la république.

Les Syracusains s'animent à leur propre défense; le préteur, immobile, est à peine éveillé. Ils prennent les armes, et remplissent le forum, ainsi que l'Ile, qui forme un des principaux quartiers de la ville. Les pirates, sans s'arrêter plus d'une nuit au promontoire d'Élore, laissent les débris de notre flotte encore fumants sur la côte, et s'approchent de Syracuse. Sans doute, ils avaient entendu dire qu'il n'y avait rien de plus beau que les remparts et le port de cette ville, et ils étaient persuadés que, s'ils ne les voyaient pas pendant la préture de Verrès, jamais il ne leur serait possible de les voir.

XXXVII. Ils se présentent d'abord devant la partie du rivage où Verrès avait fait dresser des tentes pour y établir, durant l'été, son camp de plaisance; ils le trouvent évacué. Ne doutant pas que le préteur ne se fût retiré avec armes et bagages, ils entrent hardiment dans le port. Quand je dis le port, je dois m'expliquer plus clairement pour ceux qui ne connaissent pas les lieux; je veux dire qu'ils entrent dans la ville, et jusque dans le cœur de la ville; car, à Syracuse, ce n'est point le port qui couvre la place, mais la place qui ferme le port, en sorte que la mer, au lieu de baigner le dehors et l'extrémité des murs, pénètre dans l'intérieur des murs.

is est conventus Syracusis civium Romanorum, ut non modo illa provincia verum etiam hac re publica dignissimus existimetur.

Confirmant ipsi se, quum is etiam tum semisomnis stuperet; arma capiunt; totum forum atque Insulam, quæ est urbis magna pars, complent. Unam illam solam noctem prædones ad Elorum commorati, quum fumantes etiam nostras naves reliquissent, accedere incipiunt ad Syracusas. Qui videlicet sæpe audissent, nihil esse pulchrius, quam Syracusarum mœnia ac portus, statuerant, sese, si ea Verre prætore non vidissent, nunquam esse visuros.

XXXVII. Ac primo ad illa æstiva prætoris accedunt, ipsam illam ad partem litoris, ubi iste per eos dies, tabernaculis positis, castra luxuriæ collocarat: quem posteaquam inanem locum offenderunt, et prætorem commovisse ex eo loco castra senserunt, statim sine ullo metu in portum ipsum penetrare cœperunt. Quum in portum dico, judices — esplanandum est enim diligentius, eorum causa, qui locum ignorant, — in urbem dico, atque in urbis intimam partem venisse piratas: non enim portu illud oppidum clauditur, sed urbe portus ipse cingitur et concluditur; non ut alluantur a mari mœnia extrema, sed ipse influat in urbis sinum portus.

C'est là que, sous votre préture, le chef des pirates Héracléon, avec quatre misérables brigantins, a vogué impunément au gré de ses désirs. Dieux immortels ! l'autorité, les faisceaux, la souveraineté du peuple romain, étaient dans Syracuse, et un corsaire s'est avancé jusqu'au forum, il a côtoyé tous les quais d'une ville dont les flottes redoutables des Carthaginois, alors maîtres de la mer, ne purent jamais approcher, en dépit de tous leurs efforts dans maintes expéditions ! Que dis-je ? nos forces navales, invincibles jusqu'à votre préture, Verrès, n'ont pas moins vainement tenté de franchir cette barrière, au milieu de tant de guerres Puniques et Siciliennes. Telle est, en effet, la nature du lieu, qu'avant de voir un vaisseau ennemi dans leur port, les Syracusains verraient une armée victorieuse sur leurs remparts, dans leur cité, dans leur forum. Sous votre préture, des barques de pirates ont vogué librement dans un enceinte dont, de mémoire d'homme, une flotte athénienne, composée de trois cents voiles et d'innombrables équipages, avait seule forcé l'entrée ; encore trouva-t-elle sa défaite dans ce port même ! Oui, c'est là que cette ville célèbre vit pour la première fois sa puissance vaincue, affaiblie, humiliée ; et l'on peut dire que c'est dans ce port que sa renommée, sa prépondérance, sa gloire, firent naufrage.

XXXVIII. Un pirate a donc pénétré là où il ne pouvait arriver sans laisser, non-seulement à côté de lui, mais derrière lui, une

---

Hic, te prætore, Heracleo archipirata cum quattuor myoparonibus parvis ad arbitrium suum navigavit. Pro, di immortales! piraticus myoparo, quum imperium populi Romani, nomen ac fasces essent Syracusis, usque ad forum, et ad omnes urbis crepidines accessit : quo neque Carthaginiensium gloriosissimæ classes, quum mari plurimum poterant, multis bellis sæpe conatæ, unquam aspirare potuerunt; neque populi Romani invicta ante te prætorem gloria illa navalis, unquam, tot Punicis Siciliensibusque bellis, penetrare potuit : qui locus ejusmodi est, ut ante Syracusani in mœnibus suis, in urbe, in foro hostem armatum ac victorem, quam in portu ullam hostium navem viderent. Hic, te prætore prædonum naviculæ pervagatæ sunt, quo Atheniensium classis sola, post hominum memoriam, ccc navibus, vi ac multitudine invasit : quæ in eo ipso portu, loci ipsius portusque natura, victa atque superata est. Hic primum opes illius civitatis victæ, communitæ, depressæque sunt : in hoc portu, Atheniensium nobilitatis, imperii, gloriæ naufragium factum existimatur.

XXXVIII. Eone pirata penetravit, quo simul atque adisset, non modo a

grande partie de la ville ! il a fait le tour de l'île dans toute son étendue ; de cette île qui, séparée du reste de la ville par la mer et par ses murailles, forme, pour ainsi dire, une autre cité dans Syracuse ; de cette île où nos ancêtres ont, je le répète, défendu qu'aucun Syracusain établît sa demeure, parce qu'ils étaient persuadés que ceux qui occuperaient cette partie de la ville seraient aussi les maîtres du port. Mais quelle était la contenance des pirates pendant cette promenade ? Les racines de palmiers sauvages, qu'ils avaient trouvées dans nos vaisseaux, ils les jetaient sur le rivage, afin que tout le monde connût et la criminelle cupidité du préteur et la détresse de la Sicile. Des soldats siciliens, des fils de laboureurs, de jeunes hommes dont les pères tiraient de la terre fécondée par leurs sueurs assez de grains pour en fournir, non-seulement au peuple romain, mais à l'Italie entière ; des hommes nés dans cette île de Cérès, qui vit, dit-on, mûrir les premières moissons, avaient été réduits à ces aliments dont leurs ancêtres, par l'invention de l'agriculture, ont appris aux autres peuples à ne plus faire usage ! Sous votre préture, des soldats siciliens avaient pour toute nourriture des racines de palmier, alors que les brigands se nourrissaient du froment de la Sicile ! O spectacle douloureux, à jamais déplorable ! la gloire de Rome et le nom du peuple romain ont été, sous les yeux d'une multitude immense, en butte à la risée des plus vils ennemis ! Un pirate, sur un misérable esquif, dans le port

latere, sed etiam a tergo magnam partem urbis relinqueret ? Insulam totam prætervectus est ; quæ est urbs Syracusis suo nomine, ac mœnibus : quo in loco majores, ut ante dixi, Syracusanum quemquam habitare vetuerunt ; quod, qui illam partem urbis tenerent, in eorum potestatem portum futurum intelligebant. At quemadmodum est pervagatus ? radices palmarum agrestium, quas in nostris navibus invenerant, jaciebant, ut omnes istius improbitatem, et calamitatem Siciliæ possent cognoscere. Siculosne milites, aratorumne liberos, quorum patres tantum labore suo frumenti exarabant, ut populo Romano totique Italiæ suppeditare possent ; eosne, in insula Cereris natos, ubi primum fruges inventæ esse dicuntur, eo cibo esse usos, a quo majores eorum cæteros quoque, frugibus inventis, removerunt ? Te prætore, Siculi milites palmarum stirpibus, prædones Siculo frumento alebantur. O spectaculum miserum atque acerbum ! ludibrio esse **Urbis** gloriam, et populi Romani nomen, hominum conventu atque multitudine ; piratico myoparone, in portu Syra-

de Syracuse, s'est promené en triomphateur d'une flotte romaine, tandis que ses rameurs faisaient jaillir l'onde écumante jusque dans les yeux du plus inepte et du plus lâche des préteurs !

Après que les pirates furent sortis du port, non qu'ils éprouvassent la moindre crainte, mais parce que leur curiosité se trouvait satisfaite, on se mit à raisonner sur la cause d'un si grand désastre. Chacun disait, répétait hautement que, puisqu'on avait licencié une partie des soldats et des matelots, puisqu'on avait laissé ceux qui restaient périr de faim et de misère, tandis que le préteur passait les jours entiers à s'enivrer avec des courtisanes, il n'y avait guère à s'étonner d'un tel malheur, d'un tel affront. Ces reproches, ces imputations injurieuses pour Verrès, étaient confirmés par les capitaines qui s'étaient retirés à Syracuse depuis la destruction de la flotte. Chacun d'eux nommait les hommes de son bord qui avaient eu des congés. Là chose était évidente : il ne s'agissait point ici de simples inductions ; la cupidité de Verrès était prouvée par des témoins irrécusables.

XXXIX. Notre homme est averti que, dans le forum et dans toutes les réunions, on passe la journée entière à questionner les capitaines sur la manière dont la flotte a été perdue ; que ceux-ci répondent et démontrent à qui veut les entendre que c'est aux congés des rameurs, au manque de vivres, à la lâcheté

---

cusano, de classe populi Romani triumphum agere piratam ; quum prætoris nequissimi inertissimique oculos prædonum remi respergerent?

Posteaquam e portu piratæ non metu aliquo affecti, sed satietate exierant, tum cœperunt quærere homines causam illius tantæ calamitatis : dicere omnes, et palam disputare, minime esse mirandum, si, militibus remigibusque dimissis, reliquis egestate et fame perditis, prætore tot dies cum mulierculis perpotante, tanta ignominia et calamitas esset accepta. Hæc autem istius vituperatio atque infamia confirmabatur eorum sermone, qui a suis civitatibus illis navibus præpositi fuerant : qui ex illo numero reliqui Syracusas, classe amissa, refugerant. Dicebant, quos ex sua quisque navi missos sciret esse. Res erat clara : neque solum argumentis, sed etiam certis testibus istius avaritia tenebatur.

XXXIX. Homo certior fit, agi nihil in foro et conventu tota die, nisi hoc quæri a navarchis, quemadmodum classis esset amissa ; illos respondere, et docere unumquemque, missione remigum, fame reliquorum, Cleomenis

de Cléomène et à sa suite, que ce malheur doit être attribué. Sur cet avis, voici l'expédient qu'il imagina : il avait prévu longtemps à l'avance qu'il serait traduit devant les tribunaux ; lui-même vous l'a dit, juges, dans la première action ; vous l'avez entendu. Il voyait qu'avec des témoins comme ses capitaines, il lui serait impossible de ne point succomber. Il prit donc un parti absurde à la vérité, mais qui du moins ne blessait point l'humanité.

Cléomène et les capitaines reçoivent l'ordre de passer chez lui. Ils s'y rendent. Le préteur se plaint des propos qu'ils ont tenus sur son compte ; il les invite à s'en abstenir désormais, et à vouloir bien dire qu'ils avaient eu chacun sur leur bord autant de matelots qu'il en fallait, et qu'il n'y avait point eu de congés délivrés. Tous se montrent disposés à faire ce qu'il désire. Sans perdre un moment, il fait entrer ses amis, et demande devant eux à chaque capitaine combien il avait de matelots. Ceux-ci répondent conformément à la recommandation qui vient de leur être faite. Il dresse acte de leur déclaration, et, en homme prévoyant, le fait sceller du cachet de ses amis, comptant que, dans le cas d'une accusation, il pourrait, au besoin, user de cette pièce justificative. J'imagine que depuis, ses conseillers lui faisant sentir le ridicule de cette démarche, l'ont averti qu'elle ne lui serait d'aucune utilité ; que même cet excès de précaution de la part d'un préteur ne pouvait qu'aggraver les soupçons. Déjà il avait

---

timore et fuga. Quod posteaquam iste cognovit, hanc rationem habere cœpit causam sibi dicendam esse statuerat jam ante, quam hoc usu veniret, ita ut ipsum priore actione dicere audistis ; videbat, illis navarchis testibus, tantum hoc crimen sustinere se nullo modo posse : consilium capit primo stultum, verumtamen clemens.

Cleomenem et navarchos ad se vocari jubet : veniunt : accusat eos, quod hujusmodi de se sermones habuerint ; rogat, ut id facere desistant, et in sua quisque navi dicat se tantum habuisse nautarum, quantum oportuerit, neque quemquam esse dimissum. Illi enimvero se ostendunt, quod vellet, esse facturos. Iste non procrastinat ; advocat amicos statim ; quærit ex his singillatim, quot quisque nautas habuerit. Respondit unusquisque, ut erat præceptum. Iste in tabulas refert ; obsignat signis amicorum providens homo, ut contra hoc crimen, si quando opus esset, hac videlicet testificatione uteretur. Derisum credo esse hominem amentem a suis consiliariis, et admonitum, hasce ei tabulas nihil profuturas ; etiam plus ex nimia prætoris diligentia suspicionis in

eu recours plusieurs fois à ce misérable expédient, et même il lui arrivait souvent de faire inscrire ou biffer officiellement ce qu'il voulait sur les registres publics. Quoi qu'il en soit, il reconnait que de pareilles pièces ne peuvent lui servir, aujourd'hui que des actes, des témoins, des autorités irrécusables mettent ses crimes en évidence.

XL. Quand donc il voit que son procès-verbal ne lui serait d'aucun secours, il prend son parti, je ne dis pas en magistrat inique, ce qui serait du moins supportable, mais en tyran atroce et forcené ; il se persuade que, pour atténuer une inculpation dont il comprend qu'il ne pourra entièrement se justifier, il faut faire mourir tous les capitaines témoins de son crime. Mais une réflexion l'arrête : que faire de Cléomène ? comment punir ceux à qui j'ai ordonné d'obéir, et absoudre celui que j'ai chargé de commander ? comment envoyer au supplice des hommes qui ont suivi Cléomène, et faire grâce à Cléomène qui leur a enjoint de les suivre dans sa fuite ? comment user de rigueur envers des officiers qui n'avaient que des vaisseaux dégarnis, sans défense, et traiter avec indulgence celui dont la galère, à peu près suffisamment garnie, était la seule capable de résistance ? Que Cléomène périsse avec les autres. Mais la foi jurée ? et nos serments mutuels ? et ces mains si tendrement unies ? et ces embrassements ? et cette tente sous laquelle avait été

---

eo crimine futurum. Jam iste erat hac stultitia multis in rebus usus, ut publice quoque, quæ vellet, in civitatum litteris et tolli, et referri juberet : quæ omnia nunc intelligit sibi nihil prodesse, posteaquam certis litteris, testibus, auctoritatibusque convincitur.

XL. Ubi hoc videt, tabulas sibi nullo adjumento futuras, init consilium, non improbi prætoris (nam id quidem esset ferendum), sed importuni atque amentis tyranni : statuit, si hoc crimen extenuare vellet (nam omnino tolli posse non arbitrabatur), navarchos omnes, testes sui sceleris, vita esse privandos. Occurrebat illa ratio : Quid de Cleomene fiet ? Poterone animadvertere in eos, quos dicto audientes esse jussi ; missum facere eum, cui imperium potestatemque permisi ? poterone eos afficere supplicio, qui Cleomenem secuti sunt ; ignoscere Cleomeni, qui secum fugere, et se consequi jussit ? poterone in eos esse vehemens, qui naves inanes non modo habuerunt, sed etiam apertas; in eum dissolutus, qui solus habuerit constratam navem, et minus exinanitam ? Pereat Cleomenes una. Ubi fides ? ubi exsecrationes ? ubi dextræ complexusque ? ubi

fait ensemble le service de Vénus sur ce rivage consacré au plaisir! Il était donc impossible de ne pas sauver Cléomène. Il fait appeler Cléomène, lui déclare qu'il a résolu de sévir contre tous les capitaines ; que, dans la situation critique où il se trouve, son intérêt le veut, l'exige. Vous seul serez épargné, et, dût-on m'accuser d'inconséquence, je prendrai sur moi toute la faute, plutôt que d'être cruel à votre égard, ou de laisser vivre tant de témoins qui me perdraient. Cléomène lui rend grâce, approuve sa résolution, assure qu'il n'y a pas d'autre parti à prendre. Cependant il lui soumet une réflexion qui lui avait échappé ; c'est que Phalargue de Centorbe ne peut être frappé comme les autres, attendu que ce capitaine était sur la même galère que lui. Quoi donc ! s'écrie Verrès, je laisserai un jeune homme d'une famille si distinguée, citoyen d'une ville si importante, pour qu'il dépose contre moi ! — Oui, pour le moment, dit Cléomène, puisqu'il le faut ; plus tard, nous trouverons bien quelque moyen de nous en débarrasser

XLI. Ce plan conçu et arrêté, Verrès sort brusquement du palais, ne respirant que le crime, la fureur et la cruauté. Il arrive au forum. Les capitaines sont mandés ; comme ils ne craignaient rien, ne soupçonnaient rien, tous viennent avec empressement. Il les fit tous, les malheureux, les innocents, charger de fers. Ils implorent la justice du préteur ; ils demandent ce qu'ils

---

illud contubernium muliebris militiæ in illo delicatissimo litore? Fieri nullo modo poterat, quin Cleomeni parceretur. Cleomenem vocat : dicit ei, se statuisse animadvertere in omnes navarchos ita sui periculi rationes ferre ac postulare. Tibi uni parcam, et totius istius culpæ crimen, vituperationemque inconstantiæ potius suscipiam, quam aut in te sim crudelis, aut tot tam graves testes vivos incolumesque esse patiar. Agit gratias Cleomenes, approbat consilium: dicit, ita fieri oportere : admonet tamen illud, quod istum fugerat, in Phalargum, Centuripinum navarchum, non posse animadverti, propterea quod secum fuisset una in Centuripina quadriremi. Quid ergo? iste homo ex ejusmodi civitate, adolescens nobilissimus, testis relinquetur? In præsentia, inquit Cleomenes, quoniam ita necesse est; sed post aliquid videbimus, ne iste nobis obstare possit.

XLI. Hæc posteaquam acta et constituta sunt, procedit iste repente prætorio, inflammatus scelere, furore, crudelitate : in forum venit; navarchos vocari jubet. Qui nihil metuerent, nihil suspicarentur, statim occurrunt. Iste hominibus miseris innocentibusque injici catenas imperat. Implorare illi fidem præ-

ont fait pour être ainsi traités. C'est, répond-il, pour avoir livré la flotte aux pirates. Le peuple se récrie, et s'étonne que Verrès soit assez impudent, assez hardi, pour attribuer à autrui un désastre dont sa cupidité était la seule cause ; que, soupçonné lui-même d'intelligence avec les brigands, il accuse les autres d'être leurs complices ; enfin, qu'il ne s'avise de cette accusation que quinze jours après la destruction de la flotte. Cependant tous les yeux cherchaient Cléomène, non pas qu'il parût, de quelque manière qu'il se fût comporté, avoir mérité d'être puni ; et véritablement que pouvait-il faire ? — car je ne sais point accuser sans de justes raisons ; — que pouvait-il faire, je le répète, avec des vaisseaux que la cupidité de Verrès avait dégarnis de leurs équipages ? Bientôt il paraît, s'assoit à côté du préteur, et se met, selon son habitude, à lui parler familièrement à l'oreille. Alors l'indignation devient générale, en voyant les plus honorables citoyens, investis de la confiance de leurs villes, chargés de chaînes, tandis que Cléomène, par cela seul qu'il est le complice des turpitudes et des infamies du préteur, continue à vivre dans sa familiarité. Cependant on aposte, pour accuser les capitaines, Névius Turpion, qui, sous la préture de C. Sacerdos, avait été condamné pour ses méfaits. Ce personnage, bien digne, en effet, de servir l'audace de Verrès, était déjà connu comme son émis-

---

toris, et quare id faceret, rogare. Tunc iste hoc causæ dicit, quod classem prædonibus prodidissent. Fit clamor et admiratio populi, tantam esse in homine impudentiam atque audaciam, ut aliis causam calamitatis attribueret, quæ omnis propter avaritiam ipsius accidisset ; aut, quum ipsi prædonum socius putaretur, aliis proditionis crimen inferret ; deinde, hoc quintodecimo die crimen esse natum, postquam classis esset amissa. Quum hæc fierent, quærebatur, ubi esset Cleomenes ; non quo illum ipsum, cujusmodi esset, quisquam supplicio, propter illud incommodum, dignum putaret. Nam quid Cleomenes facere potuit — non enim possum quemquam insimulare falso ? — quid, inquam, magnopere Cleomenes facere potuit, istius avaritia navibus exinanitis ? Atque eum vident sedere ad latus prætoris, et ad aurem familiariter, ut solitus erat, insusurrare. Tum vero omnibus indignissimum visum est, homines honestissimos, electos ex suis civitatibus, in ferrum atque in vincula conjectos ; Cleomenem, propter flagitiorum ac turpitudinis societatem, familiarissimum esse prætoris. Apponitur his tamen accusator Nævius Turpio quidam, qui, C. Sacerdote prætore, injuriarum damnatus est, homo bene appositus ad

saire et son agent pour les dîmes, pour les accusations capitales, enfin pour toutes les vexations de ce genre.

XLII. Les pères et les proches parents de ces jeunes infortunés accourent à Syracuse, à la première nouvelle du danger qui les menace. Ils voient leurs enfants enchaînés, la tête courbée sous le poids du châtiment dû à la cupidité du préteur; ils se présentent, ils les défendent, ils les justifient; oui, Verrès, ils réclament, ils implorent votre justice, comme si vous possédiez, comme si vous aviez jamais connu cette vertu. Un père était devant vous, Dexion de Tyndaris, distingué par sa naissance, qui vous avait reçu dans sa maison et que vous appeliez votre hôte. En voyant à vos pieds cet homme, que tous ces titres, que son malheur recommandaient à votre intérêt, ses larmes, sa vieillesse, le nom, les droits de l'hospitalité, ne purent donc vous rappeler à quelque sentiment d'humanité? Mais pourquoi réclamer les droits de l'hospitalité? ont-ils quelque pouvoir sur une bête féroce? De celui qui, non content d'avoir pillé, sans y rien laisser, la maison de Sthenius de Thermes, son hôte, dans le temps même qu'il y logeait, suscita contre lui, en son absence, une accusation capitale, et le condamna à mort sans l'entendre, peut-on réclamer le respect des droits et des devoirs de l'hospitalité? En vérité, est-ce à un homme cruel que nous avons affaire ici, ou à

---

istius audaciam : quem iste in decumis, in rebus capitalibus, in omni calumnia, præcursorem habere solebat et emissarium.

XLII. Veniunt Syracusas parentes propinquique miserorum adolescentium, hoc repentino calamitatis suæ commoti nuntio; vinctos aspiciunt catenis liberos suos, quum istius avaritiæ pœnam collo et cervicibus suis sustinerent; adsunt, defendunt, proclamant; fidem tuam, quæ nusquam erat, nec unquam fuit, implorant. Pater aderat Dexio Tyndaritanus, homo nobilissimus, hospes tuus, cujus tu domi fueras, quem hospitem appellaras : eum quum illa auctoritate, et miseria videres præditum, non te ejus lacrymæ, non senectus, non hospitii jus atque nomen a scelere aliquam ad partem humanitatis revocare potuit? Sed quid ego hospitii jura in hac tam immani bellua commemoro? Qui Sthenium Thermitanum, hospitem suum, cujus domum per hospitium exhausit et exinanivit, absentem in reos rettulerit, causa indicta, capite damnarit; ab eo nunc hospitiorum jura atque officia quæramus? cum homine enim crudeli nobis res est, an cum fera atque immani bellua? Te patris la-

une bête féroce et sauvage? Les larmes d'un père qui vous implorait pour son fils innocent n'ont pu vous émouvoir! Vous aviez laissé votre père à Rome, votre fils était auprès de vous, et la présence de ce fils n'a réveillé dans votre cœur aucun sentiment d'amour paternel ! et l'éloignement de votre père ne vous a pas fait souvenir de la tendresse d'un père !

Aristée, votre hôte, le fils de Dexion, était chargé de fers! Pourquoi? — Il avait livré la flotte. — Comment? — Il avait abandonné l'armée. — Mais Cléomène, lui, s'était comporté en lâche. Et pourtant vous aviez récompensé sa valeur d'une couronne d'or! Il avait licencié les matelots. Et vous aviez reçu, vous, l'argent de tous les congés! Un autre père, Eubulide d'Herbite, distingué parmi les siens par son mérite et sa naissance, eut l'imprudence, en défendant son fils, d'inculper Cléomène: peu s'en fallut qu'on ne le dépouillât de ses vêtements pour le battre de verges. Mais enfin que dire ? comment se justifier? — Je ne veux point qu'on parle de Cléomène. — Ma cause m'y oblige. — Tu mourras, si tu le nommes. (Or l'on sait que Verrès n'a jamais fait de menaces à demi.) — Mais il n'y avait pas de rameurs. — Vous accusez le préteur ! qu'on m'abatte cette tête. — S'il n'est permis de parler ni du préteur, ni de son substitut dans une affaire qui roule tout entière sur ces deux hommes, que faire ?

---

crymæ de innocentis filii periculo non movebant? quum patrem domi reliquisses, filium tecum haberes; te neque præsens filius de liberorum caritate, neque absens pater de indulgentia patria commonebat?

Catenas habebat hospes tuus Aristeus, Dexionis filius. Quid ita ? Prodiderat classem. Quod ob præmium? Deseruerat exercitum. Quid Cleomenes? Ignavus fuerat. At eum tu ob virtutem corona aurea donaras. Dimiserat nautas. Tu ab omnibus mercedem missionis acceperas. Alter parens ex altera parte Herbitensis Eubulida, homo domi suæ clarus et nobilis : qui, quia Cleomenem in defendendo filio læserat, nudus pæne est destitutus. Quid erat autem, quod quisquam diceret, aut defenderet? Cleomenem nominare non licet. At causa cogit. Moriere, si appellaris : nunquam enim iste est cuiquam mediocriter minatus. At remiges non erant. Prætorem tu accusas? frange cervicem. Si neque prætorem, neque prætoris æmulum appellare licebit, quum in his duobus tota causa sit ; quid futurum est ?

XLIII. Heraclius de Ségeste est également mis en cause. Sa famille était la plus illustre de cette ville. Daignez m'écoutez, juges, au nom de l'humanité ; ce seul trait vous fera connaître à quelles injustices, à quelles persécutions sont exposés nos alliés. Apprenez donc qu'Heraclius fut impliqué dans le procès, bien qu'une ophthalmie très-grave l'eût empêché de s'embarquer, bien qu'il fût resté à Syracuse avec l'autorisation de son commandant et par congé. Celui-là, bien certainement, n'avait pas livré la flotte ; il n'avait pas fui lâchement, il n'avait pas abandonné l'armée. On avait noté son absence au moment où la flotte partit de Syracuse. Il fut cependant mis en cause comme un coupable pris en flagrant délit, bien que la calomnie ne pût même inventer contre lui un prétexte d'accusation.

Parmi ces capitaines, se trouvait un citoyen d'Héraclée, nommé Furius — car nombre de Siciliens portent des noms latins. — Cet officier était seulement connu de ses concitoyens pendant sa vie ; sa mort l'a rendu célèbre par toute la Sicile. Non-seulement il eut le courage de braver le préteur ; — après cela, sûr de mourir, qu'avait-il à ménager ? — mais en présence de la mort, sous les yeux de sa tendre mère, qui, baignée de larmes, passait les jours et les nuits dans son cachot, il écrivit son apologie. Dans toute la Sicile, il n'est pas un seul homme qui n'ait une copie de cette pièce, pas un seul qui ne l'ait lue, pas un seul qui n'ait appris à y connaître

---

XLIII. Dicit etiam causam Heraclius Segestanus, homo domi suæ summo loco natus. Audite, ut vestra humanitas postulat, judices : audietis enim de magnis incommodis injuriisque sociorum. Hunc scitote fuisse Heraclium in ea causa, qui propter gravem morbum oculorum tum non navigarit, et jussu ejus, qui potestatem habuit, cum commeatu Syracusis remanserit. Iste certe neque prodidit classem, neque metu perterritus fugit, neque exercitum deseruit : etenim tunc esset hoc animadversum, quum classis Syracusis proficiscebatur. Is tamen in eadem causa fuit, quasi esset in aliquo manifesto scelere deprehensus, in quem ne falso quidem causa conferri criminis potuit.

Fuit in illis navarchis Heracliensis quidam Furius — nam habent illi nonnulla hujuscemodi latina nomina,— homo, quamdiu vixit, domi suæ [notus solum], post mortem tota Sicilia clarus et nobilis : in quo homine tantum animi fuit, non solum ut istum liberæ læderet ; nam id quidem, quoniam moriendum videbat, sine periculo se facere intelligebat : verum, morte proposita, quum lacrymans in carcere mater noctes diesque assideret, defensionem causæ suæ scripsit ; quam nunc nemo est in Sicilia quin habeat, quin legat, quin tui sce-

votre scélératesse et votre barbarie. On y voit le nombre des matelots que sa ville avait fournis, le nombre et le prix des congés qui avaient été délivrés, le nombre des marins qui étaient restés sur son bord. Ces détails, Furius les donne également pour tous les autres vaisseaux. Et, lorsqu'il osa les faire connaître devant votre tribunal, on lui frappa les yeux à coups de verge. Mais, si près de la mort, il bravait la douleur; d'une voix forte, il répétait ces mots consignés dans son mémoire : « C'est le comble de l'indignité que les caresses d'une femme impudique aient eu plus de pouvoir sur vous pour sauver Cléomène, que les larmes d'une mère pour obtenir la vie de son fils. » Je vois encore dans cette apologie une prédiction qui vous regarde, juges; et si le peuple romain a conçu de vous une idée juste, ce n'est pas en vain qu'il l'aura faite en mourant. « Verrès, » disait-il, « peut faire mourir les témoins, mais le sang n'effacera point ses crimes. Du fond des enfers, ma voix se fera entendre avec plus de force à des juges intègres, que si je paraissais vivant à leur tribunal. Vivant, je ne pourrais prouver que ta cupidité; mais la mort cruelle que tu vas me faire subir témoignera de ta scélératesse, de ton audace, de ta cruauté. » Puis il ajoutait ces admirables paroles : « Quand le jour de la justice arrivera pour toi, Verrès, tu ne verras pas seulement une foule de témoins déposer contre toi; mais, envoyées par les dieux Mânes, les Euménides vengeresses de l'innocence, les Furies qui poursuivent le crime, présideront à ta condamnation. Quant à

---

leris et crudelitatis ex illa oratione commonefiat. In qua docet, quot a civitate sua nautas acceperit; quot et quanti quemque dimiserit; quot secum habuerit : item de cæteris navibus dicit. Quæ quum apud te diceret, virgis oculi verberabantur. Ille, morte proposita, facile dolorem corporis patiebatur; clamabat, id quod scriptum reliquit : « Facinus esse indignum, plus impudicissimæ mulieris apud te de Cleomenis salute, quam de sua vita lacrymas matris valere. » Deinde etiam illud video esse dictum, quod, si recte vos populus Romanus cognovit, non falso ille jam in ipsa morte de vobis prædicavit : « Non posse Verrem, testes interficiendo, crimina sua exstinguere; graviorem apud sapientes judices se fore ab inferis testem, quam si vivus in judicium produceretur; tum, avaritiæ solum, si viveret; nunc, quum ita esset necatus, sceleris, audaciæ, crudelitatis testem fore. » Jam illa præclara : « Non testium modo catervas, quum tua res ageretur, sed a dis Manibus innocentium Pœnas, sceleratorumque Furias in tuum judicium esse venturas; sese ideo leviorem casum suum fingere,

moi, je vois sans effroi le coup fatal ; j'ai déjà vu le tranchant de
tes haches, le visage et le bras de Sestius, ton bourreau, lorsqu'en
présence de tant de Romains, il faisait, par ton ordre, tomber les
têtes de tes concitoyens. » Que vous dirai-je enfin, juges? cette
liberté que vous aviez donnée à vos alliés, Furius en usa dans
toute sa plénitude, au milieu des tourments d'un supplice réservé aux esclaves.

XLIV. Verrès les condamne tous, de l'avis de son conseil ; toutefois, dans une cause de cette importance, qui intéressait tant d'hommes et de citoyens, il n'avait appelé auprès de lui ni son préteur
P. Vettius, ni P. Cervius, son lieutenant, homme du plus grand
mérite, et que, depuis, il a le premier récusé pour juge dans le
procès qui nous occupe, par la raison même que, pendant sa préture, il avait été revêtu de la lieutenance en Sicile. — Il les condamne donc tous, après avoir pris l'avis de tous les brigands
qui composaient sa suite. Représentez-vous la consternation des
Siciliens, de ces alliés si anciens et si fidèles, que nos ancêtres ont
comblés de tant de faveurs : il n'y en avait pas un seul qui ne
tremblât pour sa fortune et pour sa vie. Comment la clémence du
peuple romain, la douceur de son gouvernement, s'étaient-elles
changées en cet excès de cruauté et de barbarie? Quoi ! tant de
malheureux se voir condamnés en masse et sans cause ! un magistrat prévaricateur chercher la justification de ses vols dans
l'infâme supplice de tant d'innocents ! En vérité, il semble impos-

quod jam ante aciem securium tuarum, Sestiique, tui carnificis, vultum et manum vidisset, quum in conventu civium Romanorum jussu tuo securi cives
Romani ferirentur. » Ne multa, judices; libertate, quam vos sociis dedistis,
hac ille in acerbissimo supplicio miserrimæ servitutis abusus est.

XLIV. Condemnat omnes de consilii sententia : tamen neque iste in tanta
re, tot hominum totque civium causa, P. Vettium ad se arcessit, quæstorem
suum, cujus consilio uteretur ; neque P. Cervium, talem virum, legatum, qui,
quia legatus isto prætore in Sicilia fuit, primus ab isto judex rejectus est ; sed
de latronum, hoc est, de comitum suorum sententia condemnat omnes. Hic
cuncti Siculi, fidelissimi atque antiquissimi socii, plurimis affecti beneficiis a
majoribus nostris, graviter commoventur, et de suis periculis fortunisque omnibus pertimescunt. Illam clementiam mansuetudinemque nostri imperii in
tantam crudelitatem inhumanitatemque esse conversam ! condemnari tot homines uno tempore, nullo crimine! defensionem suorum furtorum prætorem
improbum ex indignissima morte innocentium quærere! Nihil addi jam vide-

sible, juges, de rien ajouter à tant de scélératesse, de démence, de cruauté; et en effet, si l'on veut comparer Verrès avec tous les autres scélérats, combien il les a tous laissés loin derrière lui!

Mais c'est avec lui-même qu'il faut le comparer : toujours il s'étudie à surpasser son dernier forfait par un nouvel attentat. Je vous ai dit que Cléomène avait fait excepter de la condamnation Phalargue de Centorbe, parce qu'il montait avec lui le vaisseau amiral. Cependant, comme ce jeune homme avait montré quelque frayeur, en voyant que sa cause était la même que celle de tant d'innocentes victimes, Timarchide alla le trouver; il lui dit qu'il n'avait rien à craindre de la hache, mais que les verges pourraient l'atteindre, qu'il y prît garde. Qu'arriva-t-il? Ce jeune homme vous a déclaré, et vous l'avez entendu, qu'il eut si peur des verges, qu'il compta une somme d'argent à Timarchide.

Mais ce sont là des bagatelles, quand il s'agit d'un pareil accusé. Le capitaine d'une ville célèbre s'est racheté du fouet à prix d'argent; rien de plus naturel : un autre a payé pour n'être point condamné; c'est ce qui se voit tous les jours. Non, le peuple romain ne veut pas voir intenter à Verrès des accusations rebattues; ce sont des horreurs nouvelles, des attentats inouïs qu'il attend de lui; et, dans sa pensée, ce n'est pas sur un préteur de la Sicile, c'est sur le plus abominable des tyrans que vous allez prononcer aujourd'hui.

---

tur, judices, ad hanc improbitatem, amentiam, crudelitatemque posse, et recte nihil videtur : nam si cum aliorum improbitate certet, longe omnes multumque superabit.

Sed secum ipse certat : id agit, ut semper superius suum facinus novo scelere vincat. Phalargum Centuripinum dixeram exceptum esse a Cleomene, quod in ejus quadriremi Cleomenes vectus esset : tamen, quia pertimuerat adolescens, quod eandem suam causam videbat esse, quam illorum, qui innocentes peribant, ad hominem accedit Timarchides; a securi negat ei esse periculum; virgis ne cæderetur, monet ut caveat. Ne multa, ipsum dicere adolescentem audistis, se ob hunc virgarum metum pecuniam Timarchidi numerasse.

Levia sunt hæc in hoc reo crimina. Metum virgarum navarchus nobilissimæ civitatis pretio redemit; humanum : alius, ne condemnaretur, pecuniam dedit; usitatum est. Non vult populus Romanus obsoletis criminibus accusari Verrem; nova postulat, inaudita desiderat; non de prætore Siciliæ, sed de crudelissimo tyranno fieri judicium arbitratur.

XLV. Les condamnés sont enfermés dans la prison. Le jour de leur supplice est fixé: on le commence dans la personne de leurs parents, déjà si malheureux. On les empêche d'arriver jusqu'à leurs enfants; on les empêche de leur porter de la nourriture et des vêtements. Ces malheureux pères que vous voyez devant vous, juges, restaient étendus sur le seuil de la prison, les mères éplorées passaient les nuits au pied du guichet qui les séparait des derniers embrassements de leurs fils; elles demandaient pour toute faveur qu'il leur fût permis de recueillir le dernier soupir de ces chers enfants. A la porte veillait l'inexorable geôlier, le bourreau du préteur, la mort et la terreur des alliés et des citoyens, le licteur Sestius, qui levait une taxe sur chaque gémissement, sur chaque douleur. — Pour entrer, disait-il, vous me donnerez tant, tant pour introduire ici des aliments. Personne ne s'y refusait. — Et vous, combien me donnerez-vous pour que je fasse mourir votre fils d'un seul coup? pour qu'il ne souffre pas longtemps? pour qu'il ne soit pas frappé plusieurs fois? pour que je l'expédie sans qu'il le sente, sans qu'il s'en aperçoive? — Ces affreux services, il fallait encore les payer au licteur!

O douleur amère, intolérable! affreuse, cruelle destinée! Des pères, des mères, obligés d'acheter, non pas la vie de leurs enfants, mais la célérité de la mort! Que dis-je? ces jeunes condamnés transigeaient eux-mêmes avec Sestius pour qu'il leur tran-

---

XLV. Includuntur in carcerem condemnati; supplicium constituitur in illos; sumitur de miseris parentibus navarchorum; prohibentur adire ad filios; prohibentur liberis suis cibum vestitumque ferre. Patres hi, quos videtis, jacebant in limine, matresque miseræ pernoctabant ad ostium carceris, ab extremo complexu liberum exclusæ: quæ nihil aliud orabant, nisi ut filiorum extremum spiritum ore excipere sibi liceret. Aderat janitor carceris, carnifex prætoris, mors terrorque sociorum et civium, lictor Sestius; cui ex omni gemitu doloreque certa merces comparabatur. — Ut adeas, tantum dabis; ut cibum tibi intro ferre liceat, tantum. Nemo recusabat. — Quid? ut uno ictu securis afferam mortem filio tuo, quid dabis? ne diu crucietur? ne sæpius feriatur? ne cum sensu doloris aliquo aut cruciatu spiritus auferatur? Etiam ob hanc causam pecunia lictori dabatur.

O magnum atque intolerandum dolorem! o gravem acerbamque fortunam! non vitam liberum, sed mortis celeritatem pretio redimere cogebantur parentes. Atque ipsi etiam adolescentes cum Sestio de cadem plaga et de uno illo

5.

chât la vie d'un seul coup ! Des fils demandaient à leurs pères comme un dernier bienfait, qu'ils donnassent de l'argent au licteur, pour qu'il abrégeât leur supplice ! Certes, ce sont là bien des tortures imaginées contre les pères et contre les familles ! oui bien des tortures ! La mort du moins en sera le terme. — Non. — La cruauté peut-elle donc aller encore au delà? — Elle en trouvera le moyen. Lorsque leurs fils seront tombés sous la hache et morts, leurs cadavres seront jetés aux bêtes féroces. Si cette idée révolte le cœur de ceux qui lui auront donné le jour, qu'ils achètent au poids de l'or le droit de les ensevelir.

Un Ségestain distingué par sa naissance, Onasus, vous a déclaré qu'il avait compté une somme considérable à Timarchide pour la sépulture d'Heraclius, capitaine de navire. Ici vous ne pouvez dire, Verrès : mais ces gens-là sont des pères irrités d'avoir perdu leurs fils ; c'est un homme des plus distingués et des plus considérés qui parle, et ce n'est point de son fils qu'il parle. Est-il d'ailleurs un Syracusain qui, à cette époque, n'ait entendu dire, qui ne sache que ces marchés pour la sépulture se traitaient entre Timarchide et les condamnés encore vivants? Ne conversaient-ils pas publiquement avec Timarchide? et les parents de tous n'étaient-ils pas présents à ces conventions? Ne faisait-on pas prix pour les funérailles d'hommes pleins de vie? Les préliminaires ainsi réglés, et toutes les difficultés levées, les victimes sont conduites sur la place, on les attache au poteau.

ictu loquebantur ; idque postremum parentes suos liberi orabant, ut, levandi cruciatus sui gratia, lictori pecunia daretur. Multi et graves dolores inventi parentibus et propinquis ; multi : verumtamen mors sit extrema. Non erit. Estne aliquid ultra, quo progredi crudelitas possit ? reperietur. Nam, illorum liberi quum erunt securi percussi ac necati, corpora feris objicientur. Hoc si luctuosum est parenti, redimat pretio sepeliendi potestatem.

Onasum Segestanum, hominem nobilem, dicere audistis, se ob sepulturam Heraclii navarchi pecuniam Timarchidi dinumerasse. Hoc — ne possis dicere : Patres enim veniunt, amissis filiis, irati — vir primarius, homo nobilissimus, dicit ; neque de filio dicit. Jam hoc, quis tum fuit Syracusis, quin audierit, quin sciat, has per Timarchidem pactiones sepulturæ cum vivis etiam illis esse factas? non palam cum Timarchide loquebantur? non omnes omnium propinqui adhibebantur? non palam vivorum funera locabantur? Quibus rebus omnibus actis atque decisis, producuntur e carcere, et deligantur ad palum.

XLVI. Quel autre que vous eut alors le cœur assez dur, assez impitoyable, assez barbare, pour n'être pas touché de leur jeunesse, de leur naissance, de leur affreuse destinée? Y eut-il un seul homme qui ne fondît en larmes, un seul qui ne vît dans leur calamité, non une infortune étrangère, mais un péril commun? La hache frappe; votre joie éclate au milieu des gémissements; vous triomphez, vous vous applaudissez d'avoir anéanti les témoins de votre cupidité. Vous vous trompiez, Verrès, oui, vous vous trompiez étrangement, en croyant effacer dans le sang de l'innocence la trace de vos brigandages et de vos infamies. Aveuglé par la folie, vous couriez à votre perte, lorsque vous pensiez que votre cruauté remédierait aux blessures faites par votre cupidité. Les témoins de vos crimes ne sont plus, mais leurs parents vivent; ils vivent, pour vous punir et pour les venger. Que dis-je? plusieurs de ces capitaines respirent encore; les voilà, ils sont devant vous. Évidemment pour moi, la fortune n'a soustrait tant d'innocents au supplice, qu'afin qu'ils assistassent à votre condamnation.

Voici Philargue d'Halunce, qui, pour n'avoir pas fui avec Cléomène, fut accablé par les pirates, et fait prisonnier : du moins son malheur le sauva. S'il avait échappé aux corsaires, il serait tombé entre les mains du bourreau de nos alliés. Il dépose des congés vendus aux matelots, de la disette de vivres, de la fuite de Cléo-

---

XLVI. Quis tam fuit illo tempore durus et ferreus, quis tam inhumanus, præter unum te, qui non illorum ætate, nobilitate, miseria commoveretur? Ecquis fuit, quin lacrymaretur? quin ita calamitatem putaret illorum, ut fortunam tamen non alienam, periculum autem commune agi arbitraretur? Feriuntur securi : lætaris tu in omnium gemitu, et triumphas; testes avaritiæ tuæ gaudes esse sublatos. Errabas, Verres, et vehementer errabas, quum te maculas furtorum et flagitiorum tuorum sociorum innocentium sanguine eluere arbitrabare; præceps amentia ferebare, qui te existimares avaritiæ vulnera crudelitatis remediis posse sanare. Etenim quanquam illi sunt mortui sceleris tui testes, tamen eorum propinqui neque tibi, neque illis desunt; tamen ex illo ipso numero navarchorum aliqui vivunt et adsunt, quos, ut mihi videtur, ab illorum innocentium pœna fortuna ad hanc causam reservavit.

Adest Philargus Haluntinus, qui, quia cum Cleomene non fugit, oppressus a prædonibus et captus est : cui calamitas saluti fuit; qui, nisi captus a piratis esset, in hunc prædonem sociorum incidisset. Dicit is, pro testimonio

mène. Voici également Phalargue de Centorbe, né au premier rang dans une des premières villes de la Sicile. Sa déposition est la même ; elle ne diffère en rien.

Au nom des dieux immortels! juges qui siégez ici, quels sont vos sentiments en écoutant ces horreurs? La douleur m'égare-t-elle? suis-je trop sensible aux infortunes, aux misères de nos alliés? ou plutôt les tourments affreux, le désespoir de tant d'innocents, ne vous pénètrent-ils pas d'une même douleur? Pour moi, lorsque je dis que le capitaine d'Herbite, que celui d'Héraclée ont été frappés de la hache, je crois avoir encore devant les yeux leur épouvantable supplice.

XLVII. Ainsi les habitants de cette province, les laboureurs de ces champs qui, fécondés par leurs sueurs et par leurs travaux, fournissent tous les ans au peuple romain de si abondantes moissons; ces hommes que leurs parents avaient nourris et élevés dans l'espoir de les voir grandir à l'abri protecteur de notre puissance et de notre justice, étaient réservés à l'atroce tyrannie de ce monstre, à sa hache homicide! Quand je songe au sort du capitaine de Tyndaris et de celui de Ségeste, les priviléges et les services de leurs villes se retracent à ma pensée. Ces villes, que Scipion l'Africain avait cru devoir orner des plus riches dépouilles de nos ennemis, Verrès leur a enlevé, non-seulement

---

de missione nautarum, de fame, Cleomenis fuga. Adest Centuripinus Phalargus, in amplissima civitate, amplissimo loco natus. Eadem dicit : nulla in re discrepat.

Per deos immortales! judices, quo tandem animo sedetis? aut quemadmodum auditis? Utrum ego desipio, et plus quam satis est, doleo in tantâ calamitate miseriaque sociorum ? an vos quoque hic acerbissimus innocentium cruciatus et mœror pari sensu doloris afficit? Ego enim quum Herbitensem, quum Heracliensem securi esse percussum dico, versatur mihi ante oculos indignitas calamitatis.

XLVII. Eorumne populorum cives, eorumne agrorum alumnos, ex quibus maxima vis frumenti quotannis plebi Romanæ, illorum operis ac laboribus, quæritur, qui a parentibus, spe nostri imperii nostræque æquitatis, suscepti educatique sunt, ad C. Verris nefariam immanitatem, et ad ejus securem funestam esse servatos? Quum mihi Tyndaritani illius venit in mentem, quum Segestani, tum jura simul civitatum atque officia considero. Quas urbes P. Africanus etiam ornandas esse spoliis hostium arbitratus est, eas C. Verres non

leurs décorations, mais leurs plus nobles citoyens ! Que les Tyndaritains se fassent maintenant gloire de répéter : « Nous n'étions pas des dix-sept peuples de la Sicile : dans toutes les guerres puniques et siciliennes, nous nous sommes montrés constamment fidèles et dévoués au peuple romain : toujours le peuple romain a trouvé chez nous les subsides de la guerre et les doux fruits de la paix. » Il faut en convenir, ces titres les ont merveilleusement servis sous l'administration de ce tyran !

« Scipion, » leur répondrait Verrès, « Scipion conduisit vos marins contre Carthage ; aujourd'hui Cléomène conduit contre les pirates vos marins presque sans équipage. Scipion l'Africain partageait avec vous les dépouilles des ennemis et les trophées de sa gloire ; moi, je vous dépouillerai, et quand j'aurai fait de votre vaisseau la proie des corsaires, vous serez traités en ennemis. » Et cette étroite affinité qui nous unit aux Ségestains, cette affinité fondée sur des monuments et consacrée par la tradition, resserrée et fortifiée par tant de services, quel avantage en ont-ils recueilli sous sa préture ? Quel avantage ? qu'un jeune homme de la plus haute naissance, un fils irréprochable, se soit vu enlevé à son père, arraché des bras d'une mère éplorée, pour être livré aux mains du bourreau Sestius. Cette ville, à qui nos ancêtres accordèrent un territoire si étendu et si fertile ; cette ville, qu'ils ont affranchie de

solum illis ornamentis, sed etiam viris nobilissimis nefario scelere privavit. En quod Tyndaritani libenter prædicent : « Nos in septemdecim populis Siciliæ non eramus ; nos semper, in omnibus Punicis Siciliensibusque bellis, amicitiam fidemque populi Romani secuti sumus ; a nobis omnia populo Romano semper, et belli adjumenta, et pacis ornamenta ministrata sunt. » Multum vero hæc his jura profuerunt in istius imperio ac potestate.

Vestros quondam nautas contra Carthaginem Scipio duxit ; at nunc naves contra prædones pæne inanes Cleomenes ducit. Vobiscum Africanus hostium spolia et præmia laudis communicavit ; at nunc per me spoliati, nave a prædonibus abducta, ipsi in hostium numero locoque ducemini. Quid vero ? illa Segestanorum non solum litteris tradita, neque commemorata verbis, sed multis officiis illorum usurpata et comprobata cognatio, quos tandem fructus hujusce necessitudinis in istius imperio tulit ? Nempe hoc fuit jure, judices, ut ex sinu patris nobilissimus adolescens, et e complexu matris ereptus innocens filius, istius carnifici Sestio dederetur. Cui civitati majores nostri maximos agros atque optimos concesserunt ; quam immunem esse voluerunt ; hæc

toute contribution, les droits que lui donnaient auprès de vous les titres sacrés de l'affinité, de la fidélité, de l'alliance la plus ancienne, n'ont pas même eu le crédit d'obtenir la vie d'un de ses citoyens les plus honorables et les plus purs.

XLVIII. Quel sera désormais le refuge de nos alliés? De qui imploreront-ils le secours? Quelle espérance enfin pourra les attacher à la vie, si vous les abandonnez? Viendront-ils au sénat demander le châtiment de Verrès? ni l'usage ni les attributions du sénat ne le permettent. S'adresseront-ils au peuple romain? le peuple s'excusera sans peine ; il dira qu'il existe une loi protectrice des alliés : que c'est vous, juges, qu'il a chargé de la faire exécuter et d'en poursuivre les infracteurs. Ce tribunal est donc leur seul asile ; c'est leur port, leur forteresse ; c'est l'autel qu'ils doivent embrasser. Ils ne s'y présentent pas, comme ils l'ont fait tant de fois, pour redemander leurs propriétés ; non, ils ne réclament point aujourd'hui l'argent, l'or, les étoffes, les esclaves, les décorations de leurs villes et de leurs temples. Ils craignent, dans leur simplicité, que ces rapines ne soient tolérées, peut-être même autorisées par le peuple romain. Depuis bien des années, en effet, nous souffrons, et nous voyons en silence quelques hommes ramasser l'or de toutes les nations; et nous paraissons d'autant mieux y consentir et le permettre, qu'aucun de ces déprédateurs ne se cache, aucun ne se met en peine de pallier sa

tanta apud te cognationis, fidelitatis, vetustatis auctoritate, ne hoc quidem juris obtinuit, ut unius honestissimi atque innocentissimi civis mortem et sanguinem deprecaretur.

XLVIII. Quo confugient socii? quem implorabunt? qua spe denique, ut vivere velint, tenebuntur, si vos eos deseritis? Ad senatum deveniant, qui de Verre supplicium sumat? non est usitatum, non senatorium. Ad populum Romanum confugient? facilis est causa populi : legem enim se sociorum caussa jussisse, et vos ei legi custodes ac vindices præposuisse dicet. Hic locus est igitur unus, quo perfugiant; hic portus, hæc arx, hæc ara sociorum : quo quidem nunc non ita confugiunt, ut antea in suis repetendis rebus solebant; non argentum, non aurum, non vestem, non mancipia repetunt ; non ornamenta, quæ ex urbibus fanisque erepta sunt : metuunt homines imperiti, ne jam hæc populus Romanus concedat, et jam fieri velit. Patimur enim jam multos annos et silemus, quum videamus, ad paucos homines omnes omnium nationum pecunias pervenisse : quod eo magis ferre æquo animo atque concedere videmur, quia nemo istorum dissimulat, nemo laborat, ut obscura sua

cupidité. Rome, si magnifique et si richement décorée, n'offre pas une statue, pas un tableau qui ne soit le fruit de ses victoires. Mais les maisons de plaisance de ces déprédateurs sont ornées et remplies des dépouilles les plus précieuses de nos plus fidèles alliés. Où pensez-vous que soient les trésors de tant de nations aujourd'hui réduites à l'indigence? Athènes, Pergame, Cyzique, Milet, Chios, Samos, et l'Asie, et l'Achaïe, et la Grèce, et la Sicile, ne sont-elles pas comme enfermées dans un petit nombre de maisons de plaisance? Mais ces richesses, je le répète, vos alliés y renoncent, et s'abstiennent de les réclamer : c'est assez pour eux d'avoir mérité, par leurs services et leur fidélité, d'être à l'abri de toute spoliation autorisée par le peuple romain. Du reste, si jadis il leur était difficile de se défendre contre la cupidité de quelques scélérats, du moins ils pouvaient, dans une certaine mesure, y suffire : aujourd'hui il ne leur reste ni le moyen d'y résister ni celui de la satisfaire. Aussi ne s'inquiètent-ils nullement de leurs biens; ils ne sollicitent aucune restitution ; ils abandonnent l'objet de la cause; ils en font le sacrifice, ils se désistent. C'est dans cet état de dénûment qu'ils se présentent à vous. Voyez, voyez, juges, la misère et la détresse de nos alliés !

XLIX. Sthenius de Thermes, que voici présent, les cheveux épars et en vêtements de deuil, a vu sa maison entièrement

---

cupiditas esse videatur. In urbe nostra pulcherrima atque ornatissima quod signum, quæ tabula picta est, quæ non ab hostibus victis capta atque apportata sit? At istorum villæ, sociorum fidelissimorum et plurimis, et pulcherrimis spoliis ornatæ refertæque sunt. Ubi pecunias exterarum nationum esse arbitramini, quibus nunc omnes egent, quum Athenas, Pergamum, Cyzicum, Miletum, Chium, Samum totam denique Asiam, Achaiam, Græciam, Siciliam, jam in paucis villis inclusas esse videatis? Sed hæc, ut dico, omnia jam socii vestri relinquunt et negligunt, judices. Ne publice a populo Romano spoliarentur, officiis ac fide providerunt : paucorum cupiditati tum, quum obsistere non poterant, tamen sufficere aliquo modo poterant. Nunc vero jam adempta est non modo resistendi, verum etiam suppeditandi facultas. Itaque res suas negligunt; pecunias, quo nomine judicium hoc appellatur, non repetunt relinquunt et negligunt. Hoc jam ornatu ad vos confugiunt : aspicite, aspicite, judices, squalorem sordesque sociorum.

XLIX. Sthenius hic Thermitanus cum hoc capillo atque veste, domo sua

spoliée ; et cependant, Verrès, il ne parle point de vos brigandages : la seule chose qu'il redemande, c'est lui-même : car votre scélératesse sans frein l'a banni d'une patrie où ses vertus et ses vices l'avaient placé au premier rang. Et Dexion, il ne vient pas non plus réclamer ce que vous avez pris, soit à la ville de Tyndaris, soit à lui-même ; son fils, unique gage de sa tendresse ; son fils innocent et pur, voilà ce qu'il réclame ; ce n'est point une restitution, c'est votre condamnation qu'il veut remporter, comme une consolation pour les mânes de son fils. Enfin, si Eubulide, que vous voyez courbé sous le poids des années, a entrepris, au terme de sa vie, un si long et si pénible voyage, ce n'est pas pour recueillir quelques débris de sa fortune, mais pour que ses yeux, qui ont vu rouler la tête sanglante de son fils, soient témoins de votre supplice.

Si L. Metellus l'eût permis, juges, et les mères, et les femmes, et les sœurs de ces déplorables victimes seraient ici présentes. L'une d'elles, lorsque j'arrivai de nuit à Héraclée, l'une d'elles vint au-devant de moi, à la lueur des flambeaux, accompagnée de toutes les respectables matrones de cette ville. Je l'ai vue prosternée à mes pieds ; elle m'appelait son sauveur, et vous, Verrès, son bourreau, m'implorant comme si j'avais pu lui rendre son fils, et le rappeler des enfers. Par-

tota expilata, mentionem tuorum furtorum non facit ; sese ipsum abs te repetit, nihil amplius : totum enim tua libidine et scelere ex sua patria — in qua multis virtutibus et beneficiis floruit princeps — sustulisti. Dexio hic, quem videtis, non quæ publice Tyndari, non quæ privatim sibi eripuisti, sed unicum miser abs te filium optimum atque innocentissimum flagitat ; non ex litibus æstimatis tuis pecuniam domum, sed ex tua calamitate cineri atque ossibus filii sui solatium vult aliquod reportare. Hic tam grandis natu Eubulida hoc tantum, exacta ætate, laboris itinerisque suscepit, non ut aliquid ex suis bonis recuperaret, sed ut, quibus oculis cruentas cervices filii sui viderat, iisdem te condemnatum videret.

Si per L. Metellum licitum esset, judices, matres illorum, uxores sororesque veniebant : quarum una, quum ego ad Heracliam noctu accederem, cum omnibus matronis ejus civitatis, et cum multis facibus mihi obviam venit, et ita, me suam salutem appellans, te suum carnificem nominans, filii nomen implorans, mihi ad pedes misera jacuit, quasi ego excitare filium ejus ab inferis possem. Faciebant hoc idem in cæteris civitatibus grandes natu matres,

tout le même spectacle : les vieillards et les enfants sollicitaient mon dévouement et mon zèle, votre justice et votre humanité.

Voilà, juges, voilà celle de ses plaintes que la Sicile m'a recommandé de vous faire entendre entre toutes. Ce sont les larmes de cette province, et non un vain désir de gloire, qui m'ont conduit devant vous. J'ai voulu qu'une injuste condamnation, la prison, les chaînes, les verges, les haches, les tortures de nos alliés, le sang de l'innocence, la sépulture des morts, la douleur des pères et le deuil des familles, ne pussent être désormais pour nos magistrats l'objet d'un exécrable trafic. Si j'arrive à soulager les Siciliens de cette crainte, en armant votre justice contre le coupable, je croirai avoir satisfait à mon devoir et rempli le vœu de ceux qui m'ont donné leur confiance.

L. Ainsi, Verrès, s'il se trouve un orateur qui entreprenne de justifier votre expédition navale, que, dans son plaidoyer, il abandonne les lieux communs étrangers à la cause; qu'il ne dise pas que je vous impute les torts de la fortune, que je vous fais un crime d'avoir été malheureux, que je vous reproche la perte d'une flotte, lorsque tant de braves généraux ont été trahis sur l'un et l'autre élément par les hasards de la guerre. Non, je ne vous rends point responsable des torts de la fortune. Il est inutile que vous retraciez les désastres des autres généraux,

et item parvuli liberi miserorum : quorum utrorumque ætas laborem et industriam meam, fidem et misericordiam vestram requirebat.

Itaque ad me, judices, præter cæteras hanc querimoniam Sicilia detulit. Lacrymis ego ad hoc, non gloria inductus accessi : ne falsa damnatio, ne carcer, ne catenæ, ne verbera, ne secures, ne cruciatus sociorum, ne sanguis innocentium, ne denique etiam exsanguium corpora mortuorum, ne mœror parentum ac propinquorum, magistratibus nostris quæstui posset esse. Hunc ego si metum Siciliæ, damnatione istius, per vestram fidem et severitatem dejecero, judices, satis officio meo, satis illorum voluntati, qui a me hoc petiverunt, factum esse arbitrabor.

L. Quapropter si quem forte inveneris, qui hoc navale crimen conetur defendere, is ita defendat : illa communia quæ ad causam nihil pertinent, prætermittat; me culpam fortunæ assignare, calamitatem crimini dare; me amissionem classis objicere, quum multi viri fortes in communi incertoque periculo belli, et terra, et mari sæpe offenderint. Nullam tibi objicio fortunam : nihil est, quod cæterorum res minus commode gestas proferas; nihil est, quod

inutile que vous rassembliez les débris de leurs naufrages. Je dis que les vaisseaux étaient sans équipage; que rameurs et matelots étaient en congé; que tous ceux qui restaient ont été réduits à se nourrir de racines de palmier; qu'un Sicilien a commandé une flotte du peuple romain, que nos plus fidèles alliés, nos amis les plus constants, ont été soumis aux ordres d'un Syracusain; que, pendant toute cette expédition, et plusieurs jours auparavant, vous êtes resté sur le rivage avec d'infâmes courtisanes, plongées comme vous dans dans l'ivresse. Voilà ce que je dis, avec des preuves et des témoins à l'appui.

Est-ce là insulter à votre malheur? est-ce là vous fermer le recours à la fortune? est-ce là vous attribuer, vous reprocher les hasards de la guerre ? Après tout, pour ne point s'entendre imputer les coups de la fortune, il faut du moins avoir bravé son inconstance, il faut s'être exposé à ses caprices. Mais la fortune n'a point eu de part à votre désastre. C'est sur le champ de bataille, et non pas à table, que l'on tente le sort des armes, que l'on en court les dangers. Ici nous pouvons dire que c'est de Vénus et non point de Mars que vous avez éprouvé les caprices. Si vous ne voulez pas qu'on vous impute les torts de la fortune, pourquoi des innocents qui n'avaient pas d'autres torts n'ont-ils pu trouver grâce devant vous ?

Dispensez-vous aussi de répondre que je cherche à vous accu-

---

multorum naufragia fortunæ colligas. Ego naves inanes fuisse dico; remiges nautasque dimissos; reliquos stirpibus vixisse palmarum; præfuisse classi populi Romani Siculum, perpetuo sociis atque amicis, Syracusanum; te illo tempore ipso, superioribusque diebus omnibus, in litore cum mulierculis perpotasse dico : harum rerum omnium auctores testesque produco.

Num tibi insultare in calamitate, num intercludere perfugium fortunæ, num casus bellicos exprobrare aut objicere videor? tametsi solent hi fortunam sibi objici nolle, qui se fortunæ commiserunt, qui in ejus periculis sunt ac varietate versati. Istius quidem calamitatis tuæ fortuna particeps non fuit. Homines enim in præliis, non in conviviis, belli fortunam tentare, ac periclitari solent : in illa autem calamitate non Martem fuisse communem, sed Venerem possumus dicere. Quod si fortunam objici tibi non oportet, cur tu fortunæ illorum innocentium veniam ac locum non dedisti ?

Etiam illud præcidas licet, te, quod supplicium more majorum sumpseris,

ser et à vous rendre odieux pour avoir usé d'une peine établie par nos ancêtres et frappé de la hache. Ce n'est point sur le genre du supplice que porte mon accusation ; je ne prétends pas qu'il ne faille jamais frapper de la hache ; je ne dis pas qu'on doive ôter à la discipline militaire le frein de la terreur, au commandement la sévérité, à la lâcheté l'opprobre du châtiment. J'avoue que très-souvent nos alliés, très-souvent même nos concitoyens et nos soldats ont subi les châtiments les plus rigoureux. Ainsi épargnez-nous l'emploi de cet autre moyen.

LI. Oui, la faute n'en est point aux capitaines, mais à vous seul, Verrès ; je le démontre. Oui, vous avez vendu des congés aux soldats et aux rameurs ; ce fait, tous les capitaines qui ont échappé à vos fureurs l'attestent ; ce fait, la commune de Netum, notre alliée, Herbite, Armestra, Enna, Agyrone, Tyndaris, votre témoin, votre général, votre hôte, Cléomène enfin, l'attestent. Cléomène déclare avoir pris terre à Pachynum, pour tirer des soldats de la garnison, afin de les distribuer sur ses vaisseaux, ce qu'il n'aurait pas fait sans doute si les équipages avaient été au complet ; car, lorsqu'un vaisseau est monté, comme il doit l'être de rameurs et de soldats, il est impossible d'y admettre, non pas quelques hommes, mais un seul homme de plus. Je dis, en outre, que les marins qui restaient à bord ont manqué de tout, et que peu s'en est fallu qu'ils soient morts de misère

securique percusseris, idcirco a me in crimen et invidiam vocari. Non in supplicio crimen meum vertitur ; non ego securi nego quemquam feriri debere ; non ego metum ex re militari, non severitatem imperii, non pœnam flagitii tolli dico oportere : fateor non modo in socios, sed etiam in cives militesque nostros, persæpe esse severe ac vehementer vindicatum. Quare hæc quoque prætermittas licet.

LI. Ego culpam non in navarchis, sed in te fuisse demonstro ; te pretio milites remigesque dimisisse arguo : hoc navarchi reliqui dicunt ; hoc Netinorum fœderata civitas publice dicit ; hoc Herbitenses, hoc Amestratini, hoc Ennenses, hoc Agyrinenses, Tyndaritani publice dicunt ; tuus denique testis, tuus imperator, tuus hospes Cleomenes hoc dicit, sese in terram esse egressum, uti Pachyno, e terrestri præsidio, milites colligeret, quos in navibus collocaret : quod certe non fecisset, si suum numerum naves haberent : ea est enim ratio instructarum ornatarumque navium, ut non modo plures, sed ne singuli quidem possint accedere. Dico præterea, illos ipsos reliquos nautas fame, atque

et de faim. Je dis que tous les capitaines étaient innocents, ou que, si quelqu'un devait être inculpé, ce devait être celui qui avait le meilleur vaisseau, le plus de matelots et le commandement en chef; ou enfin, que si tous ont manqué à leur devoir, Cléomène ne devait pas assister comme spectateur à la mort et aux tortures de ses complices. Je dis enfin que leur supplice, eût-il été juste, on ne pouvait sans crime lever une taxe sur les larmes, une taxe sur la douleur, une taxe sur le coup de la mort, une taxe sur les funérailles et la sépulture.

Si donc vous voulez me répondre, dites que la flotte était bien équipée, bien armée, qu'il n'y manquait pas un soldat, qu'aucun banc n'était dégarni, que les rameurs avaient des vivres en abondance, que les capitaines ont menti, que tant de cités respectables ont menti, que la Sicile entière a menti; que Cléomène a menti, quand il déclare être descendu au fort de Pachynum pour y prendre des troupes; que ce n'est pas de troupes, mais de courage que les capitaines ont manqué; qu'ils ont abandonné Cléomène au moment où ce général combattait vaillamment, et que personne n'a reçu d'argent pour la sépulture. Si c'est là ce que vous dites, je vous confondrai; si vous dites autre chose, vous ne m'aurez pas répondu.

LII. Oseriez-vous dire encore: « Ce juge est mon ami intime,

inopia rerum omnium confectos fuisse, ac perditos. Dico, aut omnes extra culpam fuisse; aut, si uni attribuenda culpa sit, in eo maximam fuisse, qui optimam navem, plurimos nautas haberet, summum imperium obtineret; aut, si omnes in culpa fuerint, non oportuisse Cleomenem constitui spectatorem illorum mortis atque cruciatus. Dico etiam, in illo supplicio mercedem lacrymarum, mercedem vulneris atque plagæ, mercedem funeris ac sepulturæ constitui nefas fuisse.

Quapropter si mihi respondere voles, hæc dicito: classem instructam atque ornatam fuisse, nullum propugnatorem abfuisse, nullum vacuum transtrum fuisse, remigi rem frumentariam esse suppeditatam, mentiri navarchos, mentiri tot et tam graves civitates, mentiri etiam Siciliam totam; proditum te esse a Cleomene, qui se dixerit exisse in terram, ut Pachyno deduceret milites; animum illis, non copias defuisse; Cleomenem acerrime pugnantem ab his relictum esse atque desertum : nummum ob sepulturam datum nemini : quæ si dices, tenebere; sin alia dices, quæ a me dicta sunt, non refutabis.

LIII. Hic tu etiam dicere audebis: « Est in judicibus ille familiaris meus,

cet autre est l'ami de mon père? » Non, Verrès, plus on a de rapport avec vous, plus on doit rougir des accusations qui pèsent sur vous. L'ami de votre père ! Ah ! si votre père lui-même était votre juge, au nom des dieux, que pourrait-il faire, lorsqu'il vous dirait : « Tu étais préteur dans une province du peuple romain, et, lorsque tu avais à soutenir une guerre maritime, tu as, durant trois années de suite, dispensé les Mamertins de fournir le vaisseau, qu'en vertu de leur traité, ils devaient à la république ; et ces mêmes Mamertins t'ont donné un superbe navire de transport, construit aux frais de leur ville, pour ton usage particulier. Tu as mis les villes à contribution, sous prétexte d'équiper une flotte ; tu as licencié les matelots pour de l'argent ; ton questeur et ton lieutenant avaient pris un vaisseau sur les pirates, tu as soustrait leur capitaine à tous les regards, tu as fait périr sous la hache des hommes qu'on disait citoyens romains, et que beaucoup de personnes reconnaissaient pour tels ; tu as osé recéler des pirates dans ta maison ; c'est de ta maison que tu as fait sortir aujourd'hui leur chef pour comparaître devant les juges. Dans une province si belle, au milieu de nos plus fidèles alliés, sous les yeux des plus honorables citoyens romains, tandis que tout le monde était en crainte et la Sicile en péril, tu as passé plusieurs jours de suite, mollement couché sur le rivage, et livré aux plaisirs de la table. Pendant ces orgies, nul n'a pu t'aborder dans ton palais, ni te voir au forum. A ces festins tu fai-

---

est paternus amicus ille? » Non, ut quisque maxime est, quicum tibi aliquid sit, ita tui hujuscemodi criminis maxime cum pudet? Paternus amicus est! Ipse pater si judicaret, per deos immortales! quid facere posset, quum tibi hæc diceret? « Tu in provincia populi Romani prætor, quum tibi maritimum bellum esset administrandum, Mamertinis, ex fœdere quam deberent navem, per triennium remisisti; tibi apud eosdem privata navis oneraria maxima publice est ædificata. Tu a civitatibus pecunias classis nomine coegisti; tu pretio remiges dimisisti. Tu, quum navis esset a quæstore et ab legato capta prædonum, archipiratam ab omnium oculis removisti ; tu, qui cives Romani esse dicerentur, qui a multis cognoscerentur, securi ferire potuisti; tu tuam domum piratas abducere, in judicium archipiratam domo producere ausus es ! Tu in provincia tam splendida, apud socios fidelissimos, cives Romanos honestissimos, in metu periculoque provinciæ, dies continuos complures in litore conviviisque jacuisti; te per eos dies nemo domi tuæ convenire, nemo in foro

sais asseoir auprès de toi les épouses de nos alliés et de nos amis ; et parmi ces femmes dissolues tu plaçais ton fils, mon petit-fils, à peine sorti de l'enfance, afin que, dans un âge si faible, si facile à corrompre, il eût devant les yeux l'exemple des dérèglements de son père. Préteur, tu t'es montré dans ta province en tunique et en manteau de pourpre ! Afin de faciliter tes impudiques amours, tu as ôté le commandement de la flotte au lieutenant du peuple romain, pour en revêtir un Syracusain ; tes soldats ont manqué de vivres, ils ont manqué de blé au sein de la Sicile ! Grâce à ton incontinence, à ta cupidité, des brigands ont pris et incendié une flotte du peuple romain. Un port où, depuis la fondation de Syracuse, nul ennemi n'avait pu pénétrer, a vu pour la première fois, sous ta préture, des pirates voguer librement dans ses eaux. Loin de dissimuler ces affronts, de les ensevelir dans le silence, de chercher à les effacer, s'il était possible, de la mémoire des hommes, tu as, sans aucune forme juridique, arraché de braves capitaines des bras de leurs pères, qui étaient tes hôtes, pour les traîner à la mort ou les livrer aux tortures. En vain, dans leur désespoir, ces malheureux parents, tout en larmes, te suppliaient au nom de ton père ; ton cœur ne s'est point ému ; tu t'es baigné avec délices dans le sang de l'innocence : que dis-je ? le sang a été pour toi une source de lucre ! »
Si votre père, Verrès, vous parlait ainsi, pourriez-vous lui

---

videre potuit; tu sociorum atque amicorum ad ea convivia matres familias adhibuisti; tu inter ejusmodi mulieres prætextatum tuum filium, nepotem meum, collocavisti, ut ætati maxime lubricæ, atque incertæ, exempla nequitiæ parentis vita præberet; tu prætor in provincia cum tunica pallioque purpureo visus es; tu propter amorem, libidinemque tuam, imperium navium legato populi Romani ademisti, Syracusano tradidisti; tui milites in provincia Sicilia frugibus frumentoque caruere; tua luxuria atque avaritia classis populi Romani a prædonibus capta et incensa est. Post Syracusas conditas, quem in portum nunquam hostis accesserat, in eo, te prætore, primum piratæ navigaverunt. Neque hæc tot tantaque dedecora dissimulatione tua, neque oblivione hominum ac taciturnitate tegere voluisti; sed etiam navium præfectos, sine ulla causa, de complexu parentum suorum, hospitum tuorum, ad mortem cruciatumque rapuisti; neque, in parentum luctu atque lacrymis, te mei nominis commemoratio mitigavit: tibi hominum innocentium sanguis non modo voluptati, sed etiam quæstui fuit. » Hæc si tibi tuus parens

demander grâce? pourriez-vous espérer de lui votre pardon?

LIII. J'en ai fait assez pour les Siciliens, assez pour mon devoir, assez pour mes obligations morales, pour le ministère confié à mes soins et accepté par mon zèle. Il me reste à plaider une cause que je ne me suis pas engagé à défendre, mais que j'entreprends pressé par ma conscience. On n'est pas venu me la confier ; un sentiment naturel, et qui soulève toutes les forces de mon âme, me porte à m'en charger, car elle a pour objet, non le salut des alliés, mais celui des citoyens romains, c'est-à-dire la vie, le sang de tous tant que nous sommes. Ici n'attendez pas que je multiplie les preuves, comme si les faits pouvaient être douteux. Ce que je dirai du supplice de nos concitoyens est si certain, si notoire, que je pourrais appeler en témoignage la Sicile entière ; car cette frénésie, qui est la compagne inséparable de la scélératesse et de l'audace, avait tellement bouleversé l'âme de ce monstre, elle l'avait frappé d'une démence si complète, que les châtiments réservés à des esclaves convaincus de crimes, il n'hésitait pas à les infliger à des citoyens romains, en pleine assemblée, sous les yeux de tout un peuple. Qu'est-il besoin de faire l'énumération de tous ceux qui ont été battus de verges? Il suffira de dire que, pendant sa préture, nulle distinction ne fut admise. Le bras du licteur en était venu

---

diceret, posses ab eo veniam petere? posses, ut tibi ignosceret, postulare?

LIII. Satis est factum Siculis; satis officio ac necessitudini, judices, satis promisso muneri ac recepto. Reliqua est ea causa, judices, quæ non jam recepta, sed innata; neque delata ad me, sed in animo sensuque meo penitus affixa atque insita est : quæ non ad sociorum salutem, sed ad civium Romanorum, hoc est, ad unius cujusque nostrum vitam et sanguinem pertinet. In qua nolite a me, quasi dubium sit aliquid, argumenta, judices, exspectare : omnia, quæ dicam de supplicio civium Romanorum, sic erunt clara et illustria, ut ad ea probanda totam Siciliam testem adhibere possim. Furor enim quidam, sceleris et audaciæ comes, istius effrenatum animum importunamque naturam tanta oppressit amentia, ut nunquam dubitaret in conventu palam supplicia, quæ in convictos maleficii servos constituta sunt, ea in cives Romanos expromere. Virgis quam multos ceciderit, quid ego commemorem? Tantum brevissime dico, judices : nullum fuit omnino, isto prætore, **in hoc genere**

à se porter sur eux de lui-même, comme par habitude, et sans qu'il fût besoin d'un signal.

LIV. Pouvez-vous nier que, dans le forum de Lilybée, en présence d'une nombreuse assemblée, C. Servilius, citoyen romain, ancien négociant de Panorme, fut, devant votre tribunal, si cruellement frappé de verges, qu'il tomba mourant à vos pieds? Niez, Verrès, ce premier fait, si vous l'osez : il n'y a personne à Lilybée qui ne l'ait vu, personne dans toute la Sicile qui ne l'ait su. Oui, je le répète, un citoyen romain est tombé à vos pieds sous les coups de vos licteurs. Et pour quelle raison, dieux immortels! Mais je fais injure à la cause commune, aux droits de cité, en demandant pour quel motif Servilius a éprouvé un traitement si barbare, comme si quelque motif pouvait justifier un tel atttentat contre un citoyen romain! Pardonnez-le-moi, juges ; ce sera le seul crime de cette espèce dont je rechercherai le motif. Qu'avait donc fait Servilius ? Il s'était expliqué avec quelque liberté sur la perversité de Verrès et sur sa vie infâme. Aussitôt Verrès le fait citer par un esclave de Vénus à comparaître à Lilybée. Servius obéit. Bien qu'il n'existât contre lui ni action ni demande, le préteur veut qu'il consigne deux mille sesterces, qui resteront au profit du premier licteur, s'il ne se disculpe point d'avoir dit que Verrès s'était enrichi de rapines. En même temps, il déclare que l'affaire sera jugée par des commis-

discrimen. Itaque jam consuetudine ad corpora civium Romanorum, etiam sine istius nutu, ferebatur manus ipsa lictoris.

LIV. Num potes hoc negare, Verres, in foro Lilybæi, maximo conventu, C. Servilium, civem Romanum, in conventu Panormitano veterem negotiatorem, ad tribunal, ante pedes tuos, ad terram virgis et verberibus abjectum? Aude hoc primum negare, si potes. Nemo Lilybæi fuit, quin viderit; nemo in Sicilia, quin audierit. Plagis confectum dico a lictoribus tuis civem Romanum ante oculos tuos concidisse. Oh quam causam? di immortales! tametsi injuriam facio communi causæ, et juri civitatis : quasi enim possit esse ulla causa, cur hoc cuiquam civi Romano jure accidat, ita quæro, quæ in Servilio causa fuerit. Ignoscite in hoc uno, judices ; in cæteris enim non magno opere causas requiram. Locutus erat liberius de istius improbitate atque nequitia. Quod isti simul ac renuntiatum est, hominem jubet Lilybæum vadimonium Venerio servo promittere : promittit. Lilybæum venitur. Cogere eum cœpit, quum ageret nemo, nemo postularet, HS duobus millibus sponsionem facere cum lictore suo, « ni furtis quæstum faceret. » Recuperatores de cohorte sua dicit-

saires tirés de sa suite. Servilius les récuse, et demande qu'un procès criminel ne lui soit pas intenté devant des juges iniques, sans acte d'accusation. Comme il insistait avec chaleur, les six licteurs l'entourent, hommes très-robustes et très-exercés à battre les gens. Ils le frappent à coups redoublés. Ce n'est pas assez. Le premier licteur, Sestius, dont j'ai parlé souvent, retourne son faisceau, et lui en assène avec force des coups sur le visage. Le malheureux avait la bouche et les yeux pleins de sang ; il tombe ; les bourreaux le voient étendu sur la terre, et ils ne continuent pas moins de lui meurtrir les flancs, afin de lui arracher la promesse de consigner. Après ce traitement barbare, on l'emporte comme mort ; bientôt après, il n'était plus. Cependant notre pieux adorateur de Vénus, l'aimable et galant Verrès, fit prendre sur les biens de Servilius de quoi faire un Cupidon d'argent massif, qu'il plaça dans le temple de la déesse ; car c'est toujours aux dépens des honnêtes gens qu'il acquittait les vœux de ses orgies nocturnes.

LV. Mais à quoi bon rappeler en détail les supplices d'autres citoyens romains, rassemblons-les tous en un seul tableau. Cette prison, que le plus cruel des tyrans, que l'impitoyable Denys avait fait construire à Syracuse, et qu'on nomme les Carrières, fut, pendant la préture de Verrès, le domicile des citoyens romains. Quiconque avait le malheur de l'offenser ou de lui déplaire était à

daturum. Servilius et recusare, et deprecari, ne iniquis judicibus, nullo adversario, judicium capitis in se constitueretur. Hæc quum maxime loqueretur, sex lictores eum circumsistunt valentissimi, et ad pulsandos verberandosque homines exercitatissimi ; cædunt acerrime virgis ; denique proximus lictor — de quo sæpe jam dixi — Sestius, converso bacillo, oculos misero tundere vehementissime cœpit. Itaque illi quum sanguis os oculosque complesset, concidit ; quum illi nihilo minus jacenti latera tunderentur, ut aliquando spondere se diceret. Sic ille affectus, illinc tum pro mortuo sublatus, brevi postea est mortuus : iste autem homo Venerius, et affluens omni lepore et venustate, de bonis illius in æde Veneris argenteum Cupidinem posuit. Sic etiam fortunis hominum abutebatur ad nocturna vota cupiditatum suarum.

LV. Nam quid ego de cæteris civium Romanorum suppliciis singillatim potius, quam generatim atque universa loquar ? Carcer ille, qui est a crudelissimo tyranno Dionysio factus Syracusis [quæ lautumiæ vocantur], in istius imperio domicilium civium Romanorum fuit : ut quisque istius animum aut

l'instant jeté dans les Carrières. Juges, votre indignation éclate, et déjà vous l'avez signalée lorsque, dans les premiers débats, vous entendites, sur ces faits, la déposition des témoins. Vous pensez que les droits de la liberté doivent être sacrés, non pas seulement à Rome, dans ces murs où résident les tribuns du peuple et tous les autres magistrats, où nous voyons ce Forum entouré de tribunaux, où l'autorité du sénat et la majesté du peuple romain commandent le respect; mais en quelque coin de la terre, chez quelque peuple que les droits d'un citoyen romain soient violés, vous regardez cette offense comme un attentat à la liberté, à l'honneur, à la souveraineté de la république.

C'est dans une prison destinée aux étrangers, aux malfaiteurs, aux criminels, dans la prison des pirates et des ennemis de la patrie, que vous avez osé, Verrès, enfermer un si grand nombre de citoyens romains! Quoi! n'avez-vous jamais songé aux tribunaux, aux comices, à cette foule immense, qui dans ce moment, jette sur vous des regards courroucés et menaçants; à la majesté du peuple romain, que vous outragiez en son absence? Le spectacle imposant de cette foule qui vous environne aujourd'hui ne s'est donc jamais présenté à vos yeux ni à votre pensée? vous comptiez donc ne plus jamais reparaître devant vos concitoyens, ne jamais rentrer dans le Forum, ne retomber jamais sous le pouvoir des lois et des tribunaux?

oculos offenderat, in lautumias statim conjiciebatur. Indignum hoc video videri omnibus, judices, et id jam priore actione, quum hæc testes dicerent, intellexi. Retineri enim putatis oportere jura libertatis non modo hic, ubi tribuni plebis sunt, ubi cæteri magistratus, ubi plenum Forum judiciorum, ubi senatus auctoritas, ubi existimatio populi Romani et frequentia ; sed, ubicumque terrarum et gentium violatum jus civium Romanorum sit, statuitis id pertinere ad communem causam libertatis et dignitatis.

In externorum hominum, et maleficorum sceleratorumque, in prædonum hostiumque custodias tu tantum numerum civium Romanorum includere ausus es? nunquamne tibi judicii, nunquam concionis, nunquam hujus tantæ frequentiæ, quæ nunc animo te iniquissimo infestissimoque intuetur, venit in mentem? nunquam tibi populi Romani absentis dignitas, nunquam species ipsa hujuscemodi multitudinis, in oculis animoque versata est? nunquam te in horum conspectum rediturum, nunquam in Forum populi Romani venturum, nunquam sub legum et judiciorum potestatem casurum esse putasti?

LVI. Mais pourquoi cette folie de cruauté? quel motif l'excitait à tant de crimes? Aucun autre, juges, que de mettre en pratique un nouveau système de brigandage. Les poëtes nous représentent des brigands postés à l'entrée des golfes, sur des promontoires ou sur des roches escarpées, afin de massacrer les navigateurs jetés sur les côtes. Ainsi Verrès, de toutes les parties de la Sicile, promenait au loin sur la mer ses avides regards. Dès qu'un vaisseau arrivait de l'Asie, de la Syrie, de Tyr, d'Alexandrie, ou de quelque autre lieu, ses agents s'en emparaient; à l'instant tout l'équipage était jeté pêle-mêle dans les Carrières. — Et la cargaison, les marchandises? — On les portait au palais du préteur. Ainsi, après tant de siècles, la Sicile se trouvait en proie à la rage, non pas d'un autre Denys, d'un second Phalaris, car cette île fut jadis féconde en tyrans féroces; mais d'un monstre de la nature de ceux qui, dans les siècles antiques, avaient ravagé cette malheureuse contrée. Non, je ne crois point que Charybde et Scylla aient été, dans leur détroit, plus terribles aux nautoniers. Verrès était d'autant plus redoutable, que la meute dont il était entouré était bien autrement nombreuse et dévorante. C'était un nouveau Cyclope, mais cent fois plus terrible que le premier; il occupait l'île entière, tandis que Polyphème, du moins, n'occupait que l'Etna et la partie de la Sicile qui environne cette montagne.

LVI. At quæ erat ista libido crudelitatis exercendæ? quæ tot scelerum suscipiendorum causa? nulla, judices, præter prædandi novam singularemque rationem. Nam ut illi, quos a poetis accepimus, sinus quosdam obsedisse maritimos, aut aliqua promontoria, aut prærupta saxa tenuisse dicuntur, ut eos, qui essent appulsi navigiis, interficere possent; sic iste in omnia maria infestus ex omnibus Siciliæ partibus imminebat. Quæcumque navis ex Asia, quæ ex Syria, quæ Tyro, quæ Alexandria venerat, statim certis indiciis et custodibus tenebatur; vectores omnes in lautumias conjiciebantur; onera atque merces in prætoriam domum deferebantur. Versabatur in Sicilia longo intervallo non Dionysius ille, nec Phalaris — tulit enim illa quondam insula multos et crudeles tyrannos, — sed quoddam novum monstrum ex vetere illa immanitate, quæ in iisdem locis versata esse dicitur. Non enim Charybdim tam infestam, neque Scyllam nautis, quam istum in eodem freto fuisse arbitror : hoc etiam iste infestior, quod multo se pluribus et majoribus canibus succinxerat. Cyclops alter, multo importunior : hic enim totam insulam obtinebat; ille Ætnam solam, et eam Siciliæ partem tenuisse dicitur.

Mais enfin de quel prétexte colorait-il son affreuse cruauté? Du prétexte que son défenseur ne manquera pas tout à l'heure d'alléguer. Tous ceux qui abordaient en Sicile avec quelques richesses étaient, à l'entendre, des soldats de Sertorius échappés de Dianium. En vain, pour se mettre à l'abri du péril, ils présentaient, ceux-ci de la pourpre de Tyr, ceux-là de l'encens, des essences, des étoffes de lin ; plusieurs des pierreries et des perles ; quelques-uns des vins grecs ou des esclaves achetés en Asie, afin que, par les objets de leur commerce, on pût juger de quels lieux ils venaient. Ils n'avaient pas prévu que les preuves mêmes qu'ils donnaient de leur innocence seraient la cause de leur danger : Verrès prétendait que ces marchandises provenaient de leur association avec des pirates; en conséquence, il les envoyait aux Carrières; quant aux vaisseaux et à la cargaison, il avait bien soin de les mettre sous bonne garde.

LVII. D'après ce système, lorsque la prison se trouvait encombrée de commerçants, il employait le moyen que vous a signalé L. Suetius, chevalier des plus distingués, et que tous les témoins vous attesteront comme lui : il faisait décapiter ces citoyens romains dans la prison, au mépris de toutes les lois. Ils avaient beau crier : Je suis citoyen romain ; cette prière, ce cri, qui pour tant d'autres avait été un titre d'assistance et de salut aux extrémités de la terre, parmi les nations les plus

---

At quæ causa tum subjiciebatur ab ipso, judices, hujus tam nefariæ crudelitatis? eadem, quæ nunc in defensione commemorabitur. Quicumque accesserant ad Siciliam paullo plenières, eos Sertorianos milites esse, atque a Dianio fugere dicebat. Illi ad deprecandum periculum proferebant, alii purpuram Tyriam; thus alii, atque odores, vestemque linteam ; gemmas alii, et margaritas; vina nonnulli Græca, venalesque Asiaticos : ut intelligeretur ex mercibus, quibus ex locis navigarent. Non providerant, eas ipsas sibi causas esse periculi, quibus adjumentis se ad salutem uti arbitrabantur. Iste enim hæc eos ex piratarum societate adeptos esse dicebat: ipsos in lautumias abduci imperabat ; naves eorum atque onera diligenter asservanda curabat.

LVII. His institutis, quum completus jam mercatorum carcer esset, tum illa fiebant, quæ L. Suetium, equitem Romanum, lectissimum virum, dicere audistis , quæ cæteros audietis. Cervices in carcere frangebantur indignissime civium Romanorum, ut jam illa vox et illa imploratio, Civis Romanus sum, quæ sæpe multis, in ultimis terris, opem inter Barbaros et salutem tulit, ea mortem

barbares, ne servait qu'à avancer leur supplice, à accélérer leur mort. Ici, Verrès, que prétendez-vous me répondre? Que j'en impose, que j'invente, que j'exagère? Oserez-vous le dire, même par l'organe de vos défenseurs? Greffier, lisez ce registre des Syracusains, qu'il garde si précieusement, comme une pièce rédigée au gré de ses désirs. Qu'on lise le journal de la prison, où sont consignés avec exactitude et le jour de l'entrée de chaque détenu, et celui de sa mort ou de son exécution. Registre des Syracusains.

Juges, vous voyez des Romains jetés pêle-mêle dans les Carrières; vous voyez vos concitoyens entassés en foule dans le plus horrible gouffre. Cherchez maintenant les traces de leur sortie; il n'en existe aucune. Tous sont-ils morts naturellement? Verrès osât-il le dire, on ne le croirait pas; et une telle réponse ne le justifierait point. Mais on lit dans ces registres une expression que cet homme, aussi léger qu'il est ignorant, n'a pu ni remarquer ni comprendre : ἐδικώθησαν, dit-il; et ce mot, dans la langue des Siciliens, signifie qu'ils ont été exécutés à mort.

LVIII. Si quelque roi, si quelque État ou quelque nation étrangère, s'était permis un pareil attentat envers un citoyen romain, la république n'en tirerait-elle pas vengeance? n'en de-

---

illis acerbiorem et supplicium maturius ferret. Quid est, Verres? quid ad hæc cogitas respondere? num mentiri me? num fingere aliquid? num augere crimen? num quid horum dicere istis defensoribus tuis audes? Cedo mihi, quæso, ex ipsius sinu litteras Syracusanorum, quas iste ad arbitrium suum confectas esse arbitratur; cedo rationem carceris, quæ diligentissime conficitur, quo quisque die datus in custodiam, quo mortuus, quo necatus sit. Litteræ Syracusanorum.

Videtis cives Romanos gregatim conjectos in lautumias; videtis indignissimo in loco coacervatam multitudinem vestrorum civium. Quærite nunc vestigia, quibus exitus illorum ex illo loco comparcant : nulla sunt. Omnesne mortui? Si ita posset defendere, tamen fides huic defensioni non haberetur. Sed scriptum exstat in iisdem litteris, quod iste homo barbarus ac dissolutus neque attendere unquam, neque intelligere potuit : ἐδικώθησαν, inquit, ut Siculi loquuntur, hoc est, supplicio affecti ac necati sunt.

LVIII. Si quis rex, si qua civitas exterarum gentium, si qua natio fecisset aliquid in civem Romanum ejusmodi, nonne publice vindicaremus? non bello

manderait-elle pas raison les armes à la main? enfin pourrions-nous souffrir qu'un si grand outrage fait au nom romain demeurât impuni? Que de guerres sanglantes entreprises par nos ancêtres, pour venger des citoyens romains insultés, des navigateurs emprisonnés, des négociants dépouillés? Je ne me plains point ici de la détention de ceux dont je parle; leur spoliation même, je veux bien la tolérer : mais qu'après s'être vu enlever leurs vaisseaux, leurs esclaves, leurs marchandises, des négociants aient été mis dans les fers, des citoyens romains assassinés dans un cachot, voilà le crime que je dénonce.

Fussé-je devant des Scythes, et non pas ici, en présence de tant de citoyens romains, devant l'élite des sénateurs, dans le forum du peuple romain, je me flatterais d'attendrir l'âme de ces barbares au simple récit de ces cruautés inouïes exercées sur des citoyens romains: car telle est la majesté de cet empire, tel est le profond respect de toutes les nations pour le nom romain, qu'on ne peut concevoir qu'une semblable cruauté puisse être permise à aucun mortel sur ceux qui le portent. Puis-je donc croire, Verrès, qu'il vous reste aucun espoir de salut, aucun refuge, quand je vous vois sous la main sévère de la justice, et comme enveloppé de toutes parts par le peuple qui assiste à cette assemblée? Si, ce que je crois impossible, vous parvenez à vous dégager des filets qui vous enlacent, si vous pouvez vous

---

persequeremur? possemus hanc injuriam, ignominiamque nominis Romani inultam impunitamque dimittere? Quot bella majores nostros, et quanta suscepisse arbitramini, quod cives Romani injuria affecti, quod navicularii retenti, quod mercatores spoliati dicerentur? At ego retentos non queror ; spoliatos ferendum puto : navibus, mancipiis, mercibus ademptis, in vincula conjectos esse mercatores, et in vinculis cives Romanos necatos esse arguo.

Si hæc apud Scythas dicerem, non hic in tanta multitudine civium Romanorum, non apud senatores lectissimos civitatis, non in foro populi Romani, de tot et tam acerbis suppliciis civium Romanorum : tamen animos etiam barbarorum hominum permoverem. Tanta enim hujus imperii amplitudo, tanta nominis Romani dignitas est apud omnes nationes, ut ista in nostros homines crudelitas nemini concessa videatur. Num ergo tibi ullam salutem, ullum perfugium putem, quum te implicatum severitate judicum, circumretitum frequentia populi Romani esse videam ? Si mehercules, id quod fieri non posse intelligo, ex his laqueis te exueris, ac te aliqua via ac ratione expli

échapper par quelque moyen que je ne puis prévoir, ce ne sera que pour retomber dans un précipice bien autrement dangereux où pour vous frapper, pour vous accabler, j'aurai l'avantage du lieu. Oui, juges, quand j'admettrais les moyens de défense de l'accusé, ils ne lui seraient pas moins funestes que l'accusation fondée que je lui intente.

Car enfin, que dit-il? que ce sont des déserteurs venant d'Espagne, qu'il a fait arrêter et livrer au supplice. Mais qui vous l'a permis? de quel droit l'avez-vous fait? quel autre en a fait autant? et de qui avez-vous reçu le pouvoir de le faire? Notre Forum et nos basiliques sont remplis de ces déserteurs ; nous les y voyons, et nous n'en sommes point blessés. Quelque idée qu'on se fasse des dissensions civiles, qu'on les regarde comme un effet de la folie humaine, comme un arrêt du destin ou comme une punition des dieux, on éprouve quelque soulagement à en sortir, en conservant au moins la vie à ceux que les armes ont épargnés. Mais Verrès, traître à son consul, questeur transfuge, voleur des deniers publics, s'est arrogé dans la république un tel pouvoir, que des hommes à qui le sénat, à qui le peuple romain, à qui tous les magistrats avaient permis de se montrer librement dans le Forum, dans les comices, à Rome, enfin dans toute l'étendue de l'empire, ont trouvé de par lui la mort, une mort cruelle, affreuse, si la fortune les conduisait sur quelque parage de la Sicile. Cn. Pompée, le plus illustre, le plus vaillant de nos géné-

caris, in illas tibi majores plagas incidendum est, in quibus te ab eodem me, superiore ex loco, confici et concidi necesse est. Cui si etiam id, quod defendit, velim concedere, tamen illa ipsa defensio non minus esse ei perniciosa, quam mea vera accusatio debeat.

Quid enim defendit? ex Hispania fugientes se excepisse, et supplicio affecisse dicit. Quis tibi id permisit? quo id jure fecisti? quis item fecit? qui tibi id facere licuit? Forum plenum et basilicas istorum hominum videmus, et animo æquo videmus. Civilis enim dissensionis, et sive amentiæ, sive fati, seu calamitatis, non est iste molestus exitus, in quos reliquos saltem cives incolumes licet conservare. Verres ille, vetus proditor consulis, translator quæsturæ, aversor pecuniæ publicæ, tantum sibi auctoritatis in re publica suscepit, ut, quibus hominibus per senatum, per populum Romanum, per omnes magistratus, in Foro, in suffragiis, in hac urbe, in re publica versari liceret, iis omnibus mortem acerbam crudelemque proponeret, si fortuna eos ad aliquam partem Siciliæ detulisset. Ad Cn. Pompeium, clarissimum virum

raux, vit, après la mort de Perpenna, plusieurs soldats de Sertorius se réfugier sous ses étendards : quel empressement n'a-t-il pas mis à ce que tous fussent épargnés,? à quel citoyen suppliant cette main victorieuse n'offrit-elle pas le gage et l'assurance de son salut? Eh bien, celui auprès duquel ils trouvaient ainsi un refuge assuré était celui même contre lequel ils avaient porté les armes. Auprès de vous, Verrès, dont aucun monument n'atteste les services, ils n'ont trouvé que la mort et des tortures. Voyez combien le plan de défense que vous avez imaginé est heureux !

LIX. J'aime mieux, oui certes j'aime mieux que le tribunal, que le peuple romain, en croient votre apologie que mon accusation; j'aime mieux, je le répète, que l'on voie en vous le persécuteur et l'ennemi de ces hommes amnistiés, que celui des négociants et des navigateurs; car mon accusation ne suppose de votre part que l'excès d'une monstrueuse cupidité, au lieu que votre apologie décèle une espèce de rage, une frénésie atroce, une cruauté sans exemple, je dirais presque un nouveau genre de proscription.

Mais je ne puis profiter d'un si grand avantage; non, juges, je ne puis en profiter. Je vois ici toute la ville de Pouzzoles. Une foule de négociants, riches et honorables, sont accourus pour entendre votre arrêt. Ils déposent, les uns que leurs asssociés, les

et fortissimum, permulti, occiso Perpenna, ex illo Sertoriano numero militum confugerunt : quem non ille summo cum studio salvum incolumemque servavit? cui civi supplici non illa dextera invicta et fidem porrexit, et spem salutis ostendit? Itane vero? quibus fuit portus apud eum, contra quem arma tulerant, iis apud te, cujus nullum in re publica unquam monumentum fuit mors, et cruciatus erat constitutus? Vide quam commodam defensionem excogitaris.

LIX. Malo, malo mehercule, id, quod tu defendis, his judicibus populoque Romano, quam id, quod ego insimulo, probari. Malo, inquam, te isti generi hominum, quam mercatoribus et naviculariis inimicum atque infestum putari. Meum enim crimen avaritiæ te nimiæ coarguit: tua defensio furoris cujusdam, et immanitatis, et inauditæ crudelitatis, et pæne novæ proscriptionis.

Sed non licet me isto tanto bono, judices, uti ; non licet. Adsunt enim Puteoli toti : frequentissimi venerunt ad hoc judicium mercatores, homines locupletes atque honesti, qui partim socios suos, partim libertos ab isto spo-

autres que leurs affranchis, ont été, par ses ordres, spoliés, chargés de fers, égorgés dans la prison, ou frappés de la hache du bourreau. Ici remarquez, Verrès, combien je vous ménage. Lorsque je produirai P. Granius, qui déclarera que ses affranchis ont eu, par votre ordre, la tête tranchée, qui vous redemandera son vaisseau et ses marchandises, ce sera à vous de le réfuter, si vous le pouvez ; j'abandonnerai ce témoin, je vous appuierai même, je vous seconderai de mon mieux. Prouvez que ces condamnés avaient servi dans l'armée de Sertorius, qu'ils fuyaient de Dianium lorsqu'ils furent jetés sur les côtes de la Sicile : prouvez-le ; rien ne saurait m'être plus agréable ; car il n'y a point de crime qui soit digne d'un plus grand supplice. Je ferai comparaître une seconde fois L. Flavius, chevalier romain, si vous le voulez ; et, puisque dans les premiers débats, soit prudence insigne, ainsi que le répètent vos défenseurs, soit plutôt, comme tout le monde en est persuadé, pression de votre conscience écrasée par la force de mes preuves, vous n'avez interrogé aucun de nos témoins, on demandera, si vous le voulez, à Lucius Flavius quel était ce L. Herennius, ce banquier de Leptis, qui, reconnu et réclamé avec larmes et prières par plus de cent citoyens romains établis à Syracuse, n'en a pas moins eu, par votre ordre, la tête tranchée en présence de tous les Syracusains. Réfutez un tel témoignage ; démontrez, prou-

---

atos, in vincula conjectos, partim in vinculis necatos, partim securi percussos esse dicent. Hic vide, quam me sis usurus æquo. Quum ego P. Granium testem produxero, qui suos libertos a te securi percussos esse dicat, qui a te navem suam mercesque repetat : refellito, si poteris ; meum testem deseram, tibi favebo ; te, inquam, adjuvabo : ostendito, illos cum Sertorio fuisse, a Dianio fugientes ad Siciliam esse delatos. Nihil est, quod te malim probare : nullum enim facinus, quod majore supplicio dignum sit, reperiri, neque proferri potest. Reducam iterum equitem Romanum, L. Flavium, si voles : quoniam priore actione, ut patroni tui dictitant, nova quadam sapientia ; ut omnes intelligunt, conscientia tua, atque auctoritate meorum testium, testem nullum interrogasti. Interrogetur Flavius, si voles, quinam fuerit L. Herennius, is, quem ille argentariam Lepti fecisse dicit ; qui quum amplius centum cives Romanos haberet ex conventu Syracusano, qui cum non solum cognoscerent, sed etiam lacrymantes, ac te implorantes, defenderent, tamen a te, inspectantibus omnibus Syracusanis, securi percussus est. Hunc quoque testem meum

vez, c'est moi qui vous en prie, que cet Herennius était un soldat de Sertorius.

LX. Que dirons-nous de cette foule de malheureux qui, la tête voilée, furent conduits au fatal poteau sous le nom de pirates et de prisonniers? Quelle était cette précaution nouvelle ? qui vous l'a fait imaginer? Les cris d'indignation jetés par L. Flavius et par tant d'autres Romains, au sujet de L. Herennius, vous avaient-ils effrayé? La haute considération dont jouissait le vertueux M. Annius vous rendait-elle plus réservé et plus timide? En effet, nous l'avons entendu déposer naguère sous la foi du serment, que ce n'était point un aventurier, un étranger, mais bien un citoyen romain, un citoyen connu de tous les Romains établis à Syracuse, un citoyen né dans cette ville, qui, par votre ordre, avait eu la tête tranchée.

Oui, ces bruyantes réclamations, ces cris d'indignation, ces plaintes qui s'élevaient de toutes parts, ne rendirent pas Verrès moins cruel; seulement il devint plus circonspect. Dès ce moment, ce fut la tête voilée que les citoyens romains furent conduits au supplice; s'il continua à les faire exécuter publiquement, c'est que les Syracusains, je le répète, tenaient un compte exact des pirates suppliciés. Voilà donc le sort qui, sous votre préture, attendait le peuple romain! voilà donc la perspective assurée à nos négociants: la torture et la mort! Les négociants n'ont

---

refelli, et illum Herennium Sertorianum fuisse abs te demonstrari et probari volo.

LX. Quid de illa multitudine dicemus eorum, qui, capitibus involutis, in piratarum captivorumque numero producebantur, ut securi ferirentur ? Quæ ista nova diligentia ? quam ob causam abs te excogitata? An te L. Flavi cæterorumque de L. Herennio vociferatio commovebat? an M. Annii, gravissimi atque honestissimi viri, summa auctoritas paullo te diligentiorem timidioremque fecerat ? qui nuper pro testimonio, non advenam nescio quem, ne alienum, sed eum civem Romanum, qui omnibus in illo conventu notus, qu Syracusis natus esset, a te securi percussum esse dixit.

Post hanc illorum vociferationem, post hanc communem famam atque querimoniam, non mitior in supplicio, sed diligentior esse cœpit. Capitibus involutis cives Romanos ad necem producere instituit : quos tamen idcirco necab palam, quod homines in conventu, id quod antea diximus, nimium diligente prædonum numerum requirebant. Hæccine plebi Romanæ, te prætore, est constituta conditio ? hæc negotii gerendi spes ? hoc capitis vitæque discrimen

ils pas assez à redouter les coups de la fortune, sans que nos magistrats, dans nos provinces, fassent peser la terreur sur leurs têtes? Était-ce donc là le sort que méritait la Sicile, cette province si voisine de Rome, et si fidèle, peuplée de nos alliés les plus utiles, de nos citoyens les plus honorables, et qui toujours nous accueillit avec tant d'affection? Fallait-il que des négociants qui revenaient des extrémités de la Syrie et de l'Égypte; des hommes à qui la toge romaine avait concilié le respect même des nations barbares; des hommes qui avaient échappé aux embûches des pirates, à la fureur des tempêtes, arrivassent en Sicile pour tomber sous la hache, alors qu'ils pouvaient se croire comme déjà rentrés dans leurs foyers?

LXI. Quant à P. Gavius, du municipe de Cosa, qu'en dire? Et comment donner, pour en parler, assez de force à ma voix, assez d'énergie à mes expressions, assez de chaleur à mon indignation? Ah! ce n'est pas que le sentiment de cette indignation se soit refroidi dans mon âme; mais où trouver des paroles capables de rendre l'atrocité de cette action et l'horreur qu'elle m'inspire? Tel est ce crime, que la première fois qu'il me fut dénoncé, je ne crus pas pouvoir en faire usage dans mon accusation : quoique bien convaincu qu'il n'était que trop vrai, je sentais qu'il ne paraîtrait pas vraisemblable. Mais enfin, cédant aux larmes de tous les négociants romains établis en Sicile, entraîné par les déposi-

Parumne multa mercatoribus sunt necessario pericula subeunda fortunæ, nisi etiam hæ formidines ab nostris magistratibus, atque in nostris provinciis impendebunt? Ad eamne rem fuit hæc suburbana, ac fidelis provincia Sicilia, plena optimorum sociorum, honestissimorumque civium, quæ cives Romanos omnes suis ipsa sedibus libentissime semper accepit, ut, qui usque ex ultima Syria atque Ægypto navigarent, qui apud Barbaros, propter togæ nomen, in honore aliquo fuissent, qui ex prædonum insidiis, qui ex tempestatum periculis profugissent, in Sicilia securi ferirentur, quum se jam domum venisse arbitrarentur?

LXI. Nam quid ego de P. Gavio, Cosano municipe, dicam, judices? aut qua vi vocis, qua gravitate verborum, quo dolore animi dicam? tametsi dolor me non deficit : ut cætera mihi in dicendo digna re, digna dolore meo suppetant, magis elaborandum est. Quod crimen ejusmodi est, ut, quum primum ad me relatum est, usurum me illo non putarem. Tametsi enim verissimum esse intelligebam, tamen credibile fore non arbitrabar. Coactus lacrymis omnium civium Romanorum, qui in Sicilia negotiantur, adductus Valentinorum, homi-

tions des plus honorables citoyens de Valentium, de tous les habitants de Rhegium, et nombre de chevaliers qui se trouvaient alors à Messine, j'ai produit, dans la première action, un si grand nombre de témoins, qu'il n'est personne pour qui le fait puisse être demeuré douteux. Que faire aujourd'hui, après vous avoir occupés si longtemps de l'horrible cruauté de Verrès, après avoir épuisé pour ses autres crimes toutes les expressions qui pouvaient peindre sa scélératesse, sans penser à me réserver le moyen de soutenir votre attention par la variété de mes plaintes ; et comment vous parler de ce grand attentat? Je ne vois qu'un seul moyen, c'est de vous exposer simplement le fait; il est si révoltant, qu'il n'est besoin ni de ma faible éloquence ni de celle de qui que ce soit, pour allumer dans vos cœurs une juste indignation.

Ce Gavius de Cosa dont je parle avait été, comme tant d'autres, jeté dans les Carrières. Il s'en échappa, je ne sais comment, et vint à Messine ; à l'aspect de l'Italie et des remparts de Rhegium, échappé aux ténèbres et aux terreurs de la mort, ranimé, pour ainsi dire, par le grand jour de la liberté et par l'air pur des lois, il se sentait renaître. Mais tandis qu'il était à Messine, il parla, il se plaignit d'avoir été incarcéré, quoique citoyen romain ; il déclara qu'il allait droit à Rome, et que Verrès, à son retour, aurait de ses nouvelles.

num honestissimorum, omniumque Rheginorum, multorumque equitum Romanorum, qui casu tum Messanæ fuerunt, testimoniis, dedi tantum priore actione testium, res ut nemini dubia esse posset. Quid nunc agam ? quum jam tot horas de uno genere, ac de istius nefaria crudelitate dicam ; quum prope omnem vim verborum ejusmodi, quæ scelere istius digna sunt, aliis in rebus consumpserim, neque hoc providerim, ut varietate criminum vos attentos tenerem, quemadmodum de tanta re dicam? Opinor, unus modus, atque una ratio est. Rem in medio ponam ; quæ tantum habet ipsa gravitatis, ut neque mea, quæ nulla est, neque cujusquam, ad inflammandos vestros animos, eloquentia requiratur.

Gavius hic, quem dico, Cosanus, quum illo in numero ab isto in vincula conjectus esset, et nescio qua ratione clam e lautumiis profugisset, Messanamque venisset ; qui prope jam Italiam et mœnia Rheginorum videret, et ex illo metu mortis ac tenebris, quasi luce libertatis, et odore aliquo legum recreatus, revixisset ; loqui Messanæ cœpit, et queri, se civem Romanum in vincula esse conjectum ; sibi recta iter esse Romam ; Verri se præsto advenienti futurum.

LXII. L'infortuné ne se doutait pas que parler ainsi dans Messine ou dans le palais du préteur, c'était la même chose; car, comme je vous l'ai dit, juges, Verrès avait fait des Mamertins les auxiliaires de ses attentats, les recéleurs de ses rapines, les associés de toutes ses infamies. Aussi Gavius fut-il à l'instant conduit devant le magistrat de Messine; le hasard voulut que Verrès y arrivât le jour même. On l'instruit de l'affaire; on lui dit qu'un citoyen romain s'est plaint d'avoir été enfermé dans les prisons de Syracuse; mais qu'au moment où il s'embarquait, en proférant d'horribles menaces contre le préteur, on l'a arrêté et mis sous bonne garde, pour être statué par lui-même ce qu'il jugerait convenable.

Verrès les remercie, les loue de leur zèle et de leur dévouement; puis, tout enflammé d'une criminelle fureur, il se rend au forum. Ses yeux étincelaient, et tout son visage respirait la cruauté. Chacun attendait avec anxiété à quel excès il allait se porter, ce qu'il oserait faire. Il ordonne qu'on amène le prisonnier, qu'on le dépouille, qu'on l'attache au poteau, et qu'on apprête les verges. L'infortuné s'écrie qu'il est citoyen romain, du municipe de Cosa; qu'il a servi avec L. Pretius, chevalier romain de la première distinction, qui faisait le négoce à Palerme, et que par lui Verrès peut aisément connaître la vérité. Le préteur déclare qu'il sait

---

LXII. Non intelligebat miser, nihil interesse, utrum hæc Messanæ, an apud ipsum in prætorio loqueretur. Nam, ut ante vos docui, hanc sibi iste urbem delegerat, quam haberet adjutricem scelerum, furtorum receptricem, flagitiorum omnium sociam. Itaque ad magistratum Mamertinum statim deducitur Gavius; eoque ipso die casu Messanam venit Verres. Res ad eum defertur, esse civem Romanum qui se Syracusis in lautumiis fuisse quereretur; quem, jam ingredientem navem, et Verri nimis atrociter minitantem, a se retractum esse, et asservatum, ut ipse in eum statueret, quod videretur.

Agit hominibus gratias, et eorum erga se benivolentiam diligentiamque collaudat. Ipse inflammatus scelere et furore, in forum venit. Ardebant oculi: toto ex ore crudelitas eminebat. Exspectabant omnes, quo tandem progressurus, aut quidnam acturus esset; quum repente hominem proripi, atque in foro medio nudari ac deligari, et virgas expediri jubet. Clamabat ille miser, se civem esse Romanum, municipem Cosanum; meruisse se cum L. Pretio, splendidissimo equite romano, qui Panormi negotiaretur, ex quo hæc Verres scire posset. Tum iste se comperisse ait, eum speculandi causa in Siciliam ab duci-

que c'est un espion envoyé par les chefs des esclaves rebelles, imputation entièrement dénuée de preuve, de fondement, d'apparence. Ensuite il commande à ses licteurs de le saisir tous à la fois, et de le fouetter vigoureusement.

Juges, un citoyen romain était battu de verges au milieu de la place publique de Messine! et, parmi les souffrances, au milieu du retentissement des coups, aucun gémissement, aucune plainte ne sortait de la bouche de l'infortuné ; on n'entendait que ces mots : *Je suis citoyen romain!* Il s'imaginait que le seul rappel de ce nom allait écarter de lui tous les fouets et faire tomber les bras des bourreaux. Non-seulement il ne parvint pas à adoucir par ses prières la fureur des coups ; mais tandis qu'il ne cessait de réclamer, d'invoquer ce titre saint et auguste, une croix, oui, une croix était préparée pour ce malheureux, qui n'avait jamais vu l'exemple d'un pareil abus de pouvoir.

LXIII. O doux nom de liberté! droits sacrés du citoyen! loi Porcia! lois Semproniennes! puissance du tribunat, si amèrement regrettée, et qui viens enfin d'être rendue aux vœux du peuple! voilà donc où vous avez abouti : dans une province romaine, dans une ville alliée, un citoyen romain est attaché publiquement au poteau, publiquement battu de verges, au gré du magistrat à qui la faveur du peuple romain a confié les haches et les faisceaux! Ah! lorsqu'on lui appliquait les feux, les fers

---

bus fugitivorum esse missum ; cujus rei neque index, neque vestigium aliquod, neque suspicio cuiquam esset ulla. Deinde jubet undique hominem proripi, vehementissimeque verberari.

Cædebatur virgis in medio foro Messanæ civis Romanus, judices; quum interea nullus gemitus, nulla vox alia istius miseri, inter dolorem, crepitumque plagarum, audiebatur, nisi hæc : Civis Romanus sum. Hac se commemoratione civitatis omnia verbera depulsurum, cruciatumque a corpore dejecturum arbitrabatur : is non modo hoc non perfecit, ut virgarum vim deprecaretur : sed, quum imploraret sæpius, usurparetque nomen civitatis, crux, crux, inquam, infelici et ærumnoso, qui nunquam istam potestatem viderat, comparabatur.

LXIII. O nomen dulce libertatis! o jus eximium nostræ civitatis! o lex Porcia, legesque Semproniæ! o graviter desiderata, et aliquando reddita plebi Romanæ tribunitia potestas! huccine tandem omnia reciderunt, ut civis Romanus in provincia populi Romani, in oppido fœderatorum, ab eo, qui beneficio populi Romani fasces et secures haberet, deligatus in foro virgis cæderetur?

brûlants, toutes les horreurs de la torture, si la douloureuse réclamation de cet infortuné, si sa voix lamentable n'arrêtait point votre furie, étiez-vous insensible aux pleurs, aux sanglots redoublés des Romains présents à cet affreux spectacle? Oser mettre en croix un homme qui se disait citoyen romain ! Je n'ai point voulu, dans la première action, me livrer à toute mon indignation ; je ne l'ai point voulu, juges. En effet, vous avez vu à quel point et la douleur, et la haine, et la crainte d'un commun péril avaient soulevé toute l'assemblée. Je sus donc modérer ma parole; je retins C. Numitorius, chevalier romain du premier mérite, et l'un de mes témoins ; je sus même beaucoup de gré à Glabrion d'avoir eu la sagesse de couper court à sa déposition. Il craignait sans doute que le peuple romain, se défiant de la force des lois et de la sévérité de votre tribunal, ne fît justice lui-même du coupable.

Aujourd'hui, Verrès, que tout le monde voit quelle sera l'issue de la cause et quel sort vous attend, voici comment je veux procéder avec vous. Je ferai voir que ce Gavius, que vous avez subitement transformé en espion, a été, par votre ordre, jeté dans les Carrières de Syracuse. Ce ne sera pas par les registres des Syracusains que je le prouverai d'abord ; mais, pour que vous ne puissiez pas dire qu'ayant trouvé un Gavius sur ces registres, je me suis emparé de ce nom pour l'appliquer à celui

---

Quid? quum ignes, ardentesque laminæ, cæterique cruciatus admovebantur, si te illius acerba imploratio et vox miserabilis non inhibebat, ne civium quidem Romanorum, qui tum aderant, fletu et gemitu maximo commovebare? In crucem tu agere ausus es quemquam, qui se civem Romanum esse diceret? Nolui tam vehementer agere hoc prima actione, judices; nolui. Vidistis enim, ut animi multitudinis in istum dolore, et odio, et communis periculi metu, concitarentur. Statui egomet mihi tum modum orationi meæ, et C. Numitorio, equiti Romano, primo homini, testi meo; et Glabrionem, id quod sapientissime fecit, facere lætatus sum, ut repente, consilio in medio, testem dimitteret. Etenim verebatur, ne populus Romanus ab isto eas pœnas vi repetisse videretur, quas veritus esset ne iste legibus et vestro judicio non esset persoluturus.

Nunc, quoniam jam exploratum est omnibus, quo loco causa tua sit, et quid de te futurum sit, sic tecum agam. Gavium istum, quem repentinum speculatorem fuisse dicis, ostendam, in lautumias Syracusis a te esse conjectum : neque id solum ex litteris ostendam Syracusanorum, ne possis dicere, me, quia aliquis in litteris Gavius, hoc fingere et eligere nomen, ut hunc illum esse

dont je vous reproche la mort, je produirai des témoins à votre choix, et ces témoins certifieront que c'est bien le même que vous avez fait jeter dans les Carrières de Syracuse. Je ferai entendre aussi les habitants de Cosa, ses compatriotes et ses amis, qui diront, trop tard pour vous, mais assez tôt pour les juges, que ce Gavius, mis en croix par vous, était un citoyen romain, un habitant de Cosa, et non point un espion des esclaves révoltés.

LXIV. Lorsque j'aurai prouvé tout ce que j'avance, de manière à convaincre les amis qui sont assis près de vous, je me contenterai de votre propre aveu; oui, votre aveu me suffira. Dernièrement, en effet, lorsque, effrayé des cris et du mouvement tumultueux de l'assemblée, vous vous élançâtes de votre siége, qu'avez-vous dit? Que cet homme, pour retarder son supplice, avait crié plusieurs fois qu'il était citoyen romain; mais que c'était un espion. Mes témoins sont donc véridiques? N'est-ce pas là, en effet, ce que dit C. Numitorius? n'est-ce pas là ce que disent les deux frères Marcus et Publius Cottius, citoyens distingués de Taurominium? n'est-ce pas là ce que dit Q. Lucceius, l'un des plus riches banquiers de Rhegium? n'est-ce pas là ce que disent tous ceux qui ont déposé? car les témoins que j'ai produits jusqu'ici se sont présentés pour attester, non pas qu'ils connaissaient personnellement Gavius, mais qu'ils ont vu mettre en croix un homme qui criait : *Je suis citoyen romain!*

possim dicere; sed secundum arbitrium tuum testes dabo, qui istum ipsum Syracusis abs te in lautumias conjectum esse dicant. Producam etiam Cosanos, municipes illius ac necessarios, qui te nunc sero doceant, judices non sero, illum P. Gavium, quem tu in crucem egisti, civem Romanum et municipem Cosanum, non speculatorem fugitivorum fuisse.

LXIV. Quum hæc omnia, quæ polliceor, cumulate tuis proximis plana fecero, tum istuc ipsum teneho, quod abs te mihi datur : eo contentum me esse dicam. Quid enim nuper tu ipse, quum populi Romani clamore atque impetu perturbatus exsiluisti, quid, inquam, locutus es? Illum, quod moram supplicio quæreret, ideo clamitasse se esse civem Romanum; sed speculatorem fuisse. Jam mei testes veri sunt. Quid enim dicit aliud C. Numitorius ? quid M. et P. Cottii, nobilissimi homines, ex agro Taurominitano? quid Q. Lucceius, qui argentariam Rhegii maximam fecit? quid cæteri? Adhuc enim testes ex eo genere a me sunt dati, non qui novisse Gavium, sed qui se vidisse dicerent, quum is, qui se civem Romanum esse clamaret, in crucem ageretur. Hoc tu

Vous aussi, Verrès, vous dites la même chose ; vous avouez que cet homme a crié plusieurs fois qu'il était citoyen romain, et que ce titre sacré qu'il invoquait n'a pas eu le pouvoir de vous faire hésiter, de vous faire différer d'un seul moment un si affreux, un si cruel supplice.

Juges, je me contente de cet aveu, il me suffit ; je n'en veux pas davantage : je laisse, j'abandonne tout le reste. Le voilà pris dans ses propres filets, son propre témoignage est son arrêt de mort. Vous ignoriez, dites-vous, qui était ce Gavius ; vous le soupçonniez d'être un espion. Je ne demande pas sur quoi ce soupçon était fondé ; c'est d'après vos paroles que je vous accuse : il se disait citoyen romain. Vous-même, si vous étiez arrêté chez les Perses, ou bien aux extrémités de l'Inde, et qu'on vous conduisît au supplice, que diriez-vous, sinon : Je suis citoyen romain ? Eh bien, s'il est vrai que, sans être connu de ces peuples, sans les connaître vous-même, tout barbares, tout relégués qu'ils sont aux bornes du monde, le nom de Rome, ce nom auguste et révéré chez toutes les nations, serait pour vous une sauvegarde, comment cet homme que vous faisiez attacher à une croix, cet homme, cet inconnu, quel qu'il fût, lorsqu'il se disait citoyen romain, n'a-t-il pu, en invoquant ce titre sacré, obtenir de vous, obtenir d'un préteur, sinon la vie, du moins un sursis à son exécution ?

LXV. Des hommes sans fortune et sans nom traversent les

---

Verres, idem dicis ; hoc tu confiteris illum clamitasse se civem esse Romanum ; apud te nomen civitatis ne tantum quidem valuisse, ut dubitationem aliquam, ut crudelissimi teterrimique supplicii aliquam parvam moram saltem posset afferre.

Hoc teneo, hic hæreo, judices, hoc sum contentus uno ; omitto ac negligo cetera ; sua confessione induatur ac juguletur necesse est. Qui esset, ignorabas ? speculatorem esse suspicabare ? non quæro, qua suspicione : tua te accuso ratione. Civem Romanum se esse dicebat. Si tu apud Persas aut in extrema India deprehensus, Verres, ad supplicium ducerere : quid aliud clamitares, nisi te civem esse Romanum ? Et, si tibi ignoto apud ignotos, apud Barbaros, apud homines in extremis atque ultimis gentibus positos, nobile et illustre apud omnes nomen tuæ civitatis profuisset, ille, quisquis erat, quem tu in crucem rapiebas, qui tibi esset ignotus, quum civem se Romanum esse diceret, apud te prætorem si non effugium, ne moram quidem mortis, mentione atque usurpatione civitatis assequi potuit ?

LXV. Homines tenues, obscuro loco nati, navigant : adeunt ad ea loca, quæ

mers, et arrivent dans des pays qu'ils n'ont jamais vus, où ils ne connaissent personne, où personne ne les connaît. Cependant, pleins de confiance dans le titre de citoyens romains, ils se croient en sûreté, non-seulement auprès de nos magistrats que contient la crainte des lois et de l'opinion publique, non-seulement auprès des citoyens romains unis avec eux par la communauté du langage, des droits et par une foule d'autres liens : mais ils comptent que, dans quelque contrée qu'ils abordent, ce titre sera pour eux un gage d'inviolabilité. Otez cette espérance, ôtez cet appui aux citoyens romains ; que ces mots : *Je suis citoyen romain*, soient désormais impuissants ; qu'un préteur ou tout autre magistrat puisse envoyer impunément au supplice celui qui se dira citoyen romain, sous prétexte qu'il ne le connaît pas : dès lors toutes les provinces, dès lors tous les royaumes, dès lors toutes les républiques, dès lors le monde entier, que nos concitoyens ont trouvé dans tous les temps ouvert devant eux, sera fermé pour jamais aux citoyens romains. D'ailleurs, puisque Gavius se réclamait de L. Pretius, chevalier qui, à cette époque, tenait en Sicile une maison de commerce, en aurait-il coûté beaucoup d'écrire à Palerme, de retenir cet homme, de le faire garder dans la prison de vos chers Mamertins jusqu'à l'arrivée de Pretius? Reconnu par lui, vous l'auriez traité avec moins de rigueur ; sinon, vous auriez pu, si la fantaisie vous en eût pris,

nunquam antea viderunt, ubi neque noti esse iis, quo venerunt, neque semper cum cognitoribus esse possunt. Hac una tamen fiducia civitatis, non modo apud nostros magistratus, qui et legum, et existimationis periculo continentur, neque apud cives solum Romanos, qui et sermonis, et juris, et multarum rerum societate juncti sunt, fore se tutos arbitrantur ; sed, quocumque venerint, hanc sibi rem præsidio sperant futuram. Tolle hanc spem, tolle hoc præsidium civibus Romanis; constitue nihil esse opis in hac voce, Civis Romanus sum; posse impune prætorem, aut alium quemlibet, supplicium, quod velit, in eum constituere, qui se civem Romanum esse dicat, quod quis ignoret : jam omnes provincias, jam omnia regna, jam omnes liberas civitates, jam omnem orbem terrarum, qui semper nostris hominibus maxime patuit, civibus Romanis ista defensione præclusseris. Quid? si L. Pretium, equitem Romanum, qui tum in Sicilia negotiabatur, nominabat ; etiamne id magnum fuit Panormum litteras mittere? asservasse hominem? custodiis Mamertinorum tuorum vinctum clausum habuisse, dum Panormo Pretius veniret? cognosceret hominem aliqui de summo supplicio remitteres : si ignoraret, tum, si ita tibi videretur, ho-

établir cette nouvelle jurisprudence, que désormais tout homme que vous ne connaîtriez pas, et qui n'aurait point de répondant assez riche, fût-il citoyen romain, expirerait sur une croix.

LXVI. Mais pourquoi m'occuper plus longtemps de Gavius, comme si Gavius seul avait été l'objet de votre haine ; comme si ce n'était pas du nom romain, du corps entier des citoyens, de nos droits, que vous vous êtes fait l'ennemi? Non, je le répète, ce n'est pas d'un homme, c'est de la cause commune de la liberté que vous vous êtes fait l'ennemi : car, enfin, lorsque les Mamertins, conformément à leur usage et à leurs institutions, avaient dressé la croix derrière la ville, sur la voie Pompeia, pourquoi avez-vous ordonné qu'elle fût transportée en face du détroit? pourquoi avez-vous ajouté — et vous ne pouvez le nier aujourd'hui, puisque vous l'avez déclaré hautement devant tout un peuple — que vous choisissiez à dessein cette place, pour que cet homme qui se disait citoyen romain pût, du haut de sa croix, apercevoir l'Italie et reconnaître sa maison? Aussi, juges, depuis la fondation de Messine, cette croix est-elle la seule qu'on ait plantée en cet endroit. Et il a choisi l'aspect de l'Italie, pour que le malheureux, expirant dans les plus cruels tourments, mesurât des yeux l'espace étroit qui séparait la liberté de la servitude, pour que l'Italie vît un de ses enfants subir l'épouvantable supplice réservé aux esclaves.

juris in omnes constitueres, ut, qui neque tibi notus esset, neque cognitorem locupletem daret, quamvis civis Romanus esset, in crucem tolleretur.

LXVI. Sed quid ego plura de Gavio? quasi tu Gavio tum fueris infestus, ac non nomini, generi, juri civium hostis : non illi, inquam, homini, sed causæ communi libertatis inimicus fuisti. Quid enim attinuit, quum Mamertini, more atque instituto suo, crucem fixissent post urbem, in via Pompeia, te jubere ea parte figere, quæ ad fretum spectaret ; et hoc addere, quod negare nullo modo potes, quod, omnibus audientibus, dixisti palam, te idcirco illum locum deligere, ut ille, qui se civem Romanum esse diceret, ex cruce Italiam cernere, ac domum suam prospicere posset? Itaque illa crux sola, judices, post conditam Messanam illo in loco fixa est. Italiæ conspectus ad eam rem ab isto delectus est, ut ille, in dolore cruciatuque moriens, perangusto freto divisa servitutis ac libertatis jura cognosceret ; Italia autem alumnum suum servitutis extremo summoque supplicio affixum videret.

Enchaîner un citoyen romain est un crime; le battre de verges, un forfait; lui donner la mort est presque un parricide : mais l'attacher à une croix! Il n'existe point d'expression assez forte pour caractériser un fait aussi exécrable; et cependant toutes ces horreurs ne suffisent pas à Verrès. Qu'il contemple sa patrie, dit-il; qu'il meure à la vue des lois et de la liberté! Non, ce n'est point Gavius; non, ce n'est point un seul homme; non, ce n'est point un homme quelconque, citoyen romain, qu'il attachait à cette horrible croix : c'était la liberté, la république entière. Juges, envisagez toute l'audace du scélérat. Son seul regret, ne le voyez-vous pas? a été de ne pouvoir dresser cette croix pour tous les citoyens romains, dans le forum, au milieu des comices, sur la tribune. Il a choisi du moins dans sa province le lieu qui ressemble le plus à Rome par l'affluence du peuple, qui en est le plus voisin par sa position. Il a voulu que ce monument de sa scélératesse et de son audace fût érigé sous les yeux de l'Italie, à l'entrée de la Sicile, sur le passage de tous ceux qui navigueraient dans ces parages.

LXVII. Si je parlais, non pas à des citoyens romains, à des amis de notre république, mais à des peuples pour qui le nom romain fût inconnu, non pas même à des hommes, mais à des brutes; je vais plus loin : si, au fond du désert le plus sauvage, j'adressais aux pierres, aux roches, les accents de ma douleur, vous verriez

Facinus est, vinciri civem Romanum ; scelus, verberari ; prope parricidium, necari : quid dicam in crucem tollere? Verbo satis digno tam nefaria res appellari nullo modo potest. Non fuit his omnibus iste contentus. Spectet, inquit, patriam ; in conspectu legum libertatisque moriatur. Non tu hoc loco Gavium, non unum hominem, nescio quem, civem Romanum; sed communem libertatis et civitatis causam in illum cruciatum et crucem egisti. Jam vero videte hominis audaciam. Nonne eum graviter tulisse arbitramini, quod illam civibus Romanis crucem non posset in foro, non in comitio, non in rostris defigere? Quod enim his locis in provincia sua, celebritate simillimum, regione proximum potuit, elegit. Monumentum sceleris audaciæque suæ voluit esse in conspectu Italiæ, vestibulo Siciliæ, prætervectione omnium, qui ultro citroque navigarent.

LXVII. Si hæc non ad cives Romanos, non ad aliquos amicos nostr æcivitatis, non ad eos, qui populi Romani nomen audissent, denique, si non ad homines, verum ad bestias ; aut etiam, ut longius progrediar, si in aliqua desertissima solitudine ad saxa et ad scopulos hæc conqueri et deplorare vellem, tamen

la nature muette et inanimée s'émouvoir au récit de tant d'atrocités. Quand donc je parle à des sénateurs du peuple romain, aux conservateurs des lois, aux organes de la justice, aux défenseurs de nos droits, puis-je douter que, seul parmi les citoyens romains, Verrès ne paraisse digne de cette croix, sur laquelle on verrait avec horreur tout autre que lui? Tout à l'heure, juges, nous ne pouvions retenir nos larmes en parlant de ces capitaines frappés d'une mort si injuste et si cruelle ; notre douleur payait un tribut bien légitime au déplorable sort de ces innocents alliés : que sera-ce donc lorsque nous voyons couler notre sang? car ce sang est le nôtre; l'intérêt commun et la raison nous font un devoir de le penser. Aujourd'hui ce sont tous les citoyens romains, tous, je le répète, présents, absents, en quelque lieu de la terre qu'ils se trouvent, qui réclament votre équité, implorent votre justice, sollicitent votre secours ; persuadés que leurs droits, leur fortune, leur conservation, leur liberté entière, dépendent de l'arrêt que vous allez prononcer.

Quant à moi, je n'ai pas trahi leur cause; cependant, si l'événement ne répond pas à mon espérance, je ferai peut-être pour eux plus qu'ils ne demandent. Oui, si quelque main puissante arrache le coupable à votre justice,—ce que je ne crains pas, juges, ce qui me paraît impossible ; — mais enfin, si mon attente est trompée, les Siciliens ne manqueront pas de se plaindre et de s'in-

---

omnia muta atque inanima, tanta et tam indigna rerum atrocitate commoverentur. Nunc vero quum loquar apud senatores populi Romani, legum, judiciorumque, et juris auctores, timere non debeo, ne non unus iste civis Romanus illa cruce dignus, cæteri omnes simili periculo indignissimi judicentur. Paullo ante, judices, lacrymas in morte misera atque indignissima navarchorum non tenebamus ; et recte ac merito sociorum innocentium miseria commovebamur : quid nunc in nostro sanguine tandem facere debemus ? Nam civium Romanorum sanguis conjunctus existimandus est ; quoniam id et salutis omnium ratio, et veritas postulat. Omnes hoc loco cives Romani, et qui adsunt, et qui ubicumque sunt, vestram severitatem desiderant, vestram fidem implorant, vestrum auxilium requirunt ; omnia sua jura, commoda, auxilia, totam denique libertatem in vestris sententiis versari arbitrantur.

A me, tametsi satis habent, tamen, si res aliter acciderit, plus habebunt fortasse, quam postulant. Nam et si qua vis istum de vestra severitate eripuerit, id quod neque metuo, judices, neque ullo modo fieri posse video ; sed si in hoc me ratio fefellerit, Siculi causam suam perisse querentur, et mecum

7.

digner avec moi d'avoir perdu leur cause. Et, puisque le peuple romain m'a donné le pouvoir de monter à la tribune, il m'y verra reparaître avant les calendes de février. Là, je le mettrai en demeure de revendiquer lui-même ses droits. Donc, à ne consulter que ma gloire et mon ambition personnelle, peut-être serais-je intéressé à ce que Verrès échappât à votre tribunal, et fût réservé pour le tribunal suprême du peuple romain. La cause est brillante, facile à défendre, honorable pour moi ; elle intéresse le peuple. Enfin, si l'on me prêtait une intention qui n'est jamais entrée dans mon cœur, si l'on croyait que j'eusse voulu m'élever par la ruine d'un accusé, cet accusé ne pouvant être absous sans qu'il y eût beaucoup de coupables, alors il me serait permis de m'élever sur la ruine de bien d'autres.

LXVIII. Mais, je le jure, vos intérêts, juges, et ceux de la république me sont trop chers pour que je désire qu'un tribunal si respectable soit jamais souillé d'une pareille forfaiture ; non, je ne désire point que des juges approuvés et choisis par moi se déshonorent en acquittant un si grand coupable, et semblent avoir tracé leur arrêt non sur la cire, mais sur la fange. C'est pourquoi, Hortensius, s'il m'est permis de vous donner un conseil, je vous en avertis, prenez-y garde, considérez bien ce que vous faites, dans quel pas vous vous engagez, de quel homme vous prenez la défense, par quels moyens vous le défendrez. Je

pariter moleste ferent : populus quidem Romanus brevi, quoniam mihi potestatem apud se agendi dedit, jus suum, me agente, suis suffragiis ante kal. februarias recuperabit. Ac, si de mea gloria et amplitudine quæritis, judices, non est alienum meis rationibus, istum, mihi ex hoc judicio ereptum, ad illud populi Romani judicium reservari. Splendida est illa causa ; probabilis mihi, et facilis ; populo grata atque jucunda. Denique, si videor hic, id quod ego non quæsivi, de uno isto voluisse crescere ; isto absoluto, quod sine multorum scelere fieri non potest, de multis mihi crescere licebit.

LXVIII. Sed mehercules, vestra, reique publicæ causa, judices, nolo in hoc delecto consilio tantum flagitium esse commissum : nolo eos judices, quos ego probarim atque delegerim, sic in hac urbe notatos, isto absoluto, ambulare, ut non cera, sed cæno obliti esse videantur. Quamobrem te quoque, Hortensi, si qui monendi locus est, ex hoc loco moneo : videas etiam atque etiam, et consideres, quid agas, quo progrediare ; quem hominem, et qua ratione defendas. Neque de illo quidquam tibi præfinio, quominus ingenio mecum

ne prétends point mettre des entraves à votre talent, je n'empêche pas que vous ne m'opposiez toutes les ressources de votre éloquence ; mais si vous comptez faire jouer dans l'ombre des ressorts étrangers à la cause, si c'est l'adresse, l'intrigue, la puissance, le crédit, l'or de l'accusé, que vous vous proposez de mettre en œuvre, je vous conseille sérieusement d'y renoncer. Quant aux menées que votre client a déjà essayées, elles n'ont point échappé à ma vigilance ; je les connais parfaitement. Ainsi, je vous en préviens, arrêtez-le, et ne le laissez pas s'engager davantage. Toute prévarication commise dans cette affaire aurait des suites funestes pour vous, oui, plus funestes que vous ne pensez.

Si vous vous imaginez être indépendant de l'opinion publique, parce que vous avez parcouru la carrière des honneurs, et que vous êtes consul désigné, croyez-moi, ces distinctions brillantes, ces faveurs du peuple romain, il ne faut pas moins de soin pour les conserver que pour les obtenir. Rome a souffert, aussi longtemps qu'elle l'a pu et qu'elle y a été contrainte, votre despotisme dans les tribunaux, ainsi que dans toutes les autres parties de l'administration ; mais du jour où le peuple a recouvré ses tribuns, votre règne a fini, vous ne devez pas l'ignorer. En ce moment, tous les yeux sont ouverts sur chacun de nous, pour connaître à la fois et la loyauté de mon accusation, et l'équité des juges, et l'esprit de votre défense.

atque omni dicendi facultate contendas. Cætera, si qua putas te occultius extra judicium, quæ ad judicium pertinent, facere posse ; si quid artificio, consilio, potentia, gratia, copiis istius moliri cogitas, magnopere censeo desistas ; et illa, quæ tentata jam et cœpta ab isto sunt, a me autem pervestigata et cognita, moneo ut extinguas, et longius progredi ne sinas. Magno tuo periculo peccabitur in hoc judicio ; majore, quam putas.

Quod enim te liberatum jam existimationis metu, defunctum honoribus, designatum consulem cogites : mihi crede, ornamenta ista et beneficia populi Romani non minore negotio retinentur, quam comparantur. Tulit hæc civitas, quoad potuit, quoad necesse fuit, regiam istam vestram dominationem in judiciis et in omni republica ; tulit : sed quo die populo Romano tribuni plebis restituti sunt, omnia ista vobis — si forte nondum intelligitis — adempta atque erepta sunt. Omnium nunc oculi conjecti sunt, hoc ipso tempore, in unumquemque nostrum, qua fide ego accusem, qua religione hi judicent, qua tu ratione defendas.

Si l'un de nous s'écarte de son devoir, ce ne sera pas cette voix secrète de l'opinion, que ceux de votre ordre se faisaient auparavant un jeu de mépriser, qui le condamnera, mais le jugement sévère et libre du peuple romain. Je vous le dis, Hortensius, vous ne tenez à Verrès ni par les liens du sang ni par ceux de l'amitié ; ces considérations dont vous cherchiez, il y a peu de temps, à couvrir l'excès de votre zèle à l'occasion de certain procès, vous ne pouvez les alléguer ici en faveur de l'accusé. Plus d'une fois on l'a entendu répéter publiquement dans sa province que ce qu'il faisait, il ne se le permettait que parce qu'il était sûr de vous. Disait-il vrai ? C'est à vous de prendre toutes vos mesures pour qu'on ne le croie pas.

LXIX. Quant à moi, je me flatte d'avoir, au jugement même de mes plus opiniâtres détracteurs, rempli mon devoir dans toute son étendue. Dès la première action, quelques heures m'ont suffi pour obtenir de toutes les consciences la condamnation unanime de Verrès. Il reste à prononcer, non pas sur ma loyauté, dont personne ne doute, ni sur la vie de Verrès, qui est condamnée, mais sur les juges, et, je dois le dire, sur vous, Hortensius ; et dans quelles circonstances ? — car en toutes choses, et particulièrement dans les affaires publiques, il faut toujours faire la part des circonstances — dans un moment où le peuple romain demande des hommes d'une autre classe, un autre ordre de

---

De omnibus nobis, si quis tantulum de recta regione deflexerit, non illa tacita existimatio, quam antea contemnere solebatis, sed vehemens ac liberum populi Romani judicium consequetur. Nulla tibi, Quinte, cum isto cognatio est, nulla necessitudo : quibus excusationibus antea nimium in aliquo judicio studium tuum defendere solebas, earum habere in hoc homine nullam potes. Quæ iste in provincia palam dictitabat, quum ea, quæ faciebat, tua se fiducia facere dicebat, ea ne vera putentur, tibi maxime est providendum.

LXIX. Ego mei jam rationem officii confido esse omnibus iniquissimis meis persolutam. Nam istum, paucis horis primæ actionis, omnium mortalium sententiis condemnavi. Reliquum judicium non jam de mea fide, quæ perspecta est, neque de istius vita, quæ damnata est, sed de judicibus, et, vere ut dicam, de te futurum est. At quo tempore futurum est ? nam id maxime providendum est : etenim quum omnibus in rebus, tum in republica, permagni momenti est ratio atque inclinatio temporum : nempe eo, quum populus Romanus aliud genus hominum, atque alium ordinem ad res judicandas re-

citoyens pour exercer le pouvoir judiciaire; dans le moment où l'on vient de promulguer une loi qui constitue de nouveaux tribunaux, loi qu'il faut attribuer non pas à celui dont elle porte le nom, mais à l'accusé que vous voyez ici; oui, je le répète, c'est lui qui, par son assurance et par l'opinion qu'il a conçue de vous, juges, est le véritable auteur de cette loi.

En effet, quand nous avons commencé l'instruction du procès, cette loi n'avait pas encore été proposée; il n'en a pas été question tant que Verrès a paru craindre votre sévérité, et qu'on a pu croire qu'il ne répondrait pas : on l'a proposée aussitôt qu'on a vu renaître sa confiance et son audace. Cette loi est peut-être injurieuse à votre honneur; mais c'est la confiance de l'accusé, si mal fondée qu'elle soit, et son insigne effronterie, qui l'ont rendue nécessaire. Si donc il se commet ici quelque prévarication, la cause de Verrès sera portée ou devant le peuple romain, qui déjà l'a trouvé indigne d'être jugé dans les formes ordinaires, ou devant des juges qui, en vertu de la nouvelle loi, seront chargés de prononcer sur les prévarications de leurs prédécesseurs.

LXX. Est-il besoin de le dire? qui ne sent pas jusqu'où je serai forcé de pousser cette affaire? Me sera-t-il permis de me taire, Hortensius? pourrai-je dissimuler la plaie qu'un tel jugement aura faite à la république, lorsque je verrai que, malgré

---

quirit ; nempe ea lege de judiciis judicibusque novis promulgata, quam non is promulgavit, cujus nomine proscriptam videtis, sed hic reus ; hic, inquam, sua spe, atque opinione, quam de vobis habet, legem illam scribendam promulgandamque curavit.

Itaque quum primo agere cœpimus, lex non erat promulgata : quum iste, vestra severitate permotus, multa signa dederat, quamobrem responsurus non videretur, mentio de lege nulla fiebat. Posteaquam iste recreari et confirmari visus est, lex statim promulgata est : cui legi quum vestra dignitas vehementer adversetur, istius spes falsa, et insignis impudentia maxime suffragatur. Hic si quid erit commissum a quoquam vestrum, quod reprehendatur : aut populus Romanus judicabit de eo homine, quem jam antea judiciis indignum putavit ; aut ii, qui, propter offensionem judiciorum, de veteribus judicibus lege nova novi judices erunt constituti.

LXX. Mihi porro, ut ego non dicam, quis omnium mortalium non intelligit, quam longe progredi sit necesse? Potero silere, Hortensi? potero dissimulare, quum tantum respublica vulnus acceperit, ut expilatæ provinciæ, vexati socii,

mes poursuites, un brigand aura impunément pillé les provinces, opprimé les alliés, spolié les dieux immortels, torturé, assassiné les citoyens romains ? Pourrai-je déposer, après un pareil jugement, l'honorable tâche qui m'a été confiée, ou en demeurer chargé plus longtemps sans élever la voix ? Comment ne pas demander raison de cette iniquité ? ne sera-ce pas mon devoir de la mettre en évidence, de réclamer la justice du peuple romain, d'appeler, de traduire devant son tribunal tous ceux qui auront eu l'indignité de se laisser corrompre ou de corrompre eux-mêmes les juges ?

On me dira peut-être : Songez à combien de fatigues, à combien de haines vous allez vous exposer. Il n'est assurément ni dans mon goût, ni dans mon désir de les provoquer ; mais je n'ai point les priviléges de ces nobles que tous les bienfaits du peuple romain viennent chercher dans le sommeil de leur oisiveté ; ma situation n'étant pas la même, ma conduite doit être différente. L'exemple de M. Caton, ce sage par excellence, est sans cesse présent à ma pensée. Persuadé que c'est par la vertu, non par la naissance, qu'on doit gagner les faveurs du peuple romain, jaloux de fonder sa noblesse et de transmettre son nom à la postérité, il brava les inimitiés des hommes les plus puissants, et parvint glorieusement, parmi les luttes, à la plus extrême vieillesse.

---

dii immortales spoliati, cives Romani cruciati et necati impune, me actore, esse videantur? potero hoc ego onus tantum, aut in hoc judicio deponere, aut diutius tacitus sustinere? non agitanda res erit? non in medium proferenda? non populi Romani fides imploranda? non omnes qui tanto se scelere obstrinxerint, ut aut fidem suam corrumpi paterentur, aut judicium corrumperent, in discrimen ac judicium vocandi?

Quæret aliquis fortasse : Tantumne igitur laborem, tantas inimicitias tot hominum suscepturus es? Non studio quidem hercule ullo, neque voluntate : sed non idem mihi licet, quod iis, qui nobili genere nati sunt; quibus omnia populi Romani beneficia dormientibus deferuntur. Longe alia mihi lege in hac civitate et conditione vivendum est. Venit enim mihi in mentem M. Catonis, hominis sapientissimi, qui quum se virtute, non genere, populo Romano commendari putaret, quum ipse sui generis initium ac nominis ab se gigni et propagari vellet, hominum potentissimorum suscepit inimicitias, et maximis in laboribus, usque ad summam senectutem, summa cum gloria vixit.

Après lui, n'est-ce pas à force de braver les inimitiés et d'affronter les luttes et les périls, que Q. Pompeius s'est, malgré la bassesse et l'obscurité de sa naissance, élevé aux plus hautes magistratures? et, de nos jours, n'avons-nous pas vu un C. Fimbria, un C. Marius, un C. Célius, lutter contre des haines et des résistances qui n'étaient assurément pas à dédaigner, pour parvenir à ces mêmes honneurs auxquels, vous autres nobles, vous êtes arrivés en vous jouant et sans y penser? Voilà, Romains, la route qu'il nous convient de suivre; voilà les principes et les modèles auxquels nous voulons nous attacher.

LXXI. Nous voyons jusqu'où va la jalousie, l'animosité qu'allument dans le cœur de certains nobles la vertu et l'activité des hommes nouveaux. Pour peu que nous détournions les yeux, mille piéges nous sont tendus. Pour peu que nous donnions prise au soupçon et au blâme, nous ne pouvons échapper aux coups : il nous faut toujours veiller, toujours agir. Eh bien ! ces haines, nous les braverons; ces travaux, nous les entreprendrons. Après tout, les inimitiés sourdes et cachées sont plus à craindre que les haines franches et ouvertes. A peine est-il un seul noble qui soit favorable à nos efforts; il n'est point de bon office qui puisse nous concilier leur bienveillance. On dirait qu'ils sont d'une autre nature, d'une autre espèce, tant leurs sentiments et leurs idées sont en opposition avec les nôtres ! Que nous

---

Postea Q. Pompeius, humili atque obscuro loco natus, nonne plurimis inimicitiis, maximisque suis periculis ac laboribus amplissimos honores est adeptus? Modo C. Fimbriam, C. Marium, C. Cœlium vidimus, non mediocribus inimicitiis ac laboribus contendere, ut ad istos honores pervenirent ad quos vos per ludum et per negligentiam pervenistis. Hæc eadem est nostræ rationis regio et via; horum nos hominum sectam atque instituta persequimur.

LXXI. Videmus, quanta sit in invidia, quantoque in odio apud quosdam homines nobiles novorum hominum virtus et industria; si tantulum oculos dejecerimus, præsto esse insidias; si ullum locum aperuerimus suspicioni aut crimini, accipiendum esse statim vulnus; esse nobis semper vigilandum, semper laborandum videmus. Inimicitiæ sunt? subeantur : labores? suscipiantur. Etenim tacitæ magis et occultæ inimicitiæ timendæ sunt, quam indictæ et apertæ. Hominum nobilium non fere quisquam nostræ industriæ favet; nullis nostris officiis benivolentiam illorum allicere possumus : quasi natura et genere disjuncti sint, ita dissident a nobis animo ac voluntate. Quare quid habent eorum

importe donc leur inimitié, puisque nous trouvons en eux des ennemis et des jaloux, avant que nous leur ayons donné aucun sujet de nous haïr?

Aussi mon plus vif désir est-il de renoncer pour jamais aux fonctions d'accusateur, aussitôt que j'aurai satisfait à l'attente du peuple romain et rempli mes engagements envers les Siciliens; mais si l'événement trompe l'opinion que j'ai conçue de vous, j'y suis résolu, je poursuivrai, non-seulement les juges qui se seront laissé corrompre, mais tous ceux qui auront pris part à la corruption. Si donc il se trouve des hommes qui, par leur puissance, par leur audace, ou par leurs intrigues, veulent circonvenir les juges, et les corrompre en faveur de l'accusé, qu'ils se préparent à être attaqués de front devant le peuple romain. Oui, si je leur ai paru montrer assez de vigueur, assez de persévérance, assez d'activité contre un accusé dont je ne suis devenu l'ennemi que parce qu'il était celui des Siciliens, qu'ils se persuadent que des hommes dont j'aurai bravé la haine pour défendre le peuple romain trouveront en moi un adversaire bien plus ardent et plus énergique encore.

LXXII. C'est vous maintenant que j'invoque, très-bon, très-grand Jupiter, que Verrès a frustré d'une offrande vraiment royale, digne de figurer dans le plus beau de vos temples, digne du Capitole, cette citadelle inexpugnable de toutes les nations;

inimicitiæ periculi, quorum animos jam ante habueris inimicos et invidos, quam ullas inimicitias susceperis?

Quamobrem mihi, judices, optandum est illud, in hoc reo finem accusandi facere, quum et populo Romano satisfactum, et receptum officium Siculis, necessariis meis, erit persolutum. Deliberatum autem est, si res opinionem meam, quam de vobis habeo, fefellerit, non modo eos persequi, ad quos maxime culpa corrupti judicii, sed etiam illos, ad quos conscientiæ contagio pertinebit. Proinde si qui sunt, qui in hoc reo aut potentes, aut audaces, aut artifices ad corrumpendum judicium velint esse, ita sint parati, ut, disceptante populo Romano, mecum sibi rem videant futuram : et, si me in hoc reo, quem mihi inimicum Siculi dederunt, satis vehementem, satis perseverantem, satis vigilantem esse cognorunt; existiment, in his hominibus, quorum ego inimicitias, populi Romani salutis causa, suscepero, multo graviorem atque acriorem futurum.

LXXII. Nunc te, Jupiter optime maxime, cujus iste donum regale, dignum tuo pulcherrimo templo, dignum Capitolio atque ista arce omnium nationum,

digne de la munificence des deux princes qui vous la destinaient, qui vous l'avaient solennellement promise et consacrée, mais que, par un attentat sacrilége, il n'a pas craint d'arracher tout à coup de leurs souveraines mains ; vous enfin dont il a enlevé de Syracuse la statue la plus belle et la plus sainte. Je vous invoque aussi, Junon, reine des dieux, de qui les deux sanctuaires les plus antiques et les plus vénérables, érigés dans deux villes alliées, à Malte et à Syracuse, ont été dépouillés de leurs offrandes et de tous leurs ornements. Et vous, Minerve, qu'il a également outragée par la spoliation de deux de vos temples les plus célèbres et les plus respectés, en ravissant dans celui d'Athènes une immense quantité d'or, et en ne laissant dans celui de Syracuse que le toit et les murailles. Et vous, Latone, Apollon et Diane, dont ce brigand a, pendant la nuit, saccagé à Délos, non pas le sanctuaire, mais l'ancienne demeure, suivant la pieuse tradition des peuples, et le siége même de votre divinité. Vous encore une fois, Apollon, qu'il a enlevé aux habitants de Chios ; vous, Diane, qu'il a dépouillée à Perga, et dont il a emporté le simulacre vénéré qui vous fut deux fois dédié dans Ségeste, d'abord par la piété des Ségestains, ensuite par la victoire de Scipion l'Africain. Et vous, Mercure, que ce héros avait placé dans le gymnase des Tyndaritains, nos alliés, pour veiller et présider aux exercices de leur jeunesse, mais que Verrès a relégué dans une de ses maisons de campagne, pour être témoin de luttes

---

dignum regio munere, tibi factum ab regibus, tibi dicatum atque promissum, per nefarium scelus de regiis manibus extorsit ; cujusque sanctissimum et pulcherrimum simulacrum Syracusis sustulit ; teque, Juno regina, cujus duo fana duabus in insulis posita sociorum, Melitæ et Sami, sanctissima et antiquissima, simili scelere idem iste omnibus donis ornamentisque nudavit ; teque, Minerva, quam item iste duobus in clarissimis et religiosissimis templis expilavit, Athenis, quum auri grande pondus ; Syracusis, quum omnia, præter tectum et parietes, abstulit ; teque, Latona, et Apollo, et Diana, quorum iste Deli non fanum, sed, ut hominum opinio et religio fert, sedem antiquam, divinumque domicilium, nocturno latrocinio atque impetu compilavit : etiam te, Apollo, quem iste Chio sustulit : teque etiam atque etiam, Diana, quam Pergæ spoliavit ; cujus simulacrum sanctissimum Segestæ, bis apud Segestanos consecratum, semel ipsorum religione, iterum P. Africani victoria, tollendum asportandumque curavit ; teque, Mercuri, quem Verres in villa et in privata aliqua palæstra posuit, P. Africanus in urbe sociorum, et in gymnasio Tyndarita-

bien différentes. Et vous, Hercule, que ce brigand, au milieu de la nuit, à l'aide d'esclaves armés, essaya d'enlever d'Agrigente. Vous, respectable mère des dieux, souveraine du mont Ida, dont il a tellement dépouillé le temple auguste d'Enguinum, qu'il n'y reste plus que les traces de sa profanation et le nom de l'Africain, et qu'on y cherche en vain les monuments de la victoire et les ornements d'une demeure sacrée. Vous, arbitres et témoins de nos plus importantes délibérations, de nos lois, de nos jugements; vous, que l'on voit placés dans le lieu le plus fréquenté du prétoire, Castor et Pollux, dont le sanctuaire a été pour lui l'objet du plus affreux brigandage; vous, divinités qui venez sur des chars magnifiques ouvrir nos jeux solennels, dont il a fait servir les processions à satisfaire sa cupidité, et non point à rehausser la pompe de vos fêtes religieuses. Et vous, Cérès et Proserpine, dont le culte, suivant la tradition des siècles, est enveloppé des mystères les plus impénétrables; vous à qui les peuples doivent les premiers soutiens de la vie, les aliments, les lois, les mœurs, les principes de la civilisation humaine; vous, dont le culte, apporté de la Grèce dans nos murs, est observé par le peuple romain et par les citoyens avec une piété si profonde, qu'il paraît avoir été, non pas communiqué à notre nation par un peuple étranger, mais

---

norum, juventutis illorum custodem ac præsidem voluit esse; teque, Hercules, quem iste Agrigenti, nocte intempesta, servorum instructa et comparata manu, convellere ex suis sedibus, atque auferre conatus est; teque, sanctissima mater Idæa, quam apud Enguinos augustissimo et religiosissimo in templo sic spoliatam reliquit, ut nunc nomen modo Africani, et vestigia violatæ religionis maneant, monumenta victoriæ fanique ornamenta non exstent; vosque, omnium rerum forensium, consiliorum maximorum, legum, judiciorumque arbitri et testes, celeberrimo in loco prætorii locati, Castor et Pollux, quorum e templo quæstum sibi iste et prædam maximam improbissime comparavit; omnesque Dii, qui vehiculis thensarum solemnes cœtus ludorum initis, quorum iter iste ad suum quæstum, non ad religionum dignitatem, faciendum exigendumque curavit; teque, Ceres et Libera, quarum sacra, sicut opiniones hominum ac religiones ferunt, longe maximis atque occultissimis cærimoniis continentur; a quibus initia vitæ atque victus, legum, morum, mansuetudinis, humanitatis exempla hominibus et civitatibus data ac dispertita esse dicuntur, quarum sacra populus Romanus a Græcis adscita et accepta, tanta religione, et publice, et privatim tuetur, non ut ab aliis huc allata, sed ut cæteris hinc tra-

transmis par nous à toutes les autres nations ; vous dont Verrès seul a profané le culte avec tant d'audace, qu'après avoir fait emporter du temple de Catane une image de Cérès que nul homme ne pouvait, je ne dis pas toucher, mais regarder sans crime, il a enlevé dans Enna une autre statue de cette déesse, si parfaite qu'à son aspect les mortels croyaient voir Cérès elle-même, ou du moins son effigie, non pas faite de la main des hommes, mais descendue du ciel pour recevoir les hommages de la terre.

Je vous atteste et vous implore aussi, divinités vénérables qui habitez les fontaines et les bosquets d'Enna, vous qui protégez la Sicile, et dont la défense m'a été confiée ; vous à qui tous les humains, instruits par vos leçons dans l'art de féconder la terre, offrent les pieux tributs de leur reconnaissance ; vous tous enfin, dieux et déesses, dont les autels et le culte ont trouvé dans Verrès un ennemi forcené, toujours prêt à leur faire une guerre impie, je vous en conjure, entendez ma voix ; faites, s'il est vrai, comme vous le savez, que, dans cette accusation, je n'ai considéré que le salut des alliés, l'honneur de la république et mon devoir, que la justice et la vérité seules ont été l'objet de mes peines, de mes veilles, de mes pensées, faites que les sentiments qui m'ont porté à entreprendre cette cause et à la poursuivre, animent également tous nos juges.

dita esse videantur ; quæ ab isto uno sic polluta et violata sunt, ut simulacrum Cereris unum, quod a viro non modo tangi, sed ne adspici quidem fas fuit, e sacrario Catinæ convellendum auferendumque curaverit ; alterum autem Ennæ ex sua sede ac domo sustulerit, quod erat tale, ut homines, quum viderent, aut ipsam videre se Cererem, aut effigiem Cereris, non humana manu factam, sed cœlo delapsam, arbitrarentur :

Vos etiam atque etiam imploro et appello, sanctissimæ Deæ, quæ illos Ennenses lacus lucosque colitis, cunctæque Siciliæ, quæ mihi defendenda tradita est, præsidetis ; a quibus inventis frugibus, et in orbem terrarum distributis, omnes gentes ac nationes vestri religione numinis continentur : cæteros item Deos Deasque omnes imploro atque obtestor, quorum templis et religionibus iste, nefario quodam furore et audacia instinctus, bellum sacrilegum semper impiumque habuit indictum : ut, si in hoc reo, atque in hac causa, omnia mea consilia ad salutem sociorum, dignitatem populi Romani, fidem meam spectaverunt ; si nullam ad rem, nisi ad officium et veritatem omnes meæ curæ, vigiliæ, cogitationesque elaborarunt ; quæ mea mens in suscipienda causa fuit, fides in agenda, eadem vestra in judicanda sit.

Puisse enfin Verrès, aussi vrai que sa scélératesse, son audace, sa perfidie, son infamie, sa cupidité, sa cruauté sont monstrueuses et sans exemple, puisse-t-il, grâce à vous, juges, recevoir le châtiment que méritent tant de forfaits ! Puissent la république et ma conscience ne plus jamais m'imposer d'autre accusation ! Puisse-t-il m'être permis de me consacrer désormais à la défense des bons citoyens, plutôt que d'être réduit à la nécessité d'accuser les méchants !

Denique uti C. Verrem, si ejus omnia sunt inaudita et singularia facinora sceleris, audaciæ, perfidiæ, libidinis, avaritiæ, crudelitatis, dignus exitus ejusmodi vita atque factis vestro judicio consequatur : utque respublica, meaque fides una hac accusatione mea contenta sit ; mihique posthac bonos potius defendere liceat, quam improbos accusare necesse sit.

ONZIÈME DISCOURS

## DISCOURS
# POUR A. CÉCINA

TRADUCTION DE CH. DU ROZOIR

REFONDUE

PAR M. CABARET-DUPATY

PRÉCÉDÉE D'UNE ANALYSE PAR GUEROULT

# SOMMAIRE
# DU DISCOURS POUR A. CÉCINA

(EXTRAIT D'UNE LEÇON DE GUEROULT AU COLLÉGE DE FRANCE.)

---

Cette cause ressemble à celles qui occupent communément nos tribunaux. C'eût été pour moi une raison de vous lire tout le plaidoyer, si je n'avais pas craint qu'il ne vous parût sans intérêt, et si d'ailleurs il ne s'y trouvait pas beaucoup d'endroits obscurs par leur rapport avec des usages qui nous sont inconnus. On rencontre à chaque page des mots auxquels la jurisprudence avait attaché certaines idées dont la nuance est perdue, et qui avaient même besoin d'explication pour que les juges en saisissent le véritable sens. Nous pouvons nous en rapporter à ce que dit Cicéron dans son traité intitulé *de l'Orateur* : *Tota mihi causa pro Cæcina de verbis* INTERDICTI [1] *fuit. Res involutas definiendo explicavimus : jus civile laudavimus ; verba ambigua distinximus.* « Toute la difficulté roulait sur les termes d'une sentence provisionnelle. Je m'attachai à éclaircir par des distinctions plusieurs choses qui étaient embrouillées; je fis sentir l'importance du droit civil; je fixai le sens des mots équivoques. »

Les grands mouvements de l'éloquence ne convenaient nullement à cette cause; aussi l'orateur n'est-il point sorti du genre simple : pureté, précision, élégance, voilà ce que l'on remarque presque

---

[1] INTERDICTUM, ordonnance du préteur, qui, dans les discussions de propriété, mettait ou maintenait le demandeur en possession jusqu'à ce que l'affaire eût été jugée.     G.

« Aujourd'hui, dit M. Le Clerc dans l'*Introduction* de ce discours, d'après les nouveaux textes de Gaius (*Institut. comm.*, IV, 138 sq.) et les nouvelles recherches du jurisconsulte Savigny (*Das Recht des Besitzes*, § 54), on ne reconnaît le plus souvent qu'un seul interdit *restitutoire*, que la violence ait été faite avec ou sans armes (JUSTINIEN, IV, 15, 1 et 6); et l'on définit les interdits en général, des ordonnances rendues par le préteur pour empêcher ou réprimer les voies de fait et les actes de violence; *ne vis fiat* ; *ut restituatur, quod vi factum est.* »

partout dans son style. Je dis presque partout, car on pourrait lui reprocher des distinctions trop subtiles et quelques faux raisonnements. Quelquefois aussi la phrase est péniblement construite et les antithèses ne sont pas assez ménagées. Trois ou quatre citations justifieront notre critique et nos éloges. Mais auparavant je dois vous exposer le sujet de ce plaidoyer.

Césennia, épouse en secondes noces de Cécina, lui avait légué tous ses biens. Lorsqu'il voulut se mettre en possession, Ébutius se présenta comme propriétaire d'un domaine assez considérable qui faisait partie de l'héritage. Ce domaine avait été, en effet, acheté par le requérant, mais pour le compte et avec les deniers de Césennia. C'était, dit Cicéron, un de ces intrigants trop communs dans la société, qui, par d'adroites flatteries, s'établissent particulièrement chez les veuves ; qui, avec quelques termes de droit, se font auprès des femmes une réputation de profonds légistes, *inepti ac stulti inter viros, inter mulieres periti juris ac callidi;* enfin qui, après avoir surpris leur confiance, embrouillent les choses les plus simples, pour se rendre nécessaires et s'enrichir aux dépens de leurs dupes. Césennia croyait Ébutius si dévoué à ses intérêts, que sans lui rien ne lui paraissait bien fait, ni pouvoir réussir : *Homo ad omnia mulieris negotia paratus, sine quo nihil satis caute, nihil satis callide agi posset.* Elle était loin de s'imaginer que l'acquisition du domaine en question serait contestée à ses héritiers. Sur quoi donc Ébutius appuya-t-il sa réclamation ? Le voici. La terre qu'il revendiquait s'était vendue à l'enchère, et les deniers n'en avaient pas été sur-le-champ délivrés. C'est à moi, disait-il, qu'elle a été adjugée, c'est moi qui ai pris l'engagement de remettre les fonds ; et il donnait pour preuve son nom porté sur les registres du vendeur. Que pouvait-on en conclure ? qu'il s'était engagé à payer, mais de son argent. Le pouvait-il ? cet homme n'avait aucune fortune. L'avait-il fait ? jamais depuis il ne s'était montré comme propriétaire. Personne n'ignorait que, pendant le veuvage de Césennia, il avait été son intendant, qu'il l'était encore à l'époque de l'acquisition. Toutes les présomptions se réunissaient contre lui, toutes favorisaient l'héritier. Césennia avait, quelques jours avant la vente, une somme d'argent qu'elle ne pouvait mieux employer, et rien ne prouvait qu'elle en eût fait un autre usage. La terre lui convenait : elle était contiguë à ses autres propriétés. D'ailleurs elle l'avait possédée plus de quatre ans ; et, d'après la loi des Douze-Tables, il y avait prescription après deux ans de possession. Nulle réclamation ne s'était élevée depuis qu'elle avait acquis. Les baux avaient été passés en son nom, et c'était entre ses mains que les fermiers avaient payé.

L'affaire n'offrait aucune difficulté. Cependant les deux parties demandèrent des arbitres. Une formalité préalable devait être remplie. Dans les discussions de propriété, les adversaires, avant de s'appeler en justice, assemblaient leurs amis, et faisaient une descente sur les lieux. Après y avoir plaidé réciproquement leurs droits, le réclamant portait sa plainte devant le préteur, comme ayant été dépossédé par violence. On distinguait deux sortes de violences, la véritable et la simulée : *vis vera, vis simulata*. Il y avait violence véritable, lorsque des hommes rassemblés, armés ou non, chassaient quelqu'un du terrain qu'il revendiquait. La violence simulée avait lieu quand deux individus, après avoir soutenu sur un terrain en litige leurs prétentions mutuelles, ne se prêtaient à aucun accommodement. Tous les deux prenaient, en présence des témoins, une motte de terre dans le champ contesté, et la produisaient en justice. Celui qui n'était pas en possession disait aux juges : « Je soutiens que le champ d'où a été tirée cette motte m'appartient. J'en ai été chassé par violence, et je demande à y être rétabli. »

Les parties étaient convenues de remplir cette formalité. Au jour marqué, Cécina, l'héritier de Césennia, se rendit avec plusieurs amis dans le voisinage de la terre. Ébutius se présenta quelques moments après, et lui conseilla de ne pas approcher, s'il n'était pas las de vivre. Cécina et ses amis eurent envie de tenter l'aventure, bien résolus pourtant de ne pas trop s'exposer. Ils trouvèrent des satellites dans toutes les avenues. Cette rencontre ne les empêcha point de continuer leur route. Ébutius, s'étant porté en avant d'une allée d'oliviers qui bordait le domaine, objet du procès, appela un de ses esclaves et lui ordonna de tuer le premier qu'il verrait passer outre. Cécina ne tint point compte de ses menaces. Mais, lorsqu'il vit que l'esclave et toute la troupe se disposaient à fondre sur lui, il crut qu'il devait leur épargner un crime. Il se retira ; ses amis et ceux qui l'accompagnaient prirent la fuite. Dès le lendemain il porta plainte devant le préteur (Dolabella), qui, sans prononcer sur le fait, ordonna la réintégration du plaignant sur le lieu d'où il avait été chassé, et un dédommagement pour la violence à lui faite par des hommes armés.

Ébutius prétendit qu'il n'avait ni chassé Cécina, ni employé contre lui des hommes armés; qu'ainsi l'ordonnance du préteur ne le regardait pas. En conséquence, il refusa d'obéir. Le magistrat renvoya l'affaire devant des juges appelés *recuperatores*. Elle fut plaidée trois fois, le tribunal ne l'ayant pas trouvée suffisamment éclaircie dans les deux premières séances. Le dernier discours seul nous est resté.

La question est fort simple. Elle se réduit à ces deux points : 1° Cé-

cina a-t-il été chassé? 2° lui a-t-on fait violence avec des hommes armés? Cicéron prouve l'un et l'autre fait par la déposition des témoins mêmes d'Ébutius. Leur déclaration lui était trop favorable pour qu'il n'en tirât pas le plus grand avantage. Deux d'entre eux n'avaient point parlé dans le même sens. On croit bien qu'il ne les ménagea pas. L'un était sénateur. Il détruisit toute l'autorité que pouvait avoir son témoignage, en rappelant que, peu de jours auparavant, il s'était fait payer pour condamner un accusé dont il ne connaissait pas même la cause. L'autre avait le malheur de s'appeler Phormion, et d'avoir le teint basané. On sait que, dans Térence, *Phormion* est un parasite effronté, et que l'acteur qui jouait ce rôle avait le visage couvert d'un masque noir. Quelle bonne occasion de tourner ce témoin en ridicule! L'orateur ne la laissa pas échapper. *Phormio iste nec minus impudens, nec minus niger quam ille Terentianus est.* Ces plaisanteries pouvaient amuser l'auditoire, et peut-être même faire sourire les juges; mais que prouvaient-elles? Je ne pense pas qu'à notre barreau on donnât beaucoup d'importance au raisonnement suivant : « Cécina s'est enfui avec précipitation; donc Ébutius lui a fait violence. » Il serait trop facile de répliquer : « Donc Cécina a eu peur; » et la conséquence paraîtrait plus naturelle.

Ce qu'il ajoute vaut beaucoup mieux : qu'un danger imminent nous force de sortir d'un lieu quelconque, ou nous empêche d'en approcher, c'est toujours une violence. « Prenez garde qu'en jugeant d'après d'autres principes, vous ne déclariez qu'il ne peut y avoir de violence à moins qu'il n'y ait meurtre; que tous ceux qui prétendront à l'avenir revendiquer leur propriété doivent bien se persuader qu'il leur faut employer la voie des armes; et que si à la guerre les lâches sont punis par les généraux, désormais aussi, dans les tribunaux, ceux qui auront pris la fuite se verront condamnés; enfin que, pour gagner sa cause, il sera nécessaire de s'être battu à outrance. J'ai vu des hommes armés, quoiqu'ils fussent en petit nombre. On m'a fait violence. Effrayé par leurs menaces, je me suis retiré. On m'a repoussé véritablement. Ce principe doit être consacré dans la jurisprudence; il intéresse la tranquillité publique; et que deviendra-t-elle, si l'on ne peut réclamer sa possession qu'après s'être exposé à perdre la vie; si vous établissez comme point de droit qu'il faut meurtre, blessure, ou du moins sang répandu, pour constater la violence? »

La défense d'Ébutius n'était qu'une misérable dispute de mots. L'ordonnance du préteur portait : *Ut unde dejecisset, restitueret.* uivant lui, elle ne pouvait l'atteindre, puisque Cécina n'avait pas été par lui *dejectus*. Il convenait bien qu'il l'avait empêché d'entrer,

mais non qu'il l'eût chassé. *Non dejeci, sed obstiti ; non te passus sum in fundum ingredi.* Que signifie le mot *dejicere ?* disait-il : jeter hors d'un lieu. On ne peut jeter *dehors* que celui qui est *dedans* : or, Cécina n'était pas dans le domaine, puisqu'il n'y était pas même entré ; donc le mot *dejectus* ne peut lui être appliqué ; donc l'ordonnance du préteur ne me regarde pas. Il faut citer le texte, car on croirait que j'invente : *Demoveri de loco necesse est eum qui dejiciatur,* etc.

Autre chicane. On ne peut être *dejectus* qu'autant qu'on est précipité d'un lieu plus élevé dans un lieu plus bas. Or, Cécina était dans une plaine ; donc il n'a pas été précipité, donc il n'a pas été *dejectus*.

L'ordonnance du préteur portait encore ces mots : *De vi ab armatis hominibus allata.* Voici l'aveu qu'avait fait Ébutius devant le tribunal. Cicéron cite ses propres paroles. Il est bon de les rappeler pour qu'on puisse connaître toute l'impudence du personnage : *Convocavi homines ; coegi ; terrore mortis ac periculo capitis, ne accederes, obstiti.* Après un tel aveu, comment échapper à l'ordonnance ? Le subterfuge est véritablement rare : « Les hommes qui m'accompagnaient, dit-il, n'étaient point armés : pour être armé, il faut être muni d'un bouclier et d'une épée, et mes gens n'avaient que des pierres et des bâtons. »

Ceux qui ne fréquentent pas le barreau ne pourront croire qu'on ait fait valoir sérieusement de si pitoyables moyens ; les autres s'étonneront que le plus grand orateur se soit chargé d'y répondre. Il en paraît lui-même honteux ; il prie les juges de l'excuser, s'il emploie plus de subtilité dans cette cause que dans celles qu'il a déjà défendues : il y est forcé par son adversaire. *Velim, recuperatores, hoc totum si vobis versutius quam mea consuetudo.*

Mais l'homme d'un vrai talent se fait reconnaître jusque dans les sujets qui sont le moins dignes de l'occuper. Au milieu de cette réfutation, on trouve deux morceaux remarquables, l'un sur le respect dû au droit civil, l'autre sur cette question importante : Lequel vaut le mieux, que l'on s'attache à l'esprit de la loi, ou que l'on s'en tienne rigoureusement à la lettre ? L'orateur la propose aux juges, mais après l'avoir résolue lui-même.....

(Ici Guéroult citait ces deux passages, tirés, le premier, du chap. XXV ; le second, des chap. XVIII et XIX.)

Avant de terminer cette analyse, je crois devoir mettre sous vos yeux un modèle de cette louange délicate qui honore celui qui la donne comme celui qui en est l'objet. Aquilius avait assisté en qua-

lité de commissaire aux deux premières audiences. Le dérangement de sa santé l'obligea de se faire remplacer. Les adversaires ne manquèrent pas d'en témoigner le plus vif regret, et de faire publier qu'ils comptaient sur le suffrage de ce savant jurisconsulte, quoique cependant ils eussent dit, dans le cours du procès, qu'il fallait prendre garde que son autorité n'eût trop d'influence. Cicéron se félicita de son absence, non pas qu'il le crût défavorable à son client, mais parce qu'il pouvait lui rendre le tribut d'estime que la modestie d'Aquilius, comme celle des autres membres du tribunal, l'aurait empêché de lui offrir s'il eût été présent.....

(Ici Gueroult citait le passage qui se trouve au chap. xvii.)

Dans ce plaidoyer, les juges sont toujours appelés *recuperatores*[1]. Il n'est pas facile, dit Beaufort dans ses *Considérations sur la république romaine*, de bien déterminer quelle était la différence entre les *récupérateurs* et les *juges*, ni entre les causes qui leur étaient soumises. On voit que, dans les provinces, tous ceux que le préteur nommait pour juger les procès qui survenaient s'appelaient *récupérateurs*, et que ces récupérateurs, au nombre de trois, étaient choisis presque toujours parmi les citoyens romains ou parmi les alliés établis dans les villes du ressort. Son conseil était aussi composé de sept *récupérateurs*. Quant à ce qui se passait à Rome, on ne peut dire en quoi les causes que le préteur renvoyait devant des *juges* différaient proprement de celles qui étaient plaidées devant des *récupérateurs*; car nous avons différents exemples de causes que les anciens nous disent avoir été décidées par des *récupérateurs*, qui cependant étaient de nature à occuper les *juges* ordinaires. La seule différence qu'on remarque entre le *juge* et le *récupérateur*, me paraît exister en ce que, toutes les fois que le préteur donnait plusieurs juges pour une seule et même cause, on les nommait *récupérateurs;* au lieu que s'il en donnait un seul, on le désignait par le nom de *juge*. En effet, on ne voit pas que jamais un *récupérateur* ait jugé seul, ni qu'il y ait eu *plusieurs juges* dans une cause civile, à moins qu'elle ne se plaidât devant le préteur, qui alors avait pour assesseurs les *décemvirs* ou les *centumvirs*. G.

Ce discours n'est pas le seul que Cicéron ait prononcé dans cette affaire, qui ne fut jugée qu'après trois actions différentes, comme on l'a vu ci-dessus. Les plaidoyers de notre orateur dans les deux premières sont perdus; peut

---

[1] Ce mot est formé du verbe *recuperare*. C'était par eux que le demandeur recouvrait ce qui lui avait été enlevé. G.

être même ne les a-t-il jamais publiés. Mais celui-ci, qui est le dernier de tous, peut nous consoler de cette perte.

On ne sait quelle fut la sentence des juges sur cette affaire, dans laquelle C. Pison, avocat d'Ébutius, plaida contre Cicéron. « Il est probable cependant, dit M. V. Le Clerc, si l'on en juge par la reconnaissance que Cécina témoigne à l'orateur (*Lettres fam.*, liv. VI, lett. 7), qu'il obtint une sentence favorable. Les *Lettres* nous apprennent aussi (*ibid.*, liv. VI, lett. 3, 6, 8; liv. XIII, lett. 66) que le client de Cicéron embrassa depuis, dans la guerre civile, le parti de Pompée; qu'il combattit, qu'il écrivit même contre César, et que, après la défaite de Pharsale, il trouva encore dans Cicéron un fidèle protecteur qui le recommanda au proconsul d'Asie, P. Servilius, et sollicita de César son retour de l'exil. »

Ce discours fut prononcé durant l'édilité de Cicéron. Il avait alors trente-huit ans (l'an de Rome 685, 69 ans avant Jésus-Christ). Mais on ne sait s'il est antérieur au plaidoyer *pro Fonteio*, qui bien certainement appartient à cette même année (*voyez* le sommaire du discours pour Fonteius).

8.

## ONZIÈME DISCOURS

## DISCOURS
# POUR A. CÉCINA

I. Si l'impudence pouvait obtenir au barreau et devant les magistrats le même succès que l'audace en rase campagne et dans un lieu désert, A. Cécina céderait aujourd'hui, dans ce débat, à l'impudence de Sext. Ébutius, comme il céda naguère à son audace et à ses violences. S'il crut alors qu'il ne convenait pas à un homme sage de terminer par le sort des armes une contestation sur laquelle doit prononcer la justice, il pense aujourd'hui qu'il est du devoir d'un homme ferme de chercher à vaincre devant les tribunaux un adversaire auquel il n'a voulu résister ni par la violence ni par les armes. Certes Ébutius me semble

ORATIO UNDECIMA

## ORATIO
### PRO A. CÆCINA

I. Si, quantum in agro locisque desertis audacia potest, tantum in foro atque in judiciis impudentia valeret, non minus nunc in causa cederet A. Cæcina Sext. Æbutii impudentiæ, quam tum in vi faciunda cessit audaciæ. Verum et illud considerati hominis esse putavit, qua de re jure decertari oporteret, armis non contendere; et hoc constantis, quicum vi et armis certare noluisset, eum jure judicioque superare. Ac mihi quidem quum audax præcipue fuisse videtur Æbutius in convocandis hominibus, et armandis, tum

n'avoir pas montré plus d'audace quand il s'entoura de gens armés, qu'il ne montre aujourd'hui d'effronterie dans ce débat. Non-seulement il ose se présenter devant un tribunal (ce qui, lorsque le délit est manifeste, est déjà une action condamnable, quoique tolérée par la corruption de nos mœurs); il va plus loin encore, il avoue le fait qu'on lui impute. Peut-être a-t-il raisonné ainsi : « Si je me fusse contenté d'une violence dans la forme usitée, je n'eusse pu conserver la possession; et Cécina, effrayé, n'a pris la fuite avec ses amis que parce que la violence a été exercée envers lui contre le droit et l'usage. De même ici, en justice, si l'on procède aux débats conformément aux règles générales, mes adversaires pourront triompher dans leurs demandes. Mais si l'on s'écarte de ces règles, j'aurai d'autant plus de chances de succès, que j'aurai déployé plus d'impudence. » Comme si la méchanceté, juges, pouvait avoir la même force dans les débats judiciaires que la hardiesse dans les actes de violence! Et si alors nous crûmes devoir céder à l'audace, ce fut d'autant plus volontiers que nous comptions opposer plus facilement aujourd'hui les lois à son effronterie. Voilà pourquoi, juges, je vais plaider ici d'après un système tout différent de celui que j'avais d'abord adopté dans cette cause. Je mettais alors toutes mes espérances dans nos moyens de défense; elles reposent aujourd'hui sur les aveux de notre adversaire. J'attendais tout alors de nos témoins ; ici j'attends tout des siens. Je n'étais

---

impudens in judicio : non solum quod in judicium venire ausus est (nam id quidem, tametsi improbe fit in aperta re, tamen malitia est jam usitatum), sed quod non dubitavit id ipsum, quod arguitur, confiteri. Nisi forte hoc rationis habuit, quoniam, si facta vis esset moribus, superior in possessione retinenda non fuisset ; quia contra jus moremque facta sit, A. Cæcinam cum amicis metu perterritum profugisse : nunc quoque in judicio, si causa more institutoque omnium defendatur, nos inferiores in agendo non futuros ; sin a consuetudine recedatur, se, quo impudentius egerit, hoc superiorem discessurum. Quasi vero aut in judicio possit idem improbitas, quod in vi confidentia ; aut nos non eo libentius tum audaciæ cesserimus, quo nunc impudentiæ facilius obsisteremus. Itaque longe alia ratione, recuperatores, ad agendam causam hac actione venio, atque initio veneram. Tum enim nostræ causæ spes erat posita in defensione mea, nunc in confessione adversarii ; tum in nostris, nunc vero in illorum testibus : de quibus ego antea labora-

pas alors sans inquiétude à leur égard : sans probité, ils pouvaient faire des dépositions fausses; reconnus gens de bien, ils pouvaient être crus sur parole. Maintenant je me sens pleinement rassuré. En effet, sont-ils honnêtes, ils prêtent de l'appui à ma cause, puisqu'ils viennent attester, sous serment, des faits dont, sans avoir prêté serment, j'accuse notre partie adverse. Sont-ils peu estimables, ils ne peuvent me nuire : car si on les croit, on les croira précisément sur ce qui fait l'objet de l'accusation intentée par nous; si on ne les croit pas, leurs dépositions n'inspireront plus que de la défiance.

II. Cependant, lorsque j'examine le mode de défense suivi par nos adversaires, je n'en conçois pas de plus impudent. Mais lorsque je considère votre hésitation à prononcer votre sentence, je crains que, sous de cyniques dehors, ils ne cachent quelque adroit stratagème. En effet, s'ils eussent nié la violence faite à l'aide de gens armés, nous produisions d'irréprochables témoins qui confondaient aisément leur imposture. Loin de là, ils ont avoué ce que nous leur reprochons, et ils ont soutenu qu'ils avaient droit de faire ce qui n'est permis en aucun temps. Il faut donc qu'ils aient espéré, et cet espoir s'est réalisé, de vous inspirer quelques scrupules, de vous engager à de nouvelles délibérations et à l'ajournement de votre arrêt. C'est qu'en même temps ils se sont flattés (voyez leur effronterie) que, dans cette

---

bam, ne, si improbi essent, falsi aliquid dicerent ; si probi existimarentur, quod dixissent, probarent : nunc sum animo æquissimo. Si enim sunt viri boni, me adjuvant, quum id jurati dicunt, quod ego injuratus insimulo : sin autem minus idonei, me non lædunt, quum iis sive creditur, creditur hoc ipsum, quod nos arguimus ; sive fides non habetur, de adversarii testium fide derogatur.

II. Verumtamen quum illorum causæ actionem considero, non video quid impudentius dici possit ; quum autem vestram in judicando dubitationem, vereor ne id, quod videntur impudenter fecisse, astute et callide fecerint. Nam, si negassent vim hominibus armatis esse factam, facile honestissimis testibus in re perspicua tenerentur ; sin confessi essent, et id, quod nullo tempore jure fieri potest, tum ab se jure factum esse defenderent : sperarunt, d quod assecuti sunt, se injecturos vobis causam deliberandi, et judicandi ustam moram ac religionem; simul illud, quod indignissimum est, futurum

cause, il ne serait point question des excès commis par Sext. Ébutius, mais seulement d'un point de droit civil.

Si, dans cette circonstance, je n'avais à défendre que Cécina, je me croirais assez capable d'accomplir une telle tâche, puisque je puis répondre de ma loyauté et de mon zèle, qualités qui, surtout dans une affaire si simple et si claire, n'exigent point chez un défenseur la supériorité du talent. Mais j'ai à vous entretenir d'une jurisprudence qui embrasse les intérêts généraux, qui fut établie par nos ancêtres et conservée jusqu'à nos jours. Y déroger une fois, ce serait porter atteinte à une partie du droit civil, et consacrer par un jugement la chose du monde la plus contraire au droit, je veux dire la violence. Or, une pareille matière me semble exiger une haute capacité, non pour démontrer ce qui frappe tous les yeux, mais pour empêcher que, si nos adversaires parviennent à vous faire prendre le change sur un point si important, le public s'imagine que c'est plutôt moi qui ai manqué à ma cause, que vous aux devoirs sacrés de votre ministère.

Au surplus, juges, je suis convaincu que ce n'est point l'obscurité du droit, l'incertitude de la question qui vous a fait renvoyer deux fois la même cause à un plus ample informé. Vous avez voulu, dans une affaire qui intéresse l'honneur d'Ébutius, en ajournant votre sentence de condamnation, lui laisser le

---

arbitrati sunt, ut in hac causa non de improbitate Sext. Æbutii, sed de jure civili judicium fieri videretur.

Qua in re, si mihi esset unius A. Cæcinæ causa agenda, profiterer satis idoneum esse me defensorem, propterea quod fidem meam diligentiamque præstarem : quæ quum sunt in actore causæ, nihil est, in re præsertim aperta ac simplici, quod excellens ingenium requiratur. Sed quum de eo jure mihi dicendum sit, quod pertineat ad omnes, quod constitutum sit a majoribus, conservatum usque ad hoc tempus ; quo sublato non solum pars aliqua juris deminuta, sed etiam vis ea, quæ juri maxime est adversaria, judicio confirmata esse videatur : video summi ingenii causam esse ; non, uti demonstretur quod ante oculos est, sed ne, si quis vobis error in tanta re sit objectus, omnes potius me arbitrentur causæ, quam vos religioni vestræ defuisse.

Quanquam ego mihi sic persuadeo, recuperatores, non vos tam propter juris obscuram dubiamque rationem bis jam de eadem causa dubitasse, quam quod videtur ad summam illius existimationem hoc judicium pertinere, mo-

temps de faire un retour sur lui-même. Ces ajournements sont passés en usage; des juges intègres et qui vous ressemblent en ont, je le sais, donné l'exemple. Mais si ce n'est sans doute pas à vous qu'il faut s'en prendre de cet abus, il n'en est que plus déplorable. En effet, juges, pourquoi tous les tribunaux sont-ils établis? Pour terminer les contestations et punir les crimes. Le premier de ces deux objets est le moins important, parce qu'il a de moins graves conséquences, et que souvent même il est réglé comme en famille par un arbitre. L'autre objet est bien plus sérieux, et touche à de plus grands intérêts, en ce qu'il exige, non la médiation volontaire d'un ami, mais la sévérité et l'autorité d'un juge. C'est là l'objet essentiel; c'est afin d'y pourvoir que les tribunaux sont spécialement institués, et c'est celui qu'une fatale négligence laisse tomber en désuétude. Car, plus un fait est déshonorant, plus il doit être jugé avec scrupule et promptitude; mais, par cela même que l'honneur d'un citoyen se trouve compromis, ce n'est qu'après de longs délais que l'on s'occupe de cette affaire.

III. Est-il donc convenable que le motif qui a fait instituer les tribunaux soit précisément ce qui retarde leurs décisions? Lorsqu'un homme, qui pourtant ne s'est lié que par sa simple parole, manque de remplir l'objet pour lequel il s'est porté caution, les juges le condamnent sur-le-champ sans aucun scrupule;

---

ram ad condemnandum acquisisse, simul et illi spatium ad sese colligendum dedisse. Quod quoniam jam in consuetudinem venit, et id viri boni, vestri similes, in judicando faciunt, reprehendendum fortasse minus, querendum vero magis etiam videtur : ideo quod omnia judicia, aut distrahendarum controversiarum, aut puniendorum maleficiorum causa reperta sunt. Quorum alterum levius est, propterea quod et minus lædit, et persæpe disceptatore domestico dijudicatur; alterum est vehementissimum, quod et ad graviores res pertinet, et non honorariam operam amici, sed severitatem judicis ac vim requirit. Quod est gravius, et cujus rei causa maxime judicia constituta sunt, id jam mala consuetudine dissolutum est. Nam ut quæque res est turpissima, sic maxime et maturissime judicanda est; at ea in qua existimationis periculum est, tardissime judicatur.

III. Qui igitur convenit, quæ causa fuerit ad constituendum judicium, eamdem moram esse ad judicandum? Si quis, quod spopondit, qua in re verbo se uno obligavit, id non facit, maturo judicio, sine ulla religione judicis con-

et lorsque, dans une tutelle, une société, un mandat, un fidéicommis, un homme en a trompé un autre, on différera sa condamnation, par cela même que son délit est plus grave! — Mais, dira-t-on, la sentence est infamante. — Oui, parce que l'infamie est dans l'action. Voyez quelle inconséquence! une action infâme entraîne par elle-même le déshonneur ; et l'on s'autorise de ce déshonneur pour s'abstenir de juger un honteux délit. Quelque juge, quelque commissaire me dira peut-être : « Vous pouviez intenter une action moins grave ; vous pouviez obtenir justice par une voie plus douce et plus facile. Ainsi prenez une autre marche, ou ne me pressez pas de juger. » Mais ce juge me semblerait plus timide et plus prévenu que ne doit l'être un magistrat ferme et impartial, puisqu'il me prescrirait la manière dont je dois poursuivre mon droit, et n'oserait pas prononcer sur le fait soumis à son jugement. En effet, si le préteur, qui donne des juges n'impose jamais à un demandeur le mode d'action qu'il doit suivre, voyez combien il est injuste, lorsqu'une forme de procéder a été réglée, qu'un juge s'occupe de celle qu'on aurait pu ou qu'on pourrait suivre, et non de celle qui a été suivie. Cependant nous nous prêterions à votre excès d'indulgence, si nous pouvions recouvrer autrement nos droits. Qui de vous maintenant pourrait nous conseiller de passer condamnation sur une violence exercée par des gens armés, ou nous indiquer une voie

demnatur : qui per tutelam, aut societatem, aut rem mandatam, aut fiduciæ rationem, fraudavit quempiam, in eo, quo delictum majus est, eo pœna est tardior. — Est enim turpe judicium. — E facto quidem turpe. Videte igitur, quam inique accidat, quia res indigna sit, ideo turpem existimationem sequi ; quia turpis existimatio sequatur, ideo rem indignam non judicari. At si quis mihi hoc judex, recuperatorve dicat : « Potuisti enim leviore actione confligere ; potuisti ad tuum jus faciliore et commodiore judicio pervenire : quare aut muta actionem, aut noli mihi instare ut judicem ; » tamen is aut timidior videatur, quam fortem, aut cupidior, quam sapientem judicem esse æquum est, si aut mihi præscribat, quemadmodum meum jus persequar, aut ipse id quod ad se delatum sit non audeat judicare. Etenim si prætor is qui judicia dat, nunquam petitori præstituit qua actione illum uti velit ; videte, quam iniquum sit, constituta jam re, judicem, quid agi potuerit, aut quid possit, non quid actum sit, quærere. Verumtamen nimiæ vestræ benignitati pareremus, si alia ratione jus nostrum recuperare possemus. Nunc vero quis est, qui aut vim armatis hominibus factam relinqui putet oportere, aut ejus re

plus douce pour en obtenir réparation? Dans une faute (car c'est le terme qu'ils affectent d'employer) donnant lieu à une action pour cause d'outrages, ou à un procès capital, pouvez-vous nous taxer de dureté, quand vous voyez que nous n'avons fait jusqu'à présent que revendiquer notre possession en vertu d'une sentence provisionnelle du préteur?

IV. Mais, que ce soit le péril que courait l'honneur d'Ébutius ou l'obscurité du droit qui ait jusqu'ici retardé votre jugement, vous avez écarté vous-mêmes le premier obstacle par vos fréquentes remises; et je me flatte de lever aujourd'hui le second en ne vous laissant plus de doute ni sur notre débat, ni sur la question de droit général. Si par hasard vous trouvez que, pour établir mes preuves, je suis remonté plus haut que ne l'exigent la nature de la cause et le point de droit dont il s'agit, je vous prie de me le pardonner; car A. Cécina craint autant de paraître avoir usé contre Ébutius de toute la rigueur du droit, que de ne pas obtenir de vous une sentence favorable.

M. Fulcinius, un des citoyens les plus distingués de la ville municipale de Tarquinies, exerçait à Rome la banque avec honneur. Il avait épousé Césennia, issue d'une famille illustre du même municipe, et d'une vertu irréprochable, comme il l'a prouvé lui-même pendant sa vie en beaucoup de circonstances,

---

leviorem actionem nobis aliquam demonstrare possit? Ex quo genere peccati, ut illi clamitant, vel injuriarum, vel capitis judicia constituta sunt, in eo potestis atrocitatem nostram reprehendere, quum videatis nihil aliud actum, nisi possessionem per interdictum esse repetitam?

IV. Verum sive vos existimationis illius periculum, sive juris dubitatio tardiores fecit adhuc ad judicandum : alterius rei causam vosmet ipsi jam vobis, sæpius prolato judicio, sustulistis; alterius ego vobis hodierno die causam profecto auferam, ne diutius de controversia nostra, ac de communi jure dubitetis. Et, si forte videbor altius initium rei demonstrandæ petisse, quam me ratio juris ejus, de quo judicium est, et natura causæ coegerit, quæso, ut ignoscatis : non enim minus laborat A. Cæcina, ne summo jure egisse, quam ne certum jus non obtinuisse videatur.

M. Fulcinius fuit, recuperatores, e municipio Tarquiniensi, qui et domi suæ cum primis honestus existimatus est, et Romæ argentariam non ignobilem fecit. Is habuit in matrimonio Cæsenniam, eodem e municipio, summo loco natam et probatissimam feminam, sicut et vivus multis ipse rebus ostendit,

et déclaré à sa mort par son testament. A cette époque de troubles, qui fut si fatale aux affaires, il vendit à Césennia un fonds qu'il possédait dans le territoire de Tarquinies. Comme il employait dans son commerce la dot de sa femme, qu'il avait reçue en argent comptant, il hypothéqua cette dot sur ce fonds, afin qu'elle courût moins de risques. Peu de temps après, Fulcinius se retira des affaires, et acheta quelques terres contiguës à celle de sa femme. Ici je passe beaucoup de faits étrangers à ma cause. Fulcinius, au lit de mort, fait un testament par lequel il institue pour son héritier un fils qu'il avait eu de Césennia, et lègue à celle-ci l'usufruit de tous ses biens pour qu'elle en jouisse conjointement avec son fils. Une si haute marque de considération de la part de son époux eût été bien chère à Césennia, si elle eût été durable ; car elle aurait joui des biens de Fulcinius avec un fils auquel elle désirait laisser les siens, et qui faisait le plus grand charme de sa vie. Mais le sort détruisit bientôt ses espérances de bonheur. Peu de temps après, le jeune Fulcinius mourut, instituant P. Césennius son héritier. Il léguait à son épouse une somme d'argent considérable, et à sa mère la majeure partie de ses biens. Ces deux femmes furent donc appelées au partage de la succession.

V. La vente de cette succession était décidée. Dès longtemps Ébutius, profitant du veuvage et de l'isolement de Césennia, s'é-

et in morte sua testamento declaravit. Huic Cæsenniæ fundum in agro Tarquiniensi vendidit temporibus illis difficillimis solutionis. Quum uteretur dote uxoris numerata; quo mulieri esset res cautior, curavit, ut in eo fundo dos collocaretur. Aliquanto post, jam argentaria dissoluta, Fulcinius huic fundo uxoris continentia quædam prædia atque adjuncta mercatur. Moritur Fulcinius (multa enim, quæ sunt in re, quia remota sunt a causa, prætermittam) : testamento facit hæredem, quem habebat e Cæsennia filium ; usumfructum omnium bonorum suorum Cæsenniæ legat, ut frueretur una cum filio. Magnus honos viri jucundus mulieri fuisset, si diuturnum esse licuisset. Frueretur enim bonis cum eo, quem suis bonis hæredem esse cupiebat, et ex quo maximum fructum ipsa capiebat. Sed hunc fructum mature fortuna ademit. Nam brevi tempore M. Fulcinius adolescens mortuus est ; hæredem P. Cæsennium fecit ; uxori grande pondus argenti, matrique partem bonorum majorem legavit. Itaque in partem mulieres vocatæ sunt.

V. Quum esset hæc auctio hæreditaria constituta, Ebutius iste, qui jamdiu

tait glissé dans son intimité, et créé un moyen d'existence en dirigeant, non sans profit pour lui-même, les affaires et les procès qui pouvaient survenir à cette femme. On le vit dans ce temps-là jouer un rôle très-actif lorsqu'il fut question de cette licitation de partage. Il offrait, il imposait ses services; et tel était son ascendant sur Césennia, que, dans son inexpérience, elle s'imaginait que rien ne pouvait être bien fait sans lui. Il est, juges, un caractère que l'on rencontre chaque jour dans le monde ; c'est celui de ces hommes courtisant les femmes, sollicitant pour les veuves, chicaneurs à l'excès, amis des querelles et des procès, ignorants et sots aux yeux des hommes, mais habiles et savants jurisconsultes parmi les femmes. Prêtez ce caractère à Ébutius, et vous aurez l'idée du rôle qu'il a joué auprès de Césennia. Ne me demandez pas s'il était son parent (personne ne lui était plus étranger), ou bien un ami que lui eût laissé son père ou son mari : rien moins que cela. Quel était-il donc? ce que je vous disais tout à l'heure, un complaisant, un ami de Césennia, à laquelle il tenait, non par quelque lien de parenté, mais par les faux semblants du zèle et du dévouement, et par des services plus souvent perfides qu'utiles.

La vente de l'héritage ayant donc été décidée, comme je le disais, on arrêta qu'elle se ferait à Rome. Les parents et les amis de Césennia lui donnèrent un conseil conforme à ses propres idées :

Cæsenniæ viduitate ac solitudine aleretur, ac se ejus in familiaritatem insinuasset hac ratione, ut cum aliquo suo compendio negotia mulieris, si qua acciderent, controversiasque susciperet, versabatur quoque eo tempore in his rationibus auctionis et partitionis; atque etiam se ipse inferebat et intrudebat, et in eam opinionem Cæsenniam adducebat, ut mulier imperita nihil putaret agi callide posse, ubi non adesset Æbutius. Quam personam jam ex quotidiana cognoscitis vita, recuperatores, mulierum assentatoris, cognitoris viduarum, defensoris nimium litigiosi, conciti ad rixam, inepti ac stulti inter viros, inter mulieres periti juris, et callidi : hanc personam imponite Æbutio; is enim Cæsenniæ fuit Æbutius. Ne forte quæratis, num propinquus? nihil alienius : amicus, aut a patre, aut a viro traditus? nihil minus. Quis igitur? Ille quem supra deformavi : voluntarius amicus mulieris, non necessitudine aliqua, sed ficto officio simulataque sedulitate conjunctus ; magis opportuna opera nonnunquam, quam aliquando fideli.

Quum esset, ut dicere instituieram, constituta auctio Romæ, suadebant amici cognatique Cæsenniæ, id quod ipsi quoque mulieri in mentem veniebat, quo-

c'était, puisqu'elle le pouvait, d'acheter cette terre de Fulcinius contiguë à celle qu'il lui avait vendue. Elle n'avait aucun motif de ne pas profiter de cette occasion, d'autant plus qu'il devait lui revenir de l'argent dans le partage : elle ne pouvait mieux l'employer. Césennia se détermine donc ; elle donne ordre d'acheter la terre. Mais, juges, à qui pensez-vous qu'elle se soit adressée? sans doute à cet homme si empressé de se charger des affaires de Césennia, et sans lequel rien ne pouvait se faire avec assez d'intelligence et d'adresse? Oui, vous avez deviné.

VI. Ébutius est chargé de sa procuration. Il se présente à la vente ; il met l'enchère. Beaucoup d'acheteurs se désistent, les uns par égard pour Césennia, d'autres aussi à cause du prix. Le fonds est adjugé à Ébutius : il en promet le prix au banquier. Et c'est par le témoignage de ce banquier qu'aujourd'hui cet honnête homme prétend prouver qu'il a fait cette acquisition pour son propre compte ; comme si nous contestions que le fonds lui ait été adjugé, et comme si personne alors avait douté qu'il l'achetât pour Césennia. La plupart le savaient, tout le monde l'avait entendu dire, et chacun pouvait le conjecturer. Il revenait à Césennia de l'argent dans la succession ; il y avait avantage pour elle à l'employer à l'achat d'une terre. Celle qui était à sa bienséance était en vente ; celui qui se portait enchérisseur était un homme qu'on ne pouvait s'étonner de voir agir pour Césen-

niam potestas esset emendi fundum illum Fulcinianum, qui fundo ejus antiquo continens esset, nullam esse rationem amittere ejusmodi occasionem ; quum præsertim pecunia ex partitione deberetur : nusquam eam posse melius collocari. Itaque mulier facere constituit. Mandat ut fundum sibi emat. Cui tandem ? cui putatis ? an non in mentem venit omnibus hominis illius, ad hoc munus et ad omnia mulieris negotia parati, sine quo nihil satis caute, nihil satis callide agi posset ? Recte attenditis.

VI. Æbutio negotium datur. Adest ad tabulam ; licetur Æbutius. Deterrentur emptores multi, partim gratia Cæsenniæ, partim etiam pretio. Fundus addicitur Æbutio : pecuniam argentario promittit Æbutius. Quo testimonio nunc vir optimus utitur, sibi emptum esse ; quasi vero aut nos ei negemus addictum, aut tum quisquam fuerit, qui dubitarit, quin emeretur Cæsenniæ ; quum id plerique scirent, omnes fere audissent, hi conjectura assequi possent ; quum pecunia Cæsenniæ ex illa hæreditate deberetur, eam porro in prædiis collocari maxime expediret ; essent autem prædia, quæ mulieri maxime convenirent ; ea venirent ; liceretur is, quem Cæsenniæ dare operam

nia; personne enfin ne pouvait soupçonner qu'il achetât pour lui-même. L'acquisition faite, Césennia en paie le prix. Voilà ce qu'Ébutius pense qu'on ne peut prouver, parce qu'il a soustrait les registres de sa bienfaitrice, et qu'il présente ceux du banquier où sont portés l'argent qu'il a versé et l'objet de l'adjudication, comme si la chose avait pu se faire autrement. Tout s'étant passé ainsi, Césennia prit possession du fonds et l'afferma. Bientôt après elle épousa A. Cécina. Bref, Césennia meurt, après avoir fait un testament par lequel elle instituait son mari héritier pour onze douzièmes et demi de ses biens. Des trois soixante-douzièmes restants, deux étaient accordés à M. Fulcinius, affranchi du premier époux de Césennia; l'autre était dévolu à Ébutius, en récompense de son zèle et de ses peines, s'il est vrai qu'il en ait eu. C'est ce faible legs qu'il regarde comme pouvant servir de fondement à toutes les chicanes qu'il nous intente.

VII. Pour commencer, Ébutius osa dire que Cécina ne pouvait hériter de Césennia, parce qu'il avait été enveloppé dans la disgrâce des habitants de Volaterre, sa patrie, qui furent, durant nos troubles, dépouillés des droits de cité romaine. Vous croyez peut-être que Cécina, en homme timide, inexpérimenté et manquant à la fois de résolution et de lumières, aura pensé que l'héritage ne valait pas la peine qu'il courût le risque de se voir contester son titre de citoyen romain; il aura sûrement cédé à Ébutius

---

nemo miraretur, sibi emere nemo posset suspicari. Hac emptione facta, pecunia solvitur a Cæsennia. Cujus rei putat iste rationem reddi non posse, quod ipse tabulas averterit; se autem habere argentarii tabulas, in quibus sibi expensa pecunia lata sit, acceptaque relata; quasi id aliter fieri oportuerit. Quum omnia ita facta essent, quemadmodum nos defendimus, Cæsennia fundum possedit, locavitque; neque ita multo post A. Cæcinæ nupsit. Ut in pauca conferam, testamento facto mulier moritur. Facit hæredem ex deunce et semuncia Cæcinam; ex duabus sextulis M. Fulcinium, libertum superioris viri; Æbutio sextulam adspergit. Hanc sextulam illa mercedem isti esse voluit assiduitatis et molestiæ, si quam susceperat. Iste autem hac sextula se ansam retinere omnium controversiarum putat.

VII. Jam principio ausus est dicere, non posse hæredem esse Cæsenniæ Cæcinam, quod is deteriore jure esset, quam cæteri cives, propter incommodum Volaterranorum, calamitatemque civilem. Itaque homo timidus imperitusque, qui neque animi, neque consilii satis haberet, non putavit esse tanti hæreditatem, ut de civitate in dubium veniret: concessit, credo, Æbutio,

tout ce qu'il réclamait dans la succession de Césennia? Loin de là, il sut, avec autant de fermeté que d'intelligence, confondre et pulvériser ces absurdes chicanes. Ébutius, ayant part à l'héritage, et s'exagérant singulièrement l'importance de cette modique part, demande, en sa qualité d'héritier, qu'il soit nommé un arbitre pour le partage des biens. Peu de jours après, quand il s'est convaincu que la crainte d'un procès ne peut déterminer Cécina à rien rabattre de ses prétentions légitimes, il lui déclare à Rome, sur la place publique, que le fonds dont j'ai parlé, et dont j'ai fait voir qu'il était acquéreur au nom de Césennia, était sa propriété, et qu'il en avait fait l'acquisition en son nom propre.

Quoi! Ébutius, vous prétendez être propriétaire d'un fonds que Césennia posséda sans contestation durant quatre années, c'est-à-dire depuis le moment où le fonds fut vendu jusqu'à celui de son décès! Mais, dit-il, son mari lui avait accordé, par son testament, l'usufruit et la jouissance de ce fonds. Cécina, se voyant donc intenter un procès d'un genre si nouveau, et qui décelait une si mauvaise foi, résolut, de l'avis de ses amis, de fixer le jour où il ferait une descente sur le fonds en litige, pour en être dépossédé selon les formalités d'usage. Les deux contendants ont une entrevue, et prennent jour. Au jour marqué, Cécina, suivi de ses amis, se rend au château d'Axia, non loin du

quantum vellet, de Cæsenniæ bonis ut haberet. Imo, ut viro forti ac sapienti dignum fuit, ita calumniam stultitiamque obtrivit ac contudit. In possessione bonorum quum esset, et quum ipse sextulam suam nimium exaggeraret, nomine hæredis arbitrum familiæ herciscundæ postulavit. Atque illis paucis diebus, posteaquam videt, nihil se ab A. Cæcina posse litium terrore abradere, homini Romæ in foro denuntiat, fundum illum, de quo ante dixi, cujus istum emptorem demonstravi fuisse mandatu Cæsenniæ, suum esse, seque sibi emisse.

Quid ais? tuus ille fundus est, quem sine ulla controversia quadriennium, hoc est, ex quo tempore fundus veniit, quoad vixit, possedit Cæsennia? Usus enim, inquit, ejus, et fructus fundi, testamento viri, fuerat Cæsenniæ. Quum hoc novæ litis genus tam malitiose intenderet, placuit Cæcinæ, de amicorum sententia, constituere, quo die in rem præsentem veniretur, et de fundo Cæcina moribus deduceretur. Colloquuntur. Dies ex utriusque commodo sumitur. Cæcina cum amicis ad diem venit in castellum Axiam : ex quo loco fun

fonds en litige. Là il apprend de différentes personnes qu'Ébutius a rassemblé et armé une foule d'hommes libres et d'esclaves. Parmi ceux qui l'accompagnaient, les uns accueillent cette nouvelle avec surprise, les autres n'y peuvent croire. Soudain Ébutius lui-même se présente au château. Il déclare à Cécina qu'il a des gens armés, et que, s'il ose avancer, il ne s'en retournera pas. Cécina et ses amis se décident à tenter l'aventure, néanmoins sans trop s'exposer. Ils descendent du château, et se dirigent vers le domaine. Leur démarche semble téméraire ; mais ce qui peut la justifier, ce me semble, c'est qu'aucun d'eux ne pouvait penser qu'Ébutius osât jamais exécuter sa menace.

VIII. Ébutius aposte des gens armés dans toutes les avenues qui conduisaient non-seulement au domaine contesté, mais encore à un domaine voisin qui ne l'était pas. Ainsi, lorsque Cécina voulut d'abord pénétrer dans une propriété qui lui appartenait de longue date, et par où il pouvait s'approcher de plus près du terrain en litige, une foule de gens en armes lui fermèrent le passage. Chassé de ce lieu, il s'efforça, autant qu'il put, d'avancer vers le fonds d'où, selon les conventions, il devait être expulsé par une violence simulée. Une rangée d'oliviers borde ce domaine. A peine s'est-il approché, qu'Ébutius, se présentant avec toute sa suite, et appelant à haute voix un de ses esclaves nommé Antiochus, lui ordonne de tuer quiconque dépassera la

dus is, de quo agitur, non longe abest. Ibi certior fit a pluribus, homines permultos, liberos atque servos, coegisse et armasse Æbutium. Quum id partim mirarentur, partim non crederent, ecce ipse Æbutius in castellum venit ; denuntiat Cæcinæ se armatos habere; abiturum eum non esse, si accessisset. Cæcinæ placuit et amicis, quoad videretur salvo capite fieri posse, experiri. Tum de castello descendunt : in fundum proficiscuntur. Videtur temere commissum ; verum, ut opinor, hoc fuit causæ : tam temere istum re commissurum, quam verbis minitabatur, nemo putavit.

VIII. Atque iste ad omnes introitus, qua adiri poterat non modo in eum fundum, de quo controversia fuerat, sed etiam in illum proximum, de quo nihil ambigebatur, armatos homines opponit. Itaque primo quum in antiquum fundum ingredi vellet, quod ea proxime accedi poterat, frequentes armati obstiterunt. Quo loco depulsus Cæcina, tamen, qua potuit, ad eum fundum profectus, ex quo, ex conventu, vim fieri oportebat : ejus autem fundi extremam partem oleæ directo ordine definiunt. Ad eas quum accederetur, iste cum omnibus copiis præsto fuit, servumque suum, nomine Antiochum, ad se

rangée d'oliviers. Cécina, malgré sa prudence ordinaire, en montra cependant moins que de courage dans cette circonstance. Quoiqu'il vît la troupe des hommes armés et qu'il eût entendu les paroles d'Ébutius, il avança néanmoins. Mais, dès qu'il eut dépassé la limite marquée par la rangée d'oliviers, il revint sur ses pas pour éviter l'attaque à main armée d'Antiochus et celle des autres qui lui lançaient des traits. En même temps, ses amis et ceux qu'il avait invités à l'accompagner prennent la fuite, saisis de terreur, ainsi que vous l'a déclaré un des témoins de nos adversaires. Sur la plainte de Cécina, le préteur P. Dolabella rendit l'ordonnance d'usage concernant *les violences commises avec des gens armés*, laquelle, sans aucune clause, portait seulement : « Celui qui a été chassé sera rétabli dans sa possession. » Ébutius prétendit que l'ordonnance ne lui était pas applicable. Chacun a consigné une somme, et tel est, juges, le procès que vous avez à décider.

IX. Cécina devait désirer avant tout de n'avoir de procès avec personne ; ensuite de n'en point avoir avec un homme d'aussi mauvaise foi ; enfin, d'en avoir avec un homme aussi extravagant ; car, autant la mauvaise foi d'Ébutius nous nuit, autant son extravagance nous sert. Sa fourberie lui a fait rassembler et armer des hommes qui ont servi d'instruments à sa violence, et, en cela, il a nui à Cécina ; mais il l'a servi en ce que c'est dans

vocavit, et clara voce imperavit, ut eum, qui illum olearum ordinem intrasset, occideret. Homo, mea sententia, prudentissimus Cæcina, tamen in hac re plus mihi animi, quam consilii videtur habuisse. Nam quum et armatorum multitudinem videret, et eam vocem Æbutii quam commemoravi, audisset, tamen accessit propius, et jam ingrediens intra finem ejus loci, quem oleæ terminabant, impetum armati Antiochi, cæterorumque tela atque incursus refugit. Eodem tempore se in fugam conferunt una amici advocatique ejus, metu perterriti; quemadmodum illorum testem dicere audistis. His rebus ita gestis, P. Dolabella prætor interdixit, ut est consuetudo, DE VI, HOMINIBUS ARMATIS, sine ulla exceptione, tantum, « ut unde dejecisset, restitueret. » Restituisse se dixit. Sponsio facta est. Hac de sponsione vobis judicandum est.

IX. Maxime fuit optandum Cæcinæ, recuperatores, ut controversiæ nihil haberet ; secundo loco, ut ne cum tam improbo homine ; tertio, ut cum tam stulto haberet. Etenim non minus nos stultitia illius sublevat, quam lædit improbitas. Improbus fuit, quod homines coegit, armavit, coactis armatisque, vim fecit. Læsit in eo Cæcinam. Sublevavit ibidem. Nam in eas ipsas res,

sa conduite criminelle qu'il a été chercher des témoignages, et qu'il s'en appuie. J'ai donc résolu, juges, avant d'en venir à ce qui concerne ma défense et mes témoins, de faire usage des aveux d'Ébutius et des témoignages qu'il invoque. Quels sont les faits dont il convient, et si volontiers qu'il paraît moins les avouer que s'en glorifier? « J'ai fait chercher des hommes, je les ai rassemblés, je les ai armés ; j'ai empêché Cécina d'approcher en le menaçant de la mort. C'est avec le fer, oui, dit-il, avec le fer (et c'est devant vous qu'il tient ce langage!) que je l'ai repoussé, que je l'ai épouvanté. » Mais que disent ses témoins? Un de ses parents, P. Vetilius, déclare que, mandé par Ébutius, il est venu le joindre avec ses esclaves armés. — Qu'ajoute-t-il? — Qu'il y avait autour de notre adversaire une foule de gens en armes. — Que dit-il encore? — Que Cécina fut menacé par Ébutius. Pour moi, je ne dirai qu'un mot de ce témoin. Quoiqu'il soit peu digne de foi, juges, vous n'en devez pas moins croire son témoignage, parce qu'il dépose en faveur d'Ébutius ce qui est le plus contraire à la cause de son parent. A. Térentius, second témoin d'Ébutius, en l'accusant, s'accuse lui-même. Il dit contre Ébutius, qu'il était entouré de gens armés ; et, contre lui-même, il affirme hautement qu'il ordonna à Antiochus, esclave de notre adversaire, de se jeter, le fer à la main, sur Cécina qui avançait. Que dirai-je de plus sur ce témoin, contre lequel, malgré les

---

quas improbissime fecit, testimonia sumpsit, et eis in causa testimoniis utitur. Itaque mihi certum est, recuperatores, antequam ad meam defensionem meosque testes venio, illius uti confessione et testimoniis. Quid confitetur, atque ita libenter confitetur, ut non solum fateri, sed etiam profiteri videatur, recuperatores? Convocavi homines, coegi, armavi ; terrore mortis ac periculo capitis, ne accederes, obstiti ; ferro, inquit, ferro (et hoc dicit in judicio) te rejeci atque perterrui. Quid? testes quid aiunt? P. Vetilius, propinquus Æbutii, se Æbutio cum armatis servis venisse advocatum. Quid præterea? fuisse complures armatos. Quid aliud? minatum esse Æbutium Cæcinæ. Quid ego de hoc teste dicam, nisi hoc, recuperatores, ut idcirco non minus ei credatis, quod homo minus idoneus habetur ; sed ideo credatis, quod ex illa parte id dicit, quod illi causæ maxime est alienum? A. Terentius, alter testis, non modo Æbutium, sed etiam se ipsum arguit. In Æbutium hoc dicit, armatos homines fuisse ; de se autem hoc prædicat: Antiocho, Æbutii servo, imperasse, ut in Cæcinam advenientem cum ferro invaderet. Quid loquar amplius hoc de homine? in quem ego dicere, quum ro-

instances de Cécina, je refusai de parler, dans la crainte de paraître porter contre lui une accusation capitale? Je ne sais aujourd'hui quel parti prendre à son sujet, puisque, sous la foi du serment, il se charge ainsi lui-même. Après lui, L. Célius ne s'est pas contenté de dire qu'Ébutius était environné d'une foule de gens armés; il a ajouté que Cécina n'était accompagné que d'un petit nombre de personnes. Dois-je attaquer la moralité de ce témoin en qui je souhaite que vous ayez autant de confiance que si je le produisais moi-même?

X. P. Memmius a ensuite été entendu. Il a parlé du service important qu'il a rendu aux amis de Cécina en leur ouvrant, dit-il, à travers les terres de son frère, un chemin pour se sauver, lorsqu'ils étaient tous saisis d'épouvante. Ce témoin a droit à mes remercîments pour s'être montré aussi officieux dans cette rencontre que véridique dans son témoignage. A. Attilius et son fils L. Attilius ont déposé qu'ils étaient venus en armes, et avaient amené pour Ébutius leurs gens armés. Ils ont ajouté que, lorsque Ébutius menaçait Cécina de la mort, celui-ci l'invita à le déposséder dans les formes usitées. P. Rutilius a déposé du même fait, et d'autant plus volontiers qu'il se trouvait flatté d'avoir une fois été cru en justice. Il est deux autres témoins qui n'ont point parlé de la violence exercée, mais du procès même et de l'acquisition de la terre. Le vendeur de ce fonds, P. Césennius, dont

---

garer a Cæcina, nunquam volui, ne arguere illum rei capitalis viderer; de eo dubito nunc, quomodo aut loquar, aut taceam, quum ipse hoc de se juratus prædicet. Deinde, L. Cœlius non solum Æbutium cum armatis dixit fuisse compluribus, verum etiam cum advocatis perpaucis eo venisse Cæcinam. De hoc ego teste detraham; cui æque, atque meo teste, ut credatis, postulo?

X. P. Memmius secutus est, qui suum non parvum beneficium commemoravit in amicos Cæcinæ, quibus sese viam per fratris sui fundum dedisse dixit, qua effugere possent, quum essent metu omnes perterriti. Huic ego testi gratias agam, quod et in re misericordem se præbuit, et in testimonio religiosum. A. Attilius, et ejus filius L. Attilius, et armatos ibi fuisse, et se suos armatos adduxisse dixerunt : etiam hoc amplius : quum Æbutius Cæcinæ malum minaretur, ibi tum Cæcinam postulasse, ut moribus deductio fieret. Hoc idem P. Rutilius dixit, et eo libentius dixit, ut aliquo in judicio ejus testimonio creditum putaretur. Duo præterea testes nihil de vi, sed de re ipsa, atque emptione fundi dixerunt : P. Cæsennius, auctor fundi, non tam auctori-

le corps a plus de poids que l'esprit, et le banquier Sext. Clodius, surnommé Phormion, parce qu'il est aussi basané, aussi présomptueux que le Phormion de Térence, ont fait des dépositions où il n'est point question de violence, et qui sont en tous points étrangères à la cause.

J'arrive au dixième témoin, celui que vous attendez, que je réserve pour le dernier. C'est un sénateur du peuple romain, la gloire de son ordre, l'honneur et l'ornement de la magistrature, le modèle de la sévérité antique : c'est Fidiculanius Falcula. Après avoir montré une véhémence et une chaleur qui faisaient craindre qu'il ne nuisit à Cécina par son parjure, et qu'il ne se fâchât contre moi, je l'ai rendu si doux et si paisible qu'il n'a plus osé répéter, comme vous vous en souvenez, de combien de milles sa terre était éloignée de Rome. Car, ayant dit qu'elle était bien à cinquante-trois milles, le peuple s'écria en riant qu'il disait juste. Tout le monde se rappelait qu'il avait reçu autant de mille sesterces dans le jugement d'Oppianicus. Que dirai-je contre lui, sinon ce qu'il lui serait impossible de nier, qu'il vint siéger dans un tribunal où se jugeait une cause publique, quoiqu'il n'en fût pas membre; que là, sans avoir entendu la cause, et pouvant la renvoyer à un plus ample informé, *il prononça;* qu'ayant voulu juger une affaire qu'il ne connaissait point, il aima mieux condamner qu'absoudre ; que l'accusé ne pouvant

---

tale gravi, quam corpore, et argentarius Sext. Clodius, cui nomen est Phormio, nec minus niger, nec minus confidens, quam ille Terentianus est Phormio, nihil de vi dixerunt, nihil præterea, quod ad vestrum judicium pertineret.

Decimo vero loco testis exspectatus, et ad extremum reservatus, dixit, senator populi Romani, splendor ordinis, decus atque ornamentum judiciorum, exemplar antiquæ religionis, Fidiculanius Falcula. Qui quum ita vehemens acerque venisset, ut non modo Cæcinam perjurio suo læderet, sed etiam mihi videretur irasci; ita eum placidum mollemque reddidi, ut non auderet, sicut meministis, iterum dicere, quot millia fundus suus abesset ab urbe. Nam quum dixisset, minus abesse LIII, populus cum risu acclamavit, ipsa esse. Meminerant enim omnes, quantum in Albiano judicio accepisset. In eum quid dicam, nisi id, quod negare non possit ? venisse in consilium publicæ quæstionis, quum ejus consilii judex non esset; et in eo consilio, quum causam non audisset, et potestas esset ampliandi, dixisse, SIBI LIQUERE; dum incognita re judicare voluisset, maluisse condemnare, quam absolvere ; quum si uno

être condamné, s'il y avait une voix de moins, il vint siéger, non pour prendre connaissance de la cause, mais pour entraîner, par son scrutin, la condamnation ? Peut-on rien avancer de plus déshonorant pour un homme, que de dire qu'une somme d'argent a pu le déterminer à condamner un accusé qu'il n'avait jamais vu, dont même il n'avait jamais entendu parler ? Quel reproche peut être mieux fondé que celui qu'on n'essaye pas même de repousser d'un signe de tête ? Au reste, juges, ce qui vous prouvera facilement que Falcula n'assistait pas en esprit aux débats de la cause, ni aux dépositions des témoins, mais qu'il pensait à quelque autre accusé, c'est que, tous ceux qui ont été entendus avant lui ayant dit que beaucoup de gens armés étaient autour d'Ébutius, lui seul affirme qu'il n'y en avait pas. Il me sembla d'abord qu'en homme habile il sentait à merveille ce que demandait la cause, mais qu'il se trompait seulement en ce qu'il infirmait le témoignage de tous ceux qui avaient déposé avant lui, lorsque tout à coup, avec son inconséquence habituelle, Vétilius déclara qu'il n'y avait que ses esclaves qui fussent armés.

XI. Que penser d'Ébutius ? Ne lui permettrons-nous pas de s'avouer le plus extravagant des hommes pour se défendre d'en être le plus pervers ? N'ajoutiez-vous pas foi à toutes ces dépositions, juges, quand vous avez renvoyé l'affaire à un plus ample informé ? Mais il était incontestable que les témoins déposaient

---

minus damnarent, condemnari reus non posset, non ad cognoscendam causam, sed ad explendam damnationem præsto fuisse. Utrum gravius aliquid in quempiam dici potest, quam ad hominem condemnandum, quem nunquam vidisset, neque audisset, adductum pretio esse ? An certius quidquam objici potest, quam quod is, cui objicitur, ne nutu quidem infirmare conatur ? Verumtamen is testis, ut facile intelligeretis, eum non adfuisse animo, quum ab illis causa ageretur, testesque dicerent, sed tantisper de aliquo reo cogitasse : quum omnes ante eum dixissent testes, armatos cum Æbutio fuisse complures ; solus dixit, non fuisse. Visus est mihi primo veterator intelligere præclare, quid causa optaret ; et tantummodo errare, quod omnes testes infirmaret, qui ante eum dixissent : quum subito ecce idem, qui solet, suos solos servos armatos fuisse dixit.

XI. Quid huic tu homini facias ? nonne concedas interdum, ut excusatione summæ stultitiæ, summæ improbitatis odium deprecetur ? Utrum, recuperatores, his testibus non credidistis, quum, quid liqueret, non habuistis ? At

suivant la vérité. Cette multitude d'hommes rassemblés, ces armes, ces traits, cette crainte pressante de la mort, ce danger évident de massacre, vous laissent-ils encore des doutes sur la violence faite à Cécina? S'il n'y a pas eu de violence, où donc en trouverez-vous? Jugez-vous merveilleuse cette défense de l'accusé : *Je ne l'ai pas chassé, mais empêché d'entrer?* Car je ne vous ai pas laissé pénétrer sur le fonds en litige; mais je vous ai opposé des gens en armes, afin de vous faire comprendre que, si vous y mettiez le pied, c'en était fait de vous! Comment! Ébutius, celui que vos armes ont épouvanté, fait reculer, mis en fuite, ne vous paraît pas avoir été chassé? Nous examinerons plus tard cette distinction de mots : établissons présentement le fait que ne nient point nos adversaires, et voyons, d'après le droit, l'action à laquelle il peut donner lieu.

Voici le fait qui n'est pas contesté par nos adversaires. Cécina, au jour et à l'heure fixés, est venu pour être dépossédé selon les formalités d'usage. Il a été éloigné, repoussé avec violence par un rassemblement d'hommes armés. Ce fait étant constant, moi, qui suis étranger au droit, qui ignore les affaires et les procès, je crois, Ébutius, avoir action, afin d'obtenir justice en vertu de l'ordonnance du préteur, et de vous poursuivre comme coupable d'outrage. Supposez donc que je me trompe, et que l'or-

---

controversia non erat, quin verum dicerent. An in coacta multitudine, in armis, in telis, in præsenti metu mortis, perspicuoque periculo cædis, dubium vobis fuit, utrum esse vis aliqua videretur, necne? Quibus igitur in rebus vis intelligi potest, si in his non intelligetur? An vero illa defensio vobis præclara visa est? Non dejeci, sed obstiti. Non enim te sum passus in fundum ingredi ; sed armatos homines opposui, ut intelligeres, si in fundo pedem posuisses, statim tibi esse pereundum. Quid ais? is, qui armis perterritus, fugatus, pulsus est, non videtur esse dejectus? Posterius de verbo videbimus : nunc rem ipsam ponamus, quam illi non negant, et ejus rei jus actionemque quæramus.

Est hæc res posita, quæ ab adversario non negatur : Cæcinam, quum ad constitutam diem tempusque venisset, ut vis ac deductio moribus fieret, pulsum prohibitumque esse vi, coactis hominibus et armatis. Quum hoc constet, ego homo imperitus juris, ignarus negotiorum ac litium, hanc puto me habere actionem, ut per interdictum meum jus teneam, atque injuriam tuam persequar. Fac in hoc errare me, nec ullo modo posse per hoc interdictum

donnance ne me donne aucun droit à la satisfaction que je sollicite : ce sont vos propres lumières que je réclame sur ce point. Je vous demande si j'ai action ou non pour le fait dont il s'agit. Il n'est pas nécessaire de rassembler des hommes à l'occasion d'un débat sur une propriété; il ne convient pas d'armer un attroupement pour défendre son droit. Qu'y a-t-il de plus contraire au droit que la violence, et de plus inique qu'un rassemblement de gens armés?

XII. Dans cet état de cause, le fait étant de nature à fixer surtout l'attention des magistrats, je vous le demande encore, ai-je action ou non pour ce fait? Non, me direz-vous. Lorsque, au milieu du calme et de la paix, un homme a levé une troupe, disposé un rassemblement, lui a donné des armes, et l'a rangé en bataille pour repousser, mettre en fuite et chasser, par l'emploi de ces armes, de ces satellites, par la terreur, par la crainte de la mort, des gens sans armes, venus à un jour fixé pour procéder par les voies de droit, je suis bien aise d'entendre cet homme vous dire : « J'ai fait, il est vrai, tout ce que vous dites. Ma démarche était violente, téméraire, et pouvait avoir des suites funestes ; mais qu'importe? Elle demeure impunie; car ni le droit civil ni le droit prétorien ne vous donnent action contre moi. » Quels discours, juges! Souffrirez-vous qu'on les répète sans cesse en votre présence? Nos ancêtres, gens pleins de sagesse et de

---

id assequi, quod velim : te uti in hac re magistro volo. Quæro, sitne aliqua hujus rei actio, an nulla. Convocari homines propter possessionis controversiam non oportet; armari multitudinem, juris retinendi causa, non convenit. Nec juri quidquam tam inimicum, quam vis ; nec æquitati quidquam tam infestum est, quam convocati homines et armati.

XII. Quod quum ita sit, resque ejusmodi sit, ut in primis a magistratibus animadvertenda esse videatur, iterum quæro, sitne ejus rei aliqua actio, an nulla. Nullam esse dices? Audire cupio, qui in pace et otio, quum manum fecerit, copias pararit, multitudinem hominum coegerit, armarit, instruxerit, homines inermes, qui ad constitutum experiundi juris gratia venissent, armis, viris, terrore, periculoque mortis repulerit, fugarit, averterit, hoc dicat : « Feci equidem, quæ dicis, omnia ; et ea sunt et turbulenta, et temeraria, et periculosa. Quid ergo est ? impune feci. Nam, quod agas mecum ex jure civili ac prætorio, non habes. » Itane vero, recuperatores ? hoc vos audietis ? et apud vos dici patiemini sæpius ? quum majores nostri tanta diligentia pru-

prévoyance, ont établi une législation qui embrasse toutes les affaires de la vie, depuis les plus grandes jusqu'aux plus petites ; et ils auraient omis ce seul cas, un cas aussi grave ! Quoi ! j'aurais action contre des hommes armés qui m'auraient chassé de ma maison ; et je n'en aurais aucune contre celui qui m'aurait empêché d'y entrer !

Je ne discute encore ni le fond de la cause de Cécina, ni notre droit de propriété ; je n'attaque, C. Pison, que votre moyen de défense. Quand je vous entends faire ce raisonnement : « Si Cécina, se trouvant sur le fonds qu'il réclame, en eût été chassé, il aurait dû, dans ce cas, être rétabli en vertu de l'ordonnance du préteur ; mais il n'a pu, en aucune manière, être chassé d'un lieu où il ne se trouvait pas : donc le bénéfice de l'ordonnance ne lui est point acquis ; » eh bien ! je vous le demande à mon tour, quelle action auriez-vous, si aujourd'hui, voulant rentrer dans votre domicile, des hommes rassemblés et armés vous écartaient, non-seulement de la porte et de l'intérieur, mais encore des premières avenues et du vestibule de votre maison ? Mon ami L. Calpurnius vous dicte la réponse que vous avez à faire, et qu'il a déjà faite lui-même : c'est une action pour fait d'outrage. Mais pour une affaire de propriété, pour une restitution de bien réclamée par la justice, pour une affaire de droit civil, pour la compétence et les droits d'un régisseur, qu'est-ce que fait une

---

dentiaque fuerint, ut omnia omnium non modo tantarum rerum, sed etiam tenuissimarum jura statuerint, persecutique sint ; ut hoc genus unum, vel maximum, prætermitterent : ut, si qui me exire domo mea coegissent armis, haberem actionem ; si qui introire prohibuissent, non haberem ?

Nondum de Cæcinæ causa disputo, nondum de jure possessionis nostræ loquor ; tantum de tua defensione, C. Piso, queror. Quando ita dicis, et ita constituis : « Si Cæcina, quum in fundo esset, inde dejectus esset, tum per hoc interdictum eum restitui oportuisse ; nunc vero dejectum nullo modo esse inde, ubi non fuerit ; hoc interdicto nihil nos assecutos esse : » quæro, si te hodie domum tuam redeuntem coacti homines et armati, non modo limine tectoque ædium tuarum, sed primo aditu vestibuloque prohibuerint, quid acturus sis. Monet amicus meus te L. Calpurnius, ut idem dicas, quod ipse antea dixit, injuriarum. Quid id ad causam possessionis ? quid ad restituendum eum, quem oportet restitui ? quid denique ad jus civile, aut ad actoris

action d'outrage? Vous obtenez cette action. Je vous accorderai plus : non-seulement vous l'avez obtenue, mais encore vous avez fait condamner votre partie adverse. En posséderez-vous davantage votre bien? L'action pour outrage ne confère pas le droit de propriété, mais adoucit, par la rigueur d'une condamnation, le chagrin d'avoir été lésé dans sa liberté.

XIII. Cependant, Pison, le préteur gardera-t-il le silence sur un fait aussi grave? N'aura-t-il aucun moyen de vous rétablir dans votre maison? Un magistrat qui siége des jours entiers pour empêcher les violences et ordonner la réparation de celles qui sont faites, pour rendre des ordonnances touchant des fossés, des égouts, touchant les moindres contestations que font naître les eaux et les chemins, perdra-t-il tout à coup la parole? Ne pourra-t-il réprimer l'injustice la plus odieuse? Si Pison avait été chassé de sa maison, de son appartement, chassé, dis-je, par un rassemblement d'hommes armés, le préteur ne saurait-il comment le secourir suivant les formes et les usages? Car, enfin, que dira-t-il, et que demanderez-vous en réparation d'une pareille injure? Emploierez-vous cette formule : *Repoussé par la violence?* Jamais ordonnance ne fut conçue suivant cette formule ; elle est nouvelle, extraordinaire, inouïe. Rédigerez-vous votre réclamation en ces termes : *Chassé par la violence?* Mais qu'y gagnerez-vous? on vous répondra ce que vous me répondez aujourd'hui ; c'est-à-dire que des gens armés vous ont empêché

---

notionem et ad animadversionem? Ages injuriarum. Plus tibi ego largiar. Non solum egeris, verum etiam condemnaris licet : numquid magis possidebis ? Actio enim injuriarum non jus possessionis assequitur, sed dolorem imminutæ libertatis judicio pœnaque mitigat.

XIII. Prætor interea, Piso, tanta de re tacebit? quemadmodum te restituat in ædes tuas, non habebit ? Qui dies totos aut vim fieri vetat, aut restitui factam jubet ; qui de fossis, de cloacis, de minimis aquarum itinerumque controversiis interdicit, is repente obmutescet ? in atrocissima re quod faciat, non habebit? et, C. Pisone domo tectisque suis prohibito, prohibito, inquam, per homines coactos et armatos, prætor, quemadmodum more et exemplo opitulari possit, non habebit? Quid enim dicet ? aut quid tu, tam insigni accepta injuria, postulabis? Unde vi prohibitus sis? nemo unquam interdixit : novum est, non dico inusitatum, verum omnino inauditum. Unde dejectus? quid proficies, quum illi hoc respondebunt tibi, quod tu nunc mihi : armatos tibi

d'approcher de votre maison, et qu'on ne peut nullement être chassé d'un lieu dont on n'a pas approché.

C'est me chasser, dites-vous, que de chasser quelqu'un de mes gens. Fort bien, si vous quittez les mots pour rentrer dans le droit. Car si nous ne considérons que les mots, comment êtes-vous chassé, quand on chasse votre esclave? Mais soit; je dois vous tenir pour chassé, quoiqu'on ne vous ait pas touché : n'est-il pas vrai? Mais si l'on n'a pas même déplacé un seul de vos gens, si tous y ont été gardés et retenus, si vous êtes le seul que la violence et la terreur des armes en aient repoussé, aurez-vous l'action dont nous avons fait usage? En aurez-vous une autre, ou n'en aurez-vous aucune? Vous avez trop de lumières et de réputation pour dire qu'il n'en existe point pour un fait aussi odieux, aussi atroce. Si, par hasard, il est une autre sorte d'action qui nous ait échappé, veuillez nous la faire connaître; je l'apprendrai avec plaisir. Si c'est celle dont nous avons fait usage, nous avons gain de cause d'après votre propre jugement. Vous ne direz pas sans doute, quand il s'agit du même fait et de la même ordonnance, que vous deviez être rétabli, et non Cécina. En effet, qui ne voit clairement ce qu'auraient de précaire les biens, les fortunes et les propriétés des citoyens, si l'on ôte de sa force à l'ordonnance du préteur, si l'on y porte atteinte dans

---

obstitisse, ne in ædes accederes; dejici porro nullo modo potuisse, qui non accesserit?

Dejicior ego, inquis, si quis meorum dejicitur omnino. Jam bene agis. A verbis enim recedis, et æquitate uteris. Nam verba ipsa si sequi volumus, quomodo tu dejiceris, quum servus tuus dejicitur? Verum ita est, uti dicis. Te dejectum debeo intelligere, etiamsi tactus non fueris : nonne? Age nunc, si ne tuorum quidem quisquam loco motus erit, atque omnes in ædibus adservati ac retenti; tu solus prohibitus, et a tuis ædibus vi atque armis perterritus : utrum hanc actionem habebis, qua nos usi sumus, an aliam quampiam, an omnino nullam? Nullam esse actionem dicere in re tam insigni tamque atroci, neque prudentiæ, neque auctoritatis tuæ est. Alia si qua forte est, quæ nos fugerit, dic, quæ sit : cupio discere. Hæc si est, qua nos usi sumus; te judice, vincamus necesse est. Non enim vereor, ne hoc dicas, in eadem causa, eodem interdicto, te oportere restitui, Cæcinam non oportere. Etenim cui perspicuum non sit, ad incertum revocari bona, fortunas, possessiones omnium, si ulla ex parte sententia hujus interdicti deminuta, aut infirmata sit? si

quelque partie, si l'autorité d'un tribunal aussi respectable que le vôtre paraît consacrer une violence exercée par des hommes armés, dans un procès où l'on ne conteste point qu'on a pris les armes, et où l'on ne dispute que sur les mots? Gagnera-t-on sa cause auprès de vous, quand on dira pour sa défense : « Je vous ai repoussé avec des hommes armés, je ne vous ai point chassé? » en sorte qu'un aussi odieux attentat disparaisse, non par la solidité des raisons, mais par le changement d'une lettre. Déciderez-vous que, pour un pareil crime, on n'a aucune action, aucun recours en justice contre celui qui s'est opposé à un particulier avec des gens armés; qui, à la tête d'un rassemblement, l'a empêché d'entrer dans sa maison, même d'en approcher?

XIV. Quel est donc le fondement de la distinction posée par notre adversaire? Si, quand j'aurai mis le pied sur ma propriété, on m'en expulse, on m'en chasse; ou si, m'opposant auparavant la même violence et les mêmes armes, on m'empêche non-seulement d'y pénétrer, mais même de la regarder et d'essayer d'en approcher, y a-t-il donc entre ces deux actes de violence une différence telle qu'on soit forcé de me rétablir, si l'on m'a chassé quand j'étais entré, et qu'on ne le soit point, si l'on n'a fait que me repousser quand j'entrais? Au nom des dieux immortels, voyez quelle jurisprudence vous établiriez pour nous, et dans quelle position elle vous placerait vous-mêmes avec tous les Ro-

---

auctoritate virorum talium vis armatorum hominum judicio approbata videatur, in quo judicio non de armis dubitatum, sed de verbis quæsitum esse dicatur? Isne apud vos obtinebit causam suam, qui se ita defenderit : Ejeci ego te armatis hominibus, non dejeci ; ut tantum facinus non in æquitate defensionis, sed in una littera latuisse videatur? Hujusce rei vos statuetis nullam esse actionem, nullum experiundi jus constitutum, qui obstiterit armatis hominibus? qui multitudine coacta, non introitu, sed omnino aditu quempiam prohibuerit?

XIV. Quid ergo? hoc quam habet vim? ut illa res aliquid aliqua ex parte differre videatur, utrum, pedem quum intulero, atque in possessionem vestigium fecero, tum expellar atque dejiciar; an, quum eadem vi, atque iisdem armis, mihi ante occurratur, ne non modo intrare, verum etiam adspicere, aut adspirare possim? qui hoc ab illo differt? ut ille cogatur restituere, qui ingressum expulerit ; ille, qui ingredientem repulerit, non cogatur? Videte, per deos immortales! quod jus nobis, quam conditionem vobismet ipsis, quam denique civitati legem constituere velitis. Hujusce generis una est actio

mains! Il n'est qu'une sorte d'action autorisée par l'ordonnance que nous avons suivie. Si cette action est nulle et de nul effet dans l'affaire actuelle, quelle négligence et quelle irréflexion de la part de nos ancêtres de n'avoir pas songé à établir une action pour un cas aussi grave, ou d'en avoir établi une qui, dans sa teneur, ne renfermerait pas tous les cas particuliers! L'annulation de l'ordonnance du préteur serait dangereuse; ce serait une chose fatale à tous, qu'il y eût des circonstances où l'on ne pût opposer les voies de droit aux voies de fait. Mais voyez combien il serait honteux d'imputer une erreur aussi grave aux hommes les plus sages, et de statuer par votre arrêt qu'ils n'ont point prévu ce cas important, et qu'ils ont oublié d'y pourvoir!

Permis à vous de vous plaindre, nous dit-on ; mais Ébutius n'est point compris dans l'ordonnance du préteur. Pourquoi? Parce qu'on n'a point fait de violence à Cécina. Comment osez-vous dire qu'il n'y a pas eu de violence là où il y a eu des armes, une multitude d'hommes rassemblés, armés, disposés, rangés en bataille; où il y a eu des périls, des menaces, et tout l'effrayant appareil de la mort? Mais, ajoute-t-on, il n'y a eu personne de tué, ni de blessé. Quoi! lorsqu'il s'agit d'une contestation pour un bien, d'un débat judiciaire entre particuliers, vous soutiendrez qu'il n'y a pas eu de violence, s'il n'y a pas eu de meurtre et de massacre? Moi, je prétends que de grandes armées

per hoc interdictum, quo nos usi sumus, constituta. Ea si nihil valet, aut si ad hanc rem non pertinet; quid negligentius, aut quid stultius majoribus nostris dici potest, qui aut tantæ rei prætermiserint actionem, aut eam constituerint, quæ nequaquam satis verbis causam et rationem juris amplecteretur? Periculosum est dissolvi hoc interdictum ; est captiosum omnibus, rem ullam constitui ejusmodi, quæ, quum armis gesta sit, rescindi jure non possit. Verumtamen est turpissimum illud, tantæ stultitiæ prudentissimos homines condemnari, ut vos judicetis, hujus rei atque actionis in mentem majoribus nostris non venisse.

Queramur, inquit, licet ; tamen hoc interdicto Æbutius non tenetur. Quid ita? Quod vis Cæcinæ facta non est. Dici in hac causa potest, ubi arma fuerint, ubi coacta hominum multitudo, ubi instructi et certis locis cum ferro homines collocati, ubi minæ, pericula terroresque mortis, ibi vim non fuisse? Nemo, inquit, occisus est, neque sauciatus. Quid ais? quum de possessionis controversia, et de privatorum hominum contentione juris loquamur, tu vim negabis esse factam, si cædes et occisio facta non erit? Ego exercitus maxi-

ont été souvent repoussées et mises en déroute par la seule frayeur et par le choc des ennemis, sans qu'il y ait eu ni morts ni même de blessés.

XV. En effet, juges, n'y a-t-il de violence que celle qui atteint notre corps et attaque notre vie? Une violence beaucoup plus grande est celle qui, bouleversant notre âme par la terreur et par le danger de la mort, nous fait quitter une place qui sans contredit nous appartient. Aussi voit-on souvent des hommes blessés qui, malgré la diminution de leurs forces, conservent courageusement le poste qu'ils ont juré de défendre, tandis qu'on en voit d'autres prendre la fuite sans avoir reçu la moindre blessure : preuve certaine qu'il y a moins de violence à blesser le corps qu'à effrayer l'âme. Si donc nous disons que des armées ont été repoussées par la force, quand la crainte ou même un léger soupçon de péril a causé leur déroute ; si nous savons par nous-mêmes et par ouï-dire que des troupes nombreuses ont été repoussées, non-seulement par le choc des boucliers, par la lutte des corps, par les coups portés de près ou de loin, mais souvent même par les cris des soldats, par l'ordre de bataille et l'aspect des étendards; ce qu'on appelle violence dans la guerre ne portera-t-il pas le même nom dans la paix? ce qui paraît redoutable dans les camps sera-t-il jugé frivole devant les tribunaux? ce qui ébranle des corps d'armée ne doit-il point émouvoir une petite réunion de citoyens paisibles? Les terreurs de l'esprit

mos sæpe pulsos et fugatos esse dico, terrore ipso, impetuque hostium, sine cujusquam non modo morte, verum etiam vulnere.

XV. Etenim, recuperatores, non ea sola vis est, quæ ad corpus nostrum vitamque pervenit ; sed etiam multo major ea, quæ, periculo mortis injecto, formidine animum perterritum, loco sæpe et certo de statu demovet. Itaque saucii sæpe homines, quum corpore debilitantur, animo tamen non cedunt, neque eum relinquunt locum, quem statuerint defendere ; at alii pelluntur integri : ut non dubium sit, quin major adhibita vis ei sit, cujus animus sit perterritus, quam illi, cujus corpus vulneratum sit. Quod si vi pulsos dicimus exercitus esse eos, qui metu ac tenui sæpe suspicione periculi fugerunt ; et, si non solum impulsu scutorum, neque conflictu corporum, neque ictu cominus, neque conjectione telorum, sed sæpe clamore ipso militum, aut instructione, adspectuque signorum magnas copias pulsas esse, et vidimus, et audivimus : quæ vis in bello appellatur, ea in otio non appellabitur ? et, quod vehemens in re militari putatur, id leve in jure civili judicabitur ? et, quod

attesteront-elles moins la violence que les blessures du corps ? Exigera-t-on qu'il y ait des blessés, quand la déroute et la fuite sont constantes ? Un de vos témoins a dit que, lorsqu'il vit les amis de Cécina épouvantés, il leur indiqua un chemin par où ils purent s'échapper. Des hommes qui cherchaient non-seulement à fuir, mais à fuir par un chemin sûr, vous sembleront-ils n'avoir essuyé aucune violence ? Pourquoi donc fuyaient-ils ? par crainte. Que craignaient-ils ? la violence, sans doute. Pouvez-vous nier les prémisses, quand vous accordez les conséquences ? Vous avouez qu'ils fuyaient épouvantés; vous assignez à leur fuite les mêmes causes que nous connaissons tous, savoir, les armes, la multitude, l'irruption et l'attaque de gens armés. Quand on convient de ces faits, peut-on nier la violence ?

XVI. Il existe une coutume déjà bien ancienne, et pratiquée en plusieurs circonstances par nos ancêtres. Quand deux parties venaient sur les lieux pour discuter leurs droits, si l'une d'elles avait, quoique de loin, aperçu des hommes armés, elle se retirait sur-le-champ, après avoir fait constater le fait ; puis elle était en droit d'appeler en justice la partie adverse, *pour avoir usé de violence contre l'ordonnance du préteur*. Quoi donc ! avoir reconnu qu'il y avait des gens en armes est une preuve suffisante de violence, et tomber sous leurs coups n'en est pas une ?

exercitus armatos movet, id advocationem togatorum non videbitur movisse ? et vulnus corporis magis istam vim, quam terror animi declarabit ? et sauciatio quæretur, quum fugam factam esse constabit ? Tuus enim testis hoc dixit, metu perterritis nostris advocatis, locum se, qua effugerent, demonstrasse. Qui non modo ut fugerent, sed etiam ipsius fugæ tutam viam quæsierunt, his vis adhibita non videbitur ? Quid igitur fugiebant ? propter metum. Quid metuebant ? vim videlicet. Potestis igitur principia negare, quum extrema conceditis ? Fugisse perterritos confitemini ; causam fugæ dicitis eamdem, quam omnes intelligimus, arma, multitudinem hominum, incursionem atque impetum armatorum : hæc ubi conceduntur esse facta, ibi vis facta negabitur ?

XVI. At vero hoc quidem jam vetus est, et majorum exemplo multis in rebus usitatum : quum ad vim faciundam veniretur, si quos armatos quamvis procul conspexissent, ut statim testificati discederent, optime sponsionem facere possent, NI ADVERSUS EDICTUM PRÆTORIS VIS FACTA ESSET. Itane vero ? scire esse armatos, satis est ut vim factam probes ; in manus eorum incidere non

Leur seule présence établira le fait de violence, et leur attaque ne l'établira point? Celui qui se sera retiré prouvera plus aisément qu'on lui a fait violence que celui qui aura été mis en fuite? Mais il y a plus, selon moi. Si, après qu'Ébutius eut dit à Cécina, dans le château, qu'il avait rassemblé et armé une troupe d'hommes, et qu'il l'eut menacé de la mort, s'il avançait, Cécina se fût retiré sur-le-champ, je dis que vous n'auriez aucun sujet de douter de la violence dirigée contre lui ; et j'ajoute que vous en auriez moins encore, s'il se fût éloigné aussitôt après avoir vu les hommes armés. En effet, la violence est la même toutes les fois que, par la crainte, on nous force à quitter un lieu ou qu'on nous empêche d'en approcher. Si vous décidez autrement, prenez garde de décider qu'on n'a pas fait violence à quiconque s'est retiré avec la vie sauve ; prenez garde que tous les citoyens engagés dans des contestations de propriété ne s'autorisent de votre décision pour penser qu'ils doivent les soutenir les armes à la main ; prenez garde enfin qu'imitant les généraux qui, à la guerre, punissent la lâcheté de leurs soldats, les juges ne soient plus défavorables à ceux qui ont fui qu'à ceux qui ont combattu jusqu'à la dernière extrémité. Lorsque, au milieu de questions de droit et de discussions judiciaires entre particuliers, le nom de violence est prononcé, c'est la violence la plus légère qu'il faut entendre. J'ai vu des hommes armés, quoique en petit nombre :

est satis? Adspectus armatorum ad vim probandam valebit ; incursus et impetus non valebit ? qui abierit, facilius sibi vim factam probabit, quam qui effugerit? At ego hoc dico : si, ut primo in castello Cæcinæ dixit Æbutius, se homines coegisse et armasse, neque illum, si eo accessisset, abiturum, statim Cæcina discessisset; dubitare vos non debuisse, quin Cæcinæ facta vis esset ; si vero, simul ac procul conspexit armatos, recessisset, eo minus dubitaretis. Omnis enim vis est, quæ periculo aut decedere nos alicunde cogit, aut prohibet accedere. Quod si aliter statuetis, videte, ne hoc vos statuatis, qui vivus discesserit, ei vim non esse factam ; ne hoc omnibus, in possessionum controversiis, præscribatis, ut confligendum sibi, et armis decertandum putent; ne, quemadmodum in bello pœna ignavis ab imperatoribus constituitur, sic in judiciis deterior causa sit eorum, qui fugerint, quam qui ad extremum usque contenderint. Quum de jure et legitimis hominum controversiis loquimur, et in his rebus vim nominamus, pertenuis vis intelligi debet. Vidi armatos, quamvis paucos : magna vis est. Decessi unius hominis telo perterritus :

c'est une grande violence. J'ai fui épouvanté à la vue d'un homme armé : c'est avoir été repoussé, chassé. Si vous le décidez ainsi, personne à l'avenir, dans une question de propriété, ne voudra ni combattre ni même opposer de la résistance. Mais si vous n'admettez point de violence sans meurtre, sans blessure, sans effusion de sang, vous déciderez qu'on doit être plus attaché à ses biens qu'à sa vie.

XVII. Voyons, Ébutius, je veux vous faire juge vous-même de la violence : répondez-moi, je vous prie. Cécina n'a-t-il pas voulu ou n'a-t-il pas pu approcher de la terre en litige? Dire que vous l'avez arrêté et repoussé, c'est convenir implicitement qu'il voulait y entrer. Prétendrez-vous donc que la violence n'ait pas été un obstacle pour celui qui, désirant s'approcher, et étant venu dans ce dessein, en fut empêché par un attroupement? S'il n'a pu exécuter le projet qu'il avait le plus à cœur, il faut nécessairement que la violence y ait mis obstacle ; sinon, dites-moi pourquoi il n'a point approché, quoiqu'il en eût la volonté. Vous ne pouvez donc nier qu'il y ait eu violence. Mais vous demandez comment on est chassé d'un lieu dont on n'a point approché ; car il faut absolument, pour être chassé d'un lieu, être déplacé, être repoussé ; or, comment concevoir l'expulsion d'un homme qui n'a point été dans le lieu dont il prétend avoir été chassé? Mais s'il y était allé, mais s'il avait été forcé par la terreur, par

---

dejectus detrususque sum. Hoc si ita statuetis, non modo non erit, cur depugnare quisquam posthac, possessionis causa, velit, sed nē illud quidem, cur repugnare. Sin autem vim sine cæde, sine vulneratione, sine sanguine, nullam intelligetis ; statuetis, homines possessionis cupidiores, quam vitæ esse oportere.

XVII. Age vero, de vi te ipsum habebo judicem, Æbuti. Responde, si tibi videtur. In fundum Cæcina utrum noluit tandem, an non potuit accedere? Quum te obstitisse, et repulisse dicis, certe hunc voluisse concedis. Potes igitur dicere, non ei vim fuisse impedimento, cui, quum cuperet, eoque consilio venisset, per homines coactos non sit licitum accedere? Si enim id, quod maxime voluit, nullo modo potuit ; vis profecto quædam obstiterit necesse est : aut tu dic, quamobrem, quum vellet accedere, non accesserit. Jam vim factam negare non potes : dejectus quemadmodum sit, qui non accesserit, id quæritur. Demoveri enim et depelli de loco necesse est eum, qui dejiciatur : id autem accidere ei potest, qui omnino in eo loco, unde se dejectum esse dicit, nunquam fuit? Quod si fuisset, et ex eo loco, metu permotus, fu-

l'aspect de gens armés, à prendre la fuite, diriez-vous qu'il a été chassé? Oui, sans doute. Et cependant, vous qui jugez les contestations avec une subtilité si minutieuse, plutôt d'après les mots que d'après la raison, vous qui réduisez le droit à de vaines paroles, sans songer à l'intérêt général, direz-vous qu'on a été chassé, si l'on n'a pas été touché? Quoi ! vous direz qu'on a été *poussé dehors* ? car c'était le mot dont les préteurs se servaient anciennement dans l'ordonnance dont je parle. Y pensez-vous? peut-on être *poussé dehors* sans être touché? En voulant nous attacher au mot, ne faut-il pas, de toute nécessité, convenir que celui-là seul a été *poussé dehors*, sur lequel on a porté la main? Non, je le répète, si nous voulons expliquer la chose par le mot, on ne peut se figurer un homme *poussé hors d'un lieu* sans entendre qu'il en a été déplacé, rejeté par l'emploi de la violence et de la main. Le terme employé dans l'ordonnance signifie proprement *jeté de haut en bas, précipité* ; or, peut-on être précipité sans être jeté d'un lieu élevé dans un lieu plus bas? On peut être chassé, repoussé, enfin mis en fuite; mais ce qui est absolument impossible, c'est de se dire *précipité*, lorsque non-seulement on n'a pas été touché, mais qu'on n'a pas même été chassé d'un terrain uni et de plain pied. Croyons-nous donc que l'ordonnance n'a été faite que pour ceux qui se plaindraient d'avoir été jetés de haut en bas? car ce sont les seuls que nous puissions dire proprement avoir été précipités.

<small>gisset, quum armatos vidisset : diceresne esse dejectum ? Opinor. An tu, qui tam diligenter et tam callide verbis controversias, non æquitate, dijudicas, et jura non utilitate communi, sed litteris exprimis ; poterisne dicere, dejectum esse eum, qui tactus non erit? Quid? detrusum dices? Nam eo verbo antea prætores in hoc interdicto uti solebant. Quid ais? potestne detrudi quisquam, qui non attingitur? Nonne, si verbum sequi volumus, hoc intelligamus necesse est, eum detrudi, cui manus afferantur? Necesse est, inquam, si ad verbum rem volumus attingere, neminem statu detrusum, qui non, adhibita vi, manu demotus, et actus præceps intelligatur. Dejectus vero qui potest esse quisquam, nisi in inferiorem locum de superiore motus ? Potest pulsus, fugatus, ejectus denique ; illud vero nullo modo potest, dejectus esse quisquam, non modo qui tactus non sit, sed ne æquo quidem et plano loco. Quid ergo? hoc interdictum putamus eorum esse causa compositum, qui se præcipitatos ex locis superioribus dicerent ? eos enim vere possumus dicere esse dejectos.</small>

XVIII. Eh quoi! lorsque le vœu, l'esprit et l'objet de l'ordonnance prétorienne sont bien compris, n'y a-t-il pas une impudence extrême, une folie incroyable, à vouloir nous jeter dans la confusion des termes, en abandonnant le vrai sens des mots, en trahissant même la cause et l'intérêt de tous? Est-il douteux que, dans notre langue, qu'on accuse de pauvreté, il n'y ait pas, comme dans tout autre idiome, assez de mots pour que chaque chose ait son expression propre et déterminée? Le besoin de mots se fait-il sentir, quand la chose qu'ils énoncent est parfaitement comprise? Est-il une loi, un sénatus-consulte, une ordonnance de magistrat, un traité, une alliance, et (pour rentrer dans les affaires privées) est-il un testament, un engagement, une stipulation, un contrat, une décision de parents, qui ne puissent être infirmés ou annulés, si nous voulons assujettir les choses aux mots, si nous perdons de vue la volonté, le dessein, l'intention des auteurs de tous ces actes? On ne s'entendra certainement plus dans les conversations familières qui ont lieu tous les jours, si nous voulons chicaner sur les mots. Enfin nous ne pourrons plus commander dans nos maisons, si nos esclaves, pour nous obéir, consultent, non la signification usuelle des mots, mais leur signification rigoureuse.

Faut-il vous citer des exemples? Est-il un seul d'entre vous à

---

XVIII. An non, quum voluntas, et consilium, et sententia interdicti intelligatur, impudentiam summam, aut stultitiam singularem putabimus, in verborum errore versari; rem, et causam, et utilitatem communem non relinquere solum, sed etiam prodere? An hoc dubium est, quin neque verborum tanta copia sit, non modo in nostra lingua, quæ dicitur esse inops, sed ne in alia quidem ulla, res ut omnes suis certis ac propriis vocabulis nominentur? neque vero quidquam opus sit verbis, quum ea res, cujus causa verba quæsita sint, intelligatur? Quæ lex, quod senatusconsultum, quod magistratus edictum, quod fœdus, aut pactio; quod (ut ad privatas res redeam) testamentum, quæ judicia, aut stipulationes, aut pacti et conventi formula non infirmari, aut convelli potest, si ad verba rem deflectere velimus; consilium autem corum, qui scripserunt, et rationem, et auctoritatem relinquamus? Sermo mehercule et familiaris et quotidianus non cohærebit, si verba inter nos aucupabimur. Denique imperium domesticum nullum erit, si servulis hoc nostris concesserimus, ut ad verba nobis obediant; non ad id, quod ex verbis intelligi possit, obtemperent.

Exemplis nunc uti videlicet mihi necesse est harum rerum omnium? non

qui il ne s'en présente en foule, et qui n'en conclue que le droit ne dépend pas des mots, mais que les mots ne sont que l'expression des sentiments et des pensées ? Cette vérité a été démontrée avec autant d'éclat que d'abondance par le plus éloquent des orateurs, L. Crassus, dans une cause portée devant les centumvirs. Je n'avais pas encore paru au barreau. Cet orateur avait pour adversaire le savant jurisconsulte Q. Mucius. Cependant il prouva sans peine à tout le monde que M. Curius, institué héritier en cas qu'un fils posthume vînt à mourir, devait jouir de cet avantage, quoique ce fils ne fût pas mort, et même quoiqu'il ne fût pas né. Cette clause était-elle exprimée en termes assez clairs? Non, sans doute. Qu'est-ce donc qui détermina les juges? L'intention du testateur: Aurions-nous besoin des paroles, si nous pouvions expliquer nos volontés sans leur secours? Or, les mots étant indispensables, ils ont été créés, non pour contrarier, mais pour exprimer nos intentions.

XIX. La loi fixe à deux ans la prescription pour une terre. La même disposition s'applique aux maisons, quoique la loi n'en fasse pas mention. Elle permet, dans le cas où le chemin est impraticable, de conduire ses bêtes de somme par où l'on veut. Faut-il entendre par là que, si le chemin est impraticable dans le Brutium, la loi permet de faire passer ses bêtes de somme par la terre de M. Scaurus, située dans le territoire de Tusculum ?

occurrit unicuique vestrum aliud alii in omni genere exemplum, quod testimonio sit, non ex verbis aptum pendere jus, sed verba servire hominum consiliis et auctoritatibus? Ornate et copiose L. Crassus, homo longe eloquentissimus, paullo ante, quam nos in forum venimus, judicio centumvirali hanc sententiam defendit, et facile, quum contra eum prudentissimus homo, Q. Mucius, diceret, probavit omnibus, M. Curium, qui hæres institutus esset ita mortuo postumo filio, quum filius non modo non mortuus, sed ne natus quidem esset, hæredem esse oportere. Quid? verbis satis hoc cautum erat? minime. Quæ res igitur valuit? voluntas: quæ si tacitis nobis intelligi posset, verbis omnino non uteremur; quia non potest, verba reperta sunt, non quæ impedirent, sed quæ indicarent voluntatem.

XIX. Lex usum auctoritatem fundi jubet esse biennium. At utimur eodem jure in ædibus, quæ in lege non appellantur. Si via sit immunita, jubet; qua velit, agere jumentum. Potest hoc ex verbis ntelligi, licere, si via sit in Bruttiis immunita, agere, si velit, jumentum per M. Scauri Tusculanum. Actio est in au-

L'action permise contre le vendeur présent est conçue en ces termes : *Puisque je vous aperçois dans ce tribunal.* Cette action serait donc refusée à l'illustre Appius, l'aveugle, si l'on s'attachait plus aux mots qu'à la chose qu'ils expriment. Si Cornélius était reconnu héritier dans un testament, comme étant encore pupille, et qu'il eût déjà vingt ans, avec des interprètes comme vous, il perdrait sa succession. Il se présente à moi une foule d'exemples, et sans doute il s'en offre à vous un plus grand nombre encore. Pour ne pas entrer dans trop de détails, et ne pas trop m'écarter de mon sujet, examinons l'ordonnance dont il s'agit. Vous y verrez que, si nous fondons le droit sur les mots, nous perdrons, en voulant être fins et subtils, tous les avantages qu'elle nous attribue. *Si vous, ou vos esclaves, ou votre agent, avez chassé...* Si votre fermier seulement m'eût chassé, ce ne seraient pas sans doute tous vos esclaves qui m'auraient chassé, mais un seul d'entre eux. Seriez-vous donc en droit de dire que l'ordonnance ne vous est pas applicable? Oui, assurément. En effet, qu'y a-t-il de plus facile que de démontrer à ceux qui savent notre langue que par *un seul esclave,* on n'entend pas *plusieurs* ? Supposons même que vous n'ayez pas d'autre esclave que celui qui m'a chassé, vous vous écrieriez certainement : « Si j'ai des esclaves, je conviens que mes esclaves vous ont chassé. » Or, il est incontestable, à juger l'affaire seulement

---

ctorem præsentem his verbis, QUANDOQUIDEM TE IN JURE CONSPICIO. Hac actione Appius ille cæcus uti non posset, si tam severe homines verba consectarentur, ut rem cujus causa verba sunt, non considerarent. Testamento si recitatus hæres esset pupillus Cornelius, isque jam annos XX haberet; vobis interpretibus amitteret hæreditatem. Veniunt in mentem mihi permulta : vobis plura, certo scio. Verum, ne nimium multa complectamur, atque ab eo, quod propositum est, longius aberret oratio; hoc ipsum interdictum, de quo agitur, consideremus. Intelligetis enim in eo ipso, si in verbis jus constituamus, omnem utilitatem nos hujus interdicti, dum versuti et callidi volumus esse, amissuros. UNDE TU, AUT FAMILIA, AUT PROCURATOR TUUS. Si me villicus tuus solus dejecisset, non familia dejecisset, ut opinor, sed aliquis de familia. Recte igitur diceres te restituisse ? quippe. Quid enim facilius est quam probari iis qui latine sciant, in uno servulo familiæ nomen non valere? Si vero ne habeas quidem servum, præter eum, qui me dejecerit; clames videlicet : « Si habeo familiam, a familia mea fateor te esse dejectum. » Neque dubium est, quin, si ad rem judicandam verbo

d'après le mot, et non d'après la chose, qu'il faut entendre, par plusieurs esclaves, les esclaves réunis, et qu'un seul ne forme pas toute la maison. Non-seulement le mot appelle cette interprétation, mais elle est obligée. Au reste, le fond de la question, l'esprit de l'ordonnance provisionnelle, la volonté des préteurs et l'opinion des jurisconsultes éclairés repoussent cette défense, et la rejettent avec mépris.

XX. Quoi donc ! nos magistrats ne savent-ils point parler notre langue ? Loin de là, ils la parlent assez bien pour faire connaître l'intention des législateurs, puisqu'ils ont voulu que vous me rétablissiez, soit que vous m'ayez chassé vous-même ou quelqu'un des vôtres, esclaves ou amis. Ils n'ont pas spécifié le nombre d'esclaves, mais ils ont employé un terme général qui les comprend tous. Ils donnent aussi le nom d'*agent* à tout homme libre ; non que le mot et la chose conviennent à tous ceux que nous chargeons de quelques commissions ; mais c'est que, sur ce point, ils n'ont pas voulu qu'on subtilisât sur les termes de l'ordonnance, quand on en connaissait l'esprit. Peu importe, pour le fond de la cause, qu'il s'agisse d'un esclave ou de plusieurs ; peu importe, pour la question de droit, que j'aie été chassé par votre agent, par un administrateur légal de tous les biens d'un citoyen éloigné de l'Italie pour ses affaires ou pour celles de la république, par une sorte de maître en second substitué aux

ducimur, non re, familiam intelligamus, quæ constet ex servis pluribus ; quin unus homo familia non sit. Verbum certe hoc non modo postulat, sed etiam cogit. At vero ratio juris, interdictique vis, et prætorum voluntas, et hominum prudentium consilium et auctoritas, respuat hanc defensionem, et pro nihilo putet.

XX. Quid ergo ? isti homines latine non loquuntur ? Imo vero tantum loquuntur, quantum est satis ad intelligendam voluntatem ; quum sibi hoc proposuerint, ut, sive me tu dejeceris, sive tuorum quispiam, sive servorum, sive amicorum, ut servos non numero distinguant, sed appellent uno familiæ nomine : de liberis autem quisquis est, procuratoris nomine appelletur ; non quo omnes sint, aut appellentur procuratores, qui negotii nostri aliquid gerant ; sed in hac re, cognita sententia interdicti, verba subtiliter exquiri omnia noluerunt. Non enim alia causa est æquitatis in uno servo, et in pluribus : non alia ratio juris in hoc genere duntaxat, utrum me tuus procurator dejecerit is, qui legitime procurator dicitur omnium rerum ejus, qui in Italia non sit, absitve reipublicæ causa, quasi quidam pene dominus, hoc est, alieni

droits du véritable, ou par votre fermier, par votre voisin, par votre client, par votre affranchi, ou par tout autre individu qui se sera fait, à votre prière ou en votre nom, l'instrument de cette violence et de cette expulsion. Si donc, pour rétablir celui qui a été chassé par la violence, la chose au fond est toujours la même, qu'importe, quand la violence est reconnue, la valeur des mots et des termes ? Si j'ai été chassé par votre affranchi, par un homme qui ne tenait de vous aucun mandat, vous me devez réparation, comme si je l'avais été par votre agent. Sans doute ce nom n'est pas donné à tous ceux que nous chargeons de quelque affaire; mais ici ce n'est point le mot qu'on examine. Vous me ferez réparation, si j'ai été chassé par un de vos esclaves, tout aussi bien que si je l'avais été par tous vos esclaves ensemble. Ce n'est pas qu'il faille voir tous les esclaves dans un seul, mais c'est qu'on examine l'action, et non les termes. Et, pour m'éloigner encore plus des mots, sans m'écarter de la chose, quand il n'y aurait eu aucun de vos esclaves, quand ce seraient des esclaves étrangers dont vous auriez payé les bras, ils seront pourtant considérés comme appartenant à votre maison.

XXI. Mais continuons l'examen de l'ordonnance qui porte : *avec des hommes rassemblés.* Quand vous ne les auriez pas rassemblés, quand ils seraient venus d'eux-mêmes, n'est-ce pas rassembler des hommes que de les réunir? et ceux qu'on a

juris vicarius; an tuus colonus, aut vicinus, aut cliens, aut libertus, aut quivis, qui illam vim dejectionemque, tuo rogatu, aut tuo nomine, fecerit. Quare, si ad eum restituendum, qui vi dejectus est, eamdem vim habet æquitatis ratio; ea intellecta, certe nihil ad rem pertinet, quæ verborum vis sit, ac nominum. Tam restitues, si tuus me libertus dejecerit, nulli tuo præpositus negotio, quam si procurator dejecerit; non quo omnes sint procuratores, qui aliquid nostri negotii gerunt, sed quod in hac re quæri nihil attinet. Tam restitues, si unus servulus, quam si familia dejecerit universa : non quo idem sit servulus unus, quod familia; verum quia non, quibus verbis quidque dicatur, quæritur, sed quæ res agatur. Etiam, ut jam longius a verbo recedamus, ab æquitate ne tantulum quidem, si tuus servus nullus fuerit, sed omnes alieni, ac mercenarii; tamen et ipsi tuæ familiæ genere et nomine continebuntur.

XXI. Perge porro hoc idem interdictum sequi : hominibus coactis. Neminem coegeris; ipsi convenerint sua sponte : certe cogit is, qui congregat homines et convocat; coacti sunt ii, qui ab aliquo sunt unum in locum congregati. Si

réunis en un même lieu n'ont-ils pas été rassemblés? S'ils n'étaient pas même venus, s'ils étaient auparavant dans la campagne, selon leur coutume, non pour commettre une violence, mais pour cultiver la terre ou pour faire paître des troupeaux, vous soutiendriez qu'ils n'ont pas été rassemblés ; et, d'après mon jugement même, vous auriez gain de cause pour le mot ; mais, pour le fond de la chose, votre défense ne serait admise devant aucun tribunal. En effet, nos ancêtres ont voulu qu'on réparât une violence faite par une multitude en général, et non pas seulement par une multitude rassemblée. Mais, comme d'ordinaire on ne rassemble des hommes que là où l'on a besoin d'un attroupement, voilà pourquoi l'ordonnance parle d'hommes rassemblés. Quand cette ordonnance différerait dans les termes, elle serait néanmoins la même en réalité et garderait toujours la même force, tant que le fond ne variera pas.

*Avec des hommes armés.* Que veut dire cette expression? Si l'on veut parler notre langue, qui peut-on appeler proprement de ce nom? Sans doute ceux qui sont munis de boucliers et d'épées. Eh quoi! si c'est avec des pierres, des mottes de terre ou des bâtons que vous chassez un individu de son domaine, et qu'on vous ordonne de rétablir celui que vous aurez expulsé avec des gens en armes, direz-vous que l'ordonnance ne vous concerne point? Oui, dites-le, je vous y engage, si les mots sont tout-puissants, si c'est d'après eux, et non d'après la raison,

---

non modo convocati non sunt, sed ne convenerunt quidem; sed ii modo fuerunt, qui etiam antea, non vis ut fieret, verum colendi aut pascendi causa, esse in agro consueverant : defendes, homines coactos non fuisse, et verbo quidem superabis, me ipso judice ; re autem, ne consistes quidem ullo judice. Vim enim multitudinis restitui voluerunt, non solum convocatæ multitudinis. Sed, quia plerumque, ubi multitudine opus est, homines cogi solent, ideo de coactis compositum interdictum est. Quod, etiamsi verbo differre videbitur, re tamen erit unum, et omnibus in causis idem valebit, in quibus perspicitur una atque eadem causa æquitatis.

Armatisve. Quid dicemus? armatos, si latine loqui volumus, quos appellare vere possumus? opinor eos, qui scutis telisque parati ornatique sunt. Quid igitur? si glebis, aut saxis, aut fustibus aliquem de fundo præcipitem egeris; jussusque sis, quem hominibus armatis dejeceris, restituere : restituisse te dices? Verba si valent, si causa non ratione, sed vocibus ponderantur ; me

qu'on juge des choses. Vous triompherez sans doute, si ce n'est pas être armé que de jeter des pierres qu'on ramasse sur le lieu même ; si des mottes de gazon et des mottes de terre ne sont pas des armes ; si ce n'est pas être armé que de se munir de branches d'arbres qu'on a arrachées en passant; enfin si, du moment que les armes ont des noms qui leur sont propres comme défensives ou offensives, ceux qui n'en avaient pas doivent être regardés comme étant sans armes. S'il était question d'examiner les armes, vous pourriez parler ainsi ; mais, quand il s'agit d'apprécier le droit et l'équité, gardez-vous de recourir à de si tristes et de si pitoyables subterfuges. Non, vous ne trouverez point de magistrat ou de commissaire qui, pour prononcer qu'un homme était armé, l'examinera comme un soldat sous les armes. Il considérera comme ayant été armé quiconque aura été trouvé muni d'instruments capables de causer la mort ou des blessures.

XXII. Et, pour vous faire mieux comprendre la futilité de vos disputes de mots, je suppose que vous ou tout autre, étant seul, armé d'un bouclier et d'une épée, vous vous soyez précipité sur moi, et qu'ainsi vous m'ayez chassé, oseriez-vous dire que l'ordonnance parle d'hommes armés, et qu'ici il n'y avait qu'un homme armé ? Je ne vous crois pas assez impudent pour le faire ; mais prenez garde de montrer ici encore plus d'effronterie. Et pourtant, dans le cas que je viens d'établir, vous pourriez vous récrier devant toute la terre que, dans votre cause, on

---

auctore dicito. Vinces profecto, non fuisse armatos eos, qui saxa jacerent, quæ de terra ipsi tollerent ; non esse arma cespites, neque glebas ; non fuisse armatos eos, qui prætereuntes ramum défringerent arboris ; arma esse suis nominibus, alia ad tegendum, alia ad nocendum : quæ qui non habuerint, eos inermes fuisse vinces. Verum si quidem erit armorum judicium, tum ista dicito : juris judicium quum erit, et æquitatis, cave in ista tam frigida, tam jejuna calumnia delitescas. Non enim reperies quemquam judicem aut recuperatorem qui, tanquam si arma militis inspicienda sint, ita prohet armatum ; sed perinde valebit, quasi paratissimi fuerint, si reperientur ita parati fuisse, ut vim vitæ aut corpori potuerint afferre.

XXII. Atque, ut magis intelligas, quam verba nihil valeant : si tu solus, aut quivis unus cum scuto, cum gladio, impetum in me fecisset, atque ego ita dejectus essem ; auderesne dicere, interdictum esse de armatis hominibus, hic autem hominem armatum unum fuisse ? Non, opinor, tam impudens esses. Atqui vide, ne multo nunc sis impudentior : nam tum quidem omnes mortales

méconnaît les premiers éléments de la langue, que des hommes sans armes sont considérés comme étant armés, que l'ordonnance parlant de plusieurs hommes, et la violence ayant été faite par un seul, on assimile un seul homme à plusieurs. Mais, dans de pareilles causes, ce ne sont pas les termes qu'on examine devant les tribunaux, c'est la chose qu'ils servent à exprimer dans l'ordonnance. Nos ancêtres ont voulu, sans exception, la réparation de toute violence tendant à nous ôter la vie. Ce sont des hommes rassemblés et armés qui d'ordinaire exercent cette violence. Mais, fût-elle autrement exercée, nos ancêtres ont voulu la même réparation, parce qu'elle entraîne les mêmes dangers. Suis-je, en effet, plus gravement outragé par tous vos esclaves que par votre fermier; par vos propres esclaves que par ceux d'autrui dont vous avez loué les bras; par votre agent que par votre voisin ou votre affranchi; par des hommes rassemblés que par des hommes venus volontairement, ou même par vos journaliers; par des gens armés que par des gens sans armes, mais ayant les mêmes facilités pour nuire; par plusieurs enfin que par un seul? L'ordonnance fait connaître les moyens ordinairement employés pour commettre une violence. Si c'est par d'autres moyens qu'elle a été commise, quoique non comprise dans la lettre de l'ordonnance, elle n'en est pas moins renfermée dans l'esprit et dans l'intention de la loi.

implorare posses, quod homines in tuo negotio latine loqui obliviscerentur; quod inermes armati judicarentur; quod, quum interdictum esset de pluribus, commissa res esset ab uno, unus homo plures esse homines judicaretur. Verum in his causis non verba veniunt in judicium, sed ea res, cujus causa verba hæc in interdictum conjecta sunt. Vim, quæ ad caput et ad vitam pertinet, restitui sine ulla exceptione voluerunt. Ea fit plerumque per homines coactos armatosque : quæ si alio consilio, eodem periculo facta sit; eodem jure esse voluerunt. Non enim major est injuria, si tua familia, quam si tuus villicus; non, si tui servi, quam si alieni, ac mercenarii; non, si tuus procurator, quam si vicinus, aut libertus tuus; non, si coactis hominibus, quam si voluntariis, aut etiam assiduis ac domesticis; non, si armatis, quam si inermibus, qui vim haberent armatorum ad nocendum; non, si pluribus, quam si uno armato. Quibus enim rebus plerumque vis fit, ejusmodi hæ res appellantur interdicto. Si per alias res eadem facta vis est, ea, tametsi verbis interdicti non concluditur, tamen sententia juris atque auctoritate retinetur.

XXIII. J'arrive à votre grand moyen : *Je ne l'ai pas chassé, puisque je ne l'ai pas laissé approcher.* Sans doute, Pison, vous sentez vous-même combien cette défense l'emporte en faiblesse et en pauvreté sur celle-ci : *Ils n'étaient pas armés; ils n'avaient que des bâtons et des pierres.* Certes, si, tout mince orateur que je suis, j'avais le choix de soutenir, ou qu'un homme n'a pas été chassé quand la violence et les armes l'ont empêché d'approcher, ou que des hommes n'étaient pas armés quand ils n'avaient ni boucliers ni épées, ces deux propositions me sembleraient tout à fait misérables et puériles. Cependant l'une des deux, ce me semble, me fournirait quelque chose à dire quand j'essayerais de prouver qu'on n'était pas armé lorsqu'on n'avait ni épées ni boucliers ; au lieu que je serais fort embarrassé, s'il me fallait démontrer qu'on n'a pas été chassé lorsqu'on a été repoussé et mis en fuite.

Ce qui m'a le plus surpris dans tout votre plaidoyer, c'est que vous avancez que l'opinion des jurisconsultes ne doit pas faire autorité. Ce n'est pas là la première fois, ce n'est pas dans cette cause seule, que j'ai entendu émettre ce paradoxe ; mais je ne vois point pourquoi vous tenez un tel langage. Ordinairement on n'a recours à ce moyen en plaidant que quand on croit pouvoir défendre quelque chose de juste et de bon en soi. Mais quand on a affaire à des gens qui disputent sur les mots et les

XXIII. Venio nunc ad illud tuum : « Non dejeci, si non sivi accedere. » Puto te ipsum, Piso, perspicere, quanto ista sit angustior iniquiorque defensio, quam si illa uterere : « Non fuerunt armati ; cum fustibus et saxis fuerunt. » Si mehercule mihi, non copioso homini ad dicendum, optio detur, utrum malim defendere, non esse dejectum eum, cui vi et armis ingredienti sit occursum, an, armatos non fuisse eos, qui sine scutis ac sine ferro fuerint ; omnino ad probandum utramque rem videam infirmam nugatoriamque esse ; ad dicendum autem in altera videar mihi aliquid reperire posse, non fuisse armatos eos, qui neque ferri quidquam, neque scutum ullum habuerint ; hic vero hæream, si mihi defendendum sit, eum, qui pulsus fugatusque sit, non esse dejectum.

Atque illud in tota defensione tua mihi maxime mirum videbatur, te dicere, jurisconsultorum auctoritati obtemperari non oportere. Quod ego tametsi non nunc primum, neque in hac causa solum, audio, tamen admodum mirabar, abs te quamobrem diceretur. Nam cæteri tum ad istam hortationem decurrunt, **quum in causa putant habere æquum et bonum, quod defendant.** Si

syllabes, et, comme on dit, selon la rigueur de la lettre, on a coutume d'opposer à leur mauvaise foi les principes sacrés de la justice et de l'honnêteté. C'est alors qu'on se moque de tous leurs artifices ; c'est alors qu'on soulève l'indignation contre leurs chicanes et leurs arguties ; c'est alors qu'on s'écrie que les juges doivent fonder leurs décisions sur l'équité, sur l'honnêteté, et non sur des interprétations fausses et captieuses; qu'un chicaneur s'attache à la lettre, mais qu'un bon juge recherche l'intention et la volonté du législateur. Or ici, lorsque c'est vous-même qui vous défendez par des équivoques de mots et de syllabes, lorsque vous nous faites ce raisonnement : « D'où avez-vous été chassé ? Si c'est d'un lieu dont je vous ai interdit l'accès, vous avez été repoussé, non chassé ; » puis, lorsque vous ajoutez : « Je l'avoue, j'ai rassemblé, armé des hommes ; je vous ai menacé de mort ; l'ordonnance du préteur prononce contre moi une condamnation méritée, si l'on considère l'intention et le le droit ; mais je trouve dans cette ordonnance un seul mot qui me sert de refuge, c'est que je n'ai pu vous chasser d'un lieu dont je ne vous ai pas laissé approcher ; » lorsque c'est vous qui jouez ce rôle, vous accusez d'un semblable procédé les jurisconsultes qui mettent l'équité au-dessus des termes de la loi.

XXIV. A ce sujet, vous avez rappelé l'échec essuyé par Scévola devant les centumvirs, échec dont j'ai moi-même fait men-

---

contra verbis et litteris, et, ut dici solet, summo jure contenditur, solent ejusmodi iniquitati boni et æqui nomen dignitatemque opponere. Tum illud, quod dicitur, sive, nive, irrident ; tum aucupia verborum et litterarum tendiculas in invidiam vocant ; tum vociferantur, ex æquo et bono, non ex callido versutoque jure, rem judicari oportere ; scriptum sequi, calumniatoris esse ; boni judicis, voluntatem scriptoris auctoritatemque defendere. In ista vero causa, quum tu sis is, qui te verbo literaque defendas ; quum tuæ sint hæ partes : « Unde dejectus es ? an inde, quo prohibitus es accedere ? ejectus es, non dejectus ; » quum tua sit hæc oratio : « Fateor me homines coegisse ; fateor armasse ; fateor tibi mortem esse minitatum ; fateor hoc interdicto prætoris vindicari, si voluntas et æquitas valeat ; sed ego invenio in interdicto verbum unum, ubi delitescam : Non dejeci te ex eo loco, quem in locum prohibui ne venires ; » in ista defensione accusas eos, qui consuluntur, quod æquitatis censeant rationem, non verbi, haberi oportere.

XXIV. Et hoc loco Scævolam dixisti causam apud centumviros non tenuisse,

tion ci-dessus. J'ai dit qu'en agissant comme vous faites à présent, cet orateur ne persuada personne, parce qu'il semblait attaquer la justice avec des mots, quoiqu'il fût plus en droit de le faire dans sa cause que vous dans la vôtre. Je suis surpris que, dans une telle affaire, vous ayez fait contre les jurisconsultes une sortie aussi intempestive que contraire à l'intérêt de votre cause; et, en général, ce qui m'étonne, c'est que, dans les tribunaux, on entende soutenir quelquefois, même à des hommes de talent, que l'autorité des jurisconsultes ne doit pas toujours être admise, et que, dans les procès, le droit civil ne doit pas toujours prévaloir. S'ils blâment quelques décisions des jurisconsultes, ce n'est point contre le droit civil, mais contre l'ignorance de certains hommes, qu'ils doivent s'élever. S'ils conviennent, au contraire, que ces décisions sont bonnes, et néanmoins qu'on doive juger autrement, ils provoquent de mauvais jugements : car, dans cette hypothèse, il est contre l'équité que le jugement diffère de la décision, et qu'on soit réputé habile jurisconsulte, lorsqu'on décide comme un point de droit ce qui ne mérite pas d'être confirmé par un jugement. Mais on a quelquefois prononcé contre la décision des jurisconsultes. D'abord a-t-on jugé bien ou mal? Si l'on a bien jugé, c'est selon le droit qu'on a jugé; sinon, vous voyez clairement sur qui, des juges ou des jurisconsultes, le blâme doit retomber. Ensuite, si c'est un

---

quem ego antea commemoravi quod idem faceret, quod tu nunc (tametsi ille in aliqua causa faciebat, tu in nulla facis), tamen probasse nemini quod defendit, quia verbis oppugnare æquitatem videbatur. Quum id miror, te hoc in hac re, alieno tempore, et contra, quam ista causa postulasset, defendisse ; tum illud vulgo in judiciis, et nonnunquam ab ingeniosis hominibus defendi, mihi mirum videri solet, nec jurisconsultis concedi, nec jus civile in causis semper valere oportere. Nam qui hoc disputant, si id dicunt, non recte aliquid statuere eos qui consulantur, non hoc debent dicere juri civili, sed hominibus stultis obtemperari non oportere. Sin illos recte respondere concedunt, et aliter judicari dicunt oportere ; male judicari oportere dicunt : neque enim fieri potest, ut aliud judicari de jure, aliud responderi oporteat ; nec ut quisquam juris numeretur peritus, qui id statuat esse jus, quod non oporteat judicari. At est aliquando contra judicatum. Primum utrum recte, an perperam? Si recte ; id fuit jus, quod judicatum est. Sin aliter ; non dubium est, utrum judices, an jurisconsulti vituperandi sint. Deinde, si de jure vario

point de droit douteux qu'on a jugé, on n'a pas plus jugé contre les jurisconsultes en prononçant contre l'avis de Scévola, que jugé selon leur décision en adoptant l'opinion de Manilius. En effet, Crassus lui-même, plaidant devant les centumvirs, ne s'est pas élevé contre les jurisconsultes, mais il a fait voir que le sentiment de Scévola n'était pas conforme au droit ; et, pour le prouver, il ne s'est pas contenté du raisonnement, il s'est appuyé de l'autorité de Q. Mucius, son beau-père, et de plusieurs hommes très-éclairés.

XXV. Méconnaître l'autorité du droit civil, c'est nuire à l'intérêt général, c'est renverser à la fois les fondements de la justice et de la société ; blâmer les interprètes du droit civil, quand ils font preuve d'ignorance en cette matière, c'est rabaisser les personnes et non le droit civil. Mais soutenir qu'il ne faut pas déférer à l'opinion des jurisconsultes habiles, ce n'est point offenser les personnes, c'est attaquer les lois et la justice. Il faut donc absolument vous mettre dans l'esprit que rien dans l'État ne mérite plus d'être soigneusement conservé que le droit civil. Sans ce droit, on ne pourrait ni distinguer son bien du bien d'autrui, ni établir de règle commune et uniforme entre les citoyens. Ainsi, dans tous les débats judiciaires où l'on examine si un fait a eu lieu ou non, s'il est vrai ou faux, il n'est que trop ordinaire de

quippiam judicatum est ; non potius contra jurisconsultos statuunt, si aliter pronuntiatum est, ac Mucio placuit, quam ex eorum auctoritate, si, ut Manilius statuebat, sic est judicatum. Etenim ipse Crassus non ita causam apud centumviros egit, ut contra jurisconsultos diceret ; sed ut hoc doceret, illud, quod Scævola defendebat, non esse juris ; et in eam rem non solum rationes afferret, sed etiam Q. Mucio, socero suo, multisque peritissimis hominibus auctoribus uteretur.

XXV. Nam qui jus civile contemnendum putat, is vincula revellit non modo judiciorum, sed etiam utilitatis vitæque communis ; qui autem interpretes juris vituperat, si imperitos juris esse dicit, de hominibus, non de jure civili detrahit ; sin peritis non putat esse obtemperandum, non homines lædit, sed leges ac jura labefactat. Quod vobis venire in mentem profecto necesse est, nihil esse in civitate tam diligenter, quam jus civile, retinendum : etenim, hoc sublato, nihil est quare exploratum cuiquam possit esse, quid suum, aut quid alienum sit ; nihil est quod æquabile inter omnes atque unum omnibus esse possit. Itaque in cæteris controversiis atque judiciis, quum quæritur, aliquid factum, necne sit, verum an falsum proferatur ; et fictus testis

suborner un témoin, de produire des pièces fabriquées ; quelquefois une spécieuse apparence peut donner le change à un juge intègre, et fournir à un juge corrompu, qui sciemment rend une sentence inique, le moyen de persuader qu'il s'est déterminé par les dépositions d'un témoin et par l'autorité d'une pièce.

Rien de semblable ne se rencontre dans les questions de droit. Ici point de faux témoins, point de pièces fabriquées. Cet immense crédit, qui n'a que trop d'influence dans l'État, n'est ici d'aucune ressource. Point de moyen pour lui d'effrayer, de corrompre des magistrats, ni de se faire en rien sentir. Un homme moins scrupuleux qu'accrédité peut dire à un juge : Décidez que ce fait a eu lieu, ou qu'il n'a jamais eu lieu, que même on n'y a jamais songé ; ayez foi en ce témoin ; admettez cette pièce. Mais il ne peut lui dire : Prononcez la validité du testament d'un homme à qui un fils est né après sa mort, et celle d'une promesse faite par une femme sans l'autorisation de son tuteur. Dans ces sortes de questions, il n'est ni puissance ni crédit qui exercent de l'influence. Enfin, ce qui rend le droit plus vénérable et plus sacré, c'est qu'en pareille matière il n'est pas possible de corrompre un juge à prix d'argent. Celui de vos témoins, Ébutius, qui osa déclarer *atteint et convaincu* un citoyen, sans même savoir de quoi on l'accusait, n'oserait jamais décider qu'un époux a des droits sur la dot de sa femme, quand elle la lui a

---

subornari solet, et interponi falsæ tabulæ; nonnunquam, honesto ac probabili nomine, bono viro judici error objici ; improbo facultas dari, ut, quum sciens perperam judicarit, testimonium aut tabulas secutus esse videatur.

In jure nihil est ejusmodi, recuperatores : non tabulæ falsæ, non testis improbus : denique nimia ista, quæ dominatur in civitate, potentia, in hoc solo genere quiescit ; quid agat, quomodo aggrediatur judicem, qua denique digitum proferat, non habet. Illud enim potest dici judici ab aliquo non tam verecundo homine quam gratioso : Judica hoc factum esse, aut nunquam esse factum, vel cogitatum ; crede huic testi ; has comproba tabulas. Hoc non potest : Cui filius agnatus sit, ejus testamentum non esse ruptum, judica ; quod mulier sine tutore auctore promiserit, deberi. Non est aditus ad hujusmodi res, neque potentiæ cujusquam, neque gratiæ. Denique, quo majus hoc sanctiusque videatur, ne pretio quidem corrumpi judex in ejusmodi causa potest. Iste vester testis qui ausus est dicere, FECISSE VIDERI EUM, de quo, ne cujus rei arguerctur quidem scire potuisset, ipse nunquam auderet judicare,

promise sans y être autorisée par personne. Quelle science admirable, juges, et qu'elle mérite, à ce titre, que vous la conserviez !

XXVI. Qu'est-ce, en effet, que le droit civil ? Un édifice qui ne saurait être ébranlé par le crédit, ni renversé par la puissance, ni détérioré par la corruption de l'or. Supposez le droit, je ne dis pas détruit, mais seulement abandonné ou négligé, il devient impossible de compter ni sur ce qu'on doit recevoir de son père, ni sur ce qu'on doit laisser à ses enfants. Qu'importe de posséder une maison, un domaine provenant de l'héritage paternel ou acquis de quelque autre façon, si cette possession est incertaine, si elle ne nous est garantie par un droit de propriété, si ce droit n'est pas irrévocable, si la loi civile et publique ne peut le mettre à l'abri des atteintes du pouvoir ? Que sert-il, dis-je, de posséder une terre, si les règles sagement établies par nos ancêtres relativement aux bornes, aux possessions, aux eaux et aux chemins peuvent, sous quelque prétexte, être changées et bouleversées ? Croyez-moi, chacun de vous, quant à la sûreté de ses biens, reçoit un plus bel héritage du droit et des lois que des personnes qui lui ont transmis ces biens mêmes. Je puis, en vertu d'un testament, devenir propriétaire d'un bien ; mais ce bien, devenu ma propriété, je ne puis le conserver sans l'appui du droit civil. Mon père m'a laissé un domaine ; mais le droit de

deberi viro dotem quam mulier nullo auctore dixisset. O rem præclaram, vobisque ob hoc retinendam, recuperatores !

XXVI. Quod enim est jus civile ? quod neque inflecti gratia, neque perfringi potentia, neque adulterari pecunia possit ; quod si non modo oppressum, sed etiam desertum aut negligentius adversatum erit, nihil est quod quisquam sese habere certum, aut a patre accepturum, aut relicturum liberis arbitretur. Quid enim refert, ædes, aut fundum relictum a patre, aut aliqua ratione habere bene partum, si incertum sit, quæ tum omnia tua jure mancipii sint, ea possisne retinere ? si parum sit communitum jus ? si civili ac publica lege contra alicujus gratiam teneri non potest ? Quid, inquam, prodest, fundum habere, si, quæ decentissime descripta a majoribus jura finium, possessionum, aquarum, itinerumque sunt, hæc perturbari aliqua ratione commutarique possunt ? Mihi credite : major hæreditas venit unicuique vestrum in iisdem bonis, a jure et a legibus, quam ab iis a quibus illa ipsa bona relicta sunt. Nam, ut perveniat ad me fundus, testamento alicujus fieri potest ; ut retineam, quod meum factum sit, sine jure civili non potest. Fundus a patre relinqua

prescription qui m'affranchit de toute inquiétude et de la crainte des procès, ce n'est point à mon père, c'est aux lois que j'en suis redevable. Je tiens de mon père le droit d'avoir de l'eau par des conduits et d'en puiser, le droit de chemin et de passage; mais qui me confirme la jouissance de tous ces avantages? le droit civil. Ainsi, pour la conservation de ce patrimoine public du droit que vous ont transmis vos ancêtres, vous devez mettre autant de zèle que pour conserver votre fortune personnelle. Non-seulement elle trouve sa garantie dans le droit civil ; mais la perte d'un patrimoine ne cause de dommage qu'à un seul individu, tandis qu'on ne peut enfreindre le droit civil sans que le corps entier de l'État n'en reçoive un considérable préjudice.

XXVII. Si, dans cette cause même, juges, nous ne parvenons point à vous persuader qu'on a été chassé par la violence et par des armes, quand il est constant qu'on a été repoussé, mis en fuite par les armes et par la violence, Cécina, sans perdre sa fortune, qu'il perdrait avec courage, s'il le fallait, ne rentrera point, pour le moment, dans la propriété d'un fonds de terre ; voilà tout. Mais l'intérêt du peuple romain, mais les droits des citoyens, leurs biens, leurs fortunes, leurs possessions, tout cela flottera dans le doute et sera remis en question. Voici la règle qui sera établie, consacrée par votre sentence : Lorsqu'à l'avenir on disputera une possession à quelqu'un, on ne sera forcé de l'y

potest; at usucapio fundi, hoc est, finis sollicitudinis ac periculi litium, non a patre relinquitur, sed a legibus. Aquæ ductus, haustus, iter, actus, a patre ; sed rata auctoritas harum rerum omnium a jure civili sumitur. Quapropter non minus diligenter ea quæ a majoribus accepistis, publica patrimonia juris, quam privatæ rei vestræ retinere debetis; non solum, quod hæc jure civili septa sunt, sed etiam quod patrimonium unius incommodo dimittitur, jus amitti non potest sine magno incommodo civitatis.

XXVII. In hac ipsa causa, recuperatores, si hoc nos non obtinebimus, vi, armatis hominibus dejectum esse eum, quem vi, armatis hominibus pulsum fugatumque esse constet, Cæcina rem non amittet, quam ipsam animo forti, si tempus ita ferret, amitteret ; in possessionem in præsentia non restituetur; nihil amplius : populi Romani causa, civitatis jus, bona, fortunæ possessionesque in dubium incertumque revocabuntur. Vestra auctoritate hoc constituetur, hoc præscribetur : quicum tu posthac de possessione contendes, eum, si ingressum modo dejeceris, in prædium restituas oportebit; sin autem in-

rétablir que dans le cas où on l'en aura chassé quand il y était entré. Mais si, lorsqu'il entrait, on s'est jeté au-devant de lui avec une multitude armée ; si, dans ce moment, on l'a repoussé, éloigné, mis en fuite, on ne sera point obligé de le rétablir. Par là vous aurez décidé que le meurtre seulement, et non l'intention, constitue la violence ; que la violence n'est constatée que par l'effusion du sang ; que celui qui a été repoussé par les armes n'a qu'une action pour outrage, et que pour être chassé d'un lieu il faut y avoir laissé la trace de ses pas. C'est donc à vous de décider, magistrats, lequel vous paraît plus utile, de s'attacher à l'esprit de la loi et de faire triompher la justice, ou de fausser le droit civil en torturant les mots et les syllabes.

Ici j'ai lieu de m'applaudir de l'absence d'un illustre jurisconsulte, de C. Aquilius, qui assistait naguère à l'audience, et qui a suivi tous les débats dans cette affaire. S'il était présent, je serais moins hardi à parler de ses lumières et de ses vertus. Mes louanges blesseraient sa modestie, et moi-même je rougirais de le louer en face. Nos adversaires ont prétendu qu'on ne devait pas trop déférer à son autorité. Pour moi, en parlant d'un tel homme, je ne crains pas d'aller au delà de ce que vous en pensez ou de ce que vous souhaitez d'en entendre. Ainsi je dirai qu'on ne saurait trop accorder d'autorité aux décisions d'un homme dont le peuple romain a reconnu la sagesse, non dans de sub-

---

gredienti cum armata multitudine obvius fueris, et ita venientem repuleris, fugaris, averteris, non restitues. Tum statueritis vim in cæde solum, non etiam in animo ; nisi cruor appareat, vim non esse factam ; injuriarum delictum esse, qui prohibitus sit ; nisi ex eo loco, ubi vestigium impresserit, dejici neminem posse. Juris igitur retineri sententiam, et æquitatem plurimum valere oportere, an verbo ac littera jus omne torqueri, vos statuite, recuperatores, utrum utilius esse videatur.

Hoc loco percommode accidit, quod non adest is, qui paulo ante adfuit, et adesse nobis frequenter in hac causa solet, vir ornatissimus, C. Aquilius. Nam ipso præsente, de virtute ejus et prudentia timidius dicerem ; quod et ipse pudore quodam afficeretur ex sua laude, et me similis ratio pudoris a præsentis laude tardaret. Cujus auctoritati dictum est ab illa causa concedi nimium non oportere, non vereor de tali viro ne plus dicam, quam vos aut sentiatis, aut apud vos commemorari velitis. Quapropter hoc dicam, nunquam ejus auctoritatem nimium valere, cujus prudentiam populus Romanus in ca-

tiles chicanes, mais dans les formules qu'il indiquait aux plaideurs; qui n'a jamais séparé le droit de l'équité; qui depuis tant d'années consacre assidûment au peuple romain son talent, ses travaux, son dévouement; qui a tant de droiture et de candeur, que ses décisions semblent être plutôt inspirées par la nature que dictées par la science; dont l'esprit est si étendu et si éclairé, qu'il semble devoir au droit civil, non-seulement son savoir, mais sa bonté même; dont le génie enfin est si profond et la probité si parfaite, qu'on sent soi-même qu'on ne puise rien dans une telle source que de pur et de limpide. Ainsi, Pison, nous vous savons infiniment gré de dire que nous appuyons notre défense de l'autorité d'un tel homme. Mais je suis surpris que vous parliez contre nous quand vous invoquez pour nous son autorité, quand vous l'appelez notre défenseur. Que dit donc cet Aquilius, notre soutien? Que l'on doit se conformer aux termes dans lesquels est conçu soit un acte, soit une sentence.

XXVIII. Ne puis-je donc nommer parmi les jurisconsultes celui-là même d'après lequel, dites-vous, nous intentons cette action et défendons notre cause? Il discutait avec moi la question présente, savoir, s'il était vrai qu'on pût ne se prétendre chassé que d'un lieu où l'on se trouvait. Il convenait que le sens et l'esprit de l'ordonnance étaient en notre faveur, mais qu'il n'en était pas de même de la lettre. Or, il était d'avis qu'on ne peut

---

vendo, non in decipiendo perspexerit; qui juris civilis rationem nunquam ab æquitate sejunxerit; qui tot annos ingenium, laborem, fidem suam populo Romano promptam expositamque præbuerit; qui ita justus et bonus vir est, ut natura, non disciplina consultus esse videatur; ita peritus ac prudens, ut ex jure civili, non scientia solum quædam, verum etiam bonitas nata videatur; cujus tantum est ingenium, ita prompta fides, ut, quidquid inde haurias, purum liquidumque te haurire sentias. Quare permagnam initis a nobis gratiam, quum eum auctorem nostræ defensionis esse dicitis. Illud autem miror, cur vos aliquid contra me sentire dicatis, quum eum auctorem vos pro me appelletis, nostrum nominetis. Verumtamen quid ait iste noster auctor? Omnibus, quidquid verbis actum pronuntiatumque sit, convenit.

XXVIII. Ego ex isto genere consultorum non nominem, ut opinor, istum ipsum, quo nos auctore rem istam agere, et defensionem causæ constituere vos dicitis? Qui quum istam disputationem mecum ingressus esset, non posse probari quemquam esse dejectum, nisi ex eo loco in quo fuisset, rem et sententiam interdicti mecum facere fatebatur; verbo me excludi dicebat; a verbo

s'écarter de la lettre. Je lui citais des exemples nombreux, fondés sur des motifs d'équité, et prouvant que, dans plusieurs circonstances, on avait distingué des mots et de la lettre le droit et la justice, et qu'on avait toujours accordé beaucoup d'autorité à ce qui paraissait être le plus raisonnable et le plus juste en soi. Il me rassura en me faisant voir qu'il n'y avait rien dans cette cause qui dût m'inquiéter, et que la rédaction même de la consignation faite par les deux parties m'était favorable, si j'y faisais attention. — Comment cela ? lui dis-je. — Il est certain, me répliqua-t-il, que Cécina a été chassé d'un lieu quelconque par la violence de plusieurs hommes armés. S'il n'a pas été chassé du lieu où il voulait se rendre, il l'a été du moins de celui d'où il a pris la fuite. — Votre conclusion ? répliquai-je. — Le préteur, ajouta-t-il, a ordonné le rétablissement de Cécina dans le lieu d'où il a été chassé, c'est-à-dire quel que fût le lieu d'où il aurait été chassé. Or, puisqu'il convient d'avoir chassé Cécina de quelque lieu, Ébutius soutient à tort que l'ordonnance ne lui est pas applicable, et il doit nécessairement perdre la somme consignée.

Eh bien, Pison, vous plaît-il de combattre avec des mots ? vous plaît-il d'établir sur un mot une question de droit et d'équité, qui est la base de notre possession, et même de toutes les possessions en général ? J'ai fait connaître mon sentiment, les pratiques suivies par nos ancêtres, ce qui convenait à la di-

autem posse recidi non arbitrabatur. Quum exemplis uterer multis, etiam illa materia æquitatis; ab verbo et ab scripto, plurimis sæpe in rebus, jus, et æqui bonique rationem esse sejunctam; semperque id valuisse plurimum, quod in se auctoritatis habuisset æquitatisque plurimum; consolatus est me, et ostendit, in hac ipsa causa nihil esse, quod laborarem; nam verba ipsa sponsionis facere mecum, si vellem diligenter attendere. — Quonam, inquam, modo ? — Quia certe, inquit, dejectus est Cæcina vi, hominibus armatis, aliquo ex loco; si non ex eo loco quem in locum venire voluit, at ex eo certe unde fugit. — Quid tum ? — Prætor, inquit, interdixit ut, unde dejectus esset, eo restitueretur, hoc est, quicumque is locus esset, unde dejectus esset. Æbutius autem, qui fatetur aliquo ex loco dejectum esse Cæcinam, is, quo modo se restituisse dixit, necesse est male fecerit sponsionem.

Quid est, Piso ? placet tibi pugnare verbis ? placet causam juris, et æquitatis, et non nostræ possessionis, sed omnino possessionum omnium, constituere in verbo ? Ego, quod mihi videretur; quod a majoribus factitatum, quod

gnité de nos juges; j'ai montré qu'il était raisonnable, juste, utile pour tout le monde, de s'attacher à l'esprit et à l'intention, et non à la lettre d'un acte. Vous m'appelez à un combat de mots ; je ne m'y rendrai pas sans avoir protesté contre cet appel. Je dis qu'on ne le doit pas, qu'on ne saurait le soutenir; je dis qu'il est impossible de rien exprimer, de rien statuer, de rien excepter, si, à cause de l'omission et de l'ambiguïté d'un mot, malgré l'évidence de la pensée et de l'intention, on fait prévaloir le sens littéral sur la volonté du législateur.

XXIX. Maintenant que j'ai suffisamment protesté, j'accepte le combat que vous me proposez. Je vous demande si Cécina a été chassé; je n'ajoute pas : de la terre de Fulcinius (puisque le préteur n'a pas ordonné son rétablissement dans cette terre, s'il en avait été chassé, mais dans celle d'où il l'aurait été). J'ai été chassé de la terre voisine, par laquelle je voulais me rendre à la terre en litige; je l'ai été du chemin ; je l'ai été assurément d'un lieu quelconque, privé ou public : c'est là que l'on a ordonné de me rétablir. Vous prétendiez que l'ordonnance du préteur ne vous est pas applicable. Voilà précisément ce que je nie. A cela qu'avez-vous à répondre ? Il faut nécessairement que vous soyez battu ou par vos propres armes ou par les miennes. Recourez-vous à l'esprit de l'ordonnance ? dites-vous que l'on doit examiner de quelle terre il s'agissait lorsque le rétablissement de

---

horum auctoritate quibus judicandum est dignum esset, ostendi; id verum, id æquum, id utile omnibus esse, spectari quo consilio et qua sententia, non quibus quidque verbis esset actum. Tu me ad verbum vocas; non ante venio quam recusaro. Nego oportere, nego obtineri posse, nego ullam rem esse, quæ aut comprehendi satis, aut caveri, aut excipi possit, si aut præterito aliquo verbo, aut ambigue posito, sententia et re cognita, non id quod intelligitur, sed id quod dicitur, valebit.

XXIX. Quoniam satis recusavi, venio jam quo vocas. Quæro abs te, simne dejectus, non de Fulciniano fundo (neque enim prætor, si ex eo fundo essem dejectus, ita me restitui jussit, sed eo unde dejectus essem). Sum ex proximo vicini fundo dejectus, qua adibam ad istum fundum ; sum de via ; sum certe alicunde, sive de privato, sive de publico : eo restitui sum jussus. Restituisse te dixti. Nego me ex decreto prætoris restitutum esse. Quid ad hæc dicimus? aut tuo, quemadmodum dicitur, gladio, aut nostro, defensio tua conficiatur necesse est. Si ad interdicti sententiam confugis, et, de quo fundo actum sit

Cécina était prescrit à Ébutius? êtes-vous d'avis qu'une question de droit ne doive pas être résolue par des arguties? Vous êtes dans mon camp, vous êtes dans mes retranchements : voilà mon système de défense. Je le publie hautement ; j'en atteste tous les dieux et tous les hommes. Nos ancêtres n'ayant pas entendu que la violence armée trouvât aucun refuge dans la loi, ce ne sont point les pas de celui qui a été chassé qu'on examine en justice, mais l'action de celui qui l'a chassé. On a vraiment été chassé quand on a été forcé de fuir ; et, lorsqu'on s'est vu exposé au danger de périr, on a été l'objet d'une violence.

Vous fuyez, vous redoutez ce raisonnement, et, de ce champ de bataille favorable à l'équité, vous me rappelez dans ces défilés obscurs que forma la chicane avec des mots et des syllabes : vous tomberez dans ces piéges mêmes où vous tâchez de m'attirer. Je ne vous ai pas chassé, dites-vous, mais repoussé. Ce raisonnement vous paraît fort subtil : c'est là votre arme favorite. Eh bien, c'est celle-là même qui va nécessairement vous percer. Écoutez ma réplique. Si je n'ai pas été chassé du lieu dont vous m'avez empêché d'approcher, je l'ai du moins été du lieu où j'avais pénétré et d'où j'ai fui. Si le préteur, sans indiquer le lieu où il ordonnait mon rétablissement, a ordonné mon rétablissement, son ordonnance n'a pas reçu d'exécution. Si ce moyen, juges, vous paraît plus subtil que ceux que j'ai coutume

tum, quum Æbutius restituere jubebatur, id quærendum esse dicis, neque æquitatem rei verbi laqueo capi putas oportere : in meis castris præsidiisque versaris ; mea, mea est ista defensio ; ego hoc vociferor, ego omnes homines deosque testor : quum majores vim armatam nulla juris defensione texerint, non vestigium ejus qui dejectus sit, sed factum illius qui dejecerit, in judicium venire ; dejectum esse, qui fugatus sit ; vim esse factam, cui periculum mortis sit injectum.

Istum locum fugis et reformidas, et me ex hoc, ut ita dicam, campo æquitatis ad istas verborum augustias et ad omnes litterarum angulos revocas : in iis ipsis includere insidiis, quas mihi conaris opponere. Non dejeci, sed ejeci. Peracutum hoc tibi videtur ; hic est mucro defensionis tuæ. In eum ipsum causa tua incurrat necesse est. Ego enim tibi refero : Si non sum ex eo loco dejectus, quo prohibitus sum accedere ; at ex eo sum dejectus, quo accessi, unde fugi. Si prætor non distinxit locum quo me restitui juberet, et restitui jussit ; non sum ex decreto restitutus. Velim, recuperatores, hoc totum, si

d'employer, je vous prie de remarquer que, d'abord, un autre que moi en est l'inventeur ; qu'ensuite non-seulement je ne l'ai pas imaginé, mais que même je le désapprouve ; et que si je m'en sers, c'est moins pour me défendre que pour combattre la défense de nos adversaires. Je me crois fondé à dire que, dans l'affaire actuelle, on ne doit pas faire attention aux termes de l'ordonnance du préteur, mais au lieu qui était en litige quand il a rendu cette ordonnance ; ensuite que, lorsqu'il s'agit d'une violence à main armée, la question se réduit à savoir, non dans quel lieu elle a été commise, mais si elle a été commise. Or, Pison, il vous est absolument impossible d'établir le cas où vous voulez que la lettre soit suivie, et le cas où vous voulez qu'elle ne le soit point.

XXX. Mais quelle réponse faire à ce que j'ai avancé plus haut, que, non-seulement sous le rapport de l'esprit et de l'intention, mais sous le rapport même des termes, l'ordonnance est conçue de telle sorte, qu'elle me semblait n'avoir besoin d'aucun changement ? Juges, redoublez d'attention, je vous prie. Il est digne de vous d'apprécier, non mes vues, mais celles de vos ancêtres. Ce que je vais dire est le fruit de leurs réflexions, non des miennes. Ils ont senti que l'ordonnance du préteur touchant la violence pourrait s'étendre à deux sortes de cas : le premier, si quelqu'un avait été violemment chassé du lieu où il se trouvait ;

---

vobis versutius, quam mea consuetudo defendendi fert, videbitur, sic existimetis : primum alium, non me, excogitasse ; deinde hujus rationis non modo non inventorem, sed ne probatorem quidem esse me ; idque me non ad meam defensionem attulisse, sed illorum defensioni retulisse ; me posse pro meo jure dicere, neque in hac re quam ego protuli, quæri oportere quibus verbis prætor interdixerit, sed de quo loco sit actum, quum interdixit ; neque in vi armatorum spectari oportere, in quo loco sit facta vis, verum sitne facta ; te vero nullo modo posse defendere, in qua re tu velis, verba spectari oportere ; in qua re nolis, non oportere.

XXX. Verumtamen ecquid mihi respondetur ad illud, quod antea dixi, non solum re et sententia, sed verbis quoque hoc interdictum ita esse compositum, ut nihil commutandum videretur ? Attendite diligenter, quæso, recuperatores. Est enim vestri ingenii, non meam, sed majorum prudentiam cognoscere : non enim sum id dicturus, quod ego invenerim, sed quod illos non fugerit. Quum de vi interdicitur, duo genera causarum esse intelligebant, ad quæ interdictum pertineret : unum, si qui ex eo loco in quo esset ; alterum, si ab

l'autre, s'il avait été, de la même manière, éloigné du lieu où il voulait se rendre. En effet, juges, hors ces deux cas, je n'en conçois point d'autre possible. Veuillez donc suivre mon raisonnement.

Chasser mes esclaves de ma terre, c'est m'en chasser moi-même. Se présenter au-devant de moi, hors de ma terre, avec des hommes armés, et m'empêcher d'y pénétrer, c'est, sinon m'en chasser, du moins m'en éloigner. Un seul mot, inventé par nos ancêtres, suffit pour exprimer ces deux circonstances ; en sorte que, si j'ai été chassé d'une terre ou d'auprès d'une terre, je dois être rétabli en vertu de cette seule et même ordonnance : *D'où vous aurez été chassé.* Ce mot *d'où* indique une double circonstance : être chassé d'un lieu ou d'auprès d'un lieu. D'où Cinna fut-il chassé? de Rome, c'est-à-dire *hors de Rome.* D'où fut-il repoussé? de Rome, c'est-à-dire *d'auprès de Rome.* D'où les Gaulois furent-ils chassés? d'auprès du Capitole. D'où chassa-t-on les partisans de Gracchus? du Capitole. Vous voyez par là que le même mot signifie deux choses : être chassé d'un lieu ou d'auprès d'un lieu. Or, lorsque le préteur ordonne de rétablir quelqu'un dans le lieu d'où il a été chassé, c'est comme si les Gaulois eussent demandé à nos ancêtres, en supposant qu'ils y eussent droit, d'être rétablis dans le lieu d'où ils avaient été chassés ; il aurait fallu, je pense, les rétablir, non dans le souterrain où ils s'étaient glissés pour surprendre le

---

eo loco quo veniret, vi dejectus esset ; et horum utrumque, neque præterea quidquam, potest accidere, recuperatores. Id adeo, si placet, considerate.

Si qui meam familiam de meo fundo dejecerit, ex eo me loco dejecerit. Si qui mihi præsto fuerit cum armatis hominibus extra meum fundum, et me introire prohibuerit ; non ex eo, sed ab eo loco me dejecerit. Ad hæc duo genera rerum, unum verbum, quod satis declararet utrasque res, invenerunt : ut, sive ex fundo, sive a fundo dejectus essem, uno atque eodem interdicto restituerer, UNDE TU. Hoc verbum, UNDE, utrumque declarat : et ex quo loco, et a quo loco. Unde dejectus est Cinna ? ex urbe. Unde dejectus est? ab urbe. Unde dejecti Galli ? a Capitolio. Unde, qui cum Graccho fuerunt? ex Capitolio. Videtis igitur, hoc uno verbo significari res duas, et ex quo, et a quo loco. Quum autem eo restitui jubet, ita jubet : ut, si Galli a majoribus nostris postularent, ut eo restituerentur, unde dejecti essent, et aliqua vi hoc assequi possent ; non, opinor, eos in cuniculum, qua aggressi erant, sed in Capitolium

Capitole, mais dans le Capitole même qu'ils voulaient envahir. Tel est le vrai sens de ces mots : *Rétablissez-le dans le lieu d'où vous l'avez chassé*, soit que vous l'ayez chassé hors d'un lieu, soit que vous l'en ayez repoussé. Maintenant rien de plus simple que l'explication de ce mot : *Rétablissez-le dans le même lieu*, c'est-à-dire : si vous l'avez chassé d'un lieu, rétablissez-le dans ce lieu ; si vous l'avez repoussé d'un lieu, rétablissez-le, non dans le lieu d'où vous l'avez chassé, mais dans celui d'où vous l'avez repoussé. Qu'un homme sur le point de débarquer dans sa patrie eût été rejeté en pleine mer par une tempête, et qu'il désirât d'être rétabli dans le lieu d'où il aurait été chassé, il souhaiterait sans doute d'être rétabli par la fortune dans le lieu d'où il aurait été repoussé, non point sur la mer, mais dans sa ville, vers laquelle il se dirigeait. De même aussi, en nous aidant de la comparaison des choses pour fixer la valeur des mots, si quelqu'un, repoussé d'un lieu, demande à être rétabli dans le lieu d'où il a été chassé, il entend qu'on le rétablisse dans le lieu d'où il a été repoussé.

XXXI. Telle est la conséquence des mots, telle est l'explication que la chose elle-même nous force à adopter. En effet, Pison (pour revenir à ce que je disais en commençant), si quelqu'un, escorté de gens armés, vous eût violemment chassé de votre maison, que feriez-vous ? Vous solliciteriez sans doute contre lui l'ordonnance provisionnelle dont nous excipons. Si,

---

restitui oporteret. Hoc enim intelligitur : UNDE TU DEJECISTI, sive ex quo loco, sive a quo loco, EO RESTITUAS. Hoc jam simplex est, in eum locum restituas: sive ex hoc loco dejecisti, RESTITUE IN HUNC LOCUM; sive ab eo loco, restitue in eum locum, non ex quo, sed a quo dejectus est. Ut si qui ex alto, quum ad patriam accessisset, tempestate subito rejectus optaret, ut, quum esset a patria dejectus, eo restitueretur; hoc, opinor, optaret, ut, a quo loco depulsus esset, in eum se fortuna restitueret, non in salum, sed in ipsam urbem, quam petebat : sic, quoniam vim verborum necessario similitudine rerum aucupamur, qui postulat, ut, a quo loco dejectus est, hoc est, unde dejectus est, eo restituatur; hoc postulat, ut in eum ipsum locum restituatur.

XXXI. Quum verba nos eo ducunt, tum res ipsa hoc sentire atque intelligere cogit. Etenim, Piso (redeo nunc ad illa principia defensionis meæ), si quis te ex ædibus tuis vi, hominibus armatis dejecerit, quid ages ? opinor, hoc interdicto, quo nos usi sumus, persequere. Quid ? si qui jam de foro redeuntem,

en revenant de la place publique, vous trouviez des hommes armés qui vous fermassent l'entrée de votre maison, que feriez-vous? Vous exciperiez de la même ordonnance. Le préteur ayant donc rendu une ordonnance portant que vous seriez rétabli dans le lieu d'où vous auriez été chassé, vous donneriez à cet acte la même interprétation que je lui donne, et dont l'évidence est frappante, puisque ce mot *d'où*, portant l'ordre de votre rétablissement, peut signifier également que vous devez être rétabli dans votre maison, qu'on vous ait chassé de l'intérieur ou seulement de l'entrée.

Mais que ce soit la chose ou les mots que vous preniez en considération, juges, il n'est pour vous aucune raison d'hésiter à prononcer en notre faveur. Voyant tous leurs moyens ruinés, anéantis, nos adversaires en produisent d'autres. Le possesseur actuel, disent-ils, peut être chassé ; celui qui ne l'est pas ne peut l'être en aucune manière. En conséquence, si j'ai été chassé de votre maison, je n'ai pas droit d'être rétabli ; mais si vous-même en avez été chassé, vous avez droit au rétablissement. Voyez, Pison, par combien d'endroits pèche votre défense. Songez d'abord que vous renoncez à l'argument par lequel vous prétendiez qu'on ne pouvait être chassé d'un lieu sans y avoir été. Maintenant vous convenez que le possesseur d'un lieu peut être chassé de ce lieu sans y être. Pourquoi, dans cette ordonnance relative à la violence ordinaire, *d'où il m'a chassé vio-*

---

armatis hominibus domum tuam te introire prohibuerit, quid ages? utere eodem interdicto. Quum igitur prætor interdixerit, unde dejectus es, ut eo restituaris, tu hoc idem, quod ego dico, et quod perspicuum est, interpretabere : quum illud verbum, UNDE, in utramque rem valeat, eoque tu restitui sis jussus ; tam te in ædes restitui oportere, si e vestibulo, quam si ex interiore ædium parte dejectus sis.

Ut vero jam, recuperatores, nulla dubitatio sit, sive rem, sive verba spectare vultis, quin secundum nos judicetis ; exoritur hic jam, obrutis rebus omnibus et perditis, illa defensio : eum dejici posse, qui tum possideat ; qui non possideat, nullo modo posse ; itaque, si ego sim a tuis ædibus dejectus, restitui non oportere ; si ipse sis, oportere. Numera, quam multa in ista defensione falsa sint, Piso. Ac primum illud attende, te jam ex illa ratione esse depulsum, quod negabas quemquam dejici posse, nisi qui in eo loco fuerit ; nunc, qui possideat, cum, etiamsi non fuerit in eo loco, dejici posse concedis. Cur

*lemment,* ces mots, *lorsque j'étais en possession,* sont-ils ajoutés, si personne ne peut être chassé sans être en possession ? ou pourquoi, dans l'ordonnance, ces mots relatifs *aux hommes armés* ne sont-ils pas ajoutés, si l'on doit examiner si l'individu chassé était ou non possesseur ? Vous niez qu'on puisse être chassé sans être en possession ; et moi, je démontre que si un homme a été chassé sans le secours d'une troupe rassemblée et armée, celui qui convient de l'avoir chassé a cause gagnée, s'il prouve que cet homme n'était pas en possession. Vous niez qu'on puisse être chassé sans être en possession ; et moi, je démontre, d'après l'ordonnance relative *aux hommes armés,* que, lors même qu'on prouverait que l'individu qui a été chassé n'était pas en possession, on n'en doit pas moins perdre son procès, si l'on convient de l'avoir chassé.

XXXII. L'expulsion a lieu de deux manières : l'une, sans rassemblement d'hommes armés ; l'autre, par un moyen ou une violence de cette nature. Deux ordonnances différentes ont été imaginées pour ces deux cas différents. Quand il s'agit de la violence ordinaire, il ne suffit pas de pouvoir démontrer que l'on a été chassé, mais qu'on l'a été lorsqu'on était en possession ; il faut encore prouver que cette possession n'était ni violente, ni frauduleuse, ni précaire. Aussi l'accusé avoue quelquefois hautement qu'il a chassé avec violence ; mais il ajoute : Il n'était pas

---

ergo aut in illud quotidianum interdictum, UNDE ILLE ME VI DEJECIT, additur, QUUM EGO POSSIDEREM, si dejici nemo potest, qui non possidet ; aut in hoc interdictum, DE HOMINIBUS ARMATIS, non additur, si oportet quæri, possederit, necne ? Negas dejici, nisi qui possideat. Ostendo, si sine armatis coactisve hominibus dejectus quisquam sit, eum, qui fateatur se dejecisse, vincere sponsionem, si ostendat eum non possedisse. Negas dejici, nisi qui possideat. Ostendo ex hoc interdicto, DE ARMATIS HOMINIBUS, qui possit ostendere non possedisse eum qui dejectus sit, condemnari tamen sponsionis necesse esse, si fateatur esse dejectum.

XXXII. Dupliciter homines dejiciuntur : aut sine coactis armatisve hominibus, aut per ejusmodi rationem atque vim. Ad duas dissimiles res duo dejuncta interdicta sunt. In illa vi quotidiana non satis est posse docere se dejectum, nisi ostendere possit, quum possideret, tum dejectum. Ne id quidem satis est, nisi docet ita se possedisse, ut nec vi, nec clam, nec precario possederit. Itaque is qui se restituisse dixit, magna voce sæpe confiteri solet, se vi dejecisse;

en possession; et, lors même qu'il accorde ce point, il ne laisse pas d'avoir gain de cause, s'il prouve clairement que l'homme qu'il a chassé était en possession, soit par force, soit frauduleusement, soit précairement. Vous voyez, juges, combien de moyens de défense nos ancêtres ont fournis à celui qui a fait violence sans armes et sans troupe rassemblée. Quant à celui qui, abjurant le droit, les formes, les sages coutumes, a recours au fer, aux armes, au meurtre, il se voit, dans sa cause, abandonné, dépourvu de tout moyen de défense, afin que, pour avoir disputé une possession par la force des armes, il se trouve absolument désarmé quand il se défend devant les tribunaux. Quelle différence, Pison, trouvez-vous donc entre les deux ordonnances dont je parle, entre l'omission et l'addition de ces mots : *Si A. Cécina était en possession*, ou s'il n'y était pas? Les règles du droit, la diversité des ordonnances, l'autorité de nos ancêtres, n'ont-elles rien qui puisse vous ébranler? Si la clause de la possession eût été ajoutée, il aurait fallu l'examiner. Elle n'a pas été ajoutée. Exigerez-vous toujours cet examen? Au reste, juges, ce n'est point là-dessus que je fonde la défense de Cécina. Il était en possession; et, quoique cette question soit étrangère à la cause, je veux néanmoins la traiter en peu de mots, afin de vous engager à protéger autant la personne même que le droit civil.

Césennia jouissait d'une possession usufruitière : vous ne le

---

verum illud addit : Non possidebat; vel etiam, quum hoc ipsum concessit, vincit tamen sponsionem, si planum facit, ab se illum aut vi, aut clam, aut precario possedisse. Videtisne, quot defensionibus eum, qui sine armis ac multitudine vim fecerit, uti posse majores voluerunt? hunc vero, qui ab jure, officio, bonis moribus, ad ferrum, ad arma, ad cædem confugerit, nudum in causa destitutum videtis; ut, qui armatus de possessione contendisset, inermis plane de sponsione certaret. Ecquid igitur interest, Piso, inter hæc interdicta? ecquid interest, utrum hoc additum, QUUM A. CÆCINA POSSEDERIT, necne? Ecquid te ratio juris, ecquid interdictorum dissimilitudo, ecquid auctoritas majorum commovet? Si esset additum, de eo quæri oporteret; additum non est : tamen oportebit? Atque ego in hoc Cæcinam non defendo : possedit enim Cæcina, recuperatores; et id, tametsi extra causam est, percurram tamen brevi, ut non minus hominem ipsum, quam jus commune defensum velitis.

Cæsenniam possedisse propter usumfructum, non negas. Qui colonus habuit

niez point, Ébutius. Le même fermier à qui Césennia avait loué ce fonds, l'ayant conservé après la mort de cette femme, en vertu du même bail, peut-on douter que si, lorsque le fermier tenait la terre, Césennia était réellement en possession, son héritier n'y ait été au même titre après sa mort? Ensuite, en visitant ses domaines, Cécina vint dans cette terre, et le fermier lui rendit ses comptes. Nous avons les preuves de ce fait. Et puis, Ébutius, pourquoi sommâtes-vous Cécina de vous remettre cette terre plutôt qu'une autre, s'il ne la possédait pas? Pourquoi enfin Cécina exigeait-il que sa dépossession se fît suivant l'usage ordinaire, et vous a-t-il fait cette réponse, de l'avis de ses amis et d'Aquilius lui-même?

XXXIII. Mais on allègue une loi de Sylla. Sans m'apitoyer sur ce temps désastreux, ni sur les maux de la république, voici ce que je vous réponds : Le même Sylla a mis dans cette loi une clause portant que, *si j'ai statué quelque chose qui soit contraire au droit reçu, la loi sera nulle en ce point.* Que peut-il y avoir de contraire au droit reçu? Est-il des choses que le peuple ne puisse ordonner ni défendre? Sans en dire davantage, cette clause prouve que ce cas peut se présenter; sans cela, elle ne serait pas insérée dans toutes les lois. Mais, je vous le demande, si le peuple ordonnait que je fusse votre esclave ou que vous fussiez le mien, pensez-vous que cet ordre dût être exécuté?

conductum de Cæsennia fundum, quum idem ex eadem conductione fuerit in fundo, dubium est, quin, si Cæsennia tum possidebat, quum erat colonus in fundo, post ejus mortem hæres eodem jure possederit? Deinde ipse Cæcina, quum circuiret prædia, venit in istum fundum ; rationes a colono accepit : sunt in eam rem testimonia. Postea cur, Æbuti, de isto potius fundo quam de alio, si quem habes, Cæcinæ denuntiabas, si Cæcina non possidebat ? Ipse porro Cæcina cur se moribus deduci volebat, idque tibi de amicorum, etiam de ipsius C. Aquilii sententia responderat?

XXXIII. At enim Sulla legem tulit. Ut nihil de illo tempore, nihil de calamitate reipublicæ querar, hoc tibi respondeo : adscripsisse eumdem Sullam in eamdem legem, SI QUID JUS NON ESSET ROGARIER, EJUS EA LEGE NIHILUM ROGATUM. Quid est quod jus non sit ? quod populus jubere aut vetare non possit? Ut ne longius abeam, declarat ista adscriptio, esse aliquid; nam nisi esset, hoc in omnibus legibus non adscriberetur. Sed quæro abs te, putesne, si populus jusserit, me tuum, aut item, te meum servum esse, id jussum ratum atque

Vous sentez qu'il serait nul, comme toutes les choses que les lois ne peuvent ordonner. Vous m'accordez d'abord que tout ce que le peuple pourrait décréter ne saurait avoir force de loi. Ensuite vous ne prouvez pas que, la liberté ne pouvant jamais être ôtée, le droit de cité peut l'être. Nos ancêtres nous ont légué les mêmes lois pour l'un et l'autre de ces droits ; de sorte que, le droit de cité une fois perdu, la liberté ne peut être conservée. Comment, en effet, être libre par le droit des *Quirites*, si l'on n'est pas compté parmi ceux qui portent ce titre ? J'ai, dans ma première jeunesse, discuté victorieusement ce point de droit, quoique j'eusse pour adversaire l'homme le plus éloquent de notre ville, le jurisconsulte Cotta. Je défendais la liberté d'une femme d'Arétium. Cotta avait inspiré des doutes aux décemvirs touchant la validité de notre action : il se fondait sur ce que les Arétins avaient été dépouillés du droit de cité. Je soutenais avec chaleur qu'ils n'avaient pu l'être. Les décemvirs, n'ayant rien décidé dans une première audience, prononcèrent ensuite, après une délibération mûre et réfléchie, la validité de notre réclamation. Cette décision fut rendue malgré l'opposition de Cotta et du vivant de Sylla. Pourquoi citer d'autres exemples, s'il est vrai que tous ceux qui sont dans le même cas agissent en vertu des lois, et procèdent en justice sans nulle difficulté de la part des magistrats, des juges, ni de quelque homme instruit ou igno-

---

firmum futurum? Perspicis hoc nihil esse, ut in cæteris, quæ rogari non possunt. Primum illud concedis, non quidquid populus jusserit ratum esse oportere ; deinde nihil rationis affers, quamobrem, si libertas adimi nullo modo possit, civitas possit. Nam et eodem modo de utraque re traditum nobis est ; et, si semel civitas adimi potest, retineri libertas non potest. Qui enim potest jure Quiritium liber esse is qui in numero Quiritium non est? Atque ego hanc adolescentulus causam quum agerem contra hominem disertissimum nostræ civitatis, Cottam, probavi. Quum Aretinæ mulieris libertatem defenderem, et Cottam decemviris religionem injecisset, non posse sacramentum nostrum justum judicari, quod Aretinis adempta civitas esset, et ego vehementius contendissem, civitatem adimi non potuisse ; decemviri prima actione non judicaverunt : postea, re quæsita et deliberata, sacramentum nostrum justum iudicaverunt. Atque hoc, et contra dicente Cotta, et Sulla vivo, judicatum est. Jam vero in cæteris, ut omnes, qui in eadem causa sunt, et lege agant, et suum jus persequantur, et omnes jure civili, sine cujusquam aut magistratus,

rant? Ce fait n'est douteux pour aucun de vous. Je sais bien, Pison, qu'on fait une objection qui vous a échappé, et que je vais vous fournir. On demande pourquoi, si le droit de cité ne peut se perdre, on a vu souvent nos citoyens partir pour les colonies latines. C'est de leur propre mouvement qu'ils sont partis, ou pour se soustraire à quelque peine légale. S'ils eussent consenti à la subir, ils auraient pu conserver dans Rome leur domicile et leur droit de cité.

XXXIV. Et celui qui a été livré par le chef des féciaux, celui qui a été vendu par son père ou par le peuple, comment perd-il son droit de citoyen ? C'est pour affranchir la ville d'un engagement solennel qu'on livre un citoyen romain. S'il est reçu, il appartient à ceux auxquels il a été livré ; s'il n'est pas reçu par les ennemis, comme les Numantins l'ont fait à l'égard de Mancinus, il conserve intacts tous ses droits de citoyen. Quand un père vend le fils que la nature avait placé sous son pouvoir, il abdique ce même pouvoir sur lui. Quand le peuple vend un citoyen qui s'est soustrait au service militaire, il ne lui ôte pas sa liberté, mais il juge qu'il n'en est plus en possession, parce que, pour la conserver, il n'a pas voulu affronter les périls de la guerre. Et, lorsqu'il vend celui qui ne s'est pas fait inscrire par les censeurs, il juge que, l'inscription sur ce rôle affranchissant un esclave légitime, tout homme libre

---

aut judicis, aut periti hominis, aut imperiti dubitatione utantur, quid ego commemorem? Dubium nemini vestrum est. Certe quæri hoc solere me non præterit (ut ex me ea, quæ tibi in mentem non veniunt, audias), quemadmodum, si civitas adimi non possit, in colonias latinas sæpe nostri cives profecti sint. Aut sua voluntate aut legis multa profecti sunt : quam multam si sufferre voluissent, tum manere in civitate potuissent.

XXXIV. Quid? quem pater patratus dedidit, aut suus pater populusve vendidit, quo is jure amittit civitatem? Ut religione civitas solvatur, civis Romanus traditur. Qui, quum est acceptus, est eorum quibus est deditus; si non accipiunt, ut Mancinum Numantini, retinet integram causam et jus civitatis. Si pater vendidit eum quem in suam potestatem susceperat, ex potestate dimittit. Jam populus quum eum vendidit qui miles factus non est, non adimit ei libertatem ; sed judicat, non esse eum liberum, qui, ut liber sit, adire periculum noluit. Quum autem incensum vendit, hoc judicat : quum is qui in servitute

qui n'a pas voulu réclamer a de lui-même renoncé à la liberté.

Si tels sont les cas spéciaux où l'on peut se voir privé de la liberté ou du droit de cité, comment ceux qui citent de tels exemples ne comprennent-ils pas que nos ancêtres, en déterminant ces divers modes, n'ont pas voulu qu'il y en eût d'autres? Mais, puisqu'on va chercher des autorités dans le droit civil, je voudrais qu'on fît voir à qui, en vertu des lois, on a ravi la liberté ou le droit de cité. Quant à l'exil, on voit clairement quelle en est la nature. L'exil n'est point un supplice, mais un port, un asile contre le supplice ; car, lorsqu'on veut échapper à une peine ou à une disgrâce, on change de pays, c'est-à-dire de demeure et de lieu. Aussi n'est-il aucune de nos lois qui punisse quelque crime de l'exil, comme cela se voit chez les autres peuples. Mais, lorsque des citoyens veulent se soustraire aux peines prononcées par les lois, à la prison, à la mort, à l'ignominie, ils se réfugient dans l'exil comme dans un asile inviolable. S'ils consentaient à subir dans leur ville la rigueur de la loi, ils conserveraient le droit de cité jusqu'à la mort. N'y consentant point, ils n'ont pas à se plaindre qu'on leur ôte ce droit : ce sont eux qui l'abdiquent et le déposent. En effet, personne, d'après nos lois, ne pouvant appartenir à deux villes, on finit par perdre le droit de cité, lorsque, après avoir fui le sol de la patrie, on

---

justa fuerit censu liberetur, eum qui, quum liber esset, censeri noluerit, ipsum sibi libertatem abjudicasse.

Quod si maxime iisce rebus adimi libertas aut civitas potest, non intelligunt qui hæc commemorant, si per has rationes adimi majores posse voluerunt, alio modo noluisse ? Nam, ut hæc ex jure civili protulerunt, sic afferant velim quibus lege aut Romana civitas aut libertas erepta sit. Nam quod ad exsilium attinet, perspicue intelligi potest quale sit. Exsilium enim non supplicium est, sed perfugium portusque supplicii ; nam qui volunt pœnam aliquam subterfugere, aut calamitatem, eo solum vertunt, hoc est, sedem ac locum mutant. Itaque nulla in lege nostra reperietur, ut apud cæteras civitates, maleficium ullum exsilio esse multatum. Sed quum homines vincula, neces ignominiasque vitant quæ sunt legibus constitutæ, confugiunt quasi ad aram, in exsilium. Qui, si in civitate legis vim subire vellent, non prius civitatem quam vitam amitterent ; quia nolunt, non adimitur his civitas, sed ab his relinquitur atque deponitur. Nam, quum ex nostro jure duarum civitatum nemo esse

est reçu dans un lieu d'exil, c'est-à-dire dans une autre ville.

XXXV. Quoique j'aie supprimé beaucoup de détails relatifs à ce point de notre jurisprudence, je ne me dissimule pas, juges, que j'en ai donné plus encore que ne le demandait l'affaire qui vous est soumise. Je l'ai fait, non pour me livrer à une discussion que vous jugiez inutile à la cause, mais pour montrer à tout le monde que jamais le droit de cité n'a été ravi à personne, et qu'il ne saurait l'être. Voilà ce que je voulais apprendre, tant à ceux auxquels Sylla voulait faire subir cette injustice, qu'à tous les citoyens soit anciens soit nouveaux. En effet, si quelque nouveau citoyen a pu être dépouillé du droit de cité, il n'est aucune raison qui puisse préserver de cette disgrâce tous les patriciens, tous les plus anciens citoyens. Mais que l'examen de cette question n'ait aucun rapport avec la cause, on peut s'en convaincre, premièrement, parce qu'elle n'est pas l'objet sur lequel vous avez à prononcer ; ensuite parce que Sylla lui-même, par sa loi sur le droit de cité, n'a pas ôté à ceux qu'elle atteignait la faculté d'aliéner et d'hériter. Il les a placés dans la même catégorie que ceux d'Ariminum. Or, qui ne sait que ceux-ci avaient part à tous les droits des douze colonies, et qu'ils pouvaient hériter des citoyens de Rome? Mais je suppose que Cécina, qu'un homme dont la réputation égale la sagesse, aussi recommandable par ses lumières et ses vertus que par la haute considération dont

possit, tum amittitur hæc civitas denique, quum is qui profugit receptus est in exsilium, hoc est, in aliam civitatem.

XXXV. Non me præterit, recuperatores, tametsi de hoc jure multa prætereo, tamen me longius prolapsum esse, quam ratio vestri judicii postularit. Verum id feci, non quod vos in hac causa hanc defensionem desiderare arbitrarer, sed ut omnes intelligerent, nec ademptam cuiquam civitatem esse, nec adimi posse. Hoc quum eos scire volui, quibus Sulla voluit injuriam facere, tum omnes cæteros novos veteresque cives. Neque enim ratio afferri potest, cur, si cuiquam novo civi potuerit adimi civitas, non omnibus patriciis, omnibus antiquissimis civibus possit. Nam ad hanc quidem causam nihil hoc pertinuisse, primum ex eo intelligi potest, quòd vos ea de re judicare non debetis ; deinde quod Sulla ipse ita tulit de civitate, ut non sustulerit horum nexa atque hæreditates. Jubet enim eodem jure esse, quo fuerint Ariminenses : quos quis ignorat duodecim coloniarum fuisse, et a civibus Romanis hæreditates capere potuisse? Quod si adimi civitas A. Cæcinæ lege potuisset, magis illam rationem tamen omnes boni quæreremus, quemadmodum specta-

il jouit dans Rome, eût pu, en vertu de la loi de Sylla, être dépouillé de son droit de cité : il serait du devoir de tous les hommes de bien de chercher les moyens de le rétablir dans ce droit, plutôt que de prétendre, à l'exemple de ceux qui sont aussi insensés et aussi impudents que vous, Ébutius, qu'il a perdu ses priviléges de citoyen lorsqu'il n'en a pu rien perdre. Mais, juges, comme Cécina n'a ni abjuré son droit, ni cédé à l'audace et à l'insolence de son adversaire, je ne plaiderai pas plus longtemps sa cause, qui est celle de la république, et je mets les droits du peuple romain sous la sauvegarde de votre justice et de votre conscience.

XXXVI. Cécina fut toujours jaloux d'obtenir votre estime et celle des gens qui vous ressemblent. Ce soin n'est pas ce qui l'a le moins occupé dans cette cause. L'unique but de ses efforts était de faire voir qu'il n'avait pas absolument déserté son droit ; et il ne craignait pas moins de paraître mépriser Ébutius, que de passer pour être l'objet de son mépris. Si donc, perdant un moment de vue la cause, il m'est permis de louer les personnes, vous voyez dans Cécina un homme d'une singulière modestie, d'un mérite éclatant, d'une probité admirable, et dont l'Étrurie entière a, par l'organe de ses plus grands personnages, attesté, dans l'une et l'autre fortune, la douceur et la vertu. Du côté de la partie adverse, s'il est quelque chose à reprendre dans la

tissimum pudentissimumque hominem, summo consilio, summa virtute, summa auctoritate domestica præditum, levatum injuria, civem retinere possemus, quam uti nunc, quum de jure civitatis nihil potuerit deperdere, quisquam existat, nisi tui, Sexte, similis et stultitia, et impudentia, qui huic civitatem ademptam esse dicat. Qui quoniam, recuperatores, suum jus non deseruit, neque quidquam illius audaciæ petulantiæque concessit, derelinquo jam communem causam, populique Romani jus in vestra fide ac religione depono.

XXXVI. Is homo ita se probatum vobis vestrique similibus semper voluit, ut id non minus in hac causa laborarit, nec contenderit aliud, quam ne jus suum dissolute relinquere videretur, nec minus vereretur ne contemnere Æbutium, quam ne ab eo contemptus esse existimaretur. Quapropter si quid extra judicium est, quod homini tribuendum sit, habetis hominem singulari pudore, virtute cognita et spectata fide, amplissimis viris Etruriæ totius in utraque fortuna cognitum multis signis et virtutis, et humanitatis. Si quid in contraria parte in homine offendendum sit, habetis eum, ut nihil dicam amplius,

personne, vous voyez un homme (je me tais sur le reste) qui avoue audacieusement qu'il a armé une troupe de satellites. Mais si, abstraction faite des personnes, vous ne voyez que la cause en elle-même, vous avez à prononcer sur une violence : celui qui en est accusé avoue qu'il l'a commise à la tête d'un rassemblement armé. Il essaye de se défendre, non par la justice, mais par un mot ; et nous lui avons enlevé jusqu'à cette ressource : à cet égard, l'autorité des hommes les plus sages milite en notre faveur. Il ne s'agit pas, dans ce jugement, de savoir si A. Cécina était, ou non, en possession, quoique j'aie prouvé qu'il était en possession, et encore moins de savoir s'il était le vrai propriétaire du fonds, quoique j'aie montré qu'il l'était. Maintenant examinez quelle décision vous commandent, et sur les hommes armés, les circonstances présentes ; et sur la violence, les aveux d'Ébutius ; et sur la question d'équité, les principes que nous avons établis ; et sur le droit civil, l'esprit de l'ordonnance du préteur.

qui se homines coegisse fateatur. Sin, hominibus remotis, de causa quæritis, quum judicium de vi sit ; is, qui arguitur, vim se hominibus armatis fecisse fateatur ; verbo se, non æquitate defendere conetur ; id quoque ei verbum ipsum ereptum esse videatis ; auctoritatem sapientissimorum hominum facere nobiscum ; in judicium non venire, utrum Cæcina possiderit, necne ; tamen doceri possedisse ; multo etiam minus quæri, A. Cæcinæ fundus sit, necne ; me tamen id ipsum docuisse, fundum esse Cæcinæ : quum hæc ita sint, statuite, quid vos tempora reipublicæ de armatis hominibus, quid illius confessio de vi, quid nostra decisio de æquitate, quid ratio interdicti de jure admoneant, ut judicetis.

## DOUZIÈME DISCOURS

## DISCOURS
# POUR M. FONTEIUS

TRADUCTION DE CH. DUROZOIR

REFONDUE

## PAR M. CABARET-DUPATY

# SOMMAIRE

(EXTRAIT D'UNE LEÇON DE GUÉROULT AU COLLÈGE DE FRANCE.)

Man. Fonteius avait été trois ans préteur dans la Gaule Narbonnaise. De retour à Rome, il fut accusé de concussion. La loi condamnait les coupables de ce crime à restituer le double et quelquefois le triple de leurs rapines ; quelquefois aussi on y ajoutait l'interdiction de l'eau et du feu sur le territoire de la république. Je dis l'*interdiction de l'eau et du feu*, et non pas l'*exil*, comme tous les traducteurs. Pour se convaincre qu'ils se sont trompés en donnant au mot latin *exsilium* le même sens que ce mot a dans notre langue, il suffit de lire ce que Cicéron dit à ce sujet dans un passage remarquable de son plaidoyer *pour Cécina* (ch. xxxiv) : *Exsilium enim non supplicium est, sed perfugium portusque supplicii*, etc.

Revenons à Fonteius. Les Gaulois l'avaient accusé de s'être approprié les contributions destinées à l'entretien des routes, et d'avoir mis une taxe sur les vins, jusqu'alors francs de tout impôt, comme nous l'apprend ce discours. Le plaidoyer de son défenseur ne nous est point entièrement parvenu[1]. La réfutation des faits les plus graves est perdue ; il ne nous reste que les preuves morales alléguées contre les accusateurs. On sera peut-être curieux de voir combien les Romains, même les plus honnêtes, mettaient peu de mesure dans leur haine pour les Gaulois. L'orgueil national ne leur pardonnait pas la journée d'Allia. Cicéron va jusqu'à dire qu'on ne peut comparer l'homme le plus illustre de ce pays au dernier citoyen de Rome : *An si homines ipsos spectare convenit, id quod in teste profecto valere plurimum debet, non modo cum summis civitatis nostræ viris, sed cum infimo cive. Romano quisquam amplissimus Galliæ*

---

[1] *Voyez* ci-après le complément de cette analyse.     C. D.

*comparandus est?* (Ch. xviii.) N'est-ce pas là le germe de cette réplique admirable d'Émilie à Cinna, dans Corneille :

> Pour être plus qu'un roi, tu te crois quelque chose.
> Aux deux bouts de la terre, en est-il un si vain
> Qu'il prétende égaler un citoyen romain ?
> Souviens-toi de ton nom, soutiens sa dignité ;
> Et, prenant d'un Romain la générosité,
> Sache qu'il n'en est point que le ciel n'ait fait naître
> Pour commander aux rois et pour vivre sans maître.

Le défenseur de Fonteius ne veut pas même que les juges comptent pour quelque chose le témoignage d'un Gaulois : *An vero istas nationes religione jurisjurandi, ac metu deorum immortalium in testimoniis dicendis commoveri arbitramini?* s'écrie-t-il, etc.

En lisant ce passage de Cicéron, on se rappelle involontairement le mot de Brennus : *Væ victis!* Si les Gaulois abusèrent de la victoire, vous conviendrez que les Romains ont bien pris leur revanche. Passons à la péroraison de ce plaidoyer. C'est dans cette partie surtout que Cicéron excellait. Là, il sait réunir tous ses moyens, résumer tous ses arguments et leur donner un nouveau degré de force, en les présentant pour ainsi dire en masse. Le caractère personnel de l'accusé opposé à celui des accusateurs, l'intérêt de la république, la considération dont jouissent ses défenseurs, la douleur maternelle, les prières d'une vestale [1], la religion, l'honneur des juges : tout, selon l'orateur, prescrit au tribunal d'absoudre l'accusé.

Cette cause fut plaidée l'an de Rome 685, sous le consulat de Q. Hortensius et de Q. Cécilius Metellus. Cicéron avait trente-huit ans ; il était édile. A cette époque, les sénateurs n'exerçaient plus seuls le pouvoir judiciaire, comme dans l'affaire de Verrès ; les chevaliers et les tribuns du trésor le partageaient avec eux, en vertu de la loi *Aurelia*, ainsi appelée du nom de son auteur Aurelius Cotta. Depuis la fondation de la république, les tribunaux avaient été occupés par les sénateurs. Gracchus les en déposséda pour y établir les chevaliers. Ceux-ci ne s'y maintinrent que jusqu'à la dictature de Sylla, qui rappela les anciens magistrats. Quelques abus firent demander une nouvelle réforme. Aurelius était préteur. De concert avec Pompée, alors consul (684), il rendit l'administration de la justice commune aux trois ordres, avec cette clause, que les juges seraient choisis parmi les plus imposés ; *ex amplissimo censu ;* ce sont les termes de la loi. En conséquence, les tribuns du trésor représentèrent dans les tribunaux l'ordre plébéien, auquel ils appartenaient, et où ils tenaient le premier rang par leur fortune.

---

[1] *Fonteia*, sœur de l'accusé.

## SOMMAIRE.

On ne sait si Fonteius fut absous : on peut croire qu'il n'était pas coupable. Cicéron, qui venait de faire condamner Verrès pour crime de concussion, aurait-il osé, presque au même moment, parler en faveur d'un concussionnaire ? Il est vrai que, dans la suite, Vatinius, qu'il avait poursuivi comme un scélérat, trouva en lui un défenseur. Mais alors César et Pompée étaient tout-puissants : ils l'avaient prié de ne point abandonner Vatinius, qu'ils protégeaient l'un et l'autre. Leurs prières étaient des ordres. Cicéron ménageait le premier pour l'intérêt de son frère qui servait alors dans la Gaule avec le titre de lieutenant. Le second avait été le principal auteur de son rappel, et il pensait que la reconnaissance ne lui permettait aucun refus….
G.

---

Il y eut deux actions pour le procès de Fonteius, comme pour ceux de Verrès et de Cécina. Plusieurs orateurs défendirent Fonteius. Cicéron, qui parla le dernier, eut nécessairement à récapituler les moyens de l'accusé. On ne sait s'il plaida dans les deux actions.

Nous donnons ici un long fragment de ce discours, retrouvé par le savant Niebuhr, que M. Le Clerc a inséré dans son édition de *Cicéron*, dont il a le premier donné la traduction. Ce fragment appartenait sans doute à la première partie du plaidoyer. Avant de réfuter l'accusation principale, Cicéron y repoussait les reproches qui portaient sur la conduite de Fonteius avant sa préture en Gaule. C'est le même plan qu'il a suivi dans les *Verrines*, où il n'était venu à parler du gouvernement de Verrès en Sicile qu'après avoir examiné sa questure, sa lieutenance en Asie et sa préture de Rome.

Après cette première partie, l'orateur arrive aux trois chefs d'accusation : 1° Fonteius avait fait contracter à la Gaule des dettes énormes pour satisfaire à ses exactions ; 2° il s'était approprié l'argent exigé pour la réparation des routes ; 3° il avait établi un impôt sur les vins. Ici se trouve une nouvelle lacune pour ce qui concerne ce troisième chef. L'habile éditeur ne croit pas que ce soit une observation du copiste ; mais on peut croire, en s'appuyant d'un passage de Pline le Jeune (*Lettres*, liv. I, lett. 20), que Cicéron n'avait peut-être jamais écrit cette partie du plaidoyer.

Ce qui vient après cette lacune contient la réfutation du témoignage des Gaulois ; et je n'ai rien à ajouter à ce que M. Gueroult a dit sur cette partie du plaidoyer, ainsi que sur la péroraison.
C. D.

# DOUZIÈME DISCOURS

## DISCOURS
# POUR M. FONTEIUS

(Lacune considérable.)

I. ... A-t-il manqué à son devoir, ou bien a-t-il payé comme l'ont fait tous les autres? Oui, juges, et voici quelle est ma défense sur ce point : J'affirme que, depuis la loi Valeria, depuis la questure de M. Fonteius jusqu'à la questure de T. Crispinus, nul questeur n'a payé autrement ; que Fonteius s'est réglé sur l'exemple de ses prédécesseurs, et que ceux qui sont venus après lui se sont réglés sur le sien. De quoi l'accusez-vous? que lui reprochez-vous? De n'avoir pas, suivant l'exemple donné par Hirtuleius, tenu ses registres d'après les réductions de trois et neuf pour cent;

ORATIO DUODECIMA

## ORATIO
# PRO M. FONTEIO

(Desunt permulta.)

I. ...OPORTUISSE; an ita dissolvit, ut omnes alii dissolverunt? Nam ita ego defendo M. Fonteium, judices, itaque contendo, post legem Valeriam latam, a M. Fonteio quæstore usque ad T. Crispinum quæstorem, aliter neminem solvisse ; hunc omnium superiorum, hujus autem omnes, qui postea fuerint, auctoritatem dico secutos. Quid accusas? quid reprehendis? Nam quod in tabulis dodrantariis et quadrantariis, quas ait ab Hirtuleio institutas, Fonteii

voilà ce qu'on lui impute, et je ne saurais dire si son accusateur est lui-même dans l'erreur, ou s'il veut vous y entraîner. En effet, je vous le demande, M. Plétorius, ne vous déclarez-vous pas en quelque sorte pour notre cause, s'il est prouvé que, pour le fait même dont vous accusez M. Fonteius, il a pris pour modèle ce même Hirtuleius à qui vous prodiguez l'éloge? Or il se trouve que ce que vous approuvez dans Hirtuleius est précisément ce qu'a fait Fonteius. Vous blâmez ce mode de payement : les registres publics prouvent qu'Hirtuleius en a fait usage. Vous louez Hirtuleius d'avoir dressé des livres où sont imputées ces réductions : Fonteius en a tenu de semblables, dans lesquels les sommes sont portées de la même manière. Je ne veux pas que vous l'ignoriez, ni que vous pensiez qu'il s'agit ici de registres pour d'anciennes dettes d'un autre ordre ; non, c'est pour les mêmes motifs, c'est pour les mêmes créances, qu'il a établi ces registres. En effet, c'est avec les fermiers de l'État, qui avaient pris à bail les provinces d'Afrique, les droits d'entrée de la ville d'Aquilée...

II. ... On ne trouvera pas un seul homme, oui, juges, pas un seul qui prétende avoir donné à M. Fonteius un sesterce pendant sa questure, ou que Fonteius ait rien détourné de l'argent qui lui a été payé pour le trésor public. On ne trouvera dans ses registres aucun indice d'un vol de ce genre, aucune trace d'altération ni de rature. Or tous ceux sur qui nous voyons peser de pareilles

officium desiderat, non possum existimare, utrum ipse erret, an vos in errorem ducere velit. Quæro enim abs te, M. Plætori, possitne tibi ipsi probata esse nostra causa, si, qua in re abs te M. Fonteius accusatur, auctorem habet eum quem tu maxime laudas, Hirtuleium ; qua in re autem laudas Hirtuleium, Fonteius idem fecisse reperitur? Reprehendis solutionis genus : eodem modo Hirtuleium dissolvisse publicæ tabulæ coarguunt. Laudas illum quod dodrantarias tabulas instituerit : easdem Fonteius instituit, et eodem genere pecuniæ. Nam ne forte sis nescius, et istas tabulas existimes ad diversam veteris æris alieni rationem pertinere; ob unam causam et in uno genere sunt institutæ. Nam cum publicanis, qui Africam, qui Aquiliense *portorium conducta habebant*...

II. ...cite... Nemo, nemo, inquam, judices, reperietur, qui unum se in quæstura M. Fonteio nummum dedisse, aut illum ex ea pecunia, quæ pro ærario solveretur, detraxisse dicat : nullius in tabulis ulla hujus furti significatio, nullum in iis nominibus intertrimenti aut deminutionis vestigium reperietur. Atqui omnes ii, quos in hoc genere quæstionis accusatos et reprehen-

accusations sont accablés par les dépositions des témoins. Il est en effet, difficile que celui qui a donné de l'argent à un magistrat ne soit point porté par la haine ou contraint par sa conscience à en faire la révélation. Ensuite, si quelque séduction enchaîne la langue des témoins, les registres restent toujours inexorables et incorruptibles. Supposez que Fonteius n'ait eu que des amis; qu'un grand nombre d'hommes, pour lui entièrement inconnus et étrangers, aient voulu épargner sa personne et prendre soin de sa gloire : le fait seul de la tenue des registres a par lui-même assez de force pour que toute supposition, toute suppression, toute altération, toute absence de justification, soit dans la recette, soit dans la dépense, se laisse apercevoir. Tous les questeurs dont nous avons parlé ont tenu un compte exact de l'argent reçu au nom du peuple romain. S'ils ont payé ou donné à d'autres des sommes équivalentes, en sorte qu'il y ait emploi de tous les deniers reçus, certes il ne peut y avoir aucune suppression. Si d'autres ont détourné quelque somme, leur caisse, leurs registres...

... Au nom des dieux et des hommes ! quoi ! pour une somme de trente millions deux cent mille sesterces, on ne trouve pas un seul témoin ! Combien en aurait-on pu trouver ? Plus de mille. Dans quel pays les faits se sont-ils passés ? Ici même, dans le lieu où vous êtes. A-t-on donné quelque argent sans observer les formes ordinaires ? Non, pas un écu n'est sorti de la caisse, qu'il

sos videmus, premuntur testibus; difficile est enim eum qui magistratui pecuniam dederit, non aut induci odio ut dicat, aut cogi religione. Deinde, si qua gratia testes deterrentur, tabulæ quidem certe incorruptæ atque integræ manent. Fac omnes amicissimos Fonteio fuisse ; tantum hominum numerum ignotissimorum atque alienissimorum pepercisse hujus capiti, consuluisse famæ : res ipsa tamen, ac ratio litterarum, confectioque tabularum, habet hanc vim, ut ex acceptis et datis quidquid fingatur, aut surripiatur, aut non constet, appareat. Acceptas populo Romano pecunias omnes isti retulerunt. Si protinus aliis æque magnas aut solverunt aut dederunt, ut, quod acceptum populo Romano est, id expensum cuipiam sit, certe nihil potest esse detractum. Sin aliqui domum tulerunt, ex eorum arca, e rationibus...

...Deorum hominumque fidem ! testis non invenitur in ducentis et tricies sestertiis. Quam multorum hominum ? sexcentorum amplius. Quibus in terris gestum negotium est ? illo, illo, inquam, loco, quem videtis. Extra ordinemne pecunia est data? imo vero nummus nullus sine litteris multis commotus est.

n'en ait été passé écriture. Quelle est donc cette accusation qui franchit plus aisément les Alpes que quelques marches du trésor; qui défend avec plus de zèle les finances des Ruténois que celles du peuple romain; qui ajoute plus de foi à des inconnus qu'à ceux que nous connaissons, à des étrangers qu'à des citoyens, et qui doit trouver dans la haine des Barbares un argument plus fort que dans les pièces authentiques de nos compatriotes?

III. Ainsi, juges, le compte que Fonteius peut rendre de deux magistratures qu'il a exercées, le triumvirat et la questure, consacrées l'une et l'autre au maniement et à l'administration des sommes les plus considérables, ce compte a prouvé que des actes qui ont eu lieu en présence de tout le monde, qui intéressaient tant de personnes, et qui sont consignés sur tant de registres publics ou particuliers, ne présentent aucune trace de malversation, aucun soupçon du moindre délit.

Vient ensuite la lieutenance d'Espagne, à l'époque orageuse où L. Sylla rentrait en Italie, où des armées formidables, composées de citoyens, se disputaient le droit de suffrage et la judicature. Dans ces temps où l'on désespérait de la république...

IV. ... Sous sa préture, dites-vous, la Gaule a été accablée de dettes. Mais à qui a-t-elle emprunté des sommes si énormes? Est-ce aux Gaulois? Non, certes. A qui donc? Aux citoyens romains qui font des affaires dans la Gaule. Pourquoi n'entendons-

Quæ est igitur ista accusatio, quæ facilius possit Alpes quam paucos ærarii gradus ascendere; diligentius Rutenorum, quam populi Romani defendat ærarium; libentius ignotis quam notis utatur, alienigenis quam domesticis testibus; planius se confirmare crimen libidine barbarorum, quam nostrorum hominum litteris arbitretur?

III. Duorum magistratuum, quorum uterque in pecunia maxima tractanda procurandaque versatus est, triumviratus et quæsturæ, ratio sic redditur, judices, ut in iis rebus, quæ ante oculos gestæ sunt, ad multos pertinuerunt, confectæ publicis privatisque tabulis sunt, nulla significatio furti, nulla alicujus delicti suspicio referatur.

Hispaniensis legatio consecuta est, turbulentissimo reipublicæ tempore, quum, adventu L. Sullæ in Italiam, maximi exercitus civium dissiderent de judiciis ac legibus. Atque hoc reipublicæ statu desperato, qualis...

IV. ... Hoc prætore, oppressum esse ære alieno Galliam. A quibus versuras tantarum pecuniarum factas esse dicunt? a Gallis? nihil minus. A quibus igitur? a civibus Romanis qui negotiantur in Gallia. Cur eorum verba non

nous pas leurs dépositions? Pourquoi ne produit-on aucun de leurs registres? Ici c'est moi qui poursuis l'accusateur ; oui, je le presse avec instance de faire entendre des témoins : je prends plus de soin et de peine à les lui demander, ces témoins, que d'autres défenseurs n'en prendraient à les réfuter. Je le dis hardiment et je l'affirme avec certitude : la Gaule est peuplée de négociants et de citoyens romains; aucun Gaulois ne trafique sans eux ; pas un écu ne circule dans la Gaule qu'il n'en soit fait mention sur les registres d'un citoyen romain.

Voyez jusqu'où va ma condescendance, et combien je me relâche de mes précautions et de mon zèle ordinaires. Qu'on produise un seul registre qui présente la moindre trace, le moindre indice d'argent donné à Fonteius ; que, dans tout ce grand nombre de négociants, de colons, de fermiers publics, de laboureurs, de marchands de bestiaux, on découvre un seul témoin, et j'accorderai que Fonteius est justement accusé. Quelle cause, grands dieux ! et que d'avantages elle prête à notre défense ! M. Fonteius a gouverné la province des Gaules. Parmi les cités et les nations qui la composent (et je ne parle pas ici d'événements anciens, mais de ce qui s'est passé presque de nos jours), les unes ont fait à la république des guerres longues et cruelles, les autres ont été ou soumises par nos généraux, ou domptées par nos armes, ou flétries par nos triomphes et par des monuments, ou enfin

audimus? cur eorum tabulæ nullæ proferuntur? Insector ultro, atque insto accusatori, judices; insector, inquam, et flagito testes : plus ego in hac causa laboris et operæ consumo in poscendis testibus, quam cæteri defensores in refutandis. Audacter hoc dico, judices; non temere confirmo. Referta Gallia negotiatorum est, plena civium Romanorum : nemo Gallorum sine cive Romano quidquam negotii gerit; nummus in Gallia nullus sine civium Romanorum tabulis commovetur.

Videte, quo descendam, judices; quam longe videar ab consuetudine mea, et cautione ac diligentia discedere. Unæ tabulæ proferantur, in quibus vestigium sit aliquod, quod significet pecuniam Fonteio datam ; unum ex toto negotiatorum, colonorum, publicanorum, aratorum, pecuariorum numero testem producant ; vere accusatum esse concedam. Proh dii immortales! quæ est hæc causa? quæ defensio? Provinciæ Galliæ M. Fonteius præfuit, quæ constat ex iis generibus hominum et civitatum, qui, ut vetera mittam, partim nostra memoria bella cum populo Romano acerba ac diuturna gesserunt; partim modo ab nostris imperatoribus subacti, modo bello domiti, modo triumphis

privées de leurs terres et de leurs villes par la justice du sénat; d'autres encore, après avoir combattu contre M. Fonteius lui-même, sont tombées, au prix de ses sueurs et de ses nombreux travaux, sous l'empire et la domination du peuple romain. Dans la même province est la ville de Narbonne, colonie formée de nos citoyens, sentinelle avancée du peuple romain, rempart élevé contre ces mêmes nations. Dans ces contrées est encore Marseille, dont j'ai parlé précédemment, peuplée d'alliés courageux et fidèles, qui par leurs troupes et par leurs armes ont souvent délivré le peuple romain de l'agression des Gaulois. Nous y avons enfin une multitude de citoyens romains et d'hommes très-honorables.

V. C'est, comme je l'ai dit, cette province, dont la population est si diverse, que M. Fonteius a gouvernée. Ceux des habitants qui étaient nos ennemis, il les a subjugués; ceux qui l'avaient été naguère, il les a contraints d'abandonner les terres confisquées sur eux. Quant aux autres, qu'une lutte terrible et sans cesse renaissante avait enfin soumis à notre empire, il en a exigé une nombreuse cavalerie pour les combats que notre république avait alors à soutenir dans toutes les parties de l'univers, de grosses sommes d'argent pour la solde de ces troupes, une quantité considérable de blé pour l'entretien de l'armée d'Espagne. Voilà celui qu'on accuse devant vous ! Vous, qui ne fûtes pour rien dans tous

ac monumentis notati, modo ab senatu agris urbibusque multati sunt ; partim, qui cum ipso M. Fonteio ferrum ac manus contulerunt, multoque ejus sudore ac labore sub populi Romani imperium ditionemque ceciderunt. Est in eadem provincia Narbo Marcius, colonia nostrorum civium, specula populi Romani ac propugnaculum, istis ipsis nationibus oppositum et objectum. Est item urbs Massilia, de qua ante dixi, fortissimorum fidelissimorumque sociorum, qui Gallicorum bellorum pericula populo Romano copiis armisque compensarunt. Est præterea numerus civium Romanorum atque hominum honestissimorum.

V. Huic provinciæ, quæ ex hac gentium varietate constaret, M. Fonteius, ut dixi, præfuit. Qui erant hostes, subegit ; qui proxime fuerant, eos ex iis agris, quibus erant multati, decedere coegit ; cæteris, qui idcirco magnis sæpe erant bellis superati, ut semper populo Romano parerent, magnos equitatus ad ea bella quæ tum in toto orbe terrarum a populo Romano gerebantur, magnas pecunias ad eorum stipendium, maximum frumenti numerum ad Hispaniense bellum tolerandum, imperavit. Is, hæc qui gessit, in judicium vocatur ; vos,

ces faits, vous le jugez de concert avec le peuple romain. Quels sont ceux qui déposent contre lui? Ceux qui n'ont obéi qu'avec le plus de répugnance; ceux qu'il a contraints légalement d'abandonner leurs terres; ceux qu'il a vaincus, mis en fuite, et qui, échappés au carnage, osent, pour la première fois, se montrer en présence de Fonteius désarmé. Mais la colonie de Narbonne, que demande-t-elle? que veut-elle? Elle veut que vous sauviez Fonteius; elle pense que c'est lui qui l'a sauvée. Et la ville de Marseille? Quand elle le possédait, elle lui décerna les plus grands honneurs; aujourd'hui, privée de sa présence, elle vous supplie, elle vous conjure d'avoir égard à sa recommandation, à son serment, à son autorité. Quels sont enfin les sentiments des citoyens romains établis dans la Gaule? Il n'est aucun d'eux, quelque nombreux qu'ils soient, qui n'atteste que Fonteius a rendu les plus éclatants services à la province, à la république, aux alliés et aux citoyens.

VI. Puisque vous voyez quels sont ceux qui attaquent Fonteius, et que vous connaissez ceux qui s'intéressent à sa défense, prenez une décision conforme à votre justice et à la dignité du peuple romain. Voyez si vous aimez mieux croire et protéger vos colons, vos commerçants, vos alliés les plus anciens et les plus dévoués, que des peuples qui ne méritent aucune confiance à cause de leur acharnement, aucun égard à cause de leur déloyauté. Mais quoi!

qui in re non interfuistis, causam una cum populo Romano cognoscitis. Dicunt contra, quibus invitissimis imperatum est; dicunt, qui ex agris ex M. Fonteii decreto decedere sunt coacti; dicunt, qui ex bello, cæde et fuga nunc primum audent contra M. Fonteium inermem consistere. Quid coloni Narbonenses? quid volunt? quid existimant? Hunc per vos volunt, se per hunc incolumes existimant esse. Quid Massiliensium civitas? hunc præsentem iis affecit honoribus quos habuit amplissimos; vos autem absens orat atque obsecrat, ut sua religio, laudatio, auctoritas, aliquid apud vestros animos momenti habuisse videatur. Quid? civium Romanorum quæ voluntas est? Nemo est ex tanto numero, quin hunc optime de provincia, de imperio, de sociis et civibus meritum esse arbitretur.

VI. Quoniam igitur videtis, qui oppugnent M. Fonteium; cognostis, qui defensum velint; statuite nunc, quid vestra æquitas, quid populi Romani dignitas postulet; utrum colonis vestris, negotiatoribus vestris, amicissimis atque antiquissimis sociis, et credere et consulere malitis; an iis, quibus neque propter iracundiam, fidem, neque propter infidelitatem, honorem habere debetis. Quid?

si je produis un nombre encore plus grand de témoins, pris parmi les hommes les plus honorables, qui pourront déposer de la vertu et de l'intégrité de Fonteius, cette ligue de Gaulois prévaudra-t-elle encore sur l'autorité des plus respectables témoins?

Vous le savez, juges, lorsque Fonteius commandait en Gaule, la république avait dans les deux Espagnes de grandes armées et d'illustres généraux. Combien de chevaliers romains, combien de tribuns militaires et d'habiles lieutenants furent plusieurs fois envoyés à ces chefs! Ajoutez que l'armée de Cn. Pompée, la plus belle et la plus considérable qu'on ait vue, eut ses quartiers d'hiver dans les Gaules, lorsque M. Fonteius y commandait. Ne voilà-t-il pas, comme par une faveur de la fortune, des témoins assez nombreux, assez dignes de foi, assez instruits de ce qui s'est passé dans les Gaules sous la préture de M. Fonteius? Dans cette foule de témoins, quel est celui que vous voulez que je produise? quel est celui dont les paroles auront auprès de vous quelque autorité? Nous sommes sûrs de trouver en lui un témoin pour Fonteius et un panégyriste de sa conduite.

Douterez-vous plus longtemps du motif réel de cette accusation, que je vous ai dévoilé en commençant? Oui, en cherchant à faire succomber M. Fonteius sous les dépositions de ceux qui n'ont déféré qu'avec une extrême répugnance à ce qu'il leur commandait pour le bien de la république, on veut ralentir désormais le zèle

---

si majorem hominum etiam honestissimorum copiam affero, qui hujus virtuti atque innocentiæ testimonio possin esse, tamenne plus Galiorum consensio valebit, quam summæ auctoritatis hominum ?

Quum Galliæ Fonteius præesset, scitis, judices, maximos populi Romani exercitus in duabus Hispaniis, clarissimosque imperatores fuisse. Quam multi equites Romani, quam multi tribuni militum, quales, et quot, et quoties legati ad eos? Exercitus præterea Cn. Pompeii maximus atque ornatissimus hiemavit in Gallia, M. Fonteio imperante. Satisne vobis multos, satis idoneos testes et conscios videtur ipsa fortuna esse voluisse earum rerum, quæ M. Fonteio prætore gererentur in Gallia? Quem ex tanto hominum numero testem in hac causa producere potestis? quis est ex eo numero qui vobis auctor placeat? eo nos jam laudatore et teste utemur.

Dubitabitis etiam diutius, judices, quin illud quod initio vobis proposui verissimum sit, aliud per hoc judicium nihil agi, nisi ut, M. Fonteio oppresso testimoniis eorum, quibus multa reipublicæ causa invitissimis imperata sunt,

des autres magistrats par la crainte de ces attaques dirigées contre des hommes dont la ruine entraînerait celle de la puissance romaine.

VII. On reproche encore à M. Fonteius d'avoir gagné sur la réparation des routes, soit en accordant l'exemption des travaux à faire, soit en ne désapprouvant pas ceux qui étaient faits. Si tout le monde a été contraint à cette réparation, si les ouvrages d'un grand nombre ont été jugés défectueux, il est également faux qu'il y ait eu de l'argent donné, soit pour des exemptions de travaux dont personne n'a été dispensé, soit pour une approbation qui a été souvent refusée. Mais si nous pouvons renvoyer cette accusation aux hommes les plus recommandables, non que nous prétendions qu'elle doive en effet peser sur eux, mais parce que, ayant au contraire présidé à cette réparation, ils peuvent facilement justifier leur conduite, irez-vous, sur la foi de témoins irrités, faire tomber sur Fonteius une responsabilité qui lui est étrangère ? M. Fonteius, sentant qu'il était de l'intérêt de la république que la voie Domitia fût réparée, mais occupé lui-même par des affaires d'État d'une plus haute importance, chargea de ce soin deux citoyens du premier mérite, C. Annius Bellienus et C. Fonteius. Ils s'acquittèrent de leur mission, commandèrent ou approuvèrent les travaux avec la sagesse et l'équité qu'on devait attendre d'eux. Si vous, qui nous accusez, n'avez pu l'apprendre autrement, au moins l'avez-vous pu savoir par les copies que

---

segniores posthac ad imperandum cæteri sint, quum videant eos oppugnari, quibus oppressis populi Romani imperium incolume esse non possit?

VII. Objectum est etiam, quæstum M. Fonteium ex viarum munitione fecisse, ut aut ne cogeret munire, aut id quod munitum esset ne improbaret. Si et coacti sunt munire omnes, et multorum opera improbata sunt, certe utrumque falsum est, et ob vacationem pretium datum, quum immunis nemo fuerit, et ob probationem, quum multa improbata sint. Quid? si hoc crimen optimis hominibus delegare possimus, et ita ut non culpam in alios transferamus, sed uti doceamus, eos isti munitioni præfuisse, qui facile officium suum et præstare et probare possunt; tamenne vos omnia in M. Fonteium, iratis testibus freti, conferetis? Quum majoribus reipublicæ negotiis M. Fonteius impediretur, et quum ad rempublicam pertineret, viam Domitiam muniri, legatis suis, primariis viris, C. Annio Bellieno et C. Fonteio negotium dedit. Itaque præfuerunt: imperaverunt pro dignitate sua, quod visum est, et probaverunt. Quod vos, si nulla alia ex re, ex litteris quidem vestris quas scripsistis, et missis, et allatis,

vous avez prises de nos lettres. Si vous ne les avez pas encore lues, vous allez connaître aujourd'hui ce que Fonteius écrivit à ses lieutenants, et ce que ceux-ci lui répondirent. *Lettres aux lieutenants C. Annius et C. Fonteius. Lettres des lieutenants C. Annius et C. Fonteius.*

Il est assez clair, à mon avis, que la responsabilité relative à la réparation des chemins ne concerne point M. Fonteius, et que ceux qui ont présidé à ces travaux sont des hommes à l'abri de tout reproche.

VIII. Écoutez maintenant le chef d'accusation qui concerne l'impôt sur les vins, grief que nos accusateurs ont présenté comme le plus grand et le plus odieux. Ce chef d'accusation, juges, est ainsi établi par Plétorius. Ce n'est pas dans la Gaule, dit-il, que Fonteius a conçu la première idée de cet impôt ; mais déjà en Italie, à son départ de Rome, il se proposait de l'établir. C'est à cet effet que Titurius avait exigé à Toulouse, sous le nom de droit d'entrée, quatre deniers par amphore ; que Porcius et Numius à Crodun, Servéus à Vulchalon, avaient perçu, les uns trois, l'autre deux victoriats ; que, dans ces lieux, les droits étaient exigés de ceux mêmes qui, ne voulant pas aller à Toulouse, se dirigeaient vers Cobiamac, bourg situé entre Toulouse et Narbonne ; tandis qu'Élésiodole n'avait taxé que de six deniers ceux qui portaient le

certe scire potuistis. Quas si antea non legistis, nunc ex nobis, quid de iis rebus Fonteius ad legatos suos scripserit, quid ad eum illi rescripserint, cognoscite. LITTERÆ AD C. ANNIUM LEG. AD C. FONTEIUM LEG. LITTERÆ A C. ANNIO LEG. A C. FONTEIO LEG.

Satis opinor esse perspicuum, judices, hanc rationem munitionis neque ad M. Fonteium pertinere, et ab iis esse tractatam quos nemo possit reprehendere.

VIII. Cognoscite nunc de crimine vinario, quod illi invidiosissimum et maximum esse voluerunt. Crimen a Plætorio, judices, ita constitutum est : Fonteio non in Gallia primum venisse in mentem ut portorium vini institueret, sed hac in Italia proposita ratione, Roma profectum ; itaque Titurium Tolosæ quaternos denarios in singulas vini amphoras portorii nomine exegisse ; Croduni Porcium et Numium ternos victoriatos ; Vulchalone Servæum binos victoriatos ; atque in his locis ab his portorium esse exactum, si qui Cobiamacho, qui vicus inter Tolosam et Narbonem est, deverterentur, neque Tolosam ire vellent ; Elesiodolum tantum senos denarios ab his qui ad hostem portarent exegisse. Video,

vin à l'ennemi. C'est sans doute un chef d'accusation fort grave par lui-même que l'établissement d'un impôt sur nos récoltes, et j'avoue qu'il fournirait un moyen d'amasser des sommes immenses ; mais c'est aussi un aliment à la haine, et les ennemis de Fonteius s'en sont emparés pour en répandre partout le bruit. Pour moi, je pense que plus est grave l'accusation dont on démontre la fausseté, plus le tort du calomniateur est grand. Il veut, en effet, par l'énormité du crime, prévenir tellement l'esprit des juges, que la vérité trouve auprès d'eux un difficile accès.

(Lacune qui comprend tout ce qui concerne le grief relatif à l'impôt sur les vins, à la guerre contre les Voconces et à la disposition des quartiers d'hiver.)

IX. Les Gaulois n'en conviennent point ; mais l'évidence des faits et la force des preuves rendent leur aveu superflu. Un juge peut-il donc ne pas croire les témoins? Oui, quand des témoins sont passionnés, irrités, ligués entre eux et incapables de scrupule, non-seulement il le peut, mais encore il le doit. En effet, si l'allégation des Gaulois suffit pour rendre M. Fonteius coupable, qu'a-t-on besoin d'un magistrat éclairé, d'un président impartial, d'un avocat de quelque valeur? Les Gaulois disent qu'il est coupable ; nous ne pouvons nier qu'ils l'accusent. Si vous croyez qu'il soit d'un juge sage, habile, équitable, de croire sans

judices, esse crimen, et genere ipso magnum (vectigal enim esse impositum fructibus nostris dicitur, et pecuniam permagnam ista ratione cogi potuisse confiteor), et invidia : vel maxime enim inimici hanc rem sermonibus divulgare voluerunt. Sed ego ita existimo, quo majus crimen sit id quod ostendatur esse falsum, hoc majorem ab eo injuriam fieri qui id confingat. Vult enim magnitudine rei sic occupare animos eorum qui audiunt, ut difficilis aditus veritati relinquatur.

(Omnia de crimine vinario; de bello Vocohtiorum, de dispositione hibernorum, desunt.)

IX. At hoc Galli negant ; at ratio rerum et vis argumentorum coarguit. Potest igitur testibus judex non credere? Cupidis, et iratis, et conjuratis, et ab religione remotis, non solum potest, sed etiam debet. Etenim si, quia Galli dicunt, idcirco M. Fonteius nocens existimandus est, quid mihi opus est sapiente judice? quid æquo quæsitore? quid oratore non stulto? Dicunt enim Galli. Negare non possumus. Hic si ingeniosi, et periti, et æqui judicis has partes

la moindre hésitation à l'existence d'un fait, parce que des témoins l'affirment, la déesse Salus elle-même serait impuissante pour protéger l'innocence des bons citoyens. Si, au contraire, dans tout procès, la sagesse du juge consiste surtout à examiner attentivement chaque fait et à en peser toutes les circonstances, certes le travail de vos méditations est bien plus grave et bien plus difficile que celui de ma plaidoirie. Moi, je dois sur chaque fait, non-seulement n'interroger qu'un témoin, mais encore l'interroger en peu de mots, et souvent même m'en abstenir, dans la crainte de lui fournir l'occasion de parler, s'il est irrité, et de donner du poids à son témoignage, s'il est animé de quelque passion. Vous, au contraire, vous pouvez revenir plusieurs fois sur le même objet, arrêter longtemps votre attention sur le même témoin; et, s'il en est que nous n'ayons pas voulu interroger, vous devez examiner quel motif nous avons eu de garder le silence.

Si donc vous êtes d'avis que la loi et le devoir prescrivent au juge de croire tous les témoins, il n'y a pas de raison de penser que tel juge soit meilleur et plus éclairé que tel autre. Il n'est pour les oreilles qu'une seule manière de juger, et la nature a départi cette faculté dans une égale proportion aux sages et aux ignorants. En quoi donc peut briller la prudence? en quoi peut-on distinguer un auditeur sot et crédule d'un juge clairvoyant et

esse existimatis, ut, quoniam quidem testes dicunt, sine ulla dubitatione credendum sit; Salus ipsa virorum fortium innocentiam tueri non potest; sin autem in rebus judicandis non minimam partem ad unamquamque rem æstimandam, momentoque suo ponderandam, sapientia judicis tenet, næ multo vestræ majores gravioresque partes sunt ad cogitandum, quam ad dicendum meæ. Mihi enim semper unaquaque de re testis non solum semel, verum etiam breviter interrogandus, et sæpe etiam non interrogandus, ne aut irato facultas ad dicendum data, aut cupido auctoritas attributa esse videatur. Vos et sæpius eamdem rem animis agitare, et diutius uno de teste cogitare potestis; et, si quem nos interrogare noluimus, quæ causa nobis tacendi fuerit existimare debetis.

Quamobrem, si hoc judici præscriptum lege aut officio putatis testibus credere, nihil est cur alius alio judice melior aut sapientior existimetur. Unum est enim et simplex aurium judicium; et promiscue et communiter stultis ac sapientibus ab natura datum. Quid est igitur, ubi elucere possit prudentia, ubi discerni stultus auditor et credulus ab religioso et sapienti judice? Nimi-

consciencieux? C'est que, dans ses conjectures et ses réflexions sur les dépositions des témoins, le juge éclairé sait apprécier la confiance qu'ils méritent, leur esprit de justice, leur retenue, leur bonne foi, enfin à quel point ils sont jaloux d'une bonne réputation, soigneux de la conserver et tremblent de la compromettre.

X. Hésiterez-vous à n'admettre ces dépositions des Barbares qu'avec la défiance que si souvent, de nos jours et du temps de nos aïeux, les juges les plus sages ont opposée aux plus illustres citoyens? Les témoignages des Cn. et des Q. Cépion, des L. et des Q. Metellus ne furent point admis contre un homme nouveau, contre Q. Pompée; et, pour cette fois, le soupçon de passion et d'inimitié annula l'autorité que méritaient leurs vertus, leur naissance et leurs exploits. Avons-nous vu, pouvons-nous citer un homme comparable à M. Émilius Scaurus pour la sagesse, la gravité de ses mœurs, la fermeté et les autres vertus, pour le génie, l'éclat des honneurs et des grandes actions? Cependant cet homme, qui d'un seul mot, lors même qu'il n'avait prêté aucun serment, gouvernait presque toute la terre, ne fut point cru, lorsqu'il déposait, sous la foi du serment, contre C. Fimbria et contre C. Memmius. Les juges ne voulurent pas laisser ouverte à la haine une voie par laquelle, à l'aide d'un faux témoignage, elle pût perdre un ennemi. Qui ne connaît la modération, les talents

---

rum illud, in quo ea quæ dicuntur a testibus, conjecturæ et cogitationi traduntur, quanta auctoritate, quanta animi æquitate, quanto pudore, quanta fide, quanta religione, quanto studio existimationis bonæ, quanta cura, quanto timore dicantur.

X. An vero vos id in testimoniis hominum barbarorum dubitabitis, quod persæpe, et nostra et patrum memoria, sapientissimi judices de clarissimis nostræ civitatis viris dubitandum non putaverunt? qui Cn. et Q. Cæpionibus, L. et Q. Metellis testibus in Q. Pompeium, hominem novum, non crediderunt : quorum virtuti, generi, rebus gestis fidem et auctoritatem in testimonio, cupiditatis atque inimicitiarum suspicio derogavit. Ecquem hominem vidimus, ecquem vere commemorare possumus parem consilio, gravitate, constantia, cæteris virtutibus, honoris, ingenii, rerum gestarum ornamentis, M. Æmilio Scauro fuisse? tamen hujus, cujus injurati nutu prope terrarum orbis regebatur, jurati testimonio, neque in C. Fimbriam, neque in C. Memmium creditum est. Noluerunt ii qui judicabant hanc patere inimicitiis viam, quem

et l'autorité imposante de L. Crassus? Eh bien, quoique ses simples discours eussent le poids d'un témoignage solennel, il ne put faire croire, par son témoignage même, ce qu'il attestait dans un esprit de haine contre M. Marcellus.

Telle était, oui, telle était la merveilleuse et haute sagesse de ces anciens magistrats. Ils croyaient devoir juger, non-seulement la cause, mais encore l'accusateur et les témoins. Ils considéraient, dans toute déposition, la part que pouvaient avoir la corruption et le mensonge, le hasard et les circonstances, l'espoir ou la crainte, la haine ou toute autre passion.

Si la sagacité du juge n'embrasse pas tous ces rapports, s'il ne les examine point dans leur ensemble, si toutes les paroles qui partent du lieu où sont placés les témoins lui semblent autant d'oracles sortis du sanctuaire, il suffira certainement, comme je viens de le dire, pour remplir les fonctions de juge, qu'il ne soit pas sourd ; et il sera désormais inutile d'appeler pour juger les procès tout ce qu'il y a de plus sage et de plus expérimenté parmi les hommes.

XI. Eh quoi! ces chevaliers romains que nous avons pu voir, et qui dernièrement se sont bien distingués dans le gouvernement et dans la décision des causes les plus importantes, ont eu assez de courage, assez de force pour refuser d'ajouter foi au té-

---

quisque odisset, ut cum testimonio posset tollere. Quantus in L. Crasso pudor fuerit, quod ingenium, quanta auctoritas, quis ignorat ? tamen is, cujus etiam sermo testimonii auctoritatem habebat, testimonio ipso, quæ in M. Marcellum inimico animo dixit, probare non potuit.

Fuit, fuit illis judicibus divinum ac singulare, judices, consilium, qui se non solum de reo, sed etiam de accusatore, de teste judicare arbitrabantur, quid fictum, quid a fortuna ac tempore allatum, quid pretio corruptum, quid spe aut metu depravatum, quid a cupiditate aliqua aut inimicitiis profectum videretur.

Quæ si judex non amplectetur omnia consilio, non animo ac mente circumspiciet; si, ut quidque ex illo loco dicetur, ex oraculo aliquod ici arbitrabitur, profecto satis erit, id quod dixi antea, non surdum judicem huic muneri atque officio præesse; nihil erit quamobrem ille, nescio quis, sapiens homo, ac multarum rerum peritus, ad res judicandas requiratur.

XI. An vero illi equites Romani, quos nos vidimus, qui nuper in republica judiciisque maximis floruerunt, habuerunt tantum animi, tantum roboris, ut

moignage de M. Scaurus, et vous craindriez de refuser votre confiance aux dépositions des Volces et des Allobroges ? Si l'on ne doit pas croire un témoin qui est votre ennemi, Crassus était-il plus ennemi de Marcellus, ou Scaurus de Fimbria, pour des dissensions civiles et des rivalités intérieures, que les Gaulois ne le sont de Fonteius ? Les moins suspects de ces Gaulois ont été deux fois, trois fois, ou même plus souvent, malgré toute leur répugnance, forcés de fournir de la cavalerie et du blé ; d'autres ont été dépouillés de leurs terres pour d'anciennes résistances ; d'autres enfin ont été vaincus et subjugués par ses armes. S'il faut refuser toute créance à des témoins qui paraissent déposer avec passion pour quelque intérêt, les Cépion et les Metellus avaient sans doute un plus grand intérêt à se délivrer d'un rival en faisant condamner Q. Pompée, que n'en ont les Gaulois à perdre M. Fonteius, puisque la Gaule entière semble faire dépendre de sa ruine ses libertés et ses franchises ? A ne considérer que le caractère des témoins eux-mêmes (ce qui, en fait de témoignage, est assurément la première des conditions, peut-on comparer, je ne dis pas aux premiers personnages de notre république, mais au dernier des Romains, l'homme le plus considérable de la Gaule ? Induciomare sait-il quels sont les devoirs d'un témoin ? Éprouve-t-il la crainte que chacun de nous ressent, quand il nous faut déposer devant ce tribunal ?

M. Scauro testi non crederent ; vos Volcarum atque Allobrogum testimoniis non credere timetis ? Si inimico testi credi non oportuit, inimicior Marcello Crassus, aut Fimbriæ Scaurus ex civilibus studiis atque obtrectatione domestica, quam huic Galli ? Quorum, qui optima in causa sunt, equites, frumentum, pecuniam semel atque iterum, ac sæpius invitissimi, dare coacti sunt ; cæteri, partim ex veteribus bellis agro multati, partim ab hoc ipso bello superati et oppressi. Si, qui ob aliquod emolumentum suum cupidius aliquid dicere videntur, iis credi non convenit, credo majus emolumentum Cæpionibus et Metellis propositum fuisse ex Q. Pompeii damnatione, quum studiorum suorum obtrectatorem sustulissent, quam cunctæ Galliæ ex M. Fonteii calamitate, in qua illa provincia prope suam immunitatem ac libertatem positam esse arbitratur. An, si homines ipsos spectare convenit (id quod in teste profecto valere plurimum debet), non modo cum summis civitatis nostræ viris, sed cum infimo cive Romano quisquam amplissimus Galliæ comparandus est ? Scit Induciomarus quid sit testimonium dicere ? movetur eo timore, quo nostrum unusquisque, quum in eum locum productus est ?

XII. Rappelez-vous, juges, quelles sont alors vos inquiétudes, non-seulement sur ce que vous avez à dire, mais encore sur les termes que vous devez choisir pour que toutes vos paroles soient sagement pesées, et qu'aucune ne semble dictée par la passion. Vous portez l'attention jusqu'à composer votre visage, de peur qu'on n'y lise quelque signe d'animosité, tant vous avez à cœur, lorsque vous paraissez, de convaincre tous ceux qui vous écoutent de votre retenue, de votre intégrité, et de pouvoir, en vous retirant, laisser dans tous les esprits des traces profondes de cette honorable opinion. Sans doute Induciomare n'aura pas manqué d'apporter dans son témoignage ses craintes et ses scrupules, lui qui a commencé par bannir de sa déposition cette expression si pleine de convenance, *Je crois*, que nous employons même lorsque, sous la foi du serment, nous déposons sur des faits dont nous sommes certains, et qui se sont passés sous nos propres yeux. Il a dit : Je sais tout. Craignait-il donc de perdre auprès de vous et du peuple romain quelque chose de sa considération ? craignait-il, cet important personnage, d'emporter la réputation d'un homme coupable d'avoir parlé avec passion et témérité ? Non, c'est qu'il ne comprenait pas qu'il dût faire ici autre chose que de prêter sa voix, son impudence et son audace à ses concitoyens, à nos accusateurs.

Croyez-vous que ces peuples, dans leurs dépositions, soient

XII. Recordamini, judices, quantopere laborare soleatis, non modo quid dicatis pro testimonio, sed etiam quibus verbis utamini, ne quod minus moderate positum, ne quod ab aliqua cupiditate prolapsum verbum esse videatur : vultu, denique, laboratis, ne qua significari possit suspicio cupiditatis ; ut et, quum proditis, existimatio sit quædam tacita de vobis pudoris ac religionis, et, quum disceditis, ea diligenter conservata ac retenta videatur. Credo hæc eadem Induciomarum in testimonio timuisse aut cogitasse, qui primum illud verbum consideratissimum nostræ consuetudinis, *arbitror*, quo nos etiam tunc utimur, quum ea dicimus jurati, quæ comperta habemus, quæ ipsi vidimus, ex toto testimonio suo sustulit, atque omnia se scire dixit. Verebatur enim videlicet, ne quid apud vos populumque Romanum de existimatione sua deperderet ; ne qua fama consequeretur ejusmodi, Induciomarum, talem virum, tam cupide, tam temere dixisse. Non intelligebat, se in testimonio nihil præter vocem, et os, et audaciam neque civibus suis, neque accusatoribus nostris præstare debere.

An vero istas nationes religione jurisjurandi ac metu deorum immortalium

guidés par la foi du serment et par la crainte des dieux immortels, eux qui diffèrent de toutes les nations par leur caractère et leurs usages? Les autres peuples entreprennent des guerres pour défendre leur religion; les Gaulois, pour attaquer le culte de tous les peuples. Les autres nations, lorsqu'elles font la guerre, implorent la protection et la faveur des dieux immortels; c'est aux dieux immortels eux-mêmes que les Gaulois ont toujours fait la guerre.

XIII. Ce sont ces mêmes peuples qui jadis ont pénétré, si loin de leur pays, jusqu'à Delphes, pour outrager et pour dépouiller Apollon Pythien, l'oracle de l'univers. Ce sont encore ces mêmes Gaulois, si intègres et si religieux dans leurs témoignages, qui sont venus assiéger le Capitole, et ce Jupiter par le nom duquel nos ancêtres ont voulu que fût enchaînée la foi des témoignages. Enfin, quel sentiment de religion et de piété peut-il y avoir chez des hommes qui, même lorsque la frayeur les fait tomber aux pieds de leurs dieux pour les apaiser, souillent leurs temples et leurs autels de victimes humaines, et ne peuvent rendre hommage à la religion qu'en la profanant par un crime? Qui de nous ignore qu'ils ont conservé jusqu'à ce jour l'usage monstrueux et barbare des sacrifices humains? Quelle est donc, juges, la bonne foi, quelle est la piété de ceux qui s'imaginent que les dieux se laissent ainsi fléchir par des forfaits et par le sang des hommes?

in testimoniis dicendis commoveri arbitramini, quæ tantum a cæterarum gentium more ac natura dissentiunt? Quod cæteræ pro religionibus suis bella suscipiunt, istæ contra omnium religiones. Illæ in bellis gerendis ab diis immortalibus pacem ac veniam petunt ; istæ cum ipsis diis immortalibus bella gesserunt.

XIII. Hæ sunt nationes, quæ quondam tam longe ab suis sedibus, Delphos usque, ad Apollinem Pythium atque ad oraculum orbis terræ vexandum ac spoliandum profectæ sunt. Ab iisdem gentibus sanctis, et in testimonio religiosis, obsessum Capitolium est, atque ille Jupiter, cujus nomine majores nostri vinctam testimoniorum fidem esse voluerunt. Postremo his quidquam sanctum ac religiosum videri potest, qui etiam, si quando aliquo metu adducti deos placandos esse arbitrantur, humanis hostiis eorum aras ac templa funestant? ut ne religionem quidem colere possint, nisi eam prius scelere violarint. Quis enim ignorat, eos usque ad hanc diem retinere illam immanem ac barbaram consuetudinem hominum immolandorum? Quamobrem, quali fide, quali pietate existimatis esse eos, qui etiam deos immortales arbitrentur hominum scelere et sanguine facillime posse placari?

Sont-ce de pareils témoins que vous associerez à votre religion du serment? attendez-vous d'eux quelque scrupule, quelque modération? Quoi! tous nos lieutenants qui ont traversé la Gaule durant les trois années de Fonteius, tous les chevaliers romains qui se sont trouvés dans cette province, tous les négociants qui y résident, enfin tous les alliés, tous les amis de la république établis dans la Gaule, désirent le salut de M. Fonteius ; tous, soit en corps, soit en particulier, rendent témoignage à ses vertus sous la foi du serment ; et vous, Romains, si intègres et si purs, vous aimez mieux en croire des Gaulois? Quel motif paraîtra vous avoir déterminés? L'opinion publique? celle de nos ennemis a donc plus de poids sur vous que celle de nos concitoyens? L'autorité des témoins? oserez-vous préférer des inconnus à ceux que vous connaissez, des hommes injustes à des hommes équitables, des étrangers à des Romains, des accusateurs irrités à des témoins sans passion, des cœurs mercenaires à des cœurs désintéressés, des impies à des mortels religieux, des ennemis jurés de notre empire et de notre nom à de fidèles alliés, à des concitoyens irréprochables ?

XIV. Doutez-vous, juges, que tous ces peuples n'entretiennent dans leurs cœurs une haine profonde contre le nom romain? Croyez-vous que, avec leurs sayons et leurs braies, ils aient ici une démarche humble et soumise, comme tous ceux qui, après

---

Cum his vos testibus vestram religionem conjungetis? ab his quidquam sancte aut moderate dictum putabitis? Hoc vestræ mentes tam castæ, tam integræ, sibi suscipient, ut, quum omnes legati nostri, qui illo triennio in Galliam venerunt, omnes equites Romani, qui in illa provincia fuerunt, omnes negotiatores ejus provinciæ, denique omnes, in Gallia qui sunt, socii populi Romani atque amici, M. Fonteium incolumem esse cupiant, jurati privatim et publice laudent ; vos tamen Gallis credere malitis ? quid ut secuti esse videamini ? Voluntatemne hominum? Gravior igitur vobis erit hostium voluntas quam civium? An dignitatem testium ? Potestis igitur ignotos notis, iniquos æquis, alienigenas domesticis, cupidos moderatis, mercenarios gratuitis, impios religiosis, inimicissimos huic imperio ac nomini bonis ac fidelibus et sociis et civibus anteferre ?

XIV. An vero dubitatis, judices, quin insitas inimicitias istæ gentes omnes et habeant et gerant cum populi Romani nomine ? Sic existimatis eos hic sagatos braccatosque versari, animo demisso atque humili, ut solent ii, qui affecti

avoir essuyé des outrages, viennent implorer, en qualité de suppliants, la clémence et la pitié des juges? Rien moins que cela. Voyez-les dans le Forum se promener fiers et triomphants : ils font des menaces, ils voudraient nous épouvanter par les sons horribles de leur langage barbare. J'aurais, certes, peine à le croire, si je n'eusse tant de fois entendu, comme vous, les accusateurs eux-mêmes nous avertir de ne pas nous attirer, par l'acquittement de Fonteius, une nouvelle guerre de la part des Gaulois.

Juges, si tout manquait à M. Fonteius dans cette cause; si sa jeunesse eût été déréglée, sa vie infâme; s'il se fût montré indigne des magistratures qu'il a gérées sous vos yeux; quand les témoignages de tous les gens de bien et la haine de tous ceux qui le connaissent l'amèneraient devant vous; quand il serait accablé par les preuves écrites et par les témoignages de nos fidèles alliés de Marseille, de notre colonie de Narbonne, de tous nos citoyens établis dans la Gaule, encore devriez-vous éviter avec le plus grand soin de paraître craindre les Gaulois, de paraître effrayés par les menaces de ceux que vos pères et vos ancêtres ont assez affaiblis pour vous apprendre à les mépriser. Mais, puisqu'il ne s'élève aucun homme de bien contre M. Fonteius, puisque tous nos citoyens et nos alliés lui donnent des louanges, et qu'il n'est attaqué que par ceux qui attaquèrent souvent Rome et

---

injuriis ad opem judicum supplices inferioresque confugiunt? Nihil vero minus. Hi contra vagantur læti atque erecti passim toto Foro, cum quibusdam minis, et barbaro atque immani terrore verborum : quod ego profecto non crederem, nisi aliquoties ex ipsis accusatoribus vobiscum simul, judices, audissem, quum præciperent ut caveretis ne, hoc absoluto, novum aliquod bellum Gallicum concitaretur.

Si M. Fonteium, judices, in causa deficerent omnia; si turpi adolescentia, vita infami, magistratibus quos ante oculos vestros gessit, convictus virorum bonorum testimoniis, invisus suis omnibus, in judicium vocaretur; si in eo judicio colonorum populi Romani Narbonensium, fidelissimorum sociorum Massiliensium, civium Romanorum omnium testimoniis tabulisque premeretur; tamen esset vobis magnopere providendum, ne, quos ita afflictos a vestris patribus majoribusque accepissetis, ut contemnendi essent, eos pertimuisse, et eorum minis et terrore commoti esse videremini. Nunc vero, quum laudet nemo bonus, laudent omnes vestri cives atque socii; oppugnent ii qui sæpissime

l'empire, puisque ses ennemis osent prendre le ton de la menace avec vous et le peuple romain, tandis que ses amis et ses proches n'emploient que les prières, balanceriez-vous à faire connaître, non-seulement à vos concitoyens, si sensibles à la gloire et à l'honneur, mais encore à tous les peuples et aux nations étrangères, que, dans vos décisions, vous avez mieux aimé épargner un citoyen que de céder à des ennemis ?

XV. Oui, juges, parmi toutes les raisons d'absoudre Fonteius, il en est une bien puissante ; c'est la tache d'ignominie qui serait imprimée à cet empire, si on allait publier dans la Gaule que le sénat et les chevaliers romains, entraînés, non par les dépositions, mais par les menaces des Gaulois, ont rendu un arrêt au gré des passions de ces mêmes Gaulois. Certes, s'ils veulent nous faire la guerre, il faudra évoquer du séjour des morts C. Marius pour se mesurer avec cet Induciomare, si fier et si menaçant ; il faudra évoquer Cn. Domitius et Q. Fabius Maximus pour achever de détruire et d'écraser la nation des Allobroges et leurs auxiliaires, ou plutôt, puisqu'il est impossible de le faire, il nous faudra prier M. Plétorius, mon ami, d'éteindre l'ardeur belliqueuse de ses nouveaux clients, de calmer leur fureur, d'écarter de nous leur choc terrible ; et, s'il ne peut réussir, nous prierons M. Fabius, qui s'est joint à l'accusateur, d'apaiser les Allobroges, auprès de

---

hanc urbem et hoc imperium oppugnarunt ; quumque inimici M. Fonteii vobis ac populo Romano minentur, amici ac propinqui supplicent vobis; dubitabitis, non modo vestris civibus, qui maxime gloria ac laude ducuntur, verum etiam exteris nationibus ac gentibus ostendere, vos in sententiis ferendis civi parcere, quam hosti cedere maluisse ?

XV. Magna mehercule causa, judices, absolutionis cum cæteris causis hæc est, ne qua insignis huic imperio macula atque ignominia suscipiatur, si hoc ita perlatum erit in Galliam, senatum equitesque populi Romani, non testimoniis Gallorum, sed minis commotos, rem ad illorum libidinem judicasse. Ita vero, si illi bellum facere conabuntur, excitandus nobis erit ab inferis C. Marius, qui Induciomaro isti, minaci atque arroganti, par in belligerando esse possit ; excitandus Cn. Domitius, et Q. Maximus, qui nationem Allobrogum et reliquas suis iterum armis conficiat atque opprimat ; aut, quoniam id quidem non potest, orandus erit nobis amicus meus, M. Plætorius, ut suos novos clientes a bello faciendo deterreat, ut eorum iratos animos atque horribiles impetus deprecetur ; aut, si non poterit, M. Fabium subscriptorem ejus rogabimus, ut Allobrogum animos mitiget, quoniam apud illos Fabiorum nomen

qui le nom de Fabius est en si grande considération ; de leur demander qu'ils continuent d'observer ce repos auquel les a accoutumés leur défaite ou leur soumission ; et enfin de leur apprendre qu'en nous menaçant ils nous font moins craindre une guerre qu'espérer un triomphe.

Lorsque nous ne devrions pas permettre que, même dans la cause d'un homme dont nous aurions à rougir, ils pussent attribuer quelque effet à leurs menaces, que devez-vous faire quand il s'agit de M. Fonteius, d'un homme (je crois devoir le dire en finissant de plaider cette cause après deux audiences), d'un homme contre lequel ses ennemis n'ont pu élever aucune imputation honteuse, ni même aucun sujet de blâme ? Est-il un accusé qui, surtout avec nos mœurs actuelles, ayant vécu au sein de Rome, ayant postulé des honneurs, exercé des magistratures et des commandements, ait pu ne pas s'entendre imputer des traits d'injustice, de bassesse, d'audace, de violence ou de débauche, sinon avec vérité, du moins avec quelque ombre de vraisemblance ?

XVI. Nous savons que M. Émilius Scaurus, un des plus grands hommes de notre république, fut accusé par M. Brutus ; nous avons encore ses plaidoyers. On y peut voir que bien des reproches furent faits à Scaurus lui-même. Ce fut à tort : qui n'en convient ? mais il ne lui en a pas moins fallu les essuyer de la

---

est amplissimum ; ut velint isti aut quiescere, id quod victi ac subacti solent ; aut, quum minantur, intelligere se populo Romano non metum belli, sed spem triumphi ostendere.

Quod si in turpi reo patiendum non esset, ut quidquam isti se minis profecisse arbitrarentur, quid faciendum vobis in M. Fonteio arbitramini ? de quo homine, judices (jam enim mihi videor hoc, prope causa duabus actionibus perorata, debere dicere), de quo vos homine, ne ab inimicis quidem ullum fictum probrosum non modo crimen, sed ne maledictum quidem audistis. Ecquis unquam reus, præsertim in hac vitæ ratione versatus, in honoribus petendis, in potestatibus, in imperiis gerendis, sic accusatus est, ut nullum probrum, nullum facinus, nulla turpitudo, quæ a libidine, aut a petulantia, aut ab audacia nata esset, ab accusatore objiceretur, si non vera, attamen ficta cum aliqua ratione ac suspicione ?

XVI. M. Æmilium Scaurum, summum nostræ civitatis virum, scimus accusatum a M. Bruto. Exstant orationes, ex quibus intelligi potest, multa in illum ipsum Scaurum esse dicta : falso ; quis negat ? verumtamen ab inimico dicta

part d'un ennemi. Que d'invectives n'entendirent pas dans leur procès M. Aquilius, L. Cotta, enfin P. Rutilius, que, malgré sa condamnation, je ne place pas moins au nombre des hommes les plus vertueux et les plus intègres, et qui s'est vu réduit, quelque pures et irréprochables que fussent ses mœurs, à entendre d'un accusateur bien des calomnies qui tendaient à le faire soupçonner d'incontinence et de déréglement! Chacun peut lire le discours d'un homme qui, selon moi, a montré parmi nous le plus de génie et d'éloquence, de C. Gracchus. Il reprocha à L. Pison une foule de bassesses et d'infamies. Mais quel homme que ce Pison! un homme de tant de vertu et d'intégrité que, même dans ces temps où l'on ne pouvait rencontrer un citoyen pervers, lui seul fut surnommé l'homme de bien. Gracchus ayant ordonné qu'on fît paraître Pison dans l'assemblée du peuple, et l'appariteur demandant quel Pison, parce qu'il y en avait plusieurs : « Tu me forces, dit Gracchus, d'appeler mon ennemi l'honnête homme. » Un citoyen que son ennemi même ne pouvait désigner suffisamment sans ajouter à son nom une épithète flatteuse, dont un seul et même surnom annonçait à la fois et la personne et le caractère, n'en fut pas moins obligé de subir une accusation qui lui imputait faussement et injustement de honteux désordres. Ici, je le répète, dans le cours des deux actions, on n'a produit contre M. Fonteius rien qui puisse imprimer à son nom la moindre

---

et objecta. Quam multa M. Aquilius audivit in suo judicio ? quam multa L. Cotta ? denique P. Rutilius? qui, etsi damnatus est, mihi videtur tamen inter viros optimos atque innocentissimos esse numerandus : ille igitur ipse homo sanctissimus ac temperantissimus multa audivit in sua causa, quæ ad suspicionem stuprorum ac libidinum pertinerent. Exstat oratio hominis, ut opinio mea fert, nostrorum hominum longe ingeniosissimi atque eloquentissimi, C. Gracchi ; qua in oratione permulta in L. Pisonem turpia ac flagitiosa dicuntur. At in quem virum? qui tanta virtute atque integritate fuit, ut etiam illis optimis temporibus, quum hominem invenire nequam neminem posses, solus tamen Frugi nominaretur. Quem quum in concionem Gracchus vocari juberet, et viator quæreret, quem Pisonem? quod erant plures : « Cogis me, inquit, dicere inimicum meum Frugi. » Is igitur vir, quem ne inimicus quidem satis in appellando significare poterat, nisi ante laudasset ; qui uno cognomine declarabatur, non modo quis esset, sed etiam qualis esset ; tamen in falsam atque iniquam probrorum insimulationem vocabatur. M. Fonteius ita

tache de libertinage, d'insolence, de barbarie et d'audace. Ses adversaires n'ont allégué aucune action ni même aucune parole répréhensible. S'ils avaient autant d'assurance pour débiter un mensonge ou autant d'esprit pour l'inventer, qu'ils mettent d'empressement à perdre Fonteius et de hardiesse à le noircir, il serait aujourd'hui, comme les grands personnages dont je viens de parler, victime des imputations les plus outrageantes.

XVII. Vous voyez donc, juges, un homme de bien, oui, un homme de bien, un homme sage et réglé dans toute sa conduite, plein d'honneur, ami du devoir, rempli de piété, qui s'abandonne à votre loyauté et se soumet à votre décision. Vous êtes les arbitres de son sort, il est sous la sauvegarde de votre équité. Considérez donc s'il est juste qu'un homme digne de la plus haute estime, un guerrier intrépide, un excellent citoyen, soit livré à ses plus cruels ennemis, aux nations les plus féroces, ou rendu à ses amis, surtout lorsqu'il est tant de motifs qui sollicitent auprès de vous en faveur de son innocence : d'abord l'ancienneté de sa famille, qui tire son origine du célèbre municipe de Tusculum, et dont les hauts faits sont attestés à nos yeux par des monuments et des inscriptions ; ensuite toutes les prétures que ses ancêtres ont obtenues sans interruption, et que leurs rares vertus ont encore illustrées moins que leur désinté-

---

duabus actionibus accusatus est, ut objectum nihil sit, quo significari vestigium libidinis, petulantiae, crudelitatis, audaciae possit. Non modo nullum facinus hujus protulerunt, sed ne dictum quidem aliquod reprehenderunt. Quod si, aut quantam voluntatem habent ad hunc opprimendum, aut quantam ad maledicendum licentiam, tantum haberent aut ad ementiendum animi, aut ad fingendum ingenii; non meliore fortuna ad probra non audienda Fonteius, quam illi, de quibus antea commemoravi, fuisset.

XVII. Frugi igitur hominem, judices, frugi, inquam, et in omnibus vitae partibus moderatum ac temperantem, plenum pudoris, plenum officii, plenum religionis, videtis positum in vestra fide ac potestate, atque ita ut commissus sit fidei, permissus potestati. Videte igitur utrum sit aequius, hominem honestissimum, virum fortissimum, civem optimum, dedi inimicissimis atque immanissimis nationibus, an reddi amicis, praesertim quum tot res sint quae vestris animis pro hujus innocentis salute supplicent: primum generis antiquitas, quam Tusculo ex clarissimo municipio profectam, in monumentis rerum gestarum incisam ac notatam videmus; tum autem continuae praeturae, quae et caeteris

ressement ; de plus, la mémoire récente de son père, dont le sang répandu par les habitants d'Asculum est une souillure éternelle, non-seulement pour les meurtriers, mais pour toute la guerre Sociale ; enfin, la personne de Fonteius, qui, pur et irréprochable à toutes les époques de sa vie, s'est montré dans l'art militaire, tant par son grand courage que par sa profonde sagesse et par son expérience consommée, digne d'occuper une place parmi les premiers capitaines de notre temps.

XVIII. Si donc il m'était permis, juges, de vous adresser des avis dont vous n'avez pas besoin, j'oserais, quelque léger que fût le poids de mon autorité, vous remontrer qu'il vous importe de conserver soigneusement au milieu de vous des hommes qui, dans les combats, ont fait preuve d'énergie, d'activité et de bonheur. De tels hommes se trouvaient jadis en bien plus grand nombre qu'aujourd'hui dans notre république ; et alors, non-seulement on veillait à leur salut, mais encore on s'intéressait à leur gloire. Que devez-vous donc faire aujourd'hui que la jeunesse a perdu le goût des armes ; que l'âge, les discordes civiles ou les calamités de la république nous ont enlevé tant de grands hommes et de capitaines illustres ; lorsque la politique nous force d'entreprendre tant de guerres, ou que des conjonctures imprévues les font naître subitement ? Ne devez-vous pas conserver Fonteius à

---

ornamentis, et existimatione innocentiæ maxime floruerunt ; deinde recens memoria parentis, cujus sanguine non solum Asculanorum manus, a qua interfectus est, sed totum illud Sociale bellum macula sceleris imbutum est ; postremo ipse, quum in omnibus vitæ partibus honestus atque integer, tum in re militari quum summi consilii et maximi animi, tum vero usu quoque bellorum gerendorum in primis eorum hominum, qui nunc sunt, exercitatus.

XVIII. Quare, si etiam monendi estis, judices, a me, quod non estis, videor hoc leviter pro mea auctoritate vobis præcipere posse, ut ex eo genere homines, quorum cognita virtus, industria, felicitas in re militari sit, diligenter vobis retinendos existimetis. Fuit enim major talium virorum in hac republica copia : quæ quum esset, tamen eorum non modo saluti, sed etiam honori consulebatur. Quid nunc vobis faciendum est, studiis militaribus apud juventutem obsoletis ; hominibus autem, ac summis ducibus partim ætate, partim civitatis discordiis ac reipublicæ calamitate consumptis ? quum tot bella aut a nobis necessario suscipiantur, aut subito atque improvisa nascantur ? nonne et

la république pour ces temps de malheur, et réveiller dans les âmes l'amour de la gloire et de la vertu?

Rappelez-vous quels lieutenants accompagnèrent dans les combats L. Julius, P. Rutilius, L. Caton et Cn. Pompée. Nous avions alors, vous le savez, un M. Cornutus, un L. Cinna, un L. Sylla, qui tous avaient été préteurs, qui tous étaient consommés dans l'art de la guerre. Nous avions encore C. Marius, P. Didius, Q. Catulus et P. Crassus, tous formés à la science militaire, non par l'étude et par les livres, mais par de beaux faits d'armes et des victoires. Jetez maintenant les yeux sur le sénat, examinez tous les ordres, toutes les parties de la république : ne prévoyez-vous aucune circonstance où l'on puisse avoir à regretter de tels guerriers, ou, s'il survenait quelque malheur, en trouverions-nous beaucoup de ce genre? Si vous y faites attention, certes, en voyant un homme infatigable dans les travaux de la guerre, intrépide dans les périls, formé par l'expérience à la tactique militaire, sage dans les conseils, heureux dans les hasards, vous aimeriez mieux le conserver auprès de vous pour votre défense et pour celle de vos enfants, que de le livrer, comme en sacrifice, à des nations cruelles, ennemies implacables du peuple romain.

XIX. Les Gaulois, dira-t-on, viennent, pour ainsi dire, enseignes déployées, attaquer Fonteius; ils le poursuivent et le pressent avec autant d'acharnement que d'audace. Mais n'avons-nous pas, juges,

---

hominem ipsum ad dubia reipublicæ tempora reservandum, et cæteros studio laudis ac virtutis inflammandos putatis ?

Recordamini quos legatos nuper in bello L. Julius, quos P. Rutilius, quos L. Cato, quos Cn. Pompeius habuerit : scietis fuisse tum M. Cornutum, L. Cinnam, L. Sullam, prætorios homines, belli gerendi peritissimos; præterea C. Marium, P. Didium, Q. Catulum, P. Crassum, non litteris homines ad rei militaris scientiam, sed rebus gestis ac victoriis eruditos. Age vero, nunc inserite oculos in curiam; introspicite penitus in omnes reipublicæ partes : utrum videtis nihil posse accidere, ut tales viri desiderandi sint? an, si acciderit, eorum hominum copia populum Romanum abundare ? Quæ si diligenter attendetis, profecto, judices, virum ad labores belli impigrum, ad pericula fortem, ad usum ac disciplinam peritum, ad consilia prudentem, ad casum fortunamque felicem, domi vobis ac liberis vestris retinere, quam inimicissimis populi Romani nationibus et crudelissimis tradere et condonare maletis.

XIX. At infestis prope signis inferuntur Galli in Fonteium; et instant, atque

des ressources assez nombreuses et assez puissantes pour résister, sous vos auspices, à cet affreux débordement de monstres barbares? Nous opposons d'abord à leurs attaques la Macédoine. Cette province fidèle, amie de notre empire, déclare que la prudence et la valeur de Fonteius ont garanti ses frontières et ses cités de l'irruption des Thraces et des horreurs du pillage ; elle vient maintenant, par reconnaissance, défendre son libérateur contre les menaces et les assauts des Gaulois. D'un autre côté, nous avons l'Espagne ultérieure, dont le dévouement incorruptible résistera sans peine aux emportements d'un peuple passionné, et dont les témoignages et les éloges confondront les dépositions parjures de ses perfides accusateurs. Que dis-je? la Gaule elle-même nous offre de fidèles et importants secours. La ville entière de Marseille vient prêter son appui à l'infortune et à l'innocence de celui que nous défendons ; elle s'intéresse vivement à sa cause, nonseulement parce qu'elle aspire à se montrer reconnaissante en sauvant celui qui l'a sauvée elle-même, mais encore parce qu'elle pense que les dieux l'ont placée dans ces contrées pour empêcher ces nations de nuire à nos concitoyens. La colonie de Narbonne combat aussi pour le salut de M. Fonteius. Récemment délivrée par lui d'un siége, elle se montre aujourd'hui touchée de ses infortunes et de ses périls. Enfin, d'après la règle usitée dans une

---

urgent summo cum studio, summa cum audacia. Nos vero, judices, non et multis et firmis præsidiis, vobis adjutoribus, isti immani atque intolerandæ barbariæ resistemus? Primum objicitur contra istorum impetus Macedonia, fidelis et amica populo Romano provincia : quæ quum se ac suas urbes non solum consilio, sed etiam manu Fonteii conservatam esse dicat, ut illa per hunc a Thracum adventu ac depopulatione defensa fuit, sic ab hujus nunc capite Gallorum impetus terroresque depellit. Constituitur ex altera parte ulterior Hispania, quæ profecto non modo religione sua resistere istorum cupiditati potest, sed etiam sceleratorum hominum perjuria testimoniis ac laudationibus suis refutare. Atque ex ipsa etiam Gallia fidelissima et gravissima auxilia sumuntur. Venit huic subsidio, misero atque innocenti, Massiliensium cuncta civitas, quæ non solum ob eam causam laborat, ut huic a quo ipsa servata est parem gratiam referre videatur, sed etiam, quod ea conditione atque eo fato se in his terris collocatam esse arbitratur, ne quid nostris hominibus illæ gentes nocere possint. Pugnat pariter pro salute M. Fonteii Narbonensis colonia, quæ per hunc ipsa nuper obsidione hostium liberata, nunc ejusdem miseriis ac periculis commovetur. Denique, ut oportet bello

guerre contre lés Gaulois, et conformément aux lois et aux coutumes de nos ancêtres, il n'est aucun citoyen romain qui songe à alléguer quelque motif de dispense : fermiers publics de cette province, agriculteurs, pacagers, négociants de toute espèce, tous n'ont pour défendre M. Fonteius qu'une seule âme et qu'une seule voix.

XX. Si cette foule de puissants défenseurs n'est regardée qu'avec mépris par Induciomare, chef des Allobroges et des autres Gaulois, voudra-t-il, jusque sous vos yeux, arracher Fonteius des bras d'une mère aussi vénérable qu'infortunée? Le pourra-t-il, lorsqu'une vestale, retenant son frère par ses embrassements, implore votre justice et celle du peuple romain? Occupée, depuis tant d'années, à fléchir les dieux immortels pour vous et pour vos enfants, pourra-t-elle vous attendrir pour son salut et pour celui de son frère? Quel appui, quelle consolation restera-t-il à cette infortunée, si elle perd Fonteius? Les autres femmes peuvent se donner elles-mêmes des soutiens, et trouver dans leur maison un compagnon fidèle de leur sort et de leur destinée ; mais une vestale peut-elle avoir un autre ami que son frère? est-il un autre objet permis à sa tendresse ? Ne souffrez pas, Romains, que désormais condamnée à gémir de votre arrêt, cette vierge aille tous les jours émouvoir de ses plaintes les autels de nos dieux et de la déesse Vesta. Qu'il ne soit pas dit que ce

---

Gallico, ut majorum jura moresque præscribunt, nemo est civis Romanus, qui sibi ulla excusatione utendum putet ; omnes illius provinciæ publicani, agricolæ, pecuarii, cæteri negotiatores, uno animo M. Fonteium atque una voce defendunt.

XX. Quod si tantas auxiliorum nostrorum copias Induciomarus ipse despexerit, dux Allobrogum cæterorumque Gallorum ; num etiam de matris hunc complexu, lectissimæ miserrimæque feminæ, vobis inspectantibus, avellet atque abstrahet? præsertim quum virgo vestalis ex altera parte germanum fratrem complexa teneat, vestramque, judices, ac populi Romani fidem imploret : quæ pro vobis liberisque vestris tot annos in diis immortalibus placandis occupata est, ut ea nunc pro salute sua fratrisque sui animos vestros placare possit. Cui miseræ quod præsidium, quod solatium reliquum est, hoc amisso? Nam cæteræ feminæ gignere ipsæ sibi præsidia, et habere domi fortunarum omnium socium participemque possunt : huic vero virgini, quid est, præter fratrem, quod aut jucundum, aut carum esse possit ? Nolite pati, judices, aras deorum immortalium, Vestæque matris, quotidianis virginis lamentationibus

feu éternel conservé par les veilles et les soins de Fonteia, a été éteint par les larmes d'une de vos prêtresses. Une vestale vous tend ses mains suppliantes, ces mêmes mains qu'elle a élevées pour vous vers les dieux immortels. Il serait pour vous aussi cruel que dangereux de repousser les supplications de celle dont les dieux ne pourraient dédaigner les prières sans qu'on vît bientôt la ruine de notre empire.

Juges, vous le voyez, au seul nom d'une mère et d'une sœur, l'intrépide M. Fonteius n'a pu retenir ses larmes. Il est maintenant troublé, celui qui, dans les combats, s'est montré inaccessible à la crainte, qui souvent s'est élancé, les armes à la main, au milieu des épais bataillons des ennemis, lorsqu'il croyait, dans de tels périls, laisser aux siens les mêmes consolations que lui avait laissées son père ; il redoute non-seulement de ne pouvoir être ni l'appui ni la gloire des siens, mais même de laisser à ces infortunés, avec un deuil amer, le déshonneur et un opprobre éternel. Oh ! que ton sort eût été bien plus doux, M. Fonteius, si tu avais été libre de succomber sous les traits des Gaulois, plutôt que sous leurs parjures ! Alors, après une vie irréprochable, tu aurais trouvé une mort glorieuse. Mais, aujourd'hui, quelle affreuse douleur d'expier tes victoires et ton administration au gré de ceux mêmes que tu as vaincus par tes armes ou contraints

---

de vestro judicio commoveri. Prospicite, ne ille ignis æternus, nocturnis Fonteiæ laboribus vigiliisque servatus, sacerdotis vestræ lacrymis exstinctus esse dicatur. Tendit ad vos virgo vestalis manus supplices, easdem quas pro vobis diis immortalibus tendere consuevit : cavete, ne periculosum superbumque sit, ejus vos obsecrationem repudiare, cujus preces si dii aspernarentur, hæc salva esse non possent.

Videtisne subito, judices, virum fortissimum, M. Fonteium, parentis et sororis commemoratione lacrymas profudisse? Qui nunquam in acie pertimuerit, qui se armatus sæpe in hostium manum multitudinemque immiserit, quum in ejusmodi periculis eadem se solatia suis relinquere arbitraretur, quæ suus pater sibi reliquisset ; idem nunc perturbato animo pertimescit, ne non modo ornamento et adjumento non sit suis, sed etiam cum acerbissimo luctu dedecus æternum miseris atque ignominiam relinquat. O fortunam longe disparem, M. Fontei! si, deligere potuisses, ut potius telis tibi Gallorum, quam perjuriis intereundum esset! tum enim vitæ socia virtus, mortis comes gloria fuisset. Nunc vero qui est dolor, victoriæ te atque imperii pœnas ad eorum arbitrium sufferre, qui aut victi armis sunt, aut invitissimi paruerunt! A quo periculo

à une obéissance qui leur était odieuse ! Juges, préservez de ce malheur un citoyen courageux et innocent. Faites voir que vous avez ajouté plus de foi à des témoins de notre nation qu'à des étrangers ; que vous avez eu plus d'égard au salut de vos concitoyens qu'à la haine de vos ennemis ; que vous avez plus respecté les supplications de celle qui préside à vos sacrifices, que l'audace de ceux qui ont fait la guerre à tous les dieux et à tous les temples. Au nom de la dignité du peuple romain, prouvez enfin que vous avez été plus sensibles aux prières d'une vestale qu'aux menaces des Gaulois.

defendite, judices, civem fortem atque innocentem; curate ut nostris testibus plus quam alienigenis credidisse videamini ; plus saluti civium quam hostium libidini consuluisse ; graviorem duxisse ejus obsecrationem quæ vestris sacris præsit, quam eorum audaciam qui cum omnium sacris delubrisque bella gesserunt. Postremo prospicite, judices, id quod ad dignitatem populi Romani maxime pertinet, ut plus apud vos preces virginis vestalis, quam minæ Gallorum valuisse videantur.

TREIZIÈME DISCOURS

## DISCOURS

EN FAVEUR

## DE LA LOI MANILIA

TRADUCTION DE GUEROULT

REFONDUE

PAR M. CABARET-DUPATY

# SOMMAIRE

Mithridate VI, surnommé Eupator, roi de Pont, soutint trois guerres contre les Romains. Dans la première (l'an de Rome 666) il eut à combattre Sylla, qui le força, par le traité de Dardanum, à livrer aux Romains toutes ses conquêtes dans l'Asie Mineure (l'an 670). Deux années après, Murena, lieutenant de Sylla, sous prétexte de l'inexécution de ce traité, renouvela la guerre contre le roi de Pont; mais, en 673, la volonté du dictateur mit fin à cette seconde guerre. Six ans après (679), Mithridate attira de nouveau contre lui les armes des Romains. La conduite de cette troisième guerre fut confiée au consul L. Licinius Lucullus, qui, durant sept années de combats, non-seulement chassa Mithridate de ses États, mais entra en Arménie, et vainquit Tigrane, roi de ce pays. Il voulut alors porter la guerre chez Sinatruce ou Arsace XII, roi des Parthes. Ses soldats, dont il n'avait pas su gagner l'affection, refusèrent de le suivre. Avec des troupes si mal disposées, il n'en fit pas moins, l'année suivante, une admirable campagne ; vainquit de nouveau, en Arménie, sur les bords du fleuve Arsanias, Tigrane, Mithridate et le roi des Mèdes, qui s'était joint à eux. Lucullus voulait s'emparer d'Artaxate, capitale du royaume d'Arménie ; mais ses troupes refusèrent encore une fois de marcher, et il se replia sur la Mésopotamie, où il s'empara de Nisibis. Après ce dernier exploit, la sédition devint, en quelque sorte, permanente dans son armée, et ce grand général perdit le fruit de tant de victoires. Mithridate et Tigrane rentrèrent dans leurs États au moment même où des commissaires romains arrivaient pour en prendre possession. Le roi de Pont défit dans deux combats Fabius Adrianus et Triarius, lieutenants de Lucullus, qui ne put réparer leurs désastres, grâce à la désobéissance de ses légions. Un plébiscite licencia ces troupes, et lui donna pour

successeur Man. Acilius Glabrion. Mais ce nouveau chef ne parut en Asie que pour laisser à Pompée le temps d'achever la guerre des pirates. La loi *Gabinia* avait donné à celui-ci, l'an 685, le proconsulat des mers, avec une puissance illimitée. En 688, le tribun Manilius proposa de confier à ce même Pompée, avec les mêmes pouvoirs, le commandement de la guerre d'Asie. Cette proposition excita des troubles dans Rome; elle eut pour adversaires Hortensius et Catulus, puis pour défenseurs César et Cicéron. Le premier était bien aise de voir les Romains s'accoutumer à la domination d'un seul; le second, *homme nouveau*, croyait avoir besoin de l'appui de Pompée pour parvenir au consulat.

Sans juger trop sévèrement au point de vue politique la conduite de notre orateur, laissons Gueroult lui-même apprécier son discours sous le rapport oratoire :

« Ce discours, disait le vénérable professeur dans une de ses leçons au collége de France, est un de ceux où Cicéron me paraît avoir mis le plus d'ordre et de méthode. C'était la première fois qu'il parlait devant le peuple. Il était préteur, et il aspirait au consulat. Le gain de cette cause pouvait lui en ouvrir la route; mais elle présentait de grandes difficultés. Il s'agissait de mettre le sort de l'Asie au pouvoir d'un citoyen qui avait déjà le commandement général de toutes les côtes. Les sénateurs les plus sages et les plus considérés s'y opposaient; il était nécessaire d'infirmer leur autorité; l'orateur ne pouvait y réussir qu'en s'emparant de toute l'attention de l'assemblée. Une discussion développée n'aurait pu la fixer. Il fallait sans cesse attacher les auditeurs à cette question : Pompée doit-il être chargé de la guerre contre Mithridate? Cicéron établit trois propositions : la guerre est indispensable, elle est importante, elle demande un général accompli. Chaque partie est subdivisée en plusieurs points, qui tous sont traités avec autant de clarté que de précision, et de manière que chacun d'eux forme un discours complet. Des transitions extrêmement simples lient ensemble ces différents morceaux, et font passer les auditeurs de l'un à l'autre sans effort et comme par une pente naturelle. On voit que l'orateur a pris le plus grand soin de prévenir la distraction de son auditoire. Non-seulement il évite les longs raisonnements, et ces périodes nombreuses dont l'harmonie donne tant de charme à la plupart de ses harangues; mais il ne laisse pas le temps à ses auditeurs de s'occuper d'autres pensées; il les force d'avoir toujours les oreilles attentives, en leur adressant fréquemment la parole. On lui a reproché d'avoir trop souvent employé l'interrogation : c'est, en effet, la figure qui prédomine dans ce discours. Il n'y a presque point de pages où elle

ne se retrouve. Mais ceux qui l'en ont blâmé me semblent n'avoir pas réfléchi que Cicéron parlait à la multitude, et que le plus sûr moyen de l'intéresser, c'était de s'entretenir avec elle, de s'appuyer de son autorité, et de ne paraître que son organe dans les éloges qu'il importait à sa cause de donner à Pompée.

« Ces éloges ont paru exagérés : ils l'auraient été dans le sénat; mais ils ne l'étaient pas dans le Forum. Pompée était alors l'idole du peuple, et Cicéron devait se conformer à l'opinion de l'assemblée; d'ailleurs il parlait d'après sa pensée. Celui qui peint les choses comme il les voit, n'exagère, ou plutôt ne ment point. Dans l'excès de la passion, l'hyperbole même la plus insensée est l'expression de la nature et de la vérité.

« Le seul reproche que me semble mériter le défenseur de la loi Manilia, c'est d'avoir répondu trop faiblement aux assertions de Catulus et d'Hortensius. Ce n'est pas qu'il n'ait mis beaucoup d'esprit dans sa réfutation; mais le peuple lui-même ne pouvait être dupe de la faiblesse de ses arguments. Aussi s'est-il hâté d'employer contre ses adversaires une arme plus puissante, et d'opposer à leur autorité la volonté souveraine du peuple romain.

« Le style de ce discours est rapide et noble; les idées en sont lumineuses et exprimées avec simplicité; la marche en est facile. Il y règne d'un bout à l'autre un sentiment profond de respect pour l'auditoire et d'enthousiasme pour la majesté de la république. Toutefois l'orateur ne craint point d'adresser à ses concitoyens des vérités utiles. Il leur rappelle de honteuses défaites, et semble presque leur ordonner de mettre un frein aux brigandages de leurs généraux, s'ils veulent enfin que les nations étrangères cessent de leur porter les sentiments d'une haine trop légitime. »

Cicéron était dans sa quarante et unième année lorsqu'il prononça cette harangue, sous le consulat de Manius Émilius Lepidus et de Lucius Volcatius Tullus, an de Rome 688. La *loi Manilia* fut adoptée.

# TREIZIÈME DISCOURS

## DISCOURS

EN FAVEUR

# DE LA LOI MANILIA

I. Romains, quoique vos nombreuses assemblées aient toujours été pour moi le spectacle le plus agréable, et que cette tribune m'ait toujours paru le théâtre le plus vaste et le plus brillant où puissent se déployer le zèle du magistrat et le talent de l'orateur, ce n'est point ma volonté, mais le plan de conduite que je me suis tracé dès ma jeunesse, qui m'a éloigné de cette carrière de gloire toujours ouverte aux bons citoyens. Je n'osais, à cause de mon âge, m'élever jusqu'à la majesté de ce lieu ; et, persuadé qu'il n'y fallait apporter que le fruit d'un talent exercé et d'un

---

ORATIO DECIMA TERTIA

## ORATIO

PRO

## LEGE MANILIA

I. Quanquam mihi semper frequens conspectus vester multo jucundissimus, hic autem locus, ad agendum amplissimus, ad dicendum ornatissimus est visus, Quirites, tamen hoc aditu laudis, qui semper optimo cuique maxime patuit, non mea me voluntas, sed meæ vitæ rationes ab ineunte ætate susceptæ, prohibuerunt. Nam, quum antea per ætatem nondum hujus auctoritatem loci attingere auderem, statueremque nihil huc nisi perfectum ingenio,

travail parfait, j'ai cru devoir consacrer tout mon temps à secourir des amis malheureux. Aussi, tandis que cette tribune n'est jamais restée sans orateurs zélés pour la défense de vos droits, le dévouement pur et désintéressé que j'ai mis à défendre les particuliers dans leurs périls a-t-il trouvé dans vos suffrages la plus honorable récompense. En effet, Romains, lorsque, dans nos comices, trois fois interrompus, je fus proclamé préteur par toutes les centuries, je compris aisément ce que vous pensiez de moi et ce que vous prescriviez à mes rivaux. Maintenant que je réunis en moi toute l'autorité qu'il vous a plu d'attribuer aux magistratures, et toute la facilité d'élocution que l'usage du barreau et un exercice presque journalier peuvent donner à un homme laborieux, non-seulement j'emploierai ce que je puis avoir d'autorité en faveur de ceux qui me l'ont accordée, mais je développerai le faible talent que j'ai reçu pour la parole devant ceux qui ont cru devoir le récompenser par leurs suffrages. Ici se rencontre une circonstance dont je crois devoir avant tout me féliciter : c'est d'avoir à traiter, en paraissant pour la première fois à cette tribune, un sujet sur lequel la parole ne saurait manquer à aucun orateur. Je vais parler du mérite incomparable et des rares talents de Pompée. Dans un pareil sujet, il est plus difficile de finir que de commencer. Je dois donc moins

---

elaboratum industria, afferri oportere ; omne meum tempus amicorum temporibus transmittendum putavi. Ita neque hic locus vacuus unquam fuit ab iis qui vestram causam defenderent, et meus labor, in privatorum periculis caste integreque versatus, ex vestro judicio fructum est amplissimum consecutus. Nam quum, propter dilationem comitiorum, ter prætor primus centuriis cunctis renuntiatus sum, facile intellexi, Quirites, et quid de me judicaretis, et quid aliis præscriberetis. Nunc quum et auctoritatis in me tantum sit, quantum vos honoribus mandandis esse voluistis, et ad agendum facultatis tantum, quantum homini vigilanti ex forensi usu prope quotidiana dicendi exercitatio potuit afferre ; certe, et, si quid auctoritatis in me est, ea apud eos utar qui eam mihi dederunt ; et, si quid etiam dicendo consequi possum, iis ostendam potissimum qui ei quoque rei fructum suo judicio tribuendum esse censuerunt. Atque illud in primis mihi lætandum jure esse video, quod in hac insolita mihi ex hoc loco ratione dicendi, causa talis oblata est, in qua oratio deesse nemini potest. Dicendum est enim de Cn. Pompeii singulari eximiaque virtute. Hujus autem orationis difficilius est exitum, quam principium

songer à étendre ce discours qu'à me renfermer dans de justes limites.

II. Pour remonter à la cause de toute cette discussion, une guerre importante et funeste vient d'être déclarée à vos tributaires et à vos alliés par deux monarques puissants, Mithridate et Tigrane, qui s'étant vus, l'un dédaigné comme vaincu, l'autre provoqué par nos légions, croient avoir trouvé l'occasion d'envahir l'Asie. Tous les jours, des lettres arrivent de ces contrées aux chevaliers romains les plus respectables, dont les fonds placés dans les fermes de l'État sont exposés à des pertes immenses. Comptant sur mes liaisons avec cet ordre illustre, ils m'ont confié à la fois la défense de la république et celle de leur fortune. Ils m'ont dit que dans la Bithynie, aujourd'hui l'une de vos provinces, plusieurs bourgs ont été réduits en cendres ; que le royaume d'Ariobarzane, voisin de vos tributaires, est tout entier au pouvoir des ennemis ; que Lucullus, après de glorieux exploits, quitte le commandement de l'armée ; que son successeur n'est pas en état de diriger une si importante expédition ; qu'il existe un homme que tous les alliés, tous les citoyens souhaitent et demandent pour général ; qu'il est le seul aussi que redoutent les ennemis, et qu'ils n'en craignent point d'autre.

Tel est, Romains, l'état de la question : examinez maintenant

invenire. Itaque mihi non tam copia, quam modus in dicendo quærendus est.

II. Atque, ut inde oratio mea proficiscatur, unde hæc omnis causa ducitur, bellum grave et periculosum vestris vectigalibus atque sociis, a duobus potentissimis regibus infertur, Mithridate et Tigrane ; quorum alter relictus, alter lacessitus, occasionem sibi ad occupandam Asiam oblatam esse arbitratur. Equitibus Romanis, honestissimis viris, afferuntur ex Asia quotidie litteræ ; quorum magnæ res aguntur, in vestris vectigalibus exercendis occupatæ. Qui ad me pro necessitudine, quæ mihi est cum illo ordine, causam reipublicæ periculaque rerum suarum detulerunt : Bithyniæ, quæ nunc vestra provincia est, vicos exustos esse complures ; regnum Ariobarzanis, quod finitimum est vestris vectigalibus, totum esse in hostium potestate ; Lucullum, magnis rebus gestis, ab eo bello discedere ; huic qui successerit non satis esse paratum ad tantum bellum administrandum ; unum ab omnibus sociis et civibus ad id bellum imperatorem deposci atque expeti ; eumdem hunc unum ab hostibus metui, præterea neminem.

Causa quæ sit, videtis : nunc, quid agendum sit, considerate. Primum mihi

ce qu’il faut décider. Je parlerai d’abord de l’objet de la guerre, puis de son importance, et enfin du général que vous devez choisir.

L’objet de cette guerre est de nature à vous intéresser au plus haut point, et doit vous exciter à la poursuivre avec ardeur. Il s’agit de la gloire du peuple romain, de cette gloire que vos ancêtres vous ont transmise avec tant d’éclat dans tous les genres, et sans égale dans la science militaire ; il s’agit du salut de vos alliés et de vos amis, pour qui vos pères ont plusieurs fois soutenu des guerres terribles ; il s’agit de vos revenus les plus sûrs et les plus considérables, sans lesquels vous ne pourrez ni conserver la paix avec honneur, ni faire la guerre avec succès ; il s’agit de la fortune d’un grand nombre de citoyens dont vous devez, vous et vos généraux, garantir la sécurité.

III. Puisque vous avez toujours aimé la gloire et ambitionné les louanges plus qu’aucune autre nation, il vous faut effacer cette tache honteuse que la dernière guerre de Mithridate a imprimée au nom romain, et dont le temps a rendu la trace si profonde. Eh quoi ! dans un seul jour, à l’arrivée d’un courrier, sur un mot écrit de sa main, ce barbare a fait égorger et massacrer tous les citoyens romains répandus dans l’Asie et dans un si grand nombre de villes ; et non-seulement il n’a point encore subi la peine due à son crime, mais depuis cet attentat

videtur de genere belli, deinde de magnitudine, tum de imperatore deligendo esse dicendum.

Genus est belli ejusmodi, quod maxime vestros animos excitare atque inflammare ad studium persequendi debeat. Agitur enim populi Romani gloria, quæ vobis a majoribus, quum magna in rebus omnibus, tum summa in re militari tradita est ; agitur salus sociorum atque amicorum, pro qua multa majores vestri magna et gravia bella gesserunt ; aguntur certissima populi Romani vectigalia, et maxima ; quibus amissis, et pacis ornamenta et subsidia belli requiretis ; aguntur bona multorum civium, quibus est et a vobis, et ab imperatoribus reipublicæ consulendum.

III. Et quoniam semper appetentes gloriæ præter cæteras gentes, atque avidi laudis fuistis, delenda vobis est illa macula, Mithridatico bello superiore suscepta, quæ penitus jam insedit atque inveteravit in populi Romani nomine : quod is, qui uno die, tota Asia, tot in civitatibus, uno nuntio, atque una litterarum significatione cives Romanos necandos trucidandosque denotavit, non modo adhuc pœnam nullam suo dignam scelere suscepit, sed ab illo tempore

vingt-trois ans se sont écoulés, et il règne! que dis-je? il règne avec tant d'insolence que, loin de songer à se tenir caché dans le Pont et dans quelque coin de la Cappadoce, il prétend s'élancer loin des États de son père, et promener ses fureurs dans vos provinces tributaires, c'est-à-dire sous le plus beau ciel de l'Asie. Nos généraux qui ont jusqu'ici lutté avec ce roi ont remporté les honneurs de la victoire plutôt que la victoire même. Nous avons vu Sylla, nous avons vu Murena, deux des plus braves et des plus habiles généraux de la république, triompher comme vainqueurs de Mithridate; mais, tandis qu'ils triomphaient, Mithridate, chassé et vaincu, a toujours régné. Nous n'en devons pas moins louer ces grands capitaines de ce qu'ils ont fait, et les excuser de ce qu'ils n'ont pu faire ; Sylla fut rappelé en Italie par la république, et Murena par Sylla.

IV. Cependant Mithridate employa cette trêve, non à oublier la campagne qu'il venait de terminer, mais à en préparer une nouvelle. Après avoir construit et équipé une flotte formidable, et composé une armée immense des soldats qu'il avait levés partout, feignant de déclarer la guerre aux habitants du Bosphore, voisins de ses États, il envoya des ambassadeurs d'Ecbatane jusqu'en Espagne, aux généraux alors révoltés contre nous, afin que, attaqués à la fois sur terre et sur mer, en des contrées si éloi-

---

annum jam tertium et vicesimum regnat ; et ita regnat, ut se non Ponto, neque Cappadociæ latebris occultare velit, sed emergere e patrio regno, atque in vestris vectigalibus, hoc est in Asiæ luce versari. Etenim adhuc ita vestri cum illo rege contenderunt imperatores, ut ab illo insignia victoriæ, non victoriam reportarent. Triumphavit L. Sylla, triumphavit L. Murena de Mithridate, duo fortissimi viri et summi imperatores ; sed ita triumpharunt, ut ille pulsus superatusque regnaret. Verumtamen illis imperatoribus laus est tribuenda, quod egerunt   venia danda, quod reliquerunt : propterea quod ab eo bello Syllam in Italiam respublica, Murenam Sylla revocavit.

IV. Mithridates autem omne reliquum tempus, non ad oblivionem veteris belli, sed ad comparationem novi contulit. Qui posteaquam maximas ædificasset ornassetque classes, exercitusque permagnos, quibuscumque ex gentibus potuisset, comparasset, et se Bosporanis, finitimis suis, bellum inferre simulasset ; usque in Hispaniam legatos Ecbatanis misit ad eos duces quibuscum tum bellum gerebamus ; ut, quum duobus in locis disjunctissimis maximeque diversis, uno consilio a binis hostium copiis bellum terra marique gereretur, vos

gnées et si diverses, par des ennemis qui devaient agir de concert, la division de vos forces vous réduisit à défendre l'empire. Mais, du côté de Sertorius et de l'Espagne, où était l'ennemi le plus puissant et le plus redoutable, Cn. Pompée, par sa haute sagesse et sa valeur sans égale, a dissipé le danger ; et, de l'autre côté, un illustre capitaine, L. Lucullus, a conduit la guerre avec tant d'habileté, qu'il faut attribuer les glorieux succès de ses premières expéditions, non à son bonheur, mais à son courage, et que ce n'est point à lui, mais à la fortune, qu'il faut imputer les événements qui se sont depuis succédé. Je parlerai encore de Lucullus, et j'en parlerai, Romains, de manière qu'on ne pourra me reprocher ni d'avoir affaibli les éloges qui lui sont dus, ni de lui en avoir accordé aux dépens de la vérité. Ne songez en ce moment qu'à la gloire et à la dignité de votre empire, puisque c'est par ce grand intérêt que j'ai commencé mon discours ; et voyez de quels sentiments vous devez être animés.

V. Vos ancêtres ont souvent pris les armes pour une insulte faite à des marchands et à des navigateurs ; et vous, lorsque, dans le même jour, sur un seul mot, tant de milliers de citoyens romains ont été massacrés, de quel œil verrez-vous cet attentat ? Pour quelques propos insolents tenus à vos députés vos pères se sont crus forcés de détruire Corinthe, l'ornement de la Grèce ; et vous, Romains, laisserez-vous impuni le crime d'un roi qui a

---

ancipiti contentione districti, de imperio dimicaretis. Sed tamen alterius partis periculum, Sertorianæ atque Hispaniensis, quæ multo plus firmamenti ac roboris habebat, Cn. Pompeii divino consilio ac singulari virtute depulsum est ; in altera parte ita res a L. Lucullo, summo viro, est administrata, ut initia illa gestarum rerum magna atque præclara, non felicitati ejus, sed virtuti ; hæc autem extrema, quæ nuper acciderunt, non culpæ, sed fortunæ tribuenda esse videantur. Sed de Lucullo dicam alio loco, et ita dicam, Quirites, ut neque vera laus ei detracta oratione nostra, neque falsa afficta esse videatur. De vestri imperii dignitate atque gloria, quoniam is est exorsus orationis meæ, videte, quem vobis animum suscipiendum putetis.

V. Majores vestri sæpe, mercatoribus ac naviculariis injuriosius tractatis, bella gesserunt ; vos tot civium Romanorum millibus, uno nuntio atque uno tempore necatis, quo tandem animo esse debetis? Legati quod erant appellati superbius, Corinthum patres vestri, totius Græciæ lumen, exstinctum esse voluerunt ; vos cum regem inultum esse patiemini, qui legatum populi Romani

chargé de chaînes, battu de verges et fait mourir au milieu des plus cruels supplices un personnage consulaire, un envoyé du peuple romain? Ils n'ont pas souffert la moindre atteinte à la liberté de nos compatriotes; et vous souffrirez qu'on leur arrache la vie? La dignité de leurs représentants, offensée par quelques paroles, arma leur vengeance; et vous, lorsqu'un ambassadeur du peuple romain a péri au milieu des tortures, vous ne le vengerez pas? Songez-y, Romains, s'il a été glorieux pour vos pères de vous transmettre un empire florissant, ce serait pour vous le comble de la honte de n'avoir pas su conserver ce noble héritage. Que dirai-je de l'affreux péril qui menace nos alliés? Ariobarzane, un roi, un allié, un ami du peuple romain, est chassé de ses États; l'Asie est menacée par deux rois, ennemis mortels de votre empire et de tous les peuples que votre amitié protége; toutes les villes libres, toute l'Asie et toute la Grèce sont forcées, dans le péril qui les presse, de réclamer votre secours. Elles n'osent vous demander le général qu'elles désirent, maintenant surtout que vous leur en avez envoyé un autre, et elles frémissent du danger auquel cette démarche les expose. Elles voient et sentent, comme vous, qu'il n'existe qu'un homme en qui tout est grand; elles n'ignorent pas que cet homme est près de leurs frontières, et c'est ce qui redouble encore leurs regrets. Elles savent aussi que, à son approche, au seul bruit de son nom, quoi-

consularem, vinculis ac verberibus, atque omni supplicio excruciatum necavit? Illi libertatem civium Romanorum imminutam non tulerunt; vos vitam ereptam negligetis? Jus legationis verbo violatum illi persecuti sunt; vos legatum populi Romani, omni supplicio interfectum, inultum relinquetis? Videte ne, ut illis pulcherrimum fuit tantam vobis imperii gloriam relinquere, sic vobis turpissimum sit id quod accepistis tueri et conservare non posse. Quid, quod salus sociorum summum in periculum ac discrimen vocatur? Regno expulsus est Ariobarzanes, rex, socius populi Romani atque amicus; imminent duo reges toti Asiæ, non solum vobis inimicissimi, sed etiam vestris sociis atque amicis; civitates autem omnes, cuncta Asia atque Græcia vestrum auxilium exspectare, propter periculi magnitudinem, coguntur; imperatorem a vobis certum deposcere, quum præsertim vos alium miseritis, neque audent, neque id se facere summo sine periculo posse arbitrantur. Vident et sentiunt hoc idem, quod et vos, unum virum esse, in quo summa sint omnia, et eum prope esse (quo etiam carent ægrius) cujus adventu ipso atque nomine, tametsi ille

qu'il fût uniquement chargé de la guerre maritime, les ennemis avaient ralenti leur fougue impétueuse et suspendu leurs incursions. Ne pouvant s'expliquer librement, leurs cœurs vous supplient de ne pas les juger plus indignes que vos autres provinces de voir leur salut confié à ce grand homme, et de croire qu'elles y ont même d'autant plus de droit que nous leur avons jusqu'ici envoyé des gouverneurs capables peut-être de les mettre en sûreté contre les ennemis, mais dont l'arrivée dans ces villes alliées diffère peu de l'entrée d'un vainqueur dans une place prise d'assaut. Ce que leur racontait la renommée, leurs yeux en jouissent maintenant : ils voient dans Pompée tant de modération, tant de douceur, tant d'humanité, qu'ils regardent comme les peuples les plus heureux ceux qui le possèdent le plus longtemps.

VI. Si vos ancêtres, sans avoir reçu eux-mêmes aucune insulte, ont fait la guerre pour leurs alliés à Antiochus, à Philippe, aux Étoliens, aux Carthaginois, avec quelle ardeur, vous qui êtes outragés, ne devrez-vous pas défendre tout à la fois la vie de vos alliés et la majesté de votre empire, surtout quand il s'agit de vos revenus les plus importants ! En effet, Romains, les tributs que nous retirons des autres provinces nous suffisent à peine pour les mettre en sûreté. Mais l'Asie est si riche et si fertile, que la fécondité de ses campagnes, la variété de ses productions, l'étendue

ad maritimum bellum venerit, tamen impetus hostium represos esse intelligunt ac retardatos. Hi vos, quoniam libere loqui non licet, tacite rogant, ut se quoque, sicut cæterarum provinciarum socios, dignos existimetis, quorum salutem tali viro commendetis; atque hoc etiam magis quam cæteros, quod ejusmodi in provinciam homines cum imperio mittimus, ut, etiamsi ab hoste defendant, tamen ipsorum adventus in urbes sociorum, non multum ab hostili expugnatione differant. Hunc audiebant antea, nunc præsentem vident, tanta temperantia, tanta mansuetudine, tanta humanitate, ut ii beatissimi esse videantur, apud quos ille diutissime commoratur.

VI. Quare, si propter socios, nulla ipsi injuria lacessiti, majores vestri cum Antiocho, cum Philippo, cum Ætolis, cum Pœnis bella gesserunt ; quanto vos studio convenit, injuriis provocatos, sociorum salutem una cum imperii vestri dignitate defendere, præsertim quum de vestris maximis vectigalibus agatur ! nam cæterarum provinciarum vectigalia, Quirites, tanta sunt, ut iis ad ipsas provincias tutandas vix contenti esse possimus. Asia vero tam opima est et fertilis, ut et ubertate agrorum, et varietate fructuum, et magnitudine pas-

de ses pâturages et la multiplicité de ses exportations lui donnent une supériorité incontestable sur tous les pays du monde. Si vous voulez donc, Romains, conserver les moyens de faire la guerre avec succès et maintenir la paix avec honneur, il vous faut garantir cette province non-seulement de tout désastre, mais encore de la crainte d'en être frappée. Partout ailleurs, on ne sent la perte que lorsque le mal est arrivé ; mais quand il s'agit de revenus publics, la seule appréhension du mal est une calamité. Que l'ennemi se trouve près de nous : quoiqu'il n'ait encore fait aucune irruption, on abandonne les troupeaux, on néglige les champs, le commerce maritime est suspendu. Ainsi, plus de droits à percevoir ni sur les ports, ni sur les blés, ni sur les pâturages, et l'on perd souvent tout le produit d'une année par une simple alarme et par la seule idée d'une guerre dont on se croit menacé.

Que doivent penser ceux qui nous payent des tributs et ceux qui les perçoivent, quand ils voient tout près de leurs frontières deux rois à la tête d'armées formidables; quand une seule excursion de leur cavalerie peut nous ravir en un instant l'impôt d'une année entière; quand les fermiers de l'État craignent à tout moment de perdre cette multitude d'esclaves qu'ils occupent dans les salines, dans les champs, dans les ports et dans divers postes ? Vous flattez-vous de conserver tous ces avantages, si vous ne

---

tionis, et multitudine earum rerum quæ exportantur, facile omnibus terris antecellat. Itaque hæc vobis provincia, Quirites, si et belli utilitatem, et pacis dignitatem sustinere vultis, non modo a calamitate, sed etiam a metu calamitatis est defendenda. Nam cæteris in rebus, quum venit calamitas, tum detrimentum accipitur; at in vectigalibus non solum adventus mali, sed etiam metus ipse affert calamitatem. Nam quum hostium copiæ non longe absunt, etiamsi irruptio facta nulla sit, tamen pecora relinquuntur, agricultura deseritur, mercatorum navigatio conquiescit. Ita neque ex portu, neque ex decumis, neque ex scriptura vectigal conservari potest. Quare sæpe totius anni fructus uno rumore periculi atque uno belli terrore amittitur.

Quo tandem animo esse existimatis aut eos qui vectigalia nobis pensitant, aut eos qui exercent atque exigunt, quum duo reges cum maximis copiis prope adsint; quum una excursio equitatus perbrevi tempore totius anni vectigal auferre possit; quum publicani familias maximas quas in salinis habent, quas in agris, quas in portubus atque custodiis, magno periculo se habere arbi-

préservez ceux qui vous les procurent, non-seulement, je le répète, des calamités de la guerre, mais de la crainte même de ces calamités ?

VII. N'oubliez point une autre considération sur laquelle je m'étais proposé de vous arrêter en finissant de vous développer la nature de cette guerre : c'est qu'elle menace la fortune d'un grand nombre de vos concitoyens, à laquelle votre sagesse, Romains, doit veiller avec le plus grand soin. Nos fermiers généraux, ces hommes si recommandables et si distingués, ont engagé dans cette province leurs capitaux et leurs revenus ; et ils méritent par eux-mêmes que vous vous occupiez de leur fortune. Car, si nous avons toujours regardé les revenus publics comme le nerf de l'État, nous pouvons bien dire que l'ordre qui les fait valoir est le soutien des autres ordres. Joignez-y beaucoup de particuliers actifs et industrieux de tout rang et de toute profession. Les uns font le commerce en Asie ; vous leur devez votre protection sur une terre étrangère. D'autres y ont placé une grande partie de leurs biens et l'argent de leur famille ; il est de votre humanité d'empêcher leur ruine, et de votre sagesse de considérer que le malheur de tant d'individus ne peut être indifférent à la république. D'abord, il importe peu, quand vos revenus seront perdus pour vos fermiers, que la victoire vienne bientôt les reconquérir. Ils ne pour-

trentur ? Putatisne vos illis rebus frui posse, nisi eos qui vobis fructuosi sunt conservaveritis, non solum, ut antea dixi, calamitate, sed etiam calamitatis formidine liberatos ?

VII. Ac ne illud quidem vobis negligendum est, quod mihi ego extremum proposueram, quum essem de belli genere dicturus, quod ad multorum bona civium Romanorum pertinet, quorum vobis, pro vestra sapientia, Quirites, habenda est ratio diligenter. Nam et publicani, homines et honestissimi et ornatissimi, suas rationes et copias in illam provinciam contulerunt ; quorum ipsorum per se res et fortunæ curæ vobis esse debent. Etenim si vectigalia, nervos esse reipublicæ, semper duximus, eum certe ordinem qui exercet illa, firmamentum cæterorum ordinum recte esse dicemus. Deinde cæteris ex ordinibus homines gnavi et industrii partim ipsi in Asia negotiantur, quibus vos absentibus consulere debetis ; partim suas et suorum in ea provincia pecunias magnas collocatas habent. Erit igitur humanitatis vestræ magnum eorum civium numerum calamitate prohibere ; sapientiæ, videre multorum civium calamitatem a republica sejunctam esse non posse. Etenim illud primum parvi

ront plus vous en faire les fonds, après les pertes immenses qu'ils auront essuyées, et les autres ne le voudront pas, dans la crainte d'un pareil sort. Je dirai plus : la leçon du malheur serait-elle perdue pour nous ? Devons-nous oublier ce que déjà nous ont appris et l'Asie et Mithridate au commencement de la guerre ? Nous savons que le désastre de nos concitoyens dans cette province fit suspendre les payements à Rome et tomber le crédit ; car il est impossible que, dans une ville, plusieurs maisons perdent leurs capitaux et leurs intérêts sans que beaucoup d'autres en souffrent. Sauvez la république de ce péril, croyez-moi, ou plutôt croyez-en ce qui frappe vos yeux. Le crédit, qui soutient encore le commerce dans Rome et la valeur de l'argent sur notre place, étant étroitement lié avec nos opérations financières en Asie, les unes ne peuvent être bouleversées sans que les autres ne soient ébranlés de leur chute et ne s'écroulent avec elles. Hésiterez-vous donc à poursuivre avec toute l'ardeur possible une guerre où vous avez à défendre la gloire du nom romain, le salut de vos alliés, vos revenus les plus considérables et la fortune d'un grand nombre de citoyens, inséparable de celle de la république ?

VIII. J'ai parlé de la nécessité de cette guerre. Je vais maintenant dire quelques mots sur son importance ; car on pourrait la

refert, vos publicanis amissa vectigalia postea victoria recuperare. Neque enim iisdem redimendi facultas erit propter calamitatem, neque aliis voluntas propter timorem. Deinde, quod nos eadem Asia, atque idem iste Mithridates initio belli Asiatici docuit ; id quidem certe calamitate docti memoria retinere debemus. Nam tum, quum in Asia res magnas permulti amiserunt, scimus, Romæ, solutione impedita, fidem concidisse. Non enim possunt una in civitate multi rem atque fortunas amittere, ut non plures secum in eamdem calamitatem trahant. A quo periculo prohibete rempublicam, et, mihi credite, id quod ipsi videtis. Hæc fides atque hæc ratio pecuniarum, quæ Romæ, quæ in foro versatur, implicita est cum illis pecuniis Asiaticis, et cohæret. Ruere illa non possunt, ut hæc non eodem labefactata motu concidant. Quare videte, num dubitandum vobis sit, omni studio ad id bellum incumbere, in quo gloria nominis vestri, salus sociorum, vectigalia maxima, fortunæ plurimorum civium cum republica defendantur.

VIII. Quoniam de genere belli dixi, nunc de magnitudine pauca dicam. Potest enim hoc dici : belli genus esse ita necessarium, ut sit gerendum ; non

regarder comme indispensable, sans convenir qu'elle est assez importante pour qu'on puisse en être effrayé. Prenez garde, avant tout, que ce qui exige de vous les mesures les plus efficaces ne vous paraisse à dédaigner.

Et pour que tout le monde sache que j'accorde à L. Lucullus les éloges qu'on doit à un guerrier intrépide, à un homme sage, à un grand général, je commence par dire qu'en arrivant il a trouvé Mithridate avec une armée formidable, abondamment pourvue d'armes et de munitions de toute espèce; et Cyzique, une des plus belles villes de l'Asie, la plus attachée aux intérêts de notre empire, assiégée et vivement pressée par Mithridate en personne à la tête d'innombrables bataillons, et que cette place n'a été délivrée du malheur qui la menaçait que par la valeur, l'activité et les sages dispositions de L. Lucullus ; que le même général a battu et coulé à fond une puissante flotte qui, sous les ordres des lieutenants de Sertorius, s'élançait avec fureur vers l'Italie ; qu'il a taillé en pièces, en divers combats, plusieurs corps nombreux de troupes ennemies; qu'il a ouvert à nos légions le royaume de Pont, fermé jusqu'alors de toutes parts au peuple romain ; qu'il a enlevé, en se montrant, et comme par sa seule présence, outre plusieurs villes du Pont et de la Cappadoce, Sinope et Amise, où le roi avait des palais remplis de trésors ; qu'il a forcé ce prince, dépouillé des États de son père et de ses

esse ita magnum, ut sit pertimescendum. In quo maxime laborandum est, ne forte a vobis quæ diligentissime providenda sunt, contemnenda esse videantur.

Atque, ut omnes intelligant, me L. Lucullo tantum impertire laudis, quantum forti viro, et sapientissimo homini, et magno imperatori debeatur, dico, ejus adventu maximas Mithridatis copias, omnibus rebus ornatas atque instructas fuisse, urbemque Asiæ clarissimam, nobisque amicissimam, Cyzicenorum, obsessam esse ab ipso rege maxima multitudine, et oppugnatam vehementissime, quam L. Lucullus virtute, assiduitate, consilio, summis obsidionis periculis liberavit ; ab eodem imperatore classem magnam et ornatam, quæ ducibus Sertorianis ad Italiam studio inflammato raperetur, superatam esse atque depressam; magnas hostium præterea copias multis præliis esse deletas ; patefactumque nostris legionibus esse Pontum, qui ante populo Romano ex omni aditu clausus esset ; Sinopen atque Amisum, quibus in oppidis erant domicilia regis, omnibus rebus ornata atque referta, cæterasque urbes Ponti et Cappadociæ permultas, uno aditu atque adventu esse captas ; regem spoliatum regno

aïeux, à mendier un asile chez des rois et des peuples étrangers ; enfin, que tant d'avantages ont été remportés sans que vos alliés aient éprouvé aucune perte, ni vos revenus aucun dommage. Il me semble, Romains, que c'est assez de gloire ; et vous conviendrez, je pense, que, parmi ceux qui s'opposent à la loi et à la cause que je défends, nul n'a fait entendre ici un semblable éloge de L. Lucullus.

IX. On me demandera peut-être comment, s'il en est ainsi, ce qui reste à faire dans cette guerre peut avoir beaucoup d'importance. Apprenez-le, Romains ; car cette question ne paraît pas dénuée de fondement. D'abord, n'oubliez pas que Mithridate s'est sauvé de ses États comme autrefois s'enfuit, dit-on, du même royaume de Pont cette Médée, qui dispersa les membres de son frère sur tous les chemins où son père la poursuivait, afin que le soin de recueillir ces restes dispersés, joint à la douleur paternelle, ralentît la rapidité de sa course. Ainsi Mithridate, en fuyant, avait laissé dans le Pont des monceaux d'or et d'argent, et mille objets précieux qu'il tenait de ses ancêtres, ou qu'il avait, pendant la guerre précédente, enlevés à toutes les contrées de l'Asie pour les accumuler dans son royaume ; et, tandis que nos soldats étaient trop occupés à s'emparer de toutes ces richesses, le roi s'échappa de leurs mains. Or, si le père de

---

patrio atque avito, ad alios se reges atque alias gentes supplicem contulisse; atque hæc omnia, salvis populi Romani sociis, atque integris vectigalibus, esse gesta. Satis opinor hoc esse laudis ; atque ita, Quirites, ut hoc vos intelligatis, a nullo istorum, qui huic obtrectant legi atque causæ, L. Lucullum similiter ex hoc loco esse laudatum.

IX. Requiretur fortasse nunc, quemadmodum, quum hæc ita sint, reliquum possit esse magnum bellum. Cognoscite, Quirites ; non enim hoc sine causa quæri videtur. Primum ex suo regno sic Mithridates profugit, ut ex eodem Ponto Medea illa quondam profugisse dicitur, quam prædicant in fuga fratris sui membra in iis locis qua se parens persequeretur dissipavisse, ut eorum collectio dispersa mœrorque patrius celeritatem persequendi retardaret. Sic Mithridates fugiens, maximam vim auri atque argenti, pulcherrimarumque rerum omnium, quas et a majoribus acceperat, et ipse, bello superiore ex tota Asia direptas, in suum regnum congesserat, in Ponto omnem reliquit. Hæc dum nostri colligunt omnia diligentius, rex ipse e manibus effugit. Ita

Médée fut retardé dans sa poursuite par le chagrin, ils l'ont été par la joie. Mithridate, tremblant et fugitif, a trouvé un refuge à la cour de Tigrane, roi d'Arménie, dont la protection a dissipé ses craintes, ranimé son courage, réparé sa fortune ; et lorsque L. Lucullus se présenta dans ce royaume avec une armée, il trouva soulevées contre lui plus de nations encore qu'il n'en avait vaincu. L'alarme avait été jetée parmi ces peuples que Rome n'avait jamais eu la pensée d'attaquer ni même d'inquiéter. Un bruit odieux et funeste avait prévenu contre nous ces Barbares : on disait que nos troupes n'approchaient de leur pays que dans le dessein de piller leur temple le plus riche et le plus révéré. La terreur, augmentée par ce nouveau motif, avait fait prendre les armes à plusieurs peuples très-puissants. Enfin notre armée, quoiqu'elle eût déjà pris une ville dans le royaume de Tigrane, et gagné plusieurs batailles, ne laissait pas de se voir avec peine éloignée de sa patrie. Je n'en dirai pas davantage ; car telle fut la fin de cette campagne, que nos soldats demandèrent leur retour avec plus d'empressement qu'ils n'en avaient mis à s'avancer dans le pays ennemi.

Cependant Mithridate avait ranimé le courage de son armée, et non-seulement ses sujets accouraient de toutes parts se rassembler autour de lui, mais des troupes venaient de plusieurs royaumes et de plusieurs États libres lui offrir leurs bras comme

illum in persequendi studio mœror, hos lætitia retardavit. Hunc in illo timore et fuga Tigranes, rex Armenius, excepit; diffidentemque rebus suis confirmavit, et afflictum erexit, perditumque recreavit. Cujus in regnum posteaquam L. Lucullus cum exercitu venit, plures etiam gentes contra imperatorem nostrum concitatæ sunt. Erat enim metus injectus iis nationibus, quas nunquam populus romanus neque lacessendas bello, neque tentandas putavit. Erat etiam alia gravis atque vehemens opinio, quæ per animos gentium barbararum pervaserat, fani locupletissimi et religiosissimi diripiendi causa in eas oras nostrum exercitum esse adductum. Ita nationes multæ atque magnæ novo quodam terrore ac metu concitabantur. Noster autem exercitus, etsi urbem ex Tigranis regno ceperat, et præliis usus erat secundis, tamen nimia longinquitate locorum ac desiderio suorum commovebatur. Hic jam plura non dicam. Fuit enim illud extremum, ut ex iis locis a militibus nostris reditus magis maturus, quam processio longior quæreretur.

Mithridates autem et suam manum jam confirmarat, et eorum, qui se ex ejus regno collegerant, et magnis adventitiis multorum regum et nationum

auxiliaires. Nous voyons, en effet, que les malheurs des rois éveillent la pitié dans les cœurs, et intéressent surtout ceux qui sont eux-mêmes sur le trône ou qui vivent dans les monarchies : le nom de roi a pour eux quelque chose d'auguste et de sacré. Ainsi Mithridate vaincu put exécuter ce qu'il n'eût jamais osé se flatter d'accomplir avant ses défaites. Quand il fut rentré dans ses États, non content d'avoir, contre son espérance, reporté ses pas en des lieux d'où nous l'avions chassé, il est venu fondre sur notre armée victorieuse et triomphante. Ici, Romains, souffrez que, à l'exemple des poëtes qui célèbrent nos fastes, je garde le silence sur un désastre si horrible, que la nouvelle en fut portée à L. Lucullus, non par un courrier échappé du combat, mais par la renommée. Dans cette fatale conjoncture, au moment d'un si affreux revers, ce général, qui peut-être aurait pu réparer nos pertes, du moins en quelque partie, forcé d'obéir à l'ordre que vous lui aviez donné, conformément au principe établi par nos ancêtres de limiter la durée du commandement, congédia les corps dont le service était expiré, et remit les autres à Glabrion. Je me tais à dessein sur beaucoup de choses ; mais vous pouvez aisément conjecturer quelle est l'importance d'une guerre où deux rois puissants réunissent leurs forces, où des nations irritées reprennent les armes, où d'autres se déclarent pour la première fois contre nous, surtout si vous

copiis juvabatur. Hoc jam fere sic fieri solere accepimus, ut regum afflictæ fortunæ facile multorum opes alliciant ad misericordiam, maximeque eorum qui aut reges sunt, aut vivunt in regno; quod regale iis nomen magnum et sanctum esse videatur. Itaque tantum victus efficere potuit, quantum incolumis nunquam est ausus optare. Nam quum se in regnum recepisset suum, non fuit eo contentus, quod ei præter spem acciderat, ut illam, posteaquam pulsus erat, terram unquam attingeret; sed in exercitum vestrum, clarum atque victorem, impetum fecit. Sinite hoc loco, Quirites, sicut poetæ solent, qui res Romanas scribunt, præterire me nostram calamitatem, quæ tanta fuit, ut eam ad aures L. Luculli non ex prælio nuntius, sed ex sermone rumor afferret. Hic in ipso illo malo, gravissimaque belli offensione, L. Lucullus, qui tamen aliqua ex parte iis incommodis mederi fortasse potuisset, vestro jussu coactus, quod imperii diuturnitati modum statuendum veteri exemplo putavistis, partem militum, qui jam stipendiis confectis erant, dimisit, partem Glabrioni tradidit. Multa prætereo consulto ; sed ea vos conjectura perspicitis, quantum illud bellum factum putetis, quod conjungant reges potentissimi,

confiez à un nouveau général de vieilles troupes abattues par leurs défaites.

X. Je crois avoir suffisamment démontré pourquoi la nature même de cette guerre la rend nécessaire, et pourquoi son importance la rend dangereuse. Il me reste à parler du général à qui vous devez confier de si précieux intérêts.

Plût aux dieux, Romains, que vous eussiez tant de généraux d'un courage et d'une vertu à toute épreuve, qu'il vous fût difficile de faire un choix dans une aussi grande conjoncture et dans une guerre d'une si haute importance ! Mais puisque Pompée est le seul qui, par son mérite, ait surpassé non-seulement la gloire de nos contemporains, mais tout ce qu'on raconte de l'antiquité, quelle raison vous reste-t-il qui vous fasse balancer encore? Il me semble, en effet, qu'un grand général doit réunir la connaissance de l'art militaire, la valeur, la réputation, le bonheur. Or, qui fut jamais et qui dut être plus consommé dans la science militaire que celui que vous avez vu passer des jeux et des exercices du premier âge dans le camp de son père, et y faire l'apprentissage des armes dans une guerre acharnée contre les ennemis les plus redoutables ; qui servit, pour ainsi dire encore enfant, sous les ordres du plus grand de nos généraux ; qui, à peine adolescent, commanda lui-même une armée nombreuse ; qui

---

renovent agitatæ nationes, suscipiant integræ gentes, novus imperator vester accipiat, vetere pulso exercitu.

X. Satis mihi multa verba fecisse videor quare hoc bellum esset genere ipso necessarium, magnitudine periculosum. Restat ut de imperatore ad id bellum deligendo ac tantis rebus præficiendo dicendum esse videatur.

Utinam, Quirites, virorum fortium atque innocentium copiam tantam haberetis, ut hæc vobis deliberatio difficilis esset, quemnam potissimum tantis rebus ac tanto bello præficiendum putaretis ! Nunc vero quum sit unus Cn. Pompeius, qui non modo eorum hominum, qui nunc sunt, gloriam, sed etiam antiquitatis memoriam virtute superarit, quæ res est quæ cujusquam animum in hac causa dubium facere possit? Ego enim sic existimo, in summo imperatore quatuor has res inesse oportere, scientiam rei militaris, virtutem, auctoritatem, felicitatem. Quis igitur hoc homine scientior unquam aut fuit, aut esse debuit ? qui e ludo atque pueritiæ disciplina, bello maximo atque acerrimis hostibus, ad patris exercitum atque in militiæ disciplinam profectus est? qui extrema pueritia miles fuit summi imperatoris? ineunte adole-

s'est plus souvent mesuré avec les ennemis de la république que les autres n'ont eu de démêlés avec leurs ennemis personnels ; qui a fait plus de guerres que les autres n'en ont lu ; plus conquis de provinces que les autres n'en ont convoité ; qui passa toute sa jeunesse à se former au commandement, non par les leçons d'autrui, mais par sa propre expérience ; non par des revers, mais par des victoires ; non par des années de service, mais par des triomphes ? Est-il une espèce de guerre où la fortune de la république n'ait pas exercé son talent ? Guerre civile, guerre d'Afrique, guerre au delà des Alpes, guerre d'Espagne, cette ligue formée des nations les plus belliqueuses ; guerre d'esclaves, guerre maritime, tant d'expéditions différentes par leur nature et par le caractère des ennemis, non-seulement soutenues, mais terminées par lui seul, attestent qu'il n'est aucun secret dans l'art militaire que ce grand homme puisse ignorer.

XI. Quant à ses vertus guerrières, quels éloges pourraient les égaler ? que peut-on vous dire qui soit digne de lui, ou nouveau pour vous, ou inconnu à personne ? car les qualités d'un général ne sont pas seulement celles que le vulgaire reconnaît pour telles, comme l'application aux affaires, l'intrépidité dans les périls, l'activité dans les entreprises, la promptitude dans l'exécution, la sagesse dans les mesures, qualités qu'il réunit à un

---

scentia maximi ipse exercitus imperator ? qui sæpius cum hoste conflixit, quam quisquam cum inimico concertavit ? plura bella gessit, quam cæteri legerunt ? plures provincias confecit, quam alii concupiverunt ? cujus adolescentia ad scientiam rei militaris non alienis præceptis, sed suis imperiis ; non offensionibus belli, sed victoriis ; non stipendiis, sed triumphis est erudita ? Quod denique genus belli esse potest, in quo illum non exercuerit fortuna reipublicæ ? Civile, Africanum, Transalpinum, Hispaniense, mixtum ex civitatibus atque ex bellicosissimis nationibus, servile, navale bellum, varia et diversa genera et bellorum et hostium, non solum gesta ab hoc uno, sed etiam confecta, nullam rem esse declarant, in usu militari positam, quæ hujus viri scientiam fugere possit.

XI. Jam vero virtuti Cn. Pompeii quæ potest par oratio inveniri ? quid est, quod quisquam aut dignum illo, aut vobis novum, aut cuiquam inauditum possit afferre ? Neque enim illæ sunt solæ virtutes imperatoriæ, quæ vulgo existimantur, labor in negotiis, fortitudo in periculis, industria in agendo, celeritas in conficiendo, consilium in providendo : quæ tanta sunt in hoc uno,

degré plus éminent que tous les autres capitaines que nous avons vus ou dont nous avons entendu parler. J'en atteste l'Italie qui, de l'aveu de L. Sylla, au milieu de sa victoire, fut redevable de son salut à la valeur et au secours de Pompée ! J'en atteste la Sicile, qui, menacée de toutes parts, fut délivrée, moins par la terreur de ses armes que par la rapidité de ses opérations ! J'en atteste l'Afrique, inondée du sang de cette multitude d'ennemis qui la tenaient sous le joug ! J'en atteste la Gaule, à travers laquelle il ouvrit à nos légions le chemin de l'Espagne sur le corps des Gaulois ! J'en atteste l'Espagne, où tant de fois de nombreux bataillons furent vaincus et terrassés par son bras ! J'en atteste encore l'Italie, qui, désolée par cette déplorable et funeste guerre d'esclaves, recourut à Pompée, alors absent, et qui vit cette guerre, affaiblie et ralentie par la seule attente de son retour, tomber et s'éteindre à son arrivée ! J'en atteste enfin toutes les contrées, tous les peuples, toutes les nations, toutes les mers, et dans chacune toutes les rades et tous les ports ! car, dans toute l'étendue des mers, quelle position était, à cette époque, assez fortifiée pour n'avoir rien à redouter des ennemis, ou assez cachée pour échapper à leurs recherches ? Qui pouvait s'embarquer sans s'exposer à la mort ou à l'esclavage, puisqu'il fallait braver les tempêtes ou les pirates qui couvraient les flots ? Cette

---

quanta in omnibus reliquis imperatoribus, quos aut vidimus, aut audivimus, non fuerunt. Testis est Italia, quam ille ipse victor, L. Sylla, hujus virtute et subsidio confessus est liberatam. Testis est Sicilia, quam multis undique cinctam periculis, non terrore belli, sed celeritate consilii, explicavit. Testis est Africa, quæ, magnis oppressa hostium copiis, eorum ipsorum sanguine redundavit. Testis est Gallia, per quam legionibus nostris in Hispaniam iter Gallorum internecione patefactum est. Testis est Hispania, quæ sæpissime plurimos hostes ab hoc superatos prostratosque conspexit. Testis est iterum et sæpius Italia, quæ quum servili bello tetro periculosoque premeretur, ab hoc auxilium absente expetivit ; quod bellum exspectatione Pompeii attenuatum atque imminutum est, adventu sublatum ac sepultum. Testes vero jam omnes oræ, atque omnes exteræ gentes ac nationes ; denique maria omnia, tum universa, tum in singulis omnes sinus atque portus. Quis enim toto mari locus per hos annos aut tam firmum habuit præsidium, ut tutus esset, aut tam fuit abditus, ut lateret ? Quis navigavit, qui non se aut mortis aut servitutis periculo committeret, quum aut hieme, aut referto prædonum mari navigaretur ? Hoc

guerre difficile, honteuse, invétérée, qui embrassait un si grand nombre de contrées, qui de vous espérait qu'elle pût être achevée en une seule année par tous nos généraux, ou par un seul général dans une longue suite d'années? Quelle province, pendant ce temps, avez-vous mise à l'abri du pillage? quels tributs avez-vous assurés? quels alliés avez-vous défendus? à quoi vous ont servi vos flottes? combien d'îles devenues désertes? combien de villes alliées abandonnées par la crainte des pirates ou tombées entre leurs mains?

XII. Mais pourquoi vous entretenir de ce qui s'est passé loin de nous? Ce fut jadis, ce fut le privilége du peuple romain de porter la guerre au delà de ses frontières, et de déployer les forces de l'empire, non pour défendre ses propres domaines, mais pour protéger le domaine de ses alliés. Dirai-je que, dans ces derniers temps, nos alliés ont trouvé la mer fermée à leurs vaisseaux, tandis que nos armées elles-mêmes ne pouvaient sortir de Brindes qu'au fort de l'hiver? Me plaindrai-je que les envoyés des nations étrangères soient devenus captifs, en se rendant auprès de nous, lorsqu'il a fallu racheter les ambassadeurs du peuple romain? Dirai-je que la mer n'était point sûre pour nos marchands, lorsque douze faisceaux armés de haches sont tombés entre les mains des pirates? Rappellerai-je la prise de Cnide, de Colophon, de Samos, villes célèbres, et de tant d'autres places,

---

tantum bellum, tam turpe, tam vetus, tam late divisum atque dispersum, quis unquam arbitraretur aut ab omnibus imperatoribus uno anno, aut omnibus annis ab uno imperatore confici posse? Quam provinciam tenuistis a prædonibus liberam per hosce annos? quod vectigal vobis tutum fuit? quem socium defendistis? cui præsidio classibus vestris fuistis? quam multas existimatis insulas esse desertas? quam multas aut metu relictas, aut a prædonibus captas urbes esse sociorum?

XII. Sed quid ego longinqua commemoro? Fuit hoc quondam, fuit proprium populi Romani longe a domo bellare, et propugnaculis imperii sociorum fortunas, non sua tecta defendere. Sociis ego vestris mare clausum per hosce annos dicam fuisse, quum exercitus nostri a Brundisio nunquam, nisi summa hieme, transmiserint? Quid, ad nos quum ab exteris nationibus venirent, captos querar, quum legati populi Romani redempti sint? mercatoribus tutum mare non fuisse dicam, quum duodecim secures in prædonum potestatem pervenerint? Cnidum, aut Colophonem, aut Samum, nobilissimas urbes, innume-

quand vous savez que des pirates se sont emparés de vos ports, de ces ports d'où vous tirez la subsistance et la vie? Ignorez-vous que le port de Gaëte, alors si fréquenté, si rempli de vaisseaux, a été pillé par ces brigands, sous les yeux de votre préteur, et qu'à Misène ils ont enlevé les enfants de celui-là même qui auparavant leur avait fait la guerre en ce lieu? Déplorerai-je encore le désastre d'Ostie, la honte et l'opprobre de la république? N'est-ce pas, pour ainsi dire, en votre présence, que cette flotte, commandée par un consul du peuple romain, a été prise par les pirates et ensevelie dans les flots? Dieux immortels! comment la rare et incomparable valeur d'un seul homme a-t-elle pu, en si peu de temps, répandre tant d'éclat sur la république, au point que, après avoir vu naguère une flotte ennemie devant les bouches du Tibre, vous n'entendez pas même dire aujourd'hui que, dans nos mers jusqu'à l'Océan, un seul pirate ait osé se montrer?

Quoique vous sachiez avec quelle célérité se sont accomplis ces prodiges, je ne me dispenserai pas de vous en retracer le souvenir. Quel homme, soit pour remplir une mission, soit pour s'enrichir, a jamais parcouru tant de pays et achevé tant de courses, aussi promptement que nous avons vu nos rapides légions traverser les flots sous les ordres de Pompée, de ce héros

---

rabilesque alias, captas esse commemorem, quum vestros portus, atque eos portus quibus vitam et spiritum ducitis, in prædonum fuisse potestate sciatis? An vero ignoratis, portum Caietæ celeberrimum, atque plenissimum navium, inspectante prætore, a prædonibus esse direptum? Ex Miseno autem, ejus ipsius liberos, qui cum prædonibus antea ibi bellum gesserat, a prædonibus esse sublatos? Nam quid ego Ostiense incommodum, atque illam labem atque ignominiam reipublicæ querar, quum, prope inspectantibus vobis, classis ea, cui consul populi Romani præpositus esset, a prædonibus capta atque oppressa est? Proh dii immortales! tantamne unius hominis incredibilis ac divina virtus tam brevi tempore lucem afferre reipublicæ potuit, ut vos, qui modo ante ostium Tiberinum classem hostium videbatis, ii nunc nullam intra Oceani ostium prædonum navem esse audiatis?

Atque hæc, qua celeritate gesta sint, quanquam videtis, tamen a me in dicendo prætereunda non sunt. Quis enim unquam, aut obeundi negotii, aut consequendi quæstus studio, tam brevi tempore, tot loca adire, tantos cursus conficere potuit, quam celeriter, Cn. Pompeio duce, belli impetus navigavit?

qui, avant que la mer fût navigable, passa en Sicile, visita l'Afrique, descendit en Sardaigne avec sa flotte, et laissa, dans ces trois greniers du peuple romain, de fortes escadres et de bonnes garnisons? De retour en Italie, après avoir muni de troupes et de vaisseaux les deux Espagnes et la Gaule Cisalpine; après avoir distribué des forces maritimes sur les côtes de l'Illyrie, dans l'Achaïe et dans toute la Grèce, il établit sur nos deux mers des flottes considérables et des forces nombreuses. Lui-même, en quarante-neuf jours, à compter de son départ de Brindes, il réunit à l'empire toute la Cilicie, et fit disparaître les pirates de toute la surface des mers : les uns furent pris ou tués, les autres se rendirent à lui seul et s'abandonnèrent à sa discrétion. Les Crétois lui envoyèrent des ambassadeurs jusque dans la Pamphylie pour implorer sa clémence; et Pompée, sans leur ôter l'espérance du pardon, les obligea à donner des otages. Ainsi cette guerre si formidable, si longue, si étendue, si ruineuse pour tous les peuples et toutes les nations, Cn. Pompée s'y prépara vers la fin de l'hiver, la commença à l'entrée du printemps et la termina au milieu de l'été.

XIII. Tel est le mérite extraordinaire et supérieur de ce grand capitaine. Mais, comme je vous l'ai dit, Romains, quelle foule d'autres qualités éminentes n'y faut-il pas joindre encore! car

Qui, nondum tempestivo ad navigandum mari, Siciliam adiit, Africam exploravit; inde Sardiniam cum classe venit, atque hæc tria frumentaria subsidia reipublicæ firmissimis præsidiis classibusque munivit. Inde, se quum in Italiam recepisset, duabus Hispaniis et Gallia Cisalpina præsidiis ac navibus confirmata, missis item in oram Illyrici maris, et in Achaiam omnemque Græciam navibus, Italiæ duo maria maximis classibus firmissimisque præsidiis adornavit; ipse autem, ut a Brundisio profectus est, undequinquagesimo die totam ad imperium populi Romani Ciliciam adjunxit ; omnes, qui ubique prædones fuerunt, partim capti interfectique sunt, partim unius hujus imperio ac potestati se dediderunt. Idem Cretensibus, quum ad eum usque in Pamphyliam legatos deprecatoresque misissent, spem deditionis non ademit, obsidesque imperavit. Ita tantum bellum, tam diuturnum, tam longe lateque dispersum, quo bello omnes gentes ac nationes premebantur, Cn. Pompeius extrema hieme apparavit, ineunte vere suscepit, media æstate confecit.

XIII. Est hæc divina atque incredibilis virtus imperatoris. Quid cæteræ, quas paulo ante commemorare cœperam, quantæ atque quam multæ sunt?

les vertus guerrières ne sont pas les seules que l'on doive considérer dans un général accompli ; beaucoup d'autres vertus lui servent de cortége et de compagnes. Et d'abord, combien ne doit-il pas être irréprochable dans sa conduite, modéré dans ses passions, fidèle à sa parole! combien ne doit-il pas se distinguer par son affabilité, par son esprit, par son humanité! Examinons rapidement à quel degré Pompée réunit toutes ces vertus; car tout en lui, Romains, est parfait. Mais c'est en le comparant avec les autres, plutôt qu'en le considérant lui-même, que vous pourrez l'apprécier.

Quelle estime pouvons-nous faire d'un général qui vend, qui a vendu les grades dans son armée? Quelles vues généreuses pour la gloire de l'État supposerons-nous à un homme qui, après avoir tiré du trésor public des fonds destinés aux besoins de la guerre, les a distribués aux magistrats de sa province par des motifs d'ambition, ou les laisse à Rome pour les faire valoir au profit de sa cupidité?... Ce murmure, Romains, me fait comprendre que vous connaissez les coupables. Je ne nomme personne : on ne pourra donc pas se fâcher contre moi, à moins qu'on ne veuille s'accuser soi-même. Quel désastre ne produit pas cette cupidité de nos généraux! quel pillage partout où passent nos armées! Aucun de vous ne l'ignore. Rappelez-vous ce que vos derniers généraux ont fait sur les terres et dans les villes des

---

non enim solum bellandi virtus in summo atque perfecto imperatore quærenda est, sed multæ sunt artes eximiæ, hujus administræ comitesque virtutis. Ac primum quanta innocentia debent esse imperatores ! quanta deinde omnibus in rebus temperantia ! quanta fide ! quanta facilitate ! quanto ingenio ! quanta humanitate ! Quæ breviter, qualia sint in Cn. Pompeio, consideremus ; summa enim omnia sunt, Quirites. Sed ea magis ex aliorum contentione quam ipsa per sese cognosci atque intelligi possunt.

Quem enim possumus imperatorem aliquo in numero putare, cujus in exercitu veneant centuriatus, atque venierint? quid hunc hominem magnum aut amplum de republica cogitare, qui pecuniam ex ærario depromptam ad bellum administrandum, aut propter cupiditatem provinciæ magistratibus disserit, aut propter avaritiam Romæ in quæstu reliquerit?... Vestra admurmuratio facit, Quirites, ut agnoscere videamini, qui hæc fecerint ; ego autem neminem nomino. Quare irasci mihi nemo poterit, nisi qui ante de se voluerit confiteri. Itaque, propter hanc avaritiam imperatorum, quantas calamitates,

citoyens romains, et il vous sera plus facile de juger comment ils se comportent chez les nations étrangères. Croyez-vous que, sous de pareils chefs, les armes de vos soldats aient détruit plus de places ennemies que leurs quartiers d'hiver n'ont ruiné de villes alliées? Non, un général ne peut contenir ses troupes, quand il ne sait pas se contenir lui-même; et il ne peut juger avec sévérité, quand il croit avoir besoin lui-même d'indulgence. Et nous sommes étonnés de l'avantage qu'a sur tous les autres un général dont les légions sont arrivées en Asie sans qu'on ait ouï dire qu'une armée aussi nombreuse ait laissé une seule trace, non-seulement de ses violences, mais même de son passage chez aucun des peuples avec qui nous sommes en paix? Tous les jours des bruits publics et des lettres d'Asie nous apprennent de quelle manière nos soldats se conduisent dans leurs quartiers d'hiver. Non-seulement ils n'exigent aucune contribution, mais on ne souffre pas même qu'il leur soit rien offert; car nos ancêtres, en établissant nos troupes chez des alliés et des amis, ont voulu leur donner un abri contre l'hiver, et non une occasion de rapine.

XIV. Considérez maintenant la modération de ce héros dans tout le reste. A quoi pensez-vous qu'on doive attribuer cette incroyable rapidité dans ses expéditions? Ce n'est point la force

---

quocumque ventum sit, nostri exercitus ferant, quis ignorat? Itinera quæ per hosce annos in Italia per agros atque oppida civium Romanorum nostri imperatores fecerunt, recordamini; tum facilius statuetis, quid apud exteras nationes fieri existimetis. Utrum plures arbitramini per hosce annos militum vestrorum armis, hostium urbes, an hibernis, sociorum civitates esse deletas? Neque enim potest exercitum is continere imperator, qui se ipsum non continet; neque severus esse in judicando, qui alios in se severos esse judices non vult. Hic miramur, hunc hominem tantum excellere cæteris, cujus legiones sic in Asiam pervenerunt, ut non modo manus tanti exercitus, sed ne vestigium quidem cuiquam pacato nocuisse dicatur? Jam vero, quemadmodum milites hibernent, quotidie sermones ac litteræ perferuntur. Non modo, ut sumptum faciat in militem, nemini vis affertur, sed ne cupienti quidem cuiquam permittitur. Hiemis enim, non avaritiæ perfugium majores nostri in sociorum atque amicorum tectis esse voluerunt.

XIV. Age vero cæteris in rebus qualis sit temperantia, considerate. Unde illam tantam celeritatem, et tam incredibilem cursum initum putatis? non

extraordinaire de ses rameurs, la savante manœuvre de ses pilotes, ou quelques vents favorables qui l'ont porté si promptement aux extrémités du monde ; mais les passions, qui arrêtent ordinairement les autres hommes, ne l'ont point retardé. Jamais la cupidité ne lui a fait interrompre sa marche pour s'emparer d'un riche butin, ni la volupté pour se livrer aux plaisirs, ni la beauté d'un site pour en goûter les charmes, ni la réputation d'une ville pour y satisfaire sa curiosité, ni la fatigue même pour prendre du repos. Enfin, ces statues, ces tableaux, ces chefs-d'œuvre de tout genre qui font l'ornement des villes grecques, et que les autres généraux se croient en droit d'enlever, il ne s'est pas même permis d'y arrêter ses regards. Aussi tous les peuples de ces contrées l'admirent-ils, moins comme un général envoyé de Rome que comme un génie tutélaire envoyé du ciel. Ils commencent à croire que les anciens Romains avaient, en effet, ce désintéressement qui, de nos jours, ne paraissait plus aux nations étrangères qu'une fable accréditée par des récits mensongers. Maintenant la gloire de notre empire brille à leurs yeux ; maintenant ils reconnaissent que leurs aïeux avaient raison, dans un temps où Rome avait des magistrats si sages, d'aimer mieux obéir au peuple romain que de commander aux autres peuples.

Parlerai-je de son affabilité ? chacun peut, dit-on, lui porter si

---

enim illum eximia vis remigum, aut ars inaudita quædam gubernandi, aut venti aliqui novi, tam celeriter in ultimas terras pertulerunt; sed hæ res, quæ cæteros remorari solent, non retardarunt. Non avaritia ab instituto cursu ad prædam aliquam revocavit, non libido ad voluptatem, non amœnitas ad delectationem, non nobilitas urbis ad cognitionem, non denique labor ipse ad quietem. Postremo signa, et tabulas, cæteraque ornamenta Græcorum oppidorum, quæ cæteri tollenda esse arbitrantur, ea sibi ille ne visenda quidem existimavit. Itaque omnes quidem nunc in his locis Cn. Pompeium, sicut aliquem non ex hac urbe missum, sed de cœlo delapsum, intuentur. Nunc denique incipiunt credere, fuisse homines Romanos hac quondam abstinentia, quod jam nationibus exteris incredibile ac falso memoriæ proditum videbatur. Nunc imperii nostri splendor illis gentibus lucet, nunc intelligunt, non sine causa majores ».os tum, quum hac temperantia magistratus habebamus, servire populo Romano, quam imperare aliis, maluisse.

Jam vero ita faciles aditus ad eum privatorum, ita liberæ querimoniæ de

librement ses plaintes contre l'injustice d'autrui, que, malgré sa dignité qui l'élève au premier rang, il semble par sa bonté descendre au plus infime. Quant à sa sagesse dans les conseils et à cette magnifique éloquence qui rehausse encore la majesté du commandement, plus d'une fois, Romains, vous l'avez entendu à cette tribune. Quelle idée ne doit-on pas avoir de sa bonne foi parmi nos alliés, quand les ennemis mêmes de toutes les nations l'ont regardée comme sacrée? Son humanité est si grande, que l'on ne saurait dire si les ennemis redoutent plus sa valeur dans le combat qu'ils ne chérissent sa clémence après leur défaite. Et l'on balancerait encore à confier une guerre si importante à un héros que les dieux semblent avoir fait naître pour terminer toutes les guerres de son temps?

XV. La réputation, toujours si puissante dans les opérations militaires et dans le commandement des armées, donne encore à Pompée un incontestable avantage. Qui de vous ignore de quelle conséquence est, dans la guerre, l'idée que se font de nos généraux les ennemis et les alliés, lorsque nous savons que, en cette grave matière, le mépris, la crainte, la haine ou l'amour sont l'ouvrage de l'opinion et de la renommée autant que celui de la raison? Or, quel nom fut jamais plus célèbre dans l'univers? quels exploits ont égalé les siens? Sur quel autre citoyen (et c'est là

---

aliorum injuriis esse dicuntur, ut is, qui dignitate principibus excellit, facilitate par infimis esse videatur. Jam quantum consilio, quantum dicendi gravitate et copia valeat, in quo ipso inest quædam dignitas imperatoria, vos, Quirites, hoc ipso in loco sæpe cognostis. Fidem vero ejus inter socios quantam existimari putatis, quam hostes omnium gentium sanctissimam esse judicarint? Humanitate jam tanta est, ut difficile dictu sit, utrum hostes magis virtutem ejus pugnantes timuerint, an mansuetudinem victi dilexerint. Et quisquam dubitabit, quin huic tantum bellum hoc transmittendum sit, qui ad omnia vestræ memoriæ bella conficienda, divino quodam consilio natus esse videatur?

XV. Et, quoniam auctoritas multum in bellis quoque administrandis atque imperio militari valet, certe nemini dubium est quin ea in re idem ille imperator plurimum possit. Vehementer autem pertinere ad bella administranda, quid hostes, quid socii de imperatoribus vestris existiment, quis ignorat? quum sciamus, homines in tantis rebus, ut aut contemnant, aut metuant, aut oderint, aut ament, opinione non minus famæ, quam aliqua certa ratione commoveri? Quod igitur nomen unquam in orbe terrarum clarius fuit? cujus

ce qui fonde surtout la réputation) avez-vous porté des jugements aussi glorieux et aussi honorables? Croyez-vous qu'il y ait une contrée de la terre assez déserte qui n'ait entendu parler de ce jour où le peuple romain, rassemblé en foule sur le forum et dans tous les temples d'où cette tribune peut être aperçue, proclama Pompée seul général dans cette guerre commune à toutes les nations? Ainsi, pour ne pas m'étendre davantage, ni confirmer par des exemples étrangers ce que peut la réputation dans la guerre, nous en trouverons dans la vie de Pompée les preuves les plus éclatantes. Le jour même où vous mîtes sous ses ordres vos armées navales, le prix des vivres, alors excessif, grâce à son nom seul et à la confiance qu'il inspira, tomba tout à coup si bas, que la plus riche récolte, au milieu d'une longue paix, eût produit à peine une si heureuse abondance. Après cette bataille désastreuse que nous perdîmes dans le royaume de Pont, et dont je vous ai, malgré moi, rappelé le souvenir, nos alliés étaient frappés de terreur ; les forces et le courage de nos ennemis s'accroissaient de jour en jour ; la province n'était plus en état de se défendre : vous auriez perdu l'Asie si, par un coup du ciel, la fortune de Rome n'eût conduit Pompée dans ces régions pour conjurer ce danger. Il arrive. Mithridate, enflé d'une victoire inespérée, s'arrête ; et Tigrane, qui déjà menaçait l'Asie avec une

res gestæ pares ? de quo homine vos (id quod maxime facit auctoritatem) tanta et tam præclara judicia fecistis? An vero ullam usquam esse oram tam desertam putatis, quo non illius diei fama pervaserit, quum universus populus Romanus, referto foro, repletisque omnibus templis, ex quibus hic locus conspici potest, unum sibi ad commune omnium gentium bellum Cn. Pompeium imperatorem depoposcit ? Itaque, ut plura non dicam, neque aliorum exemplis confirmem, quantum auctoritas valeat in bello, ab eodem Cn. Pompeio omnium rerum egregiarum exempla sumantur. Qui quo die a vobis maritimo bello præpositus est imperator, tanta repente vilitas annonæ ex summa inopia et caritate rei frumentariæ consecuta est, unius spe et nomine, quantam vix ex summa ubertate agrorum diuturna pax efficere potuisset. Jam, accepta in Ponto calamitate, ex eo prælio, de quo vos paulo ante invitus admonui, quum socii pertimuissent, hostium opes animique crevissent, satis firmum præsidium provincia non haberet, amisissetis Asiam, Quirites, nisi ad id ipsum discrimen ejus temporis divinitus Cn. Pompeium ad eas regiones fortuna populi Romani attulisset. Hujus adventus et Mithridatem insolita inflammatum victoria continuit, et Tigranem magnis copiis minitantem Asiæ retardavit. Et quis-

armée formidable, n'ose porter plus loin ses pas. Douterez-vous encore de ce que fera par sa valeur celui qui a tant fait par sa seule renommée? Douterez-vous que, à la tête d'une armée, il ne maintienne la sûreté de nos alliés et de nos sujets, quand son nom et le bruit de sa marche ont suffi pour les défendre?

XVI. Mais quelle preuve n'est-ce pas encore de la réputation de Pompée chez les ennemis du peuple romain, que de les voir tous accourir de tant de pays si éloignés et si différents, pour se livrer en peu de temps à sa discrétion; que de voir des députés crétois, alors même que nous avions dans cette île un général et une armée, chercher Pompée aux extrémités de la terre, et lui déclarer que c'était à lui seul que toutes les villes de la Crète voulaient remettre leurs destinées? Que dis-je? Mithridate lui-même ne lui envoya-t-il pas jusqu'en Espagne un ambassadeur, que Pompée a toujours considéré comme tel, quoique des envieux, qui ne pouvaient se consoler de cette préférence, aient affecté de le regarder comme un espion déguisé sous ce sacré caractère? Vous pouvez, dès ce moment, juger, Romains, de quel poids sera désormais auprès de ces rois et des nations étrangères ce grand nom, relevé encore par de nouveaux exploits et par l'éclat de vos glorieux témoignages.

Il me reste à parler du bonheur attaché à sa personne, avan-

---

quam dubitabit, quid virtute perfecturus sit, qui tantum auctoritate perfecerit? aut quam facile imperio atque exercitu socios et vectigalia conservaturus sit, qui ipso nomine ac rumore defenderit?

XVI. Age vero, illa res quantam declarat ejusdem hominis apud hostes populi Romani auctoritatem, quod ex locis tam longinquis, tamque diversis, tam brevi tempore omnes uni huic se dediderunt? quod Cretensium legati, quum in eorum insula noster imperator exercitusque esset, ad Cn. Pompeium in ultimas prope terras venerunt, eique se omnes Cretensium civitates dedere velle dixerunt? Quid? idem ipse Mithridates, nonne ad eumdem Cn. Pompeium legatum usque in Hispaniam misit; cumque Pompeius legatum semper judicavit; ii, quibus semper erat molestum, ad eum potissimum esse missum, speculatorem, quam legatum judicari maluerunt? Potestis igitur jam constituere, Quirites, hanc auctoritatem, multis postea rebus gestis, magnisque vestris judiciis amplificatam, quantum apud illos reges, quantum apud exteras nationes valituram esse existimetis.

Reliquum est, ut de felicitate, quam præstare de se ipso nemo potest, me-

tage dont nul ne peut se glorifier soi-même, mais que l'on peut reconnaître et louer dans autrui. Je n'en parlerai qu'avec réserve et en peu de mots, comme il convient à l'homme de parler de la puissance des dieux. Je suis persuadé que si l'on confia souvent des commandements et des armées à Fabius Maximus, à Marcellus, à Scipion, à Marius et à d'autres grands généraux, ce n'est pas seulement à cause de leur mérite, mais parce que la fortune les secondait. Car on ne peut douter que, pour élever quelques hommes extraordinaires au faîte de la puissance et de la gloire, et pour les faire réussir dans les plus difficiles entreprises, les dieux ont voulu que la fortune suivît partout leurs pas. En vous retraçant le bonheur du héros dont nous parlons, je saurai ménager les termes, et je n'irai pas jusqu'à dire qu'il tient la fortune en son pouvoir ; mais je présenterai le passé comme le garant d'un heureux avenir, afin qu'on ne puisse accuser mes paroles ni d'impiété ni d'ingratitude envers les dieux. Ainsi, Romains, je ne vanterai pas les grandes choses qu'il a faites dans la paix et dans la guerre, sur terre comme sur mer ; je ne vous dirai pas qu'il les a toutes accomplies avec tant de bonheur ; qu'il n'a jamais eu de volonté à laquelle n'aient applaudi les citoyens, n'aient souscrit les alliés, n'aient obéi les ennemis, et que même n'aient favorisée les vents et les tempêtes. Je dirai en deux mots qu'il n'a jamais existé d'homme assez téméraire pour oser demander aux dieux immortels un aussi

---

minisse et commemorare de altero possumus, sicut æquum est homini de potestate deorum, timide et pauca dicamus. Ego enim sic existimo, Maximo, Marcello, Scipioni, Mario, et cæteris magnis imperatoribus, non solum propter virtutem, sed etiam propter fortunam, sæpius imperia mandata atque exercitus esse commissos. Fuit enim profecto quibusdam summis viris quædam ad amplitudinem et gloriam, et ad res magnas bene gerendas divinitus adjuncta fortuna. De hujus autem hominis felicitate, quode nunc agimus, hac utar moderatione dicendi, non ut in illius potestate fortunam positam esse dicam, sed ut præterita meminisse, reliqua sperare videamur, ne aut invisa diis immortalibus oratio nostra, aut ingrata esse videatur. Itaque non sum prædicaturus, Quirites, quantas ille res domi militiæque, terra marique, quantaque felicitate gesserit, ut ejus semper voluntatibus non modo cives assenserint, socii obtemperarint, hostes obedierint, sed etiam venti tempestatesque obsecundarint. Hoc brevissime dicam, neminem unquam tam impudentem fuisse, qui a diis

grand nombre de brillants succès qu'ils en ont prodigué à Pompée. Et puissent-ils lui continuer toujours les mêmes faveurs! Voilà le vœu que vous devez faire, et que vous faites sans doute autant pour la prospérité de l'empire que pour l'intérêt de Pompée lui-même.

La guerre étant donc si indispensable qu'on ne peut la différer, et si importante qu'elle réclame tous vos soins; puisque d'ailleurs vous pouvez en confier la conduite à un général en qui se trouvent réunis une profonde connaissance de l'art militaire, une insigne valeur, une réputation éclatante, un bonheur inouï, hésiterez-vous, Romains, à consacrer au salut et à l'agrandissement de la république le génie extraordinaire qui vous a été offert et accordé par les dieux immortels?

XVII. Si, en ce moment, Pompée était à Rome sans aucun commandement, ce serait encore lui qu'il faudrait choisir pour cette guerre importante, et qu'il faudrait envoyer en Asie. Maintenant qu'à tant d'autres grands avantages se joint pour lui cette circonstance précieuse d'être sur les lieux, de commander une armée, et de pouvoir aussitôt recevoir de nouvelles forces, qu'attendons-nous? et pourquoi ne pas confier encore la guerre de Mithridate au même homme à qui, sous les auspices des dieux, nous avons confié, si heureusement pour la république, toutes les autres guerres difficiles?

immortalibus tot et tantas res tacitus auderet optare, quot et quantas dii immortales ad Cn. Pompeium detulerunt. Quod ut illi proprium ac perpetuum sit, Quirites, quum communis salutis atque imperii, tum ipsius hominis causa (sicuti facitis) velle et optare debetis.

Quare quum et bellum ita necessarium sit, ut negligi non possit ; ita magnum; ut accuratissime sit administrandum ; et quum ei imperatorem præficere possitis, in quo sit eximia belli scientia, singularis virtus, clarissima auctoritas, egregia fortuna; dubitabitis, Quirites, quin hoc tantum boni, quod vobis a diis immortalibus oblatum et datum est, in rempublicam conservandam atque amplificandam conferatis?

XVII. Quod si Romæ Cn. Pompeius privatus esset hoc tempore, tamen ad tantum bellum is erat deligendus atque mittendus. Nunc, quum ad cæteras summas utilitates hæc quoque opportunitas adjungatur, ut in iis ipsis locis adsit, ut habeat exercitum, ut ab iis qui habent accipere statim possit, quid exspectamus ? aut cur non, ducibus diis immortalibus, eidem cui cætera summa cum salute reipublicæ commissa sunt, hoc quoque bellum regium committimus?

Il est vrai qu'un de nos plus illustres citoyens, connu par son amour pour la république et par vos plus insignes bienfaits, Q. Catulus, et avec lui Q. Hortensius, qui réunit avec tant d'éclat les honneurs, la fortune, la vertu et le talent, se déclarent contre cet avis. Leur autorité, en plus d'une circonstance, a beaucoup influé, je l'avoue, sur vos décisions, et doit être auprès de vous du plus grand poids. Mais, dans la question présente, où je puis lui opposer celle de plusieurs citoyens qui ne sont ni moins vertueux, ni moins illustres, sans avoir égard à l'autorité, je ne consulterai que la raison. Elle vous conduira d'autant plus aisément à la connaissance de la vérité, que nos adversaires eux-mêmes conviennent de tout ce que je viens de dire ; ils reconnaissent que la guerre est non-seulement indispensable, mais importante, et que Cn. Pompée réunit en lui seul toutes les vertus d'un héros. Que dit, en effet, Hortensius ? Que si l'on doit conférer tous les pouvoirs à un seul homme, nul n'en est plus digne que Pompée ; mais qu'il ne faut pas concentrer tous les pouvoirs entre les mains d'un seul. Cette raison n'a plus de force : les événements l'ont réfutée bien mieux que toutes nos paroles. C'est vous-même, Q. Hortensius, avec votre éloquence féconde et merveilleuse, qui avez combattu dans le sénat A. Gabinius, lorsque ce généreux citoyen proposa la loi qui nommait Pompée seul général contre les pirates ; c'est vous qui avez signalé contre lui votre talent

At enim vir clarissimus, amantissimus reipublicæ, vestris beneficiis amplissimis affectus, Q. Catulus ; itemque summis ornamentis honoris, fortunæ, virtutis, ingenii præditus, Q. Hortensius, ab hac ratione dissentiunt. Quorum ego auctoritatem apud vos multis locis plurimum valuisse, et valere oportere confiteor. Sed in hac causa, tametsi cognoscitis auctoritates contrarias virorum fortissimorum et clarissimorum, tamen, omissis auctoritatibus, ipsa re et ratione exquirere possumus veritatem ; atque hoc facilius, quod ea omnia quæ adhuc a me dicta sunt, iidem isti vera esse concedunt, et necessarium bellum esse, et magnum, et in uno Cn. Pompeio summa esse omnia. Quid igitur ait Hortensius ? Si uni omnia tribuenda sunt, unum dignissimum esse Pompeium ; sed ad unum tamen omnia deferri non oportere. Obsolevit jam ista oratio, re multo magis, quam verbis, refutata. Nam tu idem, Q. Hortensi, multa, pro tua summa copia ac singulari facultate dicendi, et in senatu contra virum fortem A. Gabinium, graviter ornateque dixisti, quum is de uno imperatore contra prædones constituendo legem promulgasset : et ex hoc ipso loco permulta item

admirable à cette tribune même. Où en serions-nous, grands dieux! si votre autorité l'eût emporté alors dans l'esprit du peuple romain sur ses intérêts et sur la vérité? Aurions-nous encore aujourd'hui notre gloire et l'empire du monde? L'avions-nous, dites-moi, cet empire, quand nos envoyés, nos préteurs et nos questeurs étaient jetés dans les fers; quand il n'y avait pas une province dont les particuliers et les gouvernements pussent tirer aucune subsistance; quand toutes les mers nous étaient tellement fermées, que ni les navires marchands ni les flottes de la république ne pouvaient s'y ouvrir un passage?

XVIII. Vit-on jamais un État (je ne parle pas d'Athènes, qui eut autrefois, dit-on, une assez grande puissance maritime, ni de Carthage, dont le commerce était si vaste et les flottes si redoutables, ni de Rhodes, dont la science nautique et la gloire navale sont encore célèbres de nos jours); vit-on jamais un État si faible, une île si petite, qui n'ait défendu par elle-même ses ports, son territoire, ou du moins une partie de ses côtes? Mais, ô honte! pendant des années entières, jusqu'au jour où fut sanctionnée la loi *Gabinia*, le peuple romain, qui jusqu'à nous avait conservé dans les combats de mer le nom d'invincible, s'est vu privé de la plus grande partie, non-seulement de ses revenus, mais de sa considération et de son empire! Nous, dont les ancêtres défi-

---

contra legem eam verba fecisti. Quid? tum, per deos immortales! si plus apud populum Romanum auctoritas tua, quam ipsius populi Romani salus, et vera causa valuisset, hodie hanc gloriam atque hoc orbis terræ imperium teneremus? An tibi tum imperium esse hoc videbatur, quum populi Romani legati, prætores, quæstoresque capiebantur?— quum ex omnibus provinciis commeatu, et privato, et publico prohibebamur? quum ita clausa erant nobis omnia maria, ut neque privatam rem transmarinam, neque publicam jam obire possemus?

XVIII. Quæ civitas antea unquam fuit (non dico Atheniensium, quæ satis late quondam mare tenuisse dicitur; non Carthaginiensium, qui permultum classe maritimisque rebus valuerunt; non Rhodiorum, quorum usque ad nostram memoriam disciplina navalis et gloria remansit); quæ civitas unquam antea tam tenuis, quæ tam parva insula fuit, quæ non portus suos, et agros, et aliquam partem regionis atque oræ maritimæ per se ipsa defenderet? At hercle aliquot annos continuos ante legem Gabiniam ille populus Romanus, cujus, usque ad nostram memoriam, nomen invictum in navalibus pugnis permanserat, magna, ac multo maxima parte non modo utilitatis, sed digni-

rent les flottes d'Antiochus et de Persée, et vainquirent dans toutes les batailles navales les Carthaginois si habiles et si exercés dans la marine, nous ne pouvions nulle part résister à des pirates! Nous qui, non contents de faire respecter l'Italie, pouvions nous flatter auparavant de protéger tous nos alliés jusque sur les côtes les plus lointaines par la majesté de notre empire, lorsque Délos, située si loin de nous dans la mer Égée, et servant d'entrepôt à tant de marchandises apportées de toutes les parties du monde, quoique remplie de richesses, quoique petite et sans murailles, ne craignait rien ; nous, dis-je, nous n'avons pas eu le libre passage non-seulement dans nos provinces, sur les côtes et dans les ports de l'Italie, mais même sur la voie Appienne; et, dans ces temps funestes, les magistrats du peuple romain ne rougissaient pas de monter à cette tribune, que vos ancêtres vous avaient laissée enrichie de dépouilles navales et d'ornements enlevés aux flottes ennemies !

XIX. Le peuple romain n'a point douté, Q. Hortensius, que ce ne fût avec les meilleures intentions que vous parliez ainsi, vous et tous ceux qui partageaient votre avis; mais il s'agissait du salut public, et le peuple romain aima mieux obéir au cri de la vengeance que de déférer à votre autorité. Aussi n'a-t-il fallu qu'une seule loi, un seul homme, une seule année pour mettre

tatis atque imperii caruit. Nos, quorum majores Antiochum regem classe Persenque superarunt, omnibusque navalibus pugnis Carthaginienses, homines in maritimis rebus exercitatissimos paratissimosque vicerunt, iis nullo in loco jam prædonibus pares esse poteramus. Nos quoque, qui antea non modo Italiam tutam habebamus, sed omnes socios in ultimis oris auctoritate nostri imperii salvos præstare poteramus, tum quum insula Delos tam procul a nobis in Ægeo mari posita, quo omnes undique cum mercibus atque oneribus commeabant, referta divitiis, parva, sine muro nihil timebat ; iidem non modo provinciis, atque oris Italiæ maritimis, ac portubus nostris, sed etiam Appia jam via carebamus ; et his temporibus non pudebat magistratus populi Romani in hunc ipsum locum ascendere, quum eum vobis majores vestri exuviis nauticis et classium spoliis ornatum reliquissent.

XIX. Bono te animo tum, Q. Hortensi, populus Romanus, et cæteros qu erant in eadem sententia, dicere existimavit ea quæ sentiebatis ; sed tamen in salute communi idem populus Romanus dolori suo maluit, quam auctoritati vestræ obtemperare. Itaque una lex, unus vir, unus annus, non modo nos illa

fin à nos malheurs, pour effacer notre ignominie ! que dis-je ? pour nous rendre véritablement maîtres de tous les peuples et sur terre et sur mer. Et c'est pour cela que je trouve plus indigne encore l'outrage qu'on a fait (dirai-je à Gabinius, ou à Pompée, ou plutôt à tous les deux ?) d'empêcher que Gabinius ne fût donné pour lieutenant à Pompée qui le désirait et le réclamait. Eh quoi ! ce général, dans une guerre si importante, demande un lieutenant de son choix, et l'on ne daigne pas le lui accorder, lorsque tant d'autres, pour piller nos alliés et ravager nos provinces, ont emmené avec eux autant de lieutenants qu'ils ont voulu ! L'auteur d'une loi qui vient d'assurer le salut et l'honneur de la république comme de toutes les nations, restera-t-il donc étranger à la gloire d'un général et d'une armée que nous devons à sa sagesse et à son courage ? C. Falcidius, Q. Metellus, Q. Célius Latiniensis et Cn. Lentulus, que je nomme tous ici avec la déférence qu'ils méritent, ont bien pu être lieutenants, l'année même qui suivit leur tribunat ; et l'on n'affectera des scrupules qu'à l'égard de Gabinius, qui aurait plus que personne le droit d'occuper ce grade dans une guerre entreprise en vertu de sa loi, sous un général qu'il a nommé, dans une armée qui est son ouvrage ! J'espère que les consuls proposeront sa nomination au sénat. S'ils balancent, si la crainte les arrête, c'est moi, je le déclare, qui le proposerai pour eux. Assuré de votre appui, Romains, jamais un

---

miseria ac turpitudine liberavit, sed etiam effecit, ut aliquando vere videremur omnibus gentibus ac nationibus terra marique imperare. Quo mihi etiam indignius videtur obtrectatum esse adhuc, Gabinio dicam, anne Pompeio, an utrique (id quod est verius) ne legaretur A. Gabinius Cn. Pompeio expetenti ac postulanti. Utrum ille, qui postulat legatum ad tantum bellum quem velit, idoneus non est qui impetret, quum cæteri ad expilandos socios diripiendasque provincias, quos voluerunt legatos eduxerint ; an ipse cujus lege salus ac dignitas populo Romano atque omnibus gentibus constituta est, expers esse debet gloriæ ejus imperatoris, atque ejus exercitus qui consilio ipsius atque periculo est constitutus ? An C. Falcidius, Q. Metellus, Q. Cœlius Latiniensis, Cn. Lentulus, quos omnes honoris causa nomino, quum tribuni plebis fuissent, anno proximo legati esse potuerunt ; in hoc uno Gabinio sunt tam diligentes, qui in hoc bello quod lege Gabinia geritur, in hoc imperatore atque exercitu quem per se ipse constituit, etiam præcipuo jure esse deberet ? de quo legando spero consules ad senatum relaturos. Qui si dubitabunt aut gravabuntur, ego me profiteor relaturum ; neque me impediet cujusquam, Quirites, inimicum

décret injuste, de quelque part qu'il vienne, ne m'empêchera de soutenir vos droits et vos bienfaits. Je n'écouterai que l'intervention des tribuns. Ceux qui nous en menacent réfléchiront plus d'une fois, je n'en doute point, sur les prérogatives de vos magistrats. Oui, Romains, Aulus Gabinius, seul, en vous déterminant à cette guerre maritime, couronnée par tant de victoires, s'est associé aux travaux de Pompée : car si l'un a terminé cette expédition, l'autre lui a obtenu de vos suffrages l'honneur de la commencer.

XX. Il me reste à parler de l'opinion de Q. Catulus et du respect que l'on doit à son autorité. Il vous a dit : Puisque vous faites tout dépendre de Pompée, s'il lui arrive quelque malheur, en qui mettrez-vous votre espérance? et il a reçu de vous, en ce moment, une insigne récompense de ses vertus et de ses nobles services, lorsque tous, presque d'une seule voix, vous lui avez répondu : *Ce sera en vous, Catulus.* En effet, tel est le mérite de cet illustre citoyen, qu'il n'y a point d'entreprise, si importante et si difficile, qu'il ne soit capable de conduire par sa prudence, de soutenir par son intégrité, d'achever par son courage. Mais ici je suis d'un sentiment bien différent du sien. Car, plus la vie de l'homme est courte et incertaine, plus la république doit se hâter de profiter, tandis que les dieux le permettent, de l'existence et du génie d'un grand homme.

edictum, quo minus, fretus vobis, vestrum jus beneficiumque defendam ; neque, præter intercessionem, quidquam audiam ; de qua (ut arbitror) isti ipsi qui minantur etiam atque etiam quid liceat considerabunt. Mea quidem sententia, Quirites, unus A. Gabinius, belli maritimi rerumque gestarum auctor, comes Cn. Pompeio adscribitur, propterea quod alter uni id bellum suscipiendum vestris suffragiis detulit, alter delatum susceptumque confecit.

XX. Reliquum est ut de Q. Catuli auctoritate et sententia dicendum esse videatur. Qui quum ex vobis quæreret, si in uno Cn. Pompeio omnia poneretis, si quid eo factum esset, in quo spem essetis habituri, cepit magnum suæ virtutis fructum ac dignitatis, quum omnes prope una voce, IN EO IPSO VOS SPEM HABITUROS ESSE dixistis. Etenim talis est vir, ut nulla res tanta sit ac tam difficilis, quam ille non et consilio regere, et integritate tueri, et virtute conficere possit. Sed in hoc ipso ab eo vehementissime dissentio, quod, quo minus certa est hominum ac minus diuturna vita, hoc magis respublica, dum per deos immortales licet, frui debet summi hominis vita atque virtute.

Ne changeons rien, ajoute-t-il, aux usages établis par nos ancêtres. Je ne répondrai pas que nos ancêtres ont toujours respecté la coutume pendant la paix et l'intérêt de l'État pendant la guerre; qu'ils ont toujours pris de nouvelles mesures, lorsque des conjonctures nouvelles l'exigeaient; je ne dirai pas que deux guerres de la plus haute importance, la guerre Punique et celle d'Espagne, ont été terminées par un seul général; et que deux villes puissantes, les deux plus terribles rivales de Rome, Carthage et Numance, furent détruites par le même Scipion. Je ne vous rappellerai point que, vous et vos pères, vous avez cru devoir tout récemment confier à Marius le destin de l'empire, et que ce fut Marius qui combattit Jugurtha, qui combattit les Cimbres, qui combattit les Teutons. Q. Catulus proscrit toute innovation en faveur de Pompée; mais souvenez-vous qu'une foule de choses nouvelles ont été faites pour lui, de l'avis même de Catulus.

XXI. Quoi de plus nouveau que de voir un jeune homme sans caractère public lever une armée dans les conjonctures les plus difficiles de l'État? il l'a levée; de le voir commander cette armée? il l'a commandée; de le voir obtenir le plus brillant succès? il l'a obtenu. Quoi de plus extraordinaire que d'avoir nommé général en chef un jeune homme, encore loin de l'âge requis pour entrer au sénat; que de lui avoir confié le gouvernement de la Sicile et

---

At enim nihil novi fiat contra exempla atque instituta majorum. Non dico hoc loco, majores nostros semper, in pace consuetudini, in bello utilitati paruisse, semper ad novos casus temporum novorum consiliorum rationes accommodasse; non dicam, duo bella maxima, Punicum et Hispaniense, ab uno imperatore esse confecta; duas urbes potentissimas, quæ huic imperio maxime minabantur, Carthaginem atque Numantiam, ab eodem Scipione esse deletas; non commemorabo, nuper ita vobis patribusque vestris esse visum, ut in uno C. Mario spes imperii poneretur, ut idem cum Jugurtha, idem cum Cimbris, idem cum Teutonis bellum administraret. In ipso Cn. Pompeio, in quo novi constitui nihil vult Q. Catulus, quam multa sint nova, summa Q. Catuli voluntate constituta, recordamini.

XXI. Quid enim tam novum, quam adolescentulum, privatum, exercitum difficili reipublicæ tempore conficere? confecit. Huic præesse? præfuit. Rem optime ductu suo gerere? gessit. Quid tam præter consuetudinem, quam homini peradolescenti, cujus a senatorio gradu ætas longe abesset, imperium atque exercitum dari? Siciliam permitti atque Africam, bellumque in ea administrandum?

celui de l'Afrique ; et, dans cette dernière province, l'administration générale de la guerre? Il a montré dans ces diverses provinces une intégrité, une sagesse, une valeur sans exemple. Il a terminé en Afrique une guerre très-importante, et en a ramené ses troupes victorieuses. Quoi de plus inouï que le triomphe d'un chevalier romain? C'est pourtant une chose que le peuple romain a non-seulement vue, mais qu'il s'est empressé de voir et d'applaudir. Quoi de plus inusité que d'envoyer un chevalier romain combattre un ennemi puissant et formidable ; de l'envoyer avec le titre de proconsul, lorsque nous avions sur les lieux deux consuls d'une valeur et d'un mérite remarquables? C'est ce qu'on a fait. Et même, à cette époque, quelques sénateurs ayant dit qu'il ne convenait pas qu'un simple particulier allât remplacer un consul, on rapporte que L. Philippus répondit que, pour lui, « il le chargerait de remplacer, non pas un consul, mais les consuls.» La confiance en ses talents politiques était si grande que, malgré sa jeunesse, on voulut qu'il représentât les deux consuls de Rome. Quoi de plus singulier que d'affranchir un citoyen des lois par un sénatus-consulte, et de le créer consul avant l'âge où il est défendu de gérer aucune magistrature? Quoi de plus incroyable qu'un sénatus-consulte qui décerne un second triomphe à un chevalier romain? Tout ce qu'on a jamais inventé parmi

fuit in his provinciis singulari innocentia, gravitate, virtute : bellum in Africa maximum confecit, victorem exercitum deportavit. Quid vero tam inauditum, quam equitem Romanum triumphare? at cam quoque rem populus Romanus non modo vidit, sed etiam omni studio visendam et concelebrandam putavit. Quid tam inusitatum, quam ut, quum duo consules clarissimi fortissimique essent, eques Romanus ad bellum maximum formidolosissimumque pro consule mitteretur? missus est. Quo quidem tempore, quum esset non nemo in senatu qui diceret : « Non oportere mitti hominem privatum pro consule ; » L. Philippus dixisse dicitur : « Non se illum sua sententia pro consule, sed pro consulibus mittere. » Tanta in eo reipublicæ bene gerendæ spes constituebatur, ut duorum consulum munus unius adolescentis virtuti committeretur. Quid tam singulare, quam ut ex senatusconsulto legibus solutus, consul ante fieret, quam ullum alium magistratum per leges capere licuisset? Quid tam incredibile, quam ut iterum eques Romanus ex senatusconsulto triumpharet? Quæ in omnibus hominibus nova post hominum memoriam constituta

nous pour honorer les grands hommes n'approche pas de ce que nous avons vu faire pour honorer Pompée. Et toutes ces distinctions si éclatantes, si extraordinaires, ont été autorisées par Q. Catulus et par d'autres membres les plus illustres du sénat.

XXII. Qu'ils y prennent garde! S'il est vrai que l'autorité de leurs décrets, quand ils ont eu pour objet d'honorer Pompée, a toujours trouvé en vous des approbateurs, ne serait-il pas tout à fait injuste et tyrannique de méconnaître l'autorité du jugement que vous portez sur ce grand homme, dans ce moment surtout où le peuple romain peut à bon droit soutenir son opinion à l'égard de ce héros contre tous ceux qui ne la partagent pas, puisque, malgré leurs réclamations, vous l'avez déjà choisi entre tous les autres généraux pour le charger seul de la guerre des pirates? Si vous avez dans cette occasion agi imprudemment et compromis les intérêts de l'État, c'est avec raison qu'ils prétendent régler votre zèle par leurs conseils. Mais si, alors, vous avez mieux connu qu'eux-mêmes ce que demandait le bien public; si, en résistant à leurs avis, vous avez rétabli l'honneur de cet empire et la sûreté de l'univers; que ces illustres sénateurs reconnaissent enfin qu'ils doivent, eux et les autres, se soumettre à la sagesse du peuple romain. D'ailleurs, notre guerre en Asie contre deux rois exige

---

sunt, ea tam multa non sunt quam hæc quæ in hoc uno homine vidimus. Atque hæc tot exempla, tanta ac tam nova, profecta sunt in eumdem hominem a Q. Catuli atque a cæterorum ejusdem dignitatis amplissimorum hominum auctoritate.

XXII. Quare videant, ne sit periniquum et non ferendum, illorum auctoritatem de Cn. Pompeii dignitate a vobis comprobatam semper esse, vestrum ab illis de eodem homine judicium, populique Romani auctoritatem improbari, præsertim quum jam suo jure populus Romanus in hoc homine suam auctoritatem vel contra omnes qui dissentiunt possit defendere, propterea quod, istis reclamantibus, vos unum illum ex omnibus delegistis quem bello prædonum præponeretis. Hoc si vos temere fecistis, et reipublicæ parum consuluistis, recte isti studia vestra suis consiliis regere conantur. Sin autem vos plus tum in republica vidistis; vos, his repugnantibus, per vosmetipsos dignitatem huic imperio, salutem orbi terrarum attulistis; aliquando isti principes, et sibi, et cæteris, populi Romani universi auctoritati parendum esse fateantur. Atque in hoc bello Asiatico et regio, non solum militaris illa virtus quæ est in Cn. Pom-

non-seulement cette vertu militaire qu'on admire dans Pompée, mais toutes les autres vertus d'une âme grande et généreuse. A la tête de vos légions, dans l'Asie, la Cilicie, la Lycie, la Syrie, et dans des royaumes encore plus reculés, il est difficile qu'un général ne soit occupé que de l'ennemi et de la gloire. S'il en est quelques-uns qui soient scrupuleux et désintéressés, personne ne les croit tels, à cause du grand nombre de ceux que leur cupidité déshonore. On ne saurait dire, Romains, à quel point nous ont attiré la haine des nations étrangères les désordres et les rapines des commandants militaires que nous leur avons envoyés pendant ces dernières années. Croyez-vous qu'il y ait eu dans ces pays un temple à l'abri de leurs sacriléges, une ville qu'ils aient respectée, une maison assez bien fermée pour se garantir de leurs brigandages? On cherche maintenant quelles sont les villes les plus riches et les plus opulentes pour leur déclarer la guerre, sans autre motif que le désir de les piller. Je m'étendrais volontiers sur cette matière devant des hommes aussi éminents et aussi vertueux que Q. Catulus et Q. Hortensius ; les plaies de nos alliés leur sont connues; ils voient leurs désastres, ils entendent leurs plaintes. Est-ce contre vos ennemis et pour la défense de vos alliés que vous prenez les armes, ou, sous ce prétexte, est-ce contre vos alliés et vos amis? Quelle ville d'Asie est assez opulente pour assouvir l'arrogance et la cupidité,

---

peio singularis, sed aliæ quoque virtutes animi multæ et magnæ requiruntur. Difficile est in Asia, Cilicia, Lycia, Syria, regnisque exterarum nationum ita versari vestrum imperatorem, ut nihil aliud quam de hoste ac de laude cogitet. Deinde etiam si qui sunt pudore ac temperantia moderatiores, tamen eos esse tales, propter multitudinem cupidorum hominum, nemo arbitratur. Difficile est dictu, Quirites, quanto in odio simus apud exteras nationes, propter eorum, quos ad eas per hos annos cum imperio misimus, injurias ac libidines. Quod enim fanum putatis in illis terris nostris magistratibus religiosum, quam civitatem sanctam, quam domum satis clausam ac munitam fuisse? Urbes jam locupletes ac copiosæ requiruntur, quibus causa belli propter diripiendi cupiditatem inferatur. Libenter hæc coram cum Q. Catulo et Q. Hortensio disputarem, summis et clarissimis viris; noverunt enim sociorum vulnera, vident eorum calamitates, querimonias audiunt. Pro sociis vos contra hostes exercitum mittere putatis, an hostium simulatione, contra socios atque amicos? Quæ

je ne dis pas d'un général ou d'un lieutenant, mais d'un simple tribun militaire?

XXIII. Je suppose que vous ayez un général qui vous semble pouvoir vaincre en bataille rangée les armées des deux monarques. Mais s'il ne sait pas s'abstenir de porter ses mains, ses yeux, sa cupidité sur les biens de nos alliés, sur leurs femmes et leurs enfants, sur les ornements de leurs villes et de leurs temples, sur l'or et les richesses des rois, il ne sera nullement propre à faire la guerre en Asie contre Mithridate et Tigrane. Croyez-vous qu'il existe une ville à laquelle nos généraux aient donné la paix, et qui soit encore opulente? Croyez-vous qu'il existe même une ville opulente qui leur paraisse être vraiment pacifiée? Quand les places maritimes vous demandèrent Pompée, c'était moins à cause de sa gloire militaire que pour sa modération. Car elles voyaient que, tous les ans, les revenus publics, au lieu d'enrichir le peuple romain, devenaient la proie de quelques particuliers, et que tout l'appareil de nos flottes ne faisait qu'augmenter notre honte en augmentant nos pertes. Ceux qui appréhendent si fort de conférer tous les pouvoirs à un seul, ignorent-ils avec quelle cupidité et sous quels engagements ruineux quelques hommes partent aujourd'hui pour nos provinces, comme si nous ne voyions pas que Pompée est devenu grand, non moins par les vices d'autrui

---

Civitas est in Asia, quæ non modo imperatoris, aut legati, sed unius tribuni militum animos ac spiritus capere possit?

XXIII. Quare, etiam si quem habetis, qui collatis signis, exercitus regios superare posse videatur; tamen, nisi erit idem, qui se a pecuniis sociorum, qui ab eorum conjugibus ac liberis, qui ab ornamentis fanorum atque oppidorum, qui ab auro gazaque regia, manus, oculos, animum cohibere possit; non erit idoneus, qui ad bellum Asiaticum regiumque mittatur. Ecquam putatis civitatem pacatam fuisse, quæ locuples sit? Ecquam esse locupletem, quæ istis pacata esse videatur? Ora maritima, Quirites, Cn. Pompeium non solum propter rei militaris gloriam, sed etiam propter animi continentiam requisivit. Videbat enim populum Romanum non locupletari quotannis pecunia publica, præter paucos; neque nos quidquam aliud assequi classium nomine, nisi ut, detrimentis accipiendis, majore affici turpitudine videremur. Nunc, qua cupiditate homines in provincias, quibus jacturis, quibus conditionibus proficiscantur, ignorant videlicet isti qui ad unum deferenda esse omnia non arbitrantur; quasi vero Cn. Pompeium non quum suis virtutibus, tum etiam ali-

que par ses propres vertus? Ne balancez donc pas à tout déférer à l'homme qui, depuis tant d'années, se trouve le seul que nos alliés se soient félicités de voir arriver dans leurs villes avec une armée. Romains, si vous croyez que dans cette cause les autorités soient nécessaires, vous avez celle d'un juge éclairé dans toutes les parties de l'art militaire comme dans les affaires les plus importantes, celle de P. Servilius, qui s'est signalé sur terre et sur mer avec tant d'éclat que, dans une délibération de ce genre, nulle autorité ne doit vous paraître plus imposante que la sienne; vous avez C. Curion, personnage distingué par les plus insignes bienfaits, par ses brillants exploits, par un vaste génie et une sagesse consommée ; vous avez Cn. Lentulus, dont vous connaissez la prudence parfaite et l'inaltérable probité dans les hautes fonctions que vous lui avez confiées ; vous avez enfin C. Cassius, citoyen remarquable par son intégrité, sa vertu et sa fermeté. Voyez donc si de pareilles autorités ne réfutent pas puissamment les harangues de nos adversaires.

XXIV. Ainsi, C. Manilius, je loue et j'appuie fortement votre loi, vos vues, votre opinion, et je vous exhorte, puisque le vœu du peuple romain vous y autorise, à persister, et à ne redouter les violences ni les menaces de personne. Je sais que vous avez du courage et de la fermeté. D'ailleurs, lorsque nous voyons pour la seconde fois cette foule immense de citoyens manifester dans

nis vitiis magnum esse videamus. Quare nolite dubitare, quin huic uni credatis omnia, qui inter annos tot unus inventus sit, quem socii in urbes suas cum exercitu venisse gaudeant. Quod si auctoritatibus hanc causam, Quirites, confirmandam putatis, est vobis auctor, vir bellorum omnium maximarumque rerum peritissimus, P. Servilius, cujus tantæ res gestæ terra marique exstiterunt, ut, quum de bello deliberetis, auctor vobis gravior esse nemo debeat ; est C. Curio, summis vestris beneficiis, maximisque rebus gestis, summo ingenio et prudentia præditus ; est Cn. Lentulus, in quo omnes, pro amplissimis vestris honoribus, summum consilium, summam gravitatem esse cognoscitis; est C. Cassius, integritate, virtute, constantia singulari. Quare videte num horum auctoritatibus illorum orationi qui dissentiunt respondere posse videamur.

XXIV Quæ quum ita sint, C. Manili, primum istam tuam et legem, et voluntatem, et sententiam laudo, vehementissimeque comprobo ; deinde te hortor, ut, auctore populo Romano, maneas in sententia, neve cujusquam vim aut minas pertimescas. Primum in te satis esse animi constantiæque arbitror ; deinde, quum tantam multitudinem cum tanto studio adesse videamus, quantam nunc

cette affaire le même empressement en faveur du même général, quel doute pouvons-nous avoir sur la justice de notre cause ou sur le succès qui l'attend? Pour moi, tout ce que j'ai de zèle, de lumières, de force et de talent, tout ce que ma dignité de préteur, ce bienfait signalé du peuple romain, tout ce que mon autorité, mon crédit, ma fermeté, peuvent me donner de pouvoir, je l'emploierai dans l'intérêt de votre loi. Je vous le promets, Manilius, je le jure au peuple romain. Et je prends à témoin tous les dieux, principalement ceux qui président à cette tribune, à ce temple révéré, et dont les regards lisent dans le cœur de tous ceux qui viennent ici discuter les affaires de l'État, que je n'agis en ce moment à la sollicitation de personne, et ne cherche point à me concilier la faveur de Pompée, ni à me procurer auprès d'aucun autre citoyen puissant des secours dans les dangers et des appuis pour arriver aux honneurs. J'espère, autant qu'un mortel peut se le promettre, me garantir aisément de tous les périls à l'abri de mon innocence, et obtenir les dignités, non par le suffrage d'un seul, ni par les opinions que je puis exprimer à cette tribune, mais en persévérant dans les travaux auxquels j'ai consacré ma vie, si vous m'honorez de votre bienveillance. Ainsi, Romains, tout ce que j'ai fait dans cette cause, je ne l'ai fait que pour la république, je le jure; et, loin d'avoir recherché quelque témoignage d'amitié, je sais que je me suis attiré beaucoup de

---

iterum in eodem homine præficiendo videmus, quid est quod aut de re, aut de perficiendi facultate dubitemus? Ego autem, quidquid in me est studii, consilii, laboris, ingenii, quidquid hoc beneficio populi Romani atque hac potestate prætoria, quidquid auctoritate, fide, constantia possum, id omne ad hanc rem conficiendam tibi et populo Romano polliceor et defero. Testorque omnes deos, et eos maxime qui huic loco temploque præsident, qui omnium mentes eorum qui ad rempublicam adeunt maxime perspiciunt, me hoc neque rogatu facere cujusquam, neque quo Cn. Pompeii gratiam mihi per hanc causam conciliari putem, neque quo mihi ex cujusquam amplitudine, aut præsidia periculis, aut adjumenta honoribus quæram; propterea quod pericula facile, ut hominem præstare oportet, innocentia tecti repellemus; honores autem neque ab uno, neque ex loco, sed eadem nostra illa laboriosissima ratione vitæ, si vestra voluntas feret, consequemur. Quamobrem, quidquid in hac causa mihi susceptum est, Quirites, id omne me reipublicæ causa suscepisse confirmo; tantumque abest, ut aliquam bonam gratiam mihi quæsisse videar, ut multas

haines secrètes ou déclarées dont je n'avais pas besoin, mais qui peut-être vous seront utiles. Oui, Romains, après le titre honorable que j'ai reçu de vous, après tant de bienfaits dont vous m'avez comblé, je me suis fait une loi de préférer l'accomplissement de vos volontés, la dignité de la république, le salut de vos provinces et de vos alliés, à tous les avantages et à tous les intérêts qui me sont personnels.

etiam simultates partim obscuras, partim apertas intelligam, mihi non necessarias, vobis non inutiles, suscepisse. Sed ego me hoc honore præditum, tantis vestris beneficiis affectum statui, Quirites, vestram voluntatem, et reipublicæ dignitatem, et salutem provinciarum atque sociorum, meis omnibus commodis et rationibus præferre oportere.

QUATORZIÈME DISCOURS

# DISCOURS
POUR
## A. CLUENTIUS AVITUS
TRADUCTION DE GUEROULT

REFONDUE
PAR M. CABARET-DUPATY

# SOMMAIRE

Aulus Cluentius Avitus, chevalier romain du municipe de Larinum, en Apulie, était accusé d'avoir empoisonné son beau-père Statius Albius Oppianicus. Il avait pour accusateur son propre beau-frère Caïus Oppianicus, fils de l'homme qu'on prétendait avoir été empoisonné. Huit ans auparavant, Oppianicus le père avait été lui-même condamné pour tentative d'empoisonnement contre Cluentius ; il était mort en exil depuis environ six ans.

L'empoisonnement de son beau-père n'était pas le seul crime dont fût accusé Cluentius : on lui imputait d'avoir corrompu les juges qui avaient condamné Oppianicus.

Sassia, mère de Cluentius, acharnée à la perte de son fils, était l'âme de l'accusation dont Caïus Oppianicus n'était que l'instrument.

Enfin, si l'opinion publique n'attribuait pas à Cluentius l'empoisonnement d'Oppianicus le père, on lui reprochait généralement d'avoir, huit ans auparavant, corrompu les juges qui avaient condamné cet homme.

Provoqué peut-être par les déclamations du tribun L. Quintius, ce bruit public semblait appuyé par une sentence judiciaire. Plusieurs des juges d'Oppianicus, et Junius, qui les présidait, avaient été condamnés comme prévaricateurs, sinon positivement pour ce fait, du moins en considération de ce fait lié avec d'autres griefs.

De là résultait que, accusé d'empoisonnement et de subornation de juges devant un tribunal qui avait qualité pour connaître de ce double crime, Cluentius pouvait être condamné comme empoisonneur, par cela même qu'il était regardé comme évidemment coupable de corruption.

Un tel client était réellement fort difficile à défendre. Par quel prodige d'adresse Cicéron va-t-il non-seulement le justifier, mais encore le faire paraître digne du plus tendre intérêt ? En profitant habilement des torts affreux des adversaires de Cluentius.

D'abord il montre dans Oppianicus le père un homme couvert

de crimes et d'infamie : était-il besoin de juges corrompus pour qu'un tel homme fût condamné?

Dans Sassia, un monstre de cruauté et d'impudicité. Trois époux avaient successivement passé dans ses bras : d'abord Cluentius, père de l'accusé; ensuite Aurius Melinus, qui, de son gendre, était devenu son mari; enfin Oppianicus père, assassin de Melinus.

Et Cluentia, sœur de l'accusé, vivait encore! Melinus l'avait répudiée pour épouser sa mère Sassia !

Et Oppianicus lui-même, indépendamment de la honte de sa condamnation, était mort de chagrin en voyant l'impudique Sassia vivre sous ses yeux en commerce adultère avec un paysan nommé Statius Albius.

Pour mettre le sceau à tous ses crimes, en faisant périr son premier-né Cluentius, Sassia avait marié la fille qu'elle avait eue de Melinus avec le jeune Caïus Oppianicus, à condition qu'il accuserait son beau-frère d'avoir empoisonné son père et deux autres personnes.

Enfin, sous prétexte d'obtenir des aveux sur ce prétendu empoisonnement, Sassia s'était fait un plaisir d'appliquer plusieurs fois à la question des esclaves innocents de ce crime.

Quel parti l'orateur ne sait-il pas tirer de toutes ces horribles circonstances! On ne peut que plaindre avec lui Cluentius d'avoir une pareille mère, et, en supposant même qu'il ne soit pas pur de tout ce dont on l'accuse, il paraît encore vertueux, au prix de celle qui lui a donné le jour, au prix d'Oppianicus le père et des complices qu'elle s'est associés.

D'ailleurs si le jeune Caïus Oppianicus n'est pas dirigé dans ses démarches accusatrices par un sordide intérêt, il est du moins dominé par l'ascendant redoutable de Sassia. Un motif de vengeance facile à expliquer envers celui qui, à tort ou à raison, a fait condamner son père, ne peut-il pas, en outre, animer ce jeune homme contre Cluentius?

L'accusation d'un empoisonnement dont on n'apportait aucune preuve, devenait donc assez facile à détruire. Aussi ce n'est que vers la fin de son plaidoyer que Cicéron s'efforce de la repousser.

Tous ses efforts tendent donc à laver son client de l'accusation, en apparence, la moins grave des deux, mais qui était, en effet, celle qui pouvait entraîner sa condamnation.

Prouver que la corruption est un fait étranger au procès, et cela en présence d'un tribunal qui, d'après la loi de Sylla, réunissait la double compétence des crimes d'empoisonnement et de corruption, telle était la tâche difficile que l'orateur avait à remplir. On peut dire qu'il s'en est acquitté avec une adresse admirable. Mais, dans

cette cause déjà si difficile par elle-même, se trouvait pour lui une cause personnelle d'embarras. Dans les débats qui s'étaient élevés, huit ans auparavant, entre Cluentius et Oppianicus, Cicéron avait pris la défense de l'affranchi Scamander, qui était accusé d'avoir, à l'instigation de C. et de L. Fabricius, ses maîtres, et d'Oppianicus, tenté d'empoisonner Cluentius.

Une autre contradiction que l'adversaire n'avait pas manqué de reprocher à Cicéron, c'était d'avoir soutenu dans le même temps que Cluentius avait corrompu ses juges, tandis qu'il professait aujourd'hui l'opinion contraire.

Il est curieux de voir comment Cicéron explique ces inconséquences. Toute cette partie de son plaidoyer prouve combien, dans les affaires judiciaires, les avocats consultaient peu leur conscience ; car de cette discussion l'orateur fait jaillir ces sophismes : « C'est une grande erreur que de croire trouver nos opinions particulières consignées dans les discours que nous prononçons devant les tribunaux. Tous nos plaidoyers sont le langage de la cause et de la circonstance, et non le nôtre personnellement. Si les causes pouvaient se défendre elles-mêmes, qui emploierait la voix des orateurs? »

Quoi qu'il en soit, Cicéron fit triompher la cause de son client. Il est fâcheux que nous n'ayons point le discours de T. Annius de Pisaure, qui soutint l'accusation : nous pourrions peut-être prononcer en plus grande connaissance un jugement sur le fond de l'affaire. Il nous est, du moins, permis d'admirer l'art avec lequel Cicéron a su défendre son client. Lui-même regardait ce plaidoyer comme un de ses meilleurs, comme celui où il avait le plus heureusement su varier les formes de son style. Lui-même aussi se vantait d'avoir *jeté de la poudre aux yeux des juges*, si l'on en croit Quintilien, qui cite fort souvent le plaidoyer *pour Cluentius* à l'appui de ses préceptes. Enfin, de tous les discours de Cicéron, c'est peut-être celui où l'on trouve le plus de documents sur l'état de la législation et des tribunaux de Rome à cette époque.

Il fut prononcé l'an de Rome 688, quelque temps après les débats pour la loi Manilia.

# QUATORZIÈME DISCOURS

## DISCOURS
#### POUR
# A. CLUENTIUS AVITUS

I. J'ai remarqué, juges, deux parties bien distinctes dans le plaidoyer de l'accusateur. Dans l'une, il m'a paru s'appuyer avec une entière assurance sur les anciennes préventions élevées contre l'arrêt de Junius ; dans l'autre, il aborde, seulement pour la forme, avec défiance et timidité, les accusations d'empoisonnement soumises à ce tribunal. Je me propose de suivre le même plan dans ma défense, en combattant d'abord les préventions, ensuite les accusations, afin que tout le monde puisse reconnaître que je n'ai voulu ni rien éluder par mon

#### ORATIO DECIMA QUARTA

## ORATIO
#### PRO
# A. CLUENTIO AVITO

I. Animadverti, judices, omnem accusatoris orationem, in duas divisam esse partes : quarum altera mihi niti et magnopere confidere videbatur invidia jam inveterata judicii Juniani ; altera tantummodo consuetudinis causa timide et diffidenter attingere rationem veneficii criminum, qua de re lege est hæc quæstio constituta. Itaque mihi certum est hanc eamdem distributionem invidiæ et criminum sic in defensione servare, ut omnes intelligant nihil me nec subterfugere voluisse reticendo, nec obscurare dicendo. Sed quum considero

silence, ni rien déguiser par mes discours. Mais, lorsque je considère comment je dois traiter les deux questions, il me semble que je pourrai en très-peu de mots, et sans beaucoup d'efforts, vous éclairer sur celle qui regarde l'empoisonnement, la seule sur laquelle vous avez à prononcer. Quant à l'autre, qui est étrangère à ce tribunal, et plus faite pour le tumulte d'une assemblée séditieuse que pour les discussions paisibles et modérées du barreau, je prévois combien j'y rencontrerai d'obstacles, et combien de peines elle me coûtera. Cependant, juges, au milieu de ces difficultés, une réflexion me console. Lorsqu'une accusation est portée devant vous, vous exigez que l'avocat réfute tous les griefs, sans vous croire obligés d'accorder au salut de l'accusé plus d'intérêt que n'auront su vous en inspirer son défenseur et les preuves de son innocence.

Mais quand il s'agit de prévention, vous devez vous faire un devoir de considérer moins ce que nous disons que ce que nous pourrions dire. En effet, l'accusation ne plane que sur Cluentius, mais la prévention nous menace tous. Une partie de ce discours sera donc consacrée à éclairer vos esprits, l'autre à implorer votre bienveillance. Dans la première, j'appellerai votre attention ; dans la seconde, j'invoquerai votre appui. Qui pourrait, sans la protection de juges tels que vous, résister à la prévention ? Pour

quomodo mihi in utraque re sit elaborandum, altera pars, ea quæ propria est judicii vestri et legitimæ veneficii quæstionis, per mihi brevis et non magnæ in dicendo contentionis fore videtur; altera autem, quæ procul a judicio remota est, quæ concionibus seditiose concitatis accommodatior est quam tranquillis moderatisque judiciis, perspicio quantum in agendo difficultatis et quantum laboris sit habitura. Sed in hac tanta difficultate illa me res tamen, judices, consolatur, quod vos de criminibus sic audire consuestis, ut eorum omnem dissolutionem ab oratore quæratis, ut non existimetis, plus vos ad salutem reo largiri oportere, quam quantum defensor purgandis criminibus consequi et dicendo probare potuerit.

De invidia autem sic inter vos disceptare debetis, ut non quid dicatur a nobis, sed quid oporteat dici, consideretis. Agitur enim in criminibus A. Cluentii proprium periculum; in invidia, causa communis. Quamobrem alteram partem causæ sic agamus, ut vos doceamus; alteram sic, ut oremus. In altera, diligentia vestra nobis adjungenda est; in altera, fides imploranda. Nemo est enim, qui invidiæ, sine vestro ac sine talium virorum subsidio, pos-

moi, je ne sais quel parti prendre. Nierai-je le reproche de corruption dont on flétrit un jugement trop fameux? nierai-je que cette affaire ait été agitée dans les assemblées du peuple, discutée devant les tribunaux, portée à la connaissance du sénat? arracherai-je de tous les esprits un préjugé si universel, si enraciné, si invétéré? Non, juges, ce n'est point mon talent, c'est votre générosité qui peut venir au secours de l'innocence attaquée par une calomnie atroce, et la sauver comme d'un incendie prêt à nous envelopper tous de ses flammes dévorantes.

II. Si partout ailleurs la vérité a peu de force et peu d'appui, ici la haine, quand elle n'est pas fondée, doit être impuissante. Qu'elle triomphe dans les assemblées du peuple, mais qu'elle expire devant les tribunaux ; que les préventions et les propos des ignorants l'accréditent, mais que les gens sensés la repoussent ; que, dans le premier feu, elle éclate avec violence, mais que le temps et la réflexion l'éteignent. En un mot, ne nous écartons point de cette judicieuse maxime de nos ancêtres : que dans les jugements la bienveillance ne fasse point absoudre un coupable, ni la haine punir un innocent. Avant donc de commencer, je vous demande comme une justice de n'apporter ici aucune prévention ; car ce serait renoncer à la dignité et même au nom de juge, que de ne pas prononcer sur les faits, et de venir au tribunal

---

sit resistere. Equidem quod ad me attinet, quo me vertam, nescio. Negem fuisse illam infamiam judicii corrupti? negem illam rem agitatam in concionibus? jactatam in judiciis? commemoratam in senatu? Evellam ex animis hominum tantam opinionem? tam penitus insitam? tam vetustam? Non est nostri ingenii; vestri auxilii est, judices, hujus innocentiæ sic in hac calamitosa fama, quasi in aliqua perniciosissima flamma, atque in communi incendio subvenire.

II. Etenim sicut aliis in locis parum firmamenti et parum virium veritas habet, sic in hoc loco falsa invidia imbecilla esse debet. Dominetur in concionibus, jaceat in judiciis; valeat in opinionibus ac sermonibus imperitorum, ab ingeniis prudentium repudietur ; vehementes habeat repentinos impetus, spatio interposito et causa cognita consenescat. Denique illa definitio judiciorum æquorum, quæ nobis a majoribus tradita est, retineatur : ut in judiciis et sine invidia culpa plectatur, et sine culpa invidia ponatur. Quamobrem a vobis, judices, antequam de ipsa causa dicere incipio, hæc postulo : primum id, quod æquissimum est, ut ne quid huc præjudicati afferatis. Etenim non modo auctoritatem, sed etiam nomen judicum amittemus, nisi hic ex ipsis causis judica-

avec un arrêt tout préparé. Ensuite, si vos esprits sont déjà prévenus de quelque opinion qui vienne à être combattue par le raisonnement, affaiblie par la discussion ou détruite par la vérité, ne résistez pas à l'évidence ; sacrifiez votre erreur à la bonne foi et à l'équité. Enfin, quand j'aurai parlé sur chacun des faits, quand j'aurai disculpé mon client, je vous conjure de ne pas vous faire à vous-mêmes de secrètes objections, de me laisser suivre jusqu'au bout le plan que je me suis tracé, et d'attendre que mon plaidoyer soit entièrement fini pour exiger de moi les éclaircissements que j'aurais pu oublier.

III. Je sais, juges, que je viens défendre une cause dont nos adversaires occupent le public depuis huit ans environ, une cause que l'opinion paraît avoir jugée et presque condamnée. Mais si quelque dieu me concilie votre attention et votre bienveillance, je me flatte de vous convaincre que si rien n'est plus à redouter que la prévention, rien n'est plus désirable pour l'innocent qu'elle poursuit qu'un jugement impartial ; car c'est par ce moyen seulement qu'il peut trouver enfin le terme d'une injuste diffamation. Aussi ai-je la ferme espérance, si je parviens à mettre dans leur véritable jour tous les détails de cette affaire, que ce tribunal, dont les ennemis de Cluentius ont cru qu'il n'approcherait

bimus, ac si ad causas judicia jam facta domo deferemus. Deinde si quam opinionem jam vestris mentibus comprehendistis, si eam ratio convellet, si oratio labefactabit, si denique veritas extorquebit ; ne repugnetis, eamque animis vestris aut libentibus, aut æquis remittatis. Tum autem, quùm ego unaquaque de re dicam, et diluam, ne ipsi, quæ contraria sunt, taciti cogitationi vestræ subjiciatis ; sed ad extremum exspectetis, et me meum dicendi ordinem servare patiamini : quum peroraro, tum, si quid erit præteritum, a me requiratis.

III. Ego me, judices, ad eam causam accedere, quæ jam per annos octo continuos ex contraria parte audiatur, atque ipsa opinione hominum tacita prope convicta atque damnata sit, facile intelligo. Sed, si quis mihi deus vestram ad me audiendum benivolentiam conciliarit, efficiam profecto, ut intelligatis, nihil esse homini tam timendum quam invidiam, nihil innocenti, suscepta invidia, tam optandum quam æquum judicium, quod in hoc uno denique falsæ infamiæ finis aliquis atque exitus reperiatur. Quamobrem magna me spes tenet, si ea quæ sunt in causa explicare atque omnia dicendo consequi potuero, hunc locum consessumque vestrum, quem illi horribilem A. Cluentio ac for-

qu'en frissonnant de terreur, deviendra pour ce malheureux, battu par tant d'orages, un port, un refuge assuré. Quoiqu'il s'offre à mon esprit, relativement aux dangers de la prévention, en général, une foule de réflexions que peut-être je devrais vous soumettre avant d'entrer en matière, cependant, pour ne pas tenir davantage votre attention en suspens, je vais discuter l'objet de l'accusation, en vous adressant une prière que j'aurai besoin de renouveler, je le sens : c'est que vous m'écoutiez comme si l'affaire était débattue pour la première fois, et non comme si elle avait été plaidée souvent, et toujours condamnée. C'est vraiment aujourd'hui qu'il nous est donné de pouvoir réfuter une calomnie accréditée depuis si longtemps. Jusqu'à ce jour l'erreur et la haine ont seules prévalu. Ainsi, tandis que par une réponse courte et lumineuse je détruirai les impostures accumulées depuis quelques années, je vous prie, juges, de m'écouter avec la bienveillance et l'attention dont vous m'avez honoré jusqu'ici.

IV. Cluentius est accusé d'avoir corrompu le tribunal à force d'argent, pour faire condamner, malgré son innocence, Statius Albius, son ennemi. Or, puisque cette violente animosité n'a d'autre principe que l'idée où l'on est qu'un innocent a été victime de la corruption, je démontrerai d'abord que jamais homme n'a été traduit en justice pour des crimes plus horribles, ni par

---

midolosum fore putaverunt, eum tandem ejus fortunæ miseræ multumque jactatæ, portum ac perfugium futurum. Tametsi permulta sunt, quæ mihi, antequam de causa dicam, de communibus invidiæ periculis dicenda esse videantur, tamen, ne diutius oratione mea suspensa exspectatio vestra teneatur, aggrediar ad crimen cum illa deprecatione, judices, qua mihi sæpius utendum esse intelligo, sic ut me audiatis, quasi hoc tempore hæc causa primum dicatur, sicuti dicitur, non quasi sæpe jam dicta et nunquam probata sit. Hodierno enim die primum veteris istius criminis diluendi potestas est data : ante hoc tempus error in hac causa atque invidia versata est. Quamobrem dum multorum annorum accusationi breviter dilucideque respondeo, quæso, ut me, judices, sicuti facere instituistis, benigne attenteque audiatis.

IV. Corrupisse dicitur A. Cluentius judicium pecunia, quo inimicum suum innocentem, Statium Albium, condemnaret. Ostendam, judices, primum (quoniam caput illius atrocitatis atque invidiæ fuit innocentem pecunia circumventum) nem'nem unquam majoribus criminibus, gravioribus testibus esse in

17.

des témoins plus irrécusables. En second lieu, je prouverai que les juges qui l'ont condamné avaient déjà rendu contre lui des arrêts qui le déclaraient si coupable, qu'il était absolument impossible, je ne dis pas seulement à ces mêmes juges, mais à d'autres magistrats, quels qu'ils fussent, de songer à l'absoudre. Après avoir établi ces deux points, je ferai voir, en dévoilant ce qui me paraît le plus intéresser la curiosité, que, s'il y a eu de l'argent donné pour corrompre les juges, ce n'a pas été par Cluentius, mais contre Cluentius. Je tâcherai enfin d'exposer à vos regards la vérité des faits, les imputations de l'erreur et les calomnies de la haine.

Une première observation peut faire sentir que Cluentius devait avoir la plus grande confiance dans sa cause : c'est qu'il ne s'est porté accusateur qu'appuyé sur des preuves évidentes, et sur des témoignages irrésistibles. C'est ici le lieu de vous retracer en peu de mots les crimes qui firent condamner Albius. Vous, Oppianicus, je vous prie de croire que ce que je vais dire de votre père, je le dis malgré moi, et seulement pour remplir fidèlement le devoir de mon ministère. Si je suis forcé de vous déplaire dans cette circonstance, mille autres occasions s'offriront dans la suite où je pourrai vous servir. Mais si je ne m'emploie pas aujourd'hui pour Cluentius, il me sera désormais impossible de le faire. D'ailleurs doit-on hésiter à parler contre un homme condamné et qui a cessé de vivre, pour défendre un homme sans reproche

---

judicium vocatum; deinde ea de eo præjudicia esse facta ab ipsis judicibus a quibus condemnatus est, ut non modo ab iisdem, sed ne ab aliis quidem illis, absolvi ullo modo posset. Quum hæc docuero, tum illud ostendam, quod maxime requiri intelligo, judicium illud pecunia esse tentatum, non a Cluentio, sed contra Cluentium; faciamque ut intelligatis, in tota illa causa quid res ipsa tulerit, quid error affinxerit, quid invidia conflarit.

Primum igitur illud est, ex quo intelligi possit, debuisse Cluentium magnopere causæ confidere, quod certissimis criminibus et testibus fretus ad accusandum descenderit. Hoc loco faciendum mihi, judices, est, ut vobis breviter illa, quibus Albius condemnatus est, crimina exponam. Abs te peto, Oppianice, ut me invitum de patris tui causa dicere existimes, adductum fide atque officio defensionis. Etenim tibi si in præsentia satisfacere non potuero, tamen multæ mihi ad satisfaciendum reliquo tempore facultates dabuntur. Cluentio nisi nunc satisfecero, postea mihi satisfaciendi potestas non erit. Simul et illud quis est, qui dubitare debeat, contra damnatum et mortuum, pro incolumni

et plein de vie ? Celui que j'accuse n'a point à redouter qu'une sentence le flétrisse, et la mort l'a dérobé même au sentiment de la douleur. Au contraire, celui pour qui je parle ne pourrait être frappé d'un arrêt défavorable, sans que son cœur fût abreuvé d'une cruelle amertume et sa vie livrée à la plus profonde ignominie. Afin que vous compreniez que ce n'est point l'envie d'accuser, ni une vaine ostentation, ni le désir de la célébrité qui ont dirigé Cluentius, quand il a dénoncé Oppianicus au tribunal, mais qu'il y a été poussé par d'odieuses injustices, par des embûches continuelles, enfin par le danger dont sa vie était menacée, je eprendrai d'un peu plus haut tout le détail de cette affaire. Je vous prie, juges, de ne pas me refuser votre attention ; car, les premiers faits connus, les résultats seront bien plus faciles à saisir.

V. A. Cluentius Avitus, père de l'accusé, tenait sans contredit le premier rang, non-seulement dans le municipe de Larinum, sa patrie, mais encore dans tout le pays d'alentour, par sa vertu, sa réputation et sa naissance. Il mourut sous le consulat de Sylla et de Pompée, laissant le fils que vous voyez, âgé de quinze ans, et une fille déjà grande et nubile. Peu de temps après la mort de son père, celle-ci épousa A. Aurius Melinus, son cousin, jeune homme alors distingué à Larinum par la noblesse et l'honnêteté de ses sentiments. Ce mariage convenait singulièrement aux deux parties,

---

et vivo dicere ; quum illi, in quem dicitur, damnatio omne ignominiæ periculum jam abstulerit, mors vero etiam doloris ; huic autem, pro quo dicitur, nihil possit offensionis accedere sine acerbissimo animi sensu ac dolore, et sine summo dedecore vitæ ac turpitudine ? Atque, ut intelligatis, Cluentium non accusatorio animo, non ostentatione aliqua, aut gloria adductum, sed nefariis injuriis, quotidianis insidiis, proposito ante oculos vitæ periculo, nomen Oppianici detulisse, paulo longius exordium rei demonstrandæ repetam ; quod quæso, judices, ne moleste patiamini. Principiis enim cognitis, multo facilius extrema intelligetis.

V. A. Cluentius Avitus fuit pater hujusce, judices, homo non solum municipii Larinatis, ex quo erat, sed etiam regionis illius et vicinitatis, virtute, existimatione, nobilitate facile princeps. Is quum esset mortuus, Sylla et Pompeio consulibus, reliquit hunc annos xv natum, grandem autem et nubilem filiam : quæ brevi tempore post patris mortem nupsit A. Aurio Melino, consobrino suo, adolescenti in primis, ut tum habebatur, inter suos et honesto et

et les époux vivaient dans le plus parfait accord, quand tout à coup la passion monstrueuse d'une femme impudique troubla cette alliance, en y portant à la fois le crime et le déshonneur. Cette femme était Sassia, mère de Cluentius ; je dis mère par respect pour ce titre, quoiqu'elle ait traité mon client avec toute la fureur et la cruauté d'une ennemie ; oui, je l'appellerai du nom de mère, et, quoique j'aie à lui reprocher ses forfaits et sa férocité, jamais elle ne m'entendra lui ravir ce titre qu'elle a reçu de la nature ; car, plus il annonce de tendresse et de bonté, plus la scélératesse inouïe de cette mère qui, depuis tant d'années, et aujourd'hui plus que jamais, ne respire que la mort de son fils, soulèvera l'indignation dans vos cœurs. La mère de Cluentius s'étant donc, au mépris de toutes les lois, éprise d'amour pour le jeune Melinus, son gendre, contint d'abord, autant qu'elle le put, mais durant peu de temps, ses infâmes désirs. Bientôt son délire fut si fougueux et ses transports devinrent si ardents, que ni la honte, ni la pudeur, ni le sentiment de la maternité, ni le déshonneur de sa famille, ni l'opinion publique, ni la douleur de son fils, ni le désespoir de sa fille, rien ne put arrêter sa fureur. Pour captiver un adolescent dont l'âge n'avait pas encore affermi la raison, elle déploya tous les artifices les plus propres à séduire un cœur sans expérience.

Sa fille, tourmentée du chagrin ordinaire qu'une telle injure

nobili. Quum essent hæ nuptiæ plenæ dignitatis, plenæ concordiæ, repente est exorta mulieris importunæ nefaria libido, non solum dedecore, verum etiam scelere convicta. Nam Sassia, mater hujus Aviti ; (mater enim a me, nominis causa, tametsi in hunc hostili odio et crudelitate est, mater, inquam, appellabitur : neque unquam illa ita de suo scelere et immanitate audiet, ut naturæ nomen amittat. Quo enim est ipsum nomen amantius indulgentiusque maternum, hoc illius matris, quæ multos jam annos, et nunc quum maxime filium interfectum cupit, singulare scelus majore odio dignum esse ducetis ;) ea igitur mater Aviti, Melini illius adolescentis, generi sui, contra quam fas erat, amore capta, primo, neque id ipsum diu, quoquo modo poterat, in illa cupiditate continebatur : deinde ita flagrare cœpit amentia, sic inflammata ferri libidine, ut eam non pudor, non pudicitia, non pietas, non macula familiæ, non hominum fama, non filii dolor, non filiæ mœror a cupiditate revocaret. Animum adolescentis, nondum consilio ac ratione firmatum, pellexit iis omnibus rebus quibus illa ætas capi ac deliniri potest.

Filia, quæ non solum illo communi dolore muliebri in ejusmodi viri inju-

imprime dans l'âme d'une femme, et incapable de supporter l'idée que son mari lui était enlevé par l'affreux libertinage d'une mère, cherchait à dérober aux yeux du monde un malheur dont elle ne croyait pas même pouvoir se plaindre sans crime. C'était seulement auprès d'un frère chéri qu'elle épanchait sa douleur, qu'elle s'ensevelissait dans le deuil et les larmes. Soudain le divorce est déclaré : elle l'envisageait comme le terme de ses maux. Cluentia se séparait de Melinus sans regret comme sans plaisir : d'un côté, elle avait reçu tant d'outrages! de l'autre, elle quittait un époux. Alors cette vertueuse et incomparable mère se livra publiquement aux plus vifs transports de joie, fière de triompher non de sa passion, mais de sa fille. Ce n'est plus par des soupçons secrets qu'elle veut que sa réputation soit attaquée : ce lit nuptial, ce lit que, deux ans auparavant, elle avait dressé pour l'hymen et dans la maison de sa fille, elle ordonne qu'on le pare, qu'on le dresse pour elle-même, et que sa fille en soit brutalement chassée. La belle-mère épouse son gendre! nul auspice, nul témoin : la malédiction générale poursuit cette exécrable union.

VI. O forfait incroyable, et dont jusqu'à cette femme on n'avait pas vu d'exemple! passion fougueuse et indomptable! audace inouïe! N'avoir point redouté, je ne dis point le courroux des dieux et l'indignation des hommes, mais cette nuit sacrée et ces torches nuptiales! N'avoir respecté ni le seuil de l'asile conjugal,

---

riis angeretur, sed nefarium matris pellicatum ferre non posset, de quo ne queri quidem sine scelere se posse arbitraretur, cæteros sui tanti mali ignaros esse cupiebat : in hujus amantissimi sui fratris manibus et gremio, mœrore et lacrymis consenescebat. Ecce autem subitum divortium, quod solatium malorum omnium fore videbatur. Discedit a Melino Cluentia : ut in tantis injuriis, non invita ; ut a viro, non libenter. Tum vero illa egregia ac præclara mater, palam exsultare lætitia, ac triumphare gaudio cœpit, victrix filiæ, non libidinis. Itaque diutius suspicionibus obscuris lædi famam suam noluit : lectum illum genialem, quem biennio ante filiæ suæ nubenti straverat, in eadem domo sibi ornari et sterni, expulsa atque exturbata filia, jubet. Nubit genero socrus, nullis auspicibus, nullis auctoribus, funestis ominibus omnium.

VI. O mulieris scelus incredibile, et, præter hanc unam, in omni vita inauditum! o libidinem effrenatam et indomitam! o audaciam singularem! non timuisse, si minus vim deorum, hominumque famam, at illam ipsam noctem facesque illas nuptiales? non limen cubiculi? non cubile filiæ? non parietes

ni la couche de sa fille, ni ces murs déjà témoins d'un autre hymen ! Elle a tout brisé, tout foulé aux pieds dans l'excès de sa fureur. La débauche a triomphé de la pudeur, l'audace de la crainte, le délire de la raison. Le fils ne put voir sans gémir le déshonneur de sa famille, l'opprobre de son sang et de son nom ; mais les plaintes journalières et les larmes continuelles de sa sœur aigrirent encore sa blessure. Cependant toute la vengeance qu'il tirait de ces sanglants outrages et du crime exécrable de sa mère fut de s'éloigner d'elle, de peur qu'en vivant avec une mère qu'il ne pouvait voir sans une vive indignation, il ne parût autant l'approbateur que le témoin de ses déportements.

Tel est le principe de la haine de Sassia contre son fils. Vous verrez, quand vous saurez le reste, combien ces détails étaient nécessaires à ma cause ; car je n'ignore pas qu'un fils, quelle que soit sa mère, ne doit, pour sa propre justification, parler qu'avec la plus grande réserve des actions qui la déshonorent. Je serais indigne de jamais faire entendre ici ma voix, si, chargé de défendre un ami, je méconnaissais un sentiment commun à tous les hommes, et que la nature a profondément gravé dans nos cœurs. Je sais que nous devons souffrir non-seulement en silence, mais avec résignation les torts de nos parents. Mais je pense aussi qu'il ne faut souffrir que ce qui est supportable, ne taire

---

denique ipsos, superiorum testes nuptiarum? Perfregit ac prostravit omnia cupiditate ac furore : vicit pudorem libido, timorem audacia, rationem amentia. Tulit hoc commune dedecus jam familiæ, cognationis, nominis, graviter filius ; angebatur autem ejus molestia quotidianis querimoniis et assiduo fletu sororis. Statuit tamen nihil sibi in tantis injuriis, ac tanto scelere matris, gravius faciendum, quam ut illa matre ne uteretur : ne, quam videre sine summo animi dolore non poterat, ea si matre uteretur, non solum videre, sed etiam probare suo judicio putaretur.

Initium quod huic cum matre fuerit simultatis, audistis. Pertinuisse hoc ad causam, tunc, quum reliqua cognoveritis, intelligetis. Nam illud me non præterit, cujuscumquemodi mater sit, tamen in judicio filii de turpitudine parentis dici vix oportere. Non essem ad ullam causam idoneus, judices, si hoc, quod in communibus hominum sensibus atque in ipsa natura positum atque infixum est, id ego, quum ad amici pericula depellenda adhiberer, non viderem. Facile intelligo, non modo reticere homines parentum injurias, sed etiam animo æquo ferre oportere. Sed ego ea, quæ ferri possunt, ferenda ; quæ taceri, ta-

que ce qui peut être caché. Cluentius n'a éprouvé aucun malheur, n'a couru aucun danger de mort ni redouté aucun coup funeste dont sa mère n'ait été le détestable auteur. Aujourd'hui même il tairait encore toutes ces horreurs, et, à défaut d'oubli, il souffrirait qu'elles fussent ensevelies dans le silence; mais cette femme intrigue si ouvertement, que le silence est impossible. Le procès qui vous occupe, le péril où se trouve mon client, l'accusation qui le poursuit, tout est l'ouvrage de sa mère. Cette nuée de témoins prêts à déposer contre lui, c'est elle qui les a subornés, c'est elle qui en rassemble encore, et qui, pour en accroître le nombre, prodigue son crédit et ses trésors. Elle-même, enfin, vient d'accourir de Larinum pour consommer la perte de Cluentius. Vous la voyez, cette femme audacieuse, riche, cruelle : elle suscite des accusateurs, elle prépare des témoins ; elle jouit du deuil et des lugubres vêtements de son fils ; elle veut sa mort ; elle est prête à verser tout son sang, pourvu que le sang de son fils ait coulé devant elle.

Juges, si tous ces faits ne vous sont pas démontrés dans la cause, dites que c'est à tort que nous l'avons interpellée. Mais, si l'évidence de ces crimes en égale l'atrocité, vous pardonnerez à Cluentius de m'avoir permis de les révéler. Je serais sans excuse à vos yeux, si je les laissais ensevelis dans le silence.

VII. Je vais maintenant vous retracer succinctement les crimes

---

cenda esse arbitror. Nihil in vita vidit calamitatis A. Cluentius, nullum periculum mortis adiit, nihil mali timuit, quod non totum a matre esset conflatum et profectum. Quæ hoc tempore sileret omnia, atque ea, si oblivione non posset, tamen taciturnitate sua tecta esse pateretur : sed ea vero sic agit, ut prorsus reticere nullo modo possit. Hoc enim ipsum judicium, hoc periculum, illa accusatio, omnis testium copia, quæ futura est, a matre initio est adornata, a matre hoc tempore instruitur, atque omnibus ejus opibus et copiis comparatur : ipsa denique nuper Larino, hujus opprimendi causa, Romam advolavit. Præsto est mulier audax, pecuniosa, crudelis ; instruit accusatores, instruit testes ; squalore hujus et sordibus lætatur ; exitium exoptat ; sanguinem suum profundere omnem cupit, dummodo profusum hujus ante videat.

Hæc nisi omnia perspexeritis in causa, temere a nobis illam appellari putatote. Sin autem erunt et aperta et nefaria, Cluentio ignoscere debetis, quod hæc a me dici patiatur. Mihi ignoscere non deberetis, si tacerem.

VII. Nunc jam summatim exponam quibus criminibus Oppianicus damnatus

qui ont fait condamner Oppianicus, afin que vous puissiez reconnaître la conduite prudente de Cluentius et la marche qu'il a suivie dans son accusation. Je vous dirai d'abord pourquoi il se rendit accusateur, et vous verrez qu'il y fut contraint par la plus impérieuse nécessité.

Il découvrit le poison préparé pour lui par Oppianicus, époux de sa mère. Convaincu, sans pouvoir admettre le moindre doute, qu'il ne s'agissait plus d'une simple conjecture, mais d'un fait dont la preuve était dans ses mains et sous ses yeux, il accusa Oppianicus. Je dirai dans la suite combien il fut toujours d'accord avec lui-même, et quelle exactitude il mit dans ses déclarations. A présent, j'ai voulu seulement faire voir au tribunal que mon client ne se porte pour accusateur que pour éviter les dangers qui le menacent, et se garantir des pièges qu'on ne cesse de lui tendre. Mais pour vous démontrer que l'accusation reposait sur des faits d'une telle nature, que l'accusateur ne devait rien craindre, ni l'accusé rien espérer, je vais vous exposer quelques-uns des délits qui ont donné matière à ce procès. Quand vous les connaîtrez, nul de vous ne sera surpris qu'Oppianicus, désespérant de sa cause, ait eu recours à Stalenus et à l'argent.

Il y avait à Larinum une femme nommée Dinea, belle-mère d'Oppianicus. Elle eut trois fils, Marcus et Numerius Aurius, Cn. Magius, et Magia, qui fut mariée à Oppianicus. M. Aurius, très-

---

sit, ut et constantiam A. Cluentii, et rationem accusationis perspicere possitis. Ac primum causa accusandi quæ fuerit ostendam, ut id ipsum A. Cluentium vi et necessitate coactum fecisse videatis.

Quum manifesto venenum deprehendisset, quod vir matris Oppianicus ei paravisset, et res, non conjectura, sed oculis ac manibus teneretur, neque in causa ulla dubitatio posset esse, accusavit Oppianicum. Quam constanter, et quam diligenter, postea dicam. Nunc hoc scire vos volui, nullam huic aliam accusandi causam fuisse, nisi uti propositum vitæ periculum et quotidianas capitis insidias hac una ratione vitaret. Atque, ut intelligatis, his accusatum esse criminibus Oppianicum, ut neque accusator timere, neque reus sperare debuerit, pauca vobis illius judicii crimina exponam, quibus cognitis, nemo vestrum mirabitur, illum, diffidentem rebus suis, ad Stalenum atque ad pecuniam confugisse.

Larinas quædam fuit Dinea, socrus Oppianici, quæ filios habuit M. et Numerium Aurios, et Cn. Magium, et filiam Magiam, nuptam Oppianico. M. Au-

jeune encore, fut pris, pendant la guerre Italique, auprès d'Asculum, et tomba entre les mains du sénateur Q. Sergius, condamné depuis comme assassin, qui le retint en esclavage. Numerius Aurius mourut, et laissa tout ce qu'il possédait à Cn. Magius, son frère. Magia, femme d'Oppianicus, ne lui survécut pas longtemps. Il ne restait plus qu'un fils de Dinea, Cn. Magius. Il mourut aussi, après avoir fait son héritier le jeune homme que vous voyez ici, Oppianicus, fils de sa sœur, mais en l'obligeant de partager la succession avec Dinea, sa mère. Cependant une personne digne de foi vint annoncer d'une manière positive à Dinea que son fils M. Aurius vivait, et qu'il était esclave dans les Gaules. Cette femme, privée de tous ses enfants, saisit avec empressement l'espoir d'en retrouver un. Elle assemble tous ses parents, tous les amis de son fils, et, les larmes aux yeux, les conjure d'aller à la recherche du jeune homme, et de rendre à une mère le seul fils que la fortune ne lui ait pas ravi. Tandis qu'elle s'occupe de ce soin, elle est tout à coup atteinte d'une grave maladie. Elle lègue par testament un million de sesterces à ce fils qu'elle regrette, et institue héritier le jeune Oppianicus, son petit-fils. Peu de jours après, elle mourut. Cet événement n'arrêta point les parents de Dinea. Fidèles à la promesse qu'ils lui avaient faite de son vivant, ils résolurent, quoiqu'elle n'existât plus,

---

rius adolescentulus, bello Italico captus apud Asculum, in Q. Sergii senatoris ejus, qui inter sicarios damnatus est, manus incidit, et apud eum fuit in ergastulo. Numerius autem Aurius frater mortuus est, hæredemque Cn. Magium, fratrem suum, reliquit. Postea Magia, uxor Oppianici, mortua est. Postremo unus, qu reliquus erat Dineæ filius, Cn. Magius, est mortuus. Is fecit hæredem illum adolescentem Oppianicum, sororis suæ filium, eumque partiri cum Dinea matre jussit. Interim venit index ad Dineam, neque obscurus, neque incertus, qui nuntiaret ei filium ejus, M. Aurium, vivere, et in agro Gallico esse in servitute. Mulier, amissis liberis, quum unius filii recuperandi spes esset ostentata, omnes suos propinquos, filiique sui necessarios convocavit, et ab iis flens petivit ut negotium susciperent, adolescentem investigarent, sibi restituerent eum filium, quem tantum unum ex multis fortuna reliquum esse voluisset. Hæc quum agere instituisset, oppressa morbo est. Itaque testamentum fecit ejusmodi, ut illi filio H-S ccccɔɔɔɔ millia legaret, hæredem institueret eumdem illum Oppianicum, nepotem suum. Atque his diebus paucis est mortua. Propinqui tamen illi, quemadmodum vivâ Dinea instituerant, ita, mortua illa, ad investi-

de se mettre à la recherche d'Aurius, et partirent pour la Gaule avec celui qui leur en avait donné des nouvelles.

VIII. Oppianicus, dont plus d'un forfait vous prouvera l'audace et la scélératesse peu communes, corrompt d'abord cet homme par l'entremise d'un Gaulois, son ami ; ensuite, pour une somme assez modique, il trouve un assassin qui le débarrasse d'Aurius lui-même. Ceux qui étaient partis dans l'espoir de ramener ce jeune homme, écrivent à sa famille et à leurs amis de Larinum qu'il leur était difficile de continuer leurs recherches, parce qu'ils s'étaient aperçus que leur guide s'était laissé corrompre par Oppianicus. A. Aurius, homme sage et actif, considéré dans sa patrie, parent de M. Aurius, lut la lettre sur la place publique, en présence de beaucoup de monde, et d'Oppianicus lui-même, et déclara hautement que, s'il apprenait qu'on eût tué son parent, il traduirait Oppianicus devant les tribunaux. Bientôt les envoyés de Dinea revinrent de la Gaule, et annoncèrent que M. Aurius était mort assassiné. Non-seulement sa famille, mais tous les habitants de Larinum éprouvèrent un sentiment d'indignation contre Oppianicus, et de pitié pour sa victime. A. Aurius, qui s'était déjà fortement prononcé, ayant fait éclater les plus terribles menaces, celui-ci s'enfuit de Larinum, et passa dans le camp de l'illustre Q. Metellus. Cette

gandum Aurium cum eodem illo indice in agrum Gallicum profecti sunt.

VIII. Interim Oppianicus, ut erat, sicuti multis ex rebus reperietis, singulari scelere et audacia, per quemdam Gallicanum, familiarem suum, primum illum indicem pecunia corrupit; deinde ipsum Aurium, non magna jactura facta, tollendum interficiendumque curavit. Illi autem, qui erant ad propinquum investigandum et recuperandum profecti, litteras Larinum ad Aurios, illius adolescentis propinquos, suosque necessarios, mittunt : sibi difficilem esse investigandi rationem, quod intelligerent indicem ab Oppianico esse corruptum. Quas litteras A. Aurius, vir fortis et experiens, et domi nobilis, M. illius Aurii propinquus, in foro, palam, multis audientibus, quum adesset Oppianicus, recitat; et clarissima voce, se nomen Oppianici, si interfectum M. Aurium comperisset, delaturum esse testatur. Interim brevi tempore, illi qui erant in agrum Gallicum profecti, Larinum revertuntur : interfectum esse M. Aurium renuntiant. Animi non solum propinquorum, sed etiam omnium Larinatium odio Oppianici, et illius adolescentis misericordia, commoventur. Itaque quum A. Aurius, qui antea denuntiarat, clamore hominem ac minis insequi cœpisset, Larino profugit, et se in castra clarissimi viri, Q. Metelli, contulit. Post illam

fuite attestait son crime et ses remords : aussi n'osa-t-il jamais recourir aux tribunaux, jamais invoquer les lois, ni se présenter sans armes devant ses ennemis. Mais, profitant des violences qui marquèrent le triomphe de L. Sylla, il accourut à Larinum avec des hommes armés. La terreur le précède ; il se défait de quatre magistrats élus par les habitants ; il dit que Sylla l'avait nommé, lui et trois autres, pour les remplacer ; que le dictateur lui avait ordonné de proscrire et de mettre à mort cet Aurius, qui l'avait menacé d'une accusation et d'un procès criminel, ainsi qu'un autre Aurius, avec Caïus, son fils, et Sext. Virbius, que l'on prétendait lui avoir servi d'entremetteur pour corrompre le messager venu de la Gaule. Ces barbares exécutions glacèrent de terreur toutes les âmes, et personne ne se crut à l'abri de la proscription et de la mort. Ces faits ayant été mis au grand jour devant le tribunal, comment croire que ce criminel eût jamais pu être absous ?

IX. Mais ce n'est rien encore : écoutez la suite, et vous serez surpris, non pas qu'il ait été enfin condamné, mais qu'on l'ait laissé aussi longtemps jouir de son impunité.

D'abord, remarquez l'audace du personnage. Il conçoit le désir d'épouser Sassia, mère d'Avitus et veuve de cet Aurius qu'il vient d'assassiner. Qui doit le plus révolter, ou de l'effronterie de l'homme qui fait une pareille proposition, ou de la cruauté

---

fugam, et sceleris et conscientiæ testem, nunquam se judiciis, nunquam legibus, nunquam inermem inimicis committere ausus est. Sed per illam L. Syllæ vim atque victoriam, Larinum in summo timore omnium cum armatis advolavit : quatuorviros, quos municipes fecerant, sustulit ; se a Sylla, et alios præterea tres, factos esse dixit ; et ab eodem sibi esse imperatum, ut Aurium illum, qui sibi delationem nominis et capitis periculum ostentarat, et alterum Aurium, et ejus C. filium, et Sext. Virbium, quo sequestre in illo judice corrumpendo dicebatur esse usus, proscribendos interficiendosque curaret. Itaque, illis crudelissime interfectis, non mediocri ab eo cæteri proscriptionis et mortis metu terrebantur. His rebus in causa judicioque patefactis, quis est qui illum absolvi potuisse arbitraretur ?

IX. Atque hæc parva sunt : cognoscite reliqua, ut non aliquando condemnatum esse Oppianicum, sed aliquandiu incolumem fuisse miremini.

Primum videte hominis audaciam. Sassiam in matrimonium ducere, Aviti matrem, illam cujus virum A. Aurium occiderat, concupivit. Utrum impudentior hic, qui postulet, an crudelior illa, si nubat, difficile dictu est. Sed tamen

de la femme qui l'accepte? c'est ce qu'on ne saurait décider. Mais admirez la force d'âme et la délicatesse de l'un et de l'autre : Oppianicus demande la main de Sassia, et il la demande avec instance. Sassia n'est ni surprise de son audace, ni révoltée de son impudence, ni saisie d'horreur à l'idée d'entrer dans la maison d'Oppianicus, encore fumante du sang de son mari : seulement elle témoigne quelque répugnance à prendre pour époux un homme qui a trois fils. Oppianicus, qui convoitait la fortune de Sassia, crut devoir chercher dans sa maison le moyen de lever cet obstacle. Il avait de Novia un fils au berceau. Un autre, qu'il avait eu de Papia, était élevé chez sa mère, à Téanum, ville d'Apulie, à dix-huit milles de Larinum. Tout à coup, sans aucun motif, il mande cet enfant de Téanum, ce qu'il ne faisait ordinairement que les jours de fête ou de jeux publics. La malheureuse mère, qui ne soupçonnait rien, le laisse partir. Oppianicus feint de se mettre en route pour Tarente ; et l'enfant qu'on avait vu, le même jour, plein de santé sur la place vers la onzième heure, est trouvé mort avant la nuit. Le lendemain, avant le jour, il ne restait que sa cendre. Cette affreuse nouvelle est portée à la mère par la rumeur publique, avant qu'aucun domestique d'Oppianicus vienne l'en informer. Désespérée de se voir en même temps ravir son fils et la consolation de lui rendre elle-même les devoirs funèbres, elle part aussitôt, arrive tout

---

utriusque humanitatem constantiamque cognoscite. Petit Oppianicus ut sibi Sassia nubat, et id magnopere contendit. Illa autem non admiratur audaciam, non impudentiam aspernatur, non denique illam Oppianici domum, viri sui sanguine redundantem, reformidat ; sed quod haberet tres ille filios, idcirco se ab his nuptiis abhorrere respondit. Oppianicus, qui pecuniam Sassiæ concupivisset, domo sibi quærendum remedium existimavit ad eam moram, quæ nuptiis afferebatur. Nam, quum haberet ex Novia infantem filium, alter autem ejus filius, Papia natus, Teani Apuli, quod abest a Larino xviii millia passuum, apud matrem educaretur, arcessit subito sine causa puerum Teano ; quod facere nisi ludis publicis, aut festis diebus, antea non solebat. Mater, nihil mali misera suspicans, mittit. Ille se Tarentum proficisci quum simulasset, eo ipso die puer, quum hora undecima in publico valens visus esset, ante noctem mortuus, et postridie, antequam luceret, combustus est. Atque hunc tantum mœrorem matri prius hominum rumor, quam quisquam ex Oppianici familia renuntiavit. Illa quum uno tempore audisset sibi non solum filium, sed etiam

éperdue à Larinum, et y renouvelle les obsèques d'un fils que la flamme a déjà consumé. Dix jours n'étaient pas encore écoulés, que le plus jeune enfant périt d'une mort violente. Aussitôt Sassia épouse Oppianicus, ivre de joie et pleine des plus belles espérances. Faut-il s'en étonner? cet homme avait séduit son cœur, non par des présents de noces, mais par les funérailles de ses fils; et lui, bien différent des autres pères, qui ne convoitent des richesses que pour leurs enfants, il trouva plus doux de sacrifier ses enfants pour s'enrichir.

X. Je m'aperçois, juges, de l'indignation qu'excite dans vos âmes généreuses le court récit de ces abominables forfaits. Quelle horreur durent-ils donc inspirer à ceux que leur ministère obligeait non-seulement de les entendre, mais encore de les juger? Je vous parle d'un homme dont vous n'êtes point les juges, d'un homme que vous ne voyez pas, d'un homme que vous ne pouvez plus haïr, d'un homme qui a satisfait à la nature et aux lois, aux lois qui l'ont puni de l'exil, à la nature qui l'a frappé de mort. Je vous en parle sans haine personnelle, je vous en parle sans produire les témoins, je vous en parle brièvement sans insister sur des faits qui pourraient être facilement développés. Mais ses juges entendaient l'histoire d'un homme sur lequel ils avaient fait le serment de prononcer, d'un accusé

---

exsequiarum munus ereptum, Larinum confestim exanimata venit, et ibi de integro funus jam sepulto filio fecit. Dies nondum decem intercesserant, quum ille alter filius infans necatur. Itaque nubit Oppianico continuo Sassia, lætanti jam animo, et spe optima confirmato : nec mirum, quæ se non nuptialibus donis, sed filiorum funeribus delinitam videret. Ita, quod cæteri propter liberos pecuniæ cupidiores solent esse, ille propter pecuniam liberos amittere jucundius esse duxit.

X. Sentio, judices, vos pro vestra humanitate, his tantis sceleribus breviter a me demonstratis, vehementer esse commotos. Quo tandem igitur animo fuisse illos arbitramini, quibus his de rebus non modo audiendum fuit, verum etiam judicandum? Vos auditis de eo, in quem judices non estis, de eo quem non videtis, de eo quem odisse jam non potestis, de eo qui et naturæ et legibus satisfecit, quem leges exsilio, natura morte multavit. Auditis non ab inimico; auditis sine testibus; auditis, quum ea, quæ copiosissime dici possunt, breviter ame strictimque dicuntur. Illi audiebant de eo, de quo jurati sententias ferre debebant; de eo, cujus præsentis nefarium et consceleratum vultum in-

dont ils avaient devant les yeux le visage portant l'empreinte de tous ses crimes, d'un scélérat qui les avait révoltés par son audace, et qui leur semblait mériter les plus horribles supplices. Ils entendaient les griefs des accusateurs ; ils entendaient les charges d'une foule de témoins ; ils entendaient l'orateur P. Canutius discuter avec force et avec une éloquence inépuisable les différents chefs d'accusation. Et l'on pourrait, après cela, soupçonner qu'Oppianicus a succombé injustement, et que les juges ont sacrifié un innocent ! Je vais réunir en un même faisceau ses autres attentats, afin d'arriver promptement à ceux qui touchent de plus près à ma cause.

Juges, n'oubliez point, je vous prie, que mon dessein n'est pas de poursuivre Oppianicus dans le tombeau. Mais, jaloux de vous convaincre qu'il n'a point été condamné par des juges corrompus, je pose un principe qui doit servir de fondement à ma défense : c'est qu'on a condamné dans Oppianicus le plus scélérat et le plus coupable des hommes. Un jour il avait présenté de sa main une coupe à sa femme Cluentia, tante de mon client. A peine en eut-elle bu la moitié, la malheureuse s'écria qu'elle mourait dans des douleurs affreuses ; et elle ne vécut que le temps de prononcer ces mots ; car elle perdit à la fois la parole et la vie. Cette mort subite, ce cri qu'elle jeta en expirant, prouvèrent assez l'empoisonnement : tous les indices ordinaires

tuebantur ; de eo, quem oderant propter audaciam ; de eo, quem omni supplicio dignum esse ducebant. Audiebant ab accusatoribus ; audiebant verba multorum testium; audiebant, quum unaquaque de re a P. Canutio, homine eloquentissimo, graviter et diu diceretur. Et est quisquam, qui, quum hæc cognoverit, suspicari possit, Oppianicum judicio oppressum et circumventum esse innocentem ? Acervatim jam reliqua, judices, dicam, ut ad ea, quæ propria hujus causæ et adjunctiora sunt, perveniam.

Vos, quæso, memoria teneatis, non mihi hoc esse propositum, ut accusem Oppianicum mortuum ; sed, quum hoc persuadere vobis velim judicium ab hoc non esse corruptum, hoc uti initio ac fundamento defensionis : Oppianicum, hominem sceleratissimum et nocentissimum, esse damnatum. Qui uxori suæ Cluentiæ, quæ amita hujus Aviti fuit, quum ipse poculum dedisset, subito illa in media potione exclamavit se maximo cum dolore mori. Nec diutius vixit quam locuta est ; nam in ipso sermone hoc et vociferatione mortua est. Et ad hanc mortem tam repentinam, vocemque morientis, omnia præterea

trouvés sur le cadavre l'ont confirmé. Le même poison lui servit à se délivrer de son frère C. Oppianicus.

XI. Ce n'était pas encore assez. Quoique le meurtre d'un frère paraisse renfermer tous les crimes, cependant, pour arriver à cet horrible attentat, il s'était frayé la route par d'autres forfaits. Auria, femme de son frère, était enceinte et semblait approcher de son terme. Il l'empoisonne pour faire périr à la fois sa belle-sœur et l'enfant de son frère. Bientôt il en vint à ce frère lui-même. Déjà ce malheureux avait avalé le breuvage mortel, lorsqu'il s'écria qu'il était empoisonné comme sa femme, et voulut, mais trop tard, changer son testament. Il mourut en exprimant ses dernières volontés. Ainsi, le monstre fit périr une mère pour que l'enfant qui naîtrait d'elle ne lui enlevât point la succession d'un frère ; ainsi il priva de la vie ses propres neveux avant qu'ils eussent pu recevoir de la nature le bienfait de la lumière. Il voulut que toute la terre apprît qu'il n'y avait point d'asile inviolable contre un homme dont l'audace savait atteindre les enfants de son frère jusque dans le sein maternel.

Je me souviens que, pendant mon séjour en Asie, une femme de Milet fut condamnée à mort pour s'être laissé gagner par des héritiers subrogés, et avoir pris des potions qui la firent avorter. L'arrêt était juste, puisqu'elle avait détruit l'espérance d'un

---

quæ solent esse judicia et vestigia veneni, in illius mortuæ corpore fuerunt. Eodemque veneno C. Oppianicum, fratrem, necavit.

XI. Neque est hoc satis : tametsi in ipso fraterno parricidio nullum scelus prætermissum videtur, tamen, ut ad hoc nefarium facinus accederet, aditum sibi aliis sceleribus ante munivit. Nam quum esset gravida Auria, fratris uxor, et jam appropinquare partus videretur, mulierem veneno interfecit, ut una illa et quod erat ex fratre conceptum necaretur. Postea fratrem aggressus est : qui sero, jam exhausto illo poculo mortis, quum et de suo et de uxoris interitu clamaret, testamentumque mutare cuperet, in ipsa significatione hujus voluntatis, est mortuus. Ita mulierem, ne partu ejus ab hæreditate fraterna excluderetur, necavit ; fratris autem liberos prius vita privavit, quam illi hanc ab natura propriam lucem accipere potuerunt, ut omnes intelligerent nihil ei clausum, nihil sanctum esse posse, cujus ab audacia fratris liberos ne materni quidem corporis custodia tegere potuisset.

Memoria teneo, Milesiam quamdam mulierem, quum essem in Asia, quod ab hæredibus secundis accepta pecunia, partum sibi ipsa medicamentis abegisset, rei capitalis esse damnatam ; neque injuria, quæ spem parentis, me-

père, le souvenir de son nom, le soutien de sa race, l'héritier de sa maison, et un citoyen promis à la république. Le crime d'Oppianicus est de la même espèce; mais combien il méritait un plus rigoureux supplice! Cette femme, du moins, en détruisant le fruit de ses entrailles, fut son propre bourreau ; mais Oppianicus fut l'assassin et le bourreau d'autrui. Les assassins vulgaires ne peuvent, à ce qu'il semble, commettre sur un seul homme plus d'un parricide. Oppianicus est le premier qui, dans la même victime, en ait immolé plusieurs.

XII. Cn. Magius, oncle du jeune Oppianicus, savait de quels excès ce scélérat audacieux était capable. Se voyant attaqué d'une maladie grave, il institua pour son héritier le jeune fils de sa sœur. Toutefois il appela auprès de lui ses amis, ainsi que Dinea, sa mère, et demanda en leur présence à sa femme si elle était enceinte. Celle-ci ayant répondu qu'elle l'était, il la pria de se retirer, quand il aurait cessé de vivre, chez Dinea, devenue sa belle-mère, d'y rester jusqu'au terme de l'accouchement, et surtout de veiller avec le plus grand soin sur le fruit de leur hymen. Pour mieux exciter sa vigilance, il lui légua une somme considérable à prélever sur les biens de l'enfant, si elle devenait mère; autrement elle ne devait rien recevoir de l'héritier subrogé. Vous voyez à quel point Oppianicus lui était suspect, et le jugement qu'il portait sur lui n'est pas équivoque. Quoiqu'il

moriam nominis, subsidium generis, hæredem familiæ, designatum reipublicæ civem, sustulisset. Quanto est Oppianicus in eadem injuria majore supplicio dignus? Siquidem illa, quum suo corpori vim attulisset, se ipsam cruciavit ; hic autem idem illud effecit per alieni corporis mortem atque cruciatum. Cæteri non videntur in singulis hominibus multa parricidia suscipere posse : Oppianicus inventus est qui in uno corpore plures necaret.

XII. Itaque, quum hanc consuetudinem audaciamque cognosceret avunculus illius adolescentis Oppianici, Cn. Magius, isque gravi morbo affectus esset, et hæredem illum sororis suæ filium faceret, amicis adhibitis, præsente matre sua Dinea, uxorem suam interrogavit, essetne prægnans. Quæ quum se esse respondisset, ab ea petivit, ut, se mortuo, apud Dineam, quæ tum ei mulieri socrus erat, quoad pareret, habitaret, diligentiamque adhiberet, ut id quod conceperat servaret, ut salvum parere posset. Itaque ei testamento legat grandem pecuniam a filio, si qui natus esset : ab secundo hærede nihil legat. Quid de Oppianico suspicatus sit, videtis; quid judicarit, obscurum non est. Nam,

eût institué Oppianicus le fils son héritier, il ne donna point au père la tutelle de l'enfant. Apprenez ce que fit Oppianicus, et vous comprendrez qu'à son lit de mort Magius avait trop bien lu dans l'avenir.

La somme léguée à cette veuve sur l'enfant qui naîtrait d'elle ui fut délivrée sur-le-champ par Oppianicus, bien qu'elle ne lui ût pas encore due, si toutefois c'est là payer un legs, et non un avortement prémédité. Car les registres d'Oppianicus, qui furent lus à l'audience, ont prouvé que cette femme avait reçu de lui non-seulement ce salaire, mais beaucoup d'autres présents; et que, vaincue par l'avarice, elle vendit à un monstre l'enfant qu'elle portait dans ses flancs, ce dépôt précieux que son mari lui avait tant recommandé. Il semble qu'on ne peut rien ajouter à tant de scélératesse. Écoutez ce qui va suivre. Cette femme, qui ne devait, suivant le vœu de son mari, connaître durant dix mois entiers d'autre maison que celle de sa belle-mère, cinq mois après la mort de ce mari, épousa Oppianicus. Une telle alliance ne fut pas de longue durée. Ce n'étaient point les lois sacrées de l'hymen, mais le crime qui l'avait formée.

XIII. Que dirai-je du meurtre d'Asinius, ce jeune homme si connu par ses richesses dans Larinum? quel bruit n'a-t-il pas fait dans le premier moment! combien il occupa la renommée! Il y avait à Larinum un certain Avilius, qui joignait à une scélé-

---

quum ejus filium faceret hæredem, cum tutorem liberis non adscripsit. Quid Oppianicus fecerit, cognoscite, ut illum Magium intelligatis longe animo propexisse morientem.

Quæ pecunia mulieri legata erat a filio, si qui natus esset, eam præsentem Oppianicus non debitam mulieri solvit; si hæc solutio legatorum, et non merces abortionis appellanda est. Quo illa pretio accepto, multisque præterea muneribus, quæ tum ex tabulis Oppianici recitabantur, spem illam, quam in alvo commendatam a viro continebat, victa avaritia sceleri Oppianici vendidit. Nihil posse jam ad hanc improbitatem addi videtur. Attendite exitum. Quæ mulier obtestatione viri decem illis mensibus ne domum quidem ullam, nisi socrus suæ, nosse debuit, hæc quinto mense post viri mortem ipsi Oppianico nupsit. Quæ nuptiæ non diuturnæ fuerunt. Erant enim non matrimonii dignitate, sed sceleris societate conjunctæ.

XIII. Quid? illa cædes Asinii Larinatis, adolescentis pecuniosi, quam clara tum, recenti re? Quam omnium sermone celebrata? Fuit Avilius quidam La-

ratesse profonde et à un dénûment extrême le funeste talent d'exciter les passions des jeunes gens. Dès qu'Oppianicus vit que, à force de caresses et de flatteries, ce misérable s'était emparé de l'esprit d'Asinius, il espéra qu'il lui serait facile, avec un pareil instrument, comme à l'aide d'une machine de guerre, d'assiéger la jeunesse de cet infortuné et d'envahir son patrimoine. Le complot fut concerté à Larinum, et l'on choisit Rome pour l'exécuter. Ils jugèrent que, s'il était plus aisé de préparer leurs batteries dans la solitude, ils les feraient jouer plus sûrement au milieu de la foule. Asinius partit donc pour Rome avec Avilius. Oppianicus les y suivit bientôt.

Il serait trop long de vous dire quelle vie ils menèrent à Rome, à quelles orgies, à quelles débauches, à quelles dépenses excessives les deux voyageurs se livrèrent de concert avec Oppianicus, qui non-seulement partageait leurs plaisirs, mais les secondait. J'arrive au dénoûment de cette liaison simulée. Le jeune homme avait passé la nuit dans la maison d'une femme, chez laquelle il resta encore la journée du lendemain. Pendant son absence, Avilius, comme on en était convenu, feignit d'être malade et de vouloir faire son testament. Oppianicus lui amène des témoins qui ne connaissaient ni lui ni Asinius, le fait passer pour ce dernier, et, après que le testament est signé et scellé sous ce faux

rinas perdita nequitia et summa egestate, arte quadam præditus ad libidines adolescentulorum excitandas accommodata. Qui, ut se blanditiis et assentationibus in Asinii consuetudinem penitus immersit, Oppianicus continuo sperare cœpit, hoc se Avilio, tanquam aliqua machina admota, capere Asinii adolescentiam, et fortunas ejus patrias expugnare posse. Ratio excogitata Larini est; res translata Romam. Iniri enim id consilium facilius in solitudine, perfici rem ejusmodi commodius in turba posse arbitrati sunt. Asinius cum Avilio Romam est profectus. Hos vestigiis Oppianicus consecutus est.

Jam ut Romæ vixerint, quibus conviviis, quibus flagitiis, quantis et quam profusis sumptibus, non modo conscio, sed etiam conviva et adjutore Oppianico, longum est mihi dicere, præsertim ad alia properanti. Exitum hujus assimulatæ familiaritatis cognoscite. Quum esset adolescens apud mulierculam quamdam, atque ibi pernoctaret, et ibi diem posterum commoraretur, Avilius, ut erat constitutum, simulat se ægrotare, et testamentum facere velle. Oppianicus obsignatores ad eum, qui neque Asinium, neque Avilium nossent, adducit, et illum Asinium appellat : ipse, testamento Asinii nomine obsignato, di-

nom, il se retire. Avilius est bientôt rétabli. Peu de temps après, Asinius, sous prétexte qu'il y avait une villa à visiter, fut entraîné dans des sablonnières hors de la porte Esquiline, et on le tua.

Deux jours s'étaient passés sans qu'il eût paru, ni que ses gens l'eussent découvert dans aucun des endroits qu'il avait coutume de fréquenter. Cependant Oppianicus, de retour à Larinum, avait dit publiquement que lui et ses amis venaient de signer le testament d'Asinius. Les affranchis d'Asinius et plusieurs de ses amis ayant su que le jour même qu'il avait disparu, Avilius s'était trouvé avec lui, que plusieurs personnes l'avaient vu, se jetèrent sur ce traître, et l'amenèrent aux pieds de Q. Manilius, alors triumvir. Aussitôt le misérable, sans qu'on eût produit contre lui aucun témoin, aucune accusation, épouvanté par les cris de sa conscience, et par l'idée de son crime encore tout récent, raconta le fait avec toutes les circonstances que je viens de vous exposer, et déclara qu'il avait tué Asinius, à l'instigation d'Oppianicus. Oppianicus, par l'ordre du triumvir, fut arraché de sa maison, où il s'était caché. On le confronte avec Avilius, qui réitère ses aveux en sa présence.

Qu'est-il besoin de vous dire le reste? Vous connaissez presque tous Manilius. Dès l'enfance, ni l'honneur, ni la vertu, ni l'estime publique n'avaient jamais occupé sa pensée. Après avoir exercé

---

scedit. Avilius illico convalescit. Asinius autem brevi illo tempore, quasi in hortulos iret, in arenarias quasdam extra portam Esquilinam perductus, occiditur.

Qui quum unum jam et alterum diem desideratur; neque in iis locis, ubi ex consuetudine quærebatur, inveniretur, et Oppianicus in foro Larinatium dictitaret, nuper se et suos amicos testamentum ejus obsignasse : liberti Asinii, et nonnulli amici, quod eo die, quo postremum Asinius visus erat, Avilium cum eo fuisse, et a multis visum esse constabat, in eum invadunt, et hominem ante pedes Q. Manilii, qui tum erat triumvir, constituunt. Atque ille continuo, nullo teste, nullo indice, recentis maleficii conscientia perterritus, omnia, ut a me paulo ante dicta sunt, exponit, Asiniumque ab se, consilio Oppianici, interfectum fatetur. Extrahitur domo latitans Oppianicus a Manilio : index Avilius ex altera parte coram tenetur.

Hic jam quid reliqua quæritis? Manilium plerique noratis. Non ille honorem a pueritia, non studia virtutis, non ullum existimationis bonæ fructum un-

le métier de misérable et cynique bouffon, il était parvenu, à la faveur des discordes civiles, à gagner les suffrages du peuple, et à siéger auprès de cette colonne devant laquelle on l'avait traîné tant de fois au milieu des clameurs pour ses honteuses actions. Il se prêta donc aux accommodements que lui proposa Oppianicus. Il en reçut de l'argent, et ne donna plus de suite au procès, quelque évident que fût le crime. Depuis, dans l'affaire d'Oppianicus, le meurtre d'Asinius a été prouvé par plusieurs témoins, et surtout par la déclaration d'Avilius, où figurait comme chef de tout le complot ce même Oppianicus, que vous présentez, vous, comme l'innocente et malheureuse victime d'une injuste condamnation.

XIV. Et votre aïeule Dinea, dont vous êtes l'héritier, Caïus, n'est-ce pas évidemment votre père qui lui arracha la vie? Il lui avait amené son médecin de confiance, déjà connu par de pareils exploits, et dont l'office meurtrier l'avait délivré d'un grand nombre d'ennemis. La malade s'écrie qu'elle refuse absolument les soins d'un homme dont les traitements avaient mis toute sa famille au tombeau. Soudain il s'adresse à un charlatan d'Ancône, nommé Clodius, qui se trouvait par hasard à Larinum, et convient avec lui de quatre cents sesterces, comme l'ont prouvé ses propres registres. Clodius qui était pressé, parce qu'il lui restait encore beaucoup d'endroits à visiter, entre dans la maison et

quam cogitarat. Sed ex petulanti atque improbo scurra, in discordiis civitatis, ad eam columnam, ad quam multorum sæpe conviciis perductus erat, tum suffragiis populi pervenerat. Itaque rem cum Oppianico transigit ; pecuniam ab eo accipit ; causam et susceptam et manifestam relinquit. Ac tum in Oppianici causa crimen hoc Asinianum quum testibus multis, tum vero indicio Avilii probabatur, in quo, inter allegatos, Oppianici nomen primum esse constabat, ejus, quem vos miserum atque innocentem, falso judicio circumventum esse dicitis.

XIV. Quid ? aviam tuam, Oppianice, Dineam, cui tu es hæres, pater tuus non manifesto necavit ? Ad quam quum adduxisset medicum illum suum jam cognitum, et sæpe victorem (per quem interfecerat plurimos), mulier exclamat, se ab eo nullo modo velle curari, quo curante, suos omnes perdidisset. Tum repente Anconitanum quemdam, L. Clodium, pharmacopolam circumforaneum, qui casu tum Larinum venisset, aggreditur, et cum eo H-S quadringentis, id quod ipsius tabulis tum est demonstratum, transigit. L. Clodius, qui properaret, cui fora multa restarent, simul atque introductus est, rem conficit.

termine aussitôt l'affaire. La première potion emporte la malade, et l'habile médecin ne reste pas un moment de plus à Larinum. Pendant que cette même Dinea faisait son testament, Oppianicus, qui pourtant avait été son gendre, surprend les tablettes et efface de sa main plusieurs dispositions. Après la mort de sa belle-mère, craignant que les ratures ne prouvent la fraude, il transcrit le testament sur de nouvelles tablettes, et le scelle avec de faux cachets. Je passe à dessein beaucoup d'autres crimes; je crains même que vous ne me reprochiez d'en avoir trop rapporté. Mais vous devez croire qu'il ne se dément pas dans le reste de sa vie.

Un jugement rendu à l'unanimité par les décurions de Larinum atteste qu'il avait falsifié les registres des censeurs. Depuis lors, personne ne voulut avoir avec lui ni affaire, ni discussion d'intérêt; aucun de ses parents ni de ses alliés, qui étaient fort nombreux, ne lui confia la tutelle de ses enfants. Nul ne voulait l'aborder, le saluer, s'entretenir avec lui, ni l'admettre à sa table. Tous le repoussaient, tous l'abhorraient, tous le fuyaient comme une bête féroce, comme une peste effroyable. Et cependant, malgré tant d'audace, tant de crimes et tant de scélératesse, Avitus ne l'aurait point accusé, juges, s'il avait pu garder le silence sans exposer sa vie. Oppianicus était son ennemi, mais il était son beau-père. Sassia était cruelle et acharnée à sa perte,

Prima potione mulierem sustulit ; neque postea Larini punctum est temporis commoratus. Eadem hac Dinea testamentum faciente, quum tabulas prehendisset Oppianicus, qui gener ejus fuisset, digito legata delevit : et, quum id multis locis fecisset, post mortem ejus, ne lituris coargui posset, testamentum in alias tabulas transcriptum, signis adulterinis obsignavit. Multa præterea consulto ; etenim vereor ne hæc ipsa nimium multa esse videantur : vos tamen eum similem sui fuisse in cæteris vitæ partibus existimare debetis.

Illum tabulas publicas Larini censorias corrupisse decuriones universi judicaverunt. Cum illo jam nemo rationem, nemo rem ullam contrahebat; nemo illum ex tam multis cognatis et affinibus tutorem unquam liberis suis scripsit ; nemo illum aditu, nemo congressione, nemo sermone, nemo convivio dignum judicabat; omnes aspernabantur, omnes abhorrebant, omnes, ut aliquam immanem ac perniciosam bestiam pestemque fugiebant. Hunc tamen hominem tam audacem, tam nefarium, tam nocentem, nunquam accusasset Avitus, judices, si id prætermittere, salvo capite suo, potuisset. Erat huic inimicus Oppianicus : sed tamen erat vitricus ; crudelis et huic infesta mater : attamen

18.

mais elle était sa mère. Enfin rien de plus éloigné du rôle d'accusateur que le caractère, que les principes, que les mœurs de Cluentius. Mais, réduit à l'alternative ou d'intenter une accusation autorisée par la justice et par les dieux, ou de périr d'une mort honteuse et cruelle, il aima mieux accuser, malgré sa répugnance, que de s'exposer à une telle fin.

Pour qu'il ne vous reste aucun doute à cet égard, je vais mettre sous vos yeux un attentat d'Oppianicus, si évident, si manifeste, qu'il était impossible, et vous en conviendrez, que mon client ne se portât point pour accusateur, et qu'Oppianicus ne fût pas condamné.

XV. Il y avait à Larinum une classe d'hommes appelés *Martiaux*, serviteurs publics de Mars, consacrés par la religion et les anciennes institutions du pays au culte de ce dieu. Ils étaient en assez grand nombre ; et, semblables à cette foule d'esclaves attachés en Sicile au service de Vénus, ils formaient, en quelque sorte, à Larinum, la maison du dieu Mars. Tout à coup Oppianicus s'avise de prétendre qu'ils sont tous libres et citoyens romains. Les décurions et tous les habitants du municipe de Larinum en sont indignés. Ils prient Cluentius de se charger de cette cause et de la défendre devant les tribunaux. Cluentius avait toujours évité ces sortes d'affaires. Cependant, le rang qu'il occupait dans la ville, celui que sa famille y tenait depuis longtemps, et la

mater. Postremo nihil tam remotum ab accusatione, quam Cluentius, et natura, et voluntate, et instituta ratione vitæ. Sed quum esset hæc illi proposita conditio, ut aut juste pieque accusaret, aut acerbe indigneque moreretur, accusare, quoquo modo posset, quam illo modo emori, maluit.

Atque, ut hæc ita esse perspicere possitis, exponam vobis Oppianici facinus manifesto compertum atque deprehensum : ex quo simul utrumque, et huic accusare, et illum condemnari, necesse fuisse intelligetis.

XV. Martiales quidam Larini appellabantur, ministri publici Martis, atque ei deo veteribus institutis religionibusque Larinatium consecrati. Quorum quum satis magnus numerus esset, quumque item, ut in Sicilia permulti Veneri sunt, sic illi Larini in Martis familia numerarentur, repente Oppianicus eos omnes liberos esse, civesque Romanos cœpit defendere. Graviter id decuriones Larinatium cunctique municipes tulerunt. Itaque ab Avito petiverunt ut eam causam susciperet publiceque defenderet. Avitus quum se ab omni ejusmodi negotio removisset, tamen pro loco, pro antiquitate generis sui, pro eo quod se non solum suis commodis, sed etiam suorum municipum cæterorumque ne-

pensée qu'il n'était pas né pour lui seul, mais pour ses concitoyens et pour ses amis, ne lui permirent pas de se refuser aux vœux unanimes d'une ville entière.

Il se charge de la cause et la porte à Rome, où la chaleur de l'attaque et de la défense excitait chaque jour entre les deux adversaires de violents débats. Oppianicus était d'un caractère dur et brutal ; la mère de Cluentius ne cessait d'en irriter la fureur contre un fils qu'elle détestait. Tous deux mettaient la plus grande importance à lui arracher la défense des serviteurs de Mars. Un autre intérêt agissait plus puissamment encore sur l'âme audacieuse et cupide d'Oppianicus. Jusqu'alors Cluentius n'avait point fait de testament. Il ne pouvait se résoudre ni à léguer sa fortune à une mère si dénaturée, ni à oublier entièrement celle qui lui avait donné le jour. Instruit de ce fait qui, d'ailleurs, n'était pas un mystère, Oppianicus sentait qu'une fois Cluentius mort, tous ses biens reviendraient à Sassia, et qu'il pourrait ensuite se débarrasser de cette femme avec plus de profit, après l'augmentation de sa fortune, et avec moins de danger, son fils n'étant plus. Animé par ces réflexions, voici à quel moyen il eut recours pour empoisonner Cluentius.

XVI. Deux frères jumeaux, Caïus et Lucius Fabricius, demeuraient dans le municipe d'Alétrinum. Ils se ressemblaient parfaitement

---

cessariorum natum esse arbitrabatur, tantæ voluntati universorum Larinatium deesse noluit.

Suscepta causa, Romamque delata, magnæ quotidie contentiones inter Avitum et Oppianicum ex utriusque studio defensionis excitabantur. Erat ipse immani acerbaque natura Oppianicus. Incendebat ejus amentiam infesta atque inimica filio mater Aviti. Magni autem illi sua interesse arbitrabantur hunc a causa Martialium demovere. Suberat etiam alia causa major, quæ Oppianici, hominis avarissimi atque audacissimi, mentem maxime commovebat. Nam Avitus, usque ad illius judicii tempus, nullum testamentum unquam fecerat ; neque enim legare ejusmodi matri poterat in animum inducere, neque testamento nomen omnino prætermittere parentis. Id quum Oppianicus sciret (neque enim erat obscurum), intelligebat, Avito mortuo, bona ejus omnia ad matrem esse ventura : quæ ab sese postea, aucta pecunia, majore præmio ; orbata filio, minore periculo, necaretur. Itaque his rebus incensus, qua ratione Avitum veneno tollere conatus sit, cognoscite.

XVI. C. et L. Fabricii, fratres gemini fuerunt ex municipio Aletrinate, homines inter se quum forma, tum moribus similes, municipum autem suorum

de caractère comme de visage; mais ils différaient complétement de leurs concitoyens qui, presque tous, comme personne de vous n'en doute, se distinguent par leur honnêteté, leur droiture et leur sagesse. Ces Fabricius furent, de tout temps, amis intimes d'Oppianicus. Vous savez combien la conformité des goûts et des sentiments contribue à serrer les nœuds de l'amitié. Comme ils avaient pour principe qu'il n'y avait point de gain honteux ; comme il n'y avait point de fraudes, de séductions et de pièges tendus à la jeunesse qui ne fussent leur ouvrage; comme leurs vices et leur perversité les avaient fait connaître de tout le monde, Oppianicus, je le répète, s'était empressé, depuis bien des années, de se lier étroitement avec eux. Il résolut donc de se servir de C. Fabricius (car Lucius était mort) pour assassiner Cluentius. Celui-ci, malade alors, recevait les soins de Cléophante, médecin peu célèbre, mais d'une vertu éprouvée. Fabricius essaya par ses promesses et à prix d'argent d'engager son esclave, nommé Diogène, à empoisonner Cluentius. L'esclave, homme adroit, mais honnête et fidèle, comme l'événement l'a prouvé, ne rejeta point l'offre de Fabricius. Il en informa son maître, et son maître en instruisit Cluentius. Celui-ci alla aussitôt consulter le sénateur M. Bebrius, son intime ami, dont vous n'avez pas oublié, je pense, la loyauté, la prudence et la vertu. Bebrius lui conseilla d'acheter

---

dissimillimi, in quibus quantus splendor sit, quam prope æquabilis, quam fere omnium constans et moderata ratio vitæ, nemo vestrum, ut mea fert opinio, ignorat. His Fabriciis semper usus est Oppianicus familiarissime. Jam hoc fere scitis omnes, quantam vim habeat ad conjungendas amicitias studiorum ac naturæ similitudo. Quum illi ita viverent, ut nullum quæstum turpem esse arbitrarentur, quum omnis ab his fraus, omnes insidiæ circumscriptionesque adolescentium nascerentur; quumque essent vitiis atque improbitate omnibus noti; studiose, ut dixi, ad eorum se familiaritatem multis jam ante annis Oppianicus applicarat. Itaque tum sic statuit, per C. Fabricium (nam L. erat mortuus) insidias Avito comparare. Erat illo tempore infirma valetudine Avitus. Utebatur autem medico ignobili, sed spectato homine, Cleophanto, cujus servum Diogenem Fabricius ad venenum Avito dandum spe et pretio sollicitare cœpit. Servus non incallidus, sed, ut ipsa res declaravit, frugi atque integer, sermonem Fabricii non est aspernatus. Rem ad dominum detulit : Cleophantus autem cum Avito est locutus. Avitus statim cum M. Bebrio senatore, familiarissimo suo, communicavit, qui qua fide, qua prudentia, qua dignitate fuerit,

l'esclave de Cléophante, afin que l'on pût approfondir plus aisément ce qu'il y avait de vrai ou de faux dans l'avis que cet homme avait donné. Bref, l'esclave est acheté. Peu de jours après, le poison et l'argent destiné à payer le crime furent surpris dans les mains de Scamander, affranchi de Fabricius, en présence d'une foule de témoins irréprochables qui sortirent tout à coup de la retraite où ils s'étaient tenus cachés.

XVII. Dieux immortels! après avoir pris connaissance de ces faits, qui osera dire qu'Oppianicus a été victime de l'intrigue? Jamais homme plus audacieux, plus criminel, plus manifestement convaincu, fut-il traduit devant les tribunaux? Tout le génie de l'éloquence, tout l'art du plus habile défenseur aurait-il pu détruire ce seul chef d'accusation? N'est-il pas en même temps certain qu'après avoir découvert une tentative de cette nature et surpris le coupable en flagrant délit, il n'y avait point d'autre parti pour Cluentius que de livrer sa tête ou d'accuser l'assassin?

Je crois avoir démontré qu'il était impossible qu'un homme chargé de tant de crimes fût absous par aucun tribunal. J'ajouterai que, lorsqu'il comparut devant ses juges, il y avait déjà deux arrêts sur la même affaire, et que l'un et l'autre l'avaient condamné. Cluentius avait dénoncé d'abord celui entre les mains duquel il avait surpris le poison : c'était Scamander, l'affranchi

meminisse vos arbitror. Ei placuit ut Diogenem Avitus emeret a Cleophanto, quo facilius aut comprehenderetur res ejus indicio, aut falsa esse cognosceretur. Ne multis, Diogenes emitur. Venenum diebus paucis (multi viri boni quum ex occulto intervenissent), pecuniaque obsignata, quæ ad eam rem dabatur, in manibus Scamandri, liberti Fabriciorum, deprehenditur.

XVII. Proh dii immortales! Oppianicum quisquam, his rebus cognitis, circumventum esse dicet? Quis unquam audacior? quis nocentior? quis apertior in judicium adductus est? Quod ingenium, quæ facultas dicendi, quæ a quoquam excogitata defensio, huic uni crimini potuit obsistere? Simul et illud quis est qui dubitet, quin, hac re comperta manifestoque deprehensa, aut obeunda mors Cluentio, aut suscipienda accusatio fuerit?

Satis esse arbitror demonstratum, judices, iis criminibus accusatum esse Oppianicum, ut honeste absolvi nullo modo potuerit. Cognoscite nunc ita reum citatum esse illum, ut, re semel atque iterum præjudicata, condemnatus in judicium venerit. Nam Cluentius, judices, primum nomen ejus detulit, cujus in manibus venenum deprehenderat. Is erat libertus Fabriciorum, Scamander.

des Fabricius. Les juges étaient intègres ; nul ne les soupçonnait de corruption ; la cause était simple, le fait positif, le crime avéré. Alors ce Fabricius dont j'ai parlé, sentant que la condamnation de son affranchi entraînerait la sienne, et connaissant d'ailleurs mes rapports de voisinage avec Alétrinum, et mes relations avec la plupart des habitants, amena chez moi un grand nombre d'entre eux. Sans avoir de cet homme une opinion meilleure qu'il ne le méritait, ceux-ci, parce qu'il était leur compatriote, crurent que l'honneur les obligeait à le défendre de tout leur pouvoir. Ils me prièrent donc de le faire pour eux, et de me charger de la cause de Scamander, au succès de laquelle était attaché le salut de son patron. Je ne pouvais rien refuser à des hommes si estimables et si pleins d'amitié pour moi. D'ailleurs je ne pensais pas que le crime fût aussi atroce et aussi manifeste, et ceux qui me recommandaient cette cause étaient dans la même erreur. Je leur promis de faire tout ce qu'ils voudraient.

XVIII. L'instruction commença. Scamander fut appelé devant le tribunal. P. Canutius, homme de beaucoup d'esprit et qui avait l'habitude de la parole, se porta son accusateur, et réduisit l'affaire à ce peu de mots : *On a saisi du poison*. Toutes les charges tombèrent sur Oppianicus. Canutius remonta à l'origine du com-

---

Integrum consilium ; judicii corrupti nulla suspicio ; simplex in judicium causa, certa res, verum crimen allatum est. Hic tum Fabricius, is de quo ante dixi, qui, liberto damnato, sibi illud impendere periculum videret, quod mihi cum Aletrinatibus vicinitatem, et cum plerisque eorum magnum usum esse sciebat, frequentes eos ad me domum adduxit. Qui quanquam de homine, sicut necesse erat, existimabant, tamen, quod erat ex eodem municipio, suæ dignitatis esse arbitrabantur, eum, quibus rebus possent, defendere ; idque a me, ut facerem, et ut causam Scamandri susciperem, petebant, in qua causa patroni omne periculum continebatur. Ego, qui neque illis talibus viris ac tam amantibus mei rem possem ullam negare, neque illud crimen tantum ac tam manifestum esse arbitrarer, sicut ne illi quidem ipsi, qui mihi tum illam causam commendabant, arbitrabantur, pollicitus iis sum me omnia quæ vellent esse facturum.

XVIII. Res agi cœpta est : citatus est Scamander reus. Accusabat P. Canutius, homo in primis ingeniosus, et in dicendo exercitatus : accusabat autem ille quidem Scamandrum verbis tribus, *Venenum esse deprehensum*. Omnia tela totius accusationis in Oppianicum conjiciebantur. Aperiebatur causa insi-

plot : il rappela les liaisons de l'accusé avec les Fabricius. Il mit sous les yeux des juges le tableau de sa vie et leur dépeignit son audace. Enfin, après avoir discuté les faits avec autant de force que de vérité, il termina son plaidoyer par cette preuve accablante, que le poison avait été saisi dans les mains de Scamander. Alors je me levai pour répondre ; avec quel embarras, grands dieux ! avec quelle inquiétude ! avec quelle crainte ! car c'est toujours en tremblant que je prends la parole. Toutes les fois que je commence à parler, il me semble que ce n'est pas seulement mon talent qu'on va juger, mais encore ma droiture et ma probité. J'appréhende qu'on ne m'accuse de présomption, si je parais promettre plus que je ne peux tenir, ou de mauvaise foi et de négligence, si je ne tiens pas tout ce que je semble avoir promis. Mais jamais je ne fus si déconcerté qu'à ce moment. Tout m'alarmait. Ne rien dire, c'était compromettre ma réputation d'orateur ; et parler avec assurance dans une pareille cause, c'était révolter par mon effronterie.

XIX. Je me rassurai enfin, et je pris le parti d'être ferme, persuadé que, à l'âge où j'étais, on m'approuverait d'avoir moins considéré la bonté de la cause que le péril de celui que je défendais. Je parlai donc ; je combattis avec tant de chaleur, et fis si bien valoir, du moins autant que je le pus, toutes les ressources d'une cause désespérée, que je fus assez heureux, qu'on me permette

---

diarum ; Fabriciorum familiaritas commemorabatur. Hominis vita et audacia proferebatur. Denique omnis accusatio varie graviterque tractata, ad extremum manifesta veneni deprehensione conclusa est. Hic ego tum ad respondendum surrexi ; qua cura? dii immortales ! qua sollicitudine animi? quo timore? Semper equidem magno cum metu incipio dicere. Quotiescumque dico, toties mihi videor in judicium venire, non ingenii solum, sed etiam virtutis atque officii ; ne aut id profiteri videar quod non possim implere, quod est impudentiæ ; aut id non efficere quod possim, quod est aut perfidiæ, aut negligentiæ. Tum vero ita sum perturbatus, ut omnia timerem ; si nihil dixissem, ne infantissimus ; si multa in ejusmodi causa dixissem, ne impudentissimus existimarer.

XIX. Collegi me aliquando, et ita constitui fortiter esse agendum ; illi ætati qua tum eram, solere laudi dari, etiamsi in minus firmis causis hominum periculis non defuissem. Itaque feci : sic pugnavi, sic omni ratione contendi, sic ad omnia confugi ; quantum ego assequi potui, remedia ac perfugia causarum ;

de le dire, pour que personne ne pensât que l'avocat avait
manqué à son devoir. Mais, dès que je saisissais quelque trait,
l'accusateur me l'arrachait des mains. Quand je lui demandais
si Scamander avait jamais eu de querelle avec Cluentius, il
avouait qu'il n'en avait jamais eu ; mais il disait qu'Oppianicus,
dont Scamander était l'instrument, avait été le plus mortel
ennemi de Cluentius, et l'était encore. Si j'alléguais que la mort
de Cluentius ne devait produire aucun avantage à Scamander, il
en convenait ; mais il répliquait que tous les biens de Cluentius
devaient passer à la femme d'Oppianicus, et que cet homme savait
parfaitement se débarrasser de ses femmes.

J'avais fait valoir un moyen de défense que l'on a toujours regardé comme très-bon, quand on plaide pour un affranchi : j'avais
dit que Scamander avait été estimé de son maître. Canutius en
tomba d'accord ; mais il me demanda de qui ce maître avait l'estime. Je m'étais appliqué à prouver que Scamander avait été
entraîné dans un piège par Diogène ; que leur entrevue avait un
autre motif ; que c'était un médicament, et non du poison que
Scamander devait remettre ; que personne n'était à l'abri d'une
pareille surprise. L'accusateur me demanda pourquoi le rendez-
vous avait eu lieu dans un endroit si retiré, pourquoi Scamander
y était venu seul, pourquoi il avait sur lui cette somme d'argent
soigneusement cachée. Enfin il m'accabla en produisant les

---

ut hoc, quod timide dicam, consecutus sim, ne quis illi causæ patronum defuisse arbitraretur. Sed, ut quidquid ego apprehenderam, statim accusator
extorquebat e manibus. Si quæsieram an inimicitiæ Scamandro cum Avito, fatebatur nullas fuisse ; sed Oppianicum, cujus ille minister fuisset, huic inimi-
cissimum fuisse atque esse dicebat. Sin autem illud egeram, nullum ad Scamandrum morte Aviti venturum emolumentum fuisse, concedebat ; sed ad
uxorem Oppianici, hominis in uxoribus necandis exercitati, omnia bona Aviti
ventura esse dicebat.

Quum illa defensione usus essem, quæ in libertinorum causis honestissima
semper existimata est, Scamandrum patrono esse probatum, fatebatur ; sed
quærebat cui probatus esset ipse patronus. Quum ego pluribus verbis in eo
commoratus essem, Scamandro factas insidias esse per Diogenem, constitu-
tumque inter eos de alia re fuisse, ut medicamentum, non venenum Diogenes afferret ; hoc cuivis usu venire posse ; quærebat cur in ejusmodi locum
tam abditum, cur solus, cur cum obsignata pecunia venisset. Denique hoc

témoins les plus respectables. M. Bebrius déclarait non-seulement que c'était d'après son avis que Cluentius avait acheté Diogène, mais qu'il était présent lorsqu'on avait surpris Scamander avec l'argent et le poison.

P. Quintilius Varus, homme d'une probité scrupuleuse et du caractère le plus honorable, attesta que Cléophante lui avait parlé, quand le fait était encore récent, du complot tramé contre Cluentius et des propositions faites à Diogène. Or, dans ce procès, où je paraissais défendre Scamander, cet homme n'était l'accusé que de nom ; c'était sur Oppianicus, en effet, que tombait tout le poids de l'accusation. Il ne s'en cachait pas; et, d'ailleurs, il l'aurait tenté vainement. On le voyait tous les jours à l'audience. Il y venait entouré de ses amis; il mettait en œuvre toutes les ressources du crédit et de l'intrigue. Enfin, par une imprudence qui devint fatale à cette cause, il s'assit en ce lieu même, comme s'il eût été l'accusé. Les yeux de tous les juges se fixèrent alors, non sur Scamander, mais sur Oppianicus. Sa frayeur, son trouble, ses regards effarés et inquiets, son visage qui changeait à chaque instant de couleur, tout portait au plus haut degré d'évidence ce qu'on n'avait encore fait que soupçonner.

XX. Quand il fallut aller aux voix, C. Junius, président du tribunal, demanda à l'accusé d'après la loi Cornélia, alors en vigueur, s'il voulait qu'on prononçât sur son sort de vive voix ou

---

loco causa testibus, honestissimis hominibus, premebatur. M. Bebrius de suo consilio Diogenem emptum, se præsente Scamandrum cum veneno pecuniaque deprehensum esse dicebat.

P. Quintilius Varus, homo summa religione et summa auctoritate præditus, de insidiis quæ fierent Avito, et de sollicitatione Diogenis, recenti re, secum Cleophantum locutum esse dicebat. Atque in illo judicio quum Scamandrum nos defendere videremur, verbo ille reus erat, re quidem vera, et periculo, et tota accusatione Oppianicus. Neque id obscure ferebat, nec dissimulare ullo modo poterat. Aderat frequens, advocabat, omni studio gratiaque pugnabat. Postremo id quod maximo malo illi causæ fuit, hoc ipso in loco, quasi reus ipse esset, sedebat. Oculi omnium judicum non in Scamandrum, sed in Oppianicum conjiciebantur. Timor ejus, perturbatio, suspensus incertusque vultus, crebra coloris mutatio, quæ erant antea suspiciosa, hæc aperta ac manifesta faciebant.

XX. Quum in consilium iri oporteret, quæsivit ab reo C. Junius, quæsitor, ex lege illa Cornelia, quæ tum erat, clam an palam de se sententiam ferri

au scrutin. Oppianicus dicta la réponse. On demanda le scrutin, sous prétexte que Junius était ami de l'accusateur. Les suffrages furent recueillis, et toutes les voix, à la réserve d'une seule, que Stalenus disait être la sienne, condamnèrent Scamander, dès la première action. Qui ne crut alors que le tribunal, en déclarant Scamander coupable, avait prononcé sur Oppianicus? En effet, qu'avait-on jugé dans cette première séance, sinon qu'il y avait eu du poison préparé pour faire périr Cluentius? Or, soupçonna-t-on un moment Scamander, et pouvait-on le soupçonner d'avoir formé de lui-même le projet de cet assassinat?

Malgré ce jugement, et quoique Oppianicus fût condamné par le fait et par l'opinion générale, s'il ne l'était pas encore par la loi et par un arrêt positif, Cluentius ne crut pas devoir l'accuser aussitôt. Il voulut voir si la sévérité des juges s'arrêterait aux prévenus sur lesquels ils avaient eu la preuve qu'on avait saisi le poison, ou s'ils décideraient que l'instigation et la complicité, en pareil cas, devaient être punies. En conséquence, il appela d'abord en justice C. Fabricius, que ses liaisons avec Oppianicus l'autorisaient à croire son complice. Cette cause était liée à celle qui venait d'être jugée : il obtint qu'elle passerait la première. Pour cette fois, Fabricius, non-seulement ne m'amena pas mes voisins et mes amis d'Alétrinum, mais il ne put même trouver chez eux

---

vellet. De Oppianici sententia responsum est, quod is Aviti familiarem Junium esse dicebat, clam velle ferri. Itum est in consilium. Omnibus sententiis præter unam, quam suam Stalenus esse dicebat, Scamander prima actione condemnatus est. Quis tum erat omnium, qui, Scamandro condemnato, non judicium de Oppianico factum esse arbitraretur? quid est illa damnatione judicatum, nisi venenum id quod Avito daretur esse quæsitum? quæ porro tenuissima suspicio collata in Scamandrum est, aut conferri potuit, ut is sua sponte necare voluisse Avitum putaretur?

Atque, hoc tum judicio facto, et Oppianico, re et existimatione jam, lege et pronuntiatione nondum condemnato, tamen Avitus Oppianicum reum statim non fecit. Voluit cognoscere, utrum judices in eos solos essent severi, quos venenum habuisse ipsos comperissent, an etiam consilia conscientiasque ejusmodi facinorum supplicio dignas judicarent. Itaque C. Fabricium, quem propter familiaritatem Oppianici conscium illi facinori fuisse arbitrabatur, reum statim fecit; utique ei locus primus constitueretur, propter causæ conjunctionem, impetravit. Hic tum Fabricius non modo ad me meos vicinos et amicos, Aletrinates, non adduxit, sed ipse iis neque defensoribus uti postea,

ni défenseurs ni apologistes. Nous pensions que, s'il y avait de la générosité à prendre en main la cause d'un compatriote violemment soupçonné, mais qui pouvait encore être absous, il y aurait de l'impudence à s'élever contre un arrêt solennellement prononcé. Embarrassé de trouver un défenseur pour une pareille cause, Fabricius, dans sa détresse, eut recours aux frères Cépasius, plaideurs infatigables, et toujours prêts à recevoir, comme un honneur et un bienfait, toutes les occasions qu'on pouvait leur offrir d'exercer leur industrie.

XXI. On a dit (et peut-être la comparaison n'est-elle pas très-juste) que plus les maladies sont graves, plus on cherche un médecin habile et célèbre ; mais que, dans les affaires criminelles, plus la cause est mauvaise, plus le défenseur est obscur et dénué de talent. La raison en est peut-être que le médecin n'est responsable que de sa capacité dans son art, tandis que l'orateur doit offrir aux juges une garantie morale. Quoi qu'il en soit, l'accusé est appelé, les débats s'ouvrent, l'accusateur expose les griefs en peu de mots, comme une affaire déjà jugée. L'aîné des Cépasius commence sa réplique par un préambule extrêmement long et tiré de fort loin. On l'écoute d'abord avec attention. Oppianicus, abattu et consterné, reprenait courage. Fabricius lui-même éprouvait de la joie : il ne voyait pas que les juges étaient moins frappés de l'éloquence de l'orateur que choqués de

---

neque laudatoribus potuit. Rem enim integram hominis non alieni, quamvis suspiciosam, defendere, humanitatis esse putabamus ; judicatam labefactare conari, impudentiæ. Itaque tum ille, inopia et necessitate coactus, in causa ejusmodi ad Cæpasios fratres confugit, homines industrios, atque eo animo, ut, quæcumque dicendi potestas esset data, in honore atque in beneficio ponerent.

XXI. Jam hoc quoque prope iniquissime comparatum est, quod in morbis corporis, ut quisque est difficillimus, ita medicus nobilissimus atque optimus quæritur ; in periculis capitis, ut quæque causa difficillima est, ita deterrimus obscurissimusque patronus adhibetur : nisi forte hæc causa est, quod medici nihil præter artificium, oratores etiam auctoritatem præstare debent. Citatur reus ; agitur causa ; paucis verbis accusat, ut de re judicata, Canutius. Incipit longo et alte petito proœmio respondere major Cæpasius. Primo attente auditur ejus oratio. Erigebat animum, jam demissum et oppressum, Oppianicus. Caudebat ipse Fabricius. Non intelligebat animos judicum, non illius eloquentia,

son impudence. Lorsque Cépasius en vint à parler sur le fond, il porta lui-même de nouveaux coups à une cause déjà prête à succomber. Malgré tout son zèle, on fut souvent tenté de croire que, loin de défendre l'accusé, il était de connivence avec l'accusateur. Dans l'enchantement où il était de son talent, surtout lorsque sa rhétorique lui eut suggéré cette imposante apostrophe : *Regardez, juges, la destinée des mortels ; regardez les divers accidents de notre vie ; regardez la vieillesse de C. Fabricius ;* après avoir répété plusieurs fois l'admirable mot *regardez*, il regarda lui-même ; mais C. Fabricius avait levé le siège, et s'était enfui, la tête baissée. Les juges éclatent de rire ; l'avocat s'emporte ; il se plaint que sa cause lui échappe, et qu'il ne peut achever ce mouvement pathétique : *Regardez, juges*. Peu s'en fallut qu'il ne courût après le fugitif, et que, le saisissant à la gorge, il ne le ramenât à sa place, afin de pouvoir terminer sa période. Ainsi Fabricius se condamna lui-même, et le terrible arrêt de sa conscience fut confirmé par l'autorité de la loi et par la sentence des juges.

XXII. Qu'est-il besoin de m'étendre davantage sur l'affaire d'Oppianicus ? Il fut traduit devant les juges qui l'avaient déjà condamné par deux arrêts. Comme ils avaient préalablement prononcé sur lui en condamnant les Fabricius, ils s'occupèrent

---

sed defensionis impudentia commoveri. Posteaquam de re cœpit dicere, ad ea quæ erant in causa, addebat etiam ipse nova quædam vulnera. Hoc quanquam sedulo faciebat, tamen interdum non defendere, sed prævaricari accusationi videbatur. Itaque quum callidissime se dicere putaret, et quum illa verba gravissima ex intimo artificio deprompsisset : *Respicite, judices, hominum fortunas ; respicite dubios variosque casus ; respicite C. Fabricii senectutem ;* quum hoc, *Respicite*, ornandæ orationis causa sæpe dixisset, respexit ipse ; at C. Fabricius a subselliis, demisso capite, discesserat. Hic judices ridere : stomachari atque acerbe ferre patronus, causam sibi eripi, et se cætera de illo loco, *Respicite, judices*, non posse dicere : nec quidquam propius est factum, quam ut illum persequeretur, et collo obtorto ad subsellia reduceret, ut reliqua posset perorare. Ita tum Fabricius, primum suo judicio, quod est gravissimum, deinde legis vi et sententiis judicum est condemnatus.

XXII. Quid est, quod jam de Oppianici causa plura dicamus ? Apud eosdem judices reus est factus, quum is duobus præjudiciis jam damnatus esset. Ab iisdem autem judicibus, qui Fabriciorum damnatione de Oppianico judica-

avant tout de sa cause. Il fut accusé des plus horribles attentats, non-seulement de ceux dont je vous ai fait un court exposé, mais de beaucoup d'autres encore que je passe maintenant sous silence. Il fut accusé devant les mêmes juges qui avaient déjà condamné dans Scamander un agent d'Oppianicus, et dans Fabricius le confident de son crime.

Grands dieux! de quoi doit-on être plus surpris, ou qu'il ait été condamné à son tour, ou qu'il ait osé répondre un seul mot? Que pouvaient faire les juges? Quand même ils auraient injustement condamné les Fabricius, ne devaient-ils pas persister dans cette nouvelle affaire, et ne pas contredire leur premier arrêt? Auraient-ils de leur plein gré révoqué leurs propres jugements, lorsqu'il est d'usage, dans les tribunaux, de se conformer aux jugements déjà rendus par d'autres magistrats? Ceux qui avaient condamné l'affranchi de Fabricius pour avoir prêté la main au crime, et Fabricius pour en avoir été le complice, auraient-ils absous le chef et l'artisan du complot? Après avoir condamné pour ce délit ceux qui n'étaient auparavant grevés d'aucun arrêt, auraient-ils acquitté celui que deux arrêts avaient déjà condamné? C'est bien alors que, justement décriés, les jugements des sénateurs eussent été flétris à jamais, et voués sans retour au mépris public, par une prévarication qui eût fermé la bouche à leurs apologistes.

rant, locus ei primus est constitutus. Accusatus est criminibus gravissimis, et iis quæ a me breviter dicta sunt, et præterea multis quæ ego omnia nunc omitto : accusatus est apud eos qui et Scamandrum, ministrum Oppianici, et Fabricium, conscium maleficii, condemnarant.

Utrum, per deos immortales! magis est mirandum, quod is condemnatus est, an quod omnino respondere ausus est? Quid enim illi judices facere potuerunt? qui si innocentes Fabricios condemnassent, tamen in Oppianico sibi constare, et superioribus consentire judiciis debuerunt. An vero illa sua per se ipsi judicia rescinderent, quum cæteri soleant in judicando, ne ab aliorum judiciis discrepent, providere? Et illi qui Fabricii libertum, quia minister in maleficio fuerat, patronum, quia conscius, condemnassent, ipsum principem atque architectum sceleris absolverent? Et qui cæteros, nullo præjudicio facto, tamen ex ipsa causa condemnassent; hunc, quem bis condemnatum jam acceperant, liberarent? Tum vero illa judicia senatoria, non falsa invidia, sed vera atque insigni turpitudine notata, atque operta dedecore et infamia, defensioni locum nullum reliquissent.

En effet, qu'auraient pu répondre ces juges, si on leur eût dit : Vous avez condamné Scamander : pour quel crime? pour avoir voulu faire empoisonner Cluentius par l'esclave d'un médecin. Quel intérêt Scamander retirait-il de la mort de Cluentius? aucun; mais il était l'agent d'Oppianicus. Vous avez condamné C. Fabricius : pourquoi? parce que, étant lié intimement avec Oppianicus, et son affranchi ayant été pris en flagrant délit, il n'était pas probable qu'il n'eût point eu de part au complot. Si donc les juges avaient acquitté Oppianicus, deux fois condamné par leurs propres arrêts, qui n'eût pas été indigné d'une injustice aussi énorme, d'une aussi grave inconséquence dans les décisions et d'une partialité aussi révoltante de la part des juges?

S'il vous est démontré, par tout ce que je viens de vous dire, qu'il était impossible qu'Oppianicus ne fût pas condamné, puisqu'il avait pour juges les mêmes magistrats qui avaient déjà prononcé deux fois sur l'affaire, vous devez aussi être convaincus que Cluentius n'a pu avoir aucune raison de vouloir corrompre le tribunal.

XXIII. Je vous le demande, T. Attius (et ici je mets à part tout autre raisonnement), croyez-vous que les Fabricius aient été condamnés injustement? Direz-vous aussi que leur condamnation fut achetée à prix d'argent, lorsque l'un ne fut acquitté que par Stalenus, et que l'autre se condamna lui-même? Mais, s'ils étaient

Quid enim tandem illi judices responderent, si quis ab iis quæreret : Condemnastis Scamandrum, quo crimine? nempe quod Avitum per servum medici veneno necare voluisset. Quid Aviti morte Scamander consequebatur? nihil ; sed administer erat Oppianici. Condemnastis C. Fabricium. Quid ita? quia, quum ipse familiarissime Oppianico usus, libertus autem ejus in maleficio deprehensus esset, illum expertem ejus consilii fuisse non probabatur. Si igitur ipsum Oppianicum, bis suis judiciis condemnatum, absolvissent, quis tantam turpitudinem judiciorum, quis tantam inconstantiam rerum judicatarum, quis tantam libidinem judicum, ferre potuisset?

Quod si hoc videtis, quod jam hac omni oratione patefactum est, illo judicio reum condemnari, præsertim ab iisdem judicibus qui duo præjudicia fecissent, necesse fuisse, simul illud videatis necesse est, nullam accusatori causam esse potuisse cur judicium vellet corrumpere.

XXIII. Quæro enim abs te, T. Atti, relictis jam cæteris argumentis omnibus, num Fabricios quoque innocentes condemnatos existimes; num etiam illa judicia pecunia corrupta esse dicas, quibus judiciis alter a Staleno solo absolutus est, alter etiam ipse se condemnavit. Age, si nocentes ; cujus maleficii?

coupables, quel était donc leur crime? Leur en a-t-on reproché
d'autre que d'avoir cherché à empoisonner Cluentius? A-t-il été
question, dans les débats, d'autre chose que de cette tentative
d'empoisonnement faite sur Cluentius par les Fabricius, à l'instigation d'Oppianicus? Non, juges, non, dis-je, vous n'y trouverez
rien de plus. Tout le monde se souvient de ce procès : les registres en font foi. Confondez-moi, Attius, si je ne dis pas la vérité.
Lisez les dépositions des témoins. Prouvez que, dans ces deux
affaires, on ait rien dit contre eux, fût-ce même à titre d'invec-
tive, sinon qu'Oppianicus s'est servi de leur ministère pour un
empoisonnement. Je pourrais démontrer, par bien des raisons,
qu'il était impossible de juger autrement ; mais je dois satisfaire
votre impatience.

En effet, quoique vous m'écoutiez avec tant d'intérêt, que
je ne crois pas qu'aucun orateur ait jamais obtenu de vous
plus d'attention et de bienveillance, je m'aperçois que, depuis
longtemps, vous attendez de moi une réponse sur une autre
question, et il me semble vous entendre me dire : Quoi donc?
est-ce que vous niez qu'on ait cherché à corrompre les juges?
Non, je ne le nie pas ; mais je soutiens que ce n'est pas mon
client qui les a corrompus. Par qui donc l'ont-ils été ? Je pense
d'abord que, si l'issue du procès eût été douteuse, il serait plus
naturel de chercher le corrupteur dans celui qui tremblait d'être

num quid præter venenum quæsitum, quo Avitus necaretur, objectum est?
num quid aliud in illis judiciis versatum est, præter hasce insidias Avito ab
Oppianico per Fabricios factas ? Nihil, nihil, inquam, aliud, judices, reperietis.
Exstat memoria ; sunt tabulæ publicæ ; redargue me, si mentior ; testium dicta
recita ; doce, in illorum judiciis quid, præter hoc venenum Oppianici, non
modo in criminis, sed in maledicti loco sit objectum. Multa dici possunt,
quare ita necesse fuerit judicari; sed ego occurram exspectationi vestræ, judices.

Nam, etsi a vobis sic audior, ut nunquam benignius, neque attentius quemquam auditum putem, tamen vocat me alio jamdudum tacita vestra exspectatio, quæ mihi obloqui videtur. Quid ergo ? negasne illud judicium esse corruptum? non nego ; sed ab hoc corruptum non esse confirmo. A quo igitur
est corruptum? opinor primum, si incertum fuisset quisnam exitus illius judicii futurus esset, verisimilius tamen esset eum potius corrupisse qui me-
tuisset ne ipse condemnaretur, quam illum qui veritus esset ne alter absol-

condamné que dans celui qui craignait de voir son adversaire absous. Ensuite, comme personne ne doutait de l'arrêt qui devait nécessairement être rendu, le soupçon doit tomber sur celui qui avait quelque raison de s'alarmer plutôt que sur celui qui avait toute raison pour compter sur le succès. Enfin, le corrupteur sera plutôt l'accusé deux fois condamné au même tribunal que l'accusateur deux fois triomphant. Quelque injuste qu'on puisse être envers Cluentius, il faut toujours que l'on convienne avec moi que, si les juges ont été corrompus, ils l'ont été, ou par mon client, ou par Oppianicus. Si je fais voir que Cluentius n'est point le corrupteur, il s'ensuit que c'est Oppianicus ; si je prouve que c'est Oppianicus, Cluentius est justifié. Ainsi, quoique j'aie suffisamment démontré que mon client n'avait aucun motif pour corrompre les juges, et que par conséquent c'est Oppianicus qui les a corrompus, écoutez un fait qui confirme séparément cette dernière assertion.

XXIV. Quelque puissantes que soient les considérations qui suivent, je n'en veux tirer aucun avantage : je ne dirai point que le corrupteur a dû être celui qui se trouvait en danger, celui qui avait tout sujet de craindre, celui qui n'avait d'autre moyen de se sauver, celui qui fut toujours d'une audace sans exemple. Je pourrais faire valoir beaucoup d'autres preuves semblables. Mais le fait, bien loin d'être douteux, étant certain, incontestable, je n'ai pas besoin de développer l'un après l'autre cette foule d'arguments.

veretur; deinde, quum esset nemini dubium quid judicari necesse esset, eum certe potius qui sibi aliqua ratione diffideret, quam eum qui omni ratione confideret ; postremo, certe potius illum qui bis apud eos judices offendisset, quam eum qui bis causam iis probavisset. Unum quidem certe, nemo erit tam iniquus Cluentio, qui mihi non concedat : si constet corruptum illud esse judicium, aut ab Avito, aut ab Oppianico esse corruptum. Si doceo non ab Avito, vinco ab Oppianico. Si ostendo ab Oppianico, purgo Avitum. Quare, etsi satis docui rationem nullam huic corrumpendi fuisse (ex quo intelligitur ab Oppianico esse corruptum), tamen de illo ipso separatim cognoscite.

XXIV. Atque ego illa non argumentabor quæ sunt gravia vehementer : eum corrupisse qui in periculo fuerit, eum qui metuerit, eum qui spem salutis in alia ratione non habuerit, eum qui semper singulari fuerit audacia. Multa sunt ejusmodi. Verum quum habeam rem non dubiam, sed apertam atque manifestam, enumeratio singulorum argumentorum non est necessaria.

Je dis que C. Élius Stalenus, un des juges, reçut d'Oppianicus une somme considérable pour corrompre le tribunal. Qui oserait le nier? Je vous interpelle ici, Oppianicus, vous dont la piété filiale gémit en secret de cette condamnation, et vous, Attius, qui la déplorez avec tant d'éloquence. Osez nier qu'Oppianicus ait donné de l'argent à Stalenus, un de ses juges ; démentez-moi, oui, démentez-moi devant cet auditoire. Pourquoi gardez-vous le silence? Vous ne pouvez nier, du moins, qu'il n'y ait eu de l'argent donné, puisque vous l'avez redemandé, puisque vous l'avez reconnu, puisque vous l'avez remporté. De quel front parlez-vous de corruption, quand vous avez fait l'aveu que l'argent donné à un des juges avant l'arrêt avait été depuis enlevé de vive force. Quelle fut la marche de toute cette intrigue? Je vais, juges, reprendre les choses d'un peu plus haut, et je dévoilerai si bien cette trame, longtemps enveloppée de ténèbres, que vous croirez tout voir de vos propres yeux. Je vous prie de me continuer jusqu'au bout l'attention que vous m'avez accordée jusqu'ici. Je ne dirai rien qui ne soit digne de cette assemblée et du silence qu'elle me prête, digne de la bienveillance et de l'intérêt dont vous m'honorez.

Aussitôt qu'Oppianicus vit Scamander accusé, se doutant du sort qui l'attendait, il rechercha l'amitié de Stalenus, homme pauvre, audacieux, exercé dans l'art de corrompre des juges, et qui alors

---

Dico, C. Ælio Staleno, judici, pecuniam grandem Statium Albium ad corrumpendum judicium dedisse. Num quis negat? Te appello, Oppianice; te, T. Atti : quorum alter eloquentia damnationem illam, alter tacita pietate deplorat. Audete negare ab Oppianico Staleno judici pecuniam datam ; negate, negate, inquam, in eo loco. Quid reticetis? At negare non potestis, quod repetistis, quod confessi estis, quod abstulistis. Quo tandem igitur ore mentionem corrupti judicii facitis, quum ab ista parte judici pecuniam ante judicium datam, post judicium ereptam esse fateamini? Quonam igitur hæc modo gesta sunt, repetam paulo altius, judices, et omnia quæ in diuturna obscuritate latuerunt sic aperiam, ut ea cernere oculis videamini. Vos, quæso, ut adhuc me attente audistis, item quæ reliqua sunt audiatis. Profecto nihil a me dicetur, quod non dignum hoc conventu et silentio, dignum vestris studiis atque auribus esse videatur.

Nam, ut primum Oppianicus, ex eo quod Scamander reus erat factus, quid sibi impenderet cœpit suspicari, statim se ad hominis egentis, audacis, in

était juge lui-même. Dès le procès de Scamander, il avait réussi, à force de présents et de largesses, à s'en faire un protecteur plus intéressé que ne le permettait l'honneur d'un juge. Mais quand il vit que Scamander n'avait été acquitté que par Stalenus, et que l'ancien maître de cet affranchi n'avait pas même eu sa propre voix, il sentit la nécessité de recourir pour lui-même à des moyens plus efficaces. Stalenus lui parut l'homme le plus habile à imaginer des ressources, le plus effronté pour les mettre en œuvre, le plus ardent pour les faire réussir, qualités qu'il possédait en effet, et qu'il feignait de posséder encore à un plus haut point. Oppianicus s'adressa donc à lui pour sauver sa tête et sa fortune.

XXV. Vous n'ignorez pas, juges, que, lorsque les animaux sont pressés par la faim, ils retournent ordinairement aux lieux où ils ont déjà trouvé leur pâture. Deux ans auparavant, Stalenus s'était chargé de maintenir Safinius Atella dans ses propriétés, et devait, disait-il, pour six cent mille sesterces corrompre le tribunal. Il les reçoit du pupille, les garde, et, après le jugement, ne les rend ni à Safinius ni aux acquéreurs. Quand il eut dépensé cet argent, sans en rien réserver, je ne dis pas pour fournir à ses prodigalités, mais pour satisfaire à ses besoins, il prit le parti de recourir à de nouvelles proies judiciaires, et de continuer à

---

judiciis corrumpendis exercitati, tum autem judicis, Staleni familiaritatem applicavit. Ac primum Scamandro reo, tantum donis datis muneribusque perfecerat, ut eo auctore uteretur cupidiore quam fides judicis postulabat. Post autem, quum esset Scamander unius Staleni sententia absolutus, patronus autem Scamandri ne sua quidem sententia liberatus, acrioribus saluti suæ remediis subveniendum putavit. Tum a Staleno, sicut ab homine ad excogitandum acutissimo, ad audendum impudentissimo, ad efficiendum acerrime (hæc enim ille et aliqua ex parte habebat, et majore ex parte se habere simulabat), auxilium capiti et fortunis suis petere cœpit.

XXV. Jam hoc non ignoratis, judices, ut etiam bestiæ, fame dominante, plerumque ad eum locum ubi pastæ aliquando sint revertantur. Stalenus ille biennio ante, quum causam bonorum Safinii Atellæ recepisset, sexcentis millibus nummum se judicium corrupturum esse dixerat. Quæ quum accepisset a pupillo, suppressit; judicioque facto, nec Safinio, nec bonorum emptoribus, reddidit. Quam quum pecuniam profudisset, et sibi nihil, non modo ad cupiditates suas, sed ne ad necessitatem quidem reliquisset, statuit ad easdem sibi

tout garder pour lui. Voyant donc Oppianicus perdu sans ressource, et déjà frappé à mort par deux arrêts, il releva son courage par ses promesses, et l'assura que tout n'était pas désespéré. Oppianicus le pria de lui indiquer le moyen de corrompre ses juges. Stalenus (et c'est Oppianicus lui-même qui l'a déclaré depuis) répondit que lui seul dans Rome était capable d'y réussir. Il fit toutefois d'abord quelques difficultés, parce que se trouvant, disait-il, en concurrence pour l'édilité avec des candidats de la plus grande distinction, il craignait d'irriter les esprits par quelque démarche imprudente. Enfin il se laissa gagner par les prières d'Oppianicus. D'abord il lui demanda une somme exorbitante; puis, se bornant au possible, il se fit apporter chez lui six cent quarante mille sesterces. Dès qu'ils furent entre ses mains, le misérable se mit à réfléchir qu'il n'y avait rien de plus utile pour lui que de laisser condamner Oppianicus; que si cet homme était absous, il lui faudrait partager la somme avec les juges, ou la lui rendre à lui-même; tandis que, s'il était condamné, personne ne la réclamerait. En conséquence, il imagine un expédient tout à fait extraordinaire. Ce que je vais vous dire est de la plus exacte vérité, et vous n'hésiterez pas à le croire, juges, si, après un si long temps, vous voulez bien vous rappeler la conduite et le caractère de Stalenus; car ce n'est qu'autant que l'on connaît

prædas ac suppressiones judiciales revertendum. Itaque quum Oppianicum jam perditum, et duobus jugulatum præjudiciis videret, promissis eum suis excitavit abjectum, et simul saluti desperare vetuit. Oppianicus orare hominem cœpit ut sibi rationem ostenderet judicii corrumpendi. Ille autem (quemadmodum ex ipso Oppianico postea est auditum) negavit quemquam esse in civitate, præter se, qui id efficere posset. Sed primo gravari cœpit, quod ædilitatem se petere cum hominibus nobilissimis, et invidiam atque offensionem timere dicebat. Post exoratus, initio permagnam pecuniam poposcit; deinde ad id pervenit, quod confici potuit, et sestertium sexcenta quadraginta millia deferri ad se domum jussit. Quæ pecunia simul atque ad eum delata est, homo impurissimus statim cœpit in ejusmodi mente et cogitatione versari, nihil esse suis rationibus utilius, quam Oppianicum condemnari; illo absoluto, pecuniam illam aut judicibus dispertiendam, aut ipsi esse reddendam; damnato, repetiturum esse neminem. Itaque rem excogitat singularem. Atque hæc, judices, quæ vere dicuntur a nobis, facilius credetis, si cum animis vestris longo intervallo recordari C. Staleni vitam et naturam volueritis. Nam

les mœurs d'un homme qu'on peut juger ce dont il est capable ou non.

XXVI. Ce dépositaire, à la fois indigent, prodigue, audacieux, rusé, perfide, voyant un si riche trésor dans sa maison, séjour habituel du dénûment et de la misère, appelle aussitôt à son aide tous les artifices de la fraude et de la fourberie : « Donnerai-je l'argent aux juges? mais moi, que me reviendra-t-il, si ce n'est le péril et l'infamie? Ne pourrais-je donc pas rendre inévitable la condamnation d'Oppianicus? Mais comment? il n'y a rien d'impossible. S'il venait par hasard à se tirer d'affaire, ne faudrait-il pas restituer? Il va tomber : hâtons sa chute ; il est perdu : achevons-le. » Stalenus prend le parti de promettre à quelques-uns des juges les moins délicats de l'argent qu'il se gardera bien de leur remettre. Il pensait que si des juges intègres rendaient de leur propre mouvement un arrêt sévère, ce manque de parole irriterait contre Oppianicus ceux qui auraient été moins scrupuleux.

Comme il faisait tout à rebours et hors de saison, il commence par s'adresser à Bulbus, qu'il trouve sombre et rêveur, parce que depuis longtemps il n'avait rien gagné. Il lui frappe légèrement sur l'épaule : « Eh bien, Bulbus, lui dit-il, êtes-vous homme à me seconder pour que nous ne servions pas gratuitement la république? » A ces mots : *pas gratuitement*, « Parlez, dit-il, je suis

---

perinde ut opinio est de cujusque moribus, ita, quid ab eo factum, et non factum sit, existimari potest.

XXVI. Quum esset egens, sumptuosus, audax, callidus, perfidiosus, et quum domi suæ, miserrimis in locis et inanissimis, tantum nummorum positum videret, ad omnem malitiam et fraudem versare mentem suam cœpit : « Demne judicibus? mihi igitur ipsi; præter periculum et infamiam, quid quæretur? Nihil excogitem quamobrem Oppianico damnari necesse sit? qui tandem? nihil enim est quod fieri non possit. Si quis eum forte casus ex periculo eripuerit, nonne reddendum est? Præcipitantem igitur impellamus, inquit, et perditum prosternamus. » Capit hoc consilium, ut pecuniam quibusdam judicibus levissimis polliceatur; deinde eam postea supprimat, ut, quoniam graves homines sua sponte severe judicaturos putabat, hos, qui leviores erant, destitutione iratos Oppianico redderet.

Itaque, ut erat semper præposterus atque perversus, initium facit a Bulbo ; et eum, quod jamdiu nihil quæsierat, tristem atque oscitantem, leviter impellit. « Quid tu? inquit, ecquid me adjuvas, Bulbe, ne gratis reipublicæ serviamus? » Ille vero, simul atque hoc audivit, *Ne gratis :* « Quo voles, inquit,

prêt à vous servir. Mais de quoi s'agit-il? » Stalenus lui promet
quarante mille sesterces, si Oppianicus est acquitté, et le prie
d'en converser avec ceux qu'il connaît particulièrement. Lui-
même, artisan de toute l'intrigue, séduit Gutta, et Bulbus, aidé de
cet auxiliaire, amorce par de belles espérances l'avidité de quelques autres. Deux jours se passent, et l'on ne savait encore sur
quoi compter. On voulait un dépositaire qui répondît de la somme.
Alors Bulbus, d'un air riant, s'adresse à Stalenus, et, prenant sa
voix la plus caressante : « Pétus, lui dit-il (car Stalenus avait
choisi ce nom dans la galerie des Éliens, de peur que, s'il se fût
appelé *Ligur*, on eût reconnu en lui le pays plutôt que la famille), pour l'affaire dont vous m'avez parlé, on me demande où
est l'argent. » Alors cet imposteur effronté, nourri de rapines
judiciaires, qui dévorait en espérance la riche proie qu'il tenait
soigneusement cachée, fronce le sourcil (vous vous rappelez la
physionomie du personnage, et le jeu qu'il sait donner à sa
figure), et se plaint qu'Oppianicus lui a manqué de parole. Cet
homme, pétri de fraude et de mensonge, qui avait perfectionné
par l'étude et l'exercice tout ce qu'il avait reçu en ce genre de la
nature, proteste avec assurance qu'Oppianicus l'a trompé ; et,
pour preuve, il ajoute qu'il le condamnera si les juges donnent
leurs suffrages à haute voix.

sequar. Sed quid affers? » Tum ei quadraginta millia, si esset absolutus Oppianicus, pollicetur, et eum, ut cæteros appellet, quibuscum loqui consuesset,
rogat ; atque etiam ipse conditor totius negotii, Guttam adspergit huic Bulbo.
Itaque minime amarus is visus est, qui aliquid ex ejus sermone speculæ de-
gustaral. Unus et alter dies intercesserat, quum res parum certa videbatur :
sequester et confirmator pecuniæ desiderabatur. Tum appellat hilari vultu
hominem Bulbus, ut blandissime potest : « Quid tu, inquit, Pæte ? (hoc enim
sibi Stalenus cognomen ex imaginibus Æliorum delegerat, ne, si se Ligurem
fecisset, nationis magis suæ quam generis uti cognomine videretur) qua de re
mecum locutus es, quærunt a me ubi sit pecunia. » Hic ille planus impro-
bissimus, quæstu judiciario pastus, qui illi pecuniæ, quam condiderat, spe
jam atque animo incubaret, contrahit frontem (recordamini faciem atque illos
ejus fictos simulatosque vultus) : queritur se ab Oppianico destitutum : et,
qui esset totus ex fraude et mendacio factus, quique ea vitia, quæ a natura
habebat, etiam studio atque artificio quodam malitiæ condivisset, pulchre
asseverat se ab Oppianico destitutum ; atque hoc addit testimonii, sua illum
sententia, quam palam omnes laturi essent, condemnatum iri.

XXVII. Le bruit s'était répandu à l'audience qu'il y avait eu de l'argent proposé. La négociation n'avait été ni aussi secrète qu'elle aurait dû l'être, ni aussi bien éclaircie qu'il l'aurait fallu pour l'honneur de la société. Pendant qu'on se livrait à mille conjectures, Canutius, homme habile, averti par son instinct que Stalenus était vendu, et persuadé que le mal n'était pas encore sans remède, pria les juges de prononcer sur-le-champ. Ils y consentirent. Oppianicus n'en fut pas très-effrayé : il s'imaginait bien que Stalenus avait pris toutes ses mesures. Trente-deux juges allaient délibérer : seize voix suffisaient pour absoudre. Les six cent quarante mille sesterces, répartis entre seize juges, devaient les procurer, et l'accusé s'était même assuré d'une dix-septième voix, en promettant à Stalenus un plus fort salaire.

Le hasard voulut que Stalenus, ignorant qu'on délibérerait sitôt, se trouvât absent. Il plaidait je ne sais quelle cause à un autre tribunal. Cluentius n'était point fâché de son absence; Canutius s'en consolait aisément; mais il n'en était pas de même de l'accusé ni de Quintius, son défenseur. Ce dernier, alors tribun du peuple, fit de vifs reproches au président C. Junius, pour l'empêcher d'aller aux voix sans Stalenus, et s'imaginant que les huissiers tardaient à dessein de le faire venir, il quitta lui-même cette audience solennelle, se rendit au tribunal subal-

XXVII. Manarat sermo in consilio, pecuniæ quamdam mentionem inter judices esse versatam. Res neque tam fuerat occulta quam erat occultanda, neque tam erat aperta quam reipublicæ causa aperienda. In ea obscuritate ac dubitatione omnium, Canutio, perito homini, qui quodam odore suspicionis Stalenum corruptum esse sensisset, neque dum rem perfectam arbitraretur, placuit repente judices pronuntiare. Dixerunt se id velle. Hic tum Oppianicus non magnopere pertimuit. Rem a Staleno perfectam esse arbitrabatur. In consilium erant ituri judices xxxii. Sententiis xvi absolutio confici poterat. H-S quadragena in singulos judices distributa, eum numerum sententiarum conficere debebant, ut ad cumulum spe majorum præmiorum, ipsius Staleni sententia septimadecima accederet.

Atque etiam casu tum, quod illud repente erat factum, Stalenus ipse non aderat. Causam nescio quam apud judicem defendebat. Facile hoc Avitus patiebatur, facile Canutius, at non Oppianicus, neque patronus ejus L. Quintius. Qui quum esset eo tempore tribunus plebis, convicium C. Junio, judici quæstionis, maximum fecit, ut ne sine Staleno in consilium iretur; quumque id ei per viatores consulto negligentius agi videretur, ipse a publico judicio ad pri-

terne où plaidait Stalenus, fit d'autorité lever la séance, et amena ce nouveau juge à sa place. On s'était levé pour délibérer, lorsque Oppianicus, usant du droit qu'avaient alors les accusés, demanda qu'on opinât tout haut, pour que Stalenus pût savoir ce qui serait dû à chacun. Ce tribunal était diversement composé ; peu de juges étaient vendus, mais tous étaient irrités. Ceux qui mettent leurs suffrages à prix dans les élections du Champ de Mars ne pardonnent pas aux candidats qui manquent à leurs engagements ; de même, les juges corrompus étaient venus outrés de colère contre l'accusé. Tous les autres le regardaient comme un grand coupable ; mais ils attendaient que ceux qu'ils soupçonnaient d'être gagnés donnassent leur avis pour découvrir de quel côté partait la corruption.

XXVIII. Un étrange hasard désigna Bulbus, Stalenus et Gutta pour voter les premiers. On était impatient de voir ce qu'allaient prononcer ces juges prévaricateurs et mercenaires. Tous les trois, sans balancer, votèrent pour la condamnation. Cet incident jeta dans les esprits du doute et de l'incertitude sur ce qui s'était passé. Les hommes sages, rigides observateurs de l'ancienne jurisprudence, ne pouvant acquitter un accusé évidemment coupable, et ne voulant pas condamner sur de simples indices celui qu'on soupçonnait de s'être laissé corrompre, dirent que l'affaire n'était pas assez éclaircie. Quelques juges sévères crurent que chacun

vatum Staleni judicium profectus est, et illud pro potestate dimitti jussit; Stalenum ipse ad subsellia adduxit. Consurgitur in consilium, quum sententias Oppianicus, quæ tum erat potestas, palam ferri velle dixisset, ut Stalenus scire posset quid cuique deberetur. Varia judicum genera ; nummarii pauci ; sed omnes irati. Ut qui accipere in Campo consueruit, iis candidatis, quorum nummos suppressos esse putant, inimicissimi solent esse ; sic ejusmodi judices infesti tum reo venerant. Cæteri nocentissimum esse arbitrabantur ; sed spectabant sententias eorum quos corruptos putabant, ut ex iis constituerent a quo judicium corruptum videretur.

XXVIII. Ecce tibi ejusmodi sortitio, ut in primis Bulbo, et Staleno, et Guttæ esset judicandum. Summa omnium exspectatio, quidnam sententiæ ferrent leves ac nummarii judices. Atque illi omnes sine ulla dubitatione condemnant. Hic tum injectus est hominibus scrupulus et quædam dubitatio, quidnam esset actum. Deinde homines sapientes, ex vetere illa disciplina judiciorum, qui neque absolvere hominem nocentissimum possent, neque eum, de quo esset orta suspicio, pecunia oppugnatum, re illa incognita, primo condemnare

ne devait prendre conseil que de sa propre conscience, et que, si d'autres avaient reçu de l'argent pour bien juger, eux, du moins, ne s'en croyaient pas moins obligés de s'en tenir à leur première décision. En conséquence, ils prononcèrent la condamnation. Il n'y eut en tout que cinq membres qui, soit par ignorance, soit par pitié, soit par scrupule, soit par des vues intéressées, acquittèrent votre innocent Oppianicus.

L. Quintius s'empara aussitôt de cette condamnation en homme éminemment populaire, et toujours prêt à recueillir les bruits dont il pouvait tirer parti dans les assemblées. Il crut que c'était pour lui une excellente occasion de s'élever aux dépens du sénat, en augmentant les préventions que le peuple paraissait avoir déjà contre les jugements de cet ordre. Il prononça deux harangues pleines de chaleur et de véhémence. A l'entendre, les juges avaient été payés pour condamner un innocent. Comme tribun, il ne cessait de crier que l'affaire intéressait tous les citoyens ; qu'il n'y avait plus de justice ; que, si l'on avait pour ennemi un homme riche, il était impossible de n'être pas condamné. Ceux qui ignoraient toute l'intrigue, et qui n'avaient jamais vu Oppianicus, le prirent pour un homme plein d'honneur et de modestie, immolé par des juges corrompus. En proie aux plus violents soupçons, ils demandèrent que la cause fût portée devant le

vellent, non liquere dixerunt. Nonnulli autem severi homines hoc statuerunt, quo quisque animo quid faceret, spectari oportere ; et, si alii pecunia accepta verum judicabant, tamen nihilo minus se superioribus suis judiciis constare putabant oportere. Itaque damnarunt. Quinque omnino fuerunt, qui illum vestrum innocentem Oppianicum sive imprudentia, sive misericordia, sive aliqua suspicione, sive ambitione adducti, absolverent.

Condemnato Oppianico, statim L. Quintius, homo maxime popularis, qui omnes rumorum et concionum ventos colligere consuesset, oblatam sibi facultatem putavit, ut ex invidia senatoria posset crescere, quod ejus ordinis judicia minus jam probari populo arbitrabatur. Habetur una atque altera concio vehemens et gravis : accepisse pecuniam judices, ut innocentem reum condemnarent, tribunus plebis clamitabat ; agi fortunas omnium dicebat ; nulla esse judicia ; qui pecuniosum inimicum haberet, incolumem esse neminem posse. Homines totius ignari negotii, qui Oppianicum nunquam vidissent, virum optimum et hominem pudentissimum, pecunia oppressum arbitrarentur, incensi suspicione, rem in medium vocare cœperunt, et causam illam

peuple et soumise à sa décision. Ce fut à cette époque-là même que Stalenus, appelé par Oppianicus, se rendit nuitamment chez l'honorable T. Annius, mon ami. Tout le reste est bien connu. On sait comment Oppianicus redemanda l'argent, comment Stalenus promit de le rendre, comment toute leur conversation fut entendue par des témoins dignes de foi, cachés à dessein dans une chambre voisine, comment la chose fut découverte et rendue publique, comment enfin Stalenus se vit arracher des mains sa proie tout entière.

XXIX. Ce personnage était parfaitement connu du peuple : il n'y avait point de bassesse dont on ne le crût capable. Mais ceux qui assistaient aux débats ne concevaient point qu'il se fût approprié l'argent promis par lui-même au nom de l'accusé, et l'on se gardait bien de le leur apprendre. Ils savaient seulement qu'il avait été question d'argent dans ce procès. On leur disait qu'on avait condamné un innocent. Ils croyaient que Stalenus était un de ceux qui avaient concouru à la condamnation. D'après le caractère de cet homme, ils jugeaient que ce n'était pas gratuitement qu'il l'avait fait. Leurs soupçons tombaient également sur Bulbus, Gutta et quelques autres. Je l'avoue donc, et je puis aujourd'hui l'avouer impunément surtout devant ce tribunal : comme la vie d'Oppianicus et son nom même étaient jusqu'alors inconnus au peuple ; comme on s'indignait en pensant qu'un inno-

---

totam deposcere. Atque illo ipso tempore in ædes T. Annii, hominis honestissimi, necessarii et amici mei, noctu Stalenus, accersitus ab Oppianico, venit. Jam cætera nota sunt omnibus ; ut cum illo Oppianicus egerit de pecunia ; ut ille se redditurum esse dixerit ; ut eorum sermonem omnem audierint viri boni, qui tum consulto propter in occulto stetissent ; ut res patefacta atque in forum prolata, et pecunia omnis a Staleno extorta atque erepta sit.

XXIX. Hujus Staleni persona, populo jam nota atque perspecta, ab nulla turpi suspicione abhorrebat. Suppressam esse ab eo pecuniam, quam pro reo pronuntiasset, qui erant in concione, non intelligebant ; neque enim docebantur ; versatam esse in judicio mentionem pecuniæ sentiebant ; innocentem reum condemnatum esse audiebant ; Staleni sententia condemnatum videbant ; non gratis id ab eo factum esse, quod hominem norant, judicabant. Similis in Bulbo, in Gutta, in aliis nonnullis suspicio consistebat. Itaque confiteor (licet enim jam impune, hoc præsertim in loco, confiteri), quod Oppianici non modo vita, sed etiam nomen ante illud tempus populo ignotum fuisset ; indignissi-

cent avait été victime de la corruption, soupçon que justifiaient trop la perversité de Stalenus et l'infamie de quelques autres juges qui lui ressemblaient ; comme cette cause était plaidée par Quintius, qui joignait à une grande puissance le talent d'enflammer les passions de la multitude ; je l'avoue, dis-je, ce jugement souleva d'indignation tous les esprits. Je n'ai pas oublié que l'incendie à peine allumé atteignit C. Junius, président du tribunal ; que ce citoyen, revêtu de l'édilité, et que l'estime publique avait déjà nommé préteur, poursuivi par les clameurs de la multitude, et condamné sans être entendu, se vit à la fois privé de ses honneurs et dépouillé de ses droits.

Je me félicite d'avoir à défendre aujourd'hui, plutôt que dans ces temps orageux, la cause de Cluentius. La cause est sans doute la même, et rien ne peut la changer. Mais la tempête est calmée : ce que les circonstances avaient de fâcheux ne peut plus me nuire, et tout ce que la cause a de favorable va me servir. Je vois de quelle manière je serai entendu non-seulement par ceux qui ont le droit de prononcer dans notre cause, mais par ceux mêmes dont nous n'ambitionnons que l'estime. Si j'avais parlé alors, on ne m'aurait point écouté. Ce n'est point que la cause eût été différente : elle était la même ; mais les circonstances avaient changé. En voici la preuve.

mum porro videretur circumventum esse innocentem pecunia ; hanc deinde suspicionem augeret Staleni improbitas et nonnullorum ejus similium judicum turpitudo ; causam autem ageret L. Quintius, homo quum summa potestate præditus, tum ad inflammandos animos multitudinis accommodatus ; summam illi judicio invidiam infamiamque esse conflatam. Atque in hanc flammam recentem, C. Junium, qui illi quæstioni præfuerat, injectum esse memini, et illum hominem ædilitium, jam prætorem opinionibus hominum constitutum, non disceptatione dicendi, sed clamore hominum, de foro atque adeo de civitate esse sublatum.

Neque me pœnitet hoc potius tempore quam illo causam A. Cluentii defendere. Causa enim manet eadem, quæ mutari nullo modo potest ; temporis iniquitas atque invidia recessit, ut, quod in tempore mali fuit, nihil obsit ; quod in causa boni fuit, prosit. Itaque nunc quemadmodum audiar sentio, non modo ab iis quorum judicium atque potestas est, sed etiam ab illis quorum tantum est existimatio. At tum si dicerem, non audirer, non quod alia res esset, immo eadem, sed tempus aliud. Id adeo sic cognoscite.

XXX. Qui eût osé dire alors qu'Oppianicus avait été justement condamné? Qui oserait soutenir aujourd'hui le contraire? Qui aurait pu l'accuser alors d'avoir cherché à corrompre le tribunal? Qui peut maintenant contester le fait? A qui eût-on permis alors d'avancer qu'Oppianicus n'avait été accusé qu'après deux arrêts préalables en vertu desquels il avait été déjà condamné? Qui entreprendrait maintenant de le nier? Ainsi, puisque le temps a calmé les préventions, puisque ma voix les a conjurées, et que votre justice impartiale les a forcées de se taire devant la vérité, que reste-t-il de douteux dans ma cause?

Il est constant qu'il y a eu de l'argent donné. Par qui? Est-ce par l'accusateur, est-ce par l'accusé? voilà ce qu'il s'agit de savoir. L'accusateur dit : « D'abord je dénonçais des crimes si énormes, que je n'avais pas besoin d'argent. Ensuite, j'amenais devant la justice un homme condamné d'avance, et que l'argent même n'aurait pu sauver. Enfin, quand il aurait été absous, mon existence et ma fortune n'en recevaient aucune atteinte. » Que réplique l'accusé? « D'abord la multitude et la gravité des crimes qu'on m'imputait me faisaient trembler. Ensuite, les Fabricius ayant été condamnés pour avoir été mes complices, je sentais que ma condamnation était déjà prononcée. Enfin, je me voyais réduit à une telle extrémité, que mon existence

---

XXX. Quis tum auderet dicere nocentem condemnatum esse Oppianicum? quis nunc id audet negare? Quis tum posset arguere ab Oppianico judicium tentatum esse pecunia? quis id hoc tempore inficiari potest? Cui tum liceret docere Oppianicum reum factum esse, tum denique quum duobus proximis præjudiciis condemnatus esset? quis est qui id hoc tempore infirmare conetur? Quare, invidia remota, quam dies mitigavit, oratio mea deprecata est, vestra fides atque æquitas a veritatis disceptatione rejecit, quid est præterea quod in causa relinquatur?

Versatam esse in judicio pecuniam constat; ea quæritur unde profecta sit : ab accusatore, an ab reo? Accusator dicit hæc : « Primum gravissimis criminibus accusabam, ut nihil opus esset pecunia; deinde condemnatum adducebam, ut ne eripi quidem pecunia posset; postremo, etiamsi absolutus esset, mearum tamen omnium fortunarum status incolumis maneret. » Quid contra reus? « Primum ipsam multitudinem et atrocitatem criminum pertimescebam; deinde, Fabriciis propter conscientiam mei sceleris condemnatis, me esse condemnatum sentiebam; postremo in eum casum veneram,

tout entière dépendait du jugement qui allait être rendu. »

L'un avait donc, pour corrompre les juges, des motifs nombreux et puissants ; l'autre n'en avait aucun. Voyons maintenant d'où l'argent est parti. Cluentius tenait ses registres avec la plus scrupuleuse exactitude. Il en résulte, au moins, qu'il n'a rien pu cacher de ce qu'il ajoutait ou ôtait à son avoir. Voilà huit ans que cette cause est soumise à votre examen ; que tous les faits qui se rattachent à ce procès ont été recherchés par vous sur les registres cent fois compulsés de Cluentius et sur ceux de beaucoup d'autres : et cependant vous ne trouvez aucune trace de l'argent donné par Cluentius. Mais l'argent d'Oppianicus, avons-nous besoin de le suivre à la piste, ou d'aller le surprendre au gîte? j'espère bien que vous me servirez de guides. Voilà, dans un seul article, six cent quarante mille sesterces ; et cet article, je le trouve chez le plus audacieux des hommes ; je le trouve chez un juge. Que voulez-vous de plus ? Mais, direz-vous, ce n'est point Oppianicus, c'est Cluentius qui chargea Stalenus de corrompre le tribunal. Pourquoi donc, lorsqu'on allait aux voix, Cluentius et Canutius souffraient-ils l'absence de Stalenus? pourquoi, lorsqu'ils prièrent les juges de prononcer, ne réclamèrent-ils pas la présence de Stalenus qui avait reçu leur argent? pourquoi fut-ce Oppianicus qui la réclama, Quintius qui l'exigea, et qui même interposa son autorité de tribun pour empêcher qu'on

---

ut omnis mearum fortunarum status unius judicii periculo contineretur. »

Age, quoniam corrumpendi judicii causas ille multas et graves habuit, hic nullam ; profectio ipsius pecuniæ requiratur. Confecit tabulas diligentissime Cluentius. Hæc autem res habet hoc certe, ut nihil possit neque additum, neque detractum de re familiari latere. Anni sunt octo, quum ista causa in ista meditatione versatur ; quum omnia quæ nunc ad eam rem pertinent, et ex hujus et ex aliorum tabulis agitatis, tractatis, inquiritis; quum interea Cluentianæ pecuniæ vestigium nullum invenitis. Quid ? Albiana pecunia vestigiisne nobis odoranda est, an ad ipsum cubile, vobis ducibus, venire possumus? Tenentur uno in loco H-S DCXL ; tenentur apud hominem audacissimum ; tenentur apud judicem. Quid vultis amplius? At enim Stalenus non fuit ab Oppianico, sed a Cluentio ad judicium corrumpendum constitutus. Cur eum, quum in consilium iretur, Cluentius et Canutius abesse patiebantur? cur, quum in consilium mittebant, Stalenum judicem, cui pecuniam dederant, non requirebant? Oppianicus quærebat? Quintius flagitabat? Sine Staleno ne in

ne délibérât sans Stalenus? Mais Stalenus vota contre Oppianicus. C'est qu'il devait cette garantie à Bulbus et à ses pareils pour leur prouver qu'Oppianicus l'avait joué. Si donc, juges, vous voyez d'un côté le besoin d'acheter les suffrages, une somme donnée, un Stalenus, en un mot, tout ce que l'audace et la fourberie ont de plus odieux ; tandis que de l'autre vous trouvez l'honneur, la probité, nulle trace d'argent, nul motif de corrompre le tribunal, laissez, puisque la vérité s'est fait jour et que toute erreur est dissipée, laissez la honte de cette criminelle intrigue retourner à la source impure d'où sont partis tant de forfaits, et que d'injustes préventions cessent enfin de poursuivre un homme dont la vie entière est irréprochable.

XXXI. Mais, dira-t-on, cet argent avait été donné à Stalenus par Oppianicus pour amener une réconciliation, et non pour corrompre le tribunal. Se peut-il, Attius, que, avec vos lumières et votre expérience, vous teniez ce langage? On place au premier rang des sages celui qui trouve dans son propre fonds ce qu'il y a de mieux à faire, et l'on n'accorde que le second rang à celui qui sait profiter des bonnes idées d'autrui. En fait de sottise, c'est tout le contraire. L'homme qui ne peut rien imaginer est regardé comme moins inepte que celui qui adopte les folles inventions d'un autre. Stalenus, se voyant le poignard sur la gorge, imagina dans le premier moment cette prétendue

---

consilium iretur tribunitia potestate perfectum est? At condemnavit. Hanc enim damnationem dederat obsidem Bulbo et cæteris, ut destitutus ab Oppianico videretur. Quare si istinc causa judicii corrumpendi, istinc pecunia, istinc Stalenus, istinc denique omnis fraus et audacia est; hinc pudor, honesta vita et nulla suspicio pecuniæ, nulla corrumpendi judicii causa ; patimini, veritate patefacta, atque omni errore sublato, eo transire illius turpitudinis infamiam, ubi cætera maleficia consistunt, ab eo invidiam discedere aliquando ad quem nunquam accessisse culpam videtis.

XXXI. At enim pecuniam Staleno dedit Oppianicus non ad corrumpendum judicium, sed ad conciliationem gratiæ. Tene hoc, Atti, dicere, tali prudentia, etiam usu atque exercitatione præditum? Sapientissimum esse dicunt eum cui, quod opus sit, ipsi veniat in mentem ; proxime accedere illum qui alterius bene inventis obtemperet. In stultitia contra est. Minus enim stultus est is cui nihil in mentem venit, quam ille qui quod stulte alteri venit in mentem comprobat. Istam conciliationem gratiæ Stalenus tum recenti re, quum

réconciliation ; ou bien, comme on le disait alors, ce fut P. Cethegus qui lui suggéra ce misérable subterfuge. En effet, juges, vous pouvez vous rappeler le bruit qui courut en ce temps-là. Cethegus, ennemi de Stalenus, voulant écarter du gouvernement un homme aussi pervers, convaincu d'ailleurs qu'un magistrat qui, de son aveu, avait secrètement et au mépris des lois reçu de l'argent d'un accusé dont il était juge, ne pouvait obtenir aucune grâce, lui avait, disait-on, donné ce conseil un peu perfide. Si en cela Cethegus manqua de bonne foi, je présume qu'il voulait écarter un adversaire. Mais si Stalenus en était réduit à ne pouvoir nier qu'il eût reçu de l'argent, et si rien ne devait le couvrir de plus de honte, ni mieux assurer sa perte que d'avouer l'usage auquel cet argent était destiné, le conseil de Cethegus n'est pas répréhensible. Au reste, Stalenus était dans une position bien différente de celle où vous êtes aujourd'hui, Attius. Dans une crise aussi fâcheuse, toute espèce de réponse était moins déshonorante pour lui que l'aveu de sa vénalité. Mais vous, Attius, que vous reproduisiez aujourd'hui une fable qui excita le mépris et la risée, voilà ce qui m'étonne. Comment, en effet, Cluentius eût-il pu se réconcilier avec Oppianicus? Il était poursuivi par la haine implacable de sa mère. Les noms de l'accusateur et de l'accusé étaient inscrits sur les registres publics. Les Fabricius avaient été condamnés. Oppianicus ne pouvait échapper, tout

---

faucibus premeretur, excogitavit ; sive, ut homines tum loquebantur, a P. Cethego admonitus, istam dedit conciliationis et gratiæ fabulam. Nam fuisse hunc hominum sermonem, recordari potestis : Cethegum, quod hominem odisset, et quod ejus improbitatem versari in republica nollet, et quod videret eum qui se ab reo pecuniam, quum judex esset, clam atque extra ordinem accepisse confessus esset, salvum esse non posse, minus ei fidele consilium dedisse. In hoc si improbus Cethegus fuit, videtur mihi adversarium removere voluisse. Sin erat ejusmodi causa, ut Stalenus nummos se accepisse negare non posset, nihil autem erat periculosius, nec turpius, quam ad quam rem accepisset confiteri, non est consilium Cethegi reprehendendum. Verum alia causa tum Staleni fuit, alia nunc, Atti, tua est. Ille, quum re premeretur, quodcumque diceret, honestius diceret, quam si quod erat factum fateretur. Te vero illud idem, quod tum explosum et ejectum est, nunc retulisse demiror. Qui enim poterat tum in gratiam redire cum Oppianico Cluentius ? qui cum matre habebat simultates. Hærebat in tabulis publicis reus et accusator. Con-

autre l'eût-il poursuivi; et Cluentius ne pouvait se désister sans se reconnaître pour un infâme calomniateur.

XXXII. Voulait-on le déterminer à trahir lui-même sa cause ? D'abord c'était un acte de corruption ; ensuite, qu'était-il besoin de choisir un juge pour médiateur ? Pourquoi surtout s'adresser à Stalenus, à un homme vil et décrié, également étranger aux deux parties, plutôt que de faire agir un homme d'honneur qui fût leur ami commun ? Mais à quoi bon insister davantage, comme s'il était question d'un mystère ? La somme même remise à Stalenus et le nombre de sesterces révèlent indubitablement quelle en était la destination. Je dis qu'il fallait gagner seize juges pour qu'Oppianicus fût acquitté, et que six cent quarante mille sesterces ont été portés chez Stalenus. Si c'est, comme vous le dites, pour ménager une réconciliation, six cent mille ne suffisaient-ils pas? Pourquoi quarante mille de plus ? Si c'est, comme nous le prétendons, pour distribuer à seize juges six cent quarante mille sesterces, Archimède n'aurait pas mieux compté.

On objecte que beaucoup d'arrêts ont déclaré Cluentius coupable de corruption. La vérité est que, jusqu'à ce moment, jamais cette question n'a occupé spécialement la justice. Cette cause, si vivement attaquée et traînée si longtemps de tribunaux en tribunaux, est aujourd'hui défendue pour la première fois ; c'est

---

demnati erant Fabricii; nec elabi alio accusatore poterat Albius, nec sine ignominia calumniæ relinquere accusationem Cluentius.

XXXII. An ut prævaricaretur ? Jam id quoque ad corrumpendum judicium pertinet. Sed quid opus erat ad eam rem judice sequestre ? et omnino, quamobrem tota ista res per Stalenum potius, hominem ab utroque alienissimum, sordidissimum, turpissimum, quam per bonum aliquem virum ageretur, et amicum necessariumque communem ? Sed quid ego hæc pluribus, quasi de re obscura, disputo, quum ipsa pecunia, quæ Staleno data est, numero ac summa sua non modo quanta fuerit, sed etiam ad quam rem data fuerit, ostendat ? Sexdecim dico judices, ut Oppianicus absolveretur, corrumpendos fuisse; ad Stalenum sexcenta et quadraginta millia nummum esse delata. Si, ut tu dicis, gratiæ conciliandæ causa, quadraginta istorum accessio millium quid valet ? si, ut nos dicimus, ut sexcenta et quadraginta millia nummum sexdecim judicibus darentur, non Archimedes melius potuit describere.

At enim judicia facta permulta sunt, a Cluentio judicium esse corruptum. Immo vero ante hoc tempus omnino ista ipsa res suo nomine in judicium numquam est vocata. Ita multum agitata, ita diu jactata ista res est, ut hodierno

aujourd'hui pour la première fois que la vérité, rassurée par l'équité des juges, élève la voix contre la calomnie. Voyons néanmoins quels sont ces nombreux arrêts : car j'ai pris mes mesures contre toutes les attaques ; je me suis mis en état de prouver que, parmi les prétendus jugements rendus sur ce premier jugement, les uns ressemblent plutôt au fracas de la tempête ou de la foudre qu'au résultat d'une discussion calme et réfléchie ; que les autres ne préjugent rien contre Cluentius ; que plusieurs lui sont même favorables ; que d'autres enfin n'ont jamais été qualifiés de jugements ni regardés comme tels. Ici, juges, c'est plutôt pour me conformer à l'usage que pour implorer une bienveillance dont vous me donnez déjà tant de preuves, que je vous prie d'accorder votre attention à l'examen que je vais faire de chacun de ces jugements.

XXXIII. C. Junius, qui avait présidé le tribunal, a été condamné ; ajoutez même, si vous le voulez, qu'il a été condamné lorsqu'il était encore en exercice ; car le tribun du peuple n'a pas eu plus de respect pour la loi que d'égards pour l'accusé. Dans un temps où il n'était pas permis de distraire Junius de ses fonctions de juge pour aucun autre ministère public, oui, dans ce temps-là même, on l'arrache de son tribunal pour lui faire son procès. Et quel procès, grands dieux ! Vos regards, juges, m'invitent à dévoiler ce que je voulais taire. Y eut-il donc une instruction, des

---

die primum causa illa defensa sit, hodierno die primum veritas vocem contra invidiam, his judicibus freta, miserit. Verumtamen multa ista judicia quæ sunt ? ego enim me ad omnia confirmavi, et sic paravi, ut docerem, quæ facta postea judicia de illo judicio dicerentur, partim ruinæ similiora aut tempestati, quam judicio et disceptationi fuisse, partim nihil contra Avitum valere, partim etiam pro hoc esse, partim esse ejusmodi, ut neque appellata unquam judicia sint, neque existimata. Hic ego, magis ut consuetudinem servem, quam quod vos non vestra hoc sponte faciatis, petam a vobis, ut me, dum de his singulis disputo judiciis, attente audiatis.

XXXIII. Condemnatus est C. Junius, qui ei quæstioni præfuerat ; adde etiam illud, si placet : tum est condemnatus, quum esset judex quæstionis. Non modo causæ, sed ne legi quidem quidquam per tribunum plebis laxamenti datum est. Quo tempore illum a quæstione ad nullum aliud reipublicæ munus abduci licebat, eo tempore ad quæstionem ipse abreptus est. At quam quæstionem ? Vultus enim vestri, judices, me invitant ut, quæ reticenda putaram,

débats, un jugement? Je veux le croire. Eh bien, je le demande à qui voudra me répondre parmi cette multitude alors soulevée, et dont on flattait l'emportement, de quoi Junius fut-il accusé? Tout le monde répondra qu'il avait reçu de l'argent et qu'il avait sacrifié un innocent. Telle est l'opinion générale. Mais, s'il en était ainsi, pourquoi ne pas l'accuser en vertu de la loi qu'on allègue aujourd'hui contre Cluentius? — Junius, dira-t-on, présidait alors le tribunal chargé d'appliquer cette loi. — Quintius aurait attendu quelques jours. — Mais non; Quintius ne voulait ni accuser comme simple particulier, ni laisser refroidir l'indignation publique. Vous le voyez donc, juges, ce n'était pas sur la justice de sa cause, mais sur l'opinion du moment et sur l'abus du pouvoir que l'accusateur fondait son espérance. Il conclut à une amende. Sous quel prétexte? Parce que Junius n'avait point fait le serment d'observer la loi, négligence qui ne fut jamais regardée comme un délit, et parce que l'honnête et scrupuleux C. Verrès, alors préteur de la ville, n'avait point sur son registre, qu'on produisit tout couvert de ratures, les noms désignés par le sort pour remplacer les juges récusés. Voilà, juges, pour quels motifs C. Junius fut condamné ; motifs légers et frivoles, qui ne devaient pas même être produits en justice. S'il succomba, ce fut la faute des temps, et non celle de sa cause.

XXXIV. Pensez-vous que ce jugement doive nuire à Cluentius? Pour quelle raison? Je veux que Junius n'ait pas fait un second

libeat jam libere dicere. Quid? illa tandem quæstio, aut disceptatio, aut judicium fuit? Putabo fuisse. Dicat, qui vult hodie de illo populo concitato, cui tum mos gestus est, qua de re Junius causam dixerit. Quemcumque rogaris, hoc respondebit, quod pecuniam acceperit, quod innocentem circumvenerit. Est hæc opinio. At, si ita esset, hac lege accusatum esse oportuit qua accusatur Avitus. At ipse ea lege quærebat. Paucos dies exspectasset Quintius. At neque privatus accusare, nec sedata jam invidia, volebat. Videtis igitur, non in causa, sed in tempore ac potestate spem omnem accusatoris fuisse. Multam petivit. Qua lege? Quod in legem non jurasset, quæ res nemini unquam fraudi fuit, et quod C. Verres, prætor urbanus, homo sanctus et diligens, subsortitionem ejus in eo codice non haberet, qui tum interlitus proferebatur. His de causis C. Junius condemnatus est, judices, levissimis et infirmissimis, quas omnino in judicium afferri non oportuit. Itaque oppressus est, non causa, sed tempore.

XXXIV. Hoc vos Cluentio judicium putatis obesse oportere? Quam ob cau-

tirage comme l'exige la loi, ou qu'il ait une fois omis la formalité du serment ; s'ensuit-il que sa condamnation ait rien préjugé contre Cluentius ? Ce n'est pas cela, me dit-on ; il a été condamné en vertu de ces deux lois, parce qu'il en avait violé une troisième. Ceux qui font cet aveu peuvent-ils prétendre que ce soit là un jugement ? On nous dit encore que le préteur fut indigné contre Junius parce que l'on pensait que c'était lui qui avait corrompu le tribunal. Mais, je le demande, la cause a-t-elle changé de nature ? Le fait, le motif du jugement, le fond de tout ce procès, ne sont-ils plus les mêmes qu'ils étaient alors ? Je ne crois pas que, dans tout ce qui s'est passé à cette époque, il y ait une seule circonstance qui puisse avoir changé de nature. D'où vient donc qu'aujourd'hui on prête à notre défense une attention si calme, tandis qu'on ne laissa pas même à Junius la liberté de se défendre ? C'est qu'alors l'animosité, l'erreur, la prévention, égaraient la multitude assemblée tumultuairement chaque jour par un orateur trop sûr de lui plaire. Le même tribun qui accusait Junius devant le peuple l'accusait aussi devant le tribunal. Il quittait l'assemblée pour venir au barreau, ou plutôt il y venait avec toute l'assemblée. Ces degrés, nouvellement construits par Aurelius, semblaient ne l'avoir été que pour servir de théâtre à ce procès ; et, dès que l'accusateur les avait remplis de ses fougueux partisans, on ne pouvait plus parler en

---

sam? Si ex lege subsortitus non erat Junius, aut si in legem aliquando non juraverat, idcirco illius damnatione aliquid de Cluentio judicabatur? Non, inquit ; sed ille idcirco his legibus condemnatus est, quod contra aliam legem commiserat. Qui hoc confitentur, possunt illud iidem judicium fuisse defendere ? ergo idcirco, inquit, infestus tum prætor Junio fuit, quod illud judicium corruptum per eum putabatur. Num igitur hoc tempore causa mutata est? num alia res, alia ratio illius judicii, alia natura totius negotii nunc est, ac tum fuit? Non opinor ex iis rebus quæ gestæ sunt rem ullam potuisse mutari. Quid ergo est causæ quod nunc nostra defensio audiatur tanto silentio, tunc Junio defendendi sui potestas erepta sit? Quia tum in causa nihil erat, præter invidiam, errorem, suspicionem, conciones quotidianas, seditiose ac populariter concitatas. Accusabat tribunus plebis idem in concionibus, idem ad subsellia ; ad judicium non modo de concione, sed etiam cum ipsa concione veniebat. Gradus illi Aurelii, tum novi, quasi pro theatro illi judicio ædificati

faveur de l'accusé; on ne pouvait pas même se lever pour le défendre.

Dernièrement, au tribunal de mon collègue C. Orchinius, les juges ont refusé d'instruire le procès de Faustus Sylla, poursuivi comme détenteur de deniers publics; ce n'est pas que Sylla leur parût être au-dessus des lois, ou que les intérêts du fisc n'eussent à leurs yeux aucune importance; mais c'est que, l'accusateur étant tribun, ils pensèrent que dans les débats la partie ne serait pas égale pour l'accusé. Comparerai-je ici les époques? opposerai-je Sylla à Junius, ou ce tribun à Quintius? Richesses immenses, parents, alliés, amis, clients, Sylla réunissait tous les avantages. Junius n'en avait qu'une bien faible partie, et encore ne devait-il ces ressources qu'à de pénibles travaux. Le tribun dont je parle est sage, honnête, ennemi des factieux, bien loin d'être factieux lui-même; l'autre était d'un caractère violent, accusateur passionné, démagogue fougueux. Les temps sont aujourd'hui calmes et tranquilles; ils étaient alors agités par tous les emportements de la haine et de la prévention. Malgré cette différence, les juges décidèrent que l'accusé aurait trop de désavantage devant un adversaire qui réunissait aux prérogatives d'accusateur le pouvoir d'une magistrature absolue.

XXXV. Juges, le motif qui les fit agir est digne d'occuper

---

videbantur: quos ubi accusator concitatis hominibus compleratt, non modo dicendi ab reo, sed ne surgendi quidem potestas erat.

Nuper apud C. Orchinium, collegam meum, locus ab judicibus Fausto Sullæ de pecuniis residuis non est constitutus; non quo illi aut exlegem esse Sullam, aut causam pecuniæ publicæ contemptam atque abjectam putarent; sed quod, accusante tribuno plebis, conditione æqua disceptari posse non putaverunt. Quid? conferam Sullamne cum Junio? an hunc tribunum plebis cum Quintio? an vero tempus cum tempore? Sulla maximis opibus, cognatis, affinibus, necessariis, clientibus plurimis; hæc autem apud Junium parva, et infirma, et ipsius labore quæsita atque collecta. Hic tribunus plebis, modestus, pudens, non modo non seditiosus, sed etiam seditiosis adversarius; ille autem acerbus, criminosus, popularis homo ac turbulentus. Tempus hoc tranquillum ac pacatum; illud omnibus invidiæ tempestatibus concitatum. Quæ quum ita essent, in Fausto tamen illi judices statuerunt, iniqua conditione reum causam dicere, quum adversario ejus ad jus accusationis summa vis potestatis accederet.

XXXV. Quam quidem rationem vos, judices, diligenter, pro vestra sapientia

votre sagesse et votre générosité. Vous devez considérer à quels malheurs et à quels dangers peut nous exposer toute la puissance tribunitienne, principalement lorsqu'on a soufflé la haine et la sédition dans une assemblée tumultuaire. Dans ces temps plus heureux où l'on fondait sa grandeur, non sur les agitations populaires, mais sur son propre mérite et l'innocence de sa vie, ni P. Popillius, ni Q. Metellus, malgré l'éclat de leurs noms et de leurs vertus, ne purent résister au pouvoir des tribuns. Dans un siècle comme le nôtre, avec de telles mœurs et de tels magistrats, où trouver une sauvegarde, si votre sagesse et la justice de vos arrêts ne nous protégent? Ce ne fut donc point ici un jugement, non, il n'y eut même rien de semblable, puisqu'on ne trouve ni formes observées, ni coutume suivie, ni cause débattue. C'est un acte de violence, et, comme je l'ai déjà dit, un ouragan, un coup de foudre, tout, plutôt qu'un jugement, une plaidoirie, un procès. S'il y a quelqu'un qui veuille que ce soit là un jugement, et qui pense que dès qu'un tribunal a prononcé, il faut s'en tenir à ce qui a été jugé, qu'il sépare, du moins, cette cause de la nôtre. Car, si l'on a prononcé l'amende contre Junius, c'est parce qu'il n'avait pas prêté le serment de juger conformément à la loi, ou parce qu'il n'avait point observé la loi relative au second tirage. Or, la cause de Cluentius est absolument étrangère aux lois qui servirent de prétexte à la condamnation de Junius.

et humanitate, cogitare et penitus perspicere debetis, quid mali, quantum periculi unicuique nostrum inferre possit vis tribunitia, conflata præsertim invidia et concionibus seditiose concitatis. Optimis, hercle, temporibus, tum, quum homines se non jactatione populari, sed dignitate atque innocentia tuebantur, tamen nec P. Popillius, nec Q. Metellus, clarissimi atque amplissimi viri, vim tribunitiam sustinere potuerunt; nedum his temporibus, his moribus, his magistratibus, sine vestra sapientia ac sine judiciorum remediis, salvi esse possimus. Non fuit igitur illud judicium judicii simile, judices, non fuit, in quo non modus est adhibitus, non mos consuetudoque servata, non causa defensa. Vis illa fuit, et, ut sæpe jam dixi, ruina quædam atque tempestas, et quidvis potius, quam judicium, aut disceptatio, aut quæstio. Quod si quis est qui illud judicium fuisse arbitretur, et qui his rebus judicatis standum putet, is tamen hanc causam ab illa debet sejungere. Ab illo enim, sive quod in legem non jurasset, sive quod ex lege subsortitus judicem non esset, multa petita esse dicitur. Cluentii autem ratio cum illis legibus, quibus a Junio multa petita est, nulla potest ex parte esse conjuncta.

Bulbus, me dites-vous, fut aussi condamné ; ajoutez : pour crime d'État, et vous reconnaîtrez que son procès n'a aucun rapport avec le nôtre. — Mais on lui objecta le délit dont nous sommes accusés. — Je l'avoue, mais il fut prouvé aussi, par une lettre de C. Cosconius et par de nombreux témoignages, qu'il avait voulu soulever une légion en Illyrie. C'est sur cette inculpation qu'il fut jugé, et il s'agissait d'un crime d'État. — Mais l'autre grief lui fut plus fatal que tout le reste. — C'est tout au plus une conjecture ; et, si l'on peut se livrer à des conjectures, la mienne pourrait bien être plus vraisemblable que la vôtre. Je pense, moi, que Bulbus, amené devant le tribunal avec la réputation d'un homme sans foi, sans honneur, sans probité, et souillé de mille forfaits, dut en être plus facilement condamné ; et vous, parmi tous les griefs imputés à Bulbus, vous en choisissez un à votre gré pour en faire le motif de sa condamnation.

XXXVI. La condamnation de Bulbus ne doit donc pas plus nuire à notre cause que celles de Popillius et de Gutta dont se prévaut l'accusateur. Mis en cause pour s'être rendus coupables de brigue, ils furent accusés par des hommes condamnés pour le même délit, et qui, je crois, furent relevés de la peine qu'ils avaient encourue, non pour avoir convaincu Popillius et Gutta de vénalité dans leurs fonctions de juges, mais pour avoir prouvé au

---

At etiam Bulbus est condemnatus. Adde, majestatis, ut intelligas hoc judicium cum illo non esse conjunctum. At est hoc illi crimen objectum. Fateor ; sed etiam legionem esse ab eo sollicitatam in Illyrico, C. Cosconii litteris et multorum testimoniis planum factum est : quod crimen erat proprium illius quæstionis, et quæ res lege majestatis tenebatur. At hoc obfuit ei maxime. Jam ista divinatio est ; qua si uti licet, vide ne mea conjectura multo sit verior. Ego enim sic arbitror, Bulbum, quod homo nequam, turpis, improbus, multis flagitiis contaminatus, in judicium sit adductus, idcirco facilius esse damnatum ; tu mihi ex tota causa Bulbi, quod tibi commodum est eligis, ut id esse secutos judices dicas.

XXXVI. Quapropter hoc Bulbi judicium non plus obesse huic causæ debet, quam illa quæ commemorata sunt ab accusatore, duo judicia, P. Popillii et T. Guttæ : qui causam de ambitu dixerunt ; qui accusati sunt ab iis qui erant ipsi ambitus condemnati. Quos ego non idcirco esse arbitror in integrum restitutos, quod planum fecerint, illos ob rem judicandam pecuniam accepisse, sed quod judicibus probarint, quod in eodem genere in quo ipsi offendissent

tribunal qu'en poursuivant eux-mêmes dans les autres le délit qu'on leur imputait, ils devaient jouir du bénéfice de la loi. Je suis donc persuadé qu'il n'y a personne qui saisisse le moindre rapport entre ces deux arrêts et la cause de Cluentius.

M'objectera-t-on que Stalenus a été condamné? Je ne dirai pas en ce moment ce qu'il ne me paraît pas nécessaire de dire, que Stalenus a été condamné pour un crime d'État. Je ne rapporterai pas les dépositions des témoins les plus respectables, ce qui a été dit contre Stalenus par les lieutenants, par les préfets, par les tribuns militaires de l'illustre M. Émilius, qui tous ont prouvé clairement que, s'il y avait eu des mouvements séditieux dans l'armée à l'époque où il était questeur, c'était lui surtout qui, par ses manœuvres, les avait excités. Je ne parlerai pas non plus des six cent mille sesterces qu'il avait reçus pour l'affaire de Safinius, et qu'il s'appropria comme il fit depuis dans celle d'Oppianicus. Je laisse à part ces griefs, et beaucoup d'autres dont il fut chargé devant le tribunal. Je dis que P. et L. Cominius, chevaliers romains, éloquents et pleins d'honneur, soutinrent alors contre Stalenus qu'ils accusaient, ce que je soutiens aujourd'hui contre Attius. Les Cominius disaient, comme moi, que Stalenus avait reçu de l'argent d'Oppianicus pour corrompre les juges. Stalenus prétendait qu'il l'avait reçu pour réconcilier les

---

alios reprehendissent, se ad præmia legis venire oportere. Quapropter neminem dubitare existimo, quin illa damnatio ambitus nulla ex parte cum causa Cluentii vestroque judicio conjuncta esse possit.

Quid, quod Stalenus est condemnatus ? non dico hoc tempore, judices, id quod nescio an dici oporteat, illum majestatis esse damnatum. Non recito testimonia hominum honestissimorum, quæ in Stalenum sunt dicta ab iis qui M. Æmilio, clarissimo viro, legati, et præfecti, et tribuni militares fuerunt, quorum testimoniis planum factum est, maxime ejus opera, quum quæstor esset, in exercitu seditionem esse conflatam. Ne illa quidem testimonia recito, quæ dicta sunt, de H-S DC ; quæ ille quum accepisset nomine judicii Safiniani, sicut in Oppianici judicio postea, retinuit atque suppressit. Omitto et hæc et alia permulta, quæ illo judicio in Stalenum dicta sunt ; hoc dico, eamdem tum fuisse P. et L. Cominiis, equitibus Romanis, honestissimis hominibus et disertis, controversiam cum Staleno quem accusabant, quæ nunc mihi est cum Attio. Cominii dicebant idem quod ego dico, Stalenum ab Oppianico pecuniam accepisse, ut judicium corrumperet ; Stalenus conciliandæ gratiæ causa

deux parties. Ce rôle de conciliateur et d'homme de bien faisait rire, comme ces statues dorées qu'il a placées auprès du temple de Juturne avec cette inscription : *Stalenus a réconcilié des rois.* On rappelait toutes ses fraudes, toutes ses supercheries ; on révélait les intrigues qui avaient occupé tous ses moments ; on étalait au grand jour son indigence domestique et le trafic honteux qu'il faisait dans les tribunaux ; enfin, ce médiateur si vénal de la paix et de la concorde n'était rien moins qu'applaudi. Stalenus allégua pour sa défense les mêmes raisons qu'Attius allègue aujourd'hui, et il fut condamné. Les Cominius soutinrent contre lui tout ce que j'ai démontré et ils gagnèrent leur cause. Or, par la condamnation de Stalenus, il a été prouvé qu'Oppianicus avait voulu corrompre les juges, et qu'il avait donné de l'argent à l'un d'eux pour acheter des voix. Car, je le répète, le coupable est nécessairement ou Cluentius ou Oppianicus. Or, si l'on ne trouve aucun indice d'argent donné par Cluentius à l'un des juges, tandis qu'Oppianicus, après la sentence, a forcé un juge de lui rendre son argent, n'est-il pas hors de doute que la condamnation de Stalenus, loin d'être défavorable à Cluentius, ne peut servir qu'à fortifier sa cause et ses moyens de défense ?

XXXVII. Jusqu'ici je ne vois dans la condamnation de Junius qu'un acte de turbulence, qu'un excès populaire, qu'une violence de tribun, plutôt qu'un véritable jugement. Si l'on veut donner à

---

se accepisse dicebat. Irridebatur hæc illius reconciliatio et persona viri boni suscepta, sicut in statuis inauratis, quas posuit ad Juturnæ : quibus subscripsit, *Reges ab se in gratiam esse reductos.* Exagitabantur omnes ejus fraudes atque fallaciæ ; tota vita in ejusmodi ratione versata aperiebatur ; egestas domestica, quæstus forensis in medium proferebatur ; nummarius interpres pacis et concordiæ non probabatur. Itaque tum Stalenus, quum idem defenderet quod Attius, condamnatus est. Cominii quum hoc agerent, quod nos in tota causa egimus, probaverunt. Quamobrem si Stalenii damnatione, Oppianicum judicium corrumpere voluisse, Oppianicum judici ad emendas sententias dedisse pecuniam, judicatum est : quum ita constitutum sit, uti in illa culpa aut Cluentius sit, aut Oppianicus ; Cluentii nummus nullus judici datus ullo vestigio reperitur ; Oppianici pecunia post judicium factum a judice ablata est ; potest esse dubium, quin illa damnatio Staleni, non modo non sit contra Cluentium, sed maxime nostram causam defensionemque confirmet ?

XXXVII. Ergo adhuc Junii judicium video esse ejusmodi, ut incursionem potius seditionis, vim multitudinis, impetum tribunitium, quam judicium ap-

cet acte le nom de jugement, il n'en faut pas moins avouer que l'amende imposée à Junius n'a aucune espèce de rapport avec l'affaire de Cluentius. Ainsi, tout ce qui s'est fait contre Junius est l'œuvre de la violence. Les jugements rendus contre Bulbus, Popillius et Gutta ne compromettent point Cluentius ; la condamnation de Stalenus lui est même favorable. Voyons s'il n'y a pas encore quelque jugement que nous puissions faire valoir en sa faveur.

N'a-t-on pas vu paraître en justice C. Fidiculanius Falcula, qui avait condamné Oppianicus, quoiqu'il n'eût assisté à l'audience que plusieurs jours après le second tirage, circonstance qui, plus que le reste, excita l'indignation publique? Oui, il y parut, et même deux fois ; car L. Quintius, dans ces assemblées séditieuses et turbulentes qu'il convoquait chaque jour, avait soulevé la multitude contre lui. Dans un premier procès, on demanda que Falcula fût, comme Junius, condamné à une amende, pour avoir pris séance contre la loi et sans que sa décurie fût en exercice. Les circonstances étaient un peu plus calmes quand il fut accusé ; mais le délit était à peu près le même que celui de Junius, et les poursuites se faisaient en vertu de la même loi. Comme il n'y eut dans cette affaire ni sédition, ni violence, ni tumulte, il fut très-facilement acquitté dès la première action. Je ne compte pas cet arrêt. Car il se peut que Falcula, quoiqu'il n'ait point encouru

pellandum putem. Quod si quis illud judicium appellet, tamen hoc confiteatur necesse est, nullo modo illam multam, quæ a Junio petita sit, cum Cluentii causa posse conjungi. Illud igitur Junianum per vim factum est ; Bulbi, et Popillii, et Guttæ, contra Cluentium non est ; Staleni, etiam pro Cluentio est. Videamus ecquod aliud judicium, quod pro Cluentio sit, proferre possimus.

Dixitne tandem causam C. Fidiculanius Falcula, qui Oppianicum condemnarat, quum præsertim, id quod fuit in illo judicio invidiosissimum, post paucos dies ex subsortitione sedisset? dixit, et bis quidem dixit. In summam enim L. Quintius invidiam concionibus eum quotidianis, seditiosis et turbulentis, adduxerat. Uno judicio multa est ab eo petita, sicut ab Junio, quod non suæ decuriæ munere, neque ex lege sedisset. Paulo sedatiore tempore est accusatus quam Junius, sed eadem fere lege et crimine. Quia nulla in judicio seditio, neque vis, neque turba versata est, prima actione facillime est absolutus. Non numero hanc absolutionem. Nihilominus enim potest, ut illam mul-

cette amende, ait reçu, pour juger, l'argent que Stalenus a prétendu, devant le même tribunal, n'avoir jamais été pris.

Mais ce n'était point là l'objet principal de ce premier procès. Que reprochait-on, dans le second, à Falcula ? d'avoir reçu de Cluentius quarante mille sesterces. De quel ordre était-il ? de l'ordre des sénateurs. Accusé de concussion devant d'autres juges, d'après la loi suivie à l'égard des sénateurs, il fut honorablement acquitté. La cause fut plaidée à la manière de nos ancêtres. Il n'y eut ni violence, ni terreur, ni menaces : tout fut exposé, développé, démontré. Les juges sentirent que l'accusé avait pu légitimement être condamné par un homme qui n'avait pas assisté à toutes les audiences ; ils pensèrent même que, lorsqu'il y avait déjà eu des jugements rendus sur le fait de l'accusation, un juge n'était pas tenu d'en connaître davantage pour le condamner.

XXXVIII. Alors les cinq membres qui, prévenus par les vagues rumeurs de quelques hommes mal instruits, avaient absous Oppianicus, ne désiraient plus qu'on vantât leur clémence. Quand on leur demandait s'ils n'avaient pas siégé dans le procès de C. Fabricius, ils répondaient qu'ils y avaient siégé. Voulait-on savoir d'eux-mêmes si Fabricius avait été accusé d'autre chose que du projet d'empoisonnement contre Cluentius, ils disaient que non. Les priait-on de s'expliquer sur le jugement qu'ils avaient prononcé, ils déclaraient qu'ils l'avaient condamné ; car

---

tam non commiserit, accepisse tamen ob rem judicandam, pecuniam quam captam nusquam Stalenus eadem lege dixit.

Proprium crimen illud quæstionis ejus non fuit. Fidiculanius quid fecisse dicebatur ? accepisse a Cluentio H-S XL. Cujus erat ordinis ? senatorii. Quâ lege in eo genere a senatore ratio repeti solet, de pecuniis repetundis, ea lege accusatus, honestissime est absolutus. Acta est enim causa more majorum, sine vi, sine metu, sine periculo : dicta, et exposita, et demonstrata sunt omnia. Adducti judices sunt, non modo potuisse honeste ab eo reum condemnari, qui non perpetuo sedisset ; sed, si aliud is judex nihil scisset, nisi quæ præjudicia de eo facta esse constarent, audire præterea nihil debuisse.

XXXVIII. Tum etiam illi quinque qui, imperitorum hominum rumusculos aucupati, tum illum absolverunt, jam suam clementiam laudari magnopere nolebant. A quibus si quis quæreret, sedissentne judices in C. Fabricium, sedisse se dicerent ; si interrogarentur num quo crimine is esset accusatus, præterquam veneni ejus, quod quæsitum Avito diceretur, negarent ; si deinde essent rogati quid judicassent, condemnasse se dicerent. Nemo enim absolvit.

il n'eut pas une voix pour lui. Si on leur eût fait les mêmes questions au sujet de Scamander, ils auraient fait les mêmes réponses. Il est vrai qu'une voix lui avait été favorable ; mais personne n'eût voulu reconnaître cette voix unique pour la sienne. Qui donc justifierait plus aisément son vote, ou celui qui déclare avoir été d'accord avec lui-même, et s'en être tenu à son premier jugement, ou celui qui répond qu'il s'est montré indulgent pour l'auteur du crime, et inflexible pour les agents et les complices ?

Mon intention n'est pas ici de relever l'inconséquence des juges. Des hommes de ce caractère, pour s'écarter de leurs principes, avaient sans doute été saisis de violents soupçons. Ainsi je ne blâme pas l'indulgence de ceux qui prononcèrent en faveur de l'accusé. J'approuve la fermeté de ceux qui, étrangers à l'intrigue de Stalenus, suivirent de leur propre mouvement l'autorité des deux premiers arrêts. Quant aux membres qui ont déclaré que l'affaire n'était pas assez nette, je loue leur prudence. Ils ne pouvaient en aucune manière absoudre un accusé qui leur paraissait le plus grand des coupables, et qu'eux-mêmes avaient déjà condamné deux fois. D'un autre côté, retenus par la mauvaise réputation du tribunal, et voyant plusieurs de leurs collègues violemment soupçonnés d'un délit aussi grave, ils aimèrent mieux attendre, pour condamner, que le temps eût éclairé le mystère.

Eodem modo quæsitum si esset de Scamandro, certe idem respondissent. Tametsi ille una sententia est absolutus ; sed illam unam nemo tum istorum suam dici vellet. Uter igitur facilius suæ sententiæ rationem redderet, isne qui se et sibi et rei judicatæ constitisse dicit, an ille qui se in principem maleficii, lenem, in adjutores ejus et conscios, vehementissimum esse respondet ?

Quorum ego de sententia non debeo disputare. Neque enim dubito, quin ii tales viri, suspicione aliqua percussi repentina, de statu suo declinarint. Quare eorum qui absolverunt misericordiam non reprehendo ; eorum, qui in judicando superiora judicia secuti sunt sua sponte, non Staleni fraude, constantiam comprobo ; eorum vero, qui sibi non liquere dixerunt, sapientiam laudo : qui absolvere eum quem nocentissimum cognorant, et quem ipsi bis jam antea condemnarant, nullo modo poterant ; condemnare, quum tanta consilii infamia et tam atrocis rei suspicio esset injecta, paulo posterius patefacta re, maluerunt.

Ce n'est pas seulement par ce qu'ils firent que vous pouvez apprécier la circonspection de ces juges ; leurs noms mêmes suffisent pour garantir la sagesse et l'équité de leurs actes. Est-il un jurisconsulte plus habile, un homme d'un esprit plus pénétrant, d'une probité plus intègre et d'une délicatesse plus scrupuleuse que P. Octavius Balbus? Il n'a pas absous Oppianicus. Qui eut plus de caractère que Q. Considius? qui connut mieux les formes judiciaires et la dignité des tribunaux ? qui le surpassa jamais en vertus, en lumières, en considération? Il n'a pas absous Oppianicus. Il serait trop long de vanter ici le mérite de chacun d'eux. Leurs éminentes qualités sont trop connues pour avoir besoin de panégyrique. Quel homme que ce M. Juventius Pedo, formé à l'école de notre ancienne magistrature! Quels hommes que L. Caulius Mergus, M. Basilius, C. Caudinus, l'honneur des tribunaux dans les temps les plus honorables de la république ! Il faut mettre au même rang L. Cassius et Cn. Heius, que leur sagesse et leur intégrité rendent également recommandables. Aucun d'eux n'acquitta Oppianicus. Il n'eut pas non plus le suffrage de P. Saturius, le dernier de tous par son âge, mais leur égal par son talent, par son zèle, par son amour scrupuleux du devoir. O merveilleuse innocence d'Oppianicus ! On suppose à celui qui l'absout des vues d'intérêt ; on loue la prudence de celui qui diffère ; on admire la fermeté de principes de celui qui le condamne.

Ac ne ex facto solum sapientes illos judicetis, sed etiam ex nominibus ipsis, quod ii fecerint rectissime ac sapientissime factum probetis ; quis P. Octavio Balbo ingenio prudentior, jure peritior, fide, religione, officio diligentior, aut sanctior commemorari potest ? non absolvit. Quis Q. Considio constantior ? quis judiciorum atque ejus dignitatis quæ in judiciis publicis versari debet peritior? quis virtute, consilio, auctoritate præstantior? ne is quidem absolvit. Longum est de singulorum virtute ita dicere : quæ, quia cognita sunt ab omnibus, verborum ornamenta non quærunt. Qualis vir M. Juventius Pedo fuit ex vetere illa judicum disciplina ? qualis L. Caulius Mergus ? M. Basilius ? C. Caudinus ? qui omnes in judiciis publicis, jam tum florente republica, floruerunt. Ex eodem numero L. Cassius, Cn. Heius, pari et integritate et prudentia ; quorum nullius sententia est Oppianicus absolutus. Atque ex his omnibus, natu minimus, ingenio, et diligentia, et religione par iis, quos antea commemoravi, P. Saturius, in eadem sententia fuit: O innocentiam Oppianici singularem ! quo in reo, qui absolvit, ambitiosus ; qui distulit, cautus ; qui condemnavit, constans existimatur.

XXXIX. Tant que le tribun Quintius agita les esprits, on ne put mettre ces vérités en évidence, ni dans l'assemblée du peuple, ni devant les tribunaux. Quintius ne souffrait pas qu'on élevât la voix, et la multitude qu'il avait soulevée ne permettait pas même qu'on persistât à vouloir se faire entendre. Après avoir perdu Junius, il abandonna toute cette affaire. Car, au bout de quelques jours, il rentra lui-même dans la condition privée, et il s'aperçut que les passions s'étaient refroidies. S'il avait voulu accuser Falcula, en même temps que Junius, Falcula n'aurait pas eu davantage la liberté de se défendre. On le vit d'abord menacer tous les juges qui avaient condamné Oppianicus. Vous connaissiez déjà l'arrogance du personnage, vous connaissiez sa fermeté et ses prétentions tribunitiennes. Quelle morgue, grands dieux ! quel orgueil! quelle ignorance de soi-même ! quelle odieuse et insupportable insolence ! Il alla jusqu'à s'indigner (et ce fut la cause de tous les orages) qu'on n'eût pas fait grâce à Oppianicus par égard pour un défenseur tel que lui ; comme si le choix d'un tel défenseur n'était pas un signe certain que l'accusé était délaissé de tout le monde. En effet, il y avait à Rome une foule d'orateurs éloquents et honorés des premières magistratures, qui n'auraient pas refusé leurs services à un chevalier romain, distingué dans sa ville, si aucun d'eux avait cru qu'une telle cause pût être défendue sans blesser l'honneur.

XXXIX. Hæc, tum agitante Quintio, neque in concione, neque in judicio demonstrata sunt. Neque enim ipse dici patiebatur, nec per multitudinem concitatam consistere cuiquam in dicendo licebat. Itaque ipse, postquam Junium pervertit, causam totam reliquit. Paucis enim diebus illis et ipse privatus est factus, et hominum studia deferbuisse intelligebat. Quod si, per quos dies Junium accusavit, Fidiculanium accusare voluisset, respondendi Fidiculanio potestas facta non esset. Ac primo quidem, omnibus illis judicibus qui Oppianicum condemnarant, minabatur. Jam insolentiam noratis hominis ; noratis animos ejus ac spiritus tribunitios. Quod erat odium ! dii immortales ! quæ superbia ! quanta ignoratio sui ! quam gravis atque intolerabilis arrogantia ! qui illud etiam ipsum acerbe tulerit (ex quo illa nata sunt omnia), non sibi ac defensioni suæ condonatum esse Oppianicum ; proinde quasi non satis signi esse debuerit, ab omnibus cum fuisse desertum, qui se ad patronum illum contulisset. Erat enim Romæ summa copia patronorum, hominum eloquentissimorum atque amplissimorum, quorum certe aliquis defendisset equitem Romanum, in municipio suo nobilem, si honeste putasset ejusmodi causam posse defendi.

XL. Car, enfin, quelle cause Quintius avait-il jusqu'alors plaidée, quoiqu'il eût près de cinquante ans? Qui l'avait jamais vu prêter à un accusé l'appui, je ne dis pas de sa voix, mais de son témoignage ou de sa présence? La tribune, longtemps abandonnée depuis le retour de L. Sylla, ne retentissait plus de la voix des tribuns du peuple. Quintius s'en empara, et rendit à la multitude un simulacre de ces anciennes assemblées dont elle avait perdu l'habitude. Il gagna ainsi la faveur d'une certaine classe d'hommes. Mais combien il devint ensuite odieux au même parti qui l'avait porté si haut! Cette haine n'était pas injuste. Tâchez, en effet, de vous rappeler, non-seulement ses mœurs et son arrogance, mais encore son air, son costume, et cette bordure de pourpre qui lui descendait jusqu'aux talons. Ne pouvant dévorer la défaite qu'il venait d'essuyer au barreau, il évoqua l'affaire à la tribune. On se plaint souvent que les hommes nouveaux n'obtiennent pas dans cette ville assez de récompenses. Mais dans quel pays en ont-ils obtenu de plus grandes? Un citoyen d'une naissance obscure semble-t-il, par son mérite, capable de soutenir l'éclat d'un rang illustre, son élévation n'a d'autres bornes que son talent et ses vertus. On en voit même qui, sans avoir d'autre titre que leur roture, vont plus loin que si, avec les mêmes vices, ils étaient nés au sein de la grandeur. Supposez que Quintius, pour ne pas citer

XL. Nam Quintius quidem, quam causam unquam antea dixerat, quum annos ad quinquaginta natus esset? quis eum unquam non modo in patroni, sed in laudatoris, aut advocati loco viderat? Qui, quod Rostra jamdiu vacua, locumque illum, post adventum L. Sullæ a tribunitia voce desertum, oppresserat, multitudinemque jam desuefactam a concionibus ad veteris consuetudinis similitudinem revocaverat, idcirco cuidam hominum generi paulisper jucundior fuit. Atque idem quanto in odio postea suis illis ipsis fuit, per quos in altiorem locum adscenderat! neque injuria. Facite enim, ut non solum mores ejus et arrogantiam, sed etiam vultum, atque amictum, atque illam usque ad talos demissam purpuram recordemini. Is, quasi non esset ullo modo ferendum se ex judicio discessisse victum, rem ab subselliis in Rostra detulit. Et jam querimur sæpe hominibus novis non satis magnos in hac civitate esse fructus? nego usquam unquam fuisse majores. Ubi, si quis ignobili loco natus, ita vivat, ut nobilitatis dignitatem virtute tueri posse videatur, usque eo pervenit, quoad eum industria cum innocentia prosecuta est. Si quis autem hoc uno nititur, quod sit ignobilis, procedit sæpe longius, quam si idem ille esset cum iisdem suis vitiis nobilissimus. Ut Quintius (nihil enim dicam de

d'autre exemple, eût été noble; qui aurait pu tolérer son insupportable orgueil? Né dans les derniers rangs, on l'a souffert. On pensa que, s'il avait reçu de la nature quelques bonnes qualités, il fallait lui en tenir compte. Quant à la hauteur et à l'arrogance d'un homme de si bas lieu, on a cru qu'il était plus sage d'en rire que de s'en inquiéter.

XLI. Mais, pour revenir à mon sujet, dites-moi, Attius, vous qui vous prévalez de tous ces jugements, lorsqu'on a acquitté Falcula, qu'a-t-on prononcé? Sans doute que sa voix n'avait pas été achetée, quand il fut juge d'Oppianicus. Cependant il l'avait condamné; cependant il n'avait pas entendu toute la cause; et cependant Quintius, dans toutes ses harangues, l'avait accablé des plus violentes invectives. Donc tous ces arrêts dictés par Quintius furent l'œuvre de l'iniquité, du mensonge, des passions, des emportements et des émeutes populaires. — Eh bien, soit, direz-vous, Falcula pouvait être innocent. — Il y a donc un juge qui a condamné Oppianicus sans être vendu; donc Junius n'a point eu recours à un second tirage afin d'avoir des juges qui condamnassent pour de l'argent; donc un juge a pu ne pas assister aux premières audiences et donner contre Oppianicus un suffrage désintéressé. Mais si Falcula est innocent, dites-nous donc qui fut coupable? Si Falcula ne s'est pas vendu, qui donc s'est fait payer? Je nie qu'on ait adressé à aucun des juges un seul repro-

---

cæteris) si fuisset homo nobilis, quis eum cum illa superbia atque intolerantia ferre potuisset? Quod eo loco fuit, ita tulerunt, ut, si quid haberet a natura boni, prodesse ei putarent oportere; superbiam autem atque arrogantiam ejus deridendam magis arbitrarentur propter humilitatem hominis, quam pertimescendam.

XLI. Sed, ut illuc revertar, quo tempore Fidiculanius est absolutus, tu, qui ea judicia facta commemoras, quæro, quid tum esse existimatum judicatum? certe gratis judicasse. At condemnarat; at causam totam non audierat; at in concionibus omnibus a L. Quintio vehementer erat et sæpe vexatus. Illa igitur omnia Quintiana, iniqua, falsa, turbulenta, popularia, seditiosa judicia fuerunt. — Esto : potuit esse innocens Falcula. — Jam ergo aliquis Oppianicum gratis condemnavit; jam non eos Junius subsortitus est, qui pecunia accepta condemnarent; jam potuit aliquis ab initio non sedisse, et tamen Oppianicum gratis condemnasse. Verum, si innocens Falcula, quæso, quis nocens? si hic gratis condemnavit, quis accepit? Nego rem esse ullam in quemquam illorum

che qui n'ait été adressé à Falcula ; je nie qu'il y ait eu rien dans sa cause qui ne fût applicable à celle de tous ses collègues. Vous êtes donc obligé, ou de blâmer ce jugement, vous qui paraissez fonder votre accusation sur l'autorité de la chose jugée ; ou, si vous convenez qu'il est juste, il vous faut avouer que la corruption n'eut aucune part à la condamnation d'Oppianicus.

Au reste, une preuve assez manifeste de cette vérité, c'est que de tant de juges aucun ne fut poursuivi, après l'acquittement de Falcula. Que me parlez-vous, en effet, de gens condamnés pour cause de brigue, en vertu d'une autre loi, et pour des faits positifs, pour des délits attestés par une foule de témoins ? D'abord c'est de concussion, et non de brigue, qu'ils auraient dû être accusés ; car, si le reproche de vénalité leur a nui dans un procès étranger à cette question, certes, poursuivis pour avoir vendu leurs voix, cette inculpation les eût bien plus sûrement accablés. Ensuite, si c'était une fatalité attachée à cette prétendue corruption, que tout juge d'Oppianicus, à quelque titre qu'il fût accusé, serait condamné comme juge corrompu, pourquoi, malgré la foule des accusateurs et la grandeur des récompenses promises, les autres juges n'ont-ils pas été appelés devant les tribunaux ?

Ici l'on produit un acte qui n'est pas un jugement : c'est que, parmi les condamnations prononcées contre P. Septimius Scévola, on trouve un article concernant l'affaire d'Oppianicus. Je n'ai pas

objectam, quæ Fidiculanio objecta non sit ; neque aliquid fuisse in Fidiculanii causa, quod idem non esset in cæterorum. Aut hoc judicium reprehendas tu, cujus accusatio rebus judicatis niti videbatur, necesse est ; aut, si hoc verum esse concedis, Oppianicum gratis condemnatum esse fateare.

Quanquam satis magno argumento esse debet, quod ex tam multis judicibus, absoluto Falcula, nemo reus factus est. Quid enim mihi damnatos ambitus colligitis, alia lege, certis criminibus, plurimis testibus, quum primum illi ipsi debuerint potius accusari de pecuniis repetundis, quam ambitus ? Nam si in ambitus judiciis hoc bis obfuit, quum alia lege causam dicerent, certe, si propria lege hujus peccati adducti essent, multo plus obfuisset. Deinde, si tanta vis fuit istius criminis, ut qua quisque lege ex illis judicibus reus factus esset, tamen hac plaga periret ; cur, in tanta multitudine accusatorum, tantis præmiis, cæteri rei facti non sunt ?

Hic profertur id quod judicium appellari non oportet, P. Septimio Scævolæ litem eo nomine esse æstimatam. Cujus rei quæ consuetudo sit, quoniam

besoin de rappeler longuement à des juges aussi éclairés que vous l'usage suivi dans cette partie du procès. Jamais les juges ne portent dans les actes qui suivent la condamnation de l'accusé l'exactitude rigoureuse qui dirige le reste de la procédure. Quand il s'agit d'arbitrer la peine, ou les juges considèrent comme un ennemi personnel celui qu'ils ont une fois condamné, et, à ce titre, s'il s'agit d'une peine capitale, ils s'abstiennent de prononcer ; ou, croyant leur devoir rempli, dès qu'ils ont prononcé sur le fait, ils ne donnent plus au reste qu'une légère attention. Aussi a-t-on vu souvent des accusés échapper à un jugement de lèse-majesté, parce que, après leur condamnation, on leur avait appliqué la peine des simples concussionnaires ; et nous voyons tous les jours les mêmes juges qui ont condamné un concussionnaire, absoudre ensuite ceux qu'ils ont reconnus, dans l'estimation des dommages, pour les recéleurs de ces vols. Ce n'est pas qu'on révoque l'arrêt ; on prouve seulement que l'application de la peine n'est pas un jugement. Scévola fut condamné pour des faits étrangers au délit de corruption ; il le fut sur la déposition d'une foule de témoins de l'Apulie. Il n'y eut pas d'efforts qu'on ne fît pour rendre sa condamnation capitale. Si l'arbitration que les juges firent de la peine avait eu force de jugement, ces mêmes accusateurs ou d'autres ennemis n'auraient pas manqué de lui intenter à cet égard un nouveau procès pour le délit de corruption.

apud homines peritissimos dico, pluribus verbis docere non debeo. Nunquam enim ea diligentia, quæ solet adhiberi in cæteris judiciis, eadem, reo damnato, adhibita est. In litibus æstimandis fere judices, aut, quod sibi eum quem semel condemnarunt, inimicum putant esse, si qua in eum lis capitis illata est, non admittunt, aut quod se perfunctos jam esse arbitrantur, quum de reo judicarunt, negligentius attendunt cætera. Itaque et majestatis absoluti sunt permulti, quibus damnatis de pecuniis repetundis lites essent æstimatæ ; et hoc quotidie fieri videmus, ut, reo damnato de pecuniis repetundis, ad quos pervenisse pecunias in litibus æstimandis statutum sit, eos illi judices absolvant. Quod quum fit, non judicia rescinduntur, sed hoc statuitur, æstimationem litium non esse judicium. Scævola condemnatus est aliis criminibus, frequentissimis Apuliæ testibus. Omni contentione pugnatum est, ut lis hæc capitis æstimaretur. Quæ res si rei judicatæ pondus habuisset, ille postea vel iisdem, vel aliis inimicis, reus hac lege ipsa factus esset.

XLII. Parlons maintenant d'un autre acte que nos adversaires appellent un jugement, quoique nos ancêtres n'aient jamais qualifié de ce nom, ni respecté à l'égal de la chose jugée, la redoutable sévérité des censeurs. Avant de discuter cette matière, je dois dire un mot des obligations que m'imposent, d'un côté, le salut de l'accusé, de l'autre, les justes égards qu'exigent les convenances et l'amitié. Car les illustres citoyens qui viennent d'exercer la censure sont tous deux mes amis. Je suis même, comme la plupart de vous le savent, étroitement lié avec l'un d'eux, et cette liaison est fondée sur des services réciproques. Ainsi tout ce que j'aurai à dire des actes de leur censure, je le dirai avec l'intention qu'on y voie bien moins un examen de ce qu'ils ont fait, que des réflexions sur l'étendue de leur autorité comme censeurs. Mon ami Lentulus, que je nomme ici avec tout le respect dû à son rare mérite et aux dignités éminentes dont le peuple romain l'a revêtu, me permettra, je n'en doute pas, juges, d'imiter ce dévouement sans bornes et cette courageuse franchise qu'il a coutume de déployer lui-même dans la défense de ses amis, pour que j'énonce des vérités que je ne puis taire sans danger pour mon client. Toutefois je parlerai avec assez de réserve et de circonspection pour qu'on ne puisse me reprocher ni

---

XLII. Sequitur id, quod illi judicium appellant, majores autem nostri nunquam neque judicium nominarunt, neque perinde ut rem judicatam observaverunt, animadversio atque auctoritas censoria. Qua de re antequam dicere incipio, perpauca mihi de meo officio verba facienda sunt, ut a me quum hujusce periculi, tum cæterorum quoque officiorum et amicitiarum ratio conservata esse videatur. Nam mihi cum viris fortibus qui censores proxime fuerunt, ambobus est amicitia. Cum altero vero (sicut et plerique vestrum sciunt) magnus usus et summa utriusque officiis constituta necessitudo est. Quare, quidquid de subscriptionibus eorum mihi dicendum erit, eo dicam animo, ut omnem orationem meam non de illorum facto, sed de ratione censoria habitam existimari velim. A Lentulo autem, familiari meo, qui a me, pro eximia sua virtute summisque honoribus quos a populo Romano adeptus est, honoris causa nominatur, facile hoc, judices, impetrabo, ut, quam ipse adhibere consuevit in amicorum periculis fidem et diligentiam, tum vim animi, libertatemque dicendi, in hac mihi concedat, ut tantum mihi sumam quantum sine hujus periculo præterire non possum. A me tamen, ut æquum est, omnia caute pedetentimque dicentur, ut neque fides hujus defensionis

d'avoir trahi les intérêts de ma cause, ni blessé la dignité d'aucun magistrat, ni violé les égards dus à l'amitié.

J'avoue donc, juges, que les censeurs ont sévi contre plusieurs membres du tribunal présidé par Junius, et que même ils ont donné pour motif de leur décision l'arrêt rendu par ce tribunal. Je poserai d'abord en principe que les notes des censeurs n'eurent jamais chez nous l'autorité d'une sentence juridique. C'est une chose trop connue pour que je perde mon temps à chercher des exemples. J'en rapporterai un seul, celui de C. Geta, qui, chassé du sénat par les censeurs L. Metellus et Cn. Domitius, devint lui-même censeur quelque temps après; et celui dont les magistrats avaient condamné les mœurs, fut à son tour établi juge des mœurs du peuple romain et de ceux mêmes qui l'avaient censuré. Or, si les décisions des censeurs étaient regardées comme des jugements, semblable au condamné qu'un arrêt infamant a dégradé sans retour, l'homme flétri par une note ignominieuse trouverait à jamais fermés le chemin des honneurs et l'entrée du sénat. Qu'un affranchi de Cn. Lentulus ou de L. Gellius déclare un accusé convaincu de vol, ce citoyen perdra tous ses titres et ne pourra jamais être réhabilité. Cependant des hommes que L. Gellius et Cn. Lentulus, tous deux censeurs, distingués tous deux par leur rang et leur sagesse, ont notés comme voleurs et concussionnaires, non-seulement sont rentrés au sénat, mais

---

relicta, neque cujusquam aut dignitas læsa, aut amicitia violata esse videatur.

Video igitur, judices, animadvertisse censores in judices quosdam illius consilii Juniani, quum istam ipsam causam subscriberent. Hic primum illud commune proponam, nunquam animadversionibus censoriis hanc civitatem ita contentam, ut rebus judicatis, fuisse. Neque in re nota consumam tempus exemplis. Ponam illud unum, C. Getam, quum a L. Metello et Cn. Domitio, censoribus, ex senatu ejectus esset, censorem ipsum postea esse factum : et, cujus mores a censoribus erant reprehensi, hunc postea et populi Romani, et eorum qui in ipsum animadverterant, moribus præfuisse. Quod si illud judicium putaretur, ut cæteri, turpi judicio damnati, in perpetuum omni honore ac dignitate privantur, sic hominibus ignominia notatis, neque ad honorem aditus, neque in curiam reditus esset. Nunc, si quem Cn. Lentuli aut L. Gellii libertus furti condemnarit, is, omnibus ornamentis amissis, nunquam ullam honestatis suæ partem recuperabit : quos autem ipse L. Gellius et Cn. Lentulus, duo censores, clarissimi viri, sapientissimique homines, furti et capta-

encore ont été acquittés par les tribunaux sur les chefs mêmes qui leur avaient attiré la censure.

XLIII. Nos ancêtres ont voulu que, non-seulement pour les affaires où il s'agit de l'honneur, mais pour les moindres discussions pécuniaires, il n'y eût d'autres juges que ceux dont seraient convenues les deux parties. Dans toutes les lois qui ont déterminé les cas d'exclusion, soit pour les magistratures, soit pour les fonctions judiciaires, ou qui même ne permettent pas d'intenter une accusation, il n'est nullement question de ces notes de censeurs. Leur pouvoir se bornait à retenir les citoyens par la crainte, sans flétrir toute leur vie. Aussi, juges, je vous montrerai, ce que vous savez déjà, que les notes de ces magistrats furent souvent effacées par les suffrages du peuple romain, et même par les arrêts de ceux que leur serment oblige de mettre dans leurs décisions plus de réserve et une attention plus scrupuleuse. D'abord on a vu plus d'une fois les sénateurs et les chevaliers, lorsqu'ils avaient à juger des hommes notés par les censeurs comme ayant reçu de l'argent au mépris des lois, céder à la voix de leur conscience plutôt qu'à l'opinion de ces magistrats. Ensuite les préteurs de la ville, que leur serment aussi oblige de ne porter sur le rôle des juges que les citoyens les plus honnêtes, n'ont jamais pensé que les notes de la censure dussent être un obstacle à leur choix. Enfin les censeurs eux-mêmes

---

rum pecuniarum nomine notaverunt, ii non modo in senatum redierunt, sed etiam illarum ipsarum rerum judiciis absoluti sunt.

XLIII. Neminem voluerunt majores nostri non modo de existimatione cujusquam, sed ne pecuniaria quidem de re minima esse judicem, nisi qui inter adversarios convenisset. Quapropter in omnibus legibus quibus exceptum est, de quibus causis aut magistratum capere non liceat, aut judicem legi, aut alterum accusare, hæc ignominiæ causa prætermissa est. Timoris enim causam, non vitæ pœnam in illa potestate esse voluerunt. Itaque non solum, judices, illud ostendam, quod jam videtis, populi Romani suffragiis sæpenumero censorias subscriptiones esse deletas, verum etiam judiciis eorum qui jurati statuere majore cum religione et diligentia debuerunt. Primum judices, senatores, equitesque Romani in compluribus jam reis, quos contra leges pecunias accepisse subscriptum est, suæ potius religioni quam censorum opinioni paruerunt. Deinde prætores urbani, qui jurati debent optimum quemque in selectos judices referre, nunquam sibi ad eam rem censoriam ignominiam impedimento esse oportere duxerunt. Censores denique ipsi sæpenumero supe-

n'ont pas toujours confirmé les jugements de leurs prédécesseurs, si l'on veut à toute force que ce soient des jugements. Je dis plus : les censeurs attachent si peu d'importance à leurs jugements, que l'un non-seulement désapprouve, mais même annule le jugement de l'autre. L'un veut exclure un sénateur de son ordre, l'autre l'y maintient, et le proclame digne d'occuper une place dans cette illustre assemblée. Celui-ci veut réduire un citoyen à la condition de tributaire, ou l'expulser de sa tribu ; celui-là s'y oppose. Comment donc pourriez-vous avoir l'idée d'appeler jugements des ordonnances que vous voyez cassées par le peuple romain, rejetées par des juges assermentés, comptées pour rien par les magistrats, réformées ou contredites par le collège même de celui qui les a rendues.

XLIV. Ces principes une fois reconnus, voyons à présent ce que les censeurs ont prononcé sur la corruption des juges d'Oppianicus ; et d'abord entendons-nous sur un point essentiel. Le fait est-il constant parce que les censeurs l'ont noté, ou l'ont-ils noté parce qu'il est constant ? S'il y a délit, parce qu'ils l'ont noté, prenez-y garde ; vous allez donner aux censeurs un pouvoir despotique sur chacun de nous. Leurs notes vont devenir aussi funestes aux citoyens que les tables sanglantes des proscriptions. Ce stylet censorial, dont nos ancêtres avaient émoussé la pointe par tant de sages règlements, deviendra aussi

---

riorum censorum judiciis (si ista judicia appellari vultis) non steterunt. Atque etiam ipsi inter se censores sua judicia tanti esse arbitrantur, ut alter alterius judicium non modo reprehendat, sed etiam rescindat ; ut alter de senatu moveri velit, alter retineat, et ordine amplissimo dignum existimet ; ut alter in ærarios referri aut tribu moveri jubeat, alter vetet. Quare qui vobis in mentem venit, hæc appellare judicia, quæ a populo Romano rescindi, ab juratis judicibus repudiari, a magistratibus negligi, ab iis qui eamdem potestatem adepti sunt commutari, inter collegas discrepare videatis ?

XLIV. Quæ quum ita sint, videamus quid tandem censores de illo judicio corrupto judicasse dicantur. Ac primum illud statuamus : utrum, quia censores subscripserint, ita sit ; an, quia ita fuerit, illi subscripserint. Si ideo, quia subscripserint, videte quid agatis, ne in unumquemque nostrum censoribus in posterum potestatem regiam permittatis ; ne subscriptio censoria non minus calamitatis civibus, quam illa acerbissima proscriptio possit afferre ; ne censorium stylum, cujus mucronem multis remediis majores nostri retude-

redoutable que le glaive du dictateur. Mais si le fait qu'ils ont noté ne doit être grave qu'autant qu'il est vrai, examinons s'il est vrai ou faux. Mettons à l'écart l'autorité des censeurs, et retranchons de la cause tout ce qui lui est étranger. Dites-moi quel argent a donné Cluentius, où il l'a pris, comment il l'a donné; montrez du moins quelque vestige de cet argent sorti des mains de Cluentius. Prononcez ensuite qu'Oppianicus était un honnête homme, un homme intègre; qu'on n'a jamais eu une autre idée de lui; que jamais aucun arrêt ne l'avait inculpé. Alors faites valoir l'autorité des censeurs; alors soutenez que leurs décisions ont quelque rapport à ce procès.

Mais, tant qu'il sera constant qu'Oppianicus a été convaincu d'avoir falsifié les registres de sa municipalité; qu'il a altéré un testament; qu'il en a fait signer un autre par un testateur supposé; qu'il a tué ensuite le faussaire qu'il avait employé; qu'il a fait assassiner l'oncle de son fils dans les fers où cet infortuné était retenu avec des esclaves; qu'il a fait proscrire ou mettre à mort ses concitoyens; qu'il a épousé une femme dont il avait égorgé le mari; qu'il en a payé une autre pour qu'elle avortât; qu'il a empoisonné sa belle-mère, son épouse, la femme de son frère et le fruit qu'elle portait dans son sein, son frère lui-même et ses propres enfants; qu'au moment où il préparait le poison

runt, æque posthac atque illum dictatorium gladium pertimescamus. Sin autem quod subscriptum est, quia verum est, idcirco grave debet esse, hoc quæramus, verum sit, an falsum. Removeantur auctoritates censoriæ; tollatur id ex causa quod in causa non est. Doce quam pecuniam Cluentius dederit, unde dederit, quemadmodum dederit; unum denique aliquod a Cluentio profectæ pecuniæ vestigium ostende. Vince deinde, virum bonum fuisse Oppianicum, hominem integrum; nihil de illo unquam scelus esse existimatum; nihil denique præjudicatum. Tum auctoritatem censorum amplexator; tum illorum judicium cum re conjunctum esse defendito.

Dum vero eum fuisse Oppianicum constabit, qui tabulas publicas municipii sui corrupisse judicatus sit; qui testamentum interleverit; qui, supposita persona, falsum testamentum obsignandum curarit; qui eum, cujus nomine id obsignatum est, interfecerit; qui avunculum filii sui in servitute ac vinculis necarit; qui municipes suos proscribendos occidendosque curarit; qui ejus uxorem, quem occiderat, in matrimonium duxerit; qui pecuniam pro abortione dederit; qui socrum, qui uxorem, qui uno tempore fratris uxorem, speratosque liberos, fratremque ipsum, qui denique suos liberos interfecerit;

destiné à son beau-fils, il a été pris en flagrant délit; que, après la condamnation de ses agents et de ses complices, traduit lui-même devant les tribunaux, il a donné de l'argent à un juge pour corrompre ses collègues; oui, tant que ces forfaits imputés à Oppianicus ne seront pas démentis, et que rien ne démontrera que Cluentius soit coupable d'avoir donné de l'argent, quel parti pouvez-vous tirer de la décision arbitraire ou de l'opinion des censeurs pour faire triompher votre cause, ou pour perdre le citoyen irréprochable que je défends?

XLV. Quel motif a donc déterminé les censeurs? Eux-mêmes, pour citer l'autorité la plus imposante, n'en allégueront pas d'autre que le bruit public et la renommée. Ils diront que rien ne leur a été démontré ni par des témoins, ni par des registres, ni par aucune preuve solide; enfin qu'ils n'ont éclairci aucun fait. Et, quand ils en auraient pris la peine, leur décision ne serait pas tellement irrévocable qu'on ne pût l'attaquer. Je ne m'appuierai point de tous les exemples qui se présenteraient en foule; je ne citerai point un fait ancien, ni un homme puissant ou en crédit. Je défendais dernièrement un homme obscur, un greffier des édiles, D. Matrinius, devant les préteurs M. Junius et Q. Publicius, et les édiles curules M. Plétorius et C. Flaminius. J'obtins de ces magistrats, qui avaient leur serment à garder, qu'il serait rétabli dans son

---

qui, quum venenum privigno suo quæreret, manifesto sit deprehensus; cujus ministris consciisque damnatis, ipse adductus in judicium pecuniam judici dederit ad sententias judicum corrumpendas; dum hæc, inquam, de Oppianico constabunt, nec ullo argumento Cluentianæ pecuniæ crimen tenebitur, quid est quod te ista censoria sive voluntas, sive opinio fuit adjuvare, aut, hunc innocentem opprimere posse videatur?

XLV. Quid igitur censores secuti sunt, ne ipsi quidem, ut gravissime dicam, quidquam aliud dicent, præter sermonem atque famam. Nihil se testibus, nihil tabulis, nihil gravi aliquo argumento comperisse, nihil denique, causa cognita, statuisse dicent. Quod si ita fecissent, tamen id non ita fixum esse deberet, ut convelli non liceret. Non utar exemplorum copia quæ summa est; non rem veterem, non hominem potentem aliquem, aut gratiosum proferam. Nuper hominem tenuem, scribam ædilitium, D. Matrinium, quum defendissem apud M. Junium, Q. Publicium prætores, et M. Plætorium, C. Flaminium, ædiles curules, persuasi ut scribam jurati legerent eum quem iidem isti censores ærarium reliquissent. Quum enim in homine nulla culpa reperiretur, qui l

emploi de greffier, quoique les censeurs l'eussent dépouillé de tous ses priviléges. Ne le trouvant coupable d'aucun délit, ils pensèrent qu'ils devaient plus considérer ce qu'il avait mérité, que la mesure qu'on avait prise contre lui. Quant aux notes écrites par les censeurs au sujet de l'arrêt de Junius, peut-on dire qu'elles soient fondées sur une instruction sérieuse et approfondie? Je vois que les censeurs ont noté M. Aquillius et T. Gutta. Que faut-il en conclure? que deux juges seulement se sont laissé corrompre? Et les autres? sans doute ils n'ont rien reçu pour condamner. L'accusé ne fut donc pas victime de l'intrigue, ni accablé par la puissance de l'or. C'est donc à tort que Quintius répétait, dans ses harangues, que tous ceux qui avaient condamné Oppianicus étaient coupables ou du moins suspects. Je ne vois que deux juges prévenus par les censeurs de n'avoir pas été étrangers à cette infamie; à moins de prétendre que s'être assuré de la culpabilité de deux juges, c'est avoir reconnu la prévarication de tous les autres.

XLVI. Car on ne nous fera pas croire que, dans les actes de leur autorité, les censeurs aient pris pour modèle la justice des camps. Nos ancêtres ont voulu que, toutes les fois qu'une troupe de soldats se déshonorerait par une lâcheté, le sort en désignât quelques-uns pour être punis, afin d'inspirer à tous une crainte salutaire, sans que tous fussent frappés de châtiment. Les censeurs doivent-ils suivre la même méthode pour assigner les rangs,

ille meruisset, non quid de eo statutum esset, quærendum esse duxerunt. Nam hæc quidem, quæ de judicio corrupto subscripserint, quis est qui ab illis satis cognita et diligenter judicata arbitretur? in M. Aquillium et in T. Guttam video esse subscriptum. Quid est hoc? duos esse corruptos solos pecunia? Quid cæteri? videlicet gratis condemnarunt. Non est igitur circumventus, non est oppressus pecunia, non, ut illæ Quintianæ conciones habebant, omnes qui Oppianicum condemnarunt, in culpa sunt ac suspicione ponendi. Duos solos video auctoritate censorum affines ei turpitudini judicari. Aut illud afferant, aliquid sese, quod de iis duobus habuerint compertum, de cæteris comperisse.

XLVI. Nam illud quidem minime probandum est, ad notationes auctoritatemque censoriam exemplum illos a consuetudine militari transtulisse. Statuerunt enim ita majores nostri, ut, si a multis esset flagitium rei militaris admissum, sortitione in quosdam animadverteretur, ut metus videlicet ad omnes, pœna ad paucos perveniret. Quod idem facere censores in delectu dignitatis, et

pour prononcer sur la conduite des citoyens et flétrir les actions vicieuses ? Le soldat qui n'a point gardé son poste ou qui a reculé devant l'attaque impétueuse de l'ennemi, peut se montrer dans la suite plus brave guerrier, homme d'honneur et citoyen utile. Aussi nos ancêtres, pour mieux retenir le soldat sur le champ de bataille, ont opposé à la crainte de l'ennemi la crainte plus efficace du supplice et de la mort. Mais, afin que la peine n'en atteignît point un trop grand nombre, ils établirent l'usage de tirer au sort.

Si vous étiez censeur, Attius, emploieriez-vous ce moyen pour renouveler la liste des sénateurs? Si plusieurs juges se sont vendus pour condamner un innocent, au lieu de sévir contre tous, en dégraderez-vous seulement quelques-uns que vous choisirez à votre gré, ou que le sort vous aura désignés? Ainsi, de votre aveu et sous vos yeux, le sénat comptera parmi ses membres, le peuple romain admettra pour juge et la république pour citoyen un misérable qui, pour perdre un innocent, aura trafiqué de sa conscience et de sa foi ? Et celui qui, pour un vil intérêt, aura privé de sa patrie, de ses biens, de ses enfants, un homme injustement accusé, ne sera pas flétri par les censeurs d'une marque d'ignominie ? Et vous, le gardien des mœurs, le conservateur de l'ancienne discipline, vous laissez volontairement siéger dans le sénat un homme souillé d'un si grand crime? Et vous n'infligez pas

---

in judicio civium, et in animadversione vitiorum, qui convenit? Nam miles, qui locum non tenuit, qui hostium impetum vimque pertimuit, potest idem postea et miles esse melior, et vir bonus, et civis utilis. Quare, ne in bello, propter hostium metum, delinqueret, amplior ei mortis et supplicii metus est a majoribus constitutus ; ne autem nimium multi pœnam capitis subirent, idcirco illa sortitio comparata est.

Hoc tu idem facies, censor, in senatu legendo? si erunt plures qui ob innocentem condemnandum pecuniam acceperint, ut non animadvertas in omnes, sed carpas, ut velis, et paucos ex multis ad ignominiam sortiare? Habebit igitur, te sciente et vidente, curia senatorem, populus Romanus judicem, respublica civem sine ignominia quemquam, qui ad perniciem innocentis, fidem suam et religionem pecunia commutarit? Et qui pretio adductus eripuerit patriam, fortunas, liberos civi innocenti, is censoriæ severitatis nota non inuretur? Tu es præfectus moribus, magister veteris disciplinæ et severitatis, si aut retines quemquam sciens in senatu scelere tanto contaminatum ; aut sta-

une égale punition à des juges également coupables? Et les chances auxquelles nos ancêtres ont soumis, dans la guerre, la punition du soldat timide, vous y soumettez, dans la paix, celle du juge prévaricateur? S'il a fallu appliquer cette mesure militaire aux actes de la censure, que n'a-t-on aussi employé la voie du sort? Mais, si rien n'est plus contraire à l'esprit de la censure que de rendre le sort arbitre des châtiments et d'abandonner les crimes des hommes au jugement de la fortune, certes, on n'a pas le droit, dans un grand nombre de coupables, d'en choisir quelques-uns pour leur imprimer le sceau de l'ignominie.

XLVII. Nous savons tous que dans cette conjoncture les juges ont cédé au torrent de l'opinion populaire. Un tribun séditieux, à l'occasion de ce procès, avait soulevé les esprits. On croyait sans examen cette maxime : *Il ne faut jamais contredire la voix du peuple.* Enfin personne ne se hasardait à défendre l'opinion contraire. Les jugements des sénateurs étaient fort décriés. Car, peu de mois après, un nouveau scandale, causé par des bulletins marqués de signes de reconnaissance, était venu les discréditer encore. Il paraissait impossible que les censeurs gardassent le silence et fermassent les yeux sur cet avilissement de la justice. Ils voyaient deux juges diffamés par d'autres vices et par les actions les plus honteuses : ils voulurent leur imprimer cette nouvelle flétrissure, d'autant plus que c'était dans ce temps-là

---

tuis qui in eadem culpa sit, non eadem pœna affici convenire? Et quam conditionem supplicii majores in bello timiditati militis propositam esse voluerunt, eamdem tu in pace constitues improbitati senatoris? Quod si exemplum hoc ex re militari ad animadversionem censoriam transferendum fuit, sortitione id ipsum factum esse oportuit. Sin autem sortiri ad pœnam, atque hominum delictum fortunæ judicio committere, minime censorium est, certe in multorum peccato carpi paucos ad ignominiam et turpitudinem non oportet.

XLVII. Verum omnes intelligimus in istis subscriptionibus ventum quemdam popularem esse quæsitum. Jactata res erat in concione a tribuno seditioso, incognita causa probatum illud erat : Multitudinem illicitum est contra dicere; nemo denique ut defenderet contrariam partem laborabat. In invidiam porro magnam illa judicia venerant. Etenim paucis postea mensibus alia vehemens erat in judiciis ex notatione tabularum invidia versata. Prætermitti a censoribus et negligi macula judiciorum posse non videbatur. Homines, quos cæteris vitiis atque omni dedecore infames videbant, eos hac quoque subscriptione notare voluerunt, et eo magis quod, illo ipso tempore, illis censo-

même, et pendant leur censure, que les chevaliers avaient été appelés à partager les fonctions de juges. En flétrissant des hommes si dignes de cet affront, les censeurs semblaient joindre l'ascendant de leur autorité à la voix de l'ordre équestre pour condamner les anciens tribunaux. S'il m'eût été permis, à moi ou à tout autre, de plaider la cause devant ces deux censeurs, j'aurais facilement prouvé à des hommes aussi éclairés (et la chose le dit assez) qu'ils n'avaient aucun indice certain, aucun fait démontré, et qu'un secret désir de popularité et d'applaudissements leur avait seul dicté ces ordonnances sévères. Car, dira-t-on, P. Popillius, qui avait condamné Oppianicus, fut noté par L. Gellius comme ayant vendu son suffrage pour condamner un innocent. D'abord quel art surnaturel n'a-t-il pas fallu à Gellius pour deviner l'innocence d'un accusé que peut-être il n'avait jamais vu, tandis que, sans parler de ceux qui le condamnèrent, des hommes d'une haute sagesse, après l'instruction du procès, ont déclaré que l'affaire n'était pas suffisamment éclaircie !

Mais, soit. Gellius condamne Popillius ; il prononce qu'il a reçu de l'argent de Cluentius. Lentulus prétend le contraire. S'il n'admet point Popillius dans le sénat, c'est qu'il est fils d'un affranchi. Du reste, il lui laisse le droit d'assister aux spectacles sur les bancs des sénateurs ; il lui conserve ses autres prérogatives, et l'affranchit de toute ignominie. Par une telle décision, il

---

ribus, erant judicia cum equestri ordine communicata; ut viderentur per hominum idoneorum ignominiam sua auctoritate illa judicia cum equestri ordine reprehendisse. Quod si hanc apud eos ipsos censores mihi aut alii causam agere licuisset, hominibus tali prudentia certe probavissem (res enim indicat), nihil ipsos habuisse cogniti, nihil comperti; ex tota ista subscriptione rumorem quemdam et plausum popularem esse quæsitum. Nam in P. Popillium, qui Oppianicum condemnarat, subscripsit L. Gellius, quod is pecuniam accepisset quo innocentem condemnaret. Jam id ipsum quantæ divinationis est, scire, innocentem fuisse reum, quem fortasse nunquam viderat, quum homines sapientissimi, judices (ut nihil dicam de iis qui condemnarunt), causa cognita, sibi dixerint non liquere!

Verum esto. Condemnat Popillium Gellius; judicat accepisse a Cluentio pecuniam. Negat hoc Lentulus. Nam Popillium, quod erat libertini filius, in senatum non legit. Locum quidem senatorium ludis et cætera ornamenta relinquit, et eum omni ignominia liberat. Quod quum facit, judicat ejus sen-

déclare que, sans être vendu, Popillius a condamné Oppianicus.
Le même Popillius fut par suite accusé de brigue, et Lentulus
rendit en sa faveur le plus honorable témoignage. Si donc Lentulus ne souscrivit point à la décision de Gellius, et si L. Gellius ne
s'est point rendu à l'opinion de Lentulus ; si les deux censeurs
ne crurent pas devoir respecter le jugement l'un de l'autre,
quelle raison pourrions-nous avoir de regarder tous les actes
de cette magistrature comme des arrêts définitifs et irrévocables ?

XLVIII. Leur sévérité a frappé, dit-on, Cluentius lui-même.
Oui, mais ce n'est pour aucune bassesse, pour aucun vice, ni
même pour aucune faute qu'ils aient remarquée dans tout le
cours de sa vie. Car il est impossible de trouver un homme qui
ait plus d'honneur, plus de probité, plus d'exactitude à remplir
ses devoirs. Les censeurs n'en parlent pas différemment ; mais
le public s'était persuadé que le tribunal avait été corrompu, et
ils se sont conformés à l'opinion générale. Ils pensent de sa modestie, de son intégrité et de ses vertus ce que nous désirons
qu'on en pense ; mais après avoir sévi contre les juges, ils ont
cru qu'ils ne pouvaient épargner l'accusateur.

Pour terminer cette discussion, je vais citer un fait entre
mille que me fournissent les temps anciens. L'exemple d'un
homme aussi éminent et aussi illustre que Scipion l'Africain ne

---

tentia gratis esse Oppianicum condemnatum. Et eumdem Popillium postea
Lentulus in ambitus judicio pro testimonio diligentissime laudat. Quare, si
neque L. Gellii judicio stetit Lentulus, neque Lentuli existimatione contentus
fuit Gellius ; et si uterque censor censoris opinioni standum non putavit ;
quid est quamobrem quisquam nostrum censorias subscriptiones omnes fixas
et in perpetuum ratas putet esse oportere?

XLVIII. At in ipsum Avitum animadverterunt ; nullam quidem ob turpitudinem, nullum ob totius vitæ, non dicam vitium, sed erratum. Neque enim
hoc homine sanctior, neque probior, neque in omnibus officiis retinendis diligentior esse quisquam potest. Neque illi aliter dicunt ; sed eamdem illam
famam judicii corrupti secuti sunt. Neque ipsi secus existimant, quam nos
existimari volumus, de hujus pudore, integritate, virtute ; sed putarunt prætermitti accusatorem non potuisse, quum animadversum esset in judices.

Qua de re tota si unum factum ex omni antiquitate protulero, plura non
dicam. Non enim mihi exemplum summi et clarissimi viri, P. Africani, præ-

me paraît pas devoir être négligé. Il était censeur, et faisait l'appel des chevaliers. Au moment où C. Licinius Sacerdos passa devant lui, il dit à haute voix, et de manière à être entendu de toute l'assemblée, « qu'il savait que Sacerdos avait fait, en termes formels, un faux serment; que si quelqu'un voulait déposer contre lui, il l'appuierait de son témoignage. » Personne n'ayant pris la parole, il le laissa passer avec son cheval. Ainsi ce grand homme, au jugement duquel le peuple romain et les nations étrangères s'en remettaient avec confiance, ne voulut point s'en rapporter à sa propre conviction pour dégrader un citoyen. S'il eût été permis aussi à Cluentius de se justifier, il lui aurait été facile, en présence des censeurs mêmes, de réfuter d'injustes soupçons et de triompher des passions populaires excitées contre lui.

Il est encore une objection qui m'embarrasse extrêmement, et à laquelle il me semble difficile de répondre. Vous avez cité le testament d'Egnatius le père, homme assurément plein d'honneur et de sagesse, d'où il résulte qu'il a déshérité son fils pour avoir vendu sa voix contre Oppianicus. Je ne m'étendrai pas sur l'inconséquence et la légèreté de cet homme. Dans le testament même que vous citez, on le voit en même temps déshériter un fils qu'il hait, et donner des étrangers pour cohéritiers à un autre fils qu'il aime. Mais vous, Attius, examinez attentivement, je vous

---

tereundum videtur. Qui quum esset censor, et in equitum censu C. Licinius Sacerdos prodiisset, clara voce, ut omnis concio audire posset, dixit, « se scire illum verbis conceptis pejerasse. Si quis contra dicere vellet, usurum esse eum suo testimonio. » Deinde quum contra nemo diceret, jussit equum traducere. Itaque is, cujus arbitrio et populus Romanus et exteræ gentes contentæ esse consueverunt, ipse sua conscientia ad ignominiam alterius contentus non fuit. Quod si hoc Avito facere licuisset, facile, illis ipsis judicibus, et falsæ suspicioni, et invidiæ populariter excitatæ restitisset.

Unum etiam est, quod me maxime conturbat, cui loco respondere posse vix videor, quod elogium recitasti de testamento Cn. Egnatii, patris, hominis honestissimi videlicet et sapientissimi, idcirco se exhæredasse filium, quod is ob Oppianici damnationem pecuniam accepisset. De cujus hominis levitate et inconstantia plura non dicam. Hoc testamentum ipsum quod recitas ejusmodi est, ut ille, quum eum filium exhæredaret quem oderat, ei filio cohæredes homines alienissimos conjungeret quem diligebat. Sed tu, Atti, consi-

prie, quel jugement vous voulez adopter. Est-ce celui des censeurs ou celui d'Egnatius ? Si c'est le jugement d'Egnatius, quel égard doit-on avoir pour leurs notes sur les autres membres du tribunal ? car cet Egnatius, dont vous regardez l'autorité comme imposante, ils l'ont expulsé du sénat. Est-ce celui des censeurs ? Après avoir chassé le père du sénat, ils y ont laissé le fils qu'il avait déshérité.

XLIX. Tout le sénat, direz-vous, a jugé que l'arrêt contre Oppianicus était une œuvre de corruption. — Comment ? — En prenant connaissance de la cause.—Mais pouvait-il repousser une communication de cette nature ? Lorsqu'un tribun avait tellement excité le peuple, que peu s'en fallut qu'on n'en vînt aux mains ; lorsqu'on accusait des juges corrompus d'avoir condamné le plus honnête et le plus innocent des hommes ; lorsque l'ordre entier des sénateurs se voyait en butte à la haine la plus violente, pouvait-on se réduire au silence ? pouvait-on, sans compromettre le salut de l'État, rester indifférent à ce soulèvement de la multitude ? Mais quelle justice, quelle sagesse, quelle circonspection dans le décret du sénat ! *Quiconque aura par des manœuvres coupables essayé de corrompre un tribunal public...* Le sénat vous paraît-il prononcer que le fait a eu lieu ? ou ne se borne-t-il pas à le condamner, dans le cas où il aurait eu lieu ? Qu'on eût pris l'avis de Cluentius lui-même, il n'aurait pas

---

deres, censeo, diligenter, utrum censorum judicium grave velis esse, an Egnatii. Si Egnatii, leve est quod censores de cæteris subscripserunt; ipsum enim Cn. Egnatium, quem tu gravem esse vis, ex senatu ejecerunt. Sin autem censorum, hunc Egnatium, quem pater censoria subscriptione exhæredavit, censores in senatu, quum patrem ejicerent, retinuerunt.

XLIX. At enim senatus universus judicavit illud corruptum esse judicium. —Quomodo ?—Suscepit causam.—An potuit rem delatam ejusmodi repudiare ? quum tribunus plebis, populo concitato, rem pæne ad manus revocasset; quum vir optimus et homo innocentissimus pecunia circumventus esse diceretur; quum invidia flagraret ordo senatorius, potuit nihil decerni ? potuit illa concitatio multitudinis sine summo periculo reipublicæ repudiari ? At quid est decretum ? quam juste ? quam sapienter ? quam diligenter ? SI QUI SINT QUORUM OPERA FACTUM SIT UT JUDICIUM PUBLICUM CORRUMPERETUR..... Utrum videtur senatus id factum judicare, an, si factum sit, moleste graviterque ferre ? Si ipse A. Cluentius sententiam de judiciis rogaretur, aliam non diceret atque ii dixerunt, quorum sententiis Cluentium condemnatum esse dicitis. Sed

différé de ceux dont on se fait une arme contre lui. Mais, je vous le demande, le consul L. Lucullus, cet homme si sage, a-t-il fait convertir en loi ce sénatus-consulte ? M. Lucullus et C. Cassius, consuls désignés à l'époque du décret, l'ont-ils présenté l'année suivante ? Non, et cette réserve, que vous attribuez à l'argent de Cluentius, sans pouvoir en donner la plus légère preuve, a d'abord pour motif l'équité et la sagesse de ces consuls qui ne pensèrent pas qu'un décret, rendu par le sénat pour calmer les premiers transports de l'indignation publique, dût recevoir du peuple la sanction d'une loi. Ensuite, le peuple romain lui-même, qui, animé antérieurement par les plaintes hypocrites du tribun L. Quintius, avait exigé que le sénat s'occupât de cette affaire, et lui soumît sa décision, se laissa bientôt toucher par les larmes du fils de C. Junius, encore enfant, accourut en foule et témoigna par de vives acclamations qu'il ne voulait plus entendre parler ni de loi ni de poursuites. Nouvelle preuve de cette vérité si souvent répétée : semblable à la mer, tranquille de sa nature, mais qui se trouble et se soulève au gré des vents, le peuple romain, paisible par caractère, ne s'agite que quand la voix des factieux excite dans son sein les plus violentes tempêtes.

L. On m'oppose encore une autorité des plus graves, et que j'allais oublier, je l'avoue à ma honte. C'est, dit-on, la mienne. Attius a extrait de je ne sais quel discours, qu'il prétend être

quæro a vobis, num istam legem ex isto senatusconsulto L. Lucullus consul, homo sapientissimus, tulerit ? num anno post M. Lucullus, et C. Cassius, in quos, tum consules designatos, idem illud senatus decreverit ? Non tulerunt ; et quod tu Aviti pecunia factum esse arguis, neque id ulla vel tenuissima suspicione confirmas, factum est primo illorum æquitate et sapientia consulum, ut id quod senatus decreverat, ad illud invidiæ præsens incendium restinguendum, id postea referendum ad populum non arbitrarentur. Ipse deinde populus Romanus, qui, L. Quintii tribuni plebis fictis querimoniis antea concitatus, rem illam et rogationem flagitarat, idem C. Junii filii, pueri parvuli lacrymis commotus, maximo clamore et concursu totam illam legem et quæstionem repudiavit. Ex quo intelligi potuit id quod sæpe dictum est : ut mare, quod sua natura tranquillum sit, ventorum vi agitari atque turbari, sic et populum Romanum sua sponte esse placatum, hominum seditiosorum vocibus, ut violentissimis tempestatibus, concitari.

L. Est etiam reliqua permagna auctoritas, quam ego turpiter pæne præterii. Mea enim esse dicitur. Recitavit ex oratione, nescio qua, Attius, quam meam

de moi, une exhortation aux juges sur la nécessité d'être fidèles
à l'honneur, et un tableau des arrêts condamnés par l'opinion
publique où se trouve cité celui de Junius; comme si, dès le
commencement de mon plaidoyer, je n'avais pas dit que l'arrêt
de Junius avait excité l'indignation; comme si, parlant de la vénalité des tribunaux, j'avais pu passer sous silence ce qui occupait
alors tout le monde. Au reste, si j'ai dit quelque chose de semblable, j'ai rapporté un fait que je n'avais pas approfondi. Je ne
l'ai pas certifié comme témoin; je n'y ai mis d'autre intérêt que
celui de la circonstance, sans rien garantir. J'étais accusateur;
et, comme je voulais commencer par faire une forte impression
sur le peuple romain et sur les juges en produisant tous les
arrêts condamnés, non par mon opinion, mais par l'opinion
publique, je n'ai pu oublier un procès dont il avait été tant de
fois question dans les assemblées du peuple.

C'est une grande erreur de croire trouver nos opinions particulières consignées dans les discours que nous prononçons devant
les tribunaux. Tous ces discours sont le langage de la cause et
de la circonstance, plutôt que celui de l'homme et de l'avocat.
Car si les causes pouvaient se défendre d'elles-mêmes, qui emploierait la voix des orateurs? On nous emploie, non pour dire
ce que nous pourrions affirmer comme autorité, mais pour faire
valoir tous les moyens que peut fournir la cause. On rapporte

esse dicebat, cohortationem quamdam judicum ad honeste judicandum, et
commemorationem tum aliorum judiciorum, quæ probata non essent, tum
illius ipsius judicii Juniani; perinde quasi ego non ab initio hujus defensionis
dixerim, invidiosum illud fuisse judicium : aut, quum de infamia judiciorum
disputarem, potuerim illud quod tam populare esset in illo tempore præterire. Ego vero, si quid ejusmodi dixi, neque cognitum commemoravi, neque
pro testimonio dixi; et illa oratio potius temporis mei, quam judicii et auctoritatis fuit. Quum enim accusarem, et mihi initio proposuissem ut animos et
populi Romani et judicum commoverem, quumque omnes offensiones judiciorum, non ex mea opinione, sed ex hominum rumore proferrem, istam rem,
quæ tam populariter esset agitata, præterire non potui.

Sed errat vehementer, si quis in orationibus nostris, quas in judiciis habui-
mus, auctoritates nostras consignatas se habere arbitratur. Omnes enim illæ
orationes causarum et temporum sunt, non hominum ipsorum ac patronorum.
Nam si causæ ipsæ pro se loqui possent, nemo adhiberet oratorem. Nunc
adhibemur ut ea dicamus, non quæ nostra auctoritate constituantur, sed quæ

qu'un homme de beaucoup d'esprit, Marc-Antoine, répétait souvent « qu'il n'avait écrit aucun de ses plaidoyers, afin que, s'il lui arrivait de dire quelque chose de trop, il pût le désavouer; » comme si nos paroles et nos actions, à moins d'être consignées sur le papier, ne pouvaient pas rester dans la mémoire des hommes.

LI. Pour moi, j'aime mieux suivre, à cet égard, l'exemple d'un grand nombre d'orateurs, et surtout celui de L. Crassus, le plus éloquent et le plus sage de tous. Il défendait L. Plancius contre M. Brutus, accusateur plein de véhémence et d'adresse. Brutus avait placé auprès de lui deux secrétaires pour lire alternativement des passages contradictoires tirés de deux discours de Crassus. Dans l'un, ce grand orateur combattant une loi proposée contre l'établissement de la colonie de Narbonne, rabaissait, autant qu'il pouvait, l'autorité du sénat. Dans l'autre, où il soutenait la loi Servilia, il prodiguait au sénat les plus grands éloges, et se permettait contre les chevaliers romains les traits les plus mordants. Le lecteur en cita un grand nombre pour indisposer les chevaliers contre Crassus dans une affaire où ils étaient juges. Crassus, dit-on, en fut un moment déconcerté. Aussi, dans sa réponse, il commença par bien établir les deux époques, afin de prouver qu'il n'avait dit que ce que lui commandaient les circonstances et l'intérêt de sa cause. Ensuite, pour faire sentir

ex re ipsa causaque ducantur. Hominem ingeniosum, M. Antonium, aiunt solitum esse dicere, « idcirco se nullam unquam orationem scripsisse, ut, si quid aliquando, quod non opus esset, ab se esset dictum, posset se negare dixisse; » perinde quasi, quod a nobis dictum aut actum sit, id nisi litteris mandaverimus, hominum memoria non comprehendatur.

LI. Ego vero in isto genere libentius quum multorum, tum hominis eloquentissimi et sapientissimi, L. Crassi, auctoritatem sequor. Qui quum L. Plancium defenderet, accusante M. Bruto, homine in dicendo vehementi et callido, quum Brutus, duobus recitatoribus constitutis, ex duabus ejus orationibus capita alterna, inter se contraria, recitanda curasset, quod in dissuasione rogationis ejus quæ contra coloniam Narbonensem ferebatur, quantum potest, de auctoritate senatus detrahit; in suasione legis Serviliæ summis ornat senatum laudibus; et multa in equites Romanos quum ex ea oratione asperius dicta recitasset, quo animi illorum judicum in Crassum incenderentur, aliquantum esse commotus dicitur. Itaque in respondendo primum exposuit utriusque rationem temporis, ut oratio ex re et causa habita videretur.

à Brutus quel homme il avait attaqué, et quelle était non-seulement son éloquence, mais son talent pour la plaisanterie et le sarcasme, il fit lever à son tour trois lecteurs, tenant chacun à la main un des traités que M. Brutus, père de l'accusateur, nous a laissés sur le droit civil. On lut successivement le début de chaque ouvrage. A ces mots que vous connaissez, je crois : *Un jour que nous nous trouvions, mon fils et moi, à ma terre de Priverne,* Crassus lui demanda ce qu'était devenue la terre de Priverne. En entendant le second lecteur dire : *Nous étions dans ma maison d'Albe, mon fils Marcus et moi,* il demanda ce qu'on avait fait de la maison d'Albe. Après cette phrase lue par le troisième : *Nous nous étions assis dans ma villa de Tibur, mon fils Marcus et moi,* qu'est devenue, dit-il, la villa de Tibur? Sans doute, ajouta-t-il, Brutus, qui voyait les désordres de son fils, avait voulu, en homme sage, consigner la liste des domaines qu'il lui laissait ; et s'il avait pu décemment écrire que tel jour il avait été au bain avec un fils de cet âge, il aurait aussi parlé de ces bains, dont au reste, à défaut des ouvrages du père, l'orateur, d'après les registres des censeurs, demandait également compte au fils. C'est ainsi que Crassus se vengea de Brutus, et le fit repentir de ses citations. Il avait été piqué sans doute d'une critique qui tombait sur des discours politiques, où l'on exige peut-être plus de fixité dans les principes.

Deinde, ut intelligere posset Brutus quem hominem, et non solum qua eloquentia, verum etiam quo lepore et quibus facetiis præditum lacessisset, tres et ipse excitavit recitatores cum singulis libellis, quos M. Brutus, pater illius accusatoris, de jure civili reliquit. Eorum initia quum recitarentur, ea quæ vobis nota esse arbitror : FORTE EVENIT, UT RURI IN PRIVERNATE ESSEMUS, EGO ET BRUTUS FILIUS : fundum Privernatem flagitabat. IN ALBANO ERAMUS, EGO ET BRUTUS FILIUS : Albanum poscebat. IN TIBURTI FORTE QUUM ASSEDISSEMUS, EGO ET BRUTUS FILIUS ; Tiburtem fundum requirebat ; Brutum autem, hominem sapientem, quod filii nequitiam videret, quæ prædia ei relinqueret, testificari dicebat voluisse. Quod si potuisset honeste scribere, se in balneis cum id ætatis filio fuisse, non præterisset ; eas se tamen ab eo balneas non ex libris patris, sed ex tabulis et ex censu quærere. Crassus tum ita Brutum ultus est, ut illum recitationis suæ pœniteret. Moleste enim fortasse tulerat se in iis orationibus reprehensum quas de republica habuisset, in quibus forsitan magis requiratur constantia.

Mais moi, je ne m'offense pas des citations de mon adversaire. Je n'ai rien dit qui ne convînt à l'époque où je parlais, et à la cause dont je m'étais chargé. Le langage que j'ai tenu ne m'impose aucune entrave qui puisse m'empêcher de prendre avec honneur la défense de Cluentius. Quand j'avouerais que c'est d'aujourd'hui seulement que je connais la justice de sa cause, et qu'auparavant je partageais l'erreur commune, qui pourrait m'en faire un reproche? surtout, juges, lorsque l'équité réclame de vous-mêmes ce que je vous ai demandé dans mon exorde, et ce que je vous demande encore, de renoncer à toutes les préventions que vous pourriez avoir apportées contre l'arrêt de Junius, et de les abjurer devant la connaissance des faits et la manifestation de la vérité.

LII. Maintenant, T. Attius, que j'ai répondu à tout ce que vous avez dit sur la condamnation d'Oppianicus, vous êtes forcé de convenir que vous vous êtes bien trompé, quand vous avez cru que j'opposerais à votre accusation une fin de non-recevoir; car, à en croire ce que vous en avez dit souvent, on vous avait assuré que j'avais dessein d'invoquer pour toute défense les termes de la loi. Quoi donc! serions-nous, à notre insu, trahis par nos amis? et, parmi ceux que nous croyons dignes de ce titre, y en aurait-il d'assez perfides pour révéler notre secret à nos adversaires? Qui vous a fait cette confidence?

Ego autem illa recitata esse non moleste fero. Neque enim ab illo tempore, quod tum erat, neque ab ea causa quæ tum agebatur, aliena fuerunt; neque mihi quidquam oneris suscepi, quum ista dixi, quo minus honeste hanc causam et libere possem defendere. Quod si velim confiteri me causam A. Cluentii nunc cognoscere, antea fuisse in illa opinione populari, quis tandem id possit reprehendere? præsertim, judices, quum a vobis quoque ipsis hoc impetrare sit æquissimum, quod ego et ab initio petivi, et nunc peto, ut, si quam huc graviorem de illo judicio opinionem attulistis, hanc, causa perspecta, atque omni veritate cognita, deponatis.

LII. Nunc, quoniam ad omnia, quæ abs te dicta sunt, T. Atti, de Oppianici damnatione respondi, confiteare necesse est, te opinionem multum fefellisse, quod existimaris, me causam A. Cluentii non facto ejus, sed lege defensurum. Nam hoc persæpe dixisti, tibi sic renuntiari, me habere in animo causam hanc præsidio legis defendere. Itane est? ab amicis videlicet imprudentes prodimur? et est nescio quis de iis quos amicos nobis arbitramur, qui nostra consilia ad adversarios deferat? Quisnam tibi hoc renuntiavit? quis tam im-

Quel homme a été coupable d'une telle noirceur? A qui moi-même en ai-je parlé? Personne, je pense, ne mérite de reproche. C'est la loi elle-même qui vous a instruit. Mais cette loi, trouvez-vous que j'en aie fait mention dans tout mon plaidoyer? Aurais-je défendu autrement la cause, quand même la loi eût atteint Cluentius? Oui, je le déclare, je suis sûr, autant qu'un homme peut l'être, de n'avoir rien omis de tout ce qui pouvait le justifier d'une odieuse imputation.

Mais quoi! me dira-t-on peut-être, auriez-vous quelque répugnance à vous couvrir du bouclier de la loi, quand vous êtes en péril? Non, juges; mais je tiens à mes principes. Quand je plaide pour un homme honnête et délicat, je ne prends point conseil de moi seul; je me fais un devoir de me conformer aux intentions et à la volonté de celui que je défends. Lorsqu'on m'apporta cette cause, instruit, comme je dois l'être, des lois pour lesquelles on a recours à nous, et sur lesquelles nous parlons tous les jours, je dis à Cluentius qu'il n'était point dans le cas de l'article : *Quiconque aura concouru à faire condamner un innocent;* que c'était notre ordre que cet article regardait. Aussitôt il me pria instamment de ne point employer ce moyen. Je lui dis tout ce que je crus nécessaire; mais il finit par m'entraîner à son avis, en m'assurant, les larmes aux yeux, que s'il était jaloux de rester dans sa patrie, il l'était encore plus de conserver son honneur.

---

probus fuit? cui ego autem narravi? nemo, ut opinor, in culpa est; sed nimirum tibi istuc lex ipsa renuntiavit. Sed num tibi ita defendisse videor, ut tota in causa mentionem ullam fecerim legis? num secus hanc causam defendissem, ac si lege Avitus teneretur? certe, ut hominem confirmare oportet, nullus est locus a me purgandi istius invidiosi criminis prætermissus.

Quid ergo est? quæret fortasse quispiam, displiceatne mihi legum præsidio a capite periculum propulsare? Mihi vero, judices, non displicet; sed utor instituto meo. In hominis honesti pudentisque judicio, non solum meo consilio uti consuevi, sed multum etiam ejus quem defendo et consilio et voluntati obtempero. Nam, ut hæc ad me causa delata est, qui leges eas ad quas adhibemur et in quibus versamur nosse deberem, dixi Avito statim de eo, QUI COISSET QUO QUIS CONDEMNARETUR, illum esse liberum; teneri autem nostrum ordinem. Atque ille me orare et obsecrare cœpit ut ne sese lege defenderem. Quum ego quæ mihi viderentur dicerem, traduxit me ad suam sententiam. Affirmabat enim lacrymans, non se cupidiorem esse civitatis retinendæ,

Je me rendis à ses désirs. Je ne le fis cependant (car il ne conviendrait pas toujours d'avoir cette condescendance) que parce que je voyais que la cause pouvait parfaitement se défendre par elle-même, sans recourir aux termes de la loi. Je voyais aussi plus de dignité dans le plan que j'ai suivi, et moins de difficultés à vaincre dans celui qu'il n'a pas voulu adopter. S'il n'avait été question que de gagner cette cause, j'aurais lu la loi, et mon plaidoyer eût été fini.

LIII. Je ne suis pas plus ému d'entendre Attius me dire que c'est une indignité, que les lois frappent le sénateur qui a contribué frauduleusement à la perte d'un accusé, et que le chevalier convaincu du même crime n'en soit point frappé. Pour que je vous accorde que ce soit là une injustice (et nous examinerons tout à l'heure ce qu'on doit en penser), il faut que vous m'accordiez qu'il serait bien plus injuste de s'écarter des lois dans un État dont les lois font toute la force. Ce sont elles qui assurent notre indépendance politique; elles sont le fondement de la liberté, la source de la justice. En elles résident l'âme, l'esprit, la sagesse, la pensée du gouvernement. Semblable au corps humain, qui ne peut subsister sans l'âme, le corps de l'État a besoin de la loi pour mettre en jeu ces ressorts qui en sont comme les nerfs, le sang et les membres. Les magistrats sont les ministres des lois, les juges en sont les interprètes ; enfin, pour

quam existimationis. Morem homini gessi ; et tamen idcirco feci (neque enim id semper facere debemus), quod videbam per se ipsam causam copiosissime sine lege posse defendi. Videbam, in hac defensione qua jam sum usus, plus dignitatis ; in illa, qua me hic uti noluit, minus laboris futurum. Quod si nihil aliud esset actum, nisi ut hanc causam obtinerem, lege recitata, perorassem.

LIII. Neque me illa oratio commovet, quod ait Attius, indignum esse facinus, si senator judicio quemquam circumvenerit, legibus eum teneri ; si eques Romanus hoc idem fecerit, non teneri. Ut tibi concedam, hoc indignum esse (quod cujusmodi sit jam videro), tu mihi concedas necesse est multo esse indignius, in ea civitate quæ legibus contineatur, discedi a legibus. Hoc enim vinculum est hujus dignitatis qua fruimur in republica ; hoc fundamentum libertatis ; hic fons æquitatis. Mens, et animus, et consilium, et sententia civitatis, posita est in legibus. Ut corpora nostra sine mente, sic civitas sine lege, suis partibus, ut nervis, ac sanguine, et membris, uti non potest. Legum ministri, magistratus ; legum interpretes, judices ; legum denique idcirco

être libres, il faut que nous soyons tous esclaves des lois. Pourquoi, Q. Nason, siégez-vous sur ce tribunal? En vertu de quel pouvoir ces magistrats si respectables vous sont-ils subordonnés? Et vous, juges, d'où vient que, parmi un si grand nombre de citoyens, seuls vous prononcez sur la fortune et l'honneur des hommes? De quel droit Attius a-t-il dit tout ce qu'il a voulu? A quel titre m'est-il permis de parler si longtemps? Que signifient ces greffiers, ces licteurs et tous ces officiers que je vois autour de nous? La loi sans doute le veut ainsi. Oui, je le répète, la loi est véritablement l'âme qui ordonne et règle toutes les opérations de ce tribunal. Mais quoi! est-il le seul qu'elle dirige? N'est-ce pas conformément à sa volonté que M. Plétorius et C. Flaminius jugent les assassins, C. Orchinius les gens accusés de péculat, moi les concussionnaires, et que C. Aquilius instruit en ce moment une affaire de brigue? Tous les autres tribunaux ne sont-ils pas assujettis au même principe? Promenez vos regards sur toutes les parties du gouvernement : vous verrez que partout la loi commande en souveraine. Vous-même, Attius, si quelqu'un voulait vous traduire devant mon tribunal, vous crieriez que la loi sur les concussionnaires ne vous regarde pas. Votre récusation ne serait pas un aveu que vous êtes coupable, mais un moyen de vous soustraire aux périls et aux embarras d'une accusation illégale.

omnes servi sumus, ut liberi esse possimus. Quid est, Q. Naso, cur tu in isto loco sedeas? quæ vis est, qua abs te hi judices tali dignitate præditi, coerceantur? Vos autem, judices, quamobrem ex tam magna multitudine civium tam pauci de hominum fortunis sententiam fertis? quo jure Attius, quæ voluit, dixit? cur mihi tamdiu potestas dicendi datur? quid sibi autem illi scribæ, quid lictores, quid cæteri, quos apparere huic quæstioni video, volunt? Opinor hæc omnia lege fieri, totumque hoc judicium (ut antea dixi) quasi mente quadam regi legis et administrari. Quid ergo est? hæc quæstio sola ita gubernatur? quid M. Plætorii et C. Flaminii inter sicarios? quid C. Orchinii pecuatus? quid mea de pecuniis repetundis? quid C. Aquilii, apud quem nunc de ambitu causa dicitur? quid reliquæ quæstiones? Circumspicite omnes reipublicæ partes: omnia legum imperio et præscripto fieri videbitis. Si quis apud me te, T. Atti, reum velit facere, clames te lege pecuniarum repetundarum non teneri. Neque hæc tua recusatio confessio sit captæ pecuniæ, sed laboris, sed periculi non legitimi declinatio.

LIV. Maintenant, voyons de quoi il s'agit, et quelle jurisprudence vous voulez établir. La loi qui régit ce tribunal enjoint au président, c'est-à-dire à Q. Voconius, d'informer sur le crime d'empoisonnement avec les assesseurs qui lui seront adjoints par le sort, c'est-à-dire avec vous, juges. Contre qui? les termes sont généraux : *Contre quiconque aura fabriqué, vendu, acheté, possédé, donné du poison.* Qu'ajoute immédiatement la même loi? lisez : *Et que l'on intente contre lui une action capitale.* Contre qui? contre celui qui aura formé des cabales et des ligues? non. Contre qui donc? dites-le : *Contre tout tribun des quatre premières légions, tout questeur, tout tribun du peuple* (la loi nomme successivement tous les magistrats), *et tout homme qui a eu ou qui aura voix au sénat.* Eh bien, après? *Celui d'entre eux qui s'est ou se sera coalisé, s'est ou se sera concerté pour qu'un citoyen soit condamné par un jugement public.* Vous entendez : *Celui d'entre eux,* d'entre ceux que la loi vient de nommer. Qu'importent les termes de l'article? On ne peut s'y tromper, et pourtant la loi s'explique d'elle-même. Car, lorsqu'elle astreint tout le monde en général, elle dit : *Quiconque a ou aura fabriqué du poison,* hommes, femmes, citoyens libres, esclaves, tous doivent être poursuivis. Si elle avait voulu généraliser de même pour le fait de cabale, elle aurait dit : *Celui qui se sera coalisé.* Mais elle dit : *On informera criminellement contre tout homme ayant exercé une magistrature, ou voté dans le sénat, qui s'est*

LIV. Nunc, quid agatur, et quid abs te juris constituatur, vide. Jubet lex ea, qua lege hæc quæstio constituta est, judicem quæstionis, hoc est Q. Voconium, cum iis judicibus qui ei obvenerint (vos appellat, judices), quærere de veneno. In quem quærere? infinitum est. QUICUMQUE FECERIT, VENDIDERIT, EMERIT, HABUERIT, DEDERIT. Quid eadem lex statim adjungit? Recita. DEQUE EJUS CAPITE QUÆRITO. Cujus? qui coierit? convenerit? non ita est. Quid ergo est? dic. QUI TRIBUNUS MILITUM LEGIONIBUS QUATUOR PRIMIS, QUIVE QUÆSTOR, TRIBUNUS PLEBIS. Deinceps omnes magistratus nominavit. QUIVE IN SENATU SENTENTIAM DIXIT, DIXERIT. Quid tum? QUI EORUM COIIT, COIERIT, CONVENIT, CONVENERIT, QUO QUIS JUDICIO PUBLICO CONDEMNARETUR. Qui eorum. Quorum? videlicet, qui supra scripti sunt. Quid interest utro modo scriptum sit? Etsi est apertum, tamen ipsa lex docet. Ubi enim omnes mortales alligat, ita loquitur: QUI VENENUM MALUM FECIT, FECERIT, omnes viri, mulieres, liberi, servi in judicium vocantur. Si item de coitione voluisset, adjunxisset, QUIVE COIERIT. Nunc ita est, DEQUE EJUS CAPITE QUÆRITO, QUI MAGISTRATUM HABUERIT, QUIVE IN SENATU SENTENTIAM

*ou se sera coalisé.* Cluentius est-il de ce nombre? non, sans doute. Qu'est-il donc? un accusé qui ne veut pas profiter d'une loi si favorable. Ainsi j'abandonne ce moyen, et je souscris aux désirs de mon client.

Néanmoins, Attius, je répondrai en peu de mots à votre objection, quoiqu'elle n'ait point de rapport avec sa cause. Car si, dans ce débat, Cluentius a ses intérêts, j'ai aussi les miens. Il pense qu'il lui importe de se justifier sur le fait, et non en récusant la loi ; et moi, je me fais un point d'honneur de ne paraître en aucune discussion vaincu par Attius. Car ce n'est pas ici la dernière cause que je plaiderai. Mon zèle appartient à tous ceux qui pourraient désirer que j'employasse pour eux le même mode de défense. Je ne veux point que personne dans cet auditoire puisse conclure de mon silence que j'approuve ce qu'a dit Attius au sujet de la loi. Ainsi, Cluentius, je vous abandonne à vous-même vos propres intérêts. Je ne lirai point la loi ; ce n'est pas pour vous que je parle en ce moment. Mais je ne puis négliger des observations qu'on a droit d'attendre de moi.

LV. Il vous paraît injuste, Attius, que les lois n'obligent pas également tous les citoyens. D'abord, quand j'avouerais que c'est la chose la plus inique, ce serait une raison pour en désirer le changement, et non pour leur désobéir. Ensuite, quel séna-

---

DIXERIT; QUI EORUM COIIT, COIERIT. Num is est Cluentius ? Certe non est. Quis ergo est Cluentius? qui tamen defendi causam suam lege nolit. Itaque abjicio legem ; morem Cluentio gero.

Tibi tamen, Atti, pauca, quæ ab hujus causa sejuncta sunt, respondebo. Est enim quiddam in hac causa quod Cluentius ad se, est aliquid quod ego ad me putem pertinere. Hic sua putat interesse se re ipsa et gesto negotio, non lege defendi ; ego autem mea existimo interesse, me nulla in disputatione ab Attio videri esse superatum. Non enim mihi hæc causa sola dicenda est. Omnibus hic labor meus propositus est quicumque hac facultate defensionis contenti esse possunt. Nolo quemquam eorum, qui adsunt, existimare, me, quæ de lege ab Attio dicta sunt, si reticuerim, comprobare. Quamobrem, Cluenti, de te tibi obsequor ; neque ego legem recito, neque hoc loco pro te dico; sed ea, quæ a me desiderari arbitror, non relinquam.

LV. Iniquum tibi videtur, Atti, esse non iisdem legibus omnes teneri. Primum (ut id iniquissimum esse confitear) hujusmodi est, ut commutatis eis opus sit legibus, non ut iis quæ sunt, non pareamus. Deinde quis unquam hoc

teur, élevé par la faveur du peuple romain au plus haut degré d'honneur, a jamais pensé que la loi dût le dispenser des devoirs les plus rigoureux? Que d'avantages dont nous sommes privés! A combien de peines et de contraintes ne sommes-nous pas assujettis! Mais nous trouvons un ample dédommagement dans la considération et les priviléges attachés à la grandeur. Imposez les mêmes sacrifices à l'ordre équestre et aux autres classes de citoyens : ils ne les supporteront pas. Ceux qui n'ont pas eu les moyens ou l'ambition de s'élever aux premières dignités de la république, se croient libres des conditions qu'elles imposent, et pensent que les entraves judiciaires doivent moins peser sur eux. Sans parler de toutes les lois obligatoires pour nous, et dont les autres classes sont exemptes, je me borne à celle qui a pour objet la prévarication dans les jugements. C'est C. Gracchus qui en fut l'auteur. Il la fit en faveur du peuple et non contre le peuple. Dans la suite L. Sylla, tout ennemi qu'il était de la cause populaire, L. Sylla, en ordonnant, par la loi qui régit cette procédure, des poursuites contre ce genre de délit, n'osa pas soumettre le peuple romain à une loi dont il avait été jusqu'alors affranchi. S'il avait cru pouvoir le faire, il haïssait assez l'ordre équestre pour ne pas manquer d'armer ce nouveau tribunal de toute la rigueur qu'il avait déployée dans les proscriptions contre les anciens juges.

senator accusavit, ut quum altiorem gradum dignitatis beneficio populi Romani esset consecutus, eo se putaret durioribus legum conditionibus uti non oportere? Quam multa sunt commoda quibus caremus! quam multa molesta ac difficilia quæ subimus! atque hæc omnia tantum honoris et amplitudinis commodis compensantur. Converte nunc ad equestrem ordinem atque in cæteros ordines; easdem vitæ conditiones non præferent. Putant enim, minus multos sibi laqueos legum, et conditionum, ac judiciorum propositos esse oportere, qui in summum locum civitatis aut non potuerint adscendere, aut non petiverint. Atque, ut omittam leges alias omnes quibus nos tenemur, cæteri autem sunt ordines liberati, hanc ipsam legem, NE QUIS JUDICIO CIRCUMVENIRETUR, C. Gracchus tulit : eam legem pro plebe, non in plebem tulit. Postea L. Sylla, homo a populi causa remotissimus, tamen quum ejus rei quæstionem hac ipsa lege constitueret, qua vos hoc tempore judicatis, populum Romanum, quem ab hoc genere liberum acceperat, alligare novo quæstionis genere ausus non est. Quod si fieri posse existimasset, pro illo odio quod habuit in equestrem ordinem, nihil fecisset libentius quam omnem illam acerbitatem proscriptionis suæ, qua est usus in veteres judices, in hanc unam quæstionem contulisset.

On n'a point encore aujourd'hui d'autre projet, croyez-moi, juges, et mettez-vous en garde contre le piége qu'on vous tend : on veut envelopper l'ordre équestre dans la loi. Cette intrigue, il est vrai, n'est l'ouvrage que d'un petit nombre. Car les sénateurs qui se reposent sur leur droiture et sur leur probité, comme vous le faites, je puis le dire hautement, juges, comme tous ceux enfin dont la vie fut sans reproche, désirent que l'ordre sénatorial vive en bonne intelligence avec l'ordre qui, par sa dignité, lui tient de plus près. Mais ceux qui prétendent réunir tous les pouvoirs, sans que nul autre citoyen, nulle autre classe conserve quelque autorité, se flattent de mettre les chevaliers sous leur dépendance en leur faisant craindre qu'il ne soit décidé que ceux qui siégeront dans un tribunal seront soumis à une responsabilité si périlleuse. Ils voient l'autorité de cet ordre s'affermir de jour en jour ; ils voient que ses arrêts sont généralement approuvés ; ils espèrent, en vous intimidant, émousser le glaive de votre sévérité. Quel juge osera prononcer avec une fermeté impartiale contre un accusé puissant et riche, s'il est convaincu qu'il lui faudra se justifier à son tour du fait de cabale ou de collusion ?

LVI. Honneur à ces généreux chevaliers romains qui résistèrent à l'illustre et puissant M. Drusus, tribun du peuple, lorsque, de concert avec toute la noblesse de son temps, il voulut que les

---

Nec nunc quidquam agitur (mihi credite, judices, et prospicite id quod providendum est), nisi ut equester ordo in hujusce legis periculum includatur. Neque hoc agitur ab omnibus, sed a paucis. Nam ii senatores, qui se facile tuentur integritate et innocentia, quales (ut vere dicam) vos estis, et cæteri, qui sine cupiditate vixerunt, equites ordini senatorio dignitate proximos, concordia conjunctissimos esse cupiunt. Sed ii qui se volunt posse omnia, neque præterea quidquam esse aut in homine ullo, aut in ordine, hoc uno metu se putant equites Romanos in potestatem suam redacturos, si constitutum esset, ut de iis qui rem judicarent, hujusmodi judicia fieri possent. Vident enim auctoritatem hujus ordinis confirmari ; vident judicia comprobari : hoc metu proposito, evellere se aculeum severitatis vestræ posse confidunt. Quis enim de homine audeat, paulo majoribus opibus prædito, vere et fortiter judicare, quum videat sibi de eo quod coierit aut consenserit causam esse dicendam ?

LVI. O viros fortes, equites Romanos, qui homini clarissimo ac potentissimo, M. Druso, tribuno plebis restiterunt, quum ille nihil aliud ageret cum illa cuncta, quæ tum erat, nobilitate, nisi uti, qui res judicassent, hujuscemodi

juges fussent compris dans ces poursuites inquiétantes. Alors
C. Flavius Pusion, Cn. Titinnius, C. Mécène, ces énergiques soutiens du peuple romain, secondés par d'autres membres de
l'ordre équestre, ne crurent pas, comme fait aujourd'hui Cluentius, que le fait de récuser une loi compromît leur honneur.
Ils la combattirent ouvertement, refusèrent de la reconnaître, et
dirent publiquement, avec autant de dignité que de courage,
qu'ils auraient pu être portés par les suffrages du peuple romain
au rang le plus élevé, s'ils avaient mis leur ambition à rechercher
les honneurs; qu'ils avaient vu de quel éclat, de quelle pompe,
de quelle considération brillaient ceux qui en étaient revêtus; que,
sans mépriser tant d'avantages, ils s'étaient contentés de leur
rang et de celui de leurs pères; que cette vie calme et paisible,
à l'abri des orages de l'envie et des subtilités de la chicane,
avait eu pour eux plus de charmes; qu'il fallait les ramener à
cet âge où l'homme dans sa force peut briguer les honneurs;
ou, puisque cela était impossible, les maintenir dans les priviléges de l'état pour lequel ils en avaient abandonné la poursuite; qu'il était injuste que des hommes qui avaient renoncé à
l'éclat des dignités pour en éviter les nombreux écueils, ne fussent pas, lorsqu'ils s'étaient privés des bienfaits du peuple,
exempts des périls attachés aux nouveaux tribunaux; qu'un
sénateur ne pouvait pas former la même plainte, puisqu'en se

---

quæstionibus in judicium vocarentur. Tunc C. Flavius Pusio, Cn. Titinnius,
C. Mæcenas, illa robora populi Romani, cæterique hujuscemodi ordinis, non
fecerunt idem quod nunc Cluentius, ut aliquid culpæ suscipere se putarent,
recusando; sed apertissime repugnarunt, quum hæc recusarent, et palam fortissime atque honestissime dicerent, se potuisse judicio populi Romani in
amplissimum locum pervenire, si sua studia ad honores petendos conferre voluissent; sese vidisse in ea vita qualis splendor inesset, quanta ornamenta,
quæ dignitas; quæ se non contempsisse, sed ordine suo, patrumque suorum
contentos fuisse; et vitam illam tranquillam et quietam, remotam a procellis
invidiarum, et hujuscemodi judiciorum anfractu, sequi maluisse. Aut sibi ad
honores petendos ætatem integram restitui oportere; aut, quoniam id non
posset, eam conditionem vitæ, quam secuti, petitionem reliquissent, manere;
iniquum esse eos qui honorum ornamenta, propter periculorum multitudinem,
prætermisissent, populi beneficiis esse privatos, judiciorum novorum periculis
non carere; senatorem hoc queri non posse, propterea quod ea conditione

mettant sur les rangs, il savait à quelle condition il obtiendrait sa demande; que d'ailleurs il jouissait de glorieux priviléges qui pouvaient lui en adoucir l'amertume : un rang distingué, la pompe et la considération au dedans, un nom puissant et respecté chez les nations étrangères, la toge prétexte, la chaise curule, les faisceaux, le commandement des armées, le gouvernement des provinces, éclatantes récompenses de la vertu, à côté desquelles nos ancêtres ont placé quelques dangers pour effrayer le crime. Au reste, ces illustres chevaliers ne récusaient pas l'autorité de la loi alors nommée *Sempronia*, maintenant *Cornelia*, aux termes de laquelle on accuse aujourd'hui Cluentius ; car ils savaient qu'elle ne regardait point l'ordre équestre ; mais ils ne voulaient point se laisser enchaîner par une loi nouvelle. Pour Cluentius, il n'a pas même refusé de rendre compte de sa vie, d'après une loi qui ne le concernait pas. Si vous pensez qu'il y était obligé, réunissons tous nos efforts pour que la même responsabilité soit au plus tôt imposée à tous les ordres de l'État.

LVII. Cependant, au nom des dieux immortels! puisque c'est aux lois que nous devons la conservation de tous nos intérêts, de nos droits, de notre indépendance, de notre sûreté, gardons-nous de nous écarter des lois. Songeons en même temps combien il serait indigne d'agir autrement. Le peuple romain s'occupe en ce moment d'autres pensées. C'est à vous qu'il a confié ses droits

proposita petere cœpisset; quodque permulta essent ornamenta, quibus eam mitigare molestiam posset : locus, auctoritas, domi splendor, apud exteras nationes nomen et gratia, toga prætexta, sella curulis (insignia), fasces, exercitus, imperia, provinciæ; quibus in rebus quum summum recte factis majores nostri præmium, tum plura peccatis pericula proposita esse voluerunt. Illi non hoc recusabant, ea ne lege accusarentur, qua nunc Avitus accusatur, quæ tunc erat Sempronia, nunc est Cornelia ; intelligebant enim ea lege equestrem ordinem non teneri; sed ne nova lege alligarentur laborabant. Avitus ne hoc quidem unquam recusavit, quo minus vel ea lege rationem vitæ suæ redderet, qua non teneretur. Quæ si vobis conditio placet, omnes id agamus, ut hæc quam primum in omnes ordines quæstio perferatur.

LVII. Interea quidem, per deos immortales! quoniam omnia commoda nostra, jura, libertatem, salutem denique legibus obtinemus, a legibus non recedamus. Simul et illud quam sit indignum, cogitemus, populum Romanum aliud nunc agere; vobis rempublicam et fortunas suas commisisse ; ipsum

civils et politiques. Il est sans inquiétude. Il ne craint pas que les citoyens soient, en vertu d'une loi qu'il n'a pas faite, assujettis par la volonté de quelques juges à des poursuites dont il se croit affranchi. T. Attius, jeune homme dont j'honore le caractère et le talent, prétend que toutes les lois obligent également tous les citoyens. Vous l'écoutez en silence avec toute l'attention que vous lui devez. Cluentius, chevalier romain, est accusé en vertu d'une loi qui n'astreint que les sénateurs et ceux qui ont été magistrats. Moi, retenu par lui, je ne puis faire valoir cette exception, et chercher dans la loi des armes qui assureraient à ma défense un facile triomphe. Si Cluentius gagne sa cause (comme votre équité nous en donne l'espoir), on pensera justement qu'il doit ce succès à son innocence, puisque c'est ainsi qu'il a été défendu ; mais qu'il n'a pas tiré de la loi le secours qu'elle lui offrait.

Ici se présente une considération qui me regarde particulièrement, comme je l'ai dit, et sur laquelle je dois m'expliquer devant le peuple romain, puisque le ministère dont je me suis chargé me fait un devoir de consacrer mes soins et mes travaux à la défense de tous mes concitoyens. Je vois quelle extension dangereuse et sans bornes les accusateurs veulent donner à ce genre de procès, lorsqu'ils prétendent qu'une loi, qui pèse uniquement sur l'ordre sénatorial, soit imposée à tout le peuple

---

sine cura esse; non metuere, ne lege ea, quam nunquam ipse jusserit, et quæstione, qua se solutum liberumque esse arbitretur, per paucos judices adstringatur. Agit enim sic causam T. Attius, adolescens bonus et disertus, omnes cives legibus teneri omnibus ; vos attenditis, et auditis silentio, sicut facere debetis. A. Cluentius, eques Romanus, causam dicit ea lege, qua lege senatores, et ii qui magistratum habuerunt, soli tenentur. Mihi per eum, recusare, et in arce legis præsidia constituere defensionis meæ, non licet. Si obtinuerit causam Cluentius (sicuti vestra æquitate nixi confidimus), omnes existimabunt, id quod erit, obtinuisse propter innocentiam, quoniam ita defensus sit; in lege autem, quam attingere noluerit, præsidii nihil fuisse.

Illic nunc est quiddam, quod ad me pertineat, de quo ante dixi, quod ego populo Romano præstare debeam, quoniam is meæ vitæ status est, ut omnis mihi cura atque opera posita sit in omnium periculis defendendis. Video, quanta, et quam periculosa, et quam infinita quæstio tentetur ab accusatoribus, quum eam legem, quæ in nostrum ordinem scripta sit, in populum Ro-

romain. Cette loi dit : *Celui qui aura cabalé :* vous voyez toute la portée de ce terme; *se sera ligué :* cela est encore vague et général ; *se sera coalisé :* cette expression également vague et générale est de plus équivoque et obscure ; *ou bien aura porté un faux témoignage...* Quel citoyen romain a jamais déposé en justice sans avoir eu à craindre, d'après le système de T. Attius, d'être poursuivi comme faux témoin? Je soutiens que nul, désormais, ne déposera, si l'on astreint le peuple romain à cette loi. Mais je proteste ici que tous ceux qu'on appellera devant les tribunaux sans être compris dans la loi, trouveront en moi, s'ils me donnent leur confiance, un avocat qui emploiera en leur faveur les moyens que fournit cette loi. Je n'aurai pas de peine à faire triompher leur cause devant les juges qui m'écoutent, ou devant ceux qui leur ressemblent. J'userai dans toute son étendue d'un privilége que celui dont je dois respecter la volonté ne me permet pas d'invoquer aujourd'hui.

LVIII. Non, juges, il ne m'est pas permis d'en douter : si l'on portait devant vous une accusation de cette espèce contre un citoyen étranger à la loi, fût-il l'objet de l'indignation publique ou en butte à une multitude d'ennemis, vous fût-il odieux à vous-mêmes, dussiez-vous vous faire violence pour l'acquitter, vous l'acquitteriez pourtant, et le devoir ferait taire en vous la haine. Un juge que la sagesse dirige doit songer que son pouvoir

manum transferre conentur. Qua in lege est, QUI COIERIT : quod quam late pateat, videtis. CONVENERIT : æque infinitum et incertum est. CONSENSERIT : hoc vero quum incertum et infinitum, tum obscurum et occultum est. FALSUMVE TESTIMONIUM DIXERIT : quis de plebe Romana testimonium dixit unquam, cui non hoc periculum, T. Attio auctore, paratum esse videatis? nam dicturum quidem certe, si hoc judicium plebi Romanæ propositum sit, neminem unquam esse confirmo. Sed hoc polliceor omnibus, si cui forte hac lege negotium facessetur, qui lege non teneatur, si is uti me defensore voluerit, me ejus causam legis præsidio defensurum ; et vel his judicibus, vel eorum similibus, facile probaturum, et omni me defensione usurum esse legis ; qua nunc ut utar, ab eo cujus voluntati mihi obtemperandum est non conceditur.

LVIII. Non enim debeo dubitare, judices, quin, si qua ad vos causa hujusmodi delata sit ejus qui lege non teneatur, etiamsi is invidiosus aut multis offensus esse videatur, etiamsi eum oderitis, etiamsi inviti absoluturi sitis, tamen absolvatis, et religioni potius vestræ quam odio pareatis. Est enim sapientis judicis cogitare tantum sibi a populo Romano esse permissum, quan-

est limité par son mandat et par l'intention du peuple romain; qu'il a reçu une mission de confiance non moins que d'autorité; qu'il peut absoudre celui qu'il hait, condamner celui qu'il ne hait pas ; que sa volonté personnelle n'est rien, quand la conscience et la loi commandent ; qu'il importe d'examiner en vertu de quelle loi l'accusé est traduit devant son tribunal, quel est l'accusé, sur quel délit porte l'accusation.

Outre ces considérations, il est encore d'un homme généreux et sage, lorsqu'il prend le fatal bulletin, de songer qu'il n'est pas seul ; qu'il ne lui est pas permis de n'écouter que sa volonté; mais que la loi, le devoir, l'équité, la bonne foi sont ses guides; qu'il doit bannir le caprice, la haine, l'envie, la crainte, en un mot toutes les passions, et principalement obéir à la voix de son cœur, à cette conscience que nous avons reçue des dieux immortels pour être notre inséparable compagne, cette conscience qui nous assure une vie tranquille et honorable, si nous ne la rendons témoin que de nobles pensées et d'actions vertueuses. Si T. Attius avait connu ces principes, s'il en avait eu seulement l'idée, certes il n'aurait pas même songé à dire ce qu'il a soutenu si longuement : qu'un juge a le droit de statuer comme bon lui semble, et qu'il n'est point lié par les lois.

Je me suis étendu sur cette matière beaucoup plus que ne

tum commissum et creditum sit, et non solum sibi potestatem datam, verum etiam fidem habitam esse meminisse ; posse, quem oderit, absolvere; quem non oderit, condemnare ; et semper, non quid ipse velit, sed quid lex et religio cogat, cogitare ; animadvertere, qua lege reus citetur, de quo reo cognoscat, quæ res in quæstione versetur.

Quum hæc sunt videnda, tum vero illud est hominis magni, judices, atque sapientis, quum illam, judicandi causa, tabellam sumpserit, non se putare esse solum, neque sibi, quodcumque concupierit, licere; sed habere in consilio legem, religionem, æquitatem, fidem; libidinem autem, odium, invidiam, metum, cupiditatesque omnes amovere ; maximique æstimare conscientiam mentis suæ, quam ab diis immortalibus accepimus ; quæ a nobis divelli non potest ; quæ si optimorum consiliorum atque factorum testis in omni vita nobis erit, sine ullo metu et summa cum honestate vivemus. Hæc si T. Attius aut cognovisset, aut cogitasset ; profecto ne conatus quidem esset dicere id quod multis verbis egit, judicem, quod ei videatur, statuere, et non devinctum legibus esse oportere.

Quibus de rebus mihi pro Cluentii voluntate, nimium ; pro reipublicæ digni-

l'aurait voulu mon client, moins que ne le demandait la dignité de la république, autant qu'il le fallait pour des juges aussi éclairés que vous. Il me reste à réfuter quelques allégations. Nos adversaires, en les imaginant, ont eu soin du moins qu'elles fussent de la compétence du tribunal, afin qu'on ne les regardât pas comme les plus méprisables des hommes, pour ne s'être présentés devant vous qu'avec les armes de la haine.

LIX. Afin de vous convaincre que la nécessité seule m'a contraint de m'étendre longuement sur les objets dont je vous ai entretenus jusqu'ici, écoutez le reste. Vous verrez que je sais démontrer en peu de mots ce qui ne mérite pas une discussion développée.

On a prétendu que le Samnite Cn. Decius, après avoir été proscrit, s'était vu outragé, dans son malheur, par les esclaves de Cluentius. Personne, au contraire, ne s'est montré plus généreux envers lui que mon client. Decius a trouvé dans la bourse de celui-ci les secours dont il avait besoin : c'est un fait qu'il reconnaît lui-même, ainsi que tous ses amis et toute sa famille. Les fermiers de Cluentius, dit-on encore, ont maltraité les pâtres d'Ancarius et de Pacenus. Une de ces querelles, si communes entre bergers, s'étant élevée dans les pâturages, les fermiers de Cluentius défendirent les intérêts et les propriétés de leur maître. Une explication fut demandée, et les faits une fois éclaircis, on se sépara sans contestation ni procès. On ajoute que P. Élius a

---

tate, parum ; pro vestra prudentia, satis dixisse videor. Reliqua perpauca sunt, quæ, quia vestræ quæstionis erant, idcirco illi statuerunt sibi fingenda esse, et proferenda, ne omnium turpissimi reperirentur, si in judicium nihil, præter invidiam, attulissent.

LIX. Atque, ut existimetis necessario me de his rebus, de quibus jam dixerim, pluribus egisse verbis, attendite reliqua. Profecto intelligetis ea, quæ paucis demonstrari potuerunt, brevissime esse defensa.

Cn. Decio Samniti, ei qui proscriptus est, injuriam in calamitate ejus ab hujus familia factam esse dixistis. Ab nullo ille liberalius quam a Cluentio tractatus est. Hujus illum opes in rebus ejus incommodis sublevarunt. Atque hoc quum ipse, tum omnes ejus amici necessariique cognorunt. Ancarii et Paceni pastoribus hujus villicos vim et manus attulisse. Quum quædam in collibus, ut solet, controversia pastorum esset orta, Aviti villici rem domini, et privatam possessionem defenderunt. Quum esset expostulatio facta, causa illis demonstrata, sine judicio controversiaque discessum est. P. Ælii testamento

déshérité par testament un de ses proches parents pour donner ses biens à Cluentius, étranger à sa famille. Il l'a fait par reconnaissance pour Cluentius. Celui-ci n'a point assisté à la rédaction du testament, qui lui-même a été scellé par Oppianicus, son ennemi.

Cluentius, dit-on, a refusé de payer un legs fait à Florius. Non, juges. Le testament portait trente mille sesterces, au lieu de trois cent mille qu'on demandait. La clause ne lui paraissant pas bien précise, il voulut que Florius lui sût gré de sa libéralité. Il nia d'abord que la somme fût due ; ensuite il l'acquitta sans difficulté. La femme d'un Samnite nommé Célius a, dit-on, été retirée de ses mains après la guerre. Il l'avait achetée des revendeurs comme esclave. Dès qu'il apprit qu'elle était née libre, il la rendit à Célius sans l'intervention de la justice. On a parlé d'un certain Ennius dont les biens auraient été retenus par Cluentius. Cet Ennius est un plaideur de mauvaise foi, un misérable aux gages d'Oppianicus. Après s'être tenu tranquille pendant plusieurs années, il s'est avisé d'accuser de vol un esclave de Cluentius, et de l'appeler lui-même en justice. La cause est devant le tribunal civil. Nous la plaiderons peut-être, et vous pouvez être certains que ce calomniateur n'échappera point à la peine qu'il mérite.

On nous annonce un nouveau témoin, un homme connu par le nombre de ses hôtes, A. Binnius, cabaretier de la rue Latine.

---

propinquus exhæredatus quum esset, hæres hic alienior institutus est. P. Ælius Aviti merito fecit ; neque hic in testamento faciendo interfuit ; idque testamentum ab hujus inimico Oppianico est obsignatum.

Florio legatum ex testamento infitiatum esse. Non est ita. Sed cum H-S xxx scripta essent, pro H-S ccc, neque ei satis cautum videretur, voluit eum aliquid acceptum referre liberalitati suæ. Primo deberi negavit ; post sine controversia solvit. Cœlii cujusdam Samnitis uxorem post bellum ab hoc esse repetitam. Mulierem quum emisset de sectoribus, quo tempore eam primum liberam esse audivit, sine judicio reddidit Cœlio. Ennium esse quemdam, cujus bona teneat Avitus. Est hic Ennius egens quidam, calumniator, mercenarius Oppianici, qui permultos annos quievit ; deinde aliquando cum servo Aviti furti egit ; nuper ab ipso Avito petere cœpit. Hic illo privato judicio (mihi credite), nobis iisdem fortasse patronis, calumniam non effugiet.

Atque etiam, ut nobis renuntiatur, hominem multorum hospitum, A. Bin-

Vous l'avez suborné pour dire que Cluentius et ses esclaves l'ont maltraité dans sa taverne. Il n'est pas nécessaire de nous occuper en ce moment de ce personnage. S'il vient au-devant de nous, suivant son habitude, nous le recevrons de manière à le faire repentir de s'être déplacé. Voilà, juges, tout ce qu'après huit années de recherches, les accusateurs ont pu recueillir sur les mœurs de Cluentius, sur toute la vie d'un homme qu'ils veulent immoler à l'indignation de la justice. Vous voyez combien ces griefs sont frivoles au fond, combien ils sont faux et faciles à détruire.

LX. Venons maintenant à l'objet de votre serment, à la question que vous devez juger, et sur laquelle vous avez été chargés de prononcer par la loi qui vous rassemble ici pour connaître des crimes d'empoisonnement. Vous sentirez tous à quoi j'aurais pu réduire mon plaidoyer, et dans combien de détails je suis entré, uniquement pour satisfaire aux désirs de l'accusé plutôt qu'au besoin de sa cause.

On accuse Cluentius d'avoir empoisonné C. Vibius Capax. Heureusement j'aperçois ici un homme aussi recommandable par son mérite que par sa bonne foi, le sénateur L. Plétorius, qui fut l'hôte et l'ami de Capax. C'est chez lui que Vibius logeait à Rome, c'est chez lui qu'il tomba malade, c'est chez lui qu'il mourut. — Mais Cluentius est son héritier. — Je réponds qu'il

---

nium quemdam, cauponem de via Latina, subornatis, qui sibi a Cluentio servisque ejus in taberna sua manus allatas esse dicat. Quo de homine nihil etiam nunc dicere nobis est necesse. Si invitaverit, id quod solet, sic hominem accipiemus ut moleste ferat se de via decessisse. Habetis, judices, quæ in totam vitam de moribus A. Cluentii, quem illi invidiosum reum volunt esse, annos octo meditati accusatores collegerunt : quam levia genere ipso ! quam falsa re ! quam brevia responsu !

LX. Cognoscite nunc id quod ad vestrum jusjurandum pertinet, quod vestri judicii est, quod vobis oneris imposuit ea lex, qua coacti huc convenistis, de criminibus veneni, ut omnes intelligant quam paucis verbis hæc causa perorari potuerit, et quam multa a me dicta sint, quæ ad hujus voluntatem maxime, ad vestrum judicium minime pertinerent.

Objectum est, C. Vibium Capacem ab hoc A. Cluentio veneno esse sublatum. Opportune adest homo summa fide et omni virtute præditus, L. Plætorius, senator, qui illius Capacis hospes fuit et familiaris. Apud hunc ille Romæ habitavit, apud hunc ægrotavit, hujus domi est mortuus. — At hæres est Cluen-

est mort sans avoir fait de testament, et qu'un édit du préteur a mis en possession de ses biens le fils de sa sœur, Numerius Cluentius, chevalier romain, jeune homme plein de sagesse et de probité, que vous voyez devant vous.

Second chef d'accusation. Cluentius a, dit-on, voulu faire empoisonner le jeune Oppianicus à son repas de noces où, suivant la coutume de Larinum, assistaient une multitude de convives. Comme on lui présentait le poison dans une coupe de vin mêlé de miel, Balbutius, son ami, la saisit au passage, la but et mourut sur-le-champ. Si de pareilles inculpations me semblaient dignes d'une réfutation sérieuse, je développerais des arguments que je ne ferai qu'indiquer légèrement. Que trouve-t-on, en effet, dans la vie entière de Cluentius qui fasse présumer qu'il ait pu commettre un pareil crime? Qu'avait-il donc tant à craindre d'Oppianicus? Ce jeune homme, dans tout le cours du procès, n'a pu dire un seul mot contre lui. D'un autre côté, jamais Cluentius ne pouvait, du vivant de sa mère, rester sans accusateur. Vous en aurez bientôt la preuve. Voulait-il, sans diminuer ses périls, fournir à l'accusation un moyen de plus contre lui? Mais quel temps pour commettre un tel crime! un jour de noces! une réunion si nombreuse! Ce poison, par qui l'a-t-il fait donner? où l'avait-il pris? Comment la coupe a-t-elle été arrêtée au passage? pourquoi ne la point présenter de nou-

---

tius. — Intestatum dico esse mortuum, possessionemque ejus bonorum, prætoris edicto, huic, illius sororis filio, adolescenti pudentissimo, et in primis honesto, equiti Romano datam, Numerio Cluentio, quem videtis.

Alterum veneficii crimen, Oppianico huic adolescenti, quum ejus in nuptiis, more Larinatium, multitudo hominum pranderet, venenum Aviti consilio paratum; id quum daretur in mulso, Balbutium quemdam, ejus familiarem, intercepisse, bibisse, statimque esse mortuum. Hæc ego si sic agerem, tanquam mihi crimen esset diluendum, hæc pluribus verbis dicerem, quæ nunc paucis percurrit oratio mea. Quid unquam Avitus in se admisit, ut hoc tantum ab eo facinus non abhorrere videatur? quid autem magnopere Oppianicum metuebat, quum ille verbum omnino in hac ipsa causa nullum facere potuerit; huic autem accusatores, matre viva, deesse non possent? quod jam intelligetis. An ut de causa ejus periculi nihil decederet, ad causam novum crimen accederet? Quod autem tempus veneni dandi illo die? in illa frequentia? per quem porro datum? unde sumptum? quæ deinde interceptio poculi?

veau? Il y a mille choses à dire ; mais je ne veux pas qu'on
m'accuse de tout dire en feignant de me taire : le fait se réfute
assez de lui-même. Je soutiens que ce jeune homme, mort, selon
vous, aussitôt qu'il eut vidé la coupe, ne mourut pas même dans la
journée. Le mensonge est-il assez fort, assez impudent? Ce n'est
pas tout. Je dis que Balbutius se mit à table déjà mal disposé, et
que, par une imprudence ordinaire à son âge, ne s'étant pas
assez ménagé, il tomba malade, et mourut au bout de quelques
jours. — Qui atteste ce fait? — Celui dont vous voyez ici la douleur, son père ; oui, le père de ce jeune homme, ce vieillard qui
ne manquerait pas, s'il avait le plus léger soupçon, de soulager
son désespoir en inculpant Cluentius, le justifie lui-même par sa
déposition. Lisez-la, greffier. Et vous, homme respectable, si
vous en avez la force, levez-vous un moment, et souffrez que je
réveille un souvenir affligeant qu'il m'est indispensable de rappeler. Je ne m'y arrêterai pas longtemps. Vous avez rempli le devoir d'un homme de bien, en ne voulant pas que votre malheur
fournît des armes à la calomnie et causât la perte d'un innocent.
*Déposition du père de Balbutius.*

LXI. Juges, il ne reste plus qu'un seul grief. Il va mettre en
évidence une vérité que j'ai énoncée en commençant : c'est que
tous les maux que Cluentius a soufferts depuis tant d'années,
toutes les peines et toutes les inquiétudes qu'il éprouve encore

---

cur non de integro autem datum? Multa sunt quæ dici possunt ; sed non committam, ut videar non dicendo voluisse dicere, res enim jam se ipsa defendat.
Nego illum adolescentem, quem statim epoto poculo mortuum esse dixistis,
omnino illo die esse mortuum. Magnum et impudens mendacium. Perspicite
cætera. Dico illum, quum ad illud prandium crudior venisset; et, ut ætas illa
fert, sibi tum non pepercisset, aliquot dies ægrotasse, et ita esse mortuum. —
Quis huic rei testis est? — Idem, qui sui luctus, pater, pater, inquam, illius
adolescentis ; quem, propter animi dolorem, pertenuis suspicio potuisset ex
illo loco testem in A. Cluentium constituere : is hunc suo testimonio sublevat.
Quod recita. Tu autem, nisi molestum est, paulisper exsurge, et perfer hunc
dolorem commemorationis necessariæ. In qua ego diutius non morabor, quoniam quod fuit viri optimi fecisti, uti ne cui innocenti mœror tuus calamitatem et falsum crimen afferret. TESTIMONIUM BALBUTII PATRIS.

LXI. Unum etiam mihi reliquum ejusmodi crimen est, judices, ex quo illud
perspicere possitis, quod a me initio orationis meæ dictum est : quidquid mali
per hos annos A. Cluentius viderit, quidquid hoc tempore habeat sollicitudinis

aujourd'hui, sont l'ouvrage de sa mère. Oppianicus, dites-vous, est mort empoisonné. Le poison lui a été donné dans du pain par M. Asellius, son ami, et Cluentius est l'auteur du complot. D'abord je demande quelle raison avait Cluentius d'attenter aux jours d'Oppianicus. J'avoue qu'il existait entre eux d'anciennes inimitiés. Mais pourquoi cherche-t-on à faire périr son ennemi? c'est parce qu'on le craint ou parce qu'on le hait. Quelle crainte aurait porté Cluentius à commettre un si grand crime? En quoi pouvait-on redouter Oppianicus, que, pour prix de ses forfaits, un jugement avait chassé de la république? Qu'appréhendait Cluentius? les attaques d'un ennemi terrassé? les accusations d'un condamné? les dépositions d'un banni? Si c'est par haine qu'il n'a pas voulu le laisser vivre, était-il assez extravagant pour regarder comme une véritable vie l'existence d'un être condamné, proscrit, rejeté de tout le monde, d'un méchant si généralement exécré pour sa perversité, qu'il ne trouvait personne qui voulût le recevoir sous son toit, ou l'aborder, ou lui adresser la parole, ni même le regarder? Et c'est d'une telle vie que Cluentius eût été jaloux? S'il lui portait une haine si cruelle et si profonde, ne devait-il pas, au contraire, désirer qu'il vécût ainsi longtemps? Un ennemi pouvait-il hâter la mort de celui qui n'avait contre sa misère d'autre asile que la tombe? Eh! s'il avait eu dans l'âme quelque peu de cette énergie dont tant

---

ac negotii, id omne a matre esse conflatum. Oppianicum veneno necatum esse, quod ei datum sit in pane per M. Asellium quemdam, familiarem illius, idque Aviti consilio factum esse, dicitis. In quo primum illud quæro, quæ causa Avito fuerit cur interficere Oppianicum vellet? Inimicitias enim inter ipsos fuisse confiteor. Sed homines inimicos suos morte affici volunt, vel quod metuunt, vel quod oderunt. Quo tandem igitur Avitus metu adductus, tantum in se facinus suscipere conatus est? quid erat, quod jam Oppianicum pœna affectum pro maleficiis, ejectum e civitate, quisquam timeret? quid metuebat? ne oppugnaretur a perdito? an ne accusaretur a condemnato? an ne exsulis testimonio læderetur? Sin autem, quod oderat Avitus, idcirco illum vita frui noluit, adeone erat stultus, ut illam quam tum ille vivebat, vitam esse arbitraretur, damnati, exsulis, deserti ab omnibus? quem propter animi importunitatem, nemo recipere tecto, nemo adire, nemo alloqui, nemo respicere vellet? hujus igitur vitæ Avitus invidebat? Hunc si acerbe et penitus oderat, non cum quam diutissime vivere velle debebat? huic mortem maturabat inimicus, quod illi unum in malis perfugium erat calamitatis? qui, si

d'hommes courageux ont fait preuve dans une pareille détresse, ne se serait-il pas donné la mort? Pourquoi un ennemi lui eût-il offert ce qu'il devait appeler de tous ses vœux? Car enfin, quel mal la mort a-t-elle pu lui faire, à moins que, ajoutant foi à des fables absurdes, nous ne pensions qu'il souffre dans les enfers les supplices des scélérats, qu'il y a trouvé plus d'ennemis qu'il n'en a laissé sur la terre; que les mânes de sa belle-mère, de ses femmes, de son frère, de ses enfants, altérés de vengeance, l'ont précipité dans l'affreux séjour des criminels? Si ce sont là des chimères, comme personne n'en doute, qu'a donc pu lui enlever la mort, sinon le sentiment de la douleur?

LXII. Mais enfin ce poison, par qui fut-il donné? par M. Asellius. Quelle liaison avait-il avec Cluentius? aucune; et même il devait le haïr, puisqu'il était l'ami d'Oppianicus. C'est donc un homme qu'il connaissait pour son ennemi et pour l'intime ami d'Oppianicus, qu'il a fait le confident de son projet criminel, qu'il a chargé d'en risquer l'exécution? Mais vous, Caïus, vous que la piété filiale a seule armé contre nous, pourquoi laissez-vous depuis si longtemps Asellius impuni? pourquoi n'avez-vous pas, à l'exemple de Cluentius, fait condamner d'avance le vrai coupable dans la personne du ministre de son crime? Mais quelle invraisemblance, juges, quelle invention nouvelle et bizarre! empoisonner avec du pain! La chose est-elle plus aisée qu'avec du

quid animi ac virtutis habuisset (ut multi sæpe fortes viri in ejusmodi dolore), mortem sibi ipse conscisset : huic quamobrem id vellet inimicus offerre, quid ipse sibi optare deberet? Nam nunc quidem quid tandem illi mali mors attulit? nisi forte ineptiis ac fabulis ducimur, ut existimemus, illum apud inferos impiorum supplicia perferre, ac plures illic offendisse inimicos quam hic reliquisse; a socrus, ab uxorum, a fratris, a liberum pœnis actum esse præcipitem in sceleratorum sedem atque regionem. Quæ si falsa sunt, id quod omnes intelligunt, quid ei tandem aliud mors eripuit præter sensum doloris?

LXII. Age vero, venenum per quem datum? per M. Asellium. Quid huic cum Avito? nihil; atque adeo, quod ille Oppianico familiarissime est usus, potius etiam simultas. Eine igitur, quem sibi offensiorem, Oppianico familiarissimum sciebat esse, potissimum et suum scelus, et illius periculum committebat? cur deinde tu, qui pietate ad accusandum excitatus es, hunc Asellium esse inultum tamdiu sinis? cur non Aviti exemplo usus es, ut per illum, qui attulisset venenum, de hoc præjudicaretur? Jam vero illud quam non probabile, quam inusitatum, judices, quam novum, in pane datum venenum? Fa-

vin? Le poison caché dans quelque partie de ce pain était-il plus invisible que s'il eût été dissous et mêlé dans un breuvage? Fallait-il le manger, et non le boire, pour qu'il se glissât plus promptement dans les veines et dans toutes les parties du corps? Et, si l'on venait à le découvrir, était-il plus facile d'en dissimuler la présence dans du pain que dans une coupe où on l'eût parfaitement confondu avec la liqueur? Mais, dit-on, Oppianicus est mort subitement. Quand cela serait, une mort subite est un accident dont on voit trop d'exemples pour qu'on doive en conclure qu'il y a eu empoisonnement, et le soupçon, fût-il légitime, devrait tomber sur d'autres que sur Cluentius. Mais le fait même est de la plus insigne fausseté. Pour vous en convaincre, apprenez les détails de sa mort, et par quel expédient la mère de Cluentius est parvenue à faire accuser son fils d'en être l'auteur.

Oppianicus, errant, proscrit, chassé de toutes parts, se retira sur le territoire de Falerne, chez C. Quintilius. Il y fut attaqué d'une maladie assez grave et de longue durée. Sassia était près de lui. Elle entretenait avec Statius Albius, vigoureux laboureur, qui fréquentait le logis, des liaisons tellement intimes, que le mari, tout dépravé qu'il était, ne les eût pas souffertes au temps de sa prospérité. Elle croyait sans doute que les chastes nœuds et les droits sacrés du mariage étaient anéantis par la condam-

---

ciliusne potuit quam in poculo? latentius potuit abditum aliqua in parte panis, quam si totum colliquefactum in potione esset? celerius potuit comestum quam epotum in venas atque in omnes partes corporis permanare? facilius fallere in pane (si esset animadversum) quam in poculo, quum ita confusum esset ut secerni nullo modo posset? At repentina morte periit. Quod si esset ita factum, tamen ea res, propter multorum ejusmodi mortem, satis firmam veneni suspicionem non haberet. Si esset suspiciosum, tamen ad alios potius quam ad Avitum pertineret. Verum in eo ipso homines impudentissime mentiuntur. Id ut intelligatis, et mortem ejus, et quemadmodum post mortem in Avitum sit crimen a matre quæsitum, cognoscite.

Quum vagus et exsul erraret, atque undique exclusus Oppianicus, in Falernum se ad C. Quintilium contulisset, ibi primum in morbum incidit, ac satis vehementer diuque ægrotavit. Quum esset una Sassia, et Statio Albio quodam, colono, homine valente, qui simul esse solebat, familiarius uteretur, quam vir dissolutissimus, incolumi fortuna, pati posset; et jus illud matrimonii

nation de son époux. Un certain Nicostrate, esclave d'Oppianicus, homme extrêmement curieux, mais incapable de mentir, instruisait, dit-on, son maître de beaucoup de choses. Cependant Oppianicus commençait à se rétablir. Ne pouvant supporter plus longtemps l'impudente conduite du laboureur, il quitta la campagne de Falerne, et se mit en route vers Rome, où il louait dans le faubourg une espèce d'habitation. On dit que dans ce voyage il tomba de cheval, et se blessa dangereusement au côté. Comme sa maladie l'avait affaibli, il arriva près de la ville avec la fièvre, et mourut au bout de quelques jours. Il n'y a rien, juges, dans cette mort qui puisse donner lieu à des soupçons, ou, si elle en fait naître, c'est un crime domestique, et c'est dans la maison du défunt qu'il faut chercher le coupable.

LXIII. Après la mort d'Oppianicus, Sassia se hâte de comploter dans son âme scélérate la perte de son fils. Elle prend la résolution de faire des recherches sur le décès de son mari. Elle achète de Rupilius, médecin d'Oppianicus, un esclave nommé Straton, comme Cluentius avait acheté Diogène. Elle annonce qu'elle va mettre cet homme à la question, ainsi qu'un autre esclave attaché à sa personne. En outre, pour se venger de Nicostrate, qu'elle soupçonnait d'avoir fait à son maître de trop fidèles rapports, elle le demande au jeune Oppianicus, afin de lui faire subir la même épreuve. Oppianicus, à peine sorti de l'enfance, entendait

castum atque legitimum, damnatione viri sublatum arbitraretur. Nicostratus quidam, fidelis Oppianici servulus, percuriosus et minime mendax, multa dicitur renuntiare domino solitus esse. Interea Oppianicus quum jam convalesceret, neque in Falerno improbitatem coloni diutius ferre posset, et huc ad urbem profectus esset (solebat enim extra portam aliquid habere conducti), cecidisse ex equo dicitur, et homo infirma valetudine latus offendisse vehementer, et posteaquam ad urbem cum febri venerit, paucis diebus esse mortuus. Mortis ratio, judices, ejusmodi est, ut aut nihil habeat suspicionis, aut, si quid habet, id intra parietes in domestico scelere versetur.

LXIII. Post mortem ejus Sassia statim moliri nefaria mulier cœpit insidias filio; quæstionem habere de viri morte constituit. Emit de A. Rupilio, quo erat usus Oppianicus medico, Stratonem quemdam, quasi ut idem faceret quod Avitus in emendo Diogene fecerat. De hoc Stratone et de assecla quodam servo suo quæsituram esse dixit. Præterea servum illum Nicostratum, quem nimium loquacem fuisse ac nimium domino fidelem arbitrabatur, ab hoc adolescente Oppianico in quæstionem postulavit. Hic quum esset illo tem-

dire que cette enquête avait pour objet la mort de son père. Quoiqu'il sût que cet esclave lui était attaché, comme il l'avait été à son père, il n'osa le refuser. Les hôtes et les amis d'Oppianicus sont convoqués avec ceux de Sassia. Ils étaient nombreux, tous gens d'honneur et de mérite. Les plus cruelles tortures sont mises en œuvre. On avait eu soin d'exciter les esclaves, par la crainte et l'espérance, à faire quelques aveux ; mais, exaltés sans doute par l'autorité des témoins et par la violence même des tortures, loin de trahir la vérité, ils déclarèrent qu'ils ne savaient rien. Ce jour-là, sur l'avis des amis de Sassia, on remit l'information.

Après un assez long intervalle, les mêmes personnes furent de nouveau convoquées, et l'interrogatoire recommença. Il n'y eut point de tourments assez atroces qui ne fussent employés. Les assistants détournaient la tête, et ne pouvaient plus supporter ce spectacle. Cette femme barbare et impitoyable redoublait de fureur en voyant ses desseins échouer. Le bourreau, les instruments même de la torture étaient épuisés, et cependant elle voulait que l'on continuât. Alors un des témoins, homme aussi distingué par son mérite que par les honneurs dont le peuple romain l'a revêtu, dit qu'il voyait bien qu'on ne se proposait pas de découvrir la vérité, mais d'obtenir par force une fausse déclaration. Les autres se rangèrent à son avis, et décidèrent unanimement que

---

pore puer, et illa quæstio de patris sui morte constitui diceretur, etsi illum servum et sibi benevolum esse et patri fuisse arbitrabatur, nihil tamen est ausus recusare. Advocantur amici et hospites Oppianici, et ipsius mulieris, multi homines honesti, atque omnibus rebus ornati. Tormentis omnibus vehementissimis quæritur. Quum essent animi servorum et spe et metu tentati ut aliquid in quæstione dicerent, tamen (ut arbitror) auctoritate advocatorum, et vi tormentorum adducti, in veritate manserunt, neque se quidquam scire dixerunt. Quæstio illo die de amicorum sententia dimissa est.

Satis longo intervallo post iterum advocantur. Habetur de integro quæstio : nulla vis tormentorum acerrimorum prætermittitur ; aversari advocati, et jam vix ferre posse ; furere crudelis atque importuna mulier, sibi nequaquam, ut sperasset, ea quæ cogitasset, procedere. Quum jam tortor atque essent tormenta ipsa defessa, neque tamen illa finem facere vellet, quidam ex advocatis, homo et honoribus populi ornatus et summa virtute præditus, intelligere se dixit non id agi, ut verum inveniretur, sed ut aliquid falsi dicere cogerentur. Hoc postquam cæteri comprobarunt, ex omnium sententia constitutum

l'on avait poussé assez loin l'interrogatoire. L'esclave Nicostrate fut rendu à Oppianicus. Sassia partit pour Larinum avec les siens, désespérée de voir désormais à l'abri de sa haine un fils qu'aucune inculpation réelle, aucun soupçon, même imaginaire, n'avait pas plus atteint que les attaques ouvertes de ses ennemis et les complots secrets de sa mère n'avaient pu lui nuire. Arrivée à Larinum, cette femme, qui avait feint de regarder Straton comme un empoisonneur, changea tout à coup de pensée, et donna à cet assassin de son époux une boutique riche et fournie de tout ce qui était nécessaire pour exercer la médecine.

LXIV. Un an, deux ans, trois ans se passèrent sans que Sassia entreprît une nouvelle attaque. Elle semblait alors plus portée à appeler de tous ses vœux les malheurs sur son fils, que disposée à travailler elle-même à sa perte. Cependant, sous le consulat d'Hortensius et de Metellus, au moment où le jeune Oppianicus s'occupait de tout autre chose, et ne songeait nullement à former une accusation, pour l'y déterminer, elle le força d'accepter en mariage une fille qu'elle avait eue de son gendre, afin que, enchaîné tout à la fois par cette alliance et par l'espoir qu'un jour elle lui léguerait ses biens, elle pût le tenir dans une dépendance absolue.

A peu près à cette époque, le médecin Straton commit chez elle un vol et un homicide. Il y avait dans la maison une armoire où il savait qu'on avait déposé de l'argent monnayé et une cer-

---

est satis videri esse quæsitum. Redditur Oppianico Nicostratus. Larinum ipsa proficiscitur cum suis mœrens, quod jam certe incolumem filium fore putabat, ad quem non modo verum crimen, sed ne ficta quidem suspicio perveniret, et cui non modo aperta inimicorum oppugnatio, sed ne occultæ quidem matris insidiæ nocere potuissent. Larinum postquam venit, quæ, a Stratone illo venenum antea viro suo datum, sibi persuasum esse simulasset, instructam ei continuo et ornatam, Larini medicinæ exercendæ causa, tabernam dedit.

LXIV. Unum, alterum, tertium annum. Sassia quiescebat, ut velle atque optare aliquid calamitatis filio potius, quam id struere et moliri videretur. Tum interim Hortensio, Metello consulibus, ut hunc Oppianicum, aliud agentem ac nihil ejusmodi cogitantem, ad hanc accusationem detraheret, invito despondit ei filiam suam, illam quam ex genere susceperat, ut cum nuptiis alligatum simul et testamenti spe devinctum posset habere in potestate.

Hoc ipso fere tempore Strato ille medicus domi furtum fecit et cædem ejusmodi. Quum esset in ædibus armarium in quo sciret esse nummorum ali-

taine quantité d'or. Deux esclaves couchaient avec lui dans la
chambre. La nuit, les voyant endormis, il les tua et les jeta dans
un vivier. Ensuite il scia le bas de l'armoire, et y prit, avec un
certain nombre de sesterces, cinq livres pesant d'or, n'ayant pour
complice qu'un esclave encore enfant. Le lendemain, on s'aperçut
du vol. Tous les soupçons tombèrent sur les deux esclaves qui
avaient disparu. En examinant l'ouverture pratiquée à l'armoire,
on chercha comment la chose avait pu se faire. Un des amis de
Sassia se rappela que, peu de jours auparavant, il avait vu dans
une enchère vendre, entre autres menus objets, une petite scie
recourbée, tournante, dentelée de tous côtés, avec laquelle on
aurait pu pratiquer cette ouverture circulaire. Bref, on interrogea
les préposés aux enchères, et l'on apprit que la petite scie avait
été adjugée à Straton. Ce commencement de preuve ayant donné
lieu à une accusation directe contre cet homme, le jeune
esclave qui avait été témoin du crime fut effrayé, et déclara tout
à sa maîtresse. Les deux hommes furent trouvés dans le vivier.
Straton fut mis aux fers, et l'argent volé se trouva, du moins en
partie, dans sa boutique.

Il y eut une enquête sur le vol ; car de quel autre délit pouvait-
on informer ? Prétendez-vous que, lorsqu'il y avait eu une
armoire forcée, de l'argent volé, une partie seulement recouvrée,
des hommes tués, les poursuites aient eu pour objet la mort

quantum et auri, noctu duos conservos dormientes occidit, in piscinamque
dejecit. Ipse armarii fundum exsecuit, et H-S et auri quinque pondo abstulit,
uno ex servis puero non grandi conscio. Furto postridie cognito, omnis suspicio in eos servos qui non comparebant, commovebatur. Quum exsectio illa
fundi in armario animadverteretur, quærebant homines quonam modo fieri
potuisset. Quidam ex amicis Sassiæ recordatus est, se nuper in auctione quadam vidisse in rebus minutis aduncam, ex omni parte dentatam, et tortuosam
venire serrulam, qua illud potuisse ita circumsecari videretur. Ne multa, per-
quiritur a coactoribus. Invenitur ea serrula ad Stratonem pervenisse. Hoc initio
suspicionis orto, et aperte insimulato Stratone, puer ille conscius pertimuit ;
rem omnem dominæ indicavit. Homines in piscina inventi sunt. Strato in vincula conjectus est ; atque etiam in taberna ejus nummi, nequaquam omnes,
reperiuntur.

Constituitur quæstio de furto. Nam quid quisquam suspicari aliud potest?
An hoc dicitis ? armario expilato, pecunia ablata, non omni recuperata, occisis

d'Oppianicus? A qui le persuaderez-vous? Qu'avez-vous pu mettre en avant de moins vraisemblable? Et, sans parler du reste, était-ce trois ans après le décès d'Oppianicus que cette mort pouvait donner lieu à une information? Ajoutons que Sassia, sans autre motif que la vieille haine dont elle était dévorée, redemanda encore Nicostrate pour le mettre à la torture. Oppianicus s'y refusa d'abord; mais sa belle-mère l'ayant menacé de reprendre sa fille et de changer son testament, il céda enfin; et, livrant à la plus cruelle des femmes le plus fidèle des serviteurs, il l'envoya bien moins à la question qu'au plus affreux supplice.

LXV. C'est donc après trois ans que Sassia voulut enfin reprendre l'enquête sur la mort de son mari. Quels esclaves furent questionnés? Sans doute on avait fait de nouvelles découvertes, d'autres hommes avaient éveillé les soupçons? Non, je ne vois ici que Straton et Nicostrate. Mais ces malheureux n'avaient-ils pas subi la question à Rome? Eh quoi! cette femme dans le délire, non pas de la maladie, mais de la fureur, a déjà fait à Rome une information que T. Annius, L. Rutilius, P. Saturius et d'autres témoins également estimables avaient déclarée suffisante; et c'est au bout de trois ans qu'elle vient, pour le même fait, torturer les mêmes esclaves, et informer contre son fils, sans admettre pour témoin, je ne dis pas aucun homme (vous me répondriez

---

hominibus, institutam esse quæstionem de morte Oppianici? cui probatis? quid est quod minus verisimile proferre potuistis? Deinde, ut omittam cætera, triennio post mortem Oppianici de ejus morte quærebatur? Atque etiam incensa odio pristino, Nicostratum eumdem illum tum sine causa, in quæstionem postulavit. Oppianicus primo recusavit. Posteaquam illa, abducturam se filiam, mutaturam esse testamentum, minaretur, mulieri crudelissimæ servum fidelissimum, non in quæstionem tulit, sed plane ad supplicium dedit.

LXV. Post triennium igitur agitata denique quæstio de viri morte habebatur; et de quibus servis habebatur? Nova, credo, res objecta, novi quidam homines in suspicionem vocati sunt. De Stratone et de Nicostrato. Quid? Romæ quæsitum de istis hominibus non erat? Itane tandem? mulier jam non morbo, sed scelere furiosa, quum quæstionem habuisset Romæ, quum de T. Annii, L. Rutilii, P. Saturii, et cæterorum honestissimorum virorum sententia constitutum esset, satis quæsitum videri; eadem de re triennio post, iisdem de hominibus, nullo adhibito, non dicam viro (ne colonum forte adfuisse dicatis),

peut-être que son laboureur était présent), mais aucun homme de bien ! Allez-vous dire (car je devine tout ce qu'on pourrait alléguer, avant qu'on ait encore parlé) que, dans son interrogatoire sur le vol, Straton a fait des aveux sur l'empoisonnement? Ainsi, juges, la vérité sort des ténèbres où les méchants la tenaient ensevelie, et la voix de l'innocence se fait entendre, malgré les cris de l'imposture, soit parce que les fourbes n'osent pas tout ce qu'ils imaginent, soit parce que l'audace la plus téméraire et la plus effrénée manque souvent des inspirations de la ruse. En effet, si la fourberie était audacieuse et l'audace rusée, elles porteraient des coups irrésistibles.

N'est-ce pas d'un vol qu'il s'agissait? Tout Larinum l'atteste. Est-ce que le soupçon ne tombait pas sur Straton? Mais l'instrument de son crime et les révélations de l'enfant l'accusaient hautement. N'était-ce pas la preuve du vol qu'on voulait acquérir? l'interrogatoire avait-il un autre objet? Prétendrez-vous, comme vous êtes obligés de le faire, et comme Sassia ne cessait alors de le répéter, que, interrogé sur le vol, Straton révéla dans les tortures le fait d'empoisonnement? Voilà précisément ce que je disais tout à l'heure : cette femme est riche d'audace, mais dépourvue de jugement et de raison. Car, dans les nombreux interrogatoires qu'on vous a lus et mis sous les yeux, même dans ceux que je vous ai dit n'avoir pas été signés, on ne trouve pas

sed bono viro, in filii caput quæstionem habere conata est. An hoc dicitis? mihi enim venit in mentem quid dici posset, tametsi adhuc non esset dictum : quum haberetur de furto quæstio, Stratonem aliquid de veneno esse confessum? Hoc uno modo, judices, sæpe multorum improbitate depressa veritas emergit, et innocentiæ defensio interclusa respirat, quod aut ii qui ad fraudem callidi sunt, non tantum audent quantum excogitant, aut illi quorum eminet audacia atque projecta est, a consiliis malitiæ deseruntur. Quod si aut confidens astutia, aut callida esset audacia, vix ullo obsisti modo posset.

Utrum furtum factum non est? at nihil clarius Larini fuit. An ad Stratonem suspicio non pertinuit? at is et ex serrula insimulatus, et a puero conscio est indicatus. An id actum non est in quærendo? quæ fuit alia igitur causa quærendi? An id quod dicendum vobis est, et quod tum Sassia dictitabat, quum de furto quæreretur, tum Strato iisdem in tormentis dixit de veneno? En hoc illud est quod ante dixi : mulier abundat audacia; consilio et ratione deficitur. Nam tabellæ quæstionis plures proferuntur, quæ recitatæ vobisque editæ sunt, illæ ipsæ quas tum non obsignatas esse dixi, in quibus

un seul mot du vol en question. Il ne lui est pas même venu à l'esprit d'y consigner d'abord les aveux de Straton sur le vol, et d'ajouter sur l'empoisonnement quelques mots qui auraient paru moins provoqués par l'interrogatoire qu'arrachés par la douleur. C'est d'un vol qu'on informe, le premier interrogatoire ayant détruit tout soupçon d'empoisonnement. Sassia elle-même en était convenue, puisque, à Rome, de l'avis de ses amis, elle avait déclaré que l'enquête ne pouvait être poussée plus loin, et que, depuis, elle avait pendant trois ans affectionné particulièrement Straton, l'avait distingué de ses autres esclaves et comblé de bienfaits. On informe donc d'un vol, et d'un vol dont cet homme était évidemment coupable; et il ne dit pas un mot sur le délit qu'on lui impute! C'est de l'empoisonnement qu'il s'accuse aussitôt; et le vol, s'il est vrai qu'il n'ait point commencé par l'avouer, est-il croyable que, au milieu, à la fin, ou dans tout autre moment de la question, il ne lui en soit pas échappé un seul mot?

LXVI. Vous le reconnaissez, juges, cette femme criminelle a tracé ce faux interrogatoire de la même main dont elle égorgerait son fils, si elle en avait le pouvoir. Et ce prétendu interrogatoire, répondez, qui l'a signé? citez un seul témoin. Vous n'en trouverez aucun, si ce n'est peut-être celui que j'aimerais mieux voir paraître ici que de n'entendre nommer personne. Que dites-vous,

---

tabellis de furto littera nulla invenitur. Non venit in mentem, primam orationem Stratonis conscribere de furto, post aliquid adjungere dictum de veneno, quod non percontatione quæsitum, sed dolore expressum videretur. Quæstio de furto est, veneni jam suspicione, superiore quæstione, sublata; quod ipsum hæc eadem mulier indicarat. Quæ ut Romæ, de amicorum sententia, statuerat satis esse quæsitum, postea per triennium maxime ex omnibus servis Stratonem illum dilexerat, in honore habuerat, commodis omnibus affecerat. Quum igitur de furto quæreretur, et eo furto quod ille sine controversia fecerat : tum ille de eo quod quærebatur, verbum nullum fecit? De veneno statim dixit; de furto, si non eo loco quo debuit, ne in extrema quidem, aut media, aut in aliqua denique parte quæstionis, verbum fecit ullum?

LXVI. Jam videtis, illam nefariam mulierem, judices, eadem manu qua, si detur potestas, interficere filium cupiat, hanc fictam quæstionem conscripsisse. Atque istam ipsam quæstionem dicite, quis obsignavit? Unum aliquem nominate. Neminem reperietis, nisi forte ejusmodi hominem, quem ego proferri malim, quam neminem nominari. Quid ais, T. Atti? tu periculum ca-

T. Attius? Quoi! c'est un procès criminel que vous intentez, c'est avec l'indice du crime, c'est avec des pièces écrites que vous attaquez devant un tribunal l'existence d'un citoyen, et vous ne prouvez point l'authenticité de ces pièces, et vous n'en nommez ni les signataires ni les témoins! Et cette arme homicide qu'une mère a tirée de son sein pour frapper un fils innocent, vous croyez que des hommes du caractère de nos juges vous permettront de vous en servir? Soit : le procès-verbal ne doit être compté pour rien ; mais du moins l'interrogatoire a-t-il été fait devant des juges? l'a-t-il même été devant ces amis et ces hôtes d'Oppianicus qu'on avait d'abord convoqués? Non. Et pourquoi ne l'avoir pas réservé pour ce moment? Que sont devenus les deux esclaves Straton et Nicostrate? C'est vous que j'interpelle ici, Oppianicus : qu'est devenu votre esclave Nicostrate? Vous qui vouliez sitôt accuser Cluentius, ne deviez-vous pas l'amener à Rome, autoriser ses révélations, le conserver enfin pour subir ici la question, pour ces juges qui l'interrogeraient, pour ce grand jour qui réclame sa présence? Quant à Straton, apprenez, juges, qu'on l'a fait mourir sur une croix, après lui avoir arraché la langue : c'est un fait que personne n'ignore à Larinum. Cette femme forcenée n'a redouté ni sa conscience, ni la haine de ses compatriotes, ni l'opinion publique; elle a craint, comme si Rome entière ne pouvait pas déposer de ses forfaits, d'être condamnée par les dernières paroles d'un esclave expirant.

pitis, tu indicium sceleris, tu fortunas alterius litteris conscriptas in judicium afferes; neque earum auctoritatem litterarum, neque obsignatorem, neque testem ullum nominabis? et, quam tu pestem innocentissimo filio ex matris sinu deprompseris, hanc hi tales viri comprobabunt? Esto : in tabellis nihil est auctoritatis : quid? ipsa quæstio, judicibus; quid? amicis hospitibusque Oppianici quos adhibuerat antea; quid? huic tandem ipsi tempori cur non reservata est? Quid istis hominibus factum est, Stratone et Nicostrato? Quæro abs te, Oppianice, servo tuo Nicostrato quid factum esse dicas. Quem tu, quum hunc brevi tempore accusaturus esses, Romam deducere, dare potestatem indicandi, incolumem denique servare quæstioni, servare his judicibus, servare huic tempori debuisti. Nam Stratonem quidem, judices, in crucem actum esse exsecta scitote lingua : quod nemo est Larinatium qui nesciat. Timuit mulier amens non suam conscientiam, non odium municipum, non famam omnium; sed, quasi non omnes ejus sceleris testes essent futuri, sic metuit, ne condemnaretur extrema servuli voce morientis.

Quel monstre, dieux immortels! en quels lieux a-t-on vu jamais une semblable bête féroce? qui a pu produire un aussi abominable fléau? Vous le voyez, juges, ce n'est pas sans les plus fortes réserves et une nécessité indispensable que, au commencement de mon plaidoyer, je vous ai parlé de la mère de Cluentius. Non, il n'y a point de méchanceté, il n'y a point de scélératesse que, pour perdre son fils, elle n'ait de tout temps projetée, méditée, combinée, exécutée. Je ne rappelle point le premier acte de son impudicité, je ne rappelle point son mariage incestueux avec son gendre, je ne rappelle point le désespoir d'une fille chassée de la couche nuptiale par la passion effrénée d'une mère : ces crimes, si déshonorants pour la famille de Cluentius, n'attaquaient cependant pas son existence. Je ne me plains pas de son autre mariage avec Oppianicus, de cette union dont elle voulut avoir pour gage le sang de ses beaux-fils égorgés par leur père, et qu'elle ne contracta qu'au milieu des larmes de toute une famille et sur la cendre de ces deux infortunés. Je ne dis point que, insensible au malheur d'Aurius Melinus, jadis son gendre et naguère son mari, qu'Oppianicus venait de faire proscrire et assassiner, elle choisit, pour goûter les douceurs de ce nouvel hyménée, la maison même où tout lui montrait chaque jour le sang et les dépouilles de son premier époux. Je lui reproche premièrement un crime sur lequel enfin il ne s'élève plus aucun doute, l'empoisonnement dont Fabricius devait être l'agent, crime qui,

Quod hoc portentum, dii immortales? quod tantum monstrum in ullis locis? quod tam infestum scelus et immane, aut unde natum esse dicamus ? Jam enim videtis profecto, judices, non sine necessariis me ac maximis causis, principio orationis meæ de matre dixisse. Nihil est enim mali, nihil sceleris, quod illa non ab initio filio voluerit, optaverit, cogitaverit, effecerit. Mitto illam primam libidinis injuriam; mitto nefarias generi nuptias; mitto cupiditate matris expulsam ex matrimonio filiam : quæ nondum ad hujusce vitæ periculum, sed ad commune familiæ dedecus pertinebant. Nihil de alteris Oppianici nuptiis queror; quarum illa quum obsides filios ab eo mortuos accepisset, tum denique in familiæ luctum atque in privignorum funus nupsit. Prætereo, quod Aurium Melinum, cujus illa quondam socrus, paulo ante uxor fuisset, quum Oppianici esse opera proscriptum occisumque cognosceret, eam sibi domum sedemque conjugii delegit, in qua quotidie superioris viri mortis indicia et spolia fortunarum videret. Illud primum queror, de illo scelere quod nunc denique patefactum est, Fabriciani veneni, quod jam tum recens, suspi-

d'abord, paraissait douteux au public, incroyable à Cluentius ; mais qui, aujourd'hui, est arrivé au dernier degré d'évidence et de certitude. Non, ce forfait n'a pas été caché à une mère dénaturée : Oppianicus ne faisait rien que de concert avec elle. S'il en était autrement, certes, du moment où la chose fut découverte, elle aurait vu en lui, non pas un époux exécrable dont elle devait se séparer, mais un ennemi féroce qu'il lui fallait fuir ; elle eût abandonné pour toujours cette maison, repaire de tous les crimes. Non-seulement elle ne l'a pas fait ; mais, depuis ce temps, elle n'a laissé échapper aucune occasion de dresser des embûches à son fils. Il n'y a point de jour, point de nuit, que cette marâtre n'ait épuisé toutes les ressources de son imagination pour le perdre. Et d'abord, pour s'assurer que le jeune Oppianicus accuserait son fils, elle l'enchaîne par des présents, par des libéralités, par la main de sa fille, par l'espoir de son héritage.

LXVII. Quand des haines viennent troubler la paix des familles, on voit souvent éclater des divorces et se dissoudre des alliances. Sassia crut qu'elle ne pouvait avoir aucun accusateur aussi fortement prononcé contre son fils, que celui qui en aurait auparavant épousé la sœur. D'ordinaire une nouvelle alliance fait cesser les vieilles inimitiés. Cette femme, pour éterniser les haines, en veut pour gage les liens de la parenté. Ses soins ne se bornent pas à susciter un accusateur à son fils ; elle veut fournir des armes

ciosum cæteris, huic incredibile, nunc vero apertum jam omnibus ac manifestum videtur. Non est profecto de illo veneno celata mater ; nihil est ab Oppianico sine consilio mulieris cogitatum. Quod nisi esset, certe postea deprehensa re, non illa ut ab improbo viro discessisset, sed ut a crudelissimo hoste fugisset, domumque illam in perpetuum, scelere omni affluentem, reliquisset. Non modo id non fecit, sed ab illo tempore nullum locum prætermisit, in quo non instrueret insidias aliquas, ac dies omnes ac noctes tota mente mater de pernicie filii cogitaret. Quæ primum ut istum confirmaret Oppianicum accusatorem filio suo, donis, muneribus, collocatione filiæ, spe hæreditatis obstrinxit.

LXVII. Itaque apud cæteros, novis inter propinquos susceptis inimicitiis, sæpe fieri divortia atque affinitatum discidia videmus. Hæc mulier satis firmum accusatorem filio suo fore neminem putavit, nisi qui in matrimonium sororem ejus ante duxisset. Cæteri, novis affinitatibus adducti, veteres inimicitias sæpe deponunt ; illa sibi ad confirmandas inimicitias, affinitatis conjunctionem pignori fore putavit. Neque in eo solum diligens fuit ut accusa-

à l'accusation. De là toutes ses menaces, toutes ses promesses pour gagner des esclaves; de là ces tortures cruelles et prolongées au sujet de la mort d'Oppianicus, tortures un moment suspendues, non par la pitié d'une femme, mais par l'autorité de ses amis. C'est cette même soif de forfaits qui, après trois ans, recommence la question à Larinum ; le même délire qui fabrique les faux interrogatoires ; la même frénésie scélérate qui arrache la langue à un malheureux ; c'est elle enfin qui, seule, a imaginé et bâti tout cet échafaudage de cruauté. Lorsque Sassia eut ainsi armé l'accusateur contre son fils, elle le fit partir pour Rome; elle resta encore quelque temps à Larinum afin de chercher et d'acheter des témoins. Mais, dès qu'on lui eut annoncé que l'affaire allait être portée devant le tribunal, elle accourut en toute hâte, appréhendant que les accusateurs ne manquassent de zèle ou les témoins d'argent, et surtout pour que ses yeux maternels ne perdissent pas le plaisir tant désiré de voir son fils couvert de ces tristes lambeaux du deuil, de la douleur et de la misère.

LXVIII. De quelle manière croyez-vous que se soit fait son voyage à Rome ? Grâce à mon voisinage d'Aquinum et de Vénafre, la renommée m'a tout appris, et je sais tous les détails. Quel concours dans ces deux villes ! quels cris d'indignation jetés par

---

torem filio suo compararet, sed etiam cogitavit quibus cum rebus armaret. Hinc enim illæ sollicitationes servorum et minis et promissis; hinc illæ infinitæ crudelissimæque de morte Oppianici quæstiones; quibus finem aliquando non muliebris modus, sed amicorum auctoritas fecit. Ab eodem scelere illæ triennio post habitæ Larini quæstiones; ejusdem amentiæ falsæ conscriptiones quæstionum; ex eodem furore etiam illa conscelerata exsectio linguæ; totius denique hujus ab illa est et inventa et adornata comparatio criminis. Atque his rebus quum instructum accusatorem filio suo Romam ipsa misisset; paulisper, conquirendorum et conducendorum testium causa, Larini est commorata. Postea autem, quum appropinquare hujus judicii ei nuntiatum est, confestim huc advolavit, ne aut accusatoribus diligentia, aut pecunia testibus deesset ; aut ne forte mater hoc sibi optatissimum spectaculum hujus sordium atque luctus, et tanti squaloris amitteret.

LXVIII. Jam vero quod iter Romam ejus mulieris fuisse existimatis? quod ego, propter vicinitatem Aquinatium et Venafranorum, ex multis audivi et comperi. Quos concursus in his oppidis ? quantos et virorum et mulierum ge-

les hommes et par les femmes! Une mère venir de Larinum, des bords de l'Adriatique, et se rendre jusqu'à Rome avec une suite nombreuse et des coffres d'argent pour intenter un procès capital à son fils, pour acheter sa condamnation! Il n'y avait personne, j'ose le dire, qui ne se crût obligé de purifier les lieux par où elle avait passé; personne qui ne pensât que la terre, cette mère commune de tous les êtres, ne fût profanée par les pas de cette mère dénaturée. Aussi ne lui permit-on de s'arrêter dans aucune ville. Parmi tant d'hôtes qu'elle avait dans le pays, il ne s'en trouva pas un seul qui n'évitât même d'être souillé par son regard. Elle était réduite à chercher la nuit et la solitude plutôt que la société des hommes et un toit hospitalier. Maintenant que fait-elle? quelles manœuvres, quelles intrigues, quelles pensées l'occupent chaque jour? S'imagine-t-elle que nous l'ignorions? Nous savons qui elle a sollicités, à qui elle a promis de l'argent, et ceux dont elle a cherché à corrompre la probité. Que dis-je? ses sacrifices nocturnes, qu'elle se flatte d'envelopper d'un voile mystérieux, et ses prières impies, et ses vœux sacriléges, nous en sommes instruits. Oui, elle invoque les dieux immortels à l'appui de ses forfaits. Elle ne comprend donc pas que c'est par la piété, par la religion, par des prières innocentes qu'on se rend les dieux favorables, et non par de coupables superstitions, ni par des victimes immolées pour le succès d'un attentat? Les dieux, je n'en doute point, ont rejeté

mitus esse factos? Mulierem quamdam Larino, atque illam usque a mari Supero Romam proficisci, cum magno comitatu et pecunia, quo facilius circumvenire judicio capitis, atque opprimere filium possit. Nemo erat illorum, pæne dicam, quin expiandum illum locum esse arbitraretur, quacumque illa iter fecisset; nemo, quin terram ipsam violari, quæ mater est omnium, vestigiis conscelerata matris putaret. Itaque nullo in oppido consistendi potestas ei fuit. Nemo ex tot hospitibus inventus est, qui non contagionem adspectus fugeret. Nocti se potius ac solitudini, quam ulli aut urbi aut hospiti committebat. Nunc vero quid agat, quid moliatur, quid denique quotidie cogitet, quem ignorare nostrum putat? Quos appellarit, quibus pecuniam promiserit, quorum fidem pretio labefactare conata sit, tenemus. Quin etiam nocturna sacrificia, quæ putat occultiora esse, sceleratasque ejus preces, et nefaria vota cognovimus; quibus illa etiam deos immortales de suo scelere testatur, neque intelligit, pietate, et religione, et justis precibus, deorum mentes, non contaminata superstitione, neque ad scelus perficiendum cæsis hostiis, posse placari.

de leurs temples et de leurs autels ces vœux dictés par une fureur cruelle et parricide.

LXIX. Vous, juges, en qui Cluentius a le bonheur d'avoir trouvé d'autres dieux pour le protéger le reste de sa vie, éloignez de sa tête la main de cette impitoyable mère prête à frapper son fils. Souvent les tribunaux ont accordé la grâce d'un enfant coupable aux larmes de sa famille ; vous, on vous supplie de ne pas sacrifier les jours d'un fils constamment vertueux aux fureurs d'une mère barbare, surtout lorsque contre elle s'élève, comme vous le voyez, une ville tout entière. Oui, juges, le fait est incroyable, et cependant j'atteste qu'il n'en est pas de plus vrai; oui, tous les citoyens de Larinum à qui l'âge et les forces l'ont permis, sont venus à Rome pour protéger Cluentius dans un aussi grand péril, par le concours de leur zèle et de leur imposante réunion. Sachez qu'il n'y a plus que des enfants et des femmes qui gardent leur ville ; mais, dans un temps où la paix assure la tranquillité de l'Italie, cette garde domestique suffit à sa sûreté. Et, toutefois, ces enfants et ces femmes, ainsi que les citoyens que vous voyez ici présents, veillent inquiets, et les nuits et les jours, dans l'attente de votre jugement. Ce n'est pas sur la destinée d'un seul de leurs compatriotes qu'ils pensent que vous allez prononcer, mais sur l'état, l'honneur, tous les intérêts de leur municipe. Car rien n'égale le zèle de Cluentius pour le bien

---

Cujus ego furorem atque crudelitatem deos immortales a suis aris atque templis aspernatos esse confido.

LXIX. Vos, judices, quos huic A. Cluentio quosdam alios deos ad omne vitæ tempus fortuna esse voluit, hujus importunitatem matris a filii capite depellite. Multi sæpe in judicando peccata, liberum parentum misericordiæ concesserunt ; vos, ne hujus honestissime actam vitam matris crudelitati condonetis, rogamus, præsertim quum ex altera parte totum municipium videre possitis. Omnes scitote, judices (incredibile dictu est, sed a me verissime dicitur), omnes Larinates qui valuerunt venisse Romam, ut hunc studio frequentiaque sua, quantum possent, in tanto ejus periculo sublevarent. Pueris illud, hoc tempore, et mulieribus oppidum scitote esse traditum, idque in præsentia, in communi Italiæ pace, domesticis copiis esse tutum ; quos tamen ipsos æque, et eos quos præsentes videtis, hujus exspectatio judicii dies noctesque sollicitat. Non illi vos de unius municipis fortunis arbitrantur, sed de totius municipii statu, dignitate, commodisque omnibus sententias esse laturos. Summa

général de ses compatriotes, sa bonté pour chacun d'eux, sa justice et sa loyauté envers tous les hommes. D'ailleurs il soutient dignement le haut rang qu'il occupe dans sa patrie et l'illustration que lui ont transmise ses aïeux : on retrouve en lui toute leur sagesse, leur courage, leur aménité, toute la générosité de leur caractère. Aussi les termes dans lesquels la ville de Larinum fait son éloge attestent les alarmes autant que l'opinion de tous les habitants, et sont l'expression de leur douleur non moins que de leur estime. Pendant qu'on va faire la lecture de cet acte solennel, vous, qui l'avez apporté, levez-vous, je vous prie. *Éloge de Cluentius rédigé d'après un décret des décurions de Larinum.*

Les larmes que vous voyez couler annoncent assez, juges, que les décurions n'ont pas écrit cet éloge sans en verser eux-mêmes. Que vous dirai-je des villes voisines? quel intérêt pour l'accusé! quelle incroyable affection! quelle sollicitude! Elles n'ont pas envoyé de décrets publics à sa louange; mais elles ont voulu que les citoyens les plus considérés et les plus honorablement connus dans Rome se rendissent ici en grand nombre, pour vous faire de vive voix l'éloge de Cluentius. Vous voyez les plus nobles habitants de Férente et l'élite de la ville de Marruca. Téanum d'Apulie et Lucérie vous ont député ces illustres chevaliers romains qui sont aussi prêts à faire son éloge. Bovianum et tout le Samnium ne se sont pas contentés de vous

---

est enim, judices, hominis in communem municipii rem diligentia, in singulos municipes benignitas, in omnes homines justitia et fides. Præterea nobilitatem illam inter suos, locumque a majoribus traditum sic tuetur, ut majorum gravitatem, constantiam, gratiam, liberalitatem assequatur. Itaque iis eum verbis publice laudant, ut non solum testimonium suum judiciumque significent, verum etiam curam animi ac dolorem. Quæ dum laudatio recitatur, vos, quæso, qui eam detulistis, assurgite. LAUDATIO CLUENTII EX DECURIONUM LARINATIUM DECRETO.

Ex lacrymis horum, judices, existimare potestis omnes hæc decuriones decrevisse lacrymantes. Age vero, vicinorum quantum studium, quam incredibilis benevolentia, quanta cura est? Non illi in libellis laudationum decreta miserunt, sed homines honestissimos, quos nossemus omnes, huc frequentes adesse, et hunc præsentes laudare voluerunt. Adsunt Ferentani, homines nobilissimi, Marrucini item pari dignitate : Teano Apulo atque Luceria equites Romanos, honestissimos homines, laudatores videtis. Boviano totoque ex Samnio

adresser les certificats les plus honorables, ils ont chargé les personnages les plus éminents de vous les apporter. Enfin, les plus riches négociants du territoire de Larinum, les possesseurs de pâturages et de domaines, hommes estimables et environnés d'une juste considération, ressentent pour lui des alarmes et des inquiétudes qu'il est difficile d'exprimer. Oui, juges, il est rare d'être chéri par un seul ami autant que Cluentius l'est par cette multitude d'illustres citoyens.

LXX. Que je regrette qu'un personnage aussi vertueux et aussi distingué que L. Volusienus ne se trouve point à cette audience ! Que je voudrais pouvoir compter parmi les assistants P. Helvetius Rufus, l'honneur des chevaliers romains ! Au milieu des soins auxquels il se livrait jour et nuit pour cette cause, et au moment où il m'en communiquait les documents, il a été attaqué d'une maladie grave et dangereuse. Cependant encore il n'est pas moins en peine du salut de mon client que de sa propre vie. Un de nos concitoyens les plus honorables et les plus intègres, le sénateur Cn. Tudicius, fera éclater dans sa déposition le même zèle pour Cluentius. Votre opinion, P. Volumnius, nous inspire la même assurance ; mais je dois être plus réservé : vous êtes un de nos juges. Disons tout en un mot : Cluentius n'a pas un voisin qui ne prenne à lui le plus vif intérêt.

Cette sollicitude et ce zèle empressé de tout un peuple, mon

---

quum laudationes honestissimæ missæ sunt, tum homines amplissimi nobilissimique venerunt. Jam qui in agro Larinati prædia, qui negotia, qui res pecuarias habent, honesti homines et summo splendore præditi, difficile dictu est quam sint solliciti, quam laborent. Non multi mihi ab uno sic diligi videntur, ut hic ab his universis.

LXX. Quam non abesse ab hujus judicio L. Volusienum, summo splendore hominem ac virtute præditum, vellem ! Quam vellem præsentem posse P. Helvidium Rufum, equitem Romanum, omnium ornatissimum, nominare ! qui quum, hujus causa, dies noctesque vigilaret, et quum me hanc causam doceret, in morbum gravem periculosumque incidit : in quo tamen non minus de capite hujus, quam de sua vita laborat. Cn. Tudicii senatoris, viri optimi et honestissimi, par studium et testimonio et laudatione cognoscetis. Eadem spe, sed majore verecundia, de te, P. Volumni, quoniam judex es in A. Cluentium, dicimus. Et, ne longum sit, omnium vicinorum summam esse in hunc benevolentiam confirmamus.

Horum omnium studium curam, diligentiam, meumque una laborem, qui

propre dévouement pour défendre cette cause, que, suivant l'ancien usage, j'ai plaidée seul tout entière, votre équité, juges, et votre clémence ne sont donc combattus que par une mère. Mais quelle mère? une femme égarée par le délire du crime et les transports d'une rage barbare, une femme dont la honte n'a jamais arrêté les impudiques désirs; une femme qui, s'abandonnant aux désordres de son cœur, a fait servir à ses exécrables projets les plus saintes lois de la nature; un monstre de folie, de violence, de cruauté, que personne ne peut compter parmi l'espèce humaine, ni regarder comme une femme, ni appeler du nom de mère. Titres, liens, droits de la nature, elle a tout brisé. Femme de son gendre, marâtre de son fils, rivale de sa fille, elle est tombée à un tel point de dégradation qu'elle n'a conservé d'humain que la figure.

Si donc le crime vous est en horreur, juges, ne souffrez pas qu'une mère fasse couler le sang de son fils; donnez à cette mère le cruel déplaisir de voir celui qu'elle enfanta sauvé et triomphant ; permettez qu'elle n'ait pas la joie de survivre à son fils, et que ce soit elle, plutôt que votre justice, qui sorte vaincue de cette lutte déplorable. Mais si, fidèles à votre généreux caractère, vous chérissez la pudeur, la bonté, la vertu, juges, tendez une main protectrice à votre suppliant, à cet infortuné, si longtemps en butte aux périls et aux traits de la plus injuste prévention. Depuis qu'un crime et des passions étrangères ont

totam hanc causam, vetere instituto, solus peroravi, vestramque simul, judices, æquitatem et mansuetudinem una mater oppugnat. At quæ mater? quam cæcam crudelitate et scelere ferri videtis; cujus cupiditatem nulla unquam turpitudo retardavit; quæ vitiis animi in deterrimas partes jura hominum convertit omnia; cujus ea stultitia est, ut eam nemo hominem; ea vis, ut nemo feminam; ea crudelitas, ut nemo matrem appellare possit. Atque etiam nomina necessitudinum, non solum naturæ nomen et jura mutavit : uxor generi, noverca filii, filiæ pellex, eo jam denique adducta est, ut sibi, præter formam, nihil ad similitudinem hominis reservarit.

Quare, judices, si scelus odistis, prohibete aditum matris a filii sanguine ; date parenti hunc incredibilem dolorem ex salute, ex victoria liberum ; patimini matrem, ne orbata filio lætetur, victam potius vestra æquitate discedere. Sin autem, id quod vestra natura postulat, pudorem, bonitatem virtutemque diligitis, levate hunc aliquando supplicem vestrum, judices, tot annos in falsa

allumé contre lui ce fatal incendie, c'est aujourd'hui seulement que, rassuré par votre justice, il reprend courage et revient un peu de ses terreurs. Tout son espoir repose en vous. Un grand nombre fait des vœux pour son salut ; mais vous seuls pouvez le sauver. Cluentius vous en conjure, il vous en supplie, les larmes aux yeux. Ne le sacrifiez point aux préventions de la haine, qui doit être impuissante devant les tribunaux ; à une mère dont les vœux et les sollicitations doivent vous inspirer de l'horreur ; à Oppianicus, à un scélérat, condamné pour ses forfaits, et dont la mort nous a délivrés.

LXXI. Si un malheur inattendu tombe aujourd'hui sur sa tête innocente, et s'il a le courage difficile de supporter la vie, ah! juges, combien n'aura-t-il pas à se plaindre que le poison de Fabricius ne soit pas jadis parvenu jusqu'à lui ! Si le complot ne lui eût pas alors été révélé, ce breuvage n'aurait été pour lui qu'un remède secourable qui eût terminé ses longues souffrances. Peut-être même sa mère lui aurait-elle rendu les honneurs funèbres, ou du moins elle eût feint de pleurer son trépas. Maintenant de quoi lui servira d'avoir échappé au poison, s'il n'a conservé la vie que pour la consumer dans les larmes ? s'il ne peut espérer en mourant d'être déposé dans le tombeau de ses pères ? Il y a bien assez longtemps, juges, qu'il gémit sous le poids du malheur, assez d'années que la haine le persécute.

invidia periculisque versatum ; qui nunc primum post illam flammam, aliorum facto et cupiditate excitatam, spe vestræ æquitatis erigere animum et paulum respirare a metu cœpit ; cui posita sunt in vobis omnia ; quem servatum esse plurimi cupiunt ; servare soli vos potestis. Orat vos Avitus, judices, et flens obsecrat, ne se invidiæ, quæ in judiciis valere non debet ; ne matri, cujus vota et preces a vestris mentibus repudiare debetis ; ne Oppianico, homini nefario, condemnato jam et mortuo, condonetis.

LXXI. Quod si qua calamitas hunc in hoc judicio afflixerit innocentem ; næ iste miser, judices, si, id quod difficile factu est, in vita remanebit, sæpe et multum queretur, deprehensum esse illud quondam Fabricianum venenum. Quod si tum indicatum non esset, non huic ærumnosissimo venenum illud fuisset, sed multorum medicamentum laborum. Postremo etiam fortassis mater exsequias illius funeris prosecuta, mortem se filii lugere simulasset. Nunc vero quid erit profectum, nisi ut hujus ex mediis mortis insidiis vita ad luctum reservata, mors sepulcro patris privata esse videatur ? Satis diu fuit in miseriis, judices ; satis multos annos ex invidia laboravit. Nemo huic

Quel autre ennemi que sa mère ne déclarerait pas que sa vengeance est satisfaite? Vous qui êtes toujours favorables à l'innocent, et qui protégez avec plus de générosité ceux qu'on attaque avec le plus de fureur, sauvez Cluentius ; rendez un citoyen à sa patrie ; rendez-le à ses amis, à ses voisins, à ses hôtes, dont les sentiments se manifestent à vos yeux. Attachez-le à vous-mêmes et à vos enfants par une reconnaissance éternelle. Rien n'est plus digne de votre clémence, juges, et nous avons droit de vous demander qu'un citoyen vertueux, irréprochable, aimé, chéri de tous, soit enfin délivré d'une si cruelle oppression, afin que le monde entier sache que, si les assemblées populaires laissent quelque accès à la prévention, la vérité triomphe devant les tribunaux.

tam iniquus, præter parentem, fuit, cujus animum non jam expletum esse putemus. Vos, qui æqui estis omnibus, qui, ut quisque crudelissime oppugnatur, eum lenissime sublevatis, conservate A. Cluentium; restituite incolumem municipio ; amicis, vicinis, hospitibus, quorum studia videtis, reddite; vobis in perpetuum liberisque vestris obstringite. Vestrum est hoc, judices, vestræ clementiæ : recte hoc repetitur a vobis, ut virum optimum atque innocentissimum, plurimisque mortalibus carum atque jucundissimum, his aliquando calamitatibus liberetis, ut omnes intelligant, in concionibus esse invidiæ locum, in judiciis veritati.

QUINZIÈME DISCOURS

## PREMIER DISCOURS
# SUR LA LOI AGRAIRE
CONTRE
## P. SERVILIUS RULLUS
TRADUCTION DE GUEROULT

REVUE AVEC LE PLUS GRAND SOIN

PAR M. CABARET-DUPATY

# SOMMAIRE

Ici commence la série des discours consulaires de Cicéron, dont lui-même a donné le catalogue dans une de ses lettres à Atticus (liv. II, lett. 1), qu'il publia séparément, et qui étaient au nombre de douze, savoir : quatre *sur la loi agraire;* le discours au peuple *pour Roscius Othon,* dont la loi relative aux théâtres (*lex theatralis*) avait excité une émeute qu'apaisa aussitôt l'éloquence du consul ; le plaidoyer *pour C. Rabirius,* accusé d'avoir eu part au meurtre du tribun Saturninus; la harangue *sur les enfants des proscrits,* à qui une loi tyrannique de Sylla interdisait les honneurs publics, mais qu'on n'aurait pu rétablir dans leurs droits qu'au risque d'une nouvelle révolution ; le discours adressé au peuple, par Cicéron, pour abdiquer en faveur d'Antoine, son collègue, son droit au gouvernement de la Macédoine qui lui était échue; enfin les quatre *Catilinaires.*

De ces douze harangues, quatre n'existent plus, savoir : le quatrième discours *sur la loi agraire,* et les trois discours *sur Othon, sur les enfants des proscrits,* et *sur la démission du gouvernement de Macédoine.* On peut juger de la perte que nous avons faite par l'enthousiasme avec lequel Pline l'Ancien parle de ces harangues : « O Cicéron ! puis-je sans crime passer ton nom sous silence ? Et que célébrerai-je comme le titre distinctif de ta gloire ? mais en est-il qu'on puisse préférer au témoignage universel du peuple-roi, aux seules actions qui, sans compter les autres merveilles de ta vie entière, ont signalé ton consulat ? Tu parles, et les tribus renoncent à la loi agraire, c'est-à-dire à leurs besoins ; tu conseilles, et elles pardonnent à Roscius sa loi théâtrale et consentent à des distinctions humiliantes ; tu pries, et les enfants des proscrits rougissent de prétendre aux honneurs. Catilina fuit devant ton génie. Ta voix proscrit Marc-Antoine. Je te salue, ô toi qui le premier fus nommé père de la patrie ! toi qui le premier méritas le triomphe, sans quit-

ter la toge, et le premier obtins la victoire par les seules armes de la parole! toi, le père de l'éloquence et des lettres latines! toi, enfin, (et ton ancien ennemi, le dictateur César, l'a écrit lui-même), toi qui as remporté le plus beau de tous les triomphes, puisqu'il est plus glorieux d'avoir agrandi pour les Romains les limites du génie que d'avoir reculé les bornes de leur empire! » (*Hist. nat.*, liv. VII, ch. xxx.)

Il est heureux que le temps ait respecté les trois premiers discours *sur la loi agraire*, qui tenaient une place si distinguée dans l'admiration de Pline. L'éloquence, en effet, se montre dans toute sa pureté, dans toute sa dignité morale, en ces harangues qui inaugurèrent, en quelque sorte, le consulat de Cicéron. Ce n'est plus, comme en son discours *pour la loi Manilia*, un *homme nouveau* ambitieux, qui parle dans le sens de la politique du jour, parce qu'il a besoin de Pompée pour arriver aux honneurs. Délivré de ces entraves, rendu à ses inspirations personnelles, par son élévation à la magistrature suprême, c'est désormais en homme d'État, en citoyen, que va s'exprimer l'adversaire des Rullus et des Catilina.

Toutefois, grâce à la légèreté avec laquelle on étudiait, naguère encore, l'histoire romaine, la gloire que Cicéron acquit par la manière dont il déjoua la conjuration de Catilina a presque laissé dans un injuste oubli les autres actes de son consulat ; car le courage avec lequel il se prononça contre une loi agraire proposée par le tribun P. Servilius Rullus ne doit pas lui faire moins d'honneur aux yeux de la postérité. « Avant de sauver toute la république d'un danger commun, dit Rollin, il la défendit contre les efforts de ceux qui l'attaquaient par parties. »

Nommé consul avec C. Antonius pour l'an de Rome 691 (avant J.-C. 63), il entra en charge au 1ᵉʳ jour de janvier, selon l'usage établi. Il paraît que les dangers dont la république semblait menacée ne contribuèrent pas peu à réunir les suffrages des bons citoyens sur *un homme nouveau*, comme l'était notre orateur. Peu de jours auparavant, P. Servilius Rullus, un des nouveaux tribuns qui prenaient possession de leur magistrature au 10 décembre, avait proposé une nouvelle loi agraire. « Ces lois, » dit Middleton, « manquaient rarement d'être goûtées de la multitude, et c'était ordinairement ce qui les faisait proposer par des magistrats factieux, lorsqu'ils avaient besoin de son approbation pour faire passer quelque autre point qui blessait le bien public. Mais rien n'était si mal conçu que la nouvelle loi, bien qu'elle faillît être acceptée, en flattant le peuple par l'espérance de plusieurs avantages qu'elle n'avait réellement pas. »

L'ancien usage des Romains, lorsqu'ils avaient fait de nouvelles

conquêtes, était de laisser une partie du territoire au peuple conquis, d'en distribuer une seconde aux soldats et aux pauvres citoyens qu'on y conduisait en colonie ; enfin, de mettre en réserve la troisième part pour le domaine et le revenu de la république. Rullus proposait de vendre toutes les propriétés que l'État pouvait posséder hors de l'Italie et en Italie, pour en consacrer le prix à acheter des fonds de terres qui seraient partagés entre les citoyens indigents ; de nommer dans une assemblée du peuple, qui serait tenue par l'un des tribuns, dix commissaires ou décemvirs, avec un pouvoir absolu, pendant cinq ans, sur tous les domaines de la république, pour les distribuer, vendre ou acheter suivant leur volonté ; pour régler les droits de ceux qui les possédaient ; pour faire rendre compte à tous les généraux, excepté Pompée, de tout le butin, de tout l'argent qu'ils avaient pris ou reçu dans la guerre, et qui n'était pas entré dans le trésor public, ou n'avait pas été employé à quelque monument ; pour établir des colonies partout où le voudraient les commissaires, et particulièrement en Campanie ; en un mot, pour administrer tout ce qui concernait les revenus et les ressources de l'État.

Rullus demandait en outre, afin d'éviter dans l'élection de ces décemvirs le bruit et le tumulte, qu'elle fût faite seulement par dix-sept tribus tirées au sort parmi les trente-cinq ; il voulait aussi que nul citoyen absent de Rome ne fût éligible. Par la première de ces clauses, il lui suffisait d'avoir à sa disposition les voix de neuf tribus, pour s'assurer la pluralité dans l'élection, sans qu'il fût même besoin de faire voter les huit autres. Par la seconde, il excluait implicitement de l'élection Pompée, qui commandait alors en Asie. Les dix commissaires devaient avoir des licteurs, avec le droit de prendre les auspices, et de choisir parmi les chevaliers deux cents personnes, pour faire exécuter dans les provinces leurs ordonnances, qui seraient sans appel.

Une proposition si menaçante pour la liberté publique favorisait un nombre infini d'intérêts particuliers, qui prévalent trop souvent sur l'intérêt général. Elle donnait à bien des personnes de l'ordre sénatorial et de l'ordre équestre l'espérance de s'enrichir par le maniement de sommes prodigieuses, et d'acquérir à vil prix des propriétés territoriales ; aux gens du peuple, la perspective de devenir enfin propriétaires ; à la faction populaire, abattue depuis le triomphe de Sylla, l'espérance de se relever. Enfin les partisans de Catilina, dont la conspiration était flagrante, n'attendaient, pour favoriser la réussite de leurs projets, que les troubles auxquels la proposition de Rullus ne pouvait manquer de donner lieu. Une foule de gens étaient

donc tout disposés à la soutenir. Les bons citoyens se sentaient d'autant plus vivement alarmés, que le consul Antoine lui-même était un des fauteurs de la loi. Avant de combattre ouvertement les intrigues des tribuns, Cicéron gagna son collègue en lui cédant le riche gouvernement de la Macédoine. Il n'avait pu savoir au juste, et dans ses détails, le projet de loi que Rullus voulait lui tenir secret. Il aposta des agents dans tous les lieux où le tribun s'en entretenait, et vint à bout, par ce moyen, d'avoir à peu près la teneur des articles, qu'il s'empressa de porter au sénat. Ce fut le 1er janvier 691 de Rome (avant J.-C. 63), le jour même où il prit possession de sa magistrature.

Dans le discours qu'il prononça à cette occasion, il n'eut pas de peine à convaincre une assemblée déjà prévenue contre le projet de Rullus. « Il avait beau champ, » dit Rollin, « et un auditoire favorable. » Il parvint du moins à inspirer aux sénateurs plus d'assurance, par l'engagement qu'il prit de s'opposer de toutes ses forces à la loi, et de ne pas souffrir que, pendant son administration, l'adoption de cette mesure devînt le signal de la perte des domaines de l'État, de ses finances et de la liberté publique.

Tel est le sujet du premier discours de Cicéron *sur la loi agraire*, prononcé devant le sénat. Il ne nous est point parvenu tout entier : les deux premiers feuillets avaient été arrachés du manuscrit qui a servi de copie à tous les autres. Dans ce qui reste, l'orateur s'élève d'abord contre plusieurs des inconvénients de la loi proposée. Il exhorte ensuite les tribuns à se désister de leur projet, en leur annonçant qu'il ne leur permettra d'élever ni troubles ni factions sous son consulat. Il termine en invitant les sénateurs à unir leur zèle au sien pour défendre la dignité du premier ordre de l'État.

# QUINZIÈME DISCOURS

## PREMIER DISCOURS
# SUR LA LOI AGRAIRE
### CONTRE
## P. SERVILIUS RULLUS
#### PRONONCÉ DANS LE SÉNAT

---

(Deux feuillets manquent.)

I. ... Ce qu'on prétendait enlever d'assaut, c'est par des chemins couverts qu'on cherche maintenant à le surprendre. Les décemvirs diront ce que disent beaucoup de gens, ce qu'on a répété mille fois depuis le consulat de Cotta et de Torquatus, que le royaume de Ptolémée Alexandre est devenu, par le testament de ce prince, la propriété du peuple romain. Céderez-

## ORATIO DECIMA QUINTA

## ORATIO PRIMA
# DE LEGE AGRARIA
### CONTRA
## P. SERVILIUM RULLUM TR. PL.
#### AD SENATUM

(Duæ paginæ desiderantur.)

1. Quæ res aperte petebatur, ea nunc occulte cuniculis oppugnatur. Dicent enim decemviri, id quod et dicitur a multis, et sæpe dictum est, post eosdem consules, regis Alexandri testamento, regnum illud populi Romani esse factum.

vous donc Alexandrie aux ténébreuses intrigues de ceux dont les attaques directes ont trouvé en vous une résistance invincible? Cette prétention, grands dieux! vous paraît-elle inspirée par le sang-froid d'un homme à jeun ou par le délire de l'ivresse? y reconnaissez-vous la pensée d'un sage ou le vœu d'un insensé?

Passons à l'article suivant, et voyez comment cet infâme dissipateur va bouleverser la république : comment il va consommer la ruine des domaines que nous ont laissés nos ancêtres, et se montrer aussi prodigue du patrimoine de l'État qu'il l'a été du sien. Il désigne dans sa loi les domaines tributaires que vendront les décemvirs : n'est-ce pas mettre à l'encan les revenus publics? Il veut qu'on achète des terres pour en faire le partage; mais l'argent, en a-t-il? Sans doute il découvrira quelque expédient pour en avoir; car, dans les articles précédents, il ne s'est attaché qu'à dégrader la majesté du peuple romain, à rendre le nom de notre empire odieux au monde entier, à mettre à la discrétion des décemvirs les villes amies de la paix, les terres de nos alliés, le domaine des rois. Ici c'est de l'argent qu'il cherche, mais de l'argent sûr, disponible, comptant.

Je suis curieux de voir ce que va imaginer l'ingénieuse activité de ce tribun. Que l'on vende, dit-il, la forêt Scantia. Mais cette forêt, l'avez-vous trouvée parmi les terrains vagues ou dans le bail des censeurs ? Si, à force de fureter, vous parvenez à décou-

---

Dabitis igitur Alexandriam clam petentibus iis, quibus apertissime pugnantibus restitistis? Hæc, per deos immortales! utrum esse vobis consilia siccorum, an vinolentorum somnia ; et utrum cogitata sapientum, an optata furiosorum videntur?

Videte nunc, proximo capite, ut impurus helluo turbet rempublicam, ut a majoribus nostris possessiones relictas disperdat et dissipet, ut sit non minus in populi Romani patrimonio nepos, quam in suo. Proscribit in sua lege vectigalia quæ decemviri vendant, hoc est proscribit auctionem publicorum bonorum. Agros emi vult qui dividantur ; quærit pecuniam. Videlicet excogitabit aliquid atque afferet. Nam superioribus capitibus dignitas populi Romani violabatur, nomen imperii in commune odium orbis terræ vocabatur, urbes pacatæ, agri sociorum, regum status decemviris donabantur; nunc præsens, certa, pecunia numerata, quæritur.

Exspecto quid tribunus plebis vigilans et acutus excogitet. Veneat, inquit, silva Scantia. Utrum tandem hanc silvam in relictis possessionibus, an in cen-

vrir, à déterrer quelque propriété jusqu'alors ignorée, quoique vous n'y ayez aucun droit, absorbez-la, j'y consens, puisque cela vous plaît, et qu'elle soit le prix de vos recherches. Mais la forêt Scantia ! que vous la vendiez quand je suis consul, et avec l'autorisation d'un tel sénat ! que vous portiez la main sur les revenus publics, que vous enleviez au peuple romain ce qui fournit à ses dépenses dans la guerre et à sa prospérité dans la paix ! Ah ! je me regarderais comme bien lâche, en comparaison de ces consuls dont nos ancêtres ont admiré la fermeté, si l'on pouvait dire de moi que les revenus acquis, pendant leur consulat, au peuple romain, n'ont pu, sous le mien, lui être seulement conservés.

II. Rullus vend successivement toutes nos possessions d'Italie. Son exactitude sur ce point est admirable ; il n'en omet aucune. Il parcourt toute la Sicile sur les registres des censeurs ; il n'oublie aucun édifice, aucun champ. Vous l'avez entendu : c'est au mois de janvier que le peuple romain sera mis à l'enchère. Le tribun l'a ainsi arrêté ; et, vous n'en doutez point apparemment, ceux dont les armes et la valeur ont conquis ces domaines ne se sont abstenus de les vendre au profit du trésor, qu'afin que nous eussions quelque chose à vendre pour faire des largesses.

Remarquez comme sa démarche est devenue plus décidée.

---

sorum pascuis invenisti? Si quid est quod indagaris, inveneris, ex tenebris erueris, quanquam iniquum est, consume sane, quoniam commodum est, quoniam quidem tu attulisti; silvam vero tu Scantiam vendas, nobis consulibus atque hoc senatu? tu ullum vectigal attingas? tu populi Romani subsidia belli, tu ornamenta pacis eripias? Tum vero hoc me inertiorem consulem judicabo, quam illos fortissimos viros qui apud majores nostros fuerunt, quod, quæ vectigalia, illis consulibus, populo Romano parta sunt, ea, me consule, ne retineri quidem potuisse judicabuntur.

II. Vendit Italiæ possessiones ex ordine omnes : sane est in eo diligens ; nullum enim prætermittit. Persequitur in tabulis censoriis totam Siciliam ; nullum ædificium, nullos agros relinquit. Audistis auctionem populi Romani proscriptam a tribuno plebis, constitutam in mensem januarium ; et, credo, non dubitatis quin idcirco hæc, ærarii causa, non vendiderint ii qui armis et virtute pepererunt, ut esset quod nos, largitionis causa, venderemus.

Videte nunc, quoad fecerit iter, apertius quam antea. Nam, superiore parte

Tout à l'heure c'est moi qui vous ai fait voir que les décemvirs avaient dirigé contre Pompée la première partie de leur loi ; maintenant ils vont se déceler eux-mêmes. Ils ordonnent de vendre d'abord les terres d'Attalie et d'Olympe, que les victoires du brave Servilius ont réunies à la république ; ensuite les domaines des rois de Macédoine, conquis tour à tour par la valeur de T. Flamininus et de L. Paulus, vainqueur de Persée ; puis ce riche et fertile territoire de Corinthe, devenu tributaire du peuple romain, grâce au talent militaire et au bonheur de L. Mummius ; puis, en Espagne, la plaine de Carthagène, dont le courage héroïque des deux Scipions nous a rendus maîtres ; enfin ils vendent même l'ancienne Carthage, dont Scipion l'Africain a renversé les murs et les édifices, et dont ce grand homme, soit pour rappeler le désastre des Carthaginois, soit pour attester notre victoire, soit pour accomplir un vœu, consacra les ruines comme un monument d'éternelle durée. Après l'aliénation de ces domaines, que vos ancêtres vous ont transmis comme la parure et la décoration de l'empire, ils veulent qu'on mette en vente les pays que le roi Mithridate possédait dans la Paphlagonie, le Pont et la Cappadoce. N'annoncent-ils pas clairement qu'ils poursuivront avec la pique du crieur l'armée de Cn. Pompée, quand ils ordonnent de vendre un territoire où ce général fait la guerre et qu'il occupe encore ?

legis, quemadmodum Pompeium oppugnarent a me indicati sunt ; nunc jam se ipsi indicabunt. Jubent venire agros Attalensium atque Olympenorum ; hos populo Romano Servilii, fortissimi viri, victoria adjunxit ; deinde agros in Macedonia regios, qui partim T. Flaminini, partim L. Pauli, qui Persen vicit, virtute parti sunt ; deinde agrum optimum et fructuosissimum Corinthium, qui L. Mummii imperio ac felicitate ad vectigalia populi Romani adjunctus est ; post autem agros in Hispania apud Carthaginem novam duorum Scipionum eximia virtute possessos ; tum vero ipsam veterem Carthaginem vendunt, quam P. Africanus nudatam tectis ac mœnibus, sive ad notandam Carthaginiensium calamitatem, sive ad testificandam nostram victoriam, sive ad oblatam aliquam religionem ad æternam hominum memoriam consecravit. His insignibus atque infulis imperii venditis, quibus ornatam vobis majores vestri rempublicam tradiderunt, jubent eos agros venire, quos rex Mithridates in Paphlagonia, Ponto, Cappadociaque possederit. Num obscure videntur, prope hasta præconis, insectari Cn. Pompeii exercitum, qui venire jubeant eos ipsos agros in quibus ille etiam nunc bellum gerat atque versetur ?

III. Je demande maintenant d'où vient que les tribuns ne déterminent aucun lieu pour l'enchère qu'ils ordonnent : car les décemvirs sont autorisés par la loi à vendre partout où ils le jugeront à propos. Les censeurs ne peuvent affermer les revenus de l'État que sous les yeux du peuple romain; et les décemvirs pourront les vendre, même aux extrémités du monde! Les plus grands dissipateurs, quand ils ont dévoré leur patrimoine, aiment encore mieux vendre les débris de leur fortune dans les places destinées aux enchères publiques, que dans les rues et les carrefours. Rullus, par sa loi, autorise les décemvirs à choisir l'obscurité, la solitude la plus avantageuse à leurs intérêts, pour vendre les biens du peuple romain. Ne voyez-vous pas combien les tournées qu'ils feront dans toutes vos provinces, dans tous les royaumes, chez tous les peuples libres, vont répandre l'épouvante et seront lucratives pour eux? Les sénateurs à qui vous accordez des lieutenances pour aller recueillir des successions, voyagent en simples particuliers pour des affaires particulières, sans être environnés d'un grand crédit, sans être armés d'une grande puissance ; cependant vous savez combien leur arrivée est onéreuse à nos alliés. De quelle épouvante, de quels maux ne va pas frapper tous les peuples une loi qui envoie par toute la terre des décemvirs avec un pouvoir illimité, avec une avarice insatiable, avec une cupidité sans bornes! Outre les

---

III. Hoc vero cujusmodi est, quod ejus auctionis, quam constituunt, locum sibi nullum definiunt? nam decemviris, quibus in locis ipsis videatur, vendendi potestas lege permittitur. Censoribus vectigalia locare, nisi in conspectu populi Romani, non licet : his vendere vel in ultimis terris licebit? At hoc etiam nequissimi homines, consumptis patrimoniis, faciunt, ut in atriis auctionariis potius quam in triviis aut in compitis auctionentur. Hic permittit sua lege decemviris, ut, in quibus commodum sit tenebris, ut, in qua velint solitudine, bona populi Romani possint divendere. Jam illa omnibus in provinciis, regnis, liberis populis quam acerba, quam formidolosa, quam quæstuosa concursatio decemviralis futura sit, non videtis? Hæreditatum obeundarum causa, quibus vos legationes dedistis, qui et privati, et privatum ad negotium exierunt, non maximis opibus, neque summa auctoritate præditi, tamen auditis profecto quam graves eorum adventus sociis vestris esse soleant. Quamobrem quid putatis impendere hac lege omnibus gentibus terroris et mali, quum mittantur in orbem terrarum decemviri summo cum imperio, summa cum avaritia, infinitaque omnium rerum cupiditate? quorum quum adventus graves, quum

frais et dépenses de leur arrivée, et la terreur de leurs
faisceaux, qui pourra soutenir leur despotisme et leurs jugements? Ils auront le droit de décider que tels objets sont
domaniaux, et de les vendre d'après leur décision. J'aime
à croire que des hommes si intègres se garderont bien de
recevoir de l'argent pour ne pas vendre; mais enfin ils y
seront autorisés par la loi. Dès lors imaginez quels pillages,
quelles transactions, quels trafics en tous lieux de la justice et
des fortunes! car cet article de la loi, qui ne comprenait d'abord
que les terres conquises depuis le consulat de Sylla et de
Pompée, ils l'ont étendu depuis d'une manière arbitraire et
indéfinie.

IV. La loi autorise les mêmes décemvirs à mettre un impôt
très-considérable sur toutes les terres domaniales, afin qu'ils
aient la liberté d'en exempter ou d'en surcharger certaines,
suivant qu'ils le trouveront avantageux ou convenable. Que résultera-t-il de cette disposition? leur sévérité sera-t-elle plus
onéreuse aux peuples que leur indulgence ne sera profitable aux
décemvirs? C'est ce qu'on ne saurait deviner.

Cependant il se trouve dans la loi deux exceptions moins
injustes peut-être que suspectes. Dans la répartition des impôts,
on excepte le territoire de Récentore en Sicile; et, dans la vente
des terres, on réserve celles dont un traité fait mention : ce
sont les terres possédées en Afrique par Hiempsal. Mais, je le

fasces formidolosi, tum vero judicium ac potestas erit non ferenda. Licebit
enim, quod videbitur, publicum judicare; quod judicarint, vendere. Etiam
illud, quod homines sancti non facient, ut pecuniam accipiant, ne vendant;
tamen id iis ipsum per legem licebit. Hinc vos quas spoliationes, quas pactiones, quam denique in omnibus locis nundinationem juris ac fortunarum fore
putatis? Etenim quod superiore parte legis præfinitum fuit, Sylla et Pompeio
consulibus, id rursus liberum infinitumque fecerunt.

IV. Jubet eosdem decemviros omnibus agris publicis pergrande vectigal im-
ponere, ut iidem possint et liberare agros, quos commodum sit, et, quos
ipsis libeat, publicare : quo in judicio perspici non potest, utrum severitas
acerbior, an benignitas quæstuosior sit futura.

Sunt tamen in tota lege exceptiones duæ, non tam iniquæ quam suspiciosæ.
Excipit, in vectigali imponendo, agrum Recentoricum Siciliensem; in vendendis agris, eos agros de quibus cautum sit fœdere : hi sunt in Africa, qui

demande, si un traité garantit à Hiempsal ses possessions, et si le territoire de Récentore n'appartient pas à la république, qu'était-il besoin de les excepter? S'il peut s'élever quelque doute sur ce traité, si l'on a dit plusieurs fois que le territoire de Récentore était domanial, croira-t-on que Rullus n'ait trouvé dans l'univers que deux endroits qu'il épargnât gratuitement? Ne semble-t-il pas, au contraire, qu'il n'est pas au monde un seul écu assez profondément enfoui, que n'aient flairé les fabricateurs de la loi? Provinces, villes libres, alliés, amis, rois enfin, ils engloutissent tout; leur rapacité n'épargne pas même les revenus du peuple romain.

Ce n'est pas assez. Écoutez, écoutez, vous que les suffrages honorables du peuple et du sénat ont mis à la tête des armées, vous qui avez combattu les ennemis de la république. *Tout ce qui est revenu ou reviendra aux généraux du butin, des dépouilles, de l'or donné au lieu de couronnes, tout ce qui n'aura pas été employé à quelque monument ou versé dans le trésor, sera remis aux décemvirs*: ainsi l'ordonne la loi. Ils espèrent beaucoup de cet article. Ils se préparent à poursuivre tous les généraux et leurs héritiers; mais c'est de Faustus surtout qu'ils comptent tirer des sommes immenses. Une cause sur laquelle des juges assermentés n'ont pas voulu prononcer, ces décemvirs en assument la décision. Peut-être même se persuadent-

---

ab Hiempsale possidentur. Hic quæro, si Hiempsali satis est cautum fœdere, et Recentoricus ager privatus est; quid attinuerit excipi? sin et fœdus illud habet aliquam dubitationem, et ager Recentoricus dicitur nonnunquam esse publicus, quem putet existimaturum duas causas in orbe terrarum repertas quibus gratis parceret? Nunc quisnam tam abstrusus usquam nummus videtur, quem non architecti hujusce legis olfecerint? provincias, civitates liberas, socios, amicos, reges denique exhauriunt; admovent manus vectigalibus populi Romani.

Non est satis. Audite, audite vos, qui amplissimo populi senatusque judicio exercitus habuistis et bella gessistis. Quod ad quemque pervenit, pervenerit, ex præda, ex manubiis, ex auro coronario, quod neque consumptum in monumento, neque in ærarium relatum sit, id ad decemviros referri jubet. Hoc capite multa sperant. In omnes imperatores hæredesque eorum quæstionem suo judicio comparant; sed maximam pecuniam se a Fausto ablaturos arbitrantur. Quam causam suscipere jurati judices noluerunt, hanc isti decemviri susce-

ils que les juges ne se sont récusés que pour renvoyer cette affaire à leur sagesse. Le tribun ne s'est pas occupé avec moins de soin de l'avenir : il veut que tout l'argent dont un général sera saisi soit remis sur-le-champ aux décemvirs. Il excepte cependant Pompée, à peu près, ce me semble, comme Glaucippe fut excepté de la loi qui chassait de Rome les étrangers ; car, admettre une pareille exception pour un seul homme, ce n'est pas lui accorder une grâce, c'est ne lui pas faire une injustice. Mais si le tribun a laissé à Pompée les dépouilles qui lui appartiennent, il envahit les revenus que nous avaient procurés ses victoires. Les décemvirs, dit-il, emploieront les sommes d'argent provenues des nouveaux domaines qui seront vendus après notre consulat. N'est-il pas évident que son intention est de vendre les domaines dont Cn. Pompée vient d'enrichir la république ?

V. Vous le voyez, sénateurs, toutes les manœuvres, tous les moyens sont mis en jeu pour grossir et enfler le trésor des décemvirs. Mais cet argent n'aura rien d'odieux ; on l'emploiera à acheter des terres. Fort bien ; et ces terres, qui les achètera ? Les décemvirs. Ainsi, Rullus (car ici je ne parle point de vos collègues), vous achèterez les terres que vous voudrez, vous vendrez celles que vous voudrez, vous achèterez et vendrez au prix que vous voudrez. Cet homme de bien s'est, il est vrai, imposé l'obligation de ne forcer personne à vendre, comme si nous ne savions

pere. Idcirco a judicibus fortasse prætermissam esse arbitrantur, quod sit ipsis reservata. Deinde etiam in reliquum tempus diligentissime sancit, ut, quod quisque imperator habeat pecuniæ, protinus ad decemviros deferat. Hic tamen excipit Pompeium, simillime, ut mihi videtur, atque in illa lege qua peregrini Roma ejiciuntur, Glaucippus excipitur ; non enim hac exceptione unus afficitur beneficio, sed unus privatur injuria. Sed cui manubias remittit, hujus vectigalia invadit. Jubet enim pecuniam, si qua post nos consules ex novis vectigalibus recipiatur, hac uti decemviros. Quasi vero non intelligamus hæc eos vectigalia, quæ Cn. Pompeius adjunxerit, vendere cogitare.

V. Videtis jam, patres conscripti, omnibus rebus et modis constructam et coacervatam pecuniam decemviralem. Minuetur hujus pecuniæ invidia. Consumetur enim in agrorum emptionibus. Optime. Quis ergo emet agros istos ? iidem decemviri. Tu, Rulle (missos enim facio cæteros), emes quos voles, vendes quos voles, utrumque horum facies quanti voles. Cavet enim vir opti-

pas qu'acheter malgré le propriétaire est une chose odieuse, et qu'acheter avec son agrément est profitable à l'acheteur. Combien de terres, par exemple, nous vendra votre beau-père? et, si je connais bien sa loyauté, ce ne sera pas malgré lui qu'il les vendra. Les autres, à son exemple, échangeront volontiers contre de l'argent des propriétés qui leur attirent la haine ; ils recevront ce qu'ils désirent, et donneront ce qu'il ne leur est pas facile de conserver. Jugez combien d'abus intolérables vont résulter de ces dispositions ! Voilà de l'argent amassé pour acheter des terres. Or, l'on ne pourra forcer personne à vendre. Mais, si tous les propriétaires s'accordent à ne point vendre, que fera-t-on ? L'argent sera-t-il reporté au trésor ? la loi s'y oppose. Emploiera-t-on la contrainte ? elle le défend. — Le moyen est tout simple. Il n'y a rien qu'on ne puisse acheter, quand on donne au vendeur tout ce qu'il demande. — Fort bien. Ainsi dépouillons l'univers, vendons les domaines de l'État, épuisons le trésor public pour enrichir les possesseurs de domaines odieux ou malsains.

Poursuivons. Comment distribuera-t-on ces terres ? quel plan, quel ordre suivra-t-on pour cette opération ? On établira, dit Rullus, des colonies. — Combien ? de quels hommes ? en quels lieux ? Qui ne sait que toutes ces choses doivent être considérées quand il s'agit de colonies ? Avez-vous présumé, Rullus, vous

mus ne emat ab invito, quasi vero non intelligamus ab invito emere injuriosum esse, ab non invito quæstuosum. Quantum tibi agri vendet, ut alios omittam, socer tuus? et, si ego ejus æquitatem animi probe novi, vendet non invitus. Facient idem cæteri libenter, ut possessionis invidiam pecunia commutent, accipiant quod cupiunt, dent quod retinere vix possunt. Nunc prospicite omnium rerum infinitam atque intolerandam licentiam. Pecunia coacta est ad agros emendos. Ii porro ab invitis non ementur. Si consenserint possessores non vendere, quid futurum est? Referetur pecunia? non licet. Exigetur? vetat. — Verum esto : nihil est quod non emi possit, si tantum des, quantum velit venditor.—Spoliemus orbem terrarum, vendamus vectigalia, effundamus ærarium, ut, locupletatis aut invidiæ aut pestilentiæ possessoribus, agri tamen emantur.

Quid tum? quæ erit in istos agros deductio? quæ totius rei ratio atque descriptio? Deducentur, inquit, coloniæ. — Quot? quorum hominum? in quæ loca? quis enim non videt in coloniis esse hæc omnia consideranda? Tibi nos,

et tous les complices de votre projet, que nous vous livrerions toute l'Italie désarmée pour la soumettre à vos garnisons, pour la remplir de vos colonies, pour la tenir liée et enchaînée de toutes parts? Qui nous garantit que vous n'établirez pas une colonie sur le Janicule, que vous ne fonderez pas une ville qui écrasera la nôtre, qui la tiendra sous sa dépendance? Nous ne le ferons pas, dites-vous. — D'abord je l'ignore, ensuite je le crains. Enfin je n'abandonnerai point à votre bonne volonté, plutôt qu'à ma vigilance, le soin de la sûreté publique.

VI. Vous avez voulu remplir l'Italie de vos colonies. Quel que soit votre dessein, avez-vous cru qu'aucun de nous ne le devinerait? Il est écrit dans votre loi : *Les décemvirs enverront des colons à leur choix dans tels municipes et dans telles colonies qu'ils le jugeront convenable ; ils leur assigneront des terres dans les lieux qu'ils voudront.* Ainsi, lorsque vos satellites se seront emparés de l'Italie, vous n'aurez plus, sénateurs, aucun espoir, je ne dis pas seulement de conserver l'honneur de la république, mais de recouvrer même votre liberté. Ce ne sont encore que des soupçons et des conjectures. Soit ; mais bientôt tous les doutes seront dissipés. Les décemvirs vont eux-mêmes vous montrer clairement que le nom de la république, le siége de notre empire, ce temple du grand Jupiter et cette citadelle de toutes les nations leur déplaisent. C'est à Capoue qu'ils veulent établir

Rulle, et istis tuis harum omnium rerum machinatoribus, totam Italiam inermem tradituros existimasti, quam præsidiis confirmaretis? coloniis occuparetis? omnibus vinclis devinciam et constrictam teneretis? Ubi enim cavetur ne in Janiculo coloniam constituatis? ne urbem hanc urbe alia premere atque urgere possitis? Non faciemus, inquit. — Primum nescio ; deinde timeo ; postremo non committam ut vestro beneficio, potius quam nostro consilio, salvi esse possimus.

VI. Quod vero totam Italiam vestris colonis complere voluistis, id cujusmodi esset, neminemne nostrum intellecturum existimavistis? Scriptum est enim : QUÆ IN MUNICIPIA, QUASQUE IN COLONIAS DECEMVIRI VELINT, DEDUCANT COLONOS QUOS VELINT, ET IIS AGROS ASSIGNENT, QUIBUS IN LOCIS VELINT ; ut, quum totam Italiam militibus suis occuparint, vobis non modo dignitatis retinendæ, sed ne libertatis quidem recuperandæ spes relinquatur. Atque hæc a me suspicionibus et conjectura coarguuntur. Jam omnis omnium tolletur error; jam aperte ostendent, sibi nomen hujus reipublicæ, sedem urbis atque imperii, denique hoc templum Jovis optimi maximi, atque hanc arcem omnium gentium displi

leurs colons; c'est cette ville qu'ils se proposent d'opposer de nouveau à la nôtre; c'est là qu'ils prétendent transporter leurs richesses et fonder la capitale de l'empire. On dit que ce lieu, par la fertilité de son terroir et par l'abondance de toutes choses, enfanta jadis le despotisme et la cruauté. C'est là que les décemvirs placeront les colons les plus propres à tous les crimes. Sans doute une ville dont les anciens habitants n'ont pu supporter sagement la splendeur et l'opulence héréditaires, verra vos satellites se modérer au milieu de richesses pour eux toutes nouvelles. Nos ancêtres abolirent dans Capoue les magistrats, le sénat, l'assemblée publique et toutes les formes républicaines; ils ne lui laissèrent que le vain nom de Capoue. Ce ne fut point par cruauté : peut-on douter de la clémence de ceux qui ont si souvent tout rendu à des étrangers, à des ennemis vaincus? C'était prudence. Ils prévoyaient que, s'il restait dans les murs de Capoue quelque vestige de république, cette ville pourrait devenir un jour le siége de l'empire. Vous, décemvirs, si vous n'aviez l'intention de renverser la république et de vous créer une nouvelle domination, n'auriez-vous pas aperçu les suites pernicieuses de votre projet?

VII. Que ne doit-on pas craindre de l'établissement d'une colonie dans Capoue, si les délices de cette ville corrompirent Annibal lui-même, si l'insolence des Campaniens tend à faire

cere. Capuam deduci colonos volunt; illam urbem huic urbi rursus opponere, illuc opes suas deferre et imperii nomen transferre cogitant. Qui locus, propter ubertatem agrorum, abundantiamque rerum omnium, superbiam et crudelitatem genuisse dicitur. Ibi nostri coloni, delecti ad omne facinus, a decemviris collocabuntur. Et, credo, qua in urbe homines, in veteri dignitate fortunaque nati, copiam rerum moderate ferre non potuerunt, in ea isti vestri satellites modeste insolentiam suam continebunt. Majores nostri Capua magistratus, senatum, consilium commune, omnia denique insignia reipublicæ sustulerunt, neque aliud quidquam, nisi inane nomen Capuæ reliquerunt : non crudelitate (quid enim illis fuit clementius, qui etiam externis hostibus victis sua sæpissime reddiderunt?), sed consilio; quod videbant, si quod reipublicæ vestigium illis mœnibus contineretur, urbem ipsam imperio domicilium præbere posse. Vos hæc, nisi evertere rempublicam cuperetis, ac vobis novam dominationem comparare, credo, quam perniciosa essent, non videretis?

VII. Quid enim cavendum est in coloniis deducendis, si luxuries Annibalem ipsum Capuæ corrupit? si superbia nata inibi esse ex Campanorum fastidio

croire que c'est au milieu d'eux que le despotisme a pris naissance, si Rome doit y trouver, non pas un rempart qui la couvre, mais un fort qui la menace? Et que ne fait-on pas, grands dieux, pour la rendre redoutable! Durant la guerre punique, tout ce que Capoue avait de force contre nous, elle l'avait par elle-même. Aujourd'hui, grâce aux décemvirs, les nouveaux colons seront maîtres de toutes les villes voisines de Capoue; car la loi les autorise à *établir ceux qu'ils voudront dans toutes les villes qu'ils jugeront convenables*. Elle ordonne en outre de distribuer à ces colons les terres de la Campanie et le canton de Stellate.

Je ne me plains pas ici de la diminution des revenus publics, ni des résultats honteux qu'amènera cette perte ; je passe sous silence un reproche que chacun peut nous faire avec autant de force que de vérité : c'est de n'avoir pu conserver notre patrimoine principal, la plus belle possession du peuple romain, notre ressource dans la disette, un grenier d'abondance dans la guerre, un revenu que la république tient sous la main, et, en quelque sorte, sous clef ; enfin, d'avoir abandonné à Rullus un domaine que n'ont pu envahir ni le despotisme de Sylla, ni les prodigalités des Gracques. Je ne dis pas que c'est le seul revenu qui nous reste quand les autres nous échappent, le seul qui fournisse toujours quand les autres ne rapportent rien, qui soit florissant dans la paix, qui conserve son lustre dans la guerre,

videtur? si præsidium non præponitur huic urbi ista colonia, sed opponitur? At quemadmodum armatur? dii immortales ! nam bello Punico, quidquid potuit Capua, potuit ipsa per sese. Nunc omnes urbes quæ circum Capuam sunt, a colonis per eosdem decemviros occupabuntur. Hanc enim ob causam permittit ipsa lex, IN OMNIA, QUÆ VELINT, OPPIDA, COLONOS UT DECEMVIRI DEDUCANT, QUOS VELINT. Atque his colonis agrum Campanum et Stellatem campum dividi jubet.

Non queror diminutionem vectigalium, non flagitium hujus jacturæ atque damni; prætermitto illa, quæ nemo est quin gravissime et verissime conqueri possit : nos caput patrimonii publici, pulcherrimam populi Romani possessionem, subsidium annonæ, horreum belli, sub signo claustrisque reipublicæ positum vectigal, servare non potuisse ; eum denique nos agrum P. Rullo concessisse, qui ager ipse per sese et Sullanæ dominationi et Gracchorum largitioni restitisset. Non dico, solum hoc in republica vectigal esse, quod, amissis aliis, remaneat ; intermissis, non conquiescat ; in pace niteat, in bello

qui nourrisse le soldat et ne redoute point l'ennemi. J'abandonne ici toutes ces considérations, et je les réserve pour l'assemblée du peuple. C'est du danger qui menace notre existence et notre liberté que je parle en ce moment.

Que deviendra, en effet, votre participation dans le gouvernement? que deviendront votre liberté et votre dignité, lorsque Rullus et d'autres que vous redoutez encore plus que Rullus, auront, avec toute la troupe des citoyens indigents et pervers, avec toutes nos richesses, tout notre or, tout notre argent, envahi Capoue et les villes voisines? Sénateurs, je m'opposerai avec chaleur et avec énergie à leur projet, et je ne souffrirai point que, sous mon consulat, on exécute un complot que l'on médite depuis longtemps contre la patrie.

Vous vous êtes bien trompé, Rullus, vous et quelques-uns de vos collègues, si vous avez espéré que vous pourriez, en dépit d'un consul vraiment populaire sans affecter de l'être, vous faire, sur les ruines de la république, proclamer les amis du peuple. Je vous provoque, je vous appelle devant une assemblée publique; c'est le peuple romain que je veux prendre pour juge.

VIII. En effet, si nous examinons tout ce qui peut flatter le peuple et lui être agréable, est-il rien de plus populaire que la paix, que la concorde, que le repos? Grâce à l'agitation causée

---

non obsolescat; militem sustentet, hostem non pertimescat. Prætermitto omnem hanc orationem et concioni reservo : de periculo salutis ac libertatis loquor.

Quid enim existimatis integrum vobis in republica fore, aut in vestra libertate ac dignitate retinendum, quum Rullus, atque ii quos multo magis quam Rullum timetis, cum omni egentium atque improborum manu, cum omnibus copiis, cum omni argento et auro, Capuam et urbes circa Capuam occuparint? His ego rebus, patres conscripti, resistam vehementer atque acriter; neque patiar homines ea, me consule, expromere, quæ contra rempublicam diu cogitarint.

Errastis, Rulle, vehementer, et tu, et nonnulli collegæ tui, qui sperastis vos contra consulem, veritate, non ostentatione popularem, posse in evertenda republica populares existimari. Lacesso vos; in concionem voco; populo Romano disceptatore uti volo.

VIII. Etenim, ut circumspiciamus omnia quæ populo grata atque jucunda sunt, nihil tam populare quam pacem, quam concordiam, quam otium repe-

par vos lois, par vos harangues, par vos émeutes, j'ai trouvé Rome livrée aux défiances, agitée par la crainte. Les méchants espèrent, les bons citoyens tremblent, la loyauté est bannie du forum, le gouvernement a perdu sa dignité : voilà votre ouvrage. Au milieu de ce désordre, de cette confusion générale, lorsque la voix et l'autorité d'un consul s'adressant au peuple romain auront porté tout à coup la lumière dans ces profondes ténèbres ; lorsqu'il aura démontré qu'on ne doit rien craindre ; que ni armée, ni rassemblement, ni colonies, ni vente de revenus publics, ni pouvoir nouveau, ni tyrannie décemvirale, non plus qu'une seconde Rome, un autre siége de l'empire, ne se verront, tant que nous serons consuls; qu'on jouira d'une paix profonde, d'une tranquillité inaltérable, nous n'appréhenderons pas sans doute que votre merveilleuse loi agraire en paraisse plus populaire. Et, lorsque j'aurai dévoilé vos projets criminels, l'artifice de votre loi, les piéges que les magistrats plébéiens tendent au peuple romain lui-même, sans doute je n'oserai vous résister en face dans une assemblée du peuple, moi qui suis fermement résolu à suivre dans le consulat le seul système qui ne puisse rien ôter à celui qui l'exerce de sa force et de son indépendance, moi qui suis déterminé à n'ambitionner ni province, ni honneurs, ni distinctions, ni avantages pécuniaires, rien enfin qu'un tribun puisse m'empêcher d'obtenir.

riemus. Sollicitam mihi civitatem suspicione, suspensam metu, perturbatam vestris legibus, et concionibus, et seditionibus tradidistis ; spem improbis ostendistis ; timorem bonis injecistis ; fidem de foro, dignitatem de republica sustulistis. Hoc motu atque hac perturbatione animorum atque rerum, quum populo Romano vox et auctoritas consulis repente in tantis tenebris illuxerit; quum ostenderit nihil esse metuendum, nullum exercitum, nullam manum, nullas colonias, nullam venditionem vectigalium, nullum imperium novum, nullum regnum decemvirale, nullam alteram Romam, neque aliam sedem imperii, nobis consulibus, futuram, summamque tranquillitatem pacis atque otii ; verendum, credo, nobis erit, ne vestra ista præclara lex agraria magis popularis esse videatur. Quum vero scelera consiliorum vestrorum, fraudemque legis et insidias quæ ipsi populo Romano a popularibus tribunis plebis fiant ostendero, pertimescam, credo, ne mihi non liceat contra vos in concione consistere ; præsertim quum mihi deliberatum et constitutum sit ita gerere consulatum, quo uno modo geri graviter et libere potest, ut neque provinciam, neque honorem, neque ornamentum aliquod aut commodum, neque rem

Votre consul, en ce jour des calendes de janvier, déclare devant cette nombreuse assemblée du sénat que, si la république reste dans l'état où elle se trouve, s'il ne survient point de circonstance à laquelle il ne puisse honnêtement se refuser, il n'acceptera le gouvernement d'aucune province. Je saurai, sénateurs, en remplissant mes fonctions, réprimer ce tribun du peuple, s'il attaque la république ; le mépriser, s'il n'en veut qu'à moi.

IX. Je vous en prie donc, tribuns du peuple, au nom des dieux immortels, rentrez en vous-mêmes, abandonnez ceux qui vous abandonneront bientôt, si vous n'y prenez garde. Agissez de concert avec nous, joignez-vous aux gens de bien ; partagez le zèle et le patriotisme du plus grand nombre pour la défense commune. La république porte dans son sein bien des plaies secrètes ; des citoyens pervers ourdissent contre elle de funestes complots. Nous n'avons rien à craindre au dehors : nul roi, nul peuple, nulle nation qui soit à redouter ; le mal est au dedans, il couve dans l'ombre, il nous mine sourdement. Nous devons tous, suivant nos moyens, y remédier et nous occuper de le guérir.

Tribuns, vous êtes dans l'erreur, si vous pensez que le sénat seul m'approuve, et que le peuple ne soit point dans les mêmes sentiments. Ceux qui veulent conserver leur existence suivront

---

ullam quæ a tribuno plebis impediri possit, appetiturus sim. Dicit frequentissimo senatu consul, kalend. januarii, sese, si status hic reipublicæ maneat, neque aliud negotium exstiterit quod honeste subterfugere non possit, in provinciam non iturum. Sic me in hoc magistratu geram, patres conscripti, ut possim tribunum plebis reipublicæ iratum coercere ; mihi iratum, contemnere.

IX. Quamobrem, per deos immortales, colligite vos, tribuni plebis ; deserite eos a quibus, nisi prospicitis, brevi tempore deseremini. Conspirate nobiscum ; consentite cum bonis ; communem rempublicam communi studio atque amore defendite. Multa sunt occulta reipublicæ vulnera, multa nefariorum civium perniciosa consilia. Nullum externum periculum est : non rex, non gens ulla, non natio pertimescenda est ; inclusum malum, intestinum ac domesticum est. Huic pro se quisque nostrum mederi, atque hoc omnes sanare velle debemus.

Erratis, si senatum probare ea quæ dicuntur a me putatis, populum autem esse in alia voluntate. Omnes qui se incolumes volunt, sequentur auctoritatem

la voix d'un consul dégagé d'ambition, à l'abri des reproches, prudent au milieu des dangers, intrépide dans le combat. Si quelqu'un de vous se flatte de satisfaire son ambition en excitant des orages, qu'il cesse de l'espérer, tant que je serai consul; et que plutôt, en voyant en moi un consul né dans les rangs des chevaliers, mon exemple lui apprenne quelle route conduit le plus sûrement les bons citoyens aux honneurs et à la considération publique. Et vous, sénateurs, si vous me promettez votre zèle pour maintenir la dignité de notre ordre, je saurai remplir, n'en doutez point, le vœu le plus ardent de la patrie, et rendre enfin à la république, après un si long intervalle, l'autorité dont le sénat jouissait au temps de nos ancêtres.

consulis, soluti a cupiditatibus, liberi a delictis, cauti in periculis, non timidi in contentionibus. Quod si quis vestrum spe ducitur se posse turbulenta ratione honori velificari suo, primum, me consule, id sperare desistat; deinde habeat me ipsum sibi documento, quem equestri ortum loco consulem videt, quæ vitæ via facillime viros bonos ad honorem dignitatemque perducat. Quod si vos vestrum mihi studium, patres conscripti, ad communem dignitatem defendendam profitemini, perficiam profecto id, quod maxime respublica desiderat, ut hujus ordinis auctoritas quæ apud majores nostros fuit, eadem nunc longo intervallo reipublicæ restituta esse videatur.

## SEIZIÈME DISCOURS

## DEUXIÈME DISCOURS
# SUR LA LOI AGRAIRE
### CONTRE
## P. SERVILIUS RULLUS

TRADUCTION DE GUEROULT

REVUE AVEC LE PLUS GRAND SOIN
PAR M. CABARET-DUPATY

# SOMMAIRE

En prononçant devant le sénat son premier discours *sur la loi agraire*, Cicéron n'avait rempli que la partie la plus facile de sa tâche. Il s'adressait à un auditoire disposé d'avance à accueillir ses arguments, quand même ils n'auraient pas été d'une justesse évidente. Cependant, si l'on en croit Plutarque, il étonna tellement les tribuns qui assistaient au sénat, par l'éloquence et la force de son premier discours, qu'ils n'osèrent alors rien lui répondre. Ils ne se rebutèrent pas néanmoins, et Rullus appela le consul devant le peuple, dans l'espérance qu'il ne trouverait pas là des auditeurs aussi bienveillants. Le lendemain, Cicéron, dans tout l'appareil de sa dignité, et accompagné des sénateurs, monta à la tribune populaire. C'était un spectacle qui avait quelque chose de singulier que de voir un consul, sorti des rangs du peuple, petit-neveu de Marius, inaugurer cette magistrature en combattant une loi toute populaire, et qui rappelait aux Romains le souvenir des Gracques.

Ce second discours *sur la loi agraire* peut être regardé comme le plus important des trois, tant par son étendue que parce que Cicéron y discute à fond la loi *Servilia*. Il nous est parvenu entier ; cependant le texte du dernier chapitre et de quelques autres passages est évidemment altéré. Indépendamment de ces oblitérations, il y a des détails d'administration et de législation fort obscurs dans cette harangue, surtout ceux où il est parlé de l'élection des décemvirs.

Rien de plus beau que l'exorde de cette oraison, et Rollin, dans son *Traité des études* (liv. V, ch. III, art. 2, § 6), le propose comme un modèle de précaution oratoire. Après avoir, avec autant de dignité que de noblesse, témoigné sa reconnaissance aux Romains pour l'unanimité de leurs suffrages, le nouveau chef de la république annonce qu'il veut être un consul populaire, et proteste qu'il ne

blâme pas toute loi agraire en elle-même. « S'il eût commencé, » dit Rollin, « par se déclarer ouvertement contre cette loi, il aurait trouvé toutes les oreilles et tous les cœurs fermés, et le peuple se serait généralement révolté contre lui. Il était trop habile et connaissait trop les hommes pour en user ainsi. C'est une chose admirable de voir combien de temps il tient l'esprit de ses auditeurs en suspens, sans leur laisser entrevoir en aucune manière le parti qu'il avait pris, ni le sentiment qu'il voulait leur inspirer. Il emploie d'abord tous les traits de son éloquence pour témoigner au peuple la vive reconnaissance dont il est pénétré pour le bienfait signalé qu'il venait d'en recevoir; il en relève avec soin toutes les circonstances qui lui étaient si honorables. Il marque ensuite les devoirs et les obligations que lui impose un consentement si unanime du peuple à lui donner le consulat; il déclare que, lui étant redevable de tout ce qu'il est, il prétend bien, et dans l'exercice de sa charge et pendant sa vie, être populaire; mais il avertit que ce mot a besoin d'explication; et, après en avoir démêlé les différents sens, après avoir découvert les secrètes intrigues des tribuns, qui couvraient de ce spécieux nom leurs desseins ambitieux; après avoir loué hautement les Gracques, zélés défenseurs de la loi agraire, et dont la mémoire, par cette raison, était si chère au peuple romain; après s'être insinué peu à peu et par degrés dans l'esprit de ses auditeurs, et s'en être enfin rendu maître absolu, il n'ose pas encore cependant attaquer la loi dont il s'agissait; mais il se contente de protester que, en cas que le peuple, après l'avoir entendu, ne reconnaisse pas que cette loi, sous un dehors flatteur, porte en effet atteinte à son repos et à sa liberté, il se joindra à lui et se rendra à son sentiment. »

Cicéron examine ensuite les différents articles de la loi, qui renfermait au moins quarante articles, puisque, dans le discours suivant (ch. ii), nous l'entendons parler de l'article quarantième. L'orateur choisit, pour les attaquer, ceux par lesquels il pouvait plus facilement rendre Rullus et ses collègues odieux au peuple lui-même. Il s'attache également, dans le même but, à prendre ce tribun par ses propres paroles, en rappelant quelques mots peu populaires qui lui étaient indiscrètement échappés dans le sénat. Profitant de l'extrême affection que les Romains portaient à Pompée, il se sert habilement du nom de ce général pour montrer sous un jour encore plus défavorable une loi qui tend positivement à l'exclure du nombre des dix commissaires. La manière dont devaient être élus ces décemvirs, l'appareil et l'étendue de leur pouvoir, l'argent du trésor dont ils devaient avoir la disposition arbitraire, ces différents

articles, et d'autres encore, sont pour l'orateur autant de moyens qu'il développe, toujours avec adresse, souvent avec éloquence. Le dernier article qu'il traite est le partage du territoire de la Campanie ; il démontre avec étendue tous les inconvénients qui résulteraient de l'établissement d'une colonie à Capoue. Le consul termine en annonçant la fermeté courageuse qu'il est résolu d'opposer aux projets dangereux des tribuns. Uni avec son collègue, il s'est assuré de tous les moyens de réprimer les ennemis de leur consulat et ceux de la tranquillité publique.

On voit par cette analyse que l'orateur emploie les mêmes arguments dont il s'était servi devant le sénat ; mais il les présente, dit Clément, d'une manière plus capable de faire impression sur le peuple. On trouve beaucoup de répétitions dans cette harangue, et c'est peut-être la plus verbeuse de toutes celles que Cicéron a prononcées. Comme il discutait les différents articles de la loi, qui rentraient plus ou moins les uns dans les autres, et qui avaient tous rapport aux vues de cupidité et de tyrannie de Rullus et de ses adhérents, il fut obligé de revenir souvent sur les mêmes idées. On a cependant observé avec raison que, dans son extrême abondance, l'orateur, afin de multiplier ou de fortifier ses preuves, les pousse presque toujours par delà le point où elles cessent d'être justes.

# SEIZIÈME DISCOURS

## DEUXIÈME DISCOURS
## SUR LA LOI AGRAIRE
### CONTRE
### P. SERVILIUS RULLUS
#### PRONONCÉ DEVANT LE PEUPLE

I. Romains, c'est un usage établi et consacré par nos ancêtres, que ceux qui ont obtenu de votre bienveillance le droit de laisser leur portrait à leur famille, ne prononcent devant vous leur première harangue que pour joindre à l'expression de leur reconnaissance l'éloge de leurs aïeux. Si, à l'occasion de ce discours, quelques-uns sont trouvés dignes du rang où leurs ancêtres furent élevés, tout ce que la plupart y gagnent, c'est de faire voir qu'on avait contracté avec leurs pères une dette immense,

## ORATIO SEXTA DECIMA

## ORATIO SECUNDA
## DE LEGE AGRARIA
### CONTRA
### P. SERVILIUM RULLUM TR. PL.
#### AD POPULUM

I. Est hoc in more positum, Quirites, institutoque majorum, ut ii qui beneficio vestro imagines familiæ suæ consecuti sunt, eam primam habeant concionem, qua gratiam beneficii vestri cum suorum laude conjungant. Qua in oratione nonnulli aliquando digni majorum loco reperiuntur; plerique autem hoc perficiunt, ut tantum majoribus eorum debitum esse videatur,

dont une partie devait encore être payée à leurs enfants. Pour moi, Romains, je ne puis vous entretenir de mes aïeux, non qu'ils ne se soient montrés tels que leur sang m'a fait naître, et que leurs leçons m'ont formé ; mais l'éclat de votre faveur et de vos suffrages n'a point illustré leur vie. Personnellement, je crains qu'il n'y ait de l'orgueil à vous en parler, et de l'ingratitude à n'en rien dire. Oui, s'il m'en coûte de rappeler moi-même avec quel empressement vous m'avez conféré cette haute magistrature, je ne puis aussi garder le silence sur les insignes bienfaits dont vous m'avez comblé. Ce sera donc avec circonspection et avec réserve que je rappellerai ce que vous avez fait pour moi ; et, si je suis forcé de dire pourquoi vous m'avez jugé digne de cet honneur suprême et d'un témoignage d'estime aussi extraordinaire, je mesurerai mes paroles en songeant qu'ici j'ai pour appréciateurs ceux mêmes qui furent pour moi des juges si favorables.

Je suis le premier homme nouveau que, depuis un grand nombre d'années, on se rappelle vous avoir vu nommer consul ; et ce poste éminent où la noblesse s'était en quelque sorte retranchée, et dont elle avait fermé toutes les avenues, vous en avez, pour me placer à votre tête, forcé les barrières : vous avez voulu que le mérite les trouvât désormais ouvertes. Non-seulement vous m'avez fait consul, faveur déjà si considérable en elle-même; mais il est peu de nobles dans notre république que vous ayez

---

unde etiam, quod posteris solveretur, redundaret. Mihi quidem apud vos de meis majoribus dicendi facultas non datur, non quod non tales fuerint, quales nos illorum sanguine creatos, disciplinisque institutos videtis, sed quod laude populari atque honoris vestri luce caruerunt. De me autem ipso vereor ne arrogantis sit apud vos dicere, ingrati tacere. Nam et, quibus studiis hanc dignitatem consecutus sim, memetipsum commemorare, perquam grave est, et silere de tantis vestris beneficiis nullo modo possum. Quare adhibebitur a me certa ratio moderatioque dicendi, ut quid a vobis acceperim commemorem ; quare dignus vestro summo honore singularique judicio sim, ipse modice dicam, si necesse erit ; vos eosdem existimaturos, putem, qui judicavistis.

Me perlongo intervallo prope memoriæ temporumque nostrorum, primum hominem novum, consulem fecistis, et eum locum, quem nobilitas præsidiis firmatum atque omni ratione obvallatum tenebat, me duce, rescidistis, virtutique in posterum patere voluistis. Neque me tantummodo consulem, quod

élus comme moi, et il n'est personne parmi les hommes nouveaux qui l'ait été avant moi.

II. En effet, interrogez le passé, vous trouverez que, parmi les hommes nouveaux devenus consuls, ceux qui n'ont pas essuyé de refus n'ont été nommés qu'après bien des peines, et à la faveur de quelque circonstance ; qu'ils avaient brigué le consulat plusieurs années après leur préture, plus tard que leur âge et les lois le leur permettaient ; que ceux qui se sont mis sur les rangs dès l'année où ils le pouvaient légitimement, n'ont été créés consuls qu'après quelques refus ; que je suis le seul de tous les hommes nouveaux dont nous puissions nous souvenir, qui ai demandé le consulat aussitôt que la loi le permettait, et qui l'ai obtenu aussitôt que je l'ai demandé ; en sorte que cet honneur que je tiens de vous, sollicité dès que je pus y prétendre, ne paraît ni surpris à la faveur d'une concurrence peu redoutable, ni arraché à force d'instances, mais accordé comme au plus digne. Il m'est particulièrement honorable, Romains, je le répète, d'être le premier des hommes nouveaux à qui, depuis tant d'années, vous ayez conféré cet honneur ; de l'avoir obtenu, non-seulement sur ma première demande, dès que je fus éligible ; mais, ce qui est infiniment plus flatteur et plus glorieux, c'est que dans les comices où vous m'avez nommé, vous ne vous êtes point servis de ces bulletins dont le secret garantit la liberté des votes ; vous

---

est ipsum per sese amplissimum, sed ita fecistis, quomodo pauci nobiles in hac civitate consules facti sunt, novus ante me nemo.

II. Nam profecto si recordari volueritis, de novis hominibus reperietis eos qui sine repulsa consules facti sunt, diuturno labore atque aliqua occasione esse factos, quum multis annis post petissent quam prætores fuissent, aliquanto serius quam per ætatem ac per leges liceret ; qui autem anno suo petierint, sine repulsa non esse factos ; me esse unum ex omnibus novis hominibus, de quibus meminisse possimus, qui consulatum petierim, quum primum licitum sit ; consul factus sim, quum primum petierim : ut vester honos ad mei temporis diem petitus, non ad alienæ petitionis occasionem interceptus, nec diuturnis precibus efflagitatus, sed dignitate impetratus esse videatur. Est illud amplissimum, quod paulo ante commemoravi, Quirites, quod hoc honore ex novis hominibus primum me, multis post annis, affecistis ; quod prima petitione ; quod anno meo ; sed tamen magnificentius atque ornatius esse illo nihil potest, quod meis comitiis non tabellam, vindicem tacitæ libertatis, sed vocem vivam

avez signalé de vive voix la bienveillance et l'affection que vous me portez. Ainsi ce n'est pas la dernière tribu appelée aux suffrages, mais le vœu spontané des premières ; ce ne sont pas les proclamations successives des hérauts, mais les suffrages unanimes du peuple romain, qui m'ont déclaré consul.

Cette faveur insigne, extraordinaire, Romains, pénètre sans doute mon cœur d'une bien douce joie, mais elle éveille encore plus ma vigilance et ma sollicitude. Mon esprit se livre à mille réflexions sérieuses qui ne me laissent de repos ni le jour ni la nuit. Et d'abord, comment soutiendrai-je le fardeau du consulat ? Si c'est une tâche importante et difficile pour les autres, combien elle doit l'être encore plus pour moi, dont les fautes les plus légères ne trouveront point d'indulgence, et dont les actes irréprochables ne peuvent espérer qu'une approbation froide et forcée. Enfin, dans mes incertitudes quels conseils sincères, dans mes travaux quelle coopération franche puis-je attendre de la noblesse ?

III. Romains, si ma responsabilité était seule ici engagée, je serais moins inquiet sur ma position ; mais je vois certains hommes prêts à profiter de la moindre erreur, où l'imprudence, que dis-je ? où le hasard aura pu me faire tomber, pour vous reprocher à tous de m'avoir donné sur la noblesse une si glorieuse préférence. Je suis donc déterminé, Romains, à tout souffrir,

---

præ vobis, indicem vestrarum erga me voluntatum ac studiorum tulistis. Itaque me non extrema tribus suffragiorum, sed primi illi vestri concursus, neque singulæ voces præconum, sed una voce universus populus Romanus consulem declaravit.

Hoc ego tam insigne, tam singulare vestrum beneficium, Quirites, quum ad animi mei fructum atque lætitiam duco esse permagnum, tum ad curam sollicitudinemque multo majus. Versantur enim, Quirites, in animo meo multæ et graves cogitationes, quæ mihi nullam partem neque diurnæ, neque nocturnæ quietis impertiunt : primum tuendi consulatus; quæ quum omnibus est difficilis et magna ratio, tum vero mihi præter cæteros ; cui errato, nulla venia ; recte facto, exigua laus et ab invitis expressa proponitur; non dubitanti fidele consilium, non laboranti certum subsidium nobilitatis ostenditur.

III. Quod si solus in discrimen aliquod adducerer, ferrem, Quirites, animo æquiore ; sed mihi videntur certi homines, si qua in re me non modo consilio, verum etiam casu lapsum esse arbitrabuntur, vos universos, qui me antetuleritis nobilitati, vituperaturi. Mihi autem, Quirites, omnia potius per-

plutôt que de ne pas me conduire dans mon consulat de manière que tous mes actes et toutes mes résolutions fassent applaudir ce que vous avez décidé, ce que vous avez fait pour moi. Ce qui augmente encore les difficultés et les embarras de ma charge, c'est que je me propose de suivre, dans l'exercice de mon consulat, une règle et une marche bien différentes de celles de mes prédécesseurs, dont les uns ont fui votre aspect et l'approche de cette tribune, et les autres ne s'y sont présentés qu'avec peu d'empressement. Pour moi, je le déclare non-seulement ici, où un tel engagement n'a rien de difficile, mais je l'ai déclaré dans le sénat, qui ne semblait pas comporter un pareil langage, le peuple aura en moi un consul populaire : je l'ai dit dans mon premier discours, aux calendes de janvier. Et comment, après m'être vu proclamer consul, non par les sollicitations d'hommes puissants, ni par la haute influence de quelques protecteurs, mais par le suffrage unanime du peuple romain qui m'a ouvertement préféré à des hommes de la première noblesse, comment, dis-je, me serait-il possible de ne pas être populaire et durant mon consulat et dans tout le cours de ma vie ? Mais, pour expliquer ce mot, pour lui donner sa juste valeur, j'ai besoin de toute votre sagesse. Car il est une grande erreur accréditée par les déguisements hypocrites de certains hommes qui, lors même qu'ils compromettent et attaquent les plus chers intérêts et

---

petenda esse duco, quam non ita gerendum consulatum, ut in omnibus meis factis atque consiliis vestrum de me factum consiliumque laudetur. Accedit etiam ille mihi summus labor ac difficillima ratio consulatus gerendi, quod non eadem, qua superioribus consulibus, lege et conditione utendum esse decrevi, qui aditum hujus loci conspectumque vestrum partim magnopere fugerunt, partim non vehementer secuti sunt. Ego autem non solum hoc in loco dicam, ubi est id dictu facillimum, sed in ipso senatu, in quo esse locus huic voci non videbatur, popularem me futurum esse consulem, prima mea illa oratione kalendis januarii dixi. Neque enim ullo modo facere possum ut, quum me intelligam, non hominum potentium studio, non excellentibus gratiis paucorum, sed universi populi Romani judicio consulem ita factum, ut nobilissimis hominibus longe præponerer, non et in hoc magistratu et in omni vita sim popularis. Sed mihi ad hujusce verbi vim et interpretationem vehementer opus est vestra sapientia. Versatur enim magnus error, propter insidiosas nonnullorum simulationes, qui quum populi non solum commoda,

même la sûreté du peuple, cherchent à obtenir par eurs harangues insidieuses la réputation de magistrats populaires.

Je sais, Romains, dans quelle situation, aux calendes de janvier, j'ai trouvé la république ; elle était remplie de troubles et d'alarmes. Il n'y avait point de malheurs, point de bouleversements que les bons citoyens ne craignissent, que les méchants n'espérassent. On n'entendait parler que de complots séditieux contre le gouvernement et contre votre tranquillité, ou nouvellement ourdis, ou tramés dès que nous avions été désignés consuls. La confiance était bannie du forum, non qu'on eût été frappé de quelque calamité nouvelle, mais parce qu'on ne trouvait point de sécurité dans les tribunaux, et que les jugements n'étaient pas libres ou restaient sans exécution. On accusait sourdement quelques citoyens d'aspirer à une domination absolue, et d'ambitionner, non plus des commandements extraordinaires, mais le despotisme des rois.

IV. Moi qui soupçonnais ces funestes complots, et qui même les voyais à découvert (car on ne cherchait pas à les cacher), je déclarai dans le sénat que, tant que je serais en exercice, on verrait en moi un consul populaire. En effet, quoi de plus populaire que la paix? Elle me semble communiquer à tous les êtres sensibles, aux maisons, aux champs même un air d'allégresse. Quoi de plus populaire que la liberté? Vous voyez non-seulement les hommes, mais les bêtes la rechercher et la préférer à tout le

verum etiam salutem oppugnant et impediunt, oratione assequi volunt ut populares esse videantur.

Ego qualem kalendis januarii acceperim rempublicam, Quirites, intelligo ; plenam sollicitudinis, plenam timoris; in qua nihil erat mali, nihil adversi quod non boni metuerent, improbi exspectarent. Omnia turbulenta consilia contra hunc reipublicæ statum et contra vestrum otium partim iniri, partim, nobis consulibus designatis, inita esse dicebantur. Sublata erat de foro fides, non ictu aliquo novæ calamitatis, sed suspicione ac perturbatione judiciorum, infirmatione rerum judicatarum : novæ dominationes, extraordinaria, non imperia, sed regna, quæri putabantur.

IV. Quæ quum ego non solum suspicarer, sed plane cernerem (neque enim obscure gerebantur), dixi in senatu, in hoc magistratu me popularem consulem futurum. Quid enim est tam populare quam pax, qua non modo ii quibus natura sensum dedit, sed etiam tecta atque agri mihi lætari videntur? Quid tam populare quam libertas, quam non solum ab hominibus, verum etiam a

reste. Quoi de plus populaire que le repos ? On y trouve tant de charmes que vous, que vos ancêtres, que tous les hommes courageux croient devoir supporter les plus rudes fatigues pour jouir enfin dans le repos de la puissance et de la gloire. Aussi, combien ne devons-nous pas d'éloges et de reconnaissance à nos ancêtres, dont les travaux nous permettent de goûter le repos à l'abri de tout danger! Puis-je donc, Romains, n'être pas un consul populaire, quand je vois et la paix extérieure, et la liberté, attribut inséparable du nom, de la nation romaine, et le repos domestique, enfin tout ce que vous avez de plus cher et de plus précieux mis, pour ainsi dire, sous la garde et sous la protection de mon consulat ? Non, Romains, elles ne doivent point vous paraître agréables ni populaires, ces largesses publiquement annoncées, que l'on peut bien exalter avec emphase, mais qui ne sauraient s'effectuer sans épuiser le trésor public ; non, vous ne regarderez point comme des actes populaires le bouleversement des tribunaux, l'inexécution des jugements, le rétablissement des condamnés, derniers excès qui consomment la perte des États sur le penchant de leur ruine. S'il en est qui promettent des terres au peuple romain, et qui, ourdissant dans l'ombre des projets funestes, en cachent les trames sous des espérances perfides, ces hommes-là ne doivent point être regardés comme populaires.

bestiis expeti atque omnibus rebus anteponi videtis? Quid tam populare quam otium? quod ita jucundum est, ut et vos, et majores vestri, et fortissimus quisque vir, maximos labores suscipiendos putet, ut aliquando in otio possit esse, præsertim in imperio ac dignitate : qui idcirco etiam majoribus nostris præcipuam laudem gratiamque debemus, quod eorum labore est factum ut impune in otio esse possemus. Quare qui possum non esse popularis, quum videam hæc omnia, Quirites, pacem externam, libertatem propriam generis ac nominis vestri, otium domesticum, denique omnia quæ vobis cara atque ampla sunt, in fidem et quodam modo in patrocinium mei consulatus esse collata? Neque enim, Quirites, illud vobis jucundum aut populare debet videri, largitio aliqua promulgata, quæ verbis ostentari potest, re vera fieri, nisi exhausto ærario, nullo pacto potest ; neque vero illa popularia sunt existimanda, judiciorum perturbationes, rerum judicatarum infirmationes, restitutio damnatorum ; qui civitatum afflictarum, perditis jam rebus, extremi exitiorum solent esse exitus ; neque si qui agros populo Romano pollicentur, si aliud quiddam obscure moliuntur, aliud spe ac specie simulationis ostentant, populares existimandi sunt.

V. Je le dis franchement, Romains, je ne puis blâmer toute loi agraire en elle-même. Je me rappelle que deux de nos plus illustres citoyens, de nos plus brillants génies, Tibérius et Caïus Gracchus, ces vrais amis du peuple, l'ont établie sur des terres de la république dont quelques particuliers se trouvaient possesseurs. Non, je ne suis pas de ces consuls qui pensent que ce soit un crime de louer les Gracques dont les conseils, la sagesse, les lois, ont porté une réforme salutaire dans beaucoup de parties de l'administration.

Aussi, lorsque j'appris, dès les premiers jours que je fus désigné, que les tribuns désignés préparaient une loi agraire, je désirai connaître leurs intentions ; car je pensais que, puisque nous allions exercer des magistratures dans la même année, nous devions concerter nos efforts pour bien gouverner la république. Plus je me mêlais familièrement à leurs conférences, plus j'y mettais d'abandon, plus on se cachait, plus on m'éloignait. En vain je déclarai que, si la loi me paraissait utile au peuple, je l'appuierais et la défendrais ; ils dédaignèrent mes propositions obligeantes, et prétendirent qu'on ne pourrait jamais me faire approuver aucune largesse. Je retirai donc mes offres, dans la crainte que mon empressement ne parût insidieux ou indiscret. Cependant ils continuèrent de tenir à l'écart leurs

---

V. Nam vere dicam, Quirites, genus ipsum legis agrariæ vituperare non possum. Venit enim mihi in mentem, duos clarissimos, ingeniosissimos, amantissimos plebis Romanæ viros, Tib. et C. Gracchos, plebem in agris publicis constituisse, qui agri a privatis antea possidebantur. Non sum autem ego is consul, qui, ut plerique, nefas esse arbitrer Gracchos laudare, quorum consiliis, sapientia, legibus, multas esse video reipublicæ partes constitutas.

Itaque, ut initio mihi, designato consuli, nuntiabatur, legem agrariam tribunos plebis designatos conscribere, cupiebam quid cogitarent cognoscere. Etenim arbitrabar, quoniam eodem anno gerendi nobis essent magistratus, esse aliquam oportere inter nos reipublicæ bene administrandæ societatem. Quum familiariter me in eorum sermonem insinuarem ac darem, celabar, excludebar ; et, quum ostenderem, si lex utilis plebi Romanæ mihi videretur, auctorem me atque adjutorem futurum, tamen aspernabantur hanc liberalitatem meam ; negabant me adduci posse, ut ullam largitionem probarem. Finem feci offerendi mei, ne forte mea sedulitas, aut insidiosa, aut impudens videretur. Interea non desistebant clam inter se convenire, privatos quosdam adhibere, ad

assemblées secrètes, d'y admettre quelques particuliers, de chercher les ténèbres et la solitude pour couvrir leurs complots. Vous pouvez aisément juger par l'inquiétude où vous étiez alors, des alarmes que nous éprouvions nous-mêmes.

Enfin les tribuns entrèrent en exercice. On attendait surtout la harangue de Rullus qui, principal auteur de la loi agraire, se montrait aussi plus emporté que tous ses collègues. A peine avait-il été désigné, qu'on l'avait vu s'étudier à prendre un autre air, un autre son de voix, une autre démarche. Son habillement était plus délabré, son extérieur sauvage et négligé, sa barbe et ses cheveux plus longs, ses regards et sa figure semblaient annoncer un tribunat violent et menacer la république. J'attendais la loi et la harangue du terrible magistrat. D'abord il ne fut question d'aucune loi. Il convoqua avant tout une assemblée. On s'y rendit en foule, impatient de l'entendre. Il débita un discours très-long et en fort beaux termes. Je n'y trouvai qu'un défaut, c'est que, dans une si grande foule d'auditeurs, il n'y en eût pas un seul qui pût comprendre ce qu'il disait. Le fit-il pour mieux cacher sa pensée, ou bien ce genre d'éloquence a-t-il pour lui des charmes? Je l'ignore. Cependant les plus intelligents soupçonnèrent qu'il avait voulu parler d'une loi agraire. Enfin je n'étais encore que désigné, lorsque la loi fut proposée en assemblée du

---

suos cœtus occultos noctem adjungere et solitudinem. Quibus rebus quanto in metu fuerimus, ex vestra sollicitudine, in qua illis temporibus fuistis, facile assequi conjectura poteritis.

Ineunt tandem magistratus tribuni plebis. Concio tandem exspectata P. Rulli, quod et princeps erat agrariæ legis, et truculentius se gerebat quam cæteri. Jam designatus, alio vultu, alio vocis sono, alio incessu esse meditabatur; vestitu obsoletiore, corpore inculto et horrido, capillatior quam ante, barbaque majore, ut oculis et adspectu denuntiare omnibus vim tribunitiam et minitari reipublicæ videretur. Legem hominis concionemque exspectabam. Lex initio nulla proponitur. Concionem in primis advocari jubet. Summa cum exspectatione concurritur. Explicat orationem sane longam et verbis valde bonis. Unum erat quod mihi vitiosum videbatur, quod tanta ex frequentia inveniri nemo potuit qui intelligere posset quid diceret. Hoc ille utrum insidiarum causa fecerit, an hoc genere eloquentiæ delectetur, nescio. Tamen, si qui acutiores in concione steterant, de lege agraria nescio quid voluisse eum dicere, suspicabantur. Aliquando tandem, me designato, lex in publicum proponitur.

peuple. J'expédiai plusieurs copistes qui la transcrivirent en même temps et me l'apportèrent.

VI. Je puis vous certifier, Romains, que j'ai apporté à la lecture et à l'examen de cette loi le désir de la proposer et de la soutenir, si je trouvais qu'elle fût convenable et utile à vos intérêts. Car, s'il est arrivé que des consuls fermes et sages ont souvent résisté à des tribuns factieux et mal intentionnés, et que la puissance tribunitienne s'est quelquefois opposée à l'ambition consulaire, il n'en faut pas conclure que ce soit par suite d'une aversion naturelle, d'une rupture ouverte, ni d'une haine profonde que le consulat est, pour ainsi dire, en guerre avec le tribunat. Ce n'est point de l'incompatibilité de ces pouvoirs, mais de la mésintelligence des esprits que naît la désunion. Je pris donc en main cette loi avec le sincère désir de la trouver conforme à vos intérêts, et telle qu'un consul populaire, non en paroles, mais en réalité, pût se faire à la fois un honneur et un plaisir de l'appuyer. Mais, Romains, depuis le premier article jusqu'au dernier, je trouve que vos tribuns n'ont eu d'autre intention, d'autre projet, d'autre but, que de créer, sous prétexte de loi agraire, dix rois, maîtres absolus du trésor, de vos revenus, de toutes les provinces, de la république entière, des monarchies, des États libres, enfin de l'univers.

Concurrunt jussu meo plures uno tempore librarii; descriptam legem ad me afferunt.

VI. Omni hoc vobis ratione confirmare possum, Quirites, hoc animo me ad legendam legem cognoscendamque venisse, ut, si eam vobis accommodatam atque utilem esse intelligerem, auctor ejus atque adjutor essem. Non enim natura, neque dissidio, neque odio penitus insito, bellum nescio quod habet susceptum consulatus cum tribunatu, quia persæpe seditiosis atque improbis tribunis plebis boni et fortes consules obstiterunt, et quia vis tribunitia nonnunquam libidini restitit consulari. Non potestatum dissimilitudo, sed animorum disjunctio dissensionem facit. Itaque hoc animo legem sumpsi in manus, ut eam cuperem esse aptam vestris commodis, et ejusmodi quam consul, re, non oratione, popularis, et honeste, et libenter posset defendere. Atque ego a primo capite legis usque ad extremum reperio, Quirites, nihil aliud cogitatum, nihil aliud susceptum, nihil aliud actum, nisi ut decem reges, ærarii, vectigalium, provinciarum omnium, totius reipublicæ, regnorum, liberorum populorum, orbis denique terrarum, domini constituerentur, legis agrariæ simulatione atque nomine.

Je soutiens, Romains, que cette loi agraire, si admirable, si populaire, ne vous donne rien et livre tout à quelques ambitieux ; qu'elle fait espérer des terres au peuple romain et lui enlève sa liberté ; qu'elle enrichit des particuliers et ruine l'État ; qu'enfin, et c'est ce qu'il y a de plus indigne, un tribun du peuple, un magistrat créé par nos ancêtres pour être le surveillant et le gardien de la liberté, établit des rois dans la république.

Lorsque je vous aurai exposé tous ces faits, si vous les croyez faux, je me soumettrai à votre avis, et je changerai d'opinion. Mais si vous reconnaissez que, sous l'apparence d'une prétendue largesse, on cherche à détruire votre liberté, n'hésitez pas à défendre sans aucun effort de votre part, avec le secours de votre consul, cette liberté que vos ancêtres ont conquise au prix de tant de sueurs et de sang, et qu'ils vous ont transmise comme un dépôt sacré.

VII. Le premier article de la loi agraire est, dans les idées de ses partisans, un léger essai pour s'assurer jusqu'à quel point vous pourrez souffrir que l'on attente à votre liberté. Il permet au *tribun qui aura porté la loi de créer des décemvirs dans une assemblée de dix-sept tribus, en sorte qu'il suffise de neuf tribus pour être fait décemvir.* Ici je demande pour quelle raison Rullus, en proposant ses lois, débute par priver le peuple romain de son droit de suffrage. On a plusieurs fois établi, pour l'exécu-

---

Sic confirmo, Quirites, hac lege agraria, pulchra atque populari, dari vobis nihil, condonari certis hominibus omnia ; ostentari populo Romano agros, eripi etiam libertatem ; privatorum pecunias augeri, publicas exhauriri ; denique, quod est indignissimum, per tribunum plebis, quem majores præsidem libertatis custodemque esse voluerunt, reges in civitate constitui.

Quæ quum exposuero, si falsa vobis videbuntur esse, sequar auctoritatem vestram, mutabo meam sententiam. Sin insidias fieri libertati vestræ, simulatione largitionis, intelligetis, nolite dubitare, plurimo sudore et sanguine majorum vestrorum partam, vobisque traditam libertatem, nullo vestro labore, consule adjutore, defendere.

VII. Primum caput est legis agrariæ, quo, ut illi putant, tentamini leviter quo animo libertatis vestræ diminutionem ferre possitis. Jubet enim TRIBUNUM PLEBIS QUI EAM LEGEM TULERIT CREARE DECEMVIROS PER TRIBUS SEPTEMDECIM, UT, QUEM NOVEM TRIBUS FECERINT, IS DECEMVIR SIT. Hic quæro, quam ob causam initium rerum ac legum suarum hinc duxerit, ut populus Romanus suffragio pri-

tion des lois agraires, des triumvirs, des quinquévirs, des décemvirs. Je demande à ce tribun populaire si l'élection s'est faite autrement que par le suffrage des trente-cinq tribus. Car, s'il convient que les pouvoirs de tous les magistrats, de tous les généraux, de tous les commissaires, émanent de la volonté du peuple romain, ce principe devient encore plus sacré quand il s'agit d'un ministère qu'on institue pour l'avantage et les intérêts de ce même peuple. C'est bien alors que tous les citoyens doivent concourir au choix de celui dont ils espèrent le plus de services pour la patrie, et que chacun en particulier, par son zèle et par son suffrage, doit s'assurer la possession du bienfait qu'on lui propose. Et c'est un tribun du peuple qui a eu l'idée de frustrer le peuple entier du droit de suffrage, et de ne convoquer, pour user des droits de la liberté, qu'un petit nombre de tribus, non d'après les règles établies, mais au gré du sort, selon le caprice du hasard.

*L'élection se fera*, dit-il dans l'article suivant, *de la même manière que celle du grand pontife.* Il ne sait donc pas que nos ancêtres avaient tant de respect pour les décrets du peuple, que, si la religion ne permettait pas que ce fût lui qui nommât le grand pontife, ils voulurent cependant que, attendu l'importance du sacerdoce, les candidats lui adressassent leur supplique. L'illustre tribun Cn. Domitius a étendu cette même règle aux

---

varetur. Toties legibus agrariis curatores constituti sunt, triumviri, quinqueviri, decemviri : quæro a populari tribuno plebis, ecquando, nisi per xxxv tribus, creati sint. Etenim quum omnes potestates, imperia, curationes, ab universo populo Romano proficisci convenit, tum eas profecto maxime quæ constituuntur ad populi fructum aliquem et commodum ; in quo et universi deligant, quem populo Romano maxime consulturum putent, et unusquisque studio et suffragio suo viam sibi ad beneficium impetrandum munire possit. Hoc tribuno plebis potissimum venit in mentem, populum Romanum universum privare suffragiis ; paucas tribus, non certa conditione juris, sed sortis beneficio fortuito, ad usurpandam libertatem vocare.

ITEM, inquit, EODEM MODO, capite altero, UT COMITIIS PONTIFICIS MAXIMI. Ne hoc quidem vidit, majores nostros tam fuisse populares, ut, quod per populum creari fas non erat propter religionem sacrorum, in eo tamen, propter amplitudinem sacerdotii, voluerint populo supplicari. Atque hoc idem de cæteris sacerdotiis Cn. Domitius, tribunus plebis, vir clarissimus, tulit, quod populus,

autres fonctions sacerdotales; il a fait décréter que, le peuple ne pouvant, d'après nos institutions religieuses, conférer le sacerdoce, on convoquerait seulement la moindre partie du peuple, et que celui qu'elle aurait nommé serait agréé par le collége. Voyez quelle différence entre Cn. Domitius, tribun d'une illustre naissance, et P. Rullus, qui a voulu, ce me semble, mettre votre patience à l'épreuve en se disant noble. Domitius, pour une élection que notre culte interdisait au peuple, a su, autant qu'il le pouvait, autant qu'il était permis, autant qu'il était légitime, y faire intervenir la participation du peuple; et Rullus, sans égard pour un privilége que le peuple a toujours exercé, que personne ne lui a disputé, que personne n'a jamais attaqué, oubliant que tous ceux qui devaient assigner des terres au peuple ne pouvaient recevoir que du peuple la faveur de distribuer ses bienfaits, voudrait vous enlever, vous arracher cette attribution tout entière. L'un vous a, en quelque sorte, donné ce qui ne pouvait pas vous appartenir, et l'autre s'efforce de trouver un moyen pour vous ravir ce que rien ne pouvait vous ôter.

VIII. On me demandera ce qu'il se propose en vous outrageant avec tant d'impudence. S'il n'a pas respecté ses devoirs envers le peuple romain, s'il n'a compté pour rien vos droits et votre liberté, ce n'est pas sans dessein qu'il l'a fait; car il veut que les comices où l'on créera des décemvirs soient tenus par celui qui

per religionem, sacerdotia mandare non poterat, ut minor pars populi vocaretur : ab ea parte qui esset factus, is a collegio cooptaretur. Videte quid intersit inter Cn. Domitium, tribunum plebis, hominem nobilissimum, et P. Rullum, qui tentavit, ut opinor, patientiam vestram, quum se nobilem esse diceret. Domitius, quod per cæremonias populi fieri non poterat, ratione assecutus est, ut id, quoad posset, quoad fas esset, quoad liceret, populi ad partes daret; hic, quod populi proprium semper fuit, quod nemo imminuit nemo immutavit, quin ii qui populo agros essent assignaturi, ante acciperent a populo beneficium quam darent, id totum eripere vobis atque e manibus extorquere conatus est. Ille, quod dari populo nullo modo poterat, tamen quodammodo dedit; hic, quod adimi nullo pacto poterat potestate, quadam ratione eripere conatur.

VIII. Quæret quispiam, in tanta injuria tantaque impudentia quid spectarit. Non defuit consilium : fides erga plebem Romanam, æquitas in vos libertatemque vestram, vehementer defuit. Jubet enim comitia decemviris habere

a porté la loi. Parlons plus clairement : Rullus (et cet homme n'est, comme on sait, ni cupide ni ambitieux) veut que ce soit Rullus qui tienne les comices. Ce n'est pas là encore ce que je lui reproche : je sais que d'autres l'ont fait. Mais, ce que n'a fait personne, il n'appelle à l'élection que la moindre moitié du peuple ; et, en cela, voyez quel est son but. Il tiendra les comices ; il voudra nommer ceux à qui la loi donne une autorité despotique. Ni lui, ni les partisans de son projet, n'ont confiance dans le peuple entier. Les tribus seront tirées au sort par le même Rullus. Cet homme heureux fera sortir de l'urne les tribus qu'il voudra. Ceux qu'auront nommés décemvirs les neuf tribus choisies au gré de Rullus deviendront, comme je le prouverai tout à l'heure, nos maîtres absolus. Pour se montrer reconnaissants d'un tel bienfait, ils avoueront qu'ils doivent quelque chose aux plus notables citoyens de ces neuf tribus. Quant aux vingt-six autres, ils se croiront en droit de leur tout refuser. Mais enfin, qui veut-il qu'on crée décemvir? Lui avant tout. Quoi de moins légal? car il existe d'anciennes lois, et ces lois ne sont pas, si vous croyez cette distinction importante, lois consulaires, mais tribunitiennes, et qui vous furent, comme à vos ancêtres, toujours chères et précieuses : ce sont les lois Licinia et Ébutia. Toutes deux veulent que celui qui aura fait décréter quelque charge ou quelque emploi, non-seulement en soit exclu lui-même, mais qu'on

creandis eum qui legem tulerit. Hoc dicam planius : jubet Rullus, homo non cupidus, neque appetens, habere comitia Rullum. Nondum reprehendo; video fecisse alios. Illud quod nemo fecit, de minore parte populi, quo pertineat, videte. Habebit comitia; volet eos renuntiare quibus regia potestas hac lege quæritur. Universo populo neque ipse committit, neque illi horum consiliorum auctores committi recte putant posse. Sortietur tribus idem Rullus. Homo felix educet, quas volet, tribus. Quos novem tribus decemviros fecerint, ab eodem Rullo eductæ, hos omnium rerum (ut jam ostendam) dominos habebimus. Atque ii, ut grati ac memores beneficii esse videantur, aliquid se novem tribuum notis hominibus debere confitebuntur; reliquis vero sex et xx tribubus nihil erit quod non putent posse suo jure denegare. Quos tandem igitur decemviros creari vult ? Se primum. Qui licet ? leges enim sunt veteres neque eæ consulares, si quid interesse hoc arbitramini, sed tribunitiæ, vobis majoribusque vestris vehementer gratæ atque jucundæ. Licinia est lex atque altera Æbutia, quæ non modo eum qui tulerit de aliqua curatione ac potestate,

ne puisse les conférer à aucun de ses collègues, de ses parents et de ses alliés. Si vous avez en vue l'intérêt du peuple, écartez de vous tout soupçon d'intérêt personnel ; prouvez que vous ne cherchez que l'avantage et l'intérêt publics ; laissez à d'autres le pouvoir, et ne réservez pour vous que le mérite du bienfait. Ce que vous proposez est indigne d'un peuple libre, indigne de votre caractère et de votre générosité.

IX. Qui a proposé la loi? Rullus. Qui a privé du droit de suffrage la plus grande partie du peuple? Rullus. Qui a présidé les comices ? Rullus. Qui a convoqué les tribus qu'il voulait, après les avoir tirées au sort sans être surveillé? Rullus. Qui a proclamé les décemvirs qu'il a voulus? Rullus. Qui a-t-il proclamé le premier? Rullus. Certes, un pareil despotisme que toléreraient à peine ses esclaves, vous indignerait, vous, maîtres du monde. Les lois les plus sages seront donc, sans exception, abolies par cette loi. C'est lui qui, en vertu de sa loi, en sollicitera l'exécution ; lui qui tiendra les comices, après avoir dépouillé la plus grande partie du peuple du droit de suffrage; lui qui proclamera ceux qu'il voudra, et qui se nommera lui-même; et l'on peut croire qu'il ne refusera pas d'avoir pour collègues ceux qui ont coopéré à la loi et qui lui ont cédé l'honneur si envié d'y attacher son nom, en se réservant toutefois le droit de partager également

---

sed etiam collegas ejus, cognatos, affines excipit, ne eis ea potestas curatiove mandetur. Etenim, si populo consulis, remove te a suspicione alicujus tui commodi; fac fidem te nihil nisi populi utilitatem et fructum quærere; sine ad alios potestatem, ad te gratiam beneficii tui pervenire. Nam hoc quidem vix est liberi populi, vix vestrorum animorum ac magnificentiæ.

IX. Quis legem tulit ? Rullus. Quis majorem partem populi suffragiis privavit? Rullus. Quis comitiis præfuit? Rullus. Quis tribus, quas voluit, vocavit, nullo custode sortitus? Rullus. Quis decemviros, quos voluit, renuntiavit? Idem Rullus. Quem principem renuntiavit ? Rullum. Vix, mehercule, servis hoc eum suis, non vobis, omnium gentium dominis, probaturum arbitrarer. Optimæ leges igitur hac lege sine ulla exceptione tollentur. Idem sibi sua lege curationem petet; idem, majore parte populi suffragiis spoliata, comitia habebit; quos volet, atque in iis se ipsum renuntiabit; et videlicet collegas suos, adscriptores legis agrariæ non repudiabit; a quibus ei locus primus invidiæ in præscriptione legis concessus est : cæteri fructus omnium rerum, qui in

avec lui, sous leur garantie réciproque, les bénéfices qu'ils en espèrent.

Et admirez ici les habiles combinaisons de Rullus, si toutefois vous croyez qu'il ait pu mûrir un tel projet ou du moins l'imaginer. Les artisans de ce complot ont prévu que, si vous étiez libres d'élire parmi tous les citoyens, dès qu'il s'agirait d'une opération qui exigerait de la droiture, de l'intégrité, du courage et une grande considération, vous n'hésiteriez pas à nommer d'abord Cn. Pompée. En effet, l'homme que vous aviez choisi entre tous pour aller vaincre toutes les nations, et sur terre et sur mer, cet homme, soit que la fonction de décemvir fût un poste de confiance, soit qu'elle fût un titre d'honneur, devait leur paraître le seul à qui l'on pouvait se confier avec le plus de sûreté, et que l'on pouvait honorer avec le plus de justice. Aussi la loi n'exclut du décemvirat ni les jeunes gens, ni ceux qui ont quelque empêchement légal, ni ceux qui exercent une autre magistrature, ni ceux qui remplissent d'autres fonctions, ni ceux que retiennent d'autres affaires et d'autres missions ; elle n'exclut pas même les accusés. Elle exclut Cn. Pompée ; elle ne veut pas, sans parler des autres, qu'il puisse être décemvir avec P. Rullus. Rullus exige la présence du candidat, ce que jamais n'a exigé aucune loi, pas même pour nos magistratures annuelles. Il craignait sans doute que, si Pompée se trouvait à l'assemblée,

spe legis hujus positi sunt, communi cautione atque æqua sibi parte retinebuntur.

At videte hominis diligentiam, si aut Rullum cogitasse, aut si Rullo potuisse in mentem venire arbitramini. Viderunt ii qui hæc machinabantur, si vobis ex omni populo deligendi potestas esset data, quæcumque res esset, in qua fides, integritas, virtus, auctoritas quæreretur, vos eam sine dubitatione ad Cn. Pompeium principem delaturos. Etenim, quem unum ex cunctis delegissetis, ut eum omnibus omnium gentium bellis terra et mari præponeretis, certe in decemviris faciendis, sive fides haberetur, sive honos, et committi huic optime, et ornari hunc justissime posse intelligebant. Itaque excipitur hac lege, non adolescentia, non legitimum aliquod impedimentum, non potestas, non magistratus ullus, aliis negotiis ac legibus impeditus ; reus denique, quo minus decemvir fieri possit, non excipitur. Cn. Pompeius excipitur, ne cum P. Rullo, taceo de cæteris, decemvir fieri possit. Præsentem eum profiteri jubet, quod nulla alia in lege unquam fuit, ne in his quidem magistratibus quorum certus ordo est. Timebat enim, Pompeius si adesset, ne ferri

sa loi ne fût rejetée, ou que, si elle était adoptée, il ne lui fût donné par vous pour collègue, afin de surveiller et de réprimer son audace.

X. Puisque je vois, Romains, que le grand nom de ce héros et l'outrage que lui fait la loi ont ému vos cœurs, je répéterai ce que j'ai dit en commençant : on veut par cette loi établir la tyrannie, on veut anéantir votre liberté. Ne pensiez-vous pas qu'il en serait ainsi, lorsqu'un petit nombre d'hommes auraient jeté sur toutes vos possessions les regards de la convoitise? N'avez-vous pas prévu que la première chose dont ils s'occuperaient serait d'exclure Cn. Pompée de tout pouvoir qui lui permettrait de défendre votre liberté, et de toute fonction qui le mettrait à même de soutenir vos intérêts? Ils ont senti et ils sentent que si, faute d'attention de votre part et de vigilance de la mienne, vous adoptiez cette loi sans la connaître, apercevant bientôt le piége, après l'élection des décemvirs, vous croiriez devoir opposer l'ascendant de Cn. Pompée aux abus désastreux de cette loi criminelle. Et ne sera-ce pas pour vous une forte preuve que certains hommes aspirent au pouvoir absolu, lorsque vous voyez celui qu'ils regardent comme le défenseur de votre liberté, exclu de cette magistrature?

Apprenez maintenant jusqu'où s'étend l'autorité que l'on donne aux décemvirs. D'abord Rullus confirme leur élection par une loi

---

non posset; aut, ne, si accepta lex esset, illum sibi collegam adscriberetis custodem ac vindicem cupiditatum.

X. Hic, quoniam video vos hominis dignitate et contumelia legis esse commotos, renovabo illud quod initio dixi, regnum comparari, libertatem vestram hac lege funditus tolli. An vos aliter existimabatis, quum ad omnia vestra pauci homines cupiditatis oculos adjecissent? nou eos in primis id acturos, ut ex omni custodia vestræ libertatis, ex omni potestate, curatione, patrocinio vestrorum commodorum Cn. Pompeius depelleretur? Viderunt, et vident, si per imprudentiam vestram, negligentiam meam, legem incognitam acceperitis, fore uti postea, cognitis insidiis, quum decemviros creaveritis, tum vitiis omnibus et sceleribus legis Cn. Pompeii præsidium opponendum putetis. Et hoc parvum argumentum vobis erit, a certis hominibus dominationem potestatemque omnium rerum quæri, quum videatis, eum quem custodem vestræ libertatis fore videant, expertem fieri dignitatis?

Cognoscite nunc quæ potestas decemviris et quanta detur. Primum lege cu-

des curies. C'est une chose inouïe, et dont il n'y a point d'exemple, qu'un magistrat soit confirmé par une loi des curies sans qu'il ait été nommé dans aucuns comices. Il veut que le premier préteur propose la loi. A quelle fin? Pour investir de l'autorité les décemvirs désignés par le peuple. Il a donc oublié que le peuple n'en a point désigné. Voilà l'univers enchaîné par la nouvelle loi d'un homme qui ne se souvient pas, dans un troisième article, de ce qu'il a établi dans le second! Ne voyez-vous pas ici clairement les droits que vous avez reçus de vos ancêtres et ceux que vous laisse votre tribun?

XI. Vos ancêtres ont voulu que vous donnassiez deux fois vos suffrages pour l'élection de chaque magistrat. A cette époque, la loi des centuries était pour les censeurs, et celle des curies pour les autres magistratures patriciennes; mais il fallait que les nominations fussent confirmées par une seconde assemblée, de manière que le peuple pouvait reprendre son bienfait, s'il se repentait de l'avoir accordé. Aujourd'hui qu'il n'y a plus d'assemblées que par centuries et par tribus, vous n'avez conservé les comices des curies que pour examiner les auspices. Et voilà un tribun du peuple qui, voyant que nul ne peut exercer une magistrature sans l'agrément de toutes les classes du peuple, renvoie la confirmation de ses décemvirs aux comices par curies, que vous n'admettez plus, et qui supprime les comices par tribus, dont vous avez maintenu l'autorité. Ainsi, tandis que vos ancêtres ont

riata decemviros ornat. Jam hoc inauditum et plane novo more, uti curiata lege magistratus detur, qui nullis comitiis ante sit datus. Eam legem ab eo prætore qui sit primus factus ferri jubet. At quomodo? ut ii decemviratum habeant quos plebs designaverit. Oblitus est nullos a plebe designari. Et is orbem terrarum constringit novis legibus, qui, quid in secundo capite scriptum est, non meminit in tertio? Atque hic perspicuum est quid juris a majoribus acceperitis, quid ab hoc tribuno plebis vobis relinquatur.

XI. Majores de omnibus magistratibus bis vos sententiam ferre voluerunt. Nam quum centuriata lex censoribus ferebatur, quum curiata cæteris patriciis magistratibus; tum iterum de eisdem judicabatur, ut esset reprehendendi potestas, si populum beneficii sui pœniteret. Nunc quia prima illa comitia tenetis, centuriata et tributa; curiata tantum auspiciorum causa remanserunt. Hic autem tribunus plebis, quia videbat potestatem neminem injussu populi aut plebis posse habere, curiatis ea comitiis quæ vos non sinitis confirmavit, tributa quæ vestra erant sustulit. Ita, quum majores binis comitiis voluerint

voulu que la nomination de chaque magistrat vous fût soumise dans deux comices différents, cet ami du peuple n'a pas même laissé au peuple une seule assemblée des comices.

Mais remarquez la scrupuleuse exactitude de cet homme. Il a fort bien vu que, sans une loi des curies, les décemvirs ne pourraient entrer en exercice, puisqu'ils n'auraient été nommés que par neuf tribus. Il ordonne qu'une loi des curies sera portée à leur sujet, et il en donne l'ordre au préteur. Peu m'importe l'absurdité de cet ordre. Il ordonne *au préteur qui aura été nommé le premier, de porter la loi des curies, ou, s'il ne le peut, c'est l'affaire de celui qui aura été nommé le dernier.* Est-ce une plaisanterie ? la matière est pourtant assez grave. Quelle intention a-t-il pu avoir ? je l'ignore. Mais laissons cet article aussi ridicule qu'extravagant, et dont l'obscurité cache la malice. Revenons aux scrupules de cet homme. Il voit que les décemvirs ne peuvent exercer leur charge sans une loi des curies. Que fera-t-il donc, si cette loi n'est pas rendue ? Admirez son génie : *Dans ce cas*, dit-il, *les décemvirs auront les mêmes droits que les magistrats élus suivant toutes les formes.* S'il est possible que, dans l'État le plus libre de tous, quelqu'un puisse obtenir l'autorité civile ou militaire sans la tenir des comices, pourquoi ordonner, dans le troisième article, qu'une loi des curies soit portée, quand vous statuez, dans le quatrième, que, à défaut de cette loi, ils auront le pouvoir dont ils auraient

---

vos de singulis magistratibus judicare, hic homo popularis ne unam quidem populo comitiorum potestatem reliquit.

Sed videte hominis religionem et diligentiam. Vidit et perspexit, sine curiata lege, decemviros habere potestatem non posse, quoniam per novem tribus essent constituti. Jubet ferre de his legem curiatam : prætori imperat. Quam id ipsum absurde, nihil ad me attinet. Jubet enim, QUI PRIMUS SIT PRÆTOR FACTUS, EUM LEGEM CURIATAM FERRE; SIN IS FERRE NON POSSIT, QUI POSTREMUS SIT : ut aut lusisse in tantis rebus, aut profecto nescio quid spectasse videatur. Verum hoc quod est aut ita perversum, ut ridiculum, aut ita malitiosum, ut obscurum sit, relinquamus : ad religionem hominis revertamur. Videt, sine lege curiata, nihil agi per decemviros posse. Quid postea, si ea lata non erit ? Attendite ingenium. TUM II DECEMVIRI, inquit, EODEM JURE SINT, QUO QUI OPTIMA LEGE. Si hoc fieri potest, ut in hac civitate, quæ longe jure libertatis cæteris civitatibus antecellit, quisquam nullis comitiis imperium aut potestatem assequi possit ; quid attinet tertio capite legem curiatam ferre jubere, quoniam quarto permittas, ut sine lege curiata idem juris habeant, quod haberent, si

été revêtus, si le peuple les eût nommés suivant toutes les formes?
Ce sont des tyrans, et non des décemvirs, qu'on vous donne, Romains ; et tel est le vice radical de leur création, que, dès le moment où ils commenceront à gérer, avant même qu'ils entrent en exercice, c'en est fait de vos droits, de votre pouvoir et de votre liberté.

XII. Considérez maintenant avec quel soin il maintient les prérogatives du tribunat. Souvent on a vu les consuls, lorsqu'ils proposaient une loi aux curies, se trouver arrêtés par l'opposition des tribuns. Nous ne nous plaignons pas de ce privilége accordé aux tribuns; c'est l'abus seul que nous blâmons. Ici un tribun du peuple, en statuant que la loi des curies sera promulguée par le préteur, détruit le droit d'opposition. Si l'on doit trouver mauvais qu'un tribun du peuple donne atteinte à l'autorité tribunitienne, il doit paraître ridicule que, tandis qu'un consul ne saurait administrer aucune partie de la guerre sans une loi des curies, notre homme, qui, pour l'élection décemvirale, prohibe le droit d'opposition, veuille que, dans le cas où elle aura lieu, elle n'ait pas moins de force que si cette loi avait été portée. Je ne comprends pas pourquoi il défend d'intervenir, ou comment il pense qu'on interviendra, lorsque l'intervention ne serait qu'un acte de folie, et ne pourrait rien empêcher.

optima lege a populo essent creati ? Reges constituuntur, non decemviri, Quirites ; iique ab his initiis fundamentisque nascuntur, ut non modo quum gerere cœperint, sed etiam quum constituentur, omne vestrum jus, potestas, libertasque tollatur.

XII. At videte quam diligenter retineat jus tribunitiæ potestatis. Consulibus legem curiatam ferentibus, a tribunis plebis sæpe est intercessum. Neque tamen nos id querimur, esse hanc tribunorum plebis potestatem. Tantummodo, si quis ea potestate temere est usus, reprehendendum existimamus. Hic tribunus plebis legi curiatæ, quam prætor ferat, adimit intercedendi potestatem. Atque hoc quum in eo reprehendendum est, quod per tribunum plebis tribunitia potestas minuitur, tum in eo deridendum quod consuli, si legem curiatam non habet, attingere rem militarem non licet ; huic (cui vetat, intercedendi) potestatem, etiamsi intercessum sit, tamen eamdem constituit, quam si lata esset lex ; ut non intelligam, quare aut hic vetet intercedere, aut quemquam intercessurum putet, quum intercessio stultitiam intercessoris significatura sit, non rem impeditura.

Nous voilà donc avec des décemvirs que n'auront élus ni les véritables comices, c'est-à-dire les suffrages du peuple, ni ceux qui, pour la forme, et pour ne pas laisser perdre un ancien usage, sont figurés par les trente licteurs, afin de prendre les auspices. Voyez maintenant combien des hommes qui n'auront reçu de vous aucun pouvoir, vont, grâce à Rullus, réunir des distinctions plus éclatantes que tous les magistrats à qui vous avez conféré les plus hautes dignités. Il ordonne, sous prétexte de prendre les auspices dans l'établissement des colonies, que les décemvirs emmèneront avec eux des pullaires. *Ils jouiront*, dit-il, *du même droit qui fut accordé aux triumvirs institués par la loi Sempronia*. Vous osez, Rullus, parler de la loi Sempronia! Cette loi ne vous rappelle donc pas que les triumvirs furent créés par les suffrages des trente-cinq tribus? Et d'ailleurs, éloigné autant que vous l'êtes d'avoir les sentiments d'honneur et d'équité qui distinguaient Tib. Gracchus, pensez-vous que des lois faites dans un esprit si différent doivent avoir la même autorité?

XIII. Que dis-je? le pouvoir qu'il attribue aux décemvirs est, en apparence, celui des préteurs ; mais, en réalité, celui des rois. Il en borne la durée à cinq ans, mais il le rend perpétuel. Il le munit de tant de priviléges et de tant de force, qu'il sera impossible de le leur arracher malgré eux. De plus, il leur forme un cortége d'appariteurs, de greffiers, de secrétaires, d'huissiers,

---

Sint igitur decemviri, neque veris comitiis, hoc est populi suffragiis, neque illis ad speciem, atque ad usurpationem vetustatis, per xxx lictores, auspiciorum causa, adumbratis, constituti. Videte nunc eos, qui a vobis nihil potestatis acceperint, quanto majoribus ornamentis afficiat quam omnes nos affecti sumus, quibus vos amplissimas potestates dedistis. Jubet ad auspicia, coloniarum deducendarum causa, decemviros habere pullarios. Eodem jure, inquit, quo habuerunt tresviri lege Sempronia. Audes etiam, Rulle, mentionem facere legis Semproniæ? nec te ea lex ipsa commonet, tresviros illos xxxv tribuum suffragio esse creatos? Et, quum tu a Tib. Gracchi æquitate ac pudore longissime remotus sis, id quod dissimillima ratione factum sit, eodem jure putas esse oportere?

XIII. Dat præterea potestatem, verbo prætoriam, re vera regiam ; definit in quinquennium, facit sempiternam. Tantis enim confirmat opibus et copiis, ut invitis eripi nullo modo possit. Deinde ornat apparitoribus, scribis, librariis,

d'architectes ; il leur fournit en outre des mulets, des chevaux, des tentes, des ameublements ; il puise, pour leurs dépenses, dans le trésor public, et met les alliés à contribution ; il leur accorde tous les ans deux cents chevaliers, gardiens de leur porte et de leur personne, satellites et ministres de leur puissance. Ce sont bien là, Romains, les dehors de la tyrannie ; vous en voyez tout l'appareil ; mais la réalité, où est-elle donc ? On me dira peut-être : Quel mal me font ces greffiers, ces licteurs, ces huissiers, ces pullaires? Telles sont, Romains, toutes ces distinctions, que celui qui se les arroge sans les tenir de vos suffrages, s'annonce comme un despote insupportable ou comme un particulier en démence.

Examinez quel immense pouvoir leur est attribué, et vous reconnaîtrez, non la folle prétention d'un particulier, mais les excès d'un tyran. D'abord on leur permet de tirer autant d'argent qu'ils voudront de vos domaines, non en les faisant valoir, mais en les aliénant ; ensuite on les établit juges souverains de toutes les nations de l'univers : ils prononceront sans délibération, condamneront sans appel, puniront sans recours. Pendant cinq ans, les consuls et même les tribuns seront leurs justiciables, et ils ne le seront de personne. Ils exerceront souverainement la justice, et ils n'y seront point soumis. Ils pourront acheter les terres qu'ils voudront, de qui ils voudront, au prix qu'ils vou-

---

præconibus, architectis ; præterea mulis, tabernaculis (centuriis), supellectili ; sumptum haurit ex ærario, suppeditat a sociis ; janitores ex equestri loco, ducentos in annos singulos, stipatores corporis constituit ; eosdem ministros et satellites potestatis. Formam adhuc habetis, Quirites, et speciem ipsam tyrannorum ; insignia videtis potestatis, nondum ipsam potestatem. Dixerit enim fortasse quispiam : Quid me ista lædunt, scriba, lictor, præco, pullarius? Omnia sunt hæc hujusmodi, Quirites, ut ea qui habeat sine vestris suffragiis, aut rex non ferendus, aut privatus furiosus esse videatur.

Perspicite quanta potestas permittatur : non privatorum insaniam, sed intolerantiam regum esse dicetis. Primum permittitur infinita potestas innumerabilis pecuniæ conficiendæ de vestris vectigalibus, non fruendis, sed alienandis ; deinde orbis terrarum gentiùmque omnium datur cognitio sine consilio, pœna sine provocatione, animadversio sine auxilio. Judicare per quinquennium, vel de consulibus, vel de ipsis tribunis plebis poterunt. De illis interea nemo judicabit. Magistratus his gerere licebit ; causam dicere non licebit. Emere agros a quibus volent, vel quos volent, quam volent magno, poterunt.

dront. On leur permet d'établir de nouvelles colonies, de renouveler les anciennes, d'en remplir toute l'Italie. Ils ont le droit de parcourir toutes les provinces, de confisquer les terres des peuples libres, de disposer à leur gré des royaumes. Ils peuvent rester à Rome, si cela leur convient, se transporter partout où il leur plaira, avec une autorité souveraine et une juridiction universelle. Rien n'empêche qu'ils ne cassent les arrêts des tribunaux, qu'ils n'excluent les juges qui leur déplairont, que chacun d'eux ne prononce seul sur les affaires les plus importantes, ne délègue le même pouvoir à un questeur, n'envoie un arpenteur, et ne prenne une décision définitive sur le rapport fait par cet agent à celui même qui l'aura désigné.

XIV. L'expression me manque, Romains, quand j'appelle ce pouvoir monarchique ; il est, certes, bien plus absolu. Il n'y a jamais eu de monarchie qui ne fût limitée, sinon par la loi, du moins par l'étendue de son territoire. Ici nous ne trouvons point de bornes, puisque la loi de Rullus embrasse tous les royaumes, votre empire qui est si vaste, les contrées qui ne sont pas vos tributaires et même celles qui vous sont inconnues.

D'abord on leur permet de vendre tous les objets dont la vente avait été autorisée par des sénatus-consultes depuis le consulat de M. Tullius et de Cn. Cornelius. Pourquoi s'exprimer d'une ma-

---

Colonias deducere novas, renovare veteres, totam Italiam suis coloniis ut complere liceat, permittitur. Omnes provincias obeundi, liberos populos agris mulctandi, regnorum vel dandorum (vel adimendorum) summa potestas datur, quum velint. Romæ esse, quum commodum sit ; quacumque velint summo cum imperio judicioque omnium rerum vagari ut liceat, conceditur. Interea dissolvant judicia publica ; de consiliis abducant quos velint ; singuli de maximis rebus judicent ; quæstori permittant ; finitorem mittant ; ratum sit quod finitor uni illi a quo missus erit renuntiaverit.

XIV. Verbum mihi deest, Quirites, quum ego hanc potestatem, regiam appello ; sed profecto major est quædam. Nullum enim regnum fuit unquam, quod non, si minus jure aliquo, at regionibus tamen certis, contineretur. Hoc vero infinitum est; quo et regna omnia, et vestrum imperium, quod latissime patet, et ea quæ partim libera a vobis, partim etiam ignorata vobis sunt, permissu legis contineantur.

Datur igitur eis primum, ut liceat eis vendere omnia de quibus vendendis senatusconsulta facta sunt, M. Tullio, Cn. Cornelio consulibus: Cur hoc tam

nière si vague et si obscure? Tous ces objets sur lesquels le sénat a prononcé ne pouvaient-ils pas être spécifiés dans la loi? L'obscurité qu'on affecte, Romains, a deux motifs : d'abord la pudeur, si toutefois il peut y avoir quelque pudeur dans une entreprise aussi impudente ; ensuite une intention criminelle. Car Rullus n'ose pas désigner les objets dont le sénat a spécifié la vente : ce sont les places publiques de Rome, ce sont des lieux sacrés auxquels personne n'a touché depuis le rétablissement de la puissance tribunitienne, et que nos ancêtres ont conservés au sein de leur cité pour servir d'asiles dans les dangers.

Voilà ce que, en vertu d'une loi tribunitienne, vendront les décemvirs. Ils aliéneront en outre le mont Gaurus ; ils aliéneront les marais de Minturnes. Ajoutez-y la voie d'Herculanum, qui vaut bien sans doute la peine d'être vendue pour ses campagnes délicieuses autant que productives, et beaucoup d'autres lieux dont le sénat autorisa la vente à cause de l'épuisement du trésor, mais que les consuls ne vendirent pas, de peur d'encourir la haine publique. Peut-être est-ce par un motif de pudeur qu'on n'a point parlé dans la loi de ces différents domaines. Mais, ce qu'il y a le plus à éviter et le plus à craindre, c'est qu'on laisse à l'audace des décemvirs toute liberté d'altérer les registres publics, et de supposer des sénatus-consultes qui n'ont jamais existé, supposition d'autant plus facile, qu'un grand nombre de ceux qui ont

est obscurum atque cæcum? Quid ? ista omnia, de quibus senatus censuit, nominatim in lege perscribi nonne potuerunt ? Duæ sunt hujus obscuritatis causæ, Quirites : una pudoris, si quis pudor esse potest in tam insigni impudentia ; altera sceleris. Nam neque ea, quæ senatus nominatim vendenda censuit, audet appellare ; sunt enim loca publica urbis, sunt sacella, quæ post restitutam tribunitiam potestatem nemo attigit, quæ majores in urbe partim periculi perfugia esse voluerunt.

Hæc lege tribunitia decemviri vendent. Accedet eo mons Gaurus ; accedent salicta ad Minturnas ; adjungetur etiam illa via vendibilis Herculanea, multarum deliciarum et magnæ pecuniæ, permultaque alia, quæ senatus propter angustias ærarii vendenda censuit, consules propter invidiam non vendiderunt. Verum hæc fortasse propter pudorem in lege reticentur. Sed illud magis est cavendum et pertimescendum, quod audaciæ decemvirali, corrumpendarum tabularum publicarum, fingendorumque senatusconsultorum, quæ facta nunquam sunt, quum ex eo numero, qui per eos annos consules fuerunt,

été consuls durant cet intervalle n'existent plus ; à moins peut-être qu'il ne soit injuste de suspecter l'impudence de ces hommes dont la cupidité se trouve à l'étroit dans l'univers entier.

XV. Voilà une espèce de vente qui, selon moi, doit vous paraître assez importante. Mais faites attention à celles qui suivront, vous reconnaîtrez que ce n'est là encore qu'un premier degré, qu'une première route pour arriver à d'autres résultats. Remarquez ces mots : *Les champs, les places, les bâtiments.* Qu'y a-t-il encore? une foule de possessions différentes : esclaves, bétail, or, argenterie, ivoire, tapis, meubles, et combien d'autres objets! Rullus aurait-il craint de se rendre odieux, s'il eût tout spécifié? Non, ce n'est pas cette crainte qui l'a tourmenté. Quelle était donc son idée? Il n'a pas voulu être long, ni oublier quelque article. En conséquence il a ajouté : *ou tout autre objet*; c'est dire brièvement, comme vous le voyez, que rien n'est excepté. Ainsi tout ce qui est devenu votre domaine hors de l'Italie, pendant et depuis le consulat de L. Sylla et de Q. Pompée, il autorise les décemvirs à le vendre.

Romains, je dis que, par cet article, tous les peuples, toutes les nations, toutes les provinces, tous les royaumes, sont soumis et abandonnés à la juridiction, aux décisions, au pouvoir des décemvirs. Et d'abord je demande quel est le lieu de la terre dont les décemvirs ne pourront pas dire qu'il est devenu votre

---

multi mortui sint, magna potestas permittitur. Nisi forte nihil est æquum, vos de eorum audacia suspicari, quorum cupiditati nimium angustus orbis terrarum esse videatur.

XV. Habetis unum venditionis genus quod magnum videri vobis intelligo. Sed attendite animos ad ea quæ consequuntur : hunc quasi gradum quemdam atque aditum ad cætera factum intelligetis. QUI AGRI, QUÆ LOCA, QUÆ ÆDIFICIA. Quid est præterea ? multa in mancipiis, in pecore, auro, argento, ebore, veste, supellectili, cæteris rebus. Quid dicam ? invidiosum putasset hoc fore, si omnia nominasset? non metuit invidiam. Quid ergo ? longum putavit, et timuit ne quid prætereret : adscripsit ALIUDVE QUID. Qua brevitate rem nullam esse exceptam videtis. Quidquid ergo sit extra Italiam quod publicum populi Romani factum sit, L. Sulla, Q. Pompeio consulibus, aut postea, id decemviros jubet vendere.

Hoc capite, Quirites, omnes gentes, nationes, provincias, regna decemvirum ditioni, judicio, potestatique permissa et condonata esse dico. Primum enim hoc quæro, qui tandem locus usquam sit, quem non possint decemviri dicere

domaine ? et de quel lieu ne le diront-ils pas, quand ils en seront eux-mêmes les juges ? Ils auront intérêt à dire que Pergame, Smyrne, Tralles, Éphèse, Milet, Cyzique, qu'enfin toute la partie de l'Asie reconquise depuis le consulat de L. Sylla et de Q. Pompée appartient en toute propriété au peuple romain. Si la chose est contestée, manqueront-ils de preuves ? Maîtres de prononcer sur ce qu'ils discuteront, ne seraient-ils pas portés à prononcer contre la justice ? ou enfin, s'ils veulent condamner toute l'Asie, ne mettront-ils pas au prix qu'ils voudront la crainte et les menaces d'une condamnation ? Que dis-je ? est-il permis de discuter encore, quand vous avez jugé et décidé par vous-mêmes, quand vous vous êtes déclarés héritiers du royaume de Bithynie, devenu ainsi sans retour votre propriété ? Comment empêcher les décemvirs de vendre toutes les terres, les villes, les stations navales, les ports, enfin la Bithynie entière ?

XVI. Et Mitylène, qui est, certes, bien à vous, Romains, par les lois de la guerre et le droit de la victoire, cette ville que la nature, sa position, la régularité et la magnificence de ses édifices rendent justement célèbre, est, avec ses campagnes si agréables et si fertiles, comprise dans le même article de la loi. Et Alexandrie, et l'Égypte tout entière, avec quelle finesse on a su les y cacher et les y envelopper ! comme on les livre furtivement aux

publicum populi Romani esse factum. Nam, quum idem possit judicare, qui dixerit ; quid est quod non liceat ei dicere, cui liceat eidem judicare ? Commodum erit Pergamum, Smyrnam, Tralles, Ephesum, Miletum, Cyzicum, totam denique Asiam, quæ post L. Sullam, Q. Pompeium consules, recuperata sit, populi Romani factam esse dicere. Utrum oratio ad ejus rei disceptationem deerit ; an, quum idem et disseret, et judicabit, impelli non poterit, ut falsum judicet ? an, si condemnare Asiam volet, terrorem damnationis et minas non, quanti volet, æstimabit ? Quid (quod disputari contra nullo pacto potest, quoniam statutum a vobis est et judicatum), quam hæreditatem jam crevimus, regnum Bithyniæ ? quod certe publicum est populi Romani factum. Numquid causæ est quin omnes agros, urbes, stativa, portus, totam denique Bithyniam decemviri vendituri sint ?

XVI. Quid Mitylenæ ? quæ certe vestræ, Quirites, belli lege ac victoriæ jure factæ sunt : urbs et natura, et situ, et descriptione ædificiorum et pulchritudine, in primis nobilis, agri jucundi et fertiles, nempe eodem capite inclusi continentur. Quid Alexandria, cunctaque Ægyptus ? ut occulte latet ! ut recondita est ! ut furtim totum decemviris traditur ! Quis enim vestrum hoc ignorat,

décemvirs! Qui de vous ignore ce qui se dit? que, en vertu d'un testament du roi Ptolémée Alexandre, ce royaume est devenu le domaine du peuple romain? Quoique je sois votre consul, loin de prononcer sur ce fait, je ne dis pas même ce que j'en pense. La chose me paraît aussi importante à décider que difficile à discuter. Je vois des personnes qui assurent que le testament existe; je sais que, par un décret du sénat, il a été fait acte d'héritage, lorsque, après la mort de Ptolémée Alexandre, nous avons envoyé des députés à Tyr pour recevoir les sommes que ce prince y avait déposées comme nous appartenant. Je me souviens d'avoir plus d'une fois entendu L. Philippus soutenir cet avis dans le sénat; et presque tout le monde convient que celui qui occupe aujourd'hui ce trône n'a ni la naissance ni l'âme d'un roi. D'un autre côté, on dit qu'il n'y a point eu de testament, que le peuple romain ne doit pas se montrer si avide d'envahir tous les royaumes; qu'il est à craindre que nos citoyens n'aillent s'établir dans ce pays, attirés par la fertilité du sol et par les richesses dont il abonde.

Le jugement de cette grande affaire est-il réservé à Rullus et à ses collègues? et sa décision sera-t-elle juste? L'un ou l'autre avis est d'une haute importance, et Rullus ne peut ni ne doit décider. S'il veut faire sa cour au peuple, il lui adjugera le royaume. Ainsi, en vertu de sa loi, il vendra Alexandrie, il vendra

---

dici, illud regnum testamento regis Alexandri populi Romani esse factum? Hic ego consul populi Romani non modo nihil judico, sed ne, quid sentiam, quidem profero. Magna enim mihi res non modo ad statuendum, sed etiam ad dicendum videtur esse. Video, qui testamentum factum esse confirmet; auctoritatem senatus exstare hæreditatis aditæ sentio, tum, quando, Alexandro mortuo, legatos Tyrum misimus, qui ab illo pecuniam depositam nobis recuperarent. Hæc L. Philippum sæpe in senatu confirmasse memoria teneo; cum qui regnum illud teneat hoc tempore, neque genere, neque animo regio esse, inter omnes fere video convenire. Dicitur contra, nullum esse testamentum; non oportere populum Romanum omnium regnorum appetentem videri; demigraturos in illa loca nostros homines propter agrorum bonitatem et omnium rerum copiam.

Hac tanta de re P. Rullus cum cæteris decemviris, collegis suis, judicabit? et verum judicabit? nam utrumque ita magnum est, ut nullo modo neque concedendum, neque ferendum sit. Volet esse popularis: populo Romano ad-

l'Égypte; et, après avoir été juge, arbitre, maître de la plus riche des cités, du territoire le plus fertile, il se trouvera enfin souverain de la plus florissante monarchie. Mais non, il n'aura point cette ambition ; il ne sera pas si avide. Il décidera qu'Alexandrie appartient au prince, et non au peuple romain.

XVII. D'abord, dix commissaires prononceront-ils sur un héritage du peuple romain, lorsque vous en avez établi cent pour l'héritage des particuliers? Ensuite qui plaidera la cause du peuple romain ? en quel lieu sera-t-elle plaidée? quels seront les décemvirs pour qu'on soit sûr qu'ils adjugeront gratuitement le royaume d'Alexandrie à Ptolémée? Si l'on veut se mettre en possession de ce royaume, pourquoi ne pas suivre la route ouverte sous le consulat de L. Cotta et de L. Torquatus ? pourquoi ne pas agir franchement, comme par le passé? pourquoi ne pas entrer ouvertement dans le pays, un décret à la main? Comment, en voyant réduits à l'inaction ceux qui avaient en vain tenté de s'approprier ce royaume par les voies directes, nos décemvirs se sont-ils flattés de pénétrer dans Alexandrie par des sentiers obscurs et tortueux ?

Faites-y bien attention, Romains : les nations étrangères ont peine à souffrir ceux de nos citoyens qui, sans jouir d'une grande autorité, voyagent avec des lieutenances libres pour leurs propres affaires. Le titre seul du commandement est odieux, et

judicabit. Ergo idem ex sua lege vendet Alexandriam, vendet Ægyptum ; urbis copiosissimæ, pulcherrimorumque agrorum judex, arbiter, dominus, rex denique opulentissimi regni reperietur. Non sumet sibi tantum, non appetet : judicabit Alexandriam regis esse, a populo Romano abjudicabit.

XVII. Primum populi Romani hæreditatem decemviri judicent, quum vos volueritis de privatis hæreditatibus centumviros judicare ? deinde quis aget causam populi Romani ? ubi res ista agetur ? qui sunt isti decemviri, quos perspiciamus regnum Alexandriæ Ptolemæo gratis adjudicaturos? Quod si Alexandria petebatur, cur non eosdem cursus hoc tempore, quos, L. Cotta, L. Torquato consulibus, cucurrerunt ? cur non aperte, ut antea ? cur non item, ut quum decreto et palam regionem illam petierunt ? an, quietis iis qui per cursum rectum regnum tenere non potuerunt, nunc tetris tenebris et caligine se Alexandriam perventuros arbitrati sunt?

Atque illud circumspicite vestris mentibus [unaque]. Legatos nostros, homines auctoritate tenui, qui rerum privatarum causa legationes liberas obeunt, tamen exteræ nationes ferre vix possunt. Grave est enim nomen imperii, atque

quelque insignifiant que soit leur caractère public, on les redoute, parce que, une fois éloignés de vos yeux, si ce n'est pas de leur nom, c'est du vôtre qu'ils abusent. Que sera-ce donc, à votre avis, lorsque ces décemvirs parcourront l'univers avec un pouvoir absolu, avec des faisceaux, avec cette jeune élite d'arpenteurs ? Quelle douleur, quelle crainte, quel effroi parmi les malheureuses nations ? Un tel pouvoir sera effrayant : elles le souffriront. Une réception occasionne des dépenses : elles les supporteront. On exigera quelques présents : elles ne les refuseront pas. Mais, lorsqu'un décemvir, attendu dans une ville comme un hôte, ou paraissant tout à coup en maître, annoncera que ce lieu où il sera venu, que cette demeure hospitalière où il aura été reçu, est la propriété du peuple romain, quel désastre pour les habitants, s'il use de son droit ! quel énorme gain pour lui, s'il ne le fait pas valoir ! Ce sont pourtant les fauteurs de ces iniquités que l'on entend quelquefois se plaindre que toutes les terres et toutes les mers sont à la disposition de Cn. Pompée ! Est-ce donc la même chose de confier beaucoup d'attributions, ou de les abandonner toutes ? d'être mis à la tête des travaux et des affaires, ou de présider aux rapines et aux bénéfices ? d'être envoyé pour délivrer nos alliés, ou pour les opprimer ? Enfin, lorsqu'il s'agit d'un honneur extraordinaire, est-il indifférent que le peuple romain le défère à son gré, ou que, par une

id etiam in levi persona pertimescitur, propterea quod vestro, non suo nomine, quum hinc egressi sunt, abutuntur. Quid censetis, quum isti decemviri cum imperio, cum fascibus, cum illa delecta finitorum juventute per orbem terrarum vagabuntur ? quo tandem animo, quo metu, quo periculo, miseras nationes futuras ? Est in imperio terror; patientur. Est in adventu sumptus; ferent. Imperabitur aliquid muneris; non recusabunt. Illud vero quantum est, Quirites, quum is decemvir, qui aliquam in urbem aut exspectatus, ut hospes, aut repente, ut dominus, venerit, illum ipsum locum quo venerit, illam ipsam sedem hospitalem in quam erit deductus, publicam populi Romani esse dicet ? quanta calamitas populi, si dixerit ? quantus ipsi quæstus, si negarit ? Atque iidem qui hæc appetunt queri nonnunquam solent omnes terras Cn. Pompeio atque omnia maria esse permissa. Simile vero est, multa committi et condonari omnia ; labori et negotio præponi, an prædæ et quæstui ; mitti ad socios liberandos, an ad opprimendos ? denique, si quis est honos singularis, nihilne interest, utrum populus Romanus eum, cui velit, de-

loi frauduleuse, on le dérobe impudemment au peuple romain ?

XVIII. Vous voyez combien d'immenses propriétés seront vendues par les décemvirs en vertu de leur loi. Ce n'est pas assez. Lorsqu'ils se seront abreuvés du sang des alliés, des peuples étrangers et des rois, ils détruiront le nerf de notre république, mettront la main sur vos revenus, envahiront le trésor. En effet, je trouve ensuite un article qui non-seulement permet (dans le cas où il n'y aurait pas assez d'argent, ce qui n'est pas présumable, après toutes les sommes que devront produire les articles précédents), mais qui ordonne aux décemvirs et les contraint, comme s'il s'agissait de votre salut, de vendre vos domaines ci-après désignés. Lisez-moi l'état des biens du peuple romain mis en vente, article par article, ainsi qu'ils sont portés dans le texte de la loi. Cette lecture, j'en suis persuadé, sera pénible et affligeante pour le crieur lui-même : *Biens à vendre.*

Notre dissipateur se montre aussi prodigue des propriétés de la république qu'il l'a été de son patrimoine. Il vend les bois avant les vignes. Vous avez parcouru l'Italie ; passez en Sicile. *Biens à vendre en Sicile.*

Cette province n'aura rien de ce que nous ont laissé nos ancêtres, soit dans les villes, soit dans les campagnes, que Rullus n'ordonne de vendre. Ces biens, acquis par une victoire récente,

---

ferat, an is impudenter populo Romano per legis fraudem surripiatur?

XVIII. Intellexistis quot res et quantas decemviri, legis permissu, vendituri sint. Non est satis. Quum sese sociorum, quum exterarum nationum, quum regum sanguine implerint, incidant nervos populi Romani, adhibeant manus vectigalibus vestris, irrumpant in ærarium. Sequitur enim caput, quo capite non permittit quidem, si forte desit pecunia, quæ tanta ex superioribus recipi potest, ut deesse non debeat ; sed plane, quasi ea res vobis saluti futura sit, ita cogit atque imperat, ut decemviri vestra vectigalia vendant nominatim. Quam tu mihi ex ordine recita de legis scripto populi Romani auctionem ; quam mehercule ego præconi huic ipsi luctuosam et acerbam prædicationem futuram puto. Auctio.

Ut in suis rebus, ita in republica luxuriosus est nepos, qui prius silvas vendat quam vineas. Italiam percensuisti ; perge in Siciliam. Auctionis pars ea quæ ad Siciliam pertinet.

Nihil est in hac provincia, quod aut in oppidis, aut in agris majores nostri proprium nobis reliquerint, quin id venire jubeat. Quod partum recenti vic-

ces biens que vos pères vous ont transmis, comme des gages de la paix et des monuments de nos triomphes, dans les villes et sur les frontières de nos alliés, les aliénerez-vous d'après l'autorité de Rullus ?

Je m'aperçois, Romains, que j'ai fait sur vos esprits quelque impression, en vous dévoilant les piéges qu'on se flattait d'avoir tendus dans l'ombre à l'honneur de Cn. Pompée. Pardonnez-moi, si le nom de ce grand homme revient souvent dans mon discours. Vous-mêmes, il y a deux ans, lorsque j'étais préteur et que je vous parlais à cette tribune, vous m'imposâtes l'obligation d'empêcher avec vous qu'on ne portât, en son absence, aucune atteinte à sa gloire. J'ai fait tout ce que j'ai pu, sans y être engagé par une amitié intime, ni par l'espérance de parvenir à cette magistrature suprême, qu'il pouvait désirer pour moi, mais que j'ai obtenue de votre seule bienveillance, puisqu'il était absent. Comme je vois donc que toute cette loi n'est qu'une machine dressée contre la puissance de cet illustre citoyen, je déconcerterai les desseins de ses ennemis, et, certes, il ne tiendra pas à moi que vous ne puissiez, non-seulement avoir sous vos yeux, mais tenir dans vos mains la trame des complots qu'ils préparent.

XIX. Rullus veut que l'on vende tout ce qui appartenait aux villes d'Attalie, de Phasélis et d'Olympe, comme aussi le territoire

---

toria majores vobis in sociorum urbibus ac finibus, et vinculum pacis, et monumentum belli reliquerunt, id vos ab illis acceptum, hoc auctore, vendetis ?

Illic mihi parumper mentes vestras, Quirites, commovere videor, dum patefacio vobis quas isti penitus abstrusas insidias se posuisse arbitrentur contra Cn. Pompeii dignitatem; et mihi, quæso, ignoscite, si appello talem virum sæpius. Vos mihi prætori, biennio ante, Quirites, hoc eodem in loco, personam hanc imposuistis, ut quibuscumque rebus possem, illius absentis dignitatem vobiscum una tuerer. Feci adhuc quæ potui, neque familiaritate illius adductus, nec spe honoris atque amplissimæ dignitatis, quam ego, etsi libente illo, tamen absente illo, per vos consecutus sum. Quamobrem quum intelligam, hanc totam fere legem ad illius opes evertendas, tanquam machinam, comparari, et resistam consiliis hominum, et perficiam profecto, quod ego video comparari, ut id vos universi non solum videre, verum etiam tenere possitis.

XIX. Jubet venire quæ Attalensium, quæ Phaselitum, quæ Olympenorum

d'Agère, d'Orinde et de Géduse. Ces propriétés sont dêvenues les vôtres sous le commandement et par les victoires de l'illustre P. Servilius. Il y joint le domaine des rois de Bithynie, dont les fermiers généraux ont aujourd'hui la jouissance ; ensuite les possessions d'Attale dans la Chersonèse, et celles qui appartenaient en Macédoine à Philippe ou à Persée, que les censeurs ont également affermées, et l'un de vos plus sûrs revenus. Dans la vente se trouvent encore la riche et fertile plaine de Corinthe et celle de Cyrène, patrimoine d'Appion. Il vend pareillement les terres que vous possédez en Espagne, près de Carthagène, et en Afrique, l'ancienne Carthage elle-même ; oui, cette Carthage que l'immortel Africain consacra, de l'avis de son conseil, non par un respect religieux pour ses habitations et pour leur ancienneté, mais afin que le lieu même attestât les désastres d'un peuple qui avait disputé à Rome l'empire du monde. Scipion n'a pas été aussi habile que Rullus, ou peut-être n'a-t-il pu trouver d'acquéreur. Enfin à tous ces domaines royaux, conquis dans nos anciennes guerres par la vaillance de nos plus grands généraux, le tribun joint les terres que le roi Mithridate occupait dans la Paphlagonie, dans le Pont, dans la Cappadoce ; il veut que les décemvirs les vendent.

Eh quoi ! nous n'avons point encore donné de lois à ces provinces, nous n'avons point entendu le rapport du général,

---

fuerint, agrumque Agerensem, et Orindicum, et Gedusanum. Hæc P. Servilii imperio et victoria, clarissimi viri, vestra facta sunt. Adjungit agros Bithyniæ regios, quibus nunc publicani fruuntur ; deinde Attalicos agros in Chersoneso ; in Macedonia, qui regis Philippi sive Persæ fuerunt, qui item a censoribus locati sunt, et certissimum vectigal. Adscribit idem auctioni Corinthios agros, opimos et fertiles ; et Cyrenenses, qui Appionis fuerunt ; et agros in Hispania propter Carthaginem novam ; et in Africa ipsam veterem Carthaginem vendit, quam videlicet P. Africanus non propter religionem sedium illarum ac vetustatis, de consilii sententia, consecravit, sed ut ipse locus, eorum qui cum hac urbe de imperio certarunt, vestigia calamitatis ostenderet. Sed non fuit tam diligens, quam est Rullus, aut fortasse emptorem ei loco reperire non potuit. Verum inter hos agros regios, captos veteribus bellis virtute summorum imperatorum, adjungit regios agros Mithridatis, qui in Paphlagonia, qui in Ponto, qui in Cappadocia fuerunt, ut eos decemviri vendant.

Itane vero ? non legibus datis, non auditis verbis imperatoris, nondum deni-

nous n'avons point terminé la guerre ; le roi Mithridate, sans
armée, chassé de ses États, médite encore, aux extrémités du
monde, de nouvelles entreprises, et oppose aux légions invincibles
de Cn. Pompée les Palus Méotides, d'étroits défilés et des montagnes inaccessibles; notre général livre tous les jours de nouveaux combats; partout dans les provinces on ne parle que de
guerre ; et ces terres, dont Cn. Pompée, suivant l'usage de nos
ancêtres, a seul encore le pouvoir de disposer, seront vendues
par les décemvirs? Ce sera sans doute P. Rullus (car il se comporte déjà comme s'il était décemvir désigné) qui, de préférence
à tous, partira pour cette vente.

XX. Avant d'arriver dans le Pont, il ne manquera pas d'écrire
à Cn. Pompée ; et voici le modèle de sa lettre ; car je pense qu'ils
l'ont déjà composée : *P. Servilius Rullus, tribun du peuple, décemvir,
à Cn. Pompée, fils de Cnéius, salut*. Je ne crois pas qu'il le qualifie
de *Grand*, après s'être efforcé de lui ôter ce titre par sa loi. *Vous
aurez soin de vous trouver à Sinope, et de m'amener une garde
suffisante pour que je vende, en vertu de ma loi, les terres que vos
armes ont conquises.* N'admettra-t-il point Pompée à cette vente?
Osera-t-il vendre les trophées du général au milieu de ses conquêtes? Figurez-vous Rullus dans le royaume de Pont, entre votre
camp et celui des ennemis, la pique plantée devant lui, entouré
de ses beaux arpenteurs, et devant eux adjugeant la vente au

---

que bello confecto, quum rex Mithridates, amisso exercitu, regno expulsus,
tamen in ultimis terris aliquid etiam nunc moliatur, atque ab invicta Cn. Pompeii manu, Mæotide, et illis paludibus, et itinerum angustiis atque altitudine
montium defendatur ; quum imperator in bello versetur ; quum locis autem
illis etiam nunc belli nomen reliquum sit; eos agros, quorum adhuc penes
Cn. Pompeium omne judicium et potestas, more majorum, debet esse, decemviri vendent ? Et, credo, P. Rullus (is enim sic se gerit, ut sibi jam decemvir
designatus esse videatur) ad eam auctionem potissimum proficiscetur.

XX.. Is videlicet antequam veniat in Pontum, litteras ad Cn. Pompeium mittet; quarum ego jam exemplum ab istis compositum esse arbitror. P. Servilius
Rullus, tribunus plebis, decemvir, S. D. Cn. Pompeio, Cn. F. Non credo
adscripturum esse, Magno. Non enim videtur id, quod imminuere lege conatur,
concessurus verbo. Te volo curare ut mihi Sinope præsto sis auxiliumque adducas, dum eos agros, quos tuo labore cepisti, ego mea lege vendam. An Pompeium non adhibebit ? in ejus provincia vendet manubias imperatoris? Ponite
ante oculos vobis Rullum in Ponto, inter vestra atque hostium castra, hasta

dernier enchérisseur. C'est sans doute un outrage assez insigne, assez inouï, que de vendre ou même d'affermer des terres conquises, avant que le général ait prescrit des lois aux vaincus, et lorsqu'il fait encore la guerre. Mais ce n'est pas à un affront que se bornent les ennemis de Cn. Pompée : ils espèrent bien, si on leur en laisse la liberté, non-seulement promener en d'autres provinces leur autorité militaire, leur juridiction absolue, leur puissance illimitée, leurs trésors incalculables, mais pénétrer jusque dans le camp de ce grand homme, le surprendre dans leurs piéges, détacher de lui une partie de ses troupes, diminuer son influence, obscurcir sa gloire. Ils pensent que, si l'armée attend de Cn. Pompée des terres ou quelque autre récompense, elle ne mettra plus en lui son espoir lorsqu'elle verra la dispensation de toutes les faveurs abandonnée aux décemvirs. Je souffre sans peine qu'il y ait des hommes assez insensés pour concevoir de pareils projets, assez impudents pour en tenter l'exécution ; mais ce qui m'indigne, c'est qu'ils m'aient assez méprisé pour se livrer, sous mon consulat, à ces idées monstrueuses.

Et pour toutes ces ventes de terres et de bâtiments, les décemvirs sont autorisés *à vendre dans tous les lieux qu'ils jugeront à propos.* Quelle démence ! quel dévergondage ! quel renversement de tous les principes !

---

posita, cum suis formosis finitoribus auctionantem. Neque in hoc solum inest contumelia, quæ vehementer et insignis est, et nova, ut ulla res parta bello, nondum legibus datis, etiam tum imperatore bellum administrante, non modo venierit, verum etiam locata sit; plus spectant homines certe quam contumeliam. Sperant, si concessum sit inimicis Cn. Pompeii, cum imperio, cum judicio omnium rerum, cum infinita potestate, cum innumerabili pecunia, non solum aliis in locis vagari, verum etiam ad ipsius exercitum pervenire, aliquid illi insidiarum fieri, aliquid de ejus exercitu, copiis, gloria, detrahi posse. Putant, si quam spem in Cn. Pompeio exercitus habeat, aut agrorum, aut aliorum commodorum, hanc non habiturum, quum viderit, earum rerum omnium potestatem ad decemviros esse translatam. Patior non moleste tam stultos esse qui hæc sperent, tam impudentes qui conentur; illud queror, tam me ab iis esse contemptum, ut hæc portenta, me consule, potissimum cogitarent.

Atque in omnibus his agris ædificiisque vendendis, permittitur decemviris, UT VENDANT QUIBUSCUMQUE IN LOCIS VIDEATUR. O perturbatam rationem ! o libidinem refrenandam ! o consilia dissoluta atque perdita !

XXI. Il n'est permis à personne d'affermer vos revenus que dans Rome, sur cette place, dans vos grandes assemblées ; et l'on pourra vendre vos domaines, les aliéner pour jamais, dans quelque lieu obscur de la Paphlagonie, dans les déserts de la Cappadoce ? Lorsque L. Sylla vendit, dans ses désastreuses enchères, les biens des citoyens qu'aucun jugement n'avait condamnés, quoiqu'il prétendit que ce qu'il mettait en vente était sa proie, cependant ce fut au milieu de cette place même qu'il les vendit ; il n'osa pas se dérober à la vue de ceux dont il blessait les regards. Et les décemvirs vendront vos revenus, non-seulement sans votre participation, mais sans avoir même le crieur public pour témoin ?

Lisons ce qui suit : *Toutes les terres hors de l'Italie.* Le temps n'est point déterminé ; ce n'est plus, comme ils le disaient d'abord, depuis le consulat de Sylla et de Pompée. Les décemvirs jugeront si telle propriété est particulière ou publique, et ils la chargeront en conséquence d'un fort tribut. Quel immense pouvoir, ou plutôt quelle tyrannie, quel despotisme ! Ils pourront, partout où ils voudront, sans discussion, sans conseil, comprendre dans notre domaine les propriétés particulières et publiques, affranchir celles qui nous appartiennent. L'article excepte le territoire de Récentore en Sicile. Romains, cette exception me fait le plus grand plaisir, et parce que des liens d'amitié m'attachent aux habitants du pays, et parce que la chose est juste.

XXI. Vectigalia locare nusquam licet, nisi in hac urbe, hoc ex loco, hac vestrum frequentia ; venire vestras res proprias, et in perpetuum a vobis alienari in Paphlagoniæ tenebris atque in Cappadociæ solitudine licebit ? L. Sulla, quum bona indemnatorum civium funesta illa auctione sua venderet, et se prædam suam diceret vendere, tamen ex hoc loco vendidit ; nec, quorum oculos offendebat, eorum ipsorum conspectum fugere ausus est. Decemviri vestra vectigalia non modo vobis quidem arbitris, sed ne præcone quidem publico teste vendent ?

Sequitur, OMNES AGROS EXTRA ITALIAM, infinito ex tempore, non, ut antea, ab Sulla et Pompeio consulibus. Cognitio decemvirum, privatus sit, an publicus ; sicque agro pergrande vectigal imponitur. Hoc quantum judicium, quam intolerandum, quam regium sit, quem præterit ? posse, quibuscumque locis velint, nulla disceptatione, nullo consilio, privata publicare, publica liberare ? Excipitur hoc capite ager in Sicilia Recentoricus. Quem ego excipi, et propter hominum necessitudinem, et propter æquitatem, Quirites, sane vehementer

Mais quelle impudence dans l'auteur de la loi ! Ceux qui occupent le territoire de Récentore font valoir l'ancienneté de leur possession, et non un droit formel ; ils s'appuient de la générosité du sénat, et non d'un titre légal. Ils avouent que leur territoire dépend du domaine public ; mais ils représentent qu'il serait dur de les déposséder, de les chasser d'un domicile qui leur est cher, de les séparer de leurs dieux pénates. Mais, si le territoire de Récentore est une propriété particulière, pourquoi l'excepter ? s'il dépend du domaine public, où est l'équité de permettre que d'autres biens particuliers soient réunis à ce domaine, et d'en excepter nommément un qui est reconnu pour lui appartenir ? Un territoire sera donc excepté parce qu'on aura trouvé quelque moyen à faire valoir auprès de Rullus, et tous les autres, en quelque lieu que ce soit, sans distinction, sans en avoir instruit le peuple romain, sans que le sénat ait prononcé, seront livrés à la merci des décemvirs.

XXII. Dans l'article précédent, qui autorise la vente générale, je trouve encore une exception assez lucrative. Elle met à couvert les terres garanties par un traité. Rullus a entendu dire souvent dans le sénat, non par moi, mais par d'autres, et quelquefois même à cette tribune, que le roi Hiempsal possédait sur la côte d'Afrique des terres que Scipion avait adjugées au peuple romain, et que le consul Cotta avait depuis garanties à ce prince. Ce traité

---

gaudeo. Sed quæ hæc impudentia? qui agrum Recentoricum possident, vetustate possessionis se, non jure, misericordia senatus, non agri conditione defendunt. Nam illum agrum publicum esse fatentur ; se moveri possessionibus, amicissimis sedibus, ac diis penatibus, negant oportere. At, si est privatus ager Recentoricus, quid eum excipis ? sin autem publicus, quæ est ista æquitas, cæteros, etiamsi privati sint, permittere ut publici judicentur, hunc excipere nominatim qui publicus esse fateatur ? Ergo eorum ager excipitur, qui apud Rullum alia ratione valuerunt ; cæteri agri omnes, qui ubique sunt, sine ullo delectu, sine populi Romani notione, sine judicio senatus, decemviris addicentur.

XXII. Atque etiam est alia, superiore capite, quo omnia veneunt, quæstuosa exceptio, quæ teget eos agros de quibus fœdere cautum est. Audivit hanc rem non a me, sed ab aliis agitari sæpe in senatu, nonnunquam ex hoc loco, possidere agros in ora maritima regem Hiempsalem, quos P. Africanus populo Romano adjudicarit, et tamen postea per C. Cottam consulem cautum esse

s'étant conclu sans votre ordre, Hiempsal craint qu'il ne soit sans force et sans effet. Mais que penser de cette loi qui, pour confirmer un traité, se passe de votre approbation? Elle restreint chez les décemvirs la faculté de vendre ; en cela je l'approuve ; je ne la blâme point de favoriser un roi ami de la république. Mais cette faveur est-elle gratuite ? je le nie. Ce n'est pas sans raison que je vois sans cesse voltiger sous leurs yeux le fils de Juba, jeune homme non moins intéressant par ses écus que par la beauté de sa chevelure.

Il n'y aura bientôt plus d'endroit assez vaste pour contenir tant de trésors. Le tribun ne cesse de les grossir, d'accumuler, d'entasser tout *l'or et l'argent provenant du butin, des dépouilles, des couronnes, en quelques mains qu'ils aient passé, et qui n'ont été ni versés dans le trésor public, ni employés en monuments* ; il ordonne qu'on les déclare aux décemvirs, et qu'on les mette à leur disposition. D'après cet article, les décemvirs, vous le voyez, ont le droit d'informer contre les illustres généraux qui ont terminé les guerres de la république, et de les juger pour le fait de concussion. Ils jugeront combien chaque général a fait de butin, ce qu'il en a déposé dans le trésor, ce qui lui en reste. Tous ceux qui commanderont vos armées seront désormais tenus par cette loi *d'aller, en sortant de leur province, déclarer aux décemvirs ce qu'ils auront tiré du butin, des dépouilles et de l'or des cou-*

---

fœdere. Hoc quia vos fœdus non jusseritis, veretur Hiempsal ut satis firmum sit et ratum. Quid? cujusmodi est illud? tollitur vestrum judicium; fœdus totum excipitur ; comprobatur. Quod minuit auctionem decemviralem, laudo ; quod regi amico cavet, non reprehendo ; quod non gratis fit, indico. Volitat enim ante oculos istorum Jubæ regis filius, adolescens non minus bene nummatus, quam bene capillatus.

Vix jam videtur locus esse qui tantos acervos pecuniæ capiat. Auget, addit, accumulat : AURUM, ARGENTUM EX PRÆDA, EX MANUBIIS, EX CORONARIO, AD QUOSCUMQUE PERVENIT, NEQUE RELATUM EST IN PUBLICUM, NEQUE IN MONUMENTO CONSUMPTUM, id profiteri apud decemviros et ad eos referre jubet. Hoc capite etiam quæstionem de clarissimis viris qui populi Romani bella gesserunt, judiciumque de pecuniis repetundis ad decemviros translatum videtis. Horum erit judicium, quantæ cujusque manubiæ fuerint, quid relatum, quid residuum sit. In posterum vero lex hæc imperatoribus vestris constituitur, ut, QUICUMQUE DE PROVINCIA DECESSERIT, APUD EOSDEM DECEMVIROS, QUANTUM HABEAT PRÆDÆ

*ronnes*. Le bienveillant législateur a cependant excepté son ami Cn. Pompée. D'où lui vient cette affection si imprévue et si soudaine? Un homme qu'il exclut presque nommément de l'honneur du décemvirat, qu'il prive du droit de juger les peuples qu'il a soumis, de leur donner des lois, de prononcer sur les terres conquises par sa valeur; un homme à qui l'on envoie, non-seulement dans sa province, mais jusque dans son camp, des commissaires armés du pouvoir militaire, chargés d'argent, tout-puissants et maîtres de prononcer arbitrairement sur tout; un homme à qui seul on enlève les prérogatives de la victoire, dont jusqu'alors ont joui tous les généraux; cet homme seul est dispensé de rapporter l'argent provenu du butin de l'ennemi. Est-ce un honneur qu'on prétend lui faire, ou cherche-t-on à le rendre odieux?

XXIII. Cn. Pompée remercie Rullus de cette faveur : il ne profitera point d'un pareil privilége, ni de la libéralité des décemvirs. Car, s'il est juste que les chefs de nos armées, au lieu d'employer le butin fait sur les ennemis à des monuments pour les dieux immortels ou à l'embellissement de Rome, le rapportent aux décemvirs, comme à leurs maîtres, Pompée ne demande aucune faveur particulière; non, il veut être compris, sans nulle restriction, dans la loi commune. Mais, s'il est injuste, Romains, s'il est honteux, s'il est intolérable, que ces décemvirs soient établis comme les contrôleurs de tout l'argent que chacun peut avoir, et

MANUBIARUM, AURI CORONARII, PROFITEATUR. Hic tamen vir optimus cum, quem amat, excipit Cn. Pompeium. Unde iste amor tam improvisus ac tam repentinus? qui honore decemviratus excluditur prope nominatim; cujus judicium, legumque datio, captorum agrorum ipsius virtute cognitio tollitur; cujus non in provinciam, sed in ipsa castra decemviri cum imperio, infinita pecunia, maxima potestate, et judicio rerum omnium, mittuntur; cui jus imperatorium, quod semper omnibus imperatoribus est conservatum, soli eripitur : is excipitur unus ne manubias referre debeat. Utrum tandem hoc capite, honos haberi homini, an invidia quæri videtur?

XXIII. Remittit hoc Rullo Cn. Pompeius : beneficio isto legis, benignitate decemvirali nihil utitur. Nam si est æquum, prædas ac manubias suas imperatores, non in monumenta deorum immortalium, neque in urbis ornamenta conferre, sed ad decemviros, tanquam ad dominos, deportare, nihil sibi appetit præcipue Pompeius, nihil; vult se in communi atque in eodem, quo cæteri, jure versari. Sin est iniquum, Quirites, si turpe, si intolerandum, hos decemviros, portitores omnibus omnium pecuniis constitui, qui non modo reges

qu'ils aient le pouvoir de dépouiller, non-seulement les rois et les étrangers, mais vos généraux eux-mêmes, il me semble que ce n'est point pour honorer Pompée qu'on l'excepte, mais dans la crainte qu'il ne supporte pas un pareil outrage avec autant de patience que les autres. Tel est, en effet, l'esprit qui anime Pompée. Disposé à supporter toutes les mesures que vous aurez approuvées, il saura toujours, pour celles que vous trouverez insupportables, faire en sorte qu'on ne vous force pas longtemps à les souffrir malgré vous.

Quoi qu'il en soit, Rullus prévoit encore *que toute somme provenant de nouveaux droits perçus après notre consulat, sera remise à la disposition des décemvirs*. Il a pressenti que les conquêtes de Pompée augmenteraient vos revenus. Ainsi, en lui laissant les dépouilles des ennemis, il prétend bien se mettre en possession des tributs que vous devrez à son courage. Il faut donc, Romains, que les décemvirs aient en leur pouvoir, sans aucune exception, tout l'argent de l'univers; que toutes les villes, toutes les terres, tous les royaumes, enfin tous les revenus, soient vendus; que, pour combler leur trésor, on y ajoute le fruit des victoires de vos généraux. Voyez quelles richesses énormes, incalculables, tant d'enchères, tant de jugements, tant de pouvoirs illimités vont procurer aux décemvirs!

XXIV. Je vais vous parler maintenant d'autres gains immenses,

---

atque exterarum nationum homines, sed etiam imperatores nostros excutiant, non mihi videntur honoris causa excipere Pompeium, sed metuere ne ille eamdem contumeliam, quam cæteri, ferre non possit. Pompeius autem quum hoc animo sit, ut, quidquid vobis placeat, sibi ferendum putet; quod vos ferre non poteritis, id profecto perficiat ne diutius inviti ferre cogamini.

Verumtamen cavet ut, Si qua pecunia post nos consules ex novis vectigalibus recipiatur, ea decemviri utantur. Nova porro vectigalia videt ea fore quæ Pompeius adjunxerit. Ita remissis manubiis, vectigalibus ejus virtute partis se frui putat oportere. Parta sit pecunia, Quirites, decemviris tanta, quanta sit in terris; nihil prætermissum sit; sed omnes urbes, agri, regna denique, postremo etiam vectigalia vestra venierint; accesserint in cumulum manubiæ vestrorum imperatorum. Quantæ et quam immanes divitiæ decemviris in tantis auctionibus, tot judiciis, tam infinita potestate rerum omnium quærantur, videtis.

XXV. Cognoscite nunc alios immensos atque intolerabiles quæstus, ut intel-

de profits odieux, qui vous feront voir que, en donnant à ce projet le nom si cher au peuple de loi agraire, on n'a eu d'autre but que de satisfaire l'insatiable avarice de quelques hommes. Rullus veut qu'avec tout cet argent on achète des terres où vous serez envoyés en colonies. Romains, je n'ai pas l'habitude d'apostropher durement les personnes à moins d'avoir été provoqué. Je voudrais qu'il me fût possible de nommer sans qualification ignominieuse ceux qui se flattent d'être décemvirs ; vous verriez dès lors à quels hommes on vous propose de remettre le pouvoir de tout vendre et de tout acquérir. Mais ce que je crois ne pas devoir dire encore, vous pourrez le deviner. Il est un fait, toutefois, que je peux rappeler, ce me semble, avec la plus exacte vérité. Au temps où la république avait des citoyens tels que les Luscinus, les Calatinus, les Acidinus, aussi recommandables par les magistratures que leur avait décernées le peuple et par leurs glorieux exploits que par leur courageuse pauvreté ; lorsque nous avions les Caton, les Philippe, les Lélius, dont vous connaissiez parfaitement la sagesse et le désintéressement dans les affaires privées ou publiques, au forum comme au sein de leurs familles, jamais on n'a confié au même homme, et cela pendant cinq ans, le pouvoir de juger et de vendre par toute la terre, le droit d'aliéner les pays tributaires du peuple romain, et, après avoir, sans témoin et à son gré, réalisé lui-même des sommes énormes, d'ache-

---

ligatis, ad certorum hominum importunam avaritiam hoc populare legis agrariæ nomen esse quæsitum. Hac pecunia jubet agros emi, quo deducamini. Non consuevi homines appellare asperius, Quirites, nisi lacessitus. Vellem fieri posset ut a me sine contumelia nominarentur ii qui se decemviros sperant futuros ; jam videretis quibus hominibus omnium rerum et vendendarum et emendarum potestatem permitteretis. Sed, quod ego nondum statuo mihi esse dicendum, vos tamen id potestis cum animis vestris cogitare. Unum hoc certe videor mihi verissime posse dicere. Tum, quum haberet hæc respublica Luscinos, Calatinos, Acidinos, homines non solum honoribus populi rebusque gestis, verum etiam patientia paupertatis ornatos ; et tum, quum erant Catones, Philippi, Lælii, quorum sapientiam temperantiamque in publicis privatisque, forensibus domesticisque rebus perspexeratis ; tamen hujuscemodi res commissa nemini est, ut idem judicaret et venderet, et hoc faceret per quinquennium toto in orbe terrarum, idemque agros vectigales populi Romani abalienaret ; et, quum summam tantæ pecuniæ, nullo teste, sibi ipse ex sua

ter de qui il lui plairait tout ce qui lui semblerait bon. Romains, confiez ce pouvoir aux hommes que vous soupçonnez d'aspirer au décemvirat : vous verrez que les uns sont du nombre de ceux dont rien n'assouvit la cupidité, et que les autres ne trouvent rien qui suffise à leurs profusions.

XXV. Romains, je ne mettrai point ici en question une vérité reconnue : c'est que vos ancêtres ne vous ont point donné l'exemple d'acheter des terres aux particuliers pour y envoyer le peuple en colonies. Toutes les lois jusqu'à présent n'en ont établi que sur les domaines de la république. Je m'attendais que ce tribun à l'extérieur agreste et farouche proposerait quelque chose d'analogue. Ce trafic, aussi lucratif que honteux, d'acquisitions et de ventes m'a toujours paru également indigne de l'autorité tribunitienne et de la majesté du peuple romain. On prétend acheter des terres; mais d'abord je demande quelles terres, et dans quels pays ? Je ne veux pas que le peuple flotte entre d'obscures espérances et une attente incertaine. Nous possédons les terres d'Albe, de Sétia, de Priverne, de Fundi, de Vescia, de Falerne, de Linterne, de Cumes, de Casinum. J'entends. En sortant par l'autre porte, on trouve les campagnes de Capène, celles de Faléries, de Sabine, de Réate, de Vénafre, d'Allifes, de Trébule. Rullus, vous avez des fonds assez considérables pour acheter à part, et même pour acheter ensemble ces terres et beaucoup d'autres

voluntate fecisset, tum denique emeret, a quibus vellet, quod videretur. Committite vos nunc, Quirites, his hominibus hæc omnia, quos odorari hunc decemviratum suspicamini : reperietis partem esse eorum quibus ad habendum, partem quibus ad consumendum nihil satis esse videatur.

XXV. Hic ego jam illud quod expeditissimum sit ne disputo quidem, Quirites, non esse hanc vobis a majoribus relictam consuetudinem ut emantur agri a privatis, quo plebs publice deducatur; omnibus legibus agris publicis privatos esse deductos; hujuscemodi me aliquid ab hoc horrido ac truce tribuno plebis exspectasse; hanc vero emendi et vendendi quæstuosissimam ac turpissimam mercaturam, alienam actione tribunitia, alienam dignitate populi Romani, semper putavi. Libet agros emi. Primum quæro, quos agros? et quibus in locis? nolo suspensam et incertam plebem Romanam obscura spe et cæca exspectatione pendere. Albanus ager est, Setinus, Privernas, Fundanus, Vescinus, Falernus, Linternus, Cumanus, Casinas. Audio. Ab alia porta, Capenas, Faliscus, Sabinus, Reatinus, Venafranus, Aliffanus, Trebulanus. Habes tantam pecuniam, qua hosce omnes agros et cæteros horum similes non modo emere,

pareilles. Pourquoi ne pas les désigner, ne pas les nommer, afin que du moins le peuple puisse examiner ce qu'il lui importe de faire, conformément à ses intérêts, et quel degré de confiance il lui convient de vous accorder pour vendre et pour acquérir? Je désigne l'Italie, dit-il. Les bornes en sont assez connues, et il est indifférent, Romains, qu'on vous conduise sur les coteaux de Massique, ou dans l'Apulie et ailleurs. Passons. Vous ne désignez point le lieu; mais énoncez-vous la nature du sol? — Oui, dit Rullus : des terres qui *puissent être labourées ou cultivées*. Remarquez ces mots : *qui puissent être labourées ou cultivées*, et non pas celles qui *sont labourées ou cultivées*. Est-ce là une loi? n'est-ce pas plutôt une affiche de vente telle que celle où Nératius avait écrit, dit-on : *deux cents arpents où l'on peut planter des oliviers, trois cents arpents dont on peut faire un vignoble?* Voilà donc, Rullus, ce que vous achèterez avec une si prodigieuse quantité d'argent, des champs qui pourront être labourés ou cultivés? Et quel est le sol tellement sec et maigre que la charrue ne puisse effleurer? quel est le terrain si rocailleux que les bras du cultivateur ne forcent à produire? — Je ne puis préciser, dit-il, aucune terre, parce que je ne contraindrai personne à vendre. — Et c'est ce qui rendra aussi l'opération plus lucrative pour lui. On trouvera ainsi le moyen de trafiquer de votre argent, et une terre ne se vendra qu'autant que l'acquéreur et le vendeur y trouveront chacun leur compte.

verum etiam coacervare possis. Cur eos non definis, neque nominas, ut saltem deliberare plebs Romana possit quid intersit sua, quid expediat, quantum tibi in emendis et in vendendis rebus committendum putet? Definio, inquit, Italiam. Satis certa regio. Etenim quantulum interest, utrum in Massici radices, an in Apuliam, aliove deducamini? Age, non definis locum. Quid? naturam agri? — Vero, inquit, QUI ARARI AUT COLI POSSIT. Qui possit arari, inquit, aut coli; non qui aratus, aut cultus sit. Utrum hæc lex est, an tabula Neratianæ auctionis? in qua scriptum fuisse aiunt : JUGERA CC, IN QUIBUS OLIVETUM FIERI POTEST; JUGERA CCC, UBI INSTITUI VINEÆ POSSUNT. Hoc tu emes ista innumerabili pecunia, quod arari aut coli possit? Quod solum tam exile et macrum est, quod aratro perstringi non possit? aut quod est tam asperum saxetum, in quo agricolarum cultus non elaboret? — Idcirco, inquit, agros nominare non possum, quia tangam nullum ab invito. — Hoc quoque multo est quæstuosius, quam si ab invito sumeret. Inibitur enim ratio quæstus de vestra pecunia; et tum denique ager emetur, quum idem expedierit emptori et venditori.

XXVI. Mais voyez la vertu de cette loi. Ceux mêmes qui possèdent des biens dépendants de notre domaine n'en seront évincés qu'aux plus avantageuses conditions, et à force d'argent. Tout est bien changé. Autrefois, dès qu'un tribun parlait de loi agraire, ceux qui occupaient des terres domaniales ou d'autres biens odieux étaient saisis de frayeur. La nouvelle loi les enrichit et les soustrait à l'indignation publique. Romains, combien de gens sont embarrassés de leurs vastes possessions, et ne peuvent supporter la haine attachée aux largesses de Sylla ! Combien voudraient les vendre, et ne trouvent point d'acheteurs ! Enfin combien cherchent un moyen, quel qu'il soit, de s'en dessaisir ! Tel qui, nuit et jour, frémissait au seul mot de tribunat, redoutait votre vengeance, tremblait au premier bruit d'une loi agraire, s'entendra maintenant prier, conjurer, de céder aux décemvirs, pour le prix qu'il voudra, des terres dont une portion appartient à l'État, et dont le reste rend leurs possesseurs odieux, et les expose à mille dangers.

Tout ceci sert à couvrir un secret dont le tribun ne nous a pas fait part, et qu'il garde en lui-même. Il a pour beau-père un excellent homme, qui, dans nos jours d'orage, s'est emparé d'autant de terres qu'il en pouvait désirer. Le tribun le voit succombant, accablé, écrasé sous le poids des spoliations de Sylla ; il veut venir à son aide, et, moyennant sa loi, le mettre à même

---

XXVI. Sed videte vim legis agrariæ. Ne ii quidem qui agros publicos possident, decedent de possessione, nisi erunt deducti optima conditione, et pecunia maxima. Conversa ratio. Antea, quum erat a tribuno plebis mentio legis agrariæ facta, continuo qui agros publicos, aut qui possessiones invidiosas tenebant, pertimescebant. Hæc lex eos homines fortunis locupletat, invidia liberat. Quam multos enim, Quirites, existimatis esse qui latitudinem possessionum tueri, qui invidiam Sullanorum agrorum ferre non possint ? qui vendere cupiant, emptorem non reperiant ? perdere jam denique illos agros ratione aliqua velint ? Qui paulo ante, diem noctemque, tribunitium nomen horrebant, vestram vim metuebant, mentionem legis agrariæ pertimescebant ; ii nunc etiam ultro rogabuntur atque orabuntur, ut agros partim publicos, partim plenos invidiæ, plenos periculi, quanti ipsi velint, decemviris tradant.

Atque hoc carmen hic tribunus plebis non vobis, sed sibi intus canit. Habet socerum, virum optimum, qui tantum agri in illis reipublicæ tenebris occupavit, quantum concupivit. Huic subvenire vult succumbenti jam, oppresso, Sullanis oneribus gravi, sua lege, ut liceat illi invidiam deponere, pecuniam

de s'affranchir de la haine publique et de remplir ses coffres. Et vous, Romains, vous n'hésiteriez pas à vendre ces revenus que vos aïeux vous ont acquis au prix de tant de sueurs et de sang, pour augmenter la fortune et assurer la tranquillité des hommes enrichis par Sylla!

Deux espèces de terres seront achetées par les décemvirs. Les unes sont à charge à leurs possesseurs à cause de leur odieuse origine ; les autres, à cause de leur stérile étendue. Celles qui viennent de Sylla, et que certains individus ont encore trouvé le moyen d'agrandir, excitent tellement l'indignation, qu'au premier murmure d'un tribun loyal et ferme, on s'empresserait d'y renoncer. Quelque peu d'argent que vous en donniez, elles seront toujours trop payées. Les terres de l'autre espèce sont incultes parce qu'elles sont stériles, désertes et délaissées parce qu'elles sont malsaines. On les achètera donc à des hommes résolus de les abandonner, s'ils ne les vendaient pas. Et c'est pour appuyer une pareille opération que votre tribun a dit dans le sénat que le peuple de la ville avait trop d'influence dans la république ; qu'il fallait *en purger Rome* : oui, c'est le mot dont il s'est servi, comme s'il eût parlé de quelque sentine, et non d'une des plus honnêtes classes de citoyens.

XXVII. Vous, Romains, si vous voulez m'en croire, vous conserverez tout ce que vous possédez actuellement, votre pouvoir,

---

condere. Et vos non dubitatis, quin vectigalia vestra vendatis, plurimo majorum vestrorum sanguine et sudore quæsita, ut Sullanos possessores divitiis augeatis, periculo liberetis?

Nam ad hanc emptionem decemviralem duo genera agrorum spectant, Quirites. Eorum unum, propter invidiam, domini fugiunt ; alterum propter vastitatem. Sullanus ager, a certis hominibus latissime continuatus, tantam habet invidiam, ut veri ac fortis tribuni plebis stridorem unum perferre non possit. Hic ager omnis, quoquo pretio coemptus erit, tamen ingenti pecunia vobis inducetur. Alterum genus agrorum, propter sterilitatem incultum, propter pestilentiam vastum atque desertum, emetur ab iis qui eos vident sibi esse, si non vendiderint, relinquendos. Et nimirum istud est, quod ab hoc tribuno plebis dictum est in senatu, urbanam plebem nimium in republica posse ; EXHAURIENDAM ESSE ; hoc enim verbo est usus, quasi de aliqua sentina, ac non de optimorum civium genere loqueretur.

XXVII. Vos vero, Quirites, si me audire vultis, retinete istam possessionem

votre liberté, vos suffrages, votre dignité, votre ville, votre forum, vos jeux, vos fêtes, enfin tous vos avantages, à moins que vous ne préfériez renoncer à tous ces priviléges et à la splendeur de Rome, pour aller, sous les ordres de Rullus, vous confiner dans les plaines arides de Siponte ou dans les marais empestés de Salapia. Qu'il indique enfin les terres qu'il prétend acheter, qu'il fasse connaître ce qu'il veut donner, et à qui il donnera. Mais que, après avoir vendu toutes vos villes, toutes vos terres, tous vos revenus, tous vos royaumes, il achète quelques sables ou des marais, dites-moi, je vous prie, le souffrirez-vous?

Au reste, il est une chose bien étrange dans cette loi : c'est qu'après avoir commencé par tout vendre, par ramasser et entasser l'argent, avant d'acheter un pouce de terre, il faudra ensuite acheter, mais sans que personne puisse être forcé de vendre. Mais, je vous le demande, s'il ne se trouve personne qui veuille vendre, que deviendra l'argent? La loi ne permet ni de le verser dans le trésor public, ni de le redemander. L'argent restera donc entre les mains des décemvirs, et l'on ne vous achètera point de terres. Vos revenus seront aliénés, vos alliés vexés, les rois et les peuples épuisés. Qu'en résultera-t-il? Les décemvirs auront tout votre argent, et vous, vous n'aurez point de terres. En payant largement, dit Rullus, il sera facile d'inspirer le désir de vendre. Voilà donc l'intention de votre loi : c'est de vendre nos domaines

---

gratiæ, libertatis, suffragiorum, dignitatis, urbis, fori, ludorum, festorum dierum, cæterorum omnium commodorum ; nisi forte mavultis, relictis his rebus atque hac luce reipublicæ, in Sipontina siccitate aut in Salapinorum pestilentiæ finibus, Rullo duce, collocari. At dicat quos agros empturus sit; ostendat, et quid, et quibus daturus sit. Ut vero, quum omnes urbes, agros, vectigalia, regna vendiderit, tum arenam aliquam, aut paludes emat; id vos potestis, quæso, concedere?

Quanquam illud est egregium, quod hac lege ante omnia veneunt, ante pecuniæ coguntur et coacervantur, quam gleba una ematur. Deinde emi jubet ; ab invito vetat. Quæro, si, qui velint vendere, non fuerint, quid pecunia fiet? Referre in ærarium lex vetat ; exigi prohibet. Igitur pecuniam omnem decemviri tenebunt ; vobis ager non emetur. Vectigalibus abalienatis, sociis vexatis, regibus atque omnibus gentibus exinanitis, illi pecunias habebunt, vos agros non habebitis. Facile, inquit, adducentur pecuniæ magnitudine, ut velint ven-

comme nous pourrons, et d'en acheter d'autres aussi chèrement que le voudront les propriétaires.

Il est enjoint aux décemvirs d'envoyer des colonies dans les terres qu'ils auront achetées en vertu de la loi. Quoi donc? tout pays est-il de nature à recevoir indistinctement une colonie? Le choix en est-il indifférent à la république? N'est-il pas des lieux qui demanderaient à recevoir une colonie et d'autres qui s'y refuseraient absolument? En cela, comme dans toutes les autres parties de l'administration, le bon esprit de nos ancêtres doit nous servir de guide : ils combinaient l'établissement des colonies d'une manière si propre à les garantir des périls qu'ils pouvaient craindre, qu'elles semblaient moins augmenter le nombre des villes italiques, que servir de boulevards à l'empire. Nos décemvirs mèneront des colonies dans les terres qu'ils auront achetées. Et si l'intérêt de la république s'y oppose? Et, dit la loi, *dans les lieux qu'ils jugeront à propos*. Qui les empêchera d'en établir sur le Janicule, et de placer au-dessus de vos têtes le siége de leur tyrannie? Quoi! Rullus, vous ne spécifierez pas le lieu, le nombre et la force de vos colonies? Vous vous emparerez des cantons qui vous sembleront convenir le mieux à votre despotisme? vous les remplirez de vos satellites? vous les fortifierez autant qu'il vous plaira? vous emploierez tous les revenus et tous

---

dere. Ergo ea lex est, qua nostra vendamus, quanti possumus; aliena emamus, quanti possessores velint.

Atque in hos agros, qui hac lege empti sint, colonias ab iis decemviris deduci jubet? Quid? omnisne ejusmodi locus est, ut nihil intersit reipublicæ, colonia deducatur in eum locum, necne? An est locus qui coloniam postulet? est qui plane recuset? Quo in genere sicut in cæteris reipublicæ partibus, est operæ pretium diligentiam majorum recordari : qui colonias sic idoneis in locis contra suspicionem periculi collocarunt, ut esse non oppida Italiæ, sed propugnacula imperii viderentur. Hi deducent colonias in eos agros quos emerint. Etiamne si reipublicæ non expediat? ET IN QUÆ LOCA PRÆTEREA VIDEBITUR. Quid igitur est causæ, quin coloniam in Janiculum possint deducere, et suum præsidium in capite atque cervicibus vestris collocare? Tu non definias, quot colonias, in quæ loca, quo numero colonorum deduci velis? tu occupes locum quem idoneum ad vim tuam judicaris? compleas numero? confirmes præsidio quo velis? populi Romani vectigalibus atque omnibus copiis ipsum popu-

les domaines du peuple romain pour l'assujettir, pour l'écraser, pour le plier sous le joug décemviral?

XXVIII. Oui, c'est toute l'Italie que Rullus prétend investir, dont il veut se rendre maître avec ses garnisons : en voici la preuve, Romains. Il autorise les décemvirs à conduire dans tous les municipes, dans toutes les colonies de l'Italie, les citoyens qu'ils voudront, et il ordonne qu'on leur assigne des terres. N'est-il pas évident qu'on cherche à s'arroger un pouvoir et des forces incompatibles avec votre indépendance? n'est-ce pas là vraiment établir la tyrannie? n'est-ce pas là vraiment anéantir votre liberté? Car lorsque, en vertu de leurs pouvoirs, ils se verront maîtres de tout l'argent, de toute la population, en un mot, de toute l'Italie, lorsqu'ils tiendront votre liberté cernée de tous côtés par leurs garnisons et par leurs colonies, quel espoir, quel moyen vous restera-t-il de ressaisir votre indépendance?

Mais, en vertu de la loi, on distribuera le territoire de la Campanie, le plus riche de l'univers; on fondera même une colonie à Capoue, ville considérable et magnifique. A cela que pouvons-nous répondre? Romains, je vais d'abord vous parler de votre intérêt; ensuite je m'occuperai de ce qui touche votre honneur et votre dignité. Je veux que ceux qui pourraient être séduits par la fertilité du sol et la beauté de la ville ne s'attendent pas à en tirer profit, et que les autres, qui considèrent l'honneur avant

lum Romanum coerceas, opprimas, redigas in istam decemviralem ditionem ac potestatem?

XXVIII. Ut vero totam Italiam suis præsidiis obsidere atque occupare cogitet, quæso, Quirites, cognoscite. Permittit decemviris ut in omnia municipia, in omnes colonias totius Italiæ colonos deducant quos velint, iisque colonis agrum dari jubet. Num obscure majores opes quam libertas vestra pati potest et majora præsidia quæruntur? num obscure regnum constituitur? num obscure libertas vestra tollitur? Nam, quum iidem omnem pecuniam, maximam multitudinem, id est totam Italiam, suis opibus obsidebunt, iidem vestram libertatem suis præsidiis et coloniis interclusam tenebunt, quæ spes tandem, quæ facultas recuperandæ vestræ libertatis relinquetur?

At enim ager Campanus hac lege dividetur, orbis terræ pulcherrimus, et Capuam colonia deducetur, urbem amplissimam atque ornatissimam. Atqui quid ad hæc possumus dicere? De commodo vestro prius dicam, Quirites; deinde ad amplitudinem et dignitatem revertar; ut, si quis agri aut oppidi bonitate delectetur, ne quid exspectet; si quem rei dignitas commovet, ut

tout, ne se laissent point gagner par de feintes largesses. Je commencerai par vous parler de la ville, en supposant qu'il se trouve quelqu'un dans cette assemblée qui préfère Capoue à Rome. La loi ordonne d'enregistrer cinq mille colons pour Capoue. Chacun des décemvirs en choisira cinq cents. N'allez pas, je vous prie, vous faire illusion ; réfléchissez-y sérieusement. Croyez-vous qu'il y aura place dans ce nombre pour vous ou pour ceux qui vous ressemblent, pour les hommes honnêtes, paisibles, amis du repos? Si c'est de vous, ou du moins de la plus grande partie d'entre vous, qu'ils doivent composer leurs colonies, quoique l'honneur que je tiens de vous me prescrive de veiller jour et nuit, et d'avoir sans cesse les yeux ouverts sur toutes les parties de l'administration, pour peu que vous y trouviez votre avantage, je ne m'y opposerai pas. Mais si, à cinq mille hommes choisis pour des violences, des crimes, des meurtres, on veut procurer une ville où l'on puisse organiser la guerre et vous la faire, souffrirez-vous que l'on se couvre de votre nom pour se fortifier contre vous, pour munir des places, pour s'assurer des villes, des territoires et des troupes? Car le territoire de Capoue, qu'ils vous offrent en perspective, c'est pour eux qu'ils le convoitent ; ils y mèneront leurs affidés, mais afin d'en prendre possession et d'en jouir eux-mêmes. Ils feront, en outre, des achats, et prolongeront leurs dix arpents. Notre loi, diront-ils, ne le permet pas. La loi Cornélia le défendait aussi, et cependant nous voyons

huic simulatæ largitioni resistat. Ac primum de oppido dicam, si quis est forte quem Capua magis quam Roma delectat. Quinque millia colonorum Capuam scribi jubet. Ad hunc numerum quingenos sibi singuli sument. Quæso, nolite vosmetipsos consolari; vere et diligenter considerate. Num vobis aut vestri similibus, integris, quietis, otiosis hominibus, in hoc numero locum fore putatis? Si est omnibus vobis aut majori vestrum parti, quanquam me vester honos vigilare dies atque noctes, et intentis oculis omnes reipublicæ partes intueri jubet, tamen paulisper, si ita commodum vestrum foret, connivebo. Sed si quinque hominum millibus, ad vim, facinus cædemque delectis, locus atque urbs, quæ bellum facere atque instruere possit, quæritur, tamenne patiemini, vestro nomine contra vos firmari opes, armari præsidia, urbes, agros, copias comparari? Nam agrum quidem Campanum, quem vobis ostentant, ipsi concupiverunt ; deducent suos, quorum nomine ipsi teneant et fruantur; coement præterea ; ista dena jugera continuabunt. Nam, si dicent per legem id non licere, ne per Corneliam quidem licet. At videmus (ut lon-

(pour ne pas aller plus loin) toute la plaine de Préneste devenue la propriété d'un petit nombre de gens. Je vois aussi qu'avec tout l'argent des décemvirs, il ne leur manque que des terres dont l'étendue les mette à même de nourrir d'innombrables esclaves, et de fournir à l'entretien de villas à Cumes et à Pouzzoles. Si Rullus n'a en vue que votre intérêt, qu'il s'avance, et s'explique avec moi devant vous sur le partage de la Campanie.

XXIX. Je lui demandai, aux calendes de janvier, comment et à qui il ferait ce partage. Il me répondit qu'il commencerait par la tribu Romilia. D'abord, quelle est cette idée injurieuse et despotique de morceler le peuple romain, et de renverser l'ordre des tribus; d'assigner des terres aux habitants de la campagne, qui déjà en possèdent, avant d'en attribuer aux tribus urbaines qu'on avait flattées du doux espoir de posséder aussi des terres? S'il désavoue sa réponse, s'il a l'intention de vous satisfaire tous, qu'il produise son projet, qu'il divise ses acquisitions par dix arpents, et vous appelle les uns après les autres, depuis la tribu Suburra jusqu'à celle de l'Arno. Si vous reconnaissez que non-seulement on ne songe pas à vous donner individuellement dix arpents, mais que les citoyens qui composent cette assemblée ne pourraient pas même être tous entassés dans la Campanie, souffrirez-vous encore que votre tribun bouleverse la république, méprise la majesté du peuple romain et le fasse servir de jouet à son ambition?

---

ginqua mittamus) agrum Prænestinum a paucis possideri; neque istorum pecuniis quidquam aliud deesse video, nisi ejusmodi fundos, quorum subsidio familiarum magnitudines, et Cumanorum ac Puteolanorum prædiorum sumptus sustentare possint. Quod si vestrum commodum spectat, veniat, et coram mecum de agri Campani divisione disputet.

XXIX. Quæsivi ex eo kalendis januariis quibus hominibus et quemadmodum illum agrum esset distributurus. Respondit a Romilia tribu se initium esse facturum. Primum, quæ est ista superbia et contumelia, ut populi pars amputetur, ordo tribuum negligatur? ante rusticis detur ager, qui habent, quam urbanis, quibus ista agri spes et jucunditas ostenditur? Aut, si hoc ab se dictum negat, et satisfacere omnibus cogitat, proferat, in jugera dena describat, a Suburrana usque ad Arniensem nomina vestra proponat. Si non modo dena jugera dari vobis, sed ne constipari quidem tantum numerum hominum posse in agrum Campanum intelligetis, tamenne vexari rempublicam, contemni majestatem populi Romani, deludi vosmetipsos diutius a tribuno plebis patiemini?

28.

Quand même il pourrait, vous revenir à chacun une portion de ce territoire, n'aimeriez-vous pas mieux le conserver dans votre patrimoine? Quoi! votre plus beau domaine, la source de vos richesses, l'ornement de la paix, le soutien de la guerre, la base des revenus publics, le grenier des légions, la ressource dans la disette, vous souffrirez qu'on vous l'enlève? Lorsque, dans la guerre italique, tous vos autres revenus vous manquaient, avez-vous oublié quelles nombreuses armées furent alimentées par les récoltes de la Campanie? Ignorez-vous que les autres revenus de la république, tout magnifiques qu'ils sont, dépendent souvent d'un caprice de la fortune ou de la moindre variation dans la température? A quoi nous serviront les ports de l'Asie, les plaines de la Syrie et tous les impôts prélevés par delà les mers, au plus léger bruit de l'approche des pirates ou des ennemis? Les revenus de la Campanie ont cet avantage spécial, que, placés à nos portes et sous la protection de toutes nos villes, ils ne sont exposés ni aux ravages de la guerre, ni aux variations du climat, ni aux intempéries du ciel et des saisons. Aussi nos ancêtres, loin de démembrer ce qu'ils avaient conquis dans la Campanie, achetèrent les champs dont aucun droit ne les autorisait à dépouiller les propriétaires. Par la même raison, ni les deux Gracques, si dévoués aux intérêts du peuple romain, ni L. Sylla, qui disposa de tout sans scrupule en faveur de ses créatures, n'ont osé toucher

Quod si posset ager iste ad vos pervenire, nonne eum tamen in patrimonio vestro remanere malletis? Unumne fundum pulcherrimum populi Romani, caput vestræ pecuniæ, pacis ornamentum, subsidium belli, fundamentum vectigalium, horreum legionum, solatium annonæ, disperire patiemini? An obliti estis, Italico bello, amissis cæteris vectigalibus, quantos agri Campani fructibus exercitus alueritis? An ignoratis, cætera illa magnifica populi Romani vectigalia, perlevi sæpe momento fortunæ, inclinatione temporis pendere? Quid nos Asiæ portus, quid Syriæ rura, quid omnia transmarina vectigalia juvabunt, tenuissima suspicione prædonum aut hostium injecta? At vero hoc agri Campani vectigal quum ejusmodi est, ut domi sit, et omnibus præsidiis oppidorum tegatur, tum neque bellis infestum, nec fructibus varium, nec cœlo ac loco calamitosum esse solet. Majores nostri non solum id quod a Campanis ceperant non imminuerunt, verum etiam, quod ei tenebant, quibus adimi jure non poterat, coemerunt. Qua de causa nec duo Gracchi, qui de plebis Romanæ commodis plurimum cogitaverunt, nec L. Sulla, qui omnia sine

au territoire de la Campanie. Et il s'est rencontré un Rullus pour expulser la république d'un domaine dont ni la libéralité des Gracques ni le despotisme de Sylla ne l'avaient point dépossédée !

XXX. Cette plaine que vous ne traversez plus aujourd'hui sans dire qu'elle est à vous, cette plaine où les étrangers ne voyagent point sans entendre partout répéter que vous en êtes les maîtres, une fois divisée, ne sera plus à vous, on ne dira plus que c'est votre bien. Qui donc la possédera? d'abord des intrigants, toujours prêts aux coups de main et aux séditions, et capables, au moindre signal des décemvirs, de s'armer contre les citoyens et de les massacrer. Vous verrez ensuite toute la Campanie passer à une poignée d'hommes riches et puissants. Et vous, à qui vos aïeux ont transmis ces domaines, la source de vos plus beaux revenus et le prix de leur vaillance, on ne vous laissera pas un coin de terre dans les possessions de vos pères et de vos ancêtres : vous vous montrerez moins jaloux de les conserver que ne l'ont fait de simples particuliers. En effet, P. Lentulus, prince du sénat, envoyé dans la Campanie pour acheter, au nom de l'État, des terres enclavées dans votre domaine, déclara, dit-on, à son retour, qu'il n'avait pu, à quelque prix que ce fût, acheter le fonds d'un propriétaire, et que cet homme avait donné pour excuse de son refus

---

ulla religione, quibus voluit, est dilargitus, agrum Campanum attingere ausus est. Rullus exstitit, qui ex ea possessione rempublicam demoveret, ex qua nec Gracchorum benignitas eam, nec Sullæ dominatio dejecisset.

XXX. Quem agrum nunc prætereuntes vestrum esse dicitis, et quem pariter qui iter faciunt, externi homines, vestrum esse audiunt, is quum erit divisus, neque erit, neque vester esse dicetur. At qui homines possidebunt? Primo quidem acres, ad vim prompti, ad seditionem parati, qui simul ac decemviri concrepuerint, armati in cives, et expediti ad cædem esse possint. Deinde ad paucos, opibus et copiis affluentes, totum agrum Campanum perferri videbitis. Vobis interea, qui illas a majoribus pulcherrimas vectigalium sedes armis captas accepistis, gleba nulla de paternis atque avitis possessionibus relinquetur : ac tantum intererit inter vestram et privatorum diligentiam, quod, quum a majoribus vestris P. Lentulus, qui, princeps senatus, in ea loca missus esset, ut privatos agros, qui in publicum Campanum incurrebant, pecunia publica coemeret, dicitur renuntiasse, nulla se pecunia fundum cujusdam emere potuisse; cumque qui nollet vendere, ideo negasse se adduci posse uti venderet,

que de tous les terrains qu'il possédait, c'était le seul dont il n'eût jamais reçu de mauvaises nouvelles.

Quoi donc! cette raison a touché un simple particulier, et elle ne touchera pas le peuple romain, quand il s'agit de livrer gratuitement à des tiers le territoire de la Campanie sur la proposition de Rullus! Le peuple romain doit répondre pour ce domaine ce que ce particulier disait de sa terre. Lors de la guerre de Mithridate, l'Asie ne vous a rien rapporté durant un grand nombre d'années; les revenus de l'Espagne ont été nuls, tant qu'a duré la révolte de Sertorius, et même plusieurs villes de la Sicile, pendant la guerre des esclaves, ont reçu des vivres de M. Aquilius; mais, pour vos terres de la Campanie, jamais on ne vous en a rapporté de mauvaises nouvelles. Les crises de la guerre ruinent tous les autres revenus; ceux-là seuls vous servent à soutenir les embarras de la guerre.

XXXI. D'ailleurs, pour motiver la distribution de ces terres, on ne peut pas dire ce qu'on allègue à l'égard de beaucoup d'autres, qu'il ne peut y avoir de terre qui ne soit occupée par le peuple romain et cultivée par des hommes libres. Je dis que si l'on partage le territoire de Capoue, ce sera en chasser brutalement les plébéiens, et non les y établir comme dans une demeure. Tout le canton est possédé et cultivé par des citoyens de cet ordre, gens de la classe la plus honnête et la plus modeste; et ce sont

---

quod, quum plures fundos haberet, ex illo solo fundo nunquam malum nuntium audisset.

Itane vero? privatum hæc causa commovit; populum Romanum, ne agrum Campanum privatis gratis, Rullo rogante, tradat, non commovebit? Atqui idem populus Romanus de hoc vectigali potest dicere, quod ille de suo fundo dixisse dicitur. Asia multos annos vobis fructum Mithridatico bello non tulit; Hispaniarum vectigal temporibus Sertorianis nullum fuit; Siciliæ civitatibus bello fugitivorum. M. Aquilius etiam mutuum frumentum dedit; at ex hoc vectigali nunquam malus nuntius auditus est. Cætera vectigalia belli difficultatibus affliguntur; hoc vectigali etiam belli difficultates sustentantur.

XXXI. Deinde in hac assignatione agrorum ne illud quidem dici potest, quod in cæteris, agros desertos a plebe atque a cultura hominum liberorum esse non oportere. Sic enim dico, si Campanus ager dividatur, exturbari et expelli plebem ex agris, non constitui et collocari. Totus enim ager Campanus colitur et possidetur a plebe, et a plebe optima et modestissima; quod genus

SUR LA LOI AGRAIRE.    501

ces hommes respectables, aussi bons soldats que bons laboureurs, qu'un tribun, qui se vante d'être l'ami du peuple, se propose d'expulser impitoyablement. Ces malheureux, élevés dans ces champs qui les ont vus naître, après les avoir cultivés avec tant de soin, vont se trouver tout à coup sans asile, et toute la Campanie sera livrée aux satellites des décemvirs, à des hommes audacieux qui abuseront de leurs forces pour exercer la tyrannie. Vous vous plaisez à dire aujourd'hui : Ce domaine est un héritage de nos ancêtres. Vos descendants diront de vous : Ce domaine qu'ils tenaient de leurs pères, nos pères l'ont perdu.

Supposez qu'on partage le Champ de Mars, et qu'on en assigne deux pieds à chacun de vous, n'aimeriez-vous pas mieux jouir en commun de la totalité, que d'avoir en propre une si petite partie ? Ainsi, quand il vous reviendrait individuellement quelques arpents de ce territoire qu'on vous promet et qu'on destine à d'autres, il serait plus honorable pour vous de le posséder en commun tout entier, que d'en avoir chacun une portion. Mais, puisqu'il ne vous en reviendra rien, puisqu'on vous l'enlève et qu'on le destine à d'autres, n'opposerez-vous pas à une loi spoliatrice une résistance aussi énergique qu'à un ennemi qui vous attaquerait les armes à la main ?

Rullus adjoint le territoire de Stellate à celui de Capoue, et il assigne par tête douze arpents, comme s'il y avait peu de diffé-

---

hominum optime moratum, optimorum et aratorum et militum, ab hoc plebicola tribuno funditus ejicitur. Atque illi miseri, nati in illis agris et educati, glebis subigendis exercitati, quo se subito conferant, non habebunt; his robustis, et valentibus, et audacibus decemvirum satellitibus agri Campani possessio tota tradetur, et, ut vos nunc de vestris majoribus prædicatis : Hunc agrum nobis majores nostri reliquerunt; sic vestri posteri de vobis prædicabunt : Hunc agrum patres nostri acceptum a patribus suis perdiderunt.

Equidem existimo, si jam campus Martius dividatur, et unicuique vestrum, ubi consistat, bini pedes assignentur, tamen promiscue toto, quam propriæ parva fui parte malletis. Quare, etiamsi ad vos esset singulos aliquid ex hoc agro perventurum, qui vobis ostenditur, aliis comparatur, tamen honestius eum vos universi, quam singuli possideretis. Nunc vero, quum ad vos nihil pertineat, sed paretur aliis, eripiatur vobis, nonne acerrime, tanquam armato hosti, sic huic legi pro vestris agris resistetis?

Adjungit Stellatem campum agro Campano, et in eo duodena describit in sin-

rence entre ces deux cantons. On ne veut, Romains, qu'entasser une multitude dans toutes ces villes; car, je le répète, la loi autorise les décemvirs à établir leurs colons, non-seulement dans les municipes, mais dans les anciennes colonies qu'il leur plaira de choisir. Vous les verrez en remplir le municipe de Calès, en surcharger celui de Téano ; Atella, Cumes, Naples, Pompéi, Nucérie seront enchaînées par leurs garnisons ; Pouzzoles, aujourd'hui indépendante et en possession de tous ses priviléges, tombera au pouvoir d'un nouveau peuple, et sera envahie par des troupes étrangères.

XXXII. Alors le drapeau de la Campanie, si redoutable pour notre empire, sera planté par les décemvirs sur les murs de Capoue; alors cette Rome auguste, notre commune patrie, verra une seconde Rome s'élever contre elle. C'est là que ces scélérats s'efforcent de transporter notre république, dans cette même ville où vos ancêtres abolirent toute forme républicaine. Ils ne connaissaient dans le monde entier que trois villes, Carthage, Corinthe et Capoue, qui pussent prétendre au titre de cités souveraines et en soutenir la majesté. Carthage fut détruite, parce qu'avec la multitude de ses habitants, sa situation, les ports qui l'environnaient, les remparts dont elle était armée, elle semblait s'élancer hors de l'Afrique, et toujours prête à fondre sur les îles

---

gulos homines jugera, quasi vero paulum differat ager Campanus ac Stellatis. Et multitudo, Quirites, quæritur qua illa omnia oppida compleantur. Nam dixi antea, lege permitti ut, quæ velint municipia, quas velint veteres colonias, colonis suis occupent. Calenum municipium complebunt; Teanum oppriment; Atellam, Cumas, Neapolim, Pompeios, Nuceriam suis præsidiis devincient ; Puteolos vero, qui nunc in sua potestate sunt, suo jure libertateque utuntur, totos novo populo atque adventitiis copiis occupabunt.

XXXII. Tunc illud Campanæ vexillum coloniæ, vehementer huic imperio timendum, Capuæ a decemviris inferetur; tunc contra hanc Romam, communem patriam omnium nostrum, illa altera Roma quæretur. In id oppidum homines nefarii rempublicam nostram transferre conantur, quo in oppido majores vestri nullam omnino rempublicam esse voluerunt; qui tres solum urbes in terris omnibus, Carthaginem, Corinthum, Capuam statuerunt posse imperii gravitatem ac nomen sustinere. Deleta Carthago est, quod quum hominum copiis, tum ipsa natura ac loco, succincta portubus, armata muris, excurrere ex Africa, imminere ita fructuosissimis insulis populi Romani vide-

les plus opulentes du peuple romain. A peine est-il resté quelque vestige de Corinthe : elle nous fermait l'entrée de la Grèce, et, située entre deux mers qu'elle séparait à peine, elle réunissait les avantages d'une double navigation.

Ces deux villes, éloignées de notre empire et placées hors de la vue de Rome, non-seulement furent renversées, mais anéanties par nos ancêtres, afin qu'elles ne pussent sortir un jour de leurs ruines ni reprendre leur ancienne splendeur. Le sort de Capoue occupa longtemps leurs délibérations (nos registres publics en font foi, et nous pourrions citer plusieurs sénatus-consultes); mais ils jugèrent dans leur sagesse que, s'ils ôtaient aux Campaniens leur territoire, s'ils ne laissaient dans leur ville ni magistrats, ni sénat, ni conseil public, s'il n'y restait aucune ombre de république, Capoue ne pourrait plus nous inspirer aucune crainte. Aussi lisez-vous sur les anciens monuments que c'est pour qu'il y eût une place où les cultivateurs de la Campanie pussent se procurer tous les instruments aratoires, un lieu où les récoltes fussent transportées, des domiciles où les laboureurs vinssent se reposer de leurs fatigues, que les édifices qui subsistent encore dans Capoue ne furent point abattus.

XXXIII. Considérez quel immense intervalle existe entre la sagesse de nos ancêtres et la démence de ces hommes. Les premiers

---

batur. Corinthi vestigium vix relictum est. Erat enim posita in angustiis atque in faucibus Græciæ, sic, ut terra claustra locorum teneret, et duo maria, maxime navigationi diversa, pæne conjungeret, quum pertenui discrimine separarentur.

Hæc, quæ procul erant a conspectu imperii, non solum afflixerunt, sed etiam, ne quando recreata exsurgere atque erigere se possent, funditus, ut dixi, sustulerunt. De Capua multum est et diu consultum : exstant litteræ, Quirites, publicæ; sunt senatusconsulta complura. Statuerunt homines sapientes, si agrum Campanis adcmissent, magistratus, senatum, publicum ex illa urbe consilium sustulissent, imaginem reipublicæ nullam reliquissent, nihil fore, quod Capuam timeremus. Itaque hoc perscriptum in monumentis veteribus reperietis, ut esset urbs, quæ res eas quibus ager Campanus coleretur, suppeditare posset, ut esset locus comportandis condendisque fructibus, ut aratores, cultu agrorum defessi, urbis domiciliis uterentur, idcirco illa ædificia non esse deleta.

XXXIII. Videte quantum intervallum sit interjectum inter majorum nostrorum consilia et inter istorum hominum dementiam. Illi Capuam, receptaculum

voulurent que Capoue devînt une retraite pour les laboureurs, un marché pour les habitants de la campagne, un magasin et un grenier pour les récoltes ; les seconds, après avoir chassé les laboureurs, dissipé follement vos revenus, établissent dans Capoue le siége d'une nouvelle république, et fondent une puissance colossale pour écraser un jour l'ancienne république. Si nos ancêtres avaient pensé que, dans un empire aussi glorieux, chez un peuple aussi bien organisé que le peuple romain, il se rencontrerait des hommes du caractère de M. Brutus ou de P. Rulllus (car ce sont les deux seuls encore qui aient voulu transférer la république à Capoue), sans doute ils auraient anéanti jusqu'au nom de cette ville. Mais ils croyaient que, quand même ils auraient ôté à Corinthe et à Carthage leur sénat et leurs magistratures, et dépouillé leurs habitants de leurs propriétés, on trouverait toujours moyen de tout rétablir, et d'y changer toutes nos dispositions, avant que nous en fussions informés. Dans la Campanie, au contraire, toujours sous les yeux du sénat et du peuple romain, on ne pourrait préparer aucune insurrection qu'il ne fût facile de réprimer et d'étouffer, pour ainsi dire, dans son germe et à sa naissance. L'événement n'a point trompé leur merveilleuse sagesse et leur profond génie. Car, depuis le consulat de Q. Fulvius et de Q. Fabius, époque de la défaite et de la prise de Capoue, la république ne peut reprocher à cette ville, je ne dis pas un attentat, mais un projet contraire à la république. Que de guerres n'avons-nous pas

aratorum, nundinas rusticorum, cellam atque horreum Campani agri esse voluerunt ; hi, expulsis aratoribus, effusis ac dissipatis fructibus vestris, eamdem Capuam sedem novæ reipublicæ constituunt, molem contra veterem rempublicam comparant. Quod si majores nostri existimassent, quemquam in tam illustri imperio et tam præclara populi Romani disciplina, M. Bruti aut P. Rulli similem futurum (hos enim nos duos adhuc vidimus, qui hanc rempublicam Capuam totam transferre vellent), profecto nomen illius urbis non relliquissent. Verum arbitrabantur, Corintho et Carthagini etiamsi senatum et magistratus sustulissent, agrumque civibus ademissent, tamen non defore qui illa restituerent, atque qui ante omnia commutarent, quam nos audire possemus ; hic vero, in oculis senatus populique Romani nihil posse exsistere, quod non ante exstingui atque opprimi posset, quam plane exortum ac natum esset. Neque vero ea res fefellit homines, divina mente et consilio præditos. Nam post Q. Fulvium, Q. Fabium consules, quibus consulibus Capua devicta atque capta est, nihil est in ea urbe contra hanc rempublicam, non dico factum, sed om-

soutenues depuis avec les rois Philippe, Antiochus, Persée, le faux Philippe, Aristonicus, Mithridate et beaucoup d'autres? Combien de fois ne vous a-t-il pas fallu repousser les efforts redoutables de Carthage, de Corinthe et de Numance? Je ne parle point de toutes les factions qui ont déchiré le sein de la république; mais que de combats avec les alliés, avec les habitants de Frégelles, avec les Marses! Dans toutes ces guerres domestiques ou étrangères, Capoue, loin de nous nuire, s'est montrée toujours prête à se rendre utile, soit pour nous fournir des munitions, soit pour équiper nos troupes, soit pour leur offrir des quartiers et un asile.

Mais alors il ne se trouvait point dans cette ville de citoyen qui, par des harangues séditieuses, par des sénatus-consultes incendiaires, par des ordres tyranniques, cherchât à bouleverser la république et à semer des germes de révolution ; car personne n'avait plus le pouvoir de convoquer le peuple, ni de le contraindre à délibérer. L'ambition n'échauffait plus les esprits, parce que l'ambition disparaît quand l'État n'a point d'honneurs à décerner. Nulle prétention, nulle rivalité ne désunissait les citoyens ; il n'y avait plus rien qu'on se disputât, rien que l'on briguât au préjudice d'autrui, rien qui divisât les intérêts. Ainsi cette farouche arrogance, cet insupportable orgueil du peuple campanien, grâce à la sage prévoyance de nos ancêtres, fit insensiblement

---

nino excogitatum. Multa postea bella gesta cum regibus, Philippo, Antiocho, Persa, Pseudophilippo, Aristonico, Mithridate et cæteris; multa præterea bella gravia Carthaginiensium, Corinthium, Numantinum ; multæ in hac republica seditiones domesticæ, quas prætermitto ; bella cum sociis, Fregellanum, Marsicum : quibus omnibus domesticis externisque bellis Capua non modo non obfuit, sed opportunissimam se nobis præbuit et ad bellum instruendum, et ad exercitus ornandos, et tectis ac sedibus suis recipiendos.

Homines non inerant in urbe, qui malis concionibus, turbulentis senatusconsultis, iniquis imperiis rempublicam miscerent, et rerum novarum causam aliquam quærerent. Neque enim concionandi potestas erat cuiquam, nec consilii capiundi publici; non gloriæ cupiditate efferebantur, propterea quod, ubi honos publice non est, ibi gloriæ cupiditas esse non potest; non contentione, non ambitione discordes. Nihil enim supererat de quo certarent, nihil quod contra peterent, nihil ubi dissiderent. Itaque illam Campanam arrogantiam atque intolerandam ferociam ratione et consilio majores nostri ad inertissimum

place à l'oisiveté la plus indolente et la plus complète. Ainsi ils surent tout à la fois éviter les reproches de cruauté, en ne détruisant point la plus belle ville de l'Italie, et garantir pour jamais la sûreté de la république, en laissant cette ville, dont ils avaient coupé les nerfs, traîner une existence faible et languissante.

XXXIV. Cette politique de nos ancêtres, blâmée jadis par M. Brutus, comme je l'ai dit, l'est aujourd'hui par P. Rullus. Quoi! P. Rullus, le sort funeste de M. Brutus n'est point pour vous un présage assez terrible, et ne vous préserve pas d'un pareil délire! car enfin celui qui alla installer les colons dans Capoue, ceux qui, mis par lui à la tête du gouvernement, eurent quelque part à cette fondation, et ceux qui en reçurent quelques honneurs et en tirèrent de l'argent, tous ont subi les châtiments les plus rigoureux réservés aux impies. Puisque j'ai parlé de Brutus, et rappelé cette époque, je citerai ce que j'ai vu moi-même dans un voyage que je fis à Capoue, lorsque la colonie était sous les ordres de L. Considius et de Sext. Saltius, préteurs (car c'est le titre qu'ils se donnaient), et vous verrez quel orgueil le lieu même inspire aux habitants, orgueil qui éclata d'une manière bien sensible dès les premiers jours de la nouvelle colonie.

D'abord, comme je viens de le dire, les deux magistrats appelés duumvirs dans toutes les colonies voulurent qu'on les nommât

---

et desidiosissimum otium perduxerunt. Sic et crudelitatis infamiam effugerunt, quod urbem ex Italia pulcherrimam non sustulerunt et multum in posterum providerunt, quod, nervis urbis omnibus exsectis, urbem ipsam solutam ac debilitatam reliquerunt.

XXXIV. Hæc consilia majorum M. Bruto, ut antea dixi, reprehendenda, et P. Rullo visa sunt; neque te, P. Rulle, omina illa M. Bruti atque auspicia a simili furore deterrent. Nam et ipse qui deduxit, et qui magistratum Capuæ, ea lege creati, ceperunt, et qui aliquam partem illius deductionis, honoris, muneris attigerunt, omnes acerbissimas impiorum pœnas pertulerunt. Et quoniam Bruti atque temporis illius feci mentionem, commemorabo id quod egomet vidi, quum venissem Capuam, coloniam deductam L. Considio et Sext. Saltio (quemadmodum ipsi loquebantur) prætoribus, ut intelligatis quantam locus ipse afferat superbiam; quæ paucis diebus, quibus illo colonia deducta fuit, perspici atque intelligi potuit.

Nam primum, id quod dixi, quum cæteris in coloniis duumviri appellentur,

préteurs. Si, dès la première année, ils avaient eu cette prétention, croyez-vous qu'ils eussent tardé longtemps à vouloir prendre le titre de consuls? Devant eux marchaient deux licteurs, non pas une baguette à la main, mais armés de faisceaux, comme ceux qui précèdent nos préteurs. Deux grandes victimes, debout sur la place, attendaient que ces préteurs, du haut de leur tribunal, les eussent agréées, comme le font nos deux consuls, après avoir pris l'avis du collége des pontifes, pour que le héraut annonçât le sacrifice et qu'on les immolât au son des flûtes. Enfin ces magistrats se faisaient appeler *pères conscrits*. Les airs de hauteur de Considius surtout n'étaient pas supportables. Cet homme, que nous avions vu, si sec et si maigre, végéter à Rome dans le mépris et l'abjection, étalait à Capoue tout l'orgueil campanien, toute l'arrogance d'un roi : je crus voir les Magius, les Blossius, les Jubellius. Et quelle crainte ils inspiraient à leur peuple! comme on accourait de tous les quartiers dans les places *Albane* et *Séplasie!* Comme on se demandait : Qu'a ordonné le préteur? où dînera-t-il? qu'a-t-il dit? Mais nous, qui n'arrivions que de Rome, on ne nous donnait plus le nom d'hôtes; on nous appelait étrangers.

XXXV. Les auteurs de ces prévisions, Romains, je veux dire nos ancêtres, notre profonde vénération ne doit-elle pas les ranger parmi les dieux immortels? Mais enfin qu'ont-ils vu? Ils ont vu

hi se prætores appellari volebant. Quibus primus annus hanc cupiditatem attulisset, nonne arbitramini paucis annis fuisse consulum nomen appetituros? Deinde anteibant lictores, non cum bacillis, sed, ut hic prætoribus anteeunt, cum fascibus duobus. Erant hostiæ majores in Foro constitutæ, quæ ab his prætoribus de tribunali, sicut a nobis consulibus, de consilii sententia probatæ, ad præconem et ad tibicinem immolabantur. Deinde patres conscripti vocabantur. Jam vero vultum Considii videre ferendum vix erat. Quem hominem vegrandi macie torridum, Romæ contemptum atque abjectum videbamus, hunc Capuæ Campano supercilio ac regio spiritu quum videremus, Magios, Blossios mihi videbar illos videre ac Jubellios. Jam vero qui metus erat tunicatorum illorum? et in Albana et Seplasia quæ concursatio percontantium, quid prætor edixisset? ubi cœnaret? quid enuntiasset? Nos autem, hinc Roma qui veneramus, jam non hospites, sed peregrini atque advenæ nominabamur.

XXXV. Hæc qui prospexerint, majores nostros dico, Quirites, non eos in deorum immortalium numero venerandos a nobis et colendos putatis? Quid

ce que je vous prie de considérer vous-mêmes et de reconnaître dans cette circonstance. C'est moins le sang et la naissance que la nature du climat, l'éducation et les habitudes qui déterminent les mœurs des hommes. Les Carthaginois étaient portés au mensonge et à la fraude, moins par caractère qu'à cause de leur position, parce que leurs ports les mettaient en relation avec une foule de voyageurs et de marchands de tous les pays : la soif du gain leur inspirait le désir de tromper. Les Liguriens habitent des montagnes : ils sont durs et agrestes. Ce caractère leur vient du sol même, qui ne produit rien qu'à force de travail et de culture. La bonté du terroir, la richesse des récoltes, la salubrité, l'étendue, la beauté de leur ville, ont toujours rendu les Campaniens orgueilleux. C'est à cette abondance et à cette affluence de tous les biens qu'il faut attribuer l'arrogance qui leur fit demander à nos ancêtres qu'un des consuls fût de Capoue, et ce luxe qui triompha d'Annibal lui-même, qui vainquit par les voluptés un guerrier que les armes n'avaient pu vaincre.

Lorsque les décemvirs auront installé dans Capoue le nombre de colons que prescrit la loi de Rullus, et qu'ils y auront établi cent décurions, dix augures, six pontifes, figurez-vous leurs prétentions, leur audace, leur insolence ! Notre Rome, bâtie entre des montagnes et des vallées, élevée et comme suspendue dans les airs par les étages de ses maisons, avec ses rues étroites et mal

enim viderunt ? hoc quod nunc vos, quæso, perspicite atque cognoscite. Non ingenerantur hominibus mores tam a stirpe generis ac seminis, quam ex iis rebus quæ ab ipsa natura loci et a vitæ consuetudine suppeditantur, quibus alimur et vivimus. Carthaginienses, fraudulenti et mendaces, non genere, sed natura loci, quod, propter portus suos, multis et variis mercatorum et advenarum sermonibus, ad studium fallendi, studio quæstus vocabantur. Ligures montani, duri atque agrestes. Docuit ager ipse, nihil ferendo, nisi multa cultura et magno labore quæsitum. Campani, semper superbi bonitate agrorum et fructuum magnitudine, urbis salubritate, descriptione, pulchritudine. Ex hac copia atque omnium rerum affluentia primum illa nata sunt : arrogantia, quæ a majoribus nostris alterum Capua consulem postulavit ; deinde ea luxuries, quæ ipsum Annibalem, armis etiam tum invictum, voluptate vicit.

Huc isti decemviri quum numerum colonorum ex lege Rulli deduxerint, centum decuriones, decem augures, sex pontifices constituerint, quos illorum animos, quos impetus, quam ferociam fore putatis ? Romam in montibus positam et convallibus, cœnaculis sublatam atque suspensam, non optimis viis,

percées, quand ils la compareront à leur Capoue, assise au milieu d'une vaste plaine, et dont vous connaissez les belles rues spacieuses, quelle risée! quel mépris! Comme le Vatican et les champs Pupiniens leur paraîtront misérables auprès de leurs grasses et fertiles campagnes! Et les villes nombreuses qui les avoisinent, ce ne sera que par plaisanterie et par dérision qu'ils les mettront en parallèle avec les nôtres. Labicum, Fidène, Collatie, et même Lanuvium, Aricie, Tusculum, croyez-vous qu'ils les compteront pour quelque chose, quand ils parleront de Calès, de Téano, de Naples, de Pouzzoles, de Cumes, de Pompéi, de Nucérie? Enorgueillis et fiers de tant d'avantages, peut-être ne sera-ce pas sur-le-champ qu'ils manifesteront leur insolence; mais, on ne peut en douter, pour peu que le temps leur donne de consistance, ils ne s'arrêteront pas, ils iront plus loin ; leur ambition ne connaîtra plus de limites. Un particulier isolé, à moins qu'il ne soit doué de la plus rare sagesse, peut à peine, s'il vit au sein de l'opulence, se contenir dans les bornes du devoir; à plus forte raison des colons choisis par Rullus et par ses dignes associés, quand ils se verront réunis dans Capoue, c'est-à-dire dans le séjour de l'orgueil, dans le centre des délices, chercheront-ils toutes les occasions de crime et de désordre. Que dis-je? ils s'y livreront avec encore plus d'emportement que les anciens et véritables Campaniens. Car si, nés et élevés au sein d'une fortune héréditaire, ces derniers n'ont pu se préserver de la dépravation qu'entraîne l'excès

angustissimis semitis, præ sua Capua, planissimo in loco explicata, ac præ illis semitis, irridebunt atque contemnent ; agros vero, Vaticanum et Pupiniam, cum suis optimis atque uberibus campis conferendos scilicet non putabunt. Oppidorum autem finitimorum illam copiam cum hac per risum ac per jocum contendent : Labicos, Fidenas, Collatiam, ipsum hercle Lanuvium, Ariciam, Tusculum, cum Calibus, Teano, Neapoli, Puteolis, Cumis, Pompeiis, Nuceria comparabunt. Quibus illi rebus elati et inflati, fortasse non continuo, sed certe, si paulum assumpserint vetustatis ac roboris, non continebuntur; progredientur longius, efferentur. Singularis homo privatus, nisi magna sapientia præditus, vix facile sese regionibus officii, magnis in fortunis et copiis, continet; nedum isti, ab Rullo et Rulli similibus conquisiti atque electi coloni, Capuæ, in domicilio superbiæ atque in sedibus luxuriæ collocati, non statim conquisituri sint aliquid sceleris et flagitii. Immo vero etiam hoc magis, quam illi veteres germanique Campani, quod in vetere fortuna illos natos et educatos, nimiæ tamen rerum omnium copiæ depravabant; hi ex summa

des richesses, les nouveaux habitants, qui passeront de l'extrême pauvreté à cette même opulence, seront-ils à l'épreuve des séductions d'une abondance toute nouvelle pour eux?

XXXVI. Vous avez donc mieux aimé, Rullus, suivre les exemples coupables de M. Brutus que les traditions de la sagesse de nos ancêtres. Voilà ce que vous avez imaginé avec vos complices : vendre nos anciens revenus et piller les nouveaux ; établir dans Capoue une puissance rivale de Rome ; soumettre à vos lois, à votre juridiction, à votre autorité, les villes, les peuples, les provinces, les nations indépendantes, les rois, l'univers enfin ; après avoir épuisé le trésor public, entassé les produits de nos domaines, recueilli toutes les ressources pécuniaires des rois, des peuples, de nos généraux, obliger encore tous les particuliers de vous remettre leur argent au moindre signe de votre volonté ; acheter de ceux qui les tiennent de Sylla des possessions odieuses ou des terrains déserts et malsains, pour les faire occuper par vos créatures et par vous-mêmes, et les compter au peuple romain au prix que vous voudrez ; envahir, en y établissant de nouveaux colons, tous les municipes et toutes les colonies de l'Italie ; fonder des colonies dans tous les cantons, et en aussi grand nombre qu'il vous plaira ; investir toute la république de vos garnisons, de vos places, de vos soldats, et la tenir ainsi dans l'oppression ; proscrire, ou du moins éloigner de cette assemblée

egestate, in eamdem rerum abundantiam traducti, non solum copia, verum etiam insolentia commovebuntur.

XXXVI. Hæc tu, P. Rulle, M. Bruti sceleris vestigia, quam monumenta majorum sapientiæ sequi maluisti ; hæc tu cum istis tuis actoribus excogitasti, ut vetera vectigalia venderetis et expleretis nova ; ut urbi Capuam ad certamen dignitatis opponeretis ; ut sub vestrum jus, jurisdictionem, potestatem, urbes, nationes, provincias, liberos populos, reges, terrarum denique orbem subjungeretis ; ut, quum omnem pecuniam ex ærario exhausissetis, ex vectigalibus redegissetis, ab omnibus regibus, gentibus, imperatoribus nostris coegissetis, tamen omnes vobis pecunias ad nutum vestrum penderent ; ut iidem partim invidiosos agros a Sullanis possessoribus, partim desertos ac pestilentes, a vestris necessariis, a vobismetipsis emptos, quanti velletis, populo Romano induceretis ; ut omnia municipia coloniasque Italiæ novis colonis occuparetis ; ut quibuscumque in locis vobis videretur, ac quam multis videretur, colonias collocaretis ; ut omnem rempublicam vestris militibus, vestris urbibus, vestris præsidiis cingeretis atque oppressam teneretis ; ut ipsum Cn. Pompeium, cujus

Cn. Pompée, dont le bras tutélaire a tant de fois assuré la victoire au peuple romain contre les ennemis les plus acharnés et les citoyens les plus pervers ; vous saisir et vous emparer de tout ce qui peut être acheté avec l'or et l'argent, obtenu par les voix et les suffrages des citoyens réunis, emporté par la force et la violence ; parcourir cependant tous les États, tous les royaumes, avec un pouvoir absolu, avec une juridiction illimitée, avec tout l'argent de la république ; aller dans le camp de Cn. Pompée, et vendre son camp même, si vous le jugez convenable ; briguer toutes les magistratures sans être vous-mêmes soumis à aucune loi, sans redouter aucun tribunal, sans que personne puisse vous citer devant le peuple romain, sans qu'il soit permis au sénat de vous contraindre, à un consul de vous réprimer, à un tribun du peuple de vous contenir.

Que votre folie et votre cupidité vous aient inspiré tant d'audace, je n'en suis pas surpris ; mais que vous ayez espéré réussir sous mon consulat, voilà ce qui m'étonne. Car, si c'est un devoir pour les consuls de veiller avec soin au salut de la république, c'est une obligation sacrée pour ceux qui sont devenus consuls, non pas dès le berceau, mais en se faisant élire au Champ de Mars. Aucun de mes ancêtres n'a répondu de moi au peuple romain ; c'est à moi que vous vous êtes confiés ; c'est à moi que vous devez

præsidio sæpissime populus Romanus contra acerrimos hostes et contra improbissimos cives victor exstitit, proscribere atque horum conspectu privare possetis ; ut nihil auro et argento violari, nihil numero et suffragiis declarari, nihil vi ac manu perfringi posset, quod non vos oppressum atque ereptum teneretis ; ut volitaretis interea per gentes, per regna omnia cum imperio summo, cum judicio infinito, cum omni pecunia ; ut veniretis in castra Cn. Pompeii, atque ipsa castra, si commodum vobis esset, venderetis ; ut interea magistratus reliquos, legibus omnibus soluti, sine metu judiciorum, sine periculo, petere possetis ; ut nemo ad populum Romanum vos adducere, nemo producere, non senatus cogere, non consul coercere, non tribunus plebis retinere posset.

Hæc ego vos concupiisse pro vestra stultitia atque intemperantia non miror ; sperasse, me consule, assequi posse, demiror. Nam quum omnium consulum gravis in republica custodienda cura ac diligentia debet esse, tum eorum maxime, qui non in cunabulis, sed in Campo sunt consules facti. Nulli populo Romano pro me majores mei spoponderunt ; mihi creditum est ; a me petere,

réclamer ce que je vous dois. Lorsque je sollicitai vos bienfaits, je ne vous fus recommandé par aucun des auteurs de ma race ; s'il m'échappe quelque faute, je n'aurai aucune image pour désarmer votre courroux.

XXXVII. Pourvu que je conserve la vie (et je saurai la défendre contre l'audace et les piéges des factieux), je le jure, Romains, et je tiendrai mon serment : ce n'est point à un homme faible et timide, mais actif et vigilant, que vous avez remis le sort de la république. Eh quoi ! je suis consul, et je craindrais vos assemblées ! un tribun du peuple me ferait trembler ! je m'inquiéterais sans cesse de vaines alarmes ! je redouterais la prison, si un tribun ordonnait de m'y conduire ! Moi qui, avant d'être armé de vos suffrages, avant d'être décoré de vos premiers honneurs, sans pouvoir et sans autorité, n'ai pas craint de paraître à cette tribune et de lutter avec votre approbation contre la perversité d'un homme puissant, aujourd'hui que la république est soutenue par de si forts appuis, j'appréhenderais qu'elle ne fût opprimée ou qu'elle ne tombât sous le joug des méchants ! Si j'avais pu être accessible à la crainte, cette assemblée, le peuple qui m'écoute, l'aurait dissipée. Qui jamais, proposant une loi agraire, trouva une assemblée aussi favorable que moi qui l'ai combattue, ou plutôt qui l'ai détruite et anéantie ?

---

quod debeo, me ipsum appellare debetis. Quemadmodum, quum petebam, nulli me vobis auctores generis mei commendarunt, sic, si quid deliquero, nullæ sunt imagines quæ me a vobis deprecentur.

XXXVII. Quare, modo ut vita suppetat (quanquam ego sum is, qui cam possim ab istorum scelere insidiisque defendere), polliceor hoc vobis, Quirites, bona fide : rempublicam vigilanti homini, non timido ; diligenti, non ignavo commisistis. Ego is consul, qui concionem metuam ? qui tribunum plebis perhorrescam ? qui sæpe et sine causa tumultuer ? qui timeam ne mihi in carcere habitandum sit, si tribunus plebis duci jussisset ? Ego nondum vestris armis armatus, insignibusque amplissimis ornatus, imperio, auctoritate, non horrui in hunc locum progredi ; vobisque auctoribus improbitati hominis resistere ; nunc verear, ne respublica, tantis munita præsidiis, ab istis vinci aut opprimi possit ? Si antea timuissem, hac concione, hoc populo, certe non vererer. Quis enim unquam tam secunda concione legem agrariam suasit, quam ego dissuasi ? si hoc dissuadere est, ac non disturbare ac pervertere.

Vous pouvez le reconnaître, Romains, il n'y a rien de plus populaire que ce que vous offre, pour cette année, un consul ami du peuple : la paix, la tranquillité, le repos. Toutes les calamités que vous redoutiez au moment où nous fûmes désignés consuls, j'ai pris mes mesures pour qu'elles ne se réalisassent point. Non-seulement vous jouirez du repos, vous qui l'avez toujours chéri ; mais je condamnerai au repos le plus complet ces hommes pour qui notre repos est un tourment. C'est au milieu du trouble et des orages politiques qu'ils parviennent aux honneurs, au pouvoir, aux richesses ; et vous, dont l'influence réside dans vos suffrages, la liberté dans les lois, la dignité dans la justice des tribunaux et l'équité des magistrats, la sûreté des propriétés dans la paix, vous devez conserver le repos par tous les moyens qui dépendent de vous. Si les hommes qui, par indolence, s'abandonnent à l'oisiveté, trouvent pourtant des charmes dans leur honteuse mollesse ; vous, dans ce calme glorieux du sein duquel vous maîtrisez la fortune, si vous pensez qu'un pareil état mérite toute préférence, pourquoi ne le maintiendriez-vous point pour en jouir comme d'un bien que vous ne chercheriez plus, mais que vous avez obtenu? Cette tranquillité, je vous l'ai garantie par l'union que j'ai cimentée entre mon collègue et moi, en dépit de ces hommes dont les sentiments et les actions m'annonçaient des ennemis de mon consulat. J'ai tout prévu, j'ai mis

---

Ex quo intelligi, Quirites, potest, nihil esse tam populare, quam id quod ego vobis in hunc annum consul popularis affero, pacem, tranquillitatem, otium. Quæ nobis designatis timebatis, ea ne accidere possent, consilio meo ac ratione provisa sunt. Non modo vos eritis in otio, qui semper esse volueritis, verum etiam istos, quibus otiosi negotium facessimus, otiosissimos reddam. Etenim illis honores, potestates, divitiæ, ex tumultu atque ex dissensionibus civium comparari solent : vos, quorum gratia in suffragiis consistit, libertas in legibus, honos in judiciis et æquitate magistratus, et res familiares in pace, omni ratione otium tenere debetis. Nam si ii qui propter desidiam in otio vivunt, tamen in sua turpi inertia capiunt voluptatem, sub ipso otio quo vos fortunam regitis, si hunc statum quem habetis esse meliorem non ignoratis, non ut quæsitum, sed vita partum otium tenueritis. Quod ego et concordia, quam mihi constitui cum collega, invitissimis iis hominibus, quos in consulatu inimicos esse et animis et corporis actibus, providi. Omnibus prospexi sane et

ordre à tout. J'ai déclaré aux tribuns qu'ils devaient renoncer à tout complot sous mon consulat. Mais c'est en vous, Romains, que nous trouverons tous notre plus ferme et notre plus solide appui. Veuillez seulement paraître, dans toutes les affaires qui intéressent la république, tels que vous vous êtes montrés aujourd'hui dans cette nombreuse assemblée. Je vous promets, de mon côté, et je vous réponds de faire en sorte que je forcerai ceux qui ont vu d'un œil jaloux mon élévation, à reconnaître enfin que vous n'avez pas agi en aveugles, quand vous m'avez unanimement nommé consul.

revocavi. Idem tribunis plebis denuntiavi, ne quid turbulenti, me consule, conflarent. Summum et firmissimum est illud communibus fortunis præsidium, Quirites, ut quales vos hodierno die maxima concione mihi pro salute vestra præbuistis, tales reliquis temporibus reipublicæ præbeatis. Pro certo polliceor hoc vobis atque confirmo me esse perfecturum, ut jam tandem illi qui honori inviderunt meo, tamen vos universos in consule diligendo plurimum vidisse fateantur.

# DIX-SEPTIÈME DISCOURS

## TROISIÈME DISCOURS
# SUR LA LOI AGRAIRE
### CONTRE
## P. SERVILIUS RULLUS

TRADUCTION DE GUEROULT

REVUE AVEC LE PLUS GRAND SOIN
PAR M. CABARET-DUPATY

# SOMMAIRE

Rullus, vaincu autant par la faiblesse de sa cause que par l'éloquence de Cicéron, n'avait point osé paraître dans l'assemblée où sa loi avait été si vivement attaquée. Quelque séduisant qu'ait toujours été pour lui l'appât des lois agraires, le peuple allait avec le sénat rejeter la proposition de Rullus; mais ce tribun ne perdit pas encore toute espérance d'arriver à son but. Dès que l'impression produite par l'entraînante discussion du consul fut un peu moins récente, Rullus répandit des calomnies secrètes contre celui qu'il n'avait osé combattre en face. A l'en croire, le beau zèle dont Cicéron paraissait enflammé contre la loi provenait moins de son attachement au peuple que de sa lâche complaisance pour les donataires de Sylla, pour les sept tyrans de la république. On donnait alors ce nom à sept des principaux sénateurs : les deux Lucullus, Crassus, Catulus, Hortensius, Metellus et Philippe, tous connus pour avoir été partisans du dictateur, et pour avoir fait ou augmenté leur fortune sous ses auspices. C'était, ajoutait Rullus, pour les maintenir dans l'injuste possession de leurs biens usurpés, que le consul élevait la voix contre les vrais défenseurs des intérêts du peuple.

Instruit des calomnies, Cicéron ne voulut pas laisser son ouvrage imparfait, ni son adversaire sans réponse : une troisième fois il monte à la tribune. « Son apologie, » dit Clément, « est courte, mais elle est complète. » Rullus, dont il confondit la bassesse, dont il fit ressortir toute l'inconséquence, n'osa pas accepter le troisième défi que lui porta le consul de venir le combattre en face.

Rullus avait accusé Cicéron de vouloir maintenir les concessions de Sylla, et cependant telle était l'effronterie de ce tribun, que l'article 40 de sa proposition ratifiait formellement ces mêmes concessions. Le consul, dans ses premiers discours, n'avait pas voulu parler de cet article, pour ne pas donner prétexte à de nouvelles dissensions. Mais alors il ne lui était plus permis de garder le silence; et combien fut facile et complet son triomphe sur son ad-

versaire, lorsqu'il établit que l'article 40 avait été dicté à Rullus par Valgius, son beau-père, dont l'immense fortune ne se composait que de ces biens odieux !

« Il eût été juste, « dit Clément, » de dépouiller les lâches qui s'étaient enrichis par les proscriptions du dictateur ; mais cette opération eût troublé le repos de l'État, elle aurait amené la guerre civile, et Cicéron n'eut garde de la proposer. » C'est dans le même esprit d'une prévoyante politique que, pendant son consulat, il s'opposa au rétablissement des enfants des proscrits dans les droits que Sylla leur avait ôtés.

Rullus, qui trouvait toujours plus facile de calomnier Cicéron que de l'attaquer en face, renouvela contre lui des imputations d'autant plus perfides, qu'il choisissait toujours pour les répandre le moment où le consul n'était pas au Forum. Ce dernier fit à son ennemi une réponse publique, qui serait le quatrième discours *sur la loi agraire*, et qui ne nous est point parvenue. On ignore ce qu'elle contenait ; on sait seulement qu'elle était fort courte : Cicéron lui-même nous l'apprend dans un passage d'une de ses *Lettres à Atticus* (liv. II, lett. 1) que nous avons déjà cité, et dans lequel, après avoir fait l'énumération de ses dix harangues consulaires, il ajoute : *Sunt præterea duæ breves quasi* ἀποσπασμάτια *legis agrariæ*. « Il y a aussi deux petits discours qui sont comme les *appendices* de la loi agraire. » Le premier est celui qu'on va lire. Il paraît que ces deux dernières harangues eurent tout le succès des deux premières ; car les tribuns, se sentant hors d'état de se mesurer avec Cicéron, finirent par abandonner leur entreprise, et il ne fut plus question de la loi *Servilia*.

# DIX-SEPTIÈME DISCOURS

## TROISIÈME DISCOURS
# SUR LA LOI AGRAIRE
### CONTRE
## P. SERVILIUS RULLUS
#### PRONONCÉ DEVANT LE PEUPLE

I. Romains, les tribuns du peuple qui ont colporté chez vous leurs délations, auraient mieux fait de m'attaquer publiquement et en ma présence; car, en vous laissant prononcer avec impartialité sur cette affaire, ils auraient conservé à la fois l'usage de leurs prédécesseurs et les priviléges de leur charge. Mais, puisqu'ils ont jusqu'ici évité de se mesurer corps à corps avec moi, je leur offre encore le combat : qu'ils paraissent enfin dans cette

### ORATIO SEPTIMA DECIMA

### ORATIO TERTIA
## DE LEGE AGRARIA
#### CONTRA
## P. SERVILIUM RULLUM TR. PL.
#### AD POPULUM

I. Commodius fecissent tribuni plebis, Quirites, si, quæ apud vos de me detulerunt, ea coram potius, me præsente, dixissent; nam et æquitatem vestræ disceptationis, et consuetudinem superiorum, et jus suæ potestatis retinuissent. Sed quoniam adhuc præsens certamen contentionemque fugerunt, nunc, si

assemblée où je préside, et que, après avoir refusé mes premiers défis, ils répondent du moins à ce dernier appel.

Romains, j'entends quelques-uns de vous témoigner par un murmure je ne sais quel mécontentement, et leurs visages ne m'annoncent plus les mêmes dispositions qui accueillirent mon premier discours. Mais vous, qui n'avez rien cru de ce qu'on vous a dit de moi, je vous prie de me continuer la bienveillance que vous m'avez toujours témoignée ; et vous, dont les sentiments à mon égard me paraissent avoir éprouvé quelque changement, reprenez un moment la bonne opinion que je vous avais inspirée, afin que si je parviens à vous convaincre, vous me la conserviez tout entière ; sinon, abjurez-la en ce lieu même, et ôtez-la-moi pour toujours.

Romains, on vous a redit jusqu'à la satiété que c'est pour favoriser les sept tyrans, et tous ceux qui ont eu part aux distributions de Sylla, que je m'oppose à la loi agraire et à vos intérêts. Ceux qui l'ont cru doivent croire aussi qu'en vertu de la loi agraire proposée, les terres données par Sylla vont être saisies et partagées entre vous, ou que du moins les possesseurs en perdront une partie qui deviendra votre propriété. Si je démontre que, loin qu'on en retranche la moindre partie, toutes ces possessions se trouvent ratifiées et garanties avec la plus insigne impudence, par une disposition formelle de la loi ; si je fais voir

videtur eis, in meam concionem prodeant, et quo provocati a me venire noluerunt, revocati saltem revertantur.

Video quosdam, Quirites, strepitu significare nescio quid, et non eosdem vultus, quos proxima mea concione præbuerunt, in hanc concionem mihi retulisse. Quare a vobis, qui nihil de me credidistis, ut eam voluntatem quam semper habuistis erga me retineatis peto ; a vobis autem, quos leviter immutatos esse sentio, parvam exigui temporis usuram bonæ de me opinionis postulo, ut eam, si, quæ dixero, vobis probaro, perpetuo retineatis ; sin aliter, hoc ipso in loco depositam atque abjectam relinquatis.

Completi sunt animi auresque vestræ, Quirites, me gratificantem septem tyrannis, cæterisque Sullanarum assignationum possessoribus, agrariæ legi et commodis vestris obsistere. Hæc si qui crediderunt, illud prius crediderint necesse est, hac lege agraria, quæ promulgata sit, adimi Sullanos agros, vobisque dividi, aut denique minui privatorum possessiones, ut in eas vos deducamini. Si ostendo, non modo non adimi cuiquam glebam de Sullanis agris, sed etiam genus id agrorum certo capite legis impudentissime confirmari atque

que toutes ces terres données par Sylla ont tellement occupé l'attention de Rullus, quand il vous a présenté sa loi, qu'il est évident que cette loi n'a point été rédigée par le défenseur de vos intérêts, mais par le gendre de Valgius ; ne conviendrez-vous pas, Romains, que, en poursuivant de ses calomnies un consul absent, Rullus a insulté non-seulement à mes intentions, mais encore à votre discernement et à vos lumières?

II. Il y a dans sa loi un quarantième article, dont jusqu'ici je n'ai point voulu vous parler, pour qu'on ne m'accusât pas de rouvrir une plaie de l'État heureusement cicatrisée, et d'exciter de nouveaux troubles dans ces temps où ils seraient si funestes. Si je le discute aujourd'hui, ce n'est pas que je ne croie qu'on ne saurait trop s'efforcer de maintenir l'état présent des choses, moi surtout qui, pour cette année, me suis annoncé comme le défenseur de la concorde, de la paix publique ; mais je veux que Rullus apprenne à garder le silence sur des sujets du moins où il doit désirer que l'on ne parle point de lui ni de sa conduite.

Je ne crois pas qu'il y ait une loi plus inique, et qui ressemble moins à une loi, que celle que porta l'interroi L. Flaccus en faveur de Sylla pour déclarer *légal tout ce qu'avait fait le dictateur*. Partout ailleurs, quand on établit des tyrans, on renverse, on abolit toutes les lois ; ici c'était une loi qui constituait la

---

sanciri ; si doceo, agris his, qui a Sulla sunt dati, sic diligenter Rullum sua lege consulere, ut facile appareat eam legem, non a vestrorum commodorum patrono, sed a Valgii genero esse conscriptam ; num quid est causæ, Quirites, quin illa criminatione, qua in me absentem usus est, non solum meam, sed etiam vestram diligentiam prudentiamque despexerit?

II. Caput est legis xl, de quo ego consulto, Quirites, neque apud vos ante feci mentionem, ne aut refricare obductam jam reipublicæ cicatricem viderer, aut aliquid, alienissimo tempore, novæ dissensionis commovere. Neque vero nunc ideo disputabo, quod hunc statum reipublicæ non magnopere defendendum putem, præsertim qui otii et concordiæ patronum me in hunc annum reipublicæ professus sim ; sed ut doceam Rullum, posthac in his saltem tacere rebus, in quibus de se et de suis factis taceri velit.

Omnium legum iniquissimam dissimillimamque legis esse arbitror eam, quam L. Flaccus, interrex, de Sulla tulit, UT OMNIA QUÆCUMQUE ILLE FECISSET, ESSENT RATA. Nam quum cæteris in civitatibus, tyrannis institutis, leges omnes

tyrannie dans une république. Cette loi est odieuse, je le répète, mais elle n'est cependant pas sans excuse ; car, c'est moins à Flaccus qu'au malheur des temps qu'il faut l'attribuer. Que direz-vous, si je prouve que la loi de Rullus est beaucoup plus révoltante ? La loi Valeria et les lois Corneliennes ôtent en même temps qu'elles donnent ; elles joignent une injustice criante à d'impudentes largesses ; mais elles laissent quelque espoir à celui qu'elles dépouillent, et quelque inquiétude à celui qu'elles enrichissent. Rullus fait plus : il ratifie tout, *depuis le consulat de C. Marius et de Cn. Papirius*. Comme il s'est mis à l'abri de tout soupçon, en nommant particulièrement les consuls les plus fortement prononcés contre Sylla ! S'il eût nommé le dictateur, il se trahissait et se rendait odieux. Mais a-t-il cru que quelqu'un de vous serait assez stupide pour ne pas se souvenir que Sylla fut dictateur après ces consuls ?

Que dit donc ce tribun, partisan de Marius, qui veut me rendre odieux en m'accusant d'être partisan de Sylla ? *Tous les champs, bâtiments, lacs, étangs, places, possessions* (il n'a laissé que le ciel et la mer, il a embrassé tout le reste), *qui, depuis le consulat de Marius et de Carbon, ont été, au nom de l'État, donnés, assignés, vendus, concédés.* Par qui, Rullus ? Depuis le consulat de Marius et de Carbon qui a assigné des terres, qui en a

---

exstinguantur atque tollantur, hic reipublicæ tyrannum lege constituit. Est invidiosa lex, sicut dixi ; verumtamen habet excusationem. Non enim videtur hominis lex esse, sed temporis. Quid, si est hæc multo impudentior ? Nam Valeria lege, Corneliisque legibus eripitur, quum datur ; conjungitur impudens gratificatio cum acerba injuria ; sed tamen habet in illis legibus spem nonnullam ille cui ademptus est, aliquem scrupulum cui datus est. Rulli cautio est hæc, QUÆ POST C. MARIUM, CN. PAPIRIUM CONSULES. Quam procul a suspicione fugit, quod eos consules, qui adversarii Sullæ maxime fuerunt, potissimum nominavit ! Si enim Sullam dictatorem nominasset, perspicuum fore et invidiosum arbitratus est. Sed quem vestrum tam tardo ingenio fore putavit, cui post eos consules, Sullam dictatorem fuisse, in mentem venire non posset ?

Quid ergo ait Marianus, tribunus plebis, qui nos Sullanos in invidiam rapit ? QUÆ POST MARIUM ET CARBONEM CONSULES AGRI, ÆDIFICIA, LACUS, STAGNA, LOCA, POSSESSIONES (cœlum et mare prætermisit, cætera complexus), PUBLICE DATA, ASSIGNATA, VENDITA, CONCESSA SUNT. A quo, Rulle ? Post Marium et Carbonem

donné, qui en a concédé, si ce n'est Sylla ? *Que tous ces biens soient possédés au même titre.* Quel titre ? Ne va-t-il pas infirmer quelque loi de Sylla ? La fougue du tribun l'emporte : ne va-t-il pas abolir les actes du dictateur ? Mais poursuivons : *Au même titre que les propriétés les plus légitimes.* Quoi ! on possédera ces biens à meilleur titre que ceux qui nous viennent de nos pères et de nos aïeux ? Oui, à meilleur titre. Mais la loi Valeria ne le dit pas ; les lois Corneliennes ne portent point cette sanction ; Sylla lui-même ne l'exige pas. Que ces biens soient tenus pour légitimes, qu'on en jouisse à peu près comme d'une véritable propriété, qu'on puisse espérer que la possession en sera durable, le plus impudent de ces donataires se trouvera favorablement traité. Que prétendez-vous donc, Rullus ? qu'ils gardent ce qu'ils ont ? Qui s'y oppose ? Qu'ils en jouissent comme de leurs propres biens ? Mais tel sera l'effet de votre loi, que pour votre beau-père son domaine d'Hirpinum, ou plutôt le territoire d'Hirpinum (car il le possède tout entier), sera plus légitime que mon domaine d'Arpinum, que je tiens de mon père et de mes aïeux. Voilà ce que vous voulez ; car le fonds qu'on possède au meilleur titre est, sans doute, celui dont la condition est la meilleure. Les terres franches sont possédées à meilleur droit que les terres chargées de quelque servitude. En vertu de votre article, les propriétés grevées d'une servitude deviendront franches. Les biens qui ne sont soumis à aucune redevance l'emportent sur ceux qui ont des charges de cette nature. Par ce même article, tous les domaines qui en sont

---

consules quis assignavit ? quis dedit ? quis concessit, præter Sullam ? EA OMNIA EO JURE SINT. Quo jure ? labefactat videlicet nescio quid. Nimium acer, nimium vehemens tribunus plebis Sullana rescindit. UT QUÆ OPTIMO JURE PRIVATA SINT. Etiamne meliore, quam paterna et avita ? meliore. At hoc Valeria lex non dicit ; Corneliæ leges non sanciunt ; Sulla ipse non postulat. Si isti agri partem aliquam juris, aliquam similitudinem propriæ possessionis, aliquam spem diuturnitatis attingunt ; nemo est tam impudens istorum, quin agi secum præclare arbitretur. Tu vero, Rulle, quid quæris ? quod habent, ut habeant ? Quis vetat ? ut privatum ? At ita latum est, ut melior tui soceri fundus Hirpinus sit, sive ager Hirpinus (totum enim possidet), quam meus paternus avitusque fundus Arpinas. Id enim caves. Optimo enim jure ea sunt profecto prædia, quæ optima conditione sunt. Libera meliore jure sunt, quam serva. Capite hoc omnia quæ serviebant non servient. Soluta meliore in causa sunt quam obligata.

grevés, pourvu qu'ils proviennent des donations de Sylla, sseront affranchis. Les propriétés exemptes de redevance ont plius de prix que celles qui y sont sujettes. Ainsi je paye une rentee à la commune de Tusculum pour l'eau de Crabra, parce quue j'ai acheté à cette condition ; si je tenais ce domaine de Syllla, en vertu de la loi de Rullus, je ne payerais plus rien.

III. Je vois, Romains, vous êtes frappés, comme vous devez l'être, de l'impudence du tribun et dans sa loi et dans sess discours ; dans sa loi, qui rend les donations de Sylla plus sacrées même que les biens patrimoniaux ; dans ses discours, où il ose nous reprocher de défendre avec trop de chaleur les acttes de Sylla. S'il se contentait de ratifier les donations de ce dictateur, je me tairais, pourvu toutefois qu'il s'avouât son partisan. Mais non-seulement il les garantit, il veut faire lui-même une distribution de terres ; et cet homme, qui m'accuse de défendre les largesses de Sylla, non-seulement les ratifie, mais en ajoute de nouvelles : un autre Sylla s'élève parmi nous. Considérez, en effet, quelles concessions immenses notre rigide censeur entreprend de faire d'un seul mot. *Les terres qui ont été domnées, assignées, concédées, vendues.* A la bonne heure, j'écoute ; puis il ajoute : *possédées.* Voilà donc ce qu'un tribun du peuplle ose vous proposer ! Il demande que tout homme qui possède um bien quelconque, depuis le consulat de Marius et de Carbon, en jjouisse

Eodem capite obligata omnia, si modo Sullana sunt, liberabuntur. Immunia commodiore conditione sunt, quam illa quæ pensitant. Ego Tusculanis pro aqua Crabra vectigal pendam, quia a municipio fundum accepi ; si a Sulla mihi datus esset, Rulli lege non penderem.

III. Video vos, Quirites, sicuti res ipsa cogit, commoveri vel legis, vel orationis impudentia : legis, quæ jus melius Sullanis prædiis constituat, quam paternis ; orationis, quæ ejusmodi causa insimulare quemquam audeat, rationes Sullæ nimium vehementer defendere. At si illa solum sanciret quæ a Sulla essent data, tacerem, modo ipse se Sullanum esse confiteretur. Sed non modo illis cavet, verum etiam aliud quoddam genus donationis inducit ; et is, qui a me Sullanas possessiones defendi criminatur, non eas solum sancit, verum ipse novas assignationes instituit, et repentinus Sulla nobis exoritur. Nam attendite, quantas concessiones agrorum hic noster objurgator uno verbo facere conetur. Quæ data, donata, concessa, vendita. Patior. Audio. Quid deinde ? possessa. Hæc tribunus plebis promulgare ausus est, ut, quod quisque post Marium et Carbonem consules possidet, id eo jure teneret, quo qui optimo privatum ?

au même titre que les propriétaires des biens les plus légitimement acquis. Quoi ! même si cette possession est le fruit de la violence, si elle est frauduleuse ou précaire ? Ainsi cette loi annule notre droit civil, les titres des possessions et les ordonnances des préteurs. Romains, sous un seul mot se trouve caché un objet important, un piége criminel. Il existe beaucoup de terres confisquées par la loi Cornélia, qui ne furent assignées ni vendues à personne, mais que quelques hommes effrontés possèdent sans aucun titre. Voilà les terres que Rullus garantit, dont il confirme, dont il légitime la possession. Oui, ces terres que Sylla n'a données à personne, Rullus ne veut point vous les assigner ; il les assure à ceux qui les possèdent. Je vous demande pourquoi vous laisseriez vendre les conquêtes de vos ancêtres en Italie, en Sicile, dans les deux Espagnes, dans la Macédoine et en Asie, en vertu d'une loi qui abandonne à des usurpateurs les terres qui vous appartiennent.

IV. Vous ne pouvez plus douter que toute la loi n'ait été faite pour établir la domination de quelques ambitieux, et pour ratifier les donations de Sylla. Le beau-père de Rullus est un fort honnête homme ; je n'attaque point ici sa probité, mais seulement l'impudence du gendre. Le beau-père veut conserver ce qu'il possède, et il ne dissimule point qu'il est du parti de Sylla. Le gendre, pour avoir ce qu'il n'a pas, veut assurer par votre

---

etiamne si vi ejecit ? etiamne si clam, si precario venit in possessionem ? Ergo hac lege jus civile, causæ possessionum, prætorum interdicta tollentur. Non mediocris res, neque parvum sub hoc verbo furtum, Quirites, latet. Sunt enim multi agri lege Cornelia publicati, nec cuiquam assignati, neque venditi, qui a paucis hominibus impudentissime possidentur. His cavet, hos defendit, hos privatos facit ; hos, inquam, agros, quos Sulla nemini dedit, Rullus non vobis assignare vult, sed eis condonare qui possident. Causam quæro, cur ea quæ majores vobis in Italia, Sicilia, duabus Hispaniis, Macedonia, Asia quæsiverunt, venire patiamini, quum ea quæ vestra sunt, condonari possessoribus eadem lege videatis.

IV. Jam totam legem intelligetis quum ad paucorum dominationem scripta sit, tum ad Sullanæ assignationis rationes esse accommodatissimam. Nam socer hujus vir multum bonus est ; neque ego nunc de illius bonitate, sed de generi impudentia disputo. Ille enim quod habet retinere vult, neque se Sullanum esse dissimulat. Hic, ut ipse habeat quod non habet, quæ dubia sunt

moyen des possessions douteuses; et, quoiqu'il demande plus que Sylla, il m'accuse, moi qui m'y oppose, de défendre les largesses de ce dictateur. Mon beau-père, dit Rullus, a quelques terres éloignées et désertes : il les vendra, en vertu de ma loi, au prix qu'il voudra. Il en a d'autres dont la possession incertaine n'est fondée sur aucun titre : ma loi les rendra légitimes. Il en a qui appartiennent à la république : j'en ferai sa propriété. Enfin ces domaines si riches et si fertiles dans le territoire de Casinum, qu'il n'a cessé d'accroître par la proscription de ses voisins, jusqu'à ce que la vue embrassât toutes ces villas réunies en un seul canton, ces domaines qu'il n'occupe pas aujourd'hui sans crainte, il les possédera sans inquiétude.

Maintenant que je vous ai montré pour quels motifs et pour quels hommes Rullus vous a présenté sa loi, c'est à lui de vous apprendre si je favorise quelque possesseur lorsque je combats la loi agraire. Vous vendre la forêt Scantia : c'est un bien de la république ; je m'y oppose. Vous partager la plaine de Capoue : c'est une des possessions du peuple romain ; je n'y consens pas. Enfin, je vois les terres de l'Italie, de la Sicile, de toutes nos provinces mises en vente et confisquées par cette loi. Ce sont vos terres, Romains, ce sont vos propriétés : je m'y opposerai, je l'empêcherai ; je ne souffrirai pas que, sous mon consulat, personne dépouille le peuple romain de ses possessions, surtout

---

per vos sancire vult : et, quum plus appetat quam ipse Sulla, quibus ego rebus resisto, Sullanas res defendere criminor. Habet agros nonnullos, inquit, socer meus desertos atque longinquos ; vendet eos mea lege quanti volet. Habet incertos ac nullo jure possessos ; confirmabuntur optimo jure. Habet publicos ; reddam privatos. Denique eos fundos, quos in agro Casinati optimos et fructuosissimos continuavit, quum usque eo vicinos proscriberet, quoad oculis conformando ex multis prædiis unam fundi regionem formamque perfecerit ; quos nunc cum aliquo metu tenet, sine ulla cura possidebit.

Et quoniam, qua de causa et quorum causa ille hoc promulgavit, ostendi, doceat ipse, num ego quem possessorem defendam, quum agrariæ legi resisto. Silvam Scantiam vendis ; respublica possidet ; defendo. Campanum agrum dividis ; vos estis in possessione ; non cedo. Deinde Italiæ, Siciliæ, cæterarum que provinciarum possessiones, venales ac proscriptas hac lege video. Vestra sunt prædia, vestræ possessiones : resistam atque repugnabo ; neque patiar a quoquam populum Romanum de suis possessionibus, me consule, demoveri,

lorsqu'il ne doit en résulter pour vous aucun avantage. Car il ne faut pas vous laisser plus longtemps dans l'erreur. Quel est celui de vous qui se prêterait à la violence, au crime, au meurtre? pas un seul. Eh bien, c'est à cette espèce de gens, croyez-moi, qu'on réserve la Campanie et la superbe Capoue. On lève une armée contre vous, contre votre liberté, contre Cn. Pompée; on veut opposer Capoue à Rome, à vous une troupe de brigands, à Cn. Pompée dix tyrans. Que les tribuns se présentent; et puisque, d'après vos vœux, ils m'ont appelé devant vous, qu'ils me répondent.

præsertim quum vobis nihil quæratur. Hoc enim vos in errore versari diutius non oportet. Num quis vestrum ad vim, ad facinus, ad cædem accommodatus est? Nemo. Atqui ei generi hominum, mihi credite, Campanus ager et præclara illa Capua servatur; exercitus contra vos, contra libertatem vestram, contra Cn. Pompeium constituitur. Contra hanc urbem Capua, contra vos manus hominum audacissimorum, contra Cn. Pompeium decem duces comparantur. Veniant coram, et, quoniam me in vestram concionem, vobis flagitantibus, convocaverunt, disserant.

### DIX-HUITIÈME DISCOURS

## DISCOURS
# POUR C. RABIRIUS

### TRADUCTION DE GUEROULT

REVUE AVEC LE PLUS GRAND SOIN
## PAR M. CABARET-DUPATY

# SOMMAIRE

Le plaidoyer de Cicéron *pour Rabirius* est un monument de l'effet déplorable des réactions politiques, dans une république dont les institutions vieillies avaient perdu la force de protéger et la sûreté commune et celle de chaque citoyen. On n'éprouve pas un sentiment plus pénible en lisant dans l'histoire les excès de Catilina et les sanglants démêlés de Clodius et de Milon, que lorsqu'on voit l'esprit de vengeance et de faction venir froidement, après sept lustres d'intervalle, intenter à Rabirius une accusation capitale, à propos d'un délit politique pour lequel tout au moins il y avait prescription.

L. Apuleius Saturninus, ancien questeur à Ostie, était devenu l'ennemi du sénat depuis qu'on avait voulu l'exclure de ce corps pour ses malversations et pour sa négligence à remplir les fonctions de sa charge. Il trouva dans la protection de Marius les moyens de satisfaire sa vengeance, et, devenu tribun, il servit efficacement la haine de ce dernier contre la noblesse, et particulièrement contre Metellus le Numidique, qu'il fit exiler. Marius, abusant de l'autorité consulaire, fit obtenir à Saturninus un second tribunat, en faisant massacrer au milieu des comices Nonius, un des candidats (652). « Fier de toutes les atteintes qu'il avait impunément, et comme à plaisir, portées à la république, » dit Florus (liv. III, ch. 17), « Saturninus voulut par le même moyen procurer le consulat au préteur Servilius Glaucia, un de ses adhérents. » Il fit tuer Memmius, concurrent de celui-ci (653); et il apprit avec joie, de ses satellites, ajoute le même historien, que, dans le tumulte, on lui avait donné le titre de roi. Ce dernier forfait combla la mesure, et fit perdre à Saturninus son crédit sur ceux de ses partisans qui n'étaient pas endurcis dans la scélératesse. Le sénat indigné porte le décret réservé pour les temps de révolte : il ordonne aux consuls C. Marius et L. Valerius Flaccus de veiller à ce que la république n'éprouve aucun dommage. Marius était alors consul pour la sixième fois, et c'était avec l'aide

de Saturninus qu'il était parvenu à cet honneur contre toutess les lois. On pouvait craindre qu'il ne cherchât à défendre son ami ; mais il se résigna sans peine à sévir contre un homme dont il ne pouvait plus espérer tirer aucun service. Le sénat, les chevaliers et la plus notable partie des plébéiens prennent les armes et marchent à la ssuite des consuls contre les rebelles. Saturninus, repoussé de la rplace publique, se retire dans le Capitole et se prépare à s'y défendre avec Glaucia, Saufeius et Labienus, chefs de ses partisans. Marius lles y bloque étroitement, et les réduit par la soif, en faisant couper les conduits qui amenaient de l'eau dans cette forteresse. Alors Saturninus envoie témoigner au sénat son repentir; il obtient la permiission de descendre du Capitole, et est conduit, par l'ordre de Marius, dans la salle du sénat. Le peuple, en ayant aussitôt enfoncéé les portes, selon Florus, ou découvert la toiture, selon Appien (*Guerre civile*, liv. I), accabla Saturninus à coups de bâton et de pierrees, et mit en pièces son cadavre. Ses principaux complices eurent le même ort. Suivant Plutarque (*Vie de Marius*), ce fut dans le Fœorum même que fut assommé Saturninus avec Glaucia et le quessteur Saufeius. Quoi qu'il en soit, il paraît que le sénat ou les comsuls leur avaient donné une sauvegarde qui fut ainsi outrageusement violée.

Trente-sept ans après (et non pas quarante ans, comme lle dit Cicéron dans sa harangue *contre Pison*), le tribun T. Labienus, meveu de ce Labienus qui avait partagé les crimes et le châtiment de Ssaturninus, accusa le sénateur C. Rabirius du crime de haute trahiison, pour avoir tué ce tribun, ou du moins promené sa tête sangllante dans plusieurs festins.

« Ce n'était point à Rabirius qu'on voulait nuire, » dit Middleton, « et la vie de ce vieillard importait peu au repos de Rome. Ses accusateurs avaient des vues plus étendues : c'était d'attaquer cellæ des prérogatives du sénat qui consistait à mettre en un moment Rome entière sous les armes, par la seule force du décret qui enjoigmait aux consuls de veiller à ce que la république n'éprouvât aucun dommage. Un tel décret emportait avec lui la justification de tout ce qui se faisait en conséquence ; et souvent le sénat avait employé cette voie dans les séditions, pour se défaire de quelques magisttrats factieux, sans avoir recours aux formalités de la justice. Les tritbuns n'avaient cessé de s'en plaindre ; et, quoique l'usage de cette formule fût très-ancien, ils l'avaient représenté comme une infractiom aux lois établies, et comme la source d'un pouvoir arbitraire sur la vie des citoyens. Mais le véritable motif de leurs réclamations était qu'ils trouvaient dans cette terrible mesure un frein qui arrêtaüt les

entreprises de leur ambition, une autorité qui les exposait à des punitions promptes et sévères. »

Sans doute, les tribuns n'avaient pas tort en principe, et cette formule était une étrange manière de maintenir la paix : c'était, sous prétexte de réprimer les séditieux, commander au peuple l'assassinat, faire de Rome un champ de bataille, et donner, au sein d'une république policée, un spectacle qu'on retrouve à peine chez les nations les plus sauvages. Mais, si le sénat de Rome usa quelquefois de ce moyen sans une absolue nécessité, il est vrai de dire que ce reproche ne pouvait lui être adressé au sujet de la mort de Saturninus et de ses principaux adhérents.

Quoi qu'il en soit, les factieux de tous les rangs se trouvèrent intéressés au procès de Rabirius et à sa ruine; et le tribun T. Attius Labienus, en le citant devant le tribunal des décemvirs, n'était que l'agent de Jules César, que ses vues ambitieuses portaient à affaiblir l'autorité du sénat. César vint même à bout, par ses intrigues, de se faire nommer duumvir conjointement avec Lucius César. Sa nomination eut lieu au mépris des lois; car il fut choisi par le préteur et non par le peuple. Hortensius défendit Rabirius, il prouva la fausseté de l'accusation de meurtre, en établissant que Saturninus avait été tué par un esclave qui, pour sa récompense, fut affranchi. Il essaya ensuite de démontrer que jamais Rabirius n'avait promené dans des festins la tête du tribun, comme on le disait. L'accusé, malgré la déposition favorable de plusieurs témoins, fut condamné au supplice des esclaves, c'est-à-dire à expirer sur une croix. La loi Porcia, observe Clément, défendait, il est vrai, d'infliger la peine de mort, et surtout le supplice de la croix, à un citoyen romain ; mais, dans ces temps de trouble et d'anarchie, on trouvait toujours des prétextes pour éluder les lois.

Condamné au tribunal des duumvirs, Rabirius en appela au peuple assemblé par centuries, et Suétone observe que rien ne lui fut plus favorable, devant ce nouveau tribunal, que la sévérité passionnée de Jules César, son premier juge. Cicéron, bien que revêtu de la dignité consulaire, ne dédaigna pas de plaider une cause qui intéressait tout l'ordre sénatorial. Jules César et Labienus intriguèrent contre l'accusé. Labienus fit ordonner à l'orateur de ne pas employer plus d'une demi-heure à son plaidoyer. Enfin, pour émouvoir le peuple, il fit exposer à la tribune aux harangues le portrait de Saturninus.

Ces entraves imposées à la fécondité habituelle de Cicéron ne paraissent pas avoir nui à la beauté de sa harangue, qui est, comme il le dit lui-même dans son discours *contre Pison*, pleine de véhé-

mence d'un bout à l'autre. Sa diction a partout de la rapidité, de la chaleur, enfin cette force qui tient à la précision.

Après avoir, en peu de mots, expliqué les motifs qui lui ont fait entreprendre la défense de Rabirius, et détruit quelques imputations étrangères à la cause, il déclare que si l'accusé a tué Saturninus, il mérite une récompense et non pas des châtiments : car il n'aurait fait que se joindre aux consuls et au sénat qui avaient pris les armes pour la défense de la république. L'orateur va plus loin ; il regrette que Rabirius n'ait pas tué Saturninus de sa propre main. Les murmures d'une partie de l'assemblée, qui s'élevèrent à ces paroles, fournirent à Cicéron l'occasion d'un beau mouvement. Il apostropha vivement les interrupteurs ; et, au lieu de se rétracter et d'adoucir ses expressions, il soutint avec fermeté ce qu'il avait dit. Ce fut la seule fois qu'il prit ce ton de hauteur en s'adressant au peuple.

On est surpris que l'orateur ne réfute pas le reproche fait à Rabirius, d'avoir porté dans des festins la tête de Saturninus. La réponse à ce chef d'accusation se trouvait-elle dans les parties de cette harangue que le temps n'a pas respectées? Il est difficile de le penser ; car la principale lacune du discours formait la péroraison, et, dans ce qu'on en a retrouvé, rien n'indique que ce fait ait pu être discuté. Cicéron avait-il des motifs pour garder à cet égard un silence prudent? J'inclinerais à le penser : car, si le fait eût été seulement douteux, l'orateur romain, qui, dans ses plaidoyers, se montre si prodigue d'assertions hasardées, n'eût pas manqué d'aborder ce point important. Au reste, on doit rappeler que l'*Epitome* de Tite Live (liv. LXIX) accuse Rabirius d'avoir tué Saturninus, *a Rabirio quodam interfectus est*.

Dans le cours des discussions, l'orateur compare Labienus à Caïus Gracchus et ce parallèle lui fournit des traits sanglants contre son adversaire Un autre parallèle, qu'il fait entre lui-même et Labienus, dut produire beaucoup d'effet sur l'assemblée. Le tribun reprochait à Cicéron de vouloir abolir l'accusation pour crime de haute trahison. Le consul répond que, tandis que Labienus, tribun, veut qu'on inflige à des citoyens le supplice des esclaves, lui, consul, s'oppose à cette cruelle violation de la dignité civique, et prétend écarter de Rome la présence du bourreau et l'appareil infâme de la croix.

A force d'amplifier cette partie de sa discussion, l'orateur s'écarte du vrai, comme l'a remarqué Clément ; car, à prendre ses expressions à la rigueur, il semble qu'il faille laisser impunis les crimes de haute trahison, et qu'il n'est jamais permis de condamner un

citoyen à mort. Cependant, quelques mois après, Cicéron, toujours l'homme du moment, démentira cette profession de foi, en ordonnant lui-même la mort des complices de Catilina. Il ne suffisait pas de prouver que Rabirius devait subir le supplice des esclaves en présence de tout le peuple, il fallait examiner encore si l'on pouvait justement l'exécuter dans la prison.

Toute l'éloquence du défenseur de Rabirius n'aurait pas empêché le peuple de confirmer le jugement des duumvirs, si Metellus Celer, préteur et augure, qui s'aperçut de cette fâcheuse disposition, n'eût rompu l'assemblée, sous prétexte que les auspices n'étaient pas favorables. On ne put recueillir les voix. Labienus ne renouvela point l'accusation ; et, comme la conjuration de Catilina occupa bientôt tous les esprits, Rabirius termina en paix sa carrière.

J'ai déjà parlé de la lacune qui existait à la fin de ce discours. Cette péroraison a été découverte, il y a quelques années, dans un manuscrit du Vatican, insérée, et traduite pour la première fois dans l'édition de M. V. Leclerc. M. Naudet, auteur de cette traduction, a bien voulu nous communiquer la partie qui correspond à cette lacune.

Entre ses discours *sur la loi agraire* et son plaidoyer *pour Rabirius*, Cicéron avait prononcé deux discours qui sont entièrement perdus. L'un avait pour titre, *De lege theatrali Othonis* ; l'autre *De proscriptis liberis* (voyez ci-dessus le préambule de la *première loi agraire*, et ci-dessous le préambule de la 1re *Catilinaire*, t. VIII). Ainsi le plaidoyer de Rabirius n'est que la septième des harangues consulaires (an de Rome 691).

# DIX-HUITIÈME DISCOURS

## DISCOURS
## POUR C. RABIRIUS

ACCUSÉ DE CRIME D'ÉTAT

DEVANT LE PEUPLE ROMAIN

I. Jusqu'ici, Romains, en plaidant une cause, je n'ai point commencé par vous rendre compte des motifs pour lesquels je m'en étais chargé. Tout citoyen, par cela seul qu'il était en péril, m'a toujours semblé avoir des droits à mes soins empressés. Cependant, aujourd'hui que j'ai à défendre la vie, l'honneur et la fortune entière de C. Rabirius, je crois devoir vous exposer les raisons de mon zèle; car les justes motifs qui me portent à prendre sa défense doivent aussi vous déterminer à l'absoudre.

## ORATIO OCTAVA DECIMA

## ORATIO
## PRO C. RABIRIO

PERDUELLIONIS REO

AD QUIRITES

I. Etsi, Quirites, non est meæ consuetudinis, initio dicendi rationem reddere, qua de causa quemque defendam, propterea quod cum omnibus civibus in eorum periculis semper satis justam mihi causam necessitudinis esse duxi; tamen in hac defensione capitis, famæ, fortunarumque omnium C. Rabirii, proponenda ratio videtur esse officii mei: propterea quod, quæ justissima mihi causa ad hunc defendendum esse visa est, eadem vobis ad absolvendum debet videri.

Non-seulement la vieille amitié qui m'unit à lui, la connsidération qui l'entoure, les sentiments d'humanité, et les princiipes que j'ai constamment professés, me faisaient une loi de défendrre C. Rabirius; mais le salut de la république, mes devoirs de consul, les droits eux-mêmes du consulat, dont la garde m'a été confiée, comme à vous, avec celle de l'État, tout m'imposait l'obligation d'un entier dévouement. En effet, ce n'est ni un délit, ni l'odieux attaché à une vie criminelle, ni enfin d'anciens, de justes et graves ressentiments, qui appellent sur C. Rabirius une accusation capitale. On veut anéantir cette loi souveraine, protectrice de votre dignité, de votre empire, et que nous avons reçue de nos ancêtres; on veut que désormais l'autorité du sénat, le pouvoir consulaire et les efforts unanimes des gens de bien échouent contre les complots qui menacent la république. Oui, c'est dans l'espoir de renverser ces obstacles, qu'on s'est attaqué à un homme isolé, à un vieillard faible et sans appui. Si donc un vigilant consul, lorsqu'il voit saper et arracher tous les fondements de l'État, doit le secourir, protéger la vie et les intérêts des citoyens, faire un appel à leur patriotisme, et se dévouer pour le salut de tous ; il est aussi du devoir des bons et braves citoyens, tels que vous vous êtes montrés dans tous les périls de la patrie, d'opposer partout des barrières aux séditions, de fortifier les remparts de la république, de songer que le souverain pouvoir réside dans les

Nam me quum amicitiæ vetustas, tum dignitas hominis, tum ratio humanitatis, tum meæ vitæ perpetua consuetudo, ad C. Rabirium defendendum est adhortata; tum vero, ut id studiosissime facerem, salus reipublicæ, consulare officium, consulatus denique ipse mihi una vobiscum cum salute reipublicæ commendatus, coegit. Non enim C. Rabirium culpa delicti, non invidia,, vitæque turpitudo, non denique veteres, justæ, gravesque inimicitiæ civium, in discrimen capitis vocaverunt : sed ut illud summum auxilium majestatis atque imperii, quod nobis a majoribus est traditum, de republica tolleretur : ut nihil posthac auctoritas senatus, nihil consulare imperium, nihil consensio bonorum contra pestem ac perniciem civitatis valeret; idcirco [in his rebus evertendis] unius hominis senectus, infirmitas solitudoque tentata est. Quamobrem, si est boni consulis, quum cuncta auxilia reipublicæ labefactari convellique videat, ferre opem patriæ, succurrere saluti fortunisque communibus, implorare civium fidem, suam salutem posteriorem salute communi ducere; est etiam bonorum et fortium civium, quales vos omnibus reipublicæ temporibus exstitistis, intercludere omnes seditionum vias, munire præsidia reipublicæ, sum-

consuls, la suprême sagesse dans le sénat, et de juger digne plutôt d'être honoré et récompensé, que livré à un infâme supplice, l'homme qui a suivi de telles maximes. C'est donc à moi surtout qu'appartient le soin de défendre Rabirius; quant au désir de le sauver, vous devez le partager avec moi.

II. Oui, Romains, il faut bien vous persuader que dans aucun temps, nulle question plus importante, plus dangereuse, plus digne de toute votre sagesse, ne fut agitée par un tribun, soutenue par un consul, et soumise au jugement du peuple. En effet, Romains, il ne s'agit de rien moins dans cette cause que d'anéantir à jamais tout conseil public, tout accord de gens de bien contre la fureur et l'audace des pervers, tout refuge et toute garantie de salut au milieu des circonstances les plus difficiles de la république.

Dans cet état des choses, puisqu'il y va de la vie, de l'honneur et de la fortune entière d'un citoyen, je commencerai, comme on doit le faire dans un important débat, par implorer l'indulgence et la faveur du grand Jupiter, ainsi que de tous les dieux et de toutes les déesses, dont l'assistance tutélaire, bien plus que la raison et la sagesse des hommes, nous gouverne ; je les supplierai de permettre que ce jour qui nous éclaire voie assurer la vie de C. Rabirius et affermir notre république. Et vous, Romains, dont

mum in consulibus imperium, summum in senatu consilium, putare : ea qui secutus sit, laude potius et honore, quam pœna et supplicio dignum judicare. Quamobrem labor in hoc defendendo præcipue meus est : studium vero conservandi hominis commune mihi vobiscum esse debebit.

II. Sic enim existimare debetis, Quirites, post hominum memoriam rem nullam majorem, magis periculosam, magis ab omnibus vobis providendam, neque a tribuno plebis susceptam, neque a consule defensam, neque ad populum Romanum esse delatam. Agitur enim nihil aliud in hac causa, Quirites, quam ut nullum sit posthac in republica publicum consilium, nulla bonorum consensio contra improborum furorem et audaciam, nullum extremis reipublicæ temporibus perfugium et præsidium salutis.

Quæ quum ita sint, primum, quod in tanta dimicatione capitis, famæ, fortunarumque omnium fieri necesse est, ab Jove optimo maximo, cæterisque diis deabusque immortalibus, quorum ope et auxilio multo magis hæc respublica, quam ratione hominum et consilio gubernatur, pacem ac veniam peto ; precorque ab iis, ut hodiernum diem, et ad hujus salutem conservandam, et ad rempublicam constituendam, illuxisse patiantur. Deinde vos, Quirites, quo-

la puissance ne le cède qu'à celle des dieux immortels, je vous prie et vous conjure, puisque la vie de C. Rabirius, cette victime déplorable de la calomnie, et en même temps le salut de l'État sont remis entre vos mains et dépendent de vos suffrages, de montrer pour le sort de l'accusé, comme pour la sûreté publique, cet intérêt et cette sagesse qui vous ont toujours inspirés.

Et vous, T. Labienus, puisque vous avez circonscrit mon zèle dans un espace étroit, puisque vous avez d'avance resserré dans les bornes d'une demi-heure le temps que la loi m'autorisait à donner à la défense, j'obéirai, quelque injustice, quelque infortune qu'il y ait à la condition imposée par l'accusateur, à la loi dictée par un ennemi. En ne m'accordant qu'une demi-heure, vous ne me laissez à remplir que les devoirs de défenseur, vous m'ôtez ceux de consul. J'aurai presque assez de temps pour défendre mon client, mais trop peu pour élever de justes plaintes. Peut-être croyez-vous que je répondrai longuement à cette violation de lieux et de bois sacrés dont vous prétendez que Rabirius s'est rendu coupable, lorsque vous-même vous n'avez jamais rien allégué, sinon que C. Macer avait accusé C. Rabirius de ce crime. Ce qui m'étonne, c'est que vous vous soyez rappelé les imputations de C. Macer, ennemi de Rabirius, tandis que vous avez oublié un jugement garanti par la conscience des juges et la religion du serment.

rum potestas proxime ad deorum immortalium numen accedit, oro atque obsecro, quoniam uno tempore vita C. Rabirii, hominis miserrimi atque innocentissimi, salus reipublicæ, vestris manibus suffragiisque permittitur, adhibeatis in hominis fortunis misericordiam, in reipublicæ salute sapientiam, quam soletis.

Nunc, quoniam, T. Labiene, diligentiæ meæ temporis angustiis obstitisti, meque ex comparato et constituto spatio defensionis, in semihoræ curriculum coegisti, parebitur, et, quod iniquissimum est, accusatoris conditioni, et, quod miserrimum, inimici potestati. Quanquam in hac præscriptione semihoræ patroni mihi partes reliquisti, consulis ademisti : propterea, quod ad defendendum propemodum satis erit hoc mihi temporis, ad conquerendum parum. Nisi forte de locis religiosis ac de lucis, quos ab hoc violatos esse dixisti, pluribus verbis tibi respondendum putas : quo in crimine nihil est unquam abs te dictum, nisi a C. Macro objectum esse crimen id C. Rabirio. In quo ego demiror, meminisse te, quid objecerit C. Rabirio Macer inimicus, oblitum esse, quid æqui et jurati judices judicarint.

III. Croirai-je que votre accusation de péculat, que l'incendie des archives, exigent de moi une plus longue explication, lorsque, sur une accusation de ce genre, un jugement solennel a justifié C. Curius, proche parent de C. Rabirius, aussi honorablement que le méritait sa vertu, et que Rabirius lui-même, loin d'avoir été traduit en justice pour ces délits, n'a jamais été exposé, pour un seul mot, au moindre soupçon de cette nature? L'affaire du fils de sa sœur exige-t-elle une réponse plus sérieuse? Vous avez dit que Rabirius l'avait assassiné pour que les obsèques de son neveu fissent retarder le jugement de son beau-frère. Est-il donc vraisemblable que le mari de sa sœur lui ait été plus cher que le fils de sa sœur, et plus cher au point qu'il ait eu la cruauté d'ôter la vie à l'un pour procurer à l'autre un sursis de deux jours? Quant aux esclaves étrangers qu'il a retenus contre la loi Fabia, quant aux citoyens romains battus de verges et mis à mort, au mépris de la loi Porcia, est-il besoin que je m'y arrête davantage, lorsque toute l'Apulie s'intéresse si vivement à C. Rabirius, lorsque toute la Campanie lui témoigne une bienveillance si honorable; lorsque, pour le dérober au péril, non-seulement des particuliers, mais des populations entières sont accourues dans nos murs, et que cette émotion s'est étendue plus loin que ne semblaient le comporter les limites et les simples relations de voisinage? Dois-je faire un long discours

---

III. An de peculatu facto, an de tabulario incenso, longa oratio est expromenda? quo in crimine propinquus C. Rabirii judicio clarissimo C. Curius, pro virtute sua, est honestissime liberatus : ipse vero Rabirius non modo in judicium horum criminum, sed ne in tenuissimam quidem suspicionem verbo est unquam vocatus. An de sororis filio diligentius respondendum est? quem ab hoc necatum esse dixisti, quum ad judicii moram familiaris funeris excusatio quæreretur. Quid enim est tam verisimile, quam cariorem huic sororis maritum, quam sororis filium fuisse? atque ita cariorem, ut alter vita crudelissime privaretur, quum alteri ad prolationem judicii biduum quæreretur? An de servis alienis contra legem Fabiam retentis, aut de civibus Romanis contra legem Porciam verberatis, aut necatis, plura dicenda sunt, quum tanto studio C. Rabirius totius Apuliæ, singulari voluntate Campaniæ vicinitatis ornetur? quumque ad ejus propulsandum periculum non modo homines, sed prope regiones ipsæ concurrerint, aliquanto etiam latius excitatæ, quam ipsius vicinitatis nomen ac termini postulabant? Nam quid ego ad id longam orationem

pour écarter l'amende portée contre lui dans le même acte d'aaccusation ; pour réfuter le reproche que vous lui adressez de n'avoir respecté ni la pudeur des autres, ni la sienne? Je dirai plus : je soupçonne que Labienus ne m'a fixé cette demi-heuure qu'afin de m'empêcher d'en dire davantage au sujet de la pudeuur. Vous voyez donc, Labienus, que pour les charges qui ne demanddent que les soins d'un avocat, votre demi-heure est déjà plus qque suffisante. Mais vous avez voulu aussi que la seconde partie dee la cause, celle qui concerne le meurtre de Saturninus, fût restreiinte dans des limites trop étroites. Ici ce n'est plus le talent de l'orrateur que la cause exige ; c'est l'autorité du consul qu'elle invoqque et réclame.

Il s'agit, en effet, d'un crime d'État ; et vous répétez sans ceesse que j'ai aboli toutes poursuites juridiques à cet égard. C'est moi que l'affaire regarde, et non Rabirius. Plût aux dieux, Romaiins, que je fusse le premier ou le seul qui eût supprimé tous les pprocès de ce genre ! plût aux dieux que je méritasse ce reproche, oou plutôt cet éloge ! Que pourrais-je, en effet, désirer avec plus d'aardeur que d'avoir fait disparaître, pendant mon consulat, le boourreau du Forum et le gibet du Champ de Mars ? Mais cette gloiire appartient d'abord à nos ancêtres qui, après l'expulsion des roois, ne laissèrent chez un peuple libre aucune trace de cruauté tyraannique ; elle appartient à cette foule de grands hommes qui vooulurent que votre liberté, au lieu d'épouvanter par la rigueur dles

comparem, quod est in eadem mulctæ irrogatione præscriptum, hunc nec suæ, nec alienæ pudicitiæ pepercisse? Quin etiam suspicor, eo mihi semihoram a Labieno præstitutam esse ut ne plura de pudicitia dicerem. Ergo ad hæc crimina, quæ patroni diligentiam desiderant, intelligis mihi semihoram istam nimium longam fuisse. Illam alteram partem de nece Saturnini, nimis exiguam atque angustam esse voluisti : quæ non oratoris ingenium, sed consulis auxilium implorat et flagitat.

Nam de perduellionis judicio, quod a me sublatum esse criminari soles, meum crimen est, non Rabirii. Quod utinam, Quirites, ego id aut primus, aut solus ex hac republica sustulissem ! utinam quod ille crimen esse vult, proprium testimonium meæ laudis esset ! Quid enim optari potest, quod ego mallem, quam me in consulatu meo carnificem de Foro, crucem de campo sustulisse? Sed ista laus primum est majorum nostrorum, Quirites, qui, expulsis regibus, nullum in libero populo vestigium crudelitatis regiæ retinuerunt; deinde mul-

supplices, trouvât dans la douceur des lois une garantie inviolable.

IV. Ainsi, Labienus, qui de nous deux sert la cause du peuple ? Est-ce vous qui voulez que, même dans leurs assemblées, on livre les citoyens romains au bourreau, et qu'on les charge de chaînes; vous qui prétendez que, dans le Champ de Mars, sous les yeux des centuries, dans un lieu consacré par les auspices, on plante et on élève une croix pour le supplice des citoyens : ou moi qui empêche de souiller l'assemblée du peuple romain par l'approche du bourreau; moi qui veux que des cérémonies expiatoires effacent tous ces odieux vestiges du crime de la place où se réunit le peuple romain; moi qui soutiens qu'il faut conserver le caractère sacré de vos assemblées publiques, la sainteté du Champ de Mars, l'inviolabilité des citoyens, et les droits de la liberté? Le voilà ce tribun, ami du peuple, ce défenseur, ce conservateur de nos droits, de notre liberté! La loi Porcia a affranchi les citoyens des verges : et ce tribun, plein d'humanité, vous rend ce supplice. La loi Porcia dérobe notre liberté à la barbarie du licteur : et Labienus, cet ami du peuple, la livre au bourreau. C. Gracchus a promulgué une loi qui défend de prononcer sans votre ordre sur la vie des citoyens romains : et cet ami du peuple veut que les duumvirs non-seulement jugent un citoyen romain sans votre ordre, mais

torum virorum fortium, qui vestram libertatem non acerbitate suppliciorum infestam, sed lenitate legum munitam esse voluerunt.

IV. Quamobrem uter nostrum tandem, Labiene, popularis est? tune, qui civibus Romanis in concione ipsa carnificem, qui vincula adhiberi putas oportere; qui in campo Martio, comitiis centuriatis, auspicato in loco, crucem ad civium supplicium defigi et constitui jubes : an ego, qui funestari concionem contagione carnificis veto? qui expiandum forum populi Romani ab illis nefarii sceleris vestigiis esse dico? qui castam concionem, sanctum campum, inviolatum corpus omnium civium Romanorum, integrum jus libertatis defendo servari oportere? Popularis vero tribunus plebis, custos defensorque juris et ibertatis! Porcia lex virgas ab omnium civium Romanorum corpore amovit : hic misericors flagella retulit. Porcia lex libertatem civium ictori eripuit : Labienus, homo popularis, carnifici tradidit. C. Gracchus legem tulit, ne de capite civium Romanorum injussu vestro judicaretur : hic popularis a duumviris, injussu vestro, non judicari de cive Romano, sed indicta causa civem

le condamnent à mort sans l'entendre. Allez-vous encore me parler de la loi Porcia, de C. Gracchus, des droits de la liberté et des magistrats populaires? vous, Labienus, vous qui, par des supplices extraordinaires et par la cruauté même d'un langage inouï parmi nous, prenez à tâche de violer la liberté du peuple romain, de corrompre la bonté de son caractère, et de renverser ses institutions! Car telles sont les paroles que vous aimez à prononcer, vous, républicain débonnaire : *Va, licteur, attache-lui les mains* ; paroles qui répugnent à la liberté et à la douceur de notre gouvernement ; paroles qui ne conviennent pas même à des rois tels que Romulus et Numa Pompilius, mais à Tarquin, le plus superbe et le plus cruel tyran. Telles sont encore ces formules de torture que votre cœur humain et sensible se plaît à rappeler : *Couvre-lui la tête d'un voile, attache-le au poteau fatal*, formules sinistres, que la république laisse depuis longtemps ensevelies dans les ténèbres des vieux âges, et qui ont disparu au grand jour de la liberté.

V. Si la poursuite que vous exercez était agréable au peuple, si elle était juste et conforme aux lois, C. Gracchus l'aurait-il négligée? Peut-être avez-vous été plus sensible à la mort de votre oncle que C. Gracchus à celle de son frère : la perte d'un oncle que vous n'avez jamais vu vous cause une douleur plus amère que ne lui en causa celle d'un frère qui avait vécu avec lui dans

---

Romanum capitis condemnari coegit. Tu mihi etiam legis Porciæ, tu C. Gracchi, tu horum libertatis, tu cujusquam denique hominis popularis mentionem facis, qui non modo suppliciis inusitatis, sed etiam verborum inaudita crudelitate, violare libertatem hujus populi, tentare mansuetudinem, commutare disciplinam conatus es ? Namque hæc tua, quæ te hominem clementem popularemque delectant, I, LICTOR, COLLIGA MANUS : quæ non modo hujus libertatis mansuetudinisque non sunt, sed ne Romuli quidem, aut Numæ Pompilii : sed Tarquinii, superbissimi atque crudelissimi regis, ista sunt cruciatus carmina : quæ tu, homo lenis ac popularis, libentissime commemoras, CAPUT OBNUBITO, ARBORI INFELICI SUSPENDITO : quæ verba, Quirites, jampridem in hac republica non solum tenebris vetustatis, verum etiam luce libertatis oppressa sunt.

V. An vero, si actio ista popularis esset, et si ullam partem æquitatis haberet aut juris, C. Gracchus eam reliquisset? Scilicet tibi graviorem dolorem patrui tui mors attulit, quam C. Graccho fratris : et tibi acerbior ejus patrui mors est, quem nunquam vidisti, quam illi, ejus fratris, quicum concordissime

la plus parfaite union ; et vous cherchez à venger cet oncle si semblable à Tiberius, comme Gracchus aurait poursuivi les meurtriers de son frère, s'il eût voulu recourir à cette voie. Mais Labienus, cet oncle, quel qu'il fût, a-t-il donc laissé dans le cœur du peuple romain des regrets aussi vifs qu'en avait laissé Tib. Gracchus ? Peut-être aimez-vous plus tendrement que Caïus, et avez-vous plus d'âme, plus de sagesse, plus de crédit, plus d'autorité, plus d'éloquence, vous qui, à supposer que ces qualités eussent été médiocres en lui, les feriez trouver éminentes, par comparaison avec ce qu'elles sont en vous ?

Mais vous savez la supériorité de C. Gracchus à cet égard sur tout le monde ; et vous pouvez ainsi juger quelle énorme distance vous sépare de lui ! Eh bien, Gracchus serait mort mille fois au milieu des plus cruels tourments, plutôt que de souffrir que le bourreau mît le pied dans cette place, le bourreau à qui les lois des censeurs ont interdit non-seulement l'entrée du Forum, mais le jour qui nous éclaire, l'air que nous respirons et le séjour de Rome. Le voilà, celui qui ose se dire l'ami du peuple, et qui m'accuse de m'opposer à vos intérêts, tandis qu'il va rechercher des supplices et des traitements atroces, non dans vos traditions et dans celles de vos pères, mais dans la poussière de nos annales et dans les archives de notre monarchie. Pour moi, j'emploierai tous mes moyens, tous mes conseils, toutes mes paroles, toutes mes actions à combattre et à réprimer sa cruauté ; à moins que

---

vixerat ; et similis viri tu ulcisceris patrui mortem, atque ille persequeretur fratris sui, si ista ratione agere voluisset : et par desiderium sui reliquit apud populum Romanum Labienus iste, patruus vester, quisquis fuit, ac Tib. Gracchus reliquerat ? An pietas tua major, quam Gracchi ? an animus ? an consilium ? an opes ? an auctoritas ? an eloquentia ? quæ, si in illo minima fuissent, tamen præ tuis facultatibus maxima putarentur.

Quum vero his rebus omnibus C. Gracchus omnes vicerit : quantum intervallum tandem inter te atque illum interjectum putas ? Sed moreretur prius acerbissima morte millies Gracchus, quam in ejus concione carnifex consisteret : quem non modo foro, sed etiam cœlo hoc ac spiritu censoriæ leges, atque urbis domicilio carere voluerunt. Hic se popularem dicere audet, me alienum a commodis vestris ; quum iste omnes et suppliciorum et verberum acerbitates, non ex memoria vestra ac patrum vestrorum, sed ex annalium monumentis, atque ex regum commentariis conquisierit : ego omnibus meis opibus, omnibus consiliis, omnibus dictis atque factis repugnarim, et restiterim crudeli-

vous n'acceptiez une condition que, sans l'espoir de la liberté, les esclaves ne souffriraient jamais.

C'est un malheur que d'être flétri par une condamnation publique; c'est un malheur que d'être privé de ses biens; c'est un malheur que d'être banni; mais, dans toutes ces infortunes, on conserve toujours quelque ombre de liberté. Si enfin on nous menace de la mort, mourons libres du moins. Mais le bourreau, le voile qui enveloppe la tête, repoussons tout et jusqu'au nom même de la croix; que dis-je? qu'on n'en souille pas même la pensée, les yeux et les oreilles des citoyens romains. Car, pour de telles horreurs, ce n'est pas seulement l'effet, l'exécution, c'est la possibilité, c'est l'attente, c'est l'idée seule enfin qui est indigne d'un citoyen romain et d'un homme libre. Eh quoi ! nos esclaves seront affranchis de la crainte de tous ces supplices par la générosité de leurs maîtres, par une simple formalité ; et nous, pour nous garantir des fouets, du grappin et de la croix, nos services, notre vie entière et nos dignités ne suffiront pas!

Je l'avoue donc, Labienus, oui, je le déclare hautement, et je m'en fais gloire : cette poursuite cruelle, atroce, plus digne d'un tyran que d'un tribun, c'est moi qui l'ai annulée par mes conseils, par mon courage, par mon autorité. Quoique, dans cette affaire, vous ayez méprisé tous les exemples de nos ancêtres, toutes les lois, toute l'autorité du sénat, toutes les cérémonies

---

tati ! Nisi forte hanc conditionem vobis esse vultis, quam servi, si libertatis spem propositam non haberent, ferre nullo modo possent.

Misera est ignominia judiciorum publicorum, misera mulctatio bonorum, miserum exsilium; sed tamen in omni calamitate retinetur aliquod vestigium libertatis. Mors denique si proponitur, in libertate moriamur. Carnifex vero, et obductio capitis, et nomen ipsum crucis, absit non modo a corpore civium Romanorum, sed etiam a cogitatione, oculis, auribus. Harum enim omnium rerum, non solum eventus atque perpessio, sed etiam conditio, exspectatio, mentio ipsa denique, indigna cive Romano atque homine libero est. An vero servos nostros horum suppliciorum omnium metu, dominorum benignitas una vindicta liberabit : nos a verberibus, ab unco, a crucis denique terrore, neque res gestæ, neque acta ætas, neque nostri honores vindicabunt?

Quamobrem fateor, atque etiam, T. Labiene, profiteor, et præ me fero, te ex illa crudeli, importuna, non tribunitia actione, sed regia, meo consilio, virtute, auctoritate esse depulsum. Qua tu in actione quanquam omnia exempla majorum, omnes leges, omnem auctoritatem senatus, omnes religiones, atque

relligieuses, tous les droits des augures; le temps que vous m'avez fixé est trop court pour que je vous fasse aucun reproche à ce sujet. Peut-être aurai-je un jour le loisir de vous en demander raison. Maintenant, c'est de l'accusation relative à Saturninus, c'est de la mort de votre oncle illustre que nous allons nous occuper.

VI. Vous accusez C. Rabirius d'avoir tué L. Saturninus ; mais déjà C. Rabirius, appuyé d'un grand nombre de témoignages, et défendu par l'éloquent plaidoyer d'Hortensius, a prouvé la fausseté de votre accusation. Pour moi, si j'en avais le pouvoir, je l'accepterais, je conviendrais de tout, j'avouerais tout. Oui, plût aux dieux que l'état de la cause me permît de déclarer hautement que L. Saturninus, l'ennemi de la république, a succombé sous les coups de C. Rabirius ! — Ces clameurs ne m'effrayent pas ; elles m'encouragent au contraire ; elles me prouvent que, s'il est parmi vous des citoyens ignorants, ils ne sont pas nombreux. Non, jamais, croyez-moi, le peuple romain, qui garde le silence, ne m'aurait fait consul, s'il eût pensé que vos clameurs pussent me troubler. Mais déjà ces cris s'affaiblissent. Hâtez-vous d'étouffer un murmure qui n'atteste que votre sottise et votre petit nombre.

Je le répète, j'en ferais volontiers l'aveu ; oui, si la chose était vraie, si elle était possible, j'avouerais que c'est de la main de

---

auspiciorum publica jura neglexisti ; tamen a me hæc, in hoc tam exiguo meo tempore, non audies : liberum tempus nobis dabitur ad istam disceptationem. Nunc de Saturnini crimine, ac de clarissimi patrui tui morte dicemus.

VI. Arguis, occisum esse a C. Rabirio L. Saturninum ; et id C. Rabirius multorum testimoniis, Q. Hortensio copiosissime defendente, antea falsum esse docuit. Ego autem, si mihi esset integrum, susciperem hoc crimen, agnoscerem, confiterer. Utinam hanc mihi facultatem causa concederet, ut possem hoc prædicare, C. Rabirii manu, L. Saturninum, hostem populi Romani interfectum ! — Nihil me clamor iste commovet, sed consolatur, quum indicat esse quosdam cives imperitos, sed non multos. Nunquam, mihi credite, populus Romanus hic, qui silet, consulem me fecisset, si vestro clamore perturbatum iri arbitraretur. Quanto jam levior est acclamatio ! quin continetis vocem, indicem stultitiæ vestræ, testem paucitatis ?

Libenter, inquam, confiterer, si vere possem, aut etiam, si mihi esset inte-

C. Rabirius que L. Saturninus a reçu la mort, et je verrais dans cette action le plus beau titre de gloire. Mais, puisque je ne peux le faire, j'avouerai de même un fait qui, sans être aussi honorable pour mon client, ne donnera pas moins de prise à l'accusateur. J'avoue donc que C. Rabirius a pris les armes dans le dessein de tuer Saturninus. Eh bien! Labienus, êtes-vous content? Quel aveu plus fort attendez-vous de moi? N'est-ce pas là un assez grave sujet d'accusation? à moins que vous ne mettiez une différence entre le meurtrier et celui qui s'est armé pour le meurtre. Si l'on n'a pu tuer Saturninus sans crime, on n'a pu sans crime s'armer contre lui; mais si vous m'accordez que l'on avait le droit de prendre les armes, vous devrez convenir aussi qu'on a eu le droit de lui donner la mort.

VII. Un sénatus-consulte ordonne aux consuls C. Marius et L. Valerius de se faire assister des tribuns du peuple et des préteurs qu'il leur plaira de choisir, et de veiller au maintien de la puissance et de la majesté du peuple romain. Ils assemblent tous les tribuns, excepté Saturninus; tous les préteurs, excepté Glaucia. Ils commandent aux citoyens qui veulent sauver la république de s'armer et de les suivre. Tous obéissent. On tire des édifices publics et des arsenaux des armes que le consul C. Marius distribue lui-même au peuple. Sans parler du reste, je vous le demande, Labienus, lorsque Saturninus occupait en armes le

grum, C. Rabirii manu L. Saturninum esse occisum, et id facinus pulcherrimum esse arbitrarer. Sed, quoniam id facere non possum, confitebor id quod ad laudem minus valebit, ad crimen non minus. Confiteor, interficiendi Saturnini causa, C. Rabirium arma cepisse. Quid est, Labiene? quam a me graviorem confessionem, aut quod in hunc majus crimen exspectas? Nisi vero interesse aliquid putas inter eum qui hominem occidit, et eum qui cum telo occidendi hominis causa fuit. Si interfici Saturninum nefas fuit, arma sumpta esse contra Saturninum sine scelere non possunt. Si arma jure sumpta concedis, interfectum jure concedas necesse est.

VII. Fit senatusconsultum, ut C. Marius, L. Valerius, consules, adhiberent tribunos plebis et prætores, quos eis videretur, operamque darent, ut imperium populi Romani majestasque conservaretur. Adhibent omnes tribunos plebis præter Saturninum, omnes prætores præter Glauciam : qui rempublicam salvam esse vellent, arma capere et se sequi jubent. Parent omnes. Ex ædificiis armamentariisque publicis arma populo Romano, C. Mario consule distribuente dantur. Hic jam, ut omittam cætera, de te ipso, Labiene, quæro : quum

Capitole avec C. Glaucia, C. Saufeius, et ce Gracchus échappé du cachot et des fers de l'esclavage (j'ajouterai, puisque vous le voulez, avec Q. Labienus, votre oncle); lorsque, d'un autre côté, on voyait dans le Forum les deux consuls, C. Marius et L. Valerius Flaccus, et à leur suite tout le sénat, ce sénat d'alors dont vous autres, détracteurs des patriciens de votre temps, ne cessiez de faire l'éloge afin de rabaisser plus facilement le sénat d'aujourd'hui; lorsque tout l'ordre des chevaliers romains (et quels chevaliers, dieux immortels! c'étaient nos pères, c'était cette génération qui, ayant alors une si grande part au gouvernement, soutenait toute la dignité des tribunaux); lorsque, enfin, tous les citoyens de tous les ordres qui attachaient leur salut à celui de la république avaient pris les armes, que devait faire C. Rabirius? Répondez, Labienus; c'est vous que j'interroge. Lorsque les consuls, en vertu d'un sénatus-consulte, avaient appelé tous les vrais citoyens aux armes; lorsque M. Émilius, prince du sénat, s'était armé et avait pris son poste dans le comitium, lui qui, pouvant à peine marcher, se flattait que si la lenteur de ses pieds l'empêchait de poursuivre les factieux, elle serait cause du moins qu'il ne pourrait fuir; lorsque Q. Scévola, consumé de vieillesse, épuisé par la maladie, privé d'un bras, impotent et perclus de tous ses membres, appuyé sur une lance, montrait dans un corps

---

Saturninus Capitolium teneret, armatus esset una C. Glaucia, C. Saufeius, etiam ille ex compedibus atque ergastulo Gracchus (addam, quoniam ita vis, eodem Q. Labienum, patruum tuum); in foro autem C. Marius, et L. Valerius Flaccus consules, post cunctus senatus, atque ille senatus, quem etiam vos ipsi, qui hos patres conscriptos, qui nunc sunt, in invidiam vocatis, quo facilius de hoc senatu detrahere possitis, laudare consuevistis; quum equester ordo (at quorum equitum, dii immortales! patrum nostrorum atque ejus ætatis quæ tum magnam partem reipublicæ atque omnem dignitatem judiciorum tenebat); quum omnes omnium ordinum homines, qui in salute reipublicæ salutem suam repositam esse arbitrabantur, arma cepissent; quid tandem C. Rabirio faciendum fuit? De te ipso, inquam, Labiene, quæro: quum ad arma consules ex senatusconsulto vocavissent; quum armatus M. Æmilius, princeps senatus, in comitio constitisset, qui, quum ingredi vix posset, non ad insequendum sibi tarditatem pedum, sed ad fugiendum impedimento fore putabat; quum denique Q. Scævola, confectus senectute, præpeditus morbo, mancus, et membris omnibus captus ac debilis, hastili nixus, et animi vim, et

31.

débile toute l'énergie de son âme ; lorsque L. Metellus, Servius Galba, C. Serranus, P. Rutilius, C. Fimbria, Q. Catulus, tous les consulaires enfin, avaient pris les armes pour le salut commun ; lorsque, de toutes parts, accouraient les préteurs, la noblesse et tous les jeunes gens, Cn. et L. Domitius, L. Crassus, Q. Mucius, C. Claudius, M. Drusus ; lorsque tous les Octaves, tous les Metellus, les Jules, les Cassius, les Catons, les Pompées ; lorsque L. Philippe, L. Scipion, M. Lepidus, D. Brutus, P. Servilius, oui, le même Servilius sous lequel vous avez servi, Labienus ; lorsque Q. Catulus, si jeune alors, et C. Curion, tous deux ici présents, et tant d'autres personnages de la plus haute distinction, s'étaient rangés autour des consuls, que devait donc faire C. Rabirius ? Fallait-il qu'il se renfermât loin de tous les yeux, et qu'il se tînt lâchement caché dans un réduit obscur au fond de sa maison, ou qu'il marchât au Capitole, et se joignît à votre oncle, à ce ramas de misérables qui, pour échapper à l'opprobre, n'avaient d'autre refuge que la mort ? ou bien qu'il se réunît à Marius, à Scaurus, à Catulus, à Metellus, à Scévola, en un mot, à tous les bons citoyens, pour se sauver avec eux ou périr tous ensemble ?

VIII. Vous-même, Labienus, qu'auriez-vous fait dans une pareille conjoncture, dans un semblable péril ? Disposé par votre lâcheté naturelle à fuir et à vous cacher, appelé au Capitole par

---

infirmitatem corporis ostenderet ; quum L. Metellus, Serv. Galba, C. Serranus, P. Rutilius, C. Fimbria, Q. Catulus, omnesque, qui tum erant, consulares, pro salute communi arma cepissent ; quum omnes prætores, cuncta nobilitas ac juventus accurreret, Cn. et L. Domitii, L. Crassus, Q. Mucius, C. Claudius, M. Drusus ; quum omnes Octavii, Metelli, Julii, Cassii, Catones, Pompeii ; quum L. Philippus, L. Scipio, quum M. Lepidus, quum D. Brutus, quum hic ipse P. Servilius, quo tu imperatore, Labiene, meruisti ; quum hic Q. Catulus, admodum tum adolescens ; quum hic C. Curio, quum denique omnes clarissimi viri cum consulibus essent ; quid tandem C. Rabirium facere convenit ? utrum inclusum atque abditum latere in occulto, atque ignaviam suam tenebrarum ac parietum custodiis tegere ? an in Capitolium pergere, atque ibi se cum tuo patruo, et cæteris, ad mortem, propter vitæ turpitudinem, confugientibus, congregare ? an cum Mario, Scauro, Catulo, Metello, Scævola, cum bonis denique omnibus coire, non modo salutis, verum etiam periculi societatem ?

VIII. Tu denique, Labiene, quid faceres tali in re ac tempore ? quum ignavæ ratio te in fugam atque in latebras impelleret ; improbitas et furor L. Satur-

la scélératesse et la fureur de L. Saturninus, invité par les consuls à défendre la patrie et la liberté, quelle autorité, quelle voix, quel parti, quels ordres auriez-vous suivis? Mon oncle, dites-vous, était avec L. Saturninus. Mais votre père, avec qui était-il? mais vos parents de l'ordre équestre, mais toute votre préfecture, tout votre canton, tout votre voisinage, mais le Picénum entier, est-ce à la fureur du tribun ou à l'autorité des consuls qu'ils ont obéi? Non, je le soutiens, ce que vous vantez ici dans votre oncle, personne encore n'avait osé en convenir pour soi; non, personne, je le répète, ne s'est rencontré encore assez corrompu, assez impudent, assez dépourvu de tout sentiment honnête et de tout respect humain, pour avouer qu'il était au Capitole avec Saturninus. Mais enfin votre oncle y était. Eh bien ! soit ; je veux même qu'il y ait été sans y être contraint par l'état désespéré de ses affaires, par le besoin de guérir quelque plaie domestique ; je veux que ses liaisons intimes avec L. Saturninus lui aient fait sacrifier la patrie à l'amitié. Était-ce une raison pour C. Rabirius de trahir la république, de ne point se ranger parmi tant de bons citoyens qui étaient sous les armes, de ne point obéir à la voix et à l'ordre des consuls? Nous le voyons, il n'y avait alors que trois partis possibles : il fallait ou suivre L. Saturninus, ou se réunir aux gens de bien, ou se tenir caché. Se cacher, c'était, en quelque sorte, se condamner à la mort la plus honteuse ; suivre L. Satur-

nini in Capitolium arcesseret ; consules ad patriæ salutem ac libertatem vocarent : quam tandem auctoritatem, quam vocem, cujus sectam sequi, cujus imperio parere potissimum velles? Patruus, inquit, meus cum Saturnino fuit. Quid pater? quicum? quid propinqui vestri, equites Romani? quid omnis præfectura, regio, vicinitas vestra? quid ager Picenus universus, utrum tribunitium furorem, an consularem auctoritatem secutus est? Equidem hoc affirmo, quod tu nunc de tuo patruo prædicas, neminem unquam adhuc de sese esse confessum; nemo est, inquam, inventus tam profligatus, tam perditus, tam ab omni non modo honestate, sed etiam simulatione honestatis relictus, qui se in Capitolio fuisse cum Saturnino fateretur. At fuit vester patruus. Fuerit : et fuerit nulla desperatione rerum suarum, nullis domesticis vulneribus coactus; induxerit eum L. Saturnini familiaritas, ut amicitiam patriæ præponeret. Idcircone oportuit C. Rabirium desciscere a republica? non comparere in illa armata multitudine bonorum? consulum voci atque imperio non obedire? Atqui videmus, hæc in rerum natura tria fuisse : ut aut cum Saturnino esset, aut cum bonis, aut lateret. Latere, mortis erat instar turpissimæ ; cum Saturnino

ninus, c'était folie et forfait : le courage, le devoir, l'honneur, ordonnaient à Rabirius de se joindre aux consuls. Lui faites-vous donc un crime d'avoir suivi ceux qu'il n'aurait pu ni combattre sans un excès de démence, ni abandonner sans un excès d'opprobre ?

IX. Quant à C. Decianus, que vous citez souvent, dans une accusation intentée, avec le suffrage unanime des gens de bien, contre P. Furius, homme souillé de toutes sortes d'infamies, il osa se plaindre devant le peuple de la mort de L. Saturninus, et il fut condamné. Sext. Titius subit le même sort pour avoir gardé chez lui le portrait de ce tribun. Les chevaliers romains déclarèrent, par leur sentence, qu'on était un mauvais citoyen, un citoyen indigne de rester dans Rome, lorsque, en gardant le portrait d'un séditieux qui avait fait une guerre ouverte à la république, on voulait honorer sa mémoire, ou exciter la pitié et les regrets d'une multitude irréfléchie, ou manifester l'intention d'imiter ses forfaits. Aussi, Labienus, je ne puis concevoir où vous avez découvert le portrait que vous possédez. Car, après la condamnation de Sext. Titius, qui se serait avisé de le garder ? Si l'on vous avait parlé de cette affaire, ou si vous n'étiez pas trop jeune pour en avoir été témoin, jamais sans doute ce portrait, qui causa la ruine et l'exil de Sext. Titius pour avoir été placé seulement chez lui vous ne l'auriez exposé sur la tribune et au milieu de l'assemblée

---

esse, furoris et sceleris ; virtus, et honestas, et pudor cum consulibus esse cogebat. Hoc tu igitur in crimen vocas, quod cum iis fuerit C. Rabirius, quos amentissimus fuisset si oppugnasset ; turpissimus, si reliquisset ?

IX. At C. Decianus, de quo tu sæpe commemoras, quia, quum hominem omnibus insignem notis turpitudinis, P. Furium, accusaret summo studio bonorum omnium, queri est ausus in concione de morte Saturnini, condemnatus est ; et Sext. Titius, quod habuit imaginem L. Saturnini domi suæ, condemnatus est. Statuerunt equites Romani illo judicio, improbum civem esse, et non retinendum in civitate, qui hominis, hostilem in modum seditiosi, imagine aut mortem ejus honestaret, aut desideria imperitorum misericordia commoveret, aut suam significaret imitandæ improbitatis voluntatem. Itaque mihi mirum videtur, unde hanc tu, Labiene, imaginem, quam habes, inveneris. Nam Sext. Titio damnato, qui istam habere auderet, inventus est nemo. Quod tu si audisses, aut si per ætatem scire potuisses, nunquam profecto istam imaginem, quæ domi posita, pestem atque exsilium Sext. Titio attulisset, in rostra atque in concionem attulisses, nec tuas unquam rationes ad

du peuple; vous n'auriez point hasardé votre existence contre un écueil où vous auriez vu se briser le vaisseau de Sext. Titius, et s'engloutir la fortune de C. Decianus. Après tout, on ne peut ici vous reprocher que d'avoir failli par ignorance. Vous avez voulu faire revivre un parti plus ancien que la génération qui vous a vu naître, un parti mort avant que vous fussiez né. Ce parti qui eût été votre refuge, si l'âge vous l'eût permis, vous le poursuivez devant les tribunaux. Ne voyez-vous pas d'abord quels hommes et quels illustres morts vous accusez du plus grand des forfaits, et ensuite de combien d'autres, parmi ceux qui vivent encore, vous compromettez la vie par ce même procès? Car si C. Rabirius a commis un crime capital en prenant les armes contre L. Saturninus, l'âge où il était alors pouvait lui servir d'excuse. Mais Q. Catulus, père de celui que vous voyez, Q. Catulus, en qui brillaient une si haute sagesse, une vertu si parfaite, une si rare bonté ; mais M. Scaurus, si recommandable par sa fermeté, sa prudence et ses lumières ; les deux Mucius, L. Crassus, M. Antoine, alors campé hors des murs avec une armée ; ces citoyens dont la république a tant admiré la sagesse et le génie ; tant d'autres élevés comme eux en dignité, qui veillaient à la garde et au gouvernement de l'État, comment défendrons-nous leur mémoire? Que dirons-nous de ces hommes si honorables, de ces citoyens si vertueux, de ces chevaliers romains qui se joi-

---

eos scopulos appulisses, ad quos Sext. Titii afflictam navem, et in quibus C. Deciani naufragium fortunarum videres. Sed in his rebus omnibus imprudentia laberis. Causam enim suscepisti antiquiorem memoria tua ; quæ causa ante mortua est, quam tu natus esses ; qua in causa tute profecto fuisses, si per ætatem esse potuisses, eam causam in judicium vocas. An non intelligis, primum quos homines, et quales viros mortuos summi sceleris arguas? deinde quot ex iis, qui vivunt, eodem crimine in summum capitis periculum arcessas? Nam si C. Rabirius fraudem capitalem admisit, quod arma contra L. Saturninum tulit, huic quidem afferret aliquam deprecationem periculi ætas illa, qua tum fuit. Q. vero Catulum, patrem hujus, in quo summa sapientia, eximia virtus, singularis humanitas fuit; M. Scaurum, illa gravitate, illo consilio, illa prudentia; duos Mucios, L. Crassum, M. Antonium, qui tum extra urbem cum præsidio fuit ; quorum in hac civitate longe maxima consilia atque ingenia fuerunt; cæteros pari dignitate præditos, custodes gubernatoresque reipublicæ, quemadmodum mortuos defendemus? Quid de illis honestissimis viris atque optimis civibus, equitibus Romanis, dicemus, qui tum una cum senatu salutem

554  DISCOURS

gnirent au sénat pour sauver la république? Que dirons-nouus des tribuns du trésor et de tous les ordres qui prirent alors les anrmes pour défendre la liberté commune?

X. Mais pourquoi parler de tous ceux qui obéirent à la a voix des consuls? Que devient l'honneur des consuls eux-mênmes? L. Flaccus qui, dans sa vie politique, dans l'exercice des maagistratures, dans le sacerdoce et dans les cérémonies religiéeuses auxquelles il présidait, montra toujours tant de zèle, flétrirrons-nous sa mémoire en le condamnant comme un impie, conmme un parricide exécrable? Attacherons-nous cet opprobre à la toombe, au nom de C. Marius, que nous pouvons à si juste titre apppeler le père de la patrie, le régénérateur de votre liberté, le sauuveur de cette république? Condamnerons-nous sa mémoire conmme celle d'un impie, d'un exécrable parricide? Car si T. Labidienus veut qu'une croix soit dressée dans le Champ de Mars poour y attacher C. Rabirius parce qu'il courut aux armes, quel suppplice imaginera-t-on contre celui qui l'y avait appelé? Vous réppétez sans cesse qu'on avait procuré une sauvegarde à Saturninuas. Si le fait est vrai, ce n'est point par C. Rabirius, c'est par C. Maarius qu'elle fut donnée : lui seul fut coupable, si cette promesse a été violée. Mais une sauvegarde, Labienus, a-t-elle pu être donnnée sans un décret du sénat? Êtes-vous donc assez neuf dans Roome, êtes-vous assez peu instruit de nos institutions et de nos coutuumes

---

. reipublicæ defenderunt? quid de tribunis ærariis, cæterorumque orddinum omnium hominibus, qui tum arma pro communi libertate ceperunt.

X. Sed quid ego de iis omnibus, qui consulari imperio paruerunt, loqquor? de ipsorum consulum fama quid futurum est? L. Flaccum, hominem equum semper in republica, tum in magistratibus gerendis, in sacerdotio cærremoniisque, quibus præerat, diligentissimum, nefarii sceleris ac parricidii morrtuum condemnabimus? adjungemus ad hanc labem ignominiamque mortis, etiam C. Marii nomen? C. Marium, quem vere patrem patriæ, parentem, inqquam, vestræ libertatis, atque hujusce reipublicæ possumus dicere, sceleris ac paarricidii nefarii mortuum condemnabimus? Etenim, si C. Rabirio, quod iit ad arma, crucem T. Labienus in campo Martio defigendam putavit, quod tandem exxcogitabitur in eum supplicium, qui vocavit? Ac, si fides Saturnino data est, quod abs te sæpissime dicitur, non eam C. Rabirius, sed C. Marius dedit; idermque violavit, si in fide non stetit. Quæ fides, Labiene, qui potuit sine senatusconsulto dari? Adeone hospes hujusce urbis, adeone ignarus es disciplinæ consuetu-

pour ignorer de pareilles choses? A vous entendre, on vous prendrait pour un voyageur parcourant un pays étranger, et non pour un magistrat en fonction dans sa propre ville.

Quel mal, dites-vous, cela peut-il faire à C. Marius, puisque sa cendre est insensible? Eh quoi! C. Marius aurait-il donc vieilli dans les travaux et les périls, si, pour lui et pour sa gloire, il n'avait pas étendu ses espérances et ses pensées au delà des bornes de la vie? Sans doute quand il battait en Italie cette multitude innombrable d'ennemis, quand il en délivrait la république investie de toutes parts, il croyait que tout l'éclat de ses actions s'éteindrait avec lui dans la tombe! Non, non, Romains, il ne le croyait pas : nul de nous ne signale son courage dans les dangers de la patrie, sans aspirer aux hommages de la postérité. Aussi, parmi tant de raisons qui me persuadent que l'âme des gens de bien est divine et immortelle, je n'en trouve point de plus forte que ce noble pressentiment de tous les hommes sages et vertueux qui ne leur font envisager dans l'avenir rien que d'éternel. Aussi, je le jure par les mânes de C. Marius et de tous nos concitoyens qu'ont illustrés leur courage et leur sagesse; par ces âmes généreuses qui, du séjour terrestre, se sont élevées au ciel pour y partager le culte que nous rendons aux dieux ; je jure que leurs noms, leur gloire, leur mémoire ne trouveront pas en moi un défenseur moins ardent que nos temples et nos autels ; et que,

dinisque nostræ, ut hæc nescias ? ut peregrinari in aliena civitate, non in tua magistratum gerere videare?

Quid jam ista C. Mario, inquit, nocere possunt, quoniam sensu et vita caret? Itane vero? tantis in laboribus C. Marius periculisque vixisset, si nihil longius quam vitæ termini postulabant, spe atque animo de se, et gloria sua cogitasset? At, credo, quum innumerabiles hostium copias in Italia fudisset, atque obsidione rempublicam liberasset, omnia sua secum una moritura arbitrabatur. Non est ita, Quirites : neque quisquam nostrum in reipublicæ periculis cum laude ac virtute versatur, quin spe posteritatis fructuque ducatur. Itaque quum multis aliis de causis virorum bonorum mentes divinæ mihi atque æternæ videntur esse, tum maxime, quod optimi et sapientissimi cujusque animus ita præsentit in posterum, ut nihil, nisi sempiternum spectare videatur. Quapropter equidem et C. Marii et cæterorum virorum sapientissimorum ac fortissimorum civium mentes, quæ mihi videntur ex hominum vita ad deorum religionem et sanctimoniam demigrasse, testor, me pro illorum fama, gloria, memoria, non secus ac pro patriis fanis atque delubris propugnandum putare;

s'il fallait prendre les armes pour venger leur honneur, je ne les prendrais pas avec moins d'empressement qu'ils ne le firent eux-mêmes pour sauver l'État. En effet, Romains, la nature a renfermé notre vie dans un cercle étroit, mais elle n'a point assigné de bornes à notre gloire.

XI. Si donc nous honorons ceux qui ne sont plus, nous nous préparons à nous-mêmes un sort meilleur après la mort. Mais, à supposer que les citoyens que nous ne pouvons plus voir vous soient indifférents, Labienus, vous croyez-vous dispensé de prendre intérêt aux vivants? Parmi tous ces jeunes gens qui se trouvaient à Rome dans la célèbre journée contre laquelle vous demandez vengeance aux tribunaux, je soutiens qu'il n'y eut pas un seul Romain qui n'ait pris les armes, pas un seul qui n'ait suivi les consuls. Ce sont donc tous ceux dont l'âge vous fait conjecturer la conduite qu'ils ont tenue dans cette journée, que vous poursuivez comme des criminels d'État dans la personne de C. Rabirius.

Mais, dites-vous, Rabirius est le meurtrier de Saturninus. Plût aux dieux qu'il le fût ! ce ne serait pas sa grâce que je solliciterais, je demanderais pour lui une récompense. Car si l'esclave de Q. Croton, si Scéva, pour avoir tué L. Saturninus, a obtenu la liberté, quelle récompense assez honorable eût-on accordée à un chevalier romain? Et si C. Marius, pour avoir fait couper les

---

ac, si pro illorum laude mihi arma capienda essent, non minus strenue caperem, quam illi pro communi salute ceperunt. Etenim, Quirites, exiguum nobis vitæ curriculum natura circumscripsit, immensum gloriæ.

XI. Quare, si eos qui jam de vita decesserunt, ornabimus, justiorem nobis mortis conditionem relinquemus. Sed, si illos, Labiene, quos jam videre non possumus, negligis, ne his quidem, quos vides, consuli putas oportere ? Neminem esse dico ex iis omnibus qui illo die Romæ fuerint, quem tu diiem in judicium vocas, pubesque tum fuerit, quin arma ceperit, quin consules secutus sit. Omnes ii, quorum tu ex ætate conjecturam facere potes, quid tum fecerint, abs te rei capitis, C. Rabirii nomine, citantur.

At occidit Saturninum Rabirius. Utinam fecisset ! Non supplicium deprecarer, sed præmium postularem. Etenim, si Scævæ, servo Q. Crotoniis, qui occidit L. Saturninum, libertas data est, quod equiti Romano præmium dari par fuisset ? et, si C. Marius, quod fistulas quibus aqua suppeditabatur Jovis

canaux qui fournissaient l'eau à la demeure sacrée de Jupiter, le meilleur et le plus grand des dieux; pour avoir, sur le penchant du mont Capitolin, *taillé en pièces* des citoyens impies...

(Lacune.)

......XII. Le sénat, lorsque j'ai plaidé cette cause, ne s'est pas montré plus difficile ni plus rigoureux que vous, quand un sentiment unanime vous fit rejeter par vos gestes et par vos cris le don de la terre entière et de ce même pays de Capoue qu'on voulait vous partager. Je dirai comme celui qui a provoqué ce jugement, et je le déclare, je le proteste, il ne reste pas un seul roi, une seule nation, un seul peuple, que vous ayez à redouter ; il n'y a point de péril extérieur, point de puissance étrangère dont nous ayons à craindre quelque surprise. Si vous voulez que notre cité soit impérissable, notre empire indestructible et notre gloire éternelle, il faut nous tenir en garde contre nos passions, contre les hommes turbulents et avides de révolutions, contre les maux intérieurs et les perfides complots qui se trament dans nos propres foyers. Pour vous préserver de ces maux, vos ancêtres vous ont laissé un grand secours, la vigilance du consul, dont tous les soins n'ont d'autre objet que la sûreté publique. Secondez donc aujourd'hui cette vigilance, Romains, et n'allez pas, par votre jugement, ravir à ma garde la répu-

optimi maximi templis ac sedibus, præcidi imperarat, quod in clivo Capitolino improborum civium (cædem fecerat)...

(Desunt pauca.)

... XII. ...aret. Itaque non senatus in ea causa cognoscenda, me agente, diligentior aut inclementior fuit, quam vos universi, quum orbis terræ distributionem, atque illum ipsum agrum Campanum, animis, manibus, vocibus repudiavistis. Idem ego, quod is, qui auctor hujus judicii est, clamo, prædico, denuntio : nullus est reliquus rex, nulla gens, nulla natio, quam pertimescatis ; nullum adventitium, nullum extraneum malum est, quod insinuare in hanc rempublicam possit. Si immortalem hanc civitatem esse vultis, si æternum imperium, si gloriam sempiternam manere, nobis a nostris cupiditatibus,

turbulentis hominibus atque novarum rerum cupidis; ab intestinis malis, a domesticis consiliis cavendum est. Hisce autem malis magnum præsidium vobi majores vestri reliquerunt, vocem illam consulis, qui rempublicam salvam esse vult. Huic voci favete, Quirites, neque vestro judicio abstuleritis mihi

blique, et à la république l'espérance de sa liberté, l'espérance de son salut, l'espérance de sa grandeur.

Que ferais-je, si T. Labienus avait massacré des citoyens, comme L. Saturninus, s'il avait brisé la prison, s'il avait envahi le Capitole à la tête d'une troupe de soldats ? Je ferais ce que fit C. Marius : j'en instruirais le sénat ; je vous appellerais à la défense de la république ; je prendrais les armes avec vous pour résister aux armes de l'ennemi. Aujourd'hui on n'a pas de combat à craindre ; je ne vois point de glaives, point de violence, point de carnage. On n'assiége point le Capitole ; mais on intente une accusation funeste, on prépare un jugement cruel ; toute l'entreprise, conduite par un tribun du peuple, tend à la ruine de la république. J'ai cru devoir, non pas vous appeler aux armes, mais vous exhorter à repousser par vos suffrages les attaques dirigées contre la majesté du peuple romain. Citoyens, entendez mes prières, mes instances, mes exhortations. Il n'est pas ordinaire que le consul, lorsque......

...... XIII. Celui qui, en combattant pour la république, a reçu des blessures honorables, et qui peut montrer ces nobles marques de son courage, tremble du coup qu'on veut porter à sa réputation. Celui que le choc des ennemis n'a jamais fait reculer, frémit d'épouvante, quand il se voit poursuivi par des citoyens auxquels il faut nécessairement qu'il cède. Il ne vous demande pas qu'on

rempublicam, neque eripueritis reipublicæ spem libertatis, spem salutis, spem dignitatis.

Quid facerem, si T. Labienus cædem civium fecisset, ut L. Saturninus, si carcerem refregisset, si Capitolium cum armatis occupavisset ? Facerem id quod C. Marius fecit : ad senatum referrem, vos ad rempublicam defendendam cohortarer, armatus ipse vobiscum armato obsisterem. Nunc quoniam armorum suspicio nulla est, tela non video, non vis, non cædes, non Capitolii atque arcis obsessio est ; sed accusatio perniciosa, judicium acerbum ; res tota a tribuno plebis suscepta contra rempublicam. Non vos ad arma vocandos mihi esse, sed ad suffragia cohortandos contra oppugnationem vestræ majestatis putavi. Itaque nunc vos omnes oro atque obtestor, hortorque. Non ita mos est, consulem, quum est...

... XIII. ... timet : qui hasce ore adverso pro republica cicatrices ac notas virtutis accepit, is ne quod accipiat famæ vulnus, pertimescit. Quem numquam incursiones hostium loco movere potuerunt, is nunc impetum civium, cui necessario cedendum est, perhorrescit. Neque a vobis jam bene vivendi, sed

le laisse vivre avec dignité, il veut seulement pouvoir mourir avec l'honneur; et, s'il se tourmente, c'est moins pour jouir de sa maison que pour n'être pas privé de la sépulture paternelle! La seule grâce qu'il vous prie et vous conjure de lui accorder, c'est de ne pas lui envier les funérailles communes et la vue de ses foyers à son dernier soupir; c'est de permettre que celui qui n'a jamais craint d'exposer ses jours pour servir sa patrie, meure dans sa patrie.

Je n'ai point dépassé le temps que m'a prescrit le tribun du peuple. Vous, Romains, veuillez, je vous en supplie, considérer dans cette défense le devoir d'un ami envers un ami malheureux, et le zèle d'un consul pour le salut de la république.

honeste moriendi facultatem petit; neque tam ut domo sua fruatur, quam ne patrio sepulcro privetur, laborat. Nihil aliud jam vos orat atque obsecrat, nisi uti ne se legitimo funere et domestica morte privetis; ut cum qui pro patria nullum unquam mortis periculum fugit, in patria mori patiamini.

Dixi ad id tempus, quod mihi a tribuno plebis præstitutum est. A vobis peto quæsoque, ut hanc meam defensionem pro amici periculo fidelem, pro reipublicæ salute consularem putetis.

FIN DU TOME SEPTIÈME

# NOTES

## SECONDE ACTION CONTRE VERRÈS

### LIVRE CINQUIÈME

I, page 6. *Fier de ce moyen*. M. Gueroult a donné cette nouvelle interprétation à ces mots *pro suo jure*, qui sont diversement entendus par les interprètes. Selon quelques-uns, Cicéron fait allusion à l'espèce de souveraineté qu'Hortensius exerçait sur les tribunaux; mais Truffer, d'après Hottomanus, croit qu'il s'agit ici de cet intérêt qu'un Romain, un magistrat, un consul désigné devait prendre à la conservation d'un citoyen. Ainsi *pro suo jure* veut dire *pro jure civis*, et Truffer a traduit par ces mots, *au nom de la patrie*. Wailly a mis *pour faire valoir sa cause*, ce qui se rapproche du sens qu'a préféré notre traducteur. Quant à M. Gueroult l'aîné, il a mis *réclamait votre justice*.

VI, page 14. *La culpabilité des prévenus. — Fecisse videri pronuntiat*. C'était la formule en usage. Lorsque les juges condamnaient un accusé, ils disaient : *Fecisse videtur*, « Il paraît avoir fait ce dont on l'accuse. » Les Romains évitaient le ton affirmatif. « On me fait haïr les choses évidentes, quand on me les plante comme infaillibles, a dit Montaigne. J'aime ces mots qui adoucissent la témérité de nos expressions : Il me semble; par aventure, il pourrait être. » La formule prescrite pour les dépositions des témoins était énoncée avec la même circonspection. Ils ne disaient pas : J'ai vu, j'ai entendu ; mais : Je crois avoir vu, avoir entendu ; *arbitror*, je pense, etc.

(Note de Gueroult l'aîné.)

XII, page 26. *Notre moderne Annibal.* Cicéron fait allusion à ces mots d'Annibal : *Hostem qui feriat mihi erit Carthaginiensis, quisquis erit.* Cette allusion que fait ici notre orateur cadre merveilleusement avec la similitude qu'il vient d'indiquer entre le champ de bataille de Cannes et la salle à manger où sont entassés ivres morts les convives de Verrès.

XIII, ibid. *Qu'on voyait absentes du Forum.* Philoxène disait qu'il fallait respecter le sommeil d'un tyran.

P. 27. *Toutes les peccadilles de ses anciennes campagnes.* — (*Omnia istius æra. Æra,* la paye que l'on donnait aux soldats. Ce mot est pris ici pour désigner les années militaires ; et Cicéron, par un léger détournement du sens, fait allusion aux anciens crimes de Verrès, dont il n'avait pas encore payé la peine. *Æs alienum,* dette.

XXXIII, page 62. *Appuyé nonchalamment sur une de ses maîtresses.* Ce passage a été justement admiré par tous les critiques. « L'harmonie seule, » dit Gueroult l'aîné, « peint la mollesse de Verrès. » Quintilien, après avoir établi que l'art de peindre consiste à reproduire trait pour trait l'image des choses, observe que Cicéron excelle dans cette qualité comme dans presque tous les autres mérites de l'orateur ; puis, après avoir cité la phrase, il ajoute : « Y a-t-il quelqu'un qui ait l'imagination assez froide pour ne pas se représenter, je ne dis pas seulement la contenance de Verrès et le lieu où se passe la scène, mais une partie des choses que supprime l'orateur? car, pour moi, je crois voir ce tête-à-tête, les yeux et les mines du lâche préteur et de sa courtisane, leurs indignes caresses, la secrète indignation, la peine et le timide embarras de ceux qui étaient présents. » (Liv. VIII, ch. III, *des Ornements du discours.*) On doit observer que c'était, de la part d'un Romain, une bassesse et un crime de s'habiller à la grecque ; à plus forte raison de la part de Verrès, qui, étant préteur, ne le pouvait faire sans blesser la majesté de l'empire.

XLV, page 81. *Sestius.* « Cicéron n'a pas dédaigné de faire mention d'un Sestius, d'un geôlier des prisons de Verrès, d'un des derniers satellites du préteur. Et pourquoi? c'est qu'il savait que le caractère des commandants devient celui des subalternes, et qu'on peut juger des uns par les autres. Il y a dans l'esprit de la tyrannie une bassesse naturelle, une abjection particulière qui peut dépraver jusqu'aux bourreaux. » (LA HARPE, *Cours de littérature.*)

LIII, page 95. *J'en ai fait assez pour les Siciliens.* Cicéron a fini de plaider la cause des Siciliens. Il va passer à la quatrième partie de ce discours, et parler des cruautés que Verrès a exercées contre les

citoyens romains. « Fidèle aux règles de la progression oratoire, il réserve pour la fin de ses plaidoyers le plus grand des crimes de Verrès, celui d'avoir fait mourir ou battre de verges des citoyens romains. Il s'étend principalement sur le supplice de Gavius. On ne conçoit pas, après ce qu'on vient de lire, qu'il trouve encore des expressions nouvelles contre Verrès. Mais on peut se fier à l'inépuisable fécondité de son génie. Il semble se surpasser dans son éloquence, à mesure que Verrès se surpasse lui-même dans ses attentats. Souvenons-nous seulement, pour avoir une juste idée de l'indignation qu'il devait exciter, souvenons-nous de la vénération religieuse qu'on portait dans les provinces de l'empire, et même dans presque tout le monde connu, à ce nom de citoyen romain. C'était un titre sacré qu'aucune puissance ne pouvait se flatter de violer impunément. On avait vu plusieurs fois la république entreprendre des guerres lointaines, seulement pour venger un outrage fait à un citoyen romain; politique sublime, qui nourrissait cet orgueil national qu'il est utile d'entretenir, et qui, de plus, imposait aux nations étrangères, et faisait respecter partout le nom romain. » (LA HARPE, *Cours de littérature*.)

# A. CÉCINA

XII, page 158. *Le droit prétorien*. On appelait droit civil le droit réglé par les lois et les jurisconsultes, et droit prétorien le droit réglé par les ordonnances des préteurs.

Page 159. *L. Calpurnius*. Par une tournure adroite, Cicéron invoque contre son adversaire le témoignage même de L. Calpurnius Pison, son défenseur. Cette apposition *amicus meus* donne encore plus de grâce à cet artifice oratoire.

XIX, page 171. *L'illustre Appius, l'aveugle*. — Voyez le bel éloge que Cicéron fait de ce personnage dans son traité *de la Vieillesse*.

XXXIV, page 197. *Le chef des féciaux*. Le chef des féciaux, qui prononçait le serment au nom du peuple romain, s'appelait *pater patratus, quod jusjurandum pro toto populo* PATRABAT, dit Tite Live, liv. I, ch. xxiv.

## M. FONTEIUS

V, page 214. *Dans toutes les parties de l'univers.* Rome alors faisait la guerre, en Espagne, contre Sertorius; en Cilicie, contre les Isauriens et les pirates; en Thrace, contre les Dardaniens; en Asie, contre Mithridate; en Italie, contre Spartacus.

Page 215. *Avec le peuple romain.* Non pas que cette affaire fût portée devant le peuple romain, mais parce que l'auditoire était nombreux, et que dans toutes les affaires de cette espèce le peuple venait entourer les siéges des juges. C'est par une sorte de courtoisie pour le peuple romain que l'orateur se sert de cette tournure.

X, page 233. *L. Crassus.* Cicéron fait souvent l'éloge de cet orateur célèbre (voyez particulièrement le premier dialogue de l'*Orateur*). Cette accusation fut intentée contre M. Marcellus, l'an de Rome 661 (voyez Valère-Maxime, liv. VIII, ch. v, § 3).

Ibid. *M. Marcellus*, père de Q. Lentulus Marcellinus et de C. Marcellinus Eserninus, dont il est parlé dans la seconde Action *contre Verrès.* Lié avec Catilina, M. Marcellus alla le joindre *vitandæ suspicionis causa.* Cicéron en parle avec assez peu d'estime dans la première *Catilinaire* (ch. viii).

XIX, page 234. *D'après la règle usitée dans une guerre contre les Gaulois.* Lorsqu'il survenait une guerre contre les Gaulois (*Gallicus tumultus*), les lois romaines voulaient que personne ne fût exempt de prendre les armes et de marcher.

---

## LA LOI MANILIA

I, page 246. *Nos comices, trois fois interrompus :* « propter dilationem comitiorum. » Deux fois dans les comices qui furent interrompus, et où le peuple avait déjà manifesté son vœu; la troisième fois dans les comices où il fut nommé et proclamé le premier des huit préteurs.

XII, p. 264. *Avec quelle célérité se sont accomplis ces prodiges.* On peut voir dans Florus, dans Appien et dans Plutarque l'énumération

des immenses ressources qui furent confiées à Pompée pour faire la guerre aux pirates. Il avait sous ses ordres vingt-quatre lieutenants, et sut habilement les échelonner par escadres depuis Gadès jusqu'à Byzance. Cela explique la rapidité extraordinaire avec laquelle il termina cette expédition.

XV, p. 270. *Tomba tout à coup si bas.* Les pirates qui couvraient les mers empêchaient les grains d'arriver en Italie : dès qu'en vertu de la loi Gabinia, Pompée fut revêtu du proconsulat des mers, la confiance se ranima dans Rome, où l'on ne craignit plus de manquer de subsistances.

XIX, page 277. *Gabinius.* Aulus Gabinius, auteur de la loi Gabinia, était un fort méchant homme qui, se voyant ruiné et près d'être poursuivi par ses créanciers, espérait, en proposant sa loi, obtenir de Pompée quelque emploi lucratif pour rétablir sa fortune. Il ne se trompa pas ; car, l'année suivante, Pompée le choisit pour son lieutenant dans la guerre contre Mithridate. Cicéron, qui fait ici l'éloge de ce tribun, en parla bien différemment par la suite. — Voyez *Orat. post reditum*.

# A. CLUENTIUS AVITUS

IX, page 308. *Novia.* Oppianicus avait eu six femmes : 1° cette Novia, qui était morte alors ; 2° Papia, qu'il avait apparemment répudiée, et qui vivait encore ; 3° Cluentia, tante paternelle de l'accusé Cluentius ; 4° Magia, sœur des Aurius, de laquelle il eut un fils, C. Oppianicus ; 5° la veuve de Cn. Magnius, son beau-père ; 6° Sassia, mère de ce même Cluentius. Quant à cette Sassia dont la conduite est si horrible, elle s'était mariée trois fois, et avait épousé d'abord Cluentius Avitus, père du client de Cicéron ; ensuite son propre gendre, Aulus Aurius Melinus ; enfin Statius Albius Oppianicus, au fils duquel elle maria sa fille.

XII, page 313. *Durant dix mois.* C'était le terme le plus éloigné qu'avaient fixé les anciens pour la naissance d'un posthume. Il y avait à ce sujet un article formel dans la loi des Douze Tables. Une veuve était obligée de porter le deuil de son mari pendant tout ce temps, et encourait une sorte d'infamie si elle se remariait avant qu'il fût expiré.

# SUR LA LOI AGRAIRE

## PREMIER DISCOURS

IV, page 433. *L'or donné au lieu de couronnes*. Dans l'origine, lorsqu'un proconsul avait remporté une victoire, les villes de son gouvernement, et même les États voisins, lui envoyaient des couronnes d'or, qu'il faisait porter devant lui lors de son triomphe. On en voit maints exemples chez Tite Live. Dans la suite, les cités provinciales, au lieu de décerner des couronnes, en envoyèrent la valeur effective, que l'on appela *aurum coronarium*. Cicéron (*pour Pison*, c. xxxvii) nous apprend que quelquefois on le prélevait comme un tribut.

Page 434. *La loi qui chassait de Rome les étrangers*. Les Romains appelaient étrangers, *peregrini*, tous ceux qui n'étaient pas citoyens de Rome, quelque lieu qu'ils habitassent, dans une cité ou ailleurs. Sous la république surtout, l'existence des étrangers à Rome fut très-précaire ; ils ne jouissaient d'aucun des droits de citoyen ; ils étaient soumis à la juridiction particulière d'un préteur, et quelquefois chassés de Rome par ordre des magistrats.

VIII, page 441. *Devant cette nombreuse assemblée du sénat*.. Le sénat était, depuis Sylla, composé de six cents membres.

Ibid. *Il n'acceptera le gouvernement d'aucune province*. Cicéron tint parole : le sort lui ayant donné le gouvernement de la Macédoine, l'une des provinces les plus considérables et les plus lucratives, il la céda à son collègue Antoine, pour la Gaule Cisalpine, qu'il résigna bientôt après en faveur de Metellus.

## DEUXIÈME DISCOURS

II, page 451. *Ces bulletins dont le secret garantit la liberté des votes*. Dans les élections, les citoyens inscrivaient le nom du candidat sur de petites tablettes de bois qu'on leur distribuait, et que chaque votant jetait dans une urne. Les suffrages se donnaient d'abord de vive voix ; mais la puissance des candidats gênait la liberté des votes, et

le scrutin secret fut établi. Cicéron, dans l'oraison *pour Plancius*, exprime la même pensée qu'ici : « Populo grata est tabella, quæ frontes aperit, mentes tegit, datque eam libertatem ut qui volunt faciant, promittant autem quod rogantur. » Cet usage des bulletins secrets fut institué l'an 615 de Rome, par le tribun Gabinius.

Page 452. *Les suffrages unanimes du peuple romain*. Cicéron fut en effet nommé consul par acclamation ; on n'alla point au scrutin : on craignait les partisans de Catilina, l'un des concurrents, lequel était fortement appuyé par César. La nomination de Cicéron à la préture n'avait pas été moins glorieuse : il y eut trois assemblées, et trois fois il fut nommé le premier.

XI, page 466. *Pour les autres magistratures patriciennes*. Après l'expulsion des rois, le gouvernement fut d'abord aristocratique ; le consulat et toutes les magistratures qui en furent comme autant de démembrements, la censure, la préture, la questure et l'édilité appartenaient aux patriciens. Dans la suite, les plébéiens les forcèrent d'y admettre aussi les citoyens de leur ordre ; mais on n'y fut plus nommé que par les tribus ou par les centuries, au lieu qu'auparavant les curies faisaient toutes les élections, excepté celles des censeurs.

XXXIII, page 505. *Il ne se trouvait point dans cette ville*. Quelques traducteurs ont rendu *urbem* par Rome. Le sens indique évidemment qu'il ne peut ici être question que de Capoue.

## TROISIÈME DISCOURS

II, page 524. *Pour l'eau de Crabra*. L'aqueduc de Crabra fournissait d'eau les habitations de Tusculum, et se prolongeait jusqu'à Rome, ainsi que le prouve un passage de Frontin (*de Aquæductis Romæ*, lib. I), où il rappelle une disposition d'Agrippa, qui, sous le règne d'Auguste, rendit aux Tusculans la jouissance de toute l'eau provenant de l'aqueduc de Crabra : *aqua*, dit-il, *quæ vocatur Crabra*. Cicéron parle encore de cette eau dans une lettre à Tiron (*Lettres fam.*, liv. XVI, lett. 18).

IV, page 526. *Par la proscription de ses voisins*. On pourrait croire qu'ici l'orateur exagère ; mais il est certain (et c'est ce qu'il y eut de plus atroce dans les proscriptions de Sylla) que ses créatures et ses satellites eux-mêmes inscrivaient sur le fatal tableau ceux dont ils

voulaient usurper les biens. Plutarque cite cette exclamation d'un homme qui, étant resté tout à fait étranger à la guerre civile, fut tout surpris de lire son nom sur la liste : *Ah! malheureux, c'est ma maison d'Albe qui m'a proscrit!*

## C. RABIRIUS

II, page 540. *Dans les bornes d'une demi-heure.* La loi des Douze Tables voulait que la plaidoirie commençât à neuf heures et fût terminée à midi. La sentence devait être prononcée avant le coucher du soleil. La loi Pompéia ordonna que les orateurs régleraient la durée de leur discours sur une clepsydre ou horloge d'eau, laquelle était trois heures à s'écouler. Dans les causes civiles, le juge était maître d'accorder plus ou moins de temps, selon l'importance de l'affaire.
(Note de M. GUEROULT.)

XII, page 558. *Lorsque*..... Ici l'orateur se justifiait sans doute de prendre le ton de l'avocat en remplissant les devoirs de consul, et il tâchait d'exciter la pitié pour Rabirius. (Note de M. NAUDET.)

XIII, ibid. *Ces nobles marques de son courage.* Il paraît que Cicéron, dans cette circonstance, eut la même inspiration que l'orateur Antoine plaidant pour M. Aquillius. Il raconte lui-même le fait dans son cinquième discours de la seconde Action *contre Verrès*, ch. 1 : « Je me rappelle l'effet prodigieux que produisit le discours d'Antoine dans le procès d'Aquillius. Après avoir développé les moyens de sa cause, cet orateur, qui joignait à la plus pressante logique l'impétuosité des mouvements les plus passionnés, saisit lui-même Aquillius ; il l'offrit aux regards de l'assemblée, et, lui déchirant sa tunique, il fit voir au peuple romain les nobles cicatrices dont sa poitrine était couverte. » (Note du même.)

FIN DES NOTES DU TOME SEPTIÈME.

# TABLE DES MATIÈRES

Dixième discours. — Sommaire. . . . . . . . . . . . . . . . . . .   1
    Seconde action contre Verrès. — Livre V. . . . . . . . . .   5
Onzième discours. — Sommaire. . . . . . . . . . . . . . . . . . . 131
    Discours pour A. Cécina. . . . . . . . . . . . . . . . . . . 139
Douzième discours. — Sommaire. . . . . . . . . . . . . . . . . . 205
    Discours pour M. Fonteius. . . . . . . . . . . . . . . . . . 209
Treizième discours. — Sommaire. . . . . . . . . . . . . . . . . . 241
    Discours en faveur de la loi Manilia. . . . . . . . . . . . 246
Quatorzième discours. — Sommaire. . . . . . . . . . . . . . . . . 289
    Discours pour A. Cluentius Avitus. . . . . . . . . . . . . . 295
Quinzième discours. — Sommaire. . . . . . . . . . . . . . . . . . 25
    Premier discours sur la Loi Agraire contre P. Servilius Rullus. 427
Seizième discours. — Sommaire. . . . . . . . . . . . . . . . . . 445
    Deuxième discours sur la Loi Agraire contre P. Servilius Rullus. 449
Dix-septième discours. — Sommaire. . . . . . . . . . . . . . . . 517
    Troisième discours sur la Loi Agraire contre P. Servilius Rullus. 519
Dix-huitième discours. — Sommaire. . . . . . . . . . . . . . . . 531
    Discours pour C. Rabirius, accusé de crime d'état. . . . . . 557
Notes. . . . . . . . . . . . . . . . . . . . . . . . . . . . . . 561

FIN DE LA TABLE DES MATIÈRES DU TOME SEPTIÈME.

PARIS. — IMP. SIMON RAÇON ET COMP., RUE D'ERFURTH, 1.

# RÉIMPRESSION DES CLASSIQUES LATINS DE LA COLLECTION PANCKOUCKE

**Format grand in-18 jésus — 3 fr. 50 cent. le vol.**

1. **ŒUVRES COMPLÈTES D'HORACE.** Nouv. édit. précédée d'une *Étude*, par H. RIGAULT. 1 vol.
2. **ŒUVRES COMPLÈTES DE SALLUSTE.** Traduction par DUROZOIR. Nouv. édition, revue par MM. CHARPENTIER et F. LEMAISTRE; précédée d'un nouveau travail sur Salluste, par M. CHARPENTIER. 1 vol.
3. **ŒUVRES CHOISIES D'OVIDE** (les Amours, l'Art d'aimer, etc.). Nouv. édit. revue par M. F. LEMAISTRE, précédée d'une *Étude* par M. J. JANIN. 1 vol.
4. **ŒUVRES DE VIRGILE.** Nouv. édit., revue par M. F. LEMAISTRE; précédée d'une *Étude* sur Virgile, par M. SAINTE-BEUVE, 1 vol. Par exception. 4 fr. 50
5-8. **ŒUVRES COMPLÈTES DE SÉNÈQUE LE PHILOSOPHE.** Nouvelle édition, revue par MM. CHARPENTIER et F. LEMAISTRE. 4 vol.
9. **CATULLE, TIBULLE ET PROPERCE,** traduits par MM. HÉGUIN DE GUERLE, VALATOUR et GÉNOUILLE. Nouv. édit., revue par M. VALATOUR. 1 vol.
10. **CÉSAR.** Commentaires sur la *Guerre des Gaules*, avec les réflexions de Napoléon 1er, suivis des Commentaires sur la *Guerre civile* et de la *Vie de César*, par SUÉTONE, traduction d'ARTAUD, nouvelle édition, très-soigneusement revue par M. FÉLIX LEMAISTRE; précédée d'une *Étude* sur César, par M. CHARPENTIER. 1 fort vol. Par exception. 4 fr. 50
11. **ŒUVRES COMPLÈTES DE PÉTRONE,** traduites par M. HÉGUIN DE GUERLE. 1 vol.
12. **ŒUVRES COMPLÈTES DE QUINTE-CURCE,** avec la traduction de MM. AUG. et ALPH. TROGNON, revue avec le plus grand soin par M. PESSONNEAUX, professeur au lycée Napoléon. 1 vol.
13. **ŒUVRES COMPLÈTES DE JUVÉNAL.** Trad. de DUSSAULX, revue par MM. JULES PIERROT et F. LEMAISTRE. 1 vol.
14. **ŒUVRES CHOISIES D'OVIDE.** — Les *Fastes*, les *Tristes*. Nouvelle édition, revue par M. E. PESSONNEAUX. 1 vol.
15-20. **ŒUVRES COMPLÈTES DE TITE-LIVE,** traduites par MM. LIEZ, DUBOIS, VERGER et CORPET. Nouv. édit., revue par MM. E. PESSONNEAUX, BLANCHET et CHARPENTIER; précédée d'une *Étude*, par M. CHARPENTIER. 6 vol.
21. **ŒUVRES COMPLÈTES DE LUCRÈCE,** avec la traduction de LAGRANGE; revue avec le plus grand soin, par M. BLANCHET. 1 vol.
22. **LES CONFESSIONS DE SAINT AUGUSTIN.** Traduction française d'ARNAUD D'ANDILLY, très-soigneusement revue et adaptée pour la première fois au texte latin, avec une introduction, par M. CHARPENTIER. 1 vol. Par exception. 4 fr. 50
23. **ŒUVRES COMPLÈTES DE SUÉTONE.** Traduction de LA HARPE, refondue avec le plus grand soin par M. CABARET-DUPATY. 1 vol.
24-25. **ŒUVRES COMPLÈTES D'APULÉE,** traduites en français par M. VICTOR BÉTOLAUD. Nouvelle édition, entièrement refondue. 2 vol.

26. **ŒUVRES COMPLÈTES DE JUSTIN,** traduites par MM. J. PIERROT et E. BOITARD. Nouv. édit. revue par M. PESSONNEAUX. 1 vol.
27. **ŒUVRES CHOISIES D'OVIDE** — Les *Métamorphoses*. Nouvelle édition, revue par M. CABARET-DUPATY, avec une préface par M. CHARPENTIER. 1 fort vol. Par exception.
28-29. **ŒUVRES COMPLÈTES DE TACITE.** Traduction de DUREAU-DELAMALLE, revue par M. CHARPENTIER. 2 vol.
30. **LETTRES DE PLINE LE JEUNE,** traduites par MM. DE SACY et J. PIERROT. Nouvelle édit., revue par M. CABARET-DUPATY. 1 vol.
31-32. **ŒUVRES COMPLÈTES D'AULU-GELLE.** Nouvelle éd., revue par MM. CHARPENTIER et BLANCHET. 2 vol.
33-35. **QUINTILIEN.** Œuvres complètes, traduites par M. C. V. OUIZILLE. Nouvelle édition, revue par M. CHARPENTIER. 3 vol.
36. **TRAGÉDIES DE SÉNÈQUE,** trad. par P. GRESLOU. Nouvelle édition revue par MM. CABARET-DUPATY. 1 vol.
37-38. **VALÈRE MAXIME.** Œuvres complètes, trad. de C. A. F. FRÉMION, Nouv. édition, revue par M. PAUL CHARPENTIER. 2 vol.
39. **LES COMÉDIES DE TÉRENCE,** traduction nouv. par M. VICTOR BÉTOLAUD. 1 très-fort vol. Par exception. 4 fr.
40-41. **MARTIAL.** Œuvres complètes, avec la trad. de MM. V. VERGER, N. A. DUBOIS, J. MANGEART. Nouvelle édition revue avec le plus grand soin, par M. LEMAISTRE et M. N. A. DUBOIS, précédée des *Mémoires de Martial*, par M. JULES JANIN. 2 vol.
42. **FABLES DE PHÈDRE,** traduites en français par M. PANCKOUCKE, suivies des œuvres d'AVIANUS, de Denys Caton, de Publius Syrus, traduites par LEVASSEUR et J. CHENU. Nouvelle édition, revue par M. PESSONNEAUX et précédée d'une *Étude* par M. CHARPENTIER. 1 vol.
43. **VELLEIUS PATERCULUS.** Traduction DESPRÉS, refondue avec le plus grand soin par M. GRÉARD, professeur au lycée Bonaparte. — **ŒUVRES DE FLORUS.** Traduites par M. RAGON, précédées d'une *Notice* sur Florus, par M. LEMAIRE. 1 vol.
44. **CORNELIUS NEPOS,** avec une traduction nouvelle, par M. AMÉDÉE POMMIER. — **EUTROPE. Abrégé de l'histoire romaine,** traduit par M. N. A. DUBOIS. Nouvelle édition, revue avec le plus grand soin par le traducteur. 1 vol.
45. **LUCAIN.** — La Pharsale, traduction de M. MONTEL, revue et complétée avec le plus grand soin par M. H. DURAND, professeur au lycée Charlemagne, précédée d'une étude sur la Pharsale, par M. CHARPENTIER. 1 vol.

## BIBLIOTHÈQUE LATINE-FRANÇAISE

### PUBLIÉE PAR M. C. L. F. PANCKOUCKE

**Au lieu de 7 fr.; net, 3 fr. 50 le vol. in-8, pap. des Vosges, non mécanique**

#### PREMIÈRE SÉRIE

ŒUVRES COMPLÈTES DE CICÉRON, 36 vol. — ŒUVRES COMPLÈTES DE TACITE, 7 vol. — ŒUVRES COMPLÈTES QUINTILIEN, 6 vol. — JUSTIN, 2 vol. — FLORUS, 1 vol. — VELLEIUS PATERCULUS, 1 vol. — VALÈRE MAXIME, 3 v. — PLINE LE JEUNE, 3 vol. — JUVÉNAL, 2 vol. — PERSE, TURNUS, SULPICIA, 1 vol. — OVIDE, Métamorphoses, 3 v. — LUCRÈCE, 2 vol. — CLAUDIEN, 3 vol. — VALERIUS FLACCUS, 1 vol. — STACE, 3 vol. — PHÈDRE, 1 vol.

SECONDE SÉRIE. — Les auteurs désignés par un * sont traduits pour la première fois en français. POETÆ MINORES: ARBORIUS*, CALPURNIUS*, EUCHERIA, GRATIUS FALISCUS, LUPERCUS SERVASTUS*, ASCLEPIADUS, PETADIUS, SABINUS*, VALERIUS CATO*, VESTRITIUS SPURINNA* et le *Pervigilium Veneris*, 1 vol. — JORNANDES, 1 v. — CENSORINUS*, JULIUS OBSEQUENS, LUCIUS AMPELLIUS, 1 vol. — AUSONE, 2 vol. — POMPONIUS MELA, VIBBIUS SEQUESTER*, ETHICUS ISTER*, P. VICTOR*, 1 vol. — R. FESTUS AVIENUS, CL. RUTILIUS NUMATIANUS, etc., 1 vol. — VARRON, 1 vol. — EUTROPE, MESSALA CORVINUS*, SEXTUS RUFUS*, 1 vol. — PALLADIUS, 1 vol. — HISTOIRE AUGUSTE, 3 v. — COLUMELLE 3 vol. — C. LUCILIUS, LUCILIUS JUNIOR, SALEIUS BASSUS, CORNELIUS SEVERUS, AVIANUS*, DIONYS. CATON, 1 vol. — PRISCIANUS*, SERENUS SAMMONICUS*, MACER*, MARCELLUS*, 1 vol. — MACROBE, 3 vol. — SEXTE POMPEIUS FESTUS*, 2 vol. — C. J. SOLIN, 1 vol. — VITRUVE, 2 vol. — FRONTIN, 1 vol. — SEXTUS AURELIUS VICTOR, 1 vol.

**Il existe encore trois ou quatre collections complètes de la Bibliothèque latine, 211 vol., au prix de 1,200 fr.**

---

PARIS. — IMP. SIMON RAÇON ET COMP., RUE D'ERFURTH, 1.

www.ingramcontent.com/pod-product-compliance
Lightning Source LLC
Chambersburg PA
CBHW060505230426
43665CB00013B/1399